Точикон.
Таърихи қадимтарин,
қадим ва асри миёна

塔吉克人
——上古时代、古代及中世纪历史

［塔吉克斯坦］博博占·加富罗维奇·加富罗夫 著

中国社会科学院俄罗斯东欧中亚研究所
塔吉克斯坦共和国民族科学院
塔吉克斯坦驻华大使馆

联合课题组 译

中国社会科学出版社

图字：01-2021-5504 号
图书在版编目（CIP）数据

塔吉克人：上古时代、古代及中世纪历史/（塔）博博占·加富罗维奇·加富罗夫著；中国社会科学院俄罗斯东欧中亚研究所等译.—北京：中国社会科学出版社，2022.1

ISBN 978-7-5203-9007-1

Ⅰ.①塔… Ⅱ.①博…②中… Ⅲ.①塔吉克斯坦—历史 Ⅳ.①K365

中国版本图书馆 CIP 数据核字（2021）第 169646 号

出 版 人	赵剑英
责任编辑	喻 苗
责任校对	杨 林
责任印制	王 超
出　　版	中国社会科学出版社
社　　址	北京鼓楼西大街甲 158 号
邮　　编	100720
网　　址	http://www.csspw.cn
发 行 部	010-84083685
门 市 部	010-84029450
经　　销	新华书店及其他书店
印刷装订	北京君升印刷有限公司
版　　次	2022 年 1 月第 1 版
印　　次	2022 年 1 月第 1 次印刷
开　　本	787×1092　1/16
印　　张	41
字　　数	571 千字
定　　价	318.00 元

凡购买中国社会科学出版社图书，如有质量问题请与本社营销中心联系调换
电话：010-84083683
版权所有　侵权必究

阿契美尼德王朝的钱币

奥克斯宝藏 战车模型（金）

塞人的青铜香炉

公元前5世纪中亚各民族服饰（拓自阿契美尼德相关浮雕）

从左至右：1—戴尖帽的塞人，2—巴克特里亚人，3—粟特人，4—花剌子模人

亚历山大大帝头像钱币

塞琉古王国安条克一世时期的钱币

巴克特里亚王国狄奥多特一世时期的钱币

巴克特里亚王国的钱币

艾哈努姆出土的科林斯柱冠

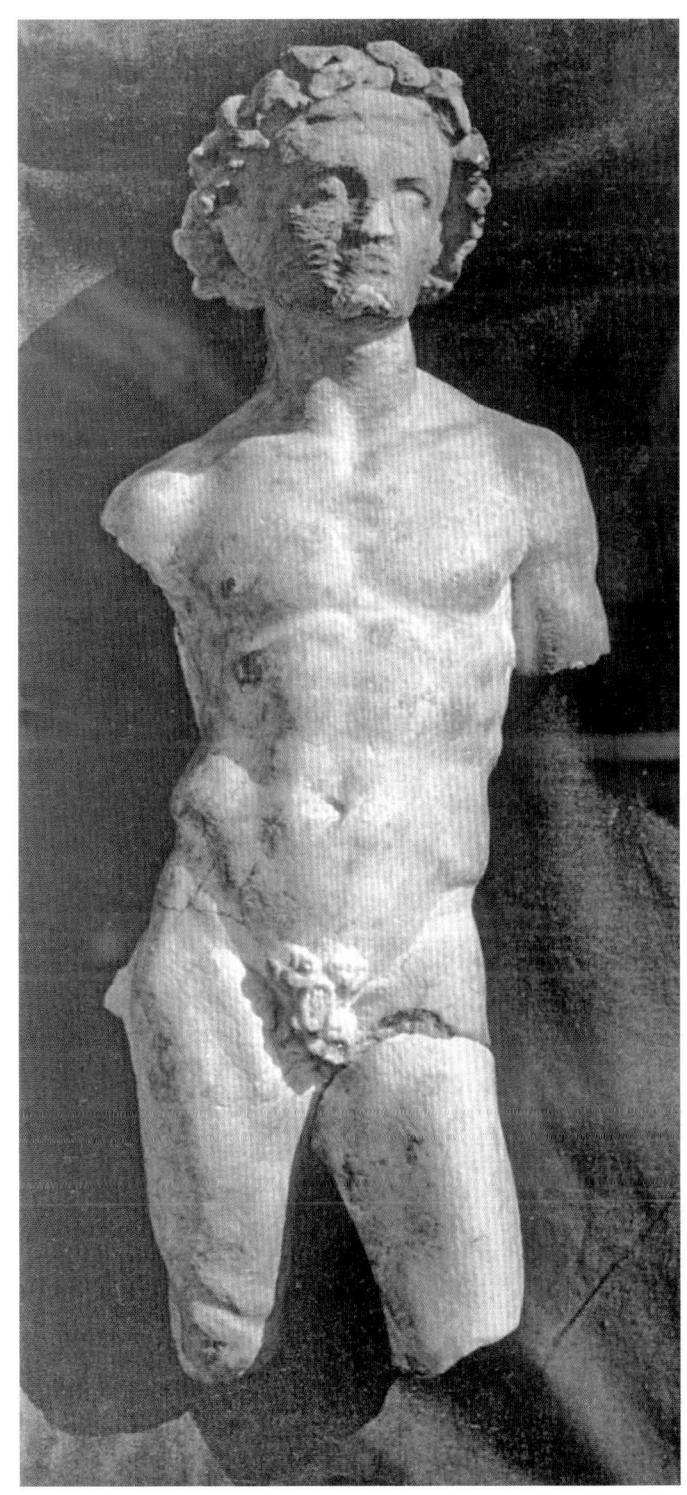

艾哈努姆出土的年轻人雕像

公元前4—公元4世纪的科伊克雷尔甘卡拉遗址

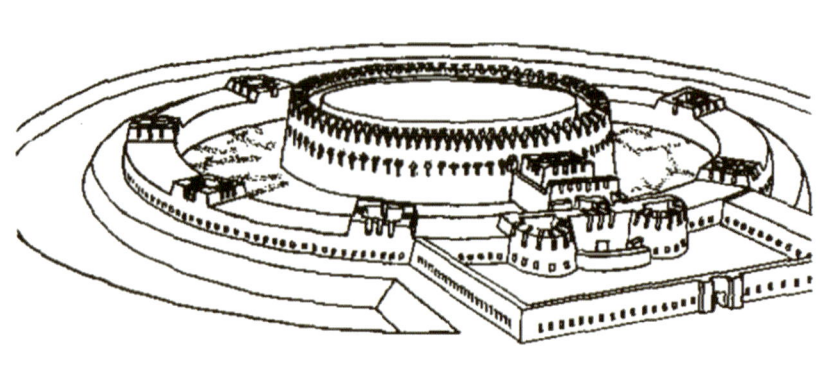

科伊克雷尔甘卡拉城区（复原图）

赫拉欧斯钱币（正面）

贵霜君主阎膏珍（Кадфиза Ⅱ）钱币

托普拉克卡拉遗址出土的男子头像雕塑

萨曼陵墓（布哈拉）内部穹顶

萨曼陵墓（布哈拉）外观

卡申陶瓷

编 委 会

孙壮志　中国社会科学院俄罗斯东欧中亚研究所所长
赵剑英　中国社会科学出版社社长
金　哲　中国社会科学院俄罗斯东欧中亚研究所副所长
张　宁　中国社会科学院俄罗斯东欧中亚研究所中亚研究室主任
喻　苗　中国社会科学出版社智库成果出版中心常务副主任
法尔霍特·拉西米　塔吉克斯坦民族科学院院长
萨义德佐达·佐希尔　塔吉克斯坦驻华大使
法伊扎里佐达·朱马洪　塔吉克斯坦国家图书馆馆长
马木尔·米尔瓦伊索夫　塔吉克斯坦民族科学院国际合作局局长
阿姆利津·诺斯罗夫（穆志龙）　塔吉克斯坦驻华大使馆随员

翻译组成员

(依照姓名汉语拼音顺序)

白文昌、高际香、侯艾君、王骁骞、王紫芸、徐向梅、张宁

校　　对

(依照姓名汉语拼音顺序)

侯艾君、徐向梅、鱼宏亮、张宁

译者序

博博占·加富罗维奇·加富罗夫（Bobodzhan Gafurovich Gafurov，1908—1977年）是苏联著名的政治家和东方学学者。1908年12月18日，加富罗夫生于沙俄撒马尔罕州胡占德县伊斯皮萨尔村。1926—1928年就读于铁路学校，期间加入共青团。1928—1929年在撒马尔罕学习了高等法律课程。毕业后任塔吉克加盟共和国司法人民委员助理。由于他的新闻工作能力和写作才华突出，1930年4月担任《塔吉克斯坦克孜尔报》的编辑。1931—1935年就读于莫斯科共产主义新闻学院。毕业后回到报社任副主编。1936年10月起任塔吉克加盟共和国共产党中央宣传部新闻处处长。1937年11月起任塔吉克加盟共和国共产党中央新闻出版部部长。1941—1944年任塔吉克加盟共和国共产党中央委员会书记（负责宣传），1944—1946年任第二书记，1946—1956年任第一书记、苏共中央委员。1956—1977年任苏联科学院东方学研究所所长（期间于1968年当选苏联科学院院士）。至于何种原因让加富罗夫从加盟共和国共产党中央委员会第一书记（相当于中国的省委书记）跌至研究所所长（司局级），说法有很多种，其中较广泛的说法是由于1956年时任苏共中央总书记赫鲁晓夫发表抨击斯大林的"秘密报告"后，苏共党内出现的干部大调整。

加富罗夫在去世前一直担任苏联科学院东方学研究所所长，被誉为谨慎的管理者和充满活力的组织者。他任所长这段时间,也被东方学研究所的学者公认为是研究所最好的阶段,不仅研究人员队伍规模扩大,成果也非常显著。1974年,加富罗夫抱病赴麦加朝觐,完成了他的一个夙愿。回来后健康状况越来越差,于1977年病逝。

在从事党和国家管理工作的同时,加富罗夫始终不忘科学研究,1947年以塔吉克语出版《塔吉克人的历史》一书。该书内容丰富,出版后很快被翻译成俄文,并多次再版(1949年、1952年、1955年)。1989年,该书被重新编撰,补充了当时最新的研究成果,分成上下两册出版,并改名为《塔吉克人:上古时代、古代及中世纪历史》,上册记载公元7世纪前(即阿拉伯人入侵前)的塔吉克历史,下册记载7—17世纪(即阿拉伯人入侵后至布哈拉汗国建立前)的塔吉克历史。

苏联解体、塔吉克斯坦独立后,《塔吉克人:上古时代、古代及中世纪历史》成为塔政府推崇的著作。塔吉克斯坦总统——民族领袖拉赫蒙要求所有的塔吉克斯坦公民人手一本,认真学习,深入了解本民族的历史和文化,同时要求驻外机构宣传介绍该书,让更多世人了解塔吉克斯坦。本译著便是应塔吉克斯坦科学院之邀,在该书俄文版本基础上,由中国社会科学院俄罗斯东欧中亚研究所会同塔吉克斯坦科学院、塔吉克斯坦驻华大使馆共同合作完成。

《塔吉克人:上古时代、古代及中世纪历史》记述了塔吉克祖先的历史、塔吉克民族、语言和文化的起源及发展等重要问题,对塔吉克民族的发展历史和文化成就做出了唯物主义的解释,特别同情民众运动,反对统治阶级压迫,强调了人与人之间和平交流以及文化交流的巨大意义。该书尤其详细分析了塔吉克族和乌兹别克族的起源,认为尽管这两个民族形成于不同时期,两种语言也属于不同的语系,但两个民族的人类学基础相同,两个民族的历史命运和他们的文化非常紧密地交织在一起。

因成书较久远,书中引用的研究成果也相对陈旧,未能反映苏联后期以及塔吉克斯坦独立后这三十年来的最新考古和研究成果。书中体现的研究和分析方法也相对保守，突出了统治阶级和广大民众对立的阶级分析法的特点。另外，受成书时的苏联意识形态和宣传体系所限，书中涉及中国的内容不多，对中文文献和中国学者的研究成果关注度不够。

在翻译过程中，译者尽可能忠实原文。但鉴于本书译自原著俄文版本，记述的历史中有很多来自波斯语、阿拉伯语、突厥语等人名和地名，在语言转换过程中，难免出现发音失真的情况，因此本书在翻译时的首要原则是尽可能遵从中文文献的通用译法，其次是遵照《俄汉译音表》。比如塔吉克斯坦独立后，其地名文献中的"索格特"，我们都依照中文常用传统翻译成"粟特"。很多中文文献中的俄罗斯著名东方学学者"巴托尔德"（Василий Владимирович Бартольд），我们都按照《俄汉译音表》翻译成"巴尔托利德"，德国东方学学者"马夸特"（Josef Marquart），我们翻译成"马克瓦尔特"。另外，出于忠实原文的需要，翻译时对书中的一些时间表述未做调整，比如当前、现在、近些年等，需要读者注意成书的时间是20世纪80年代，并结合这个背景阅读此书。

本书由中国社会科学院俄罗斯东欧中亚研究所翻译组翻译。翻译组成员有白义昌、高际香、侯艾君、王晓骞、王紫芸、徐向梅、张宁，都是长期从事中亚研究和俄文翻译的科研人员，具有较扎实的语言和科研基础。尽管如此，翻译过程中也难免疏漏，出现瑕疵。恳请读者批评指正！

目　　录

前　言 …………………………………………………………… (1)

第一章　中亚的原始社会 ………………………………………… (1)
第一节　石器时代·前氏族制度·氏族社会 ………………… (1)
第二节　中石器时代和新石器时代 …………………………… (6)
第三节　青铜时代·向父系社会转化 ………………………… (10)
第四节　青铜时代中亚的民族组成·雅利安人 ……………… (19)

第二章　阶级社会早期中亚的东伊朗诸部（公元前9—公元前6世纪中期） ………………………………………… (40)
第一节　铁器时代早期的考古学资料 ………………………… (40)
第二节　铁器时代早期的中亚社会 …………………………… (43)

第三章　阿契美尼德王朝版图下的中亚 ………………………… (70)
第一节　公元前6—公元前5世纪的中亚政治 ……………… (70)
第二节　公元前5—公元前4世纪的中亚社会 ……………… (78)
第三节　阿契美尼德时期的中亚和伊朗 ……………………… (85)

第四章　中亚各民族抗击希腊—马其顿侵略者 ………………… (91)
第一节　亚历山大大帝东征 …………………………………… (91)
第二节　中亚各民族抵御希腊—马其顿王国的战斗 ………… (95)

第五章 公元前3—公元前2世纪的巴克特里亚和帕提亚 …………………………………… (107)

 第一节 塞琉古王朝统治的中亚 ………………………… (107)
 第二节 巴克特里亚王国和帕提亚王国 ………………… (109)
 第三节 公元前3—公元前2世纪的国内制度、经济与文化 ……………………………………… (121)

第六章 贵霜帝国时期的中亚 …………………………………… (138)

 第一节 帕提亚·巴克特里亚·月氏 …………………… (138)
 第二节 公元前2—公元前1世纪的中亚 ……………… (145)
 第三节 贵霜王国 ………………………………………… (154)
 第四节 贵霜时期的中亚城市和居民点 ………………… (171)
 第五节 贵霜时期的中亚经济 …………………………… (174)
 第六节 贵霜时期中亚的文化及宗教 …………………… (180)

第七章 古代中亚的社会经济结构 ……………………………… (192)

 第一节 古代中亚奴隶制社会经济结构的史料研究 …… (192)
 第二节 古代中亚社会经济制度的当代学说 …………… (199)

第八章 公元4—6世纪中亚的部落和民族 …………………… (207)

 第一节 政治 ……………………………………………… (207)
 第二节 民族历史问题与阶级斗争 ……………………… (218)

第九章 公元6—7世纪的中亚各个民族 ……………………… (233)

 第一节 主要政治事件·阶级斗争 ……………………… (233)
 第二节 公元6—8世纪初的吐火罗斯坦 ……………… (245)
 第三节 公元6—7世纪的粟特 ………………………… (267)
 第四节 中亚的其他领域 ………………………………… (312)

第五节　社会经济制度 …………………………………… (318)

第十章　阿拉伯哈里发治下的中亚 ………………………… (324)
　　第一节　萨珊王朝的崩溃 ………………………………… (324)
　　第二节　阿拉伯人征服河中地区（第一阶段） ………… (328)
　　第三节　阿拉伯人征服河中地区（第二阶段） ………… (343)
　　第四节　中亚在倭马亚人与阿拔斯人斗争中的作用 …… (352)

**第十一章　塔吉克民族及国家的形成：塔希尔王朝、
　　　　　　萨法尔王朝和萨曼王朝时期的国家
　　　　　　（公元9—10世纪）** ………………………………… (361)
　　第一节　公元9—10世纪的政治 ………………………… (361)
　　第二节　经济生产、物质文化和社会经济关系 ………… (381)
　　第三节　公元9—10世纪的科学和文学 ………………… (414)

**第十二章　11—13世纪初期的塔吉克人：
　　　　　　伽色尼、喀喇汗、古尔和花剌子模王朝** ……… (428)
　　第一节　政治斗争 ………………………………………… (428)
　　第二节　经济和社会经济关系 …………………………… (460)
　　第三节　11—13世纪初的文化 …………………………… (472)

第十三章　蒙古人统治下的塔吉克人民 ……………………… (497)
　　第一节　蒙古人征服和蒙古人统治下的中亚经济 ……… (497)
　　第二节　蒙古人统治下的中亚社会经济关系 …………… (516)
　　第三节　蒙古人统治下中亚各族人民的文化 …………… (522)

第十四章　帖木儿和帖木儿王朝统治下的塔吉克人民 …… (529)
　　第一节　政治历史与人民运动 …………………………… (529)

第二节 经济和社会经济关系 …………………………… (544)
第三节 文化 …………………………………………………… (555)

第十五章 昔班尼时期（16世纪）的塔吉克人民生活 ………… (572)
第一节 政治 …………………………………………………… (572)
第二节 社会经济关系 ………………………………………… (586)
第三节 乌兹别克族的起源问题 ……………………………… (596)
第四节 物质文化与精神文化 ………………………………… (604)

第十六章 札尼王朝的塔吉克民族（17—18世纪上半叶） ……………………………………………… (614)
第一节 政治 …………………………………………………… (614)
第二节 社会经济关系 ………………………………………… (622)
第三节 物质文化与精神文化 ………………………………… (631)

前　言

对塔吉克民族历史的研究有助于了解中亚民族传统纽带的起源。塔吉克人和乌兹别克人之间的联系尤为密切——他们是在同一个族群基础上发展起来的民族。塔吉克人的文化瑰宝同时也是乌兹别克人的财富，而乌兹别克人的文化也广泛影响着塔吉克人。他们的物质文化、习俗和民间艺术的特性都息息相关，有时甚至难以区分。这些民族在同一个地区发展起来，他们在远古、古代以及中世纪时期历史的许多方面都颇为相似，而且常常相同。

这就是为什么在研究塔吉克人的历史及其对人类文化的独特贡献时，既要研究中亚各民族历史，也要探索民族的共同根源。在这些研究的基础上，中亚民族间亲如兄弟般合作的深厚历史根源，就可以而且应该被揭示出来。

当然，与所有中亚民族一样，塔吉克人的历史与亚洲东部地区许多民族的历史有关，如印度、巴基斯坦、阿富汗、伊朗、阿拉伯国家等。历史学家们高度重视中亚民族与域外东方国家之间在历史上就曾有过的复杂的联系，这种联系使他们团结起来共同争取和平与社会进步。

在一些学者的著作中，包括塔吉克人在内的东方民族的过去，似乎就是无休止的一连串战争和宫廷政变，充斥着有关国王、统治者、军事首领的故事，将现实的历史文化变成叙事故事一部分，历史的规律性要么被完全否决，要么就是从理想主义的立场来进行阐释。

有关中亚历史的浩瀚资料表明，一些历史学家尽量将中亚人民的历史描述为没有阶级矛盾和阶级斗争的历史，仅将其视为不同族群和种族之间冲突的舞台。他们提出了讨巧的"优势种族理论"，并且不顾所有科学原则，将种族等同于民族。另外，他们忽略了乌兹别克人和塔吉克人属于同一种族——帕米尔—费尔干纳这一事实。从种族角度阐明中亚（以及其他地区）的历史有害无益，从科学的角度看，这种理论毫无根据。

只有依据马克思列宁主义的社会历史学说，才能真正科学地解释不同民族的社会、经济和文化生活现象。马克思从遗传学角度揭示了社会发展的机制："人们在自己生活的社会生产中发生一定的、必然的、不以他们的意志为转移的关系，即同他们的物质生产力的一定发展阶段相适合的生产关系。这些生产关系的总和构成社会的经济结构，即有法律的和政治的上层建筑竖立其上并有一定的社会意识形式与之相适应的现实基础。物质生活的生产方式制约着整个社会生活、政治生活和精神生活的过程。不是人们的意识决定人们的存在，相反，是人们的社会存在决定人们的意识。社会的物质生产力发展到一定阶段，便同它们一直在其中运动的现存生产关系或财产关系（这只是生产关系的法律用语）发生矛盾。于是这些关系便由生产力的发展形式变成生产力的桎梏。那时社会革命的时代就到来了。随着经济基础的变更，全部庞大的上层建筑也或慢或快地发生变革。"[①] 从经济基础（在历史发展特定阶段的复杂生产关系的总和）的决定性作用出发，马克思列宁主义科学地揭示了经济基础与上层建筑之间的相互作用规律、上层建筑以及与之相适应的某些社会意识、精神和物质文化形式的积极作用。千百年来人类社会实践所创造的最优秀的精神和物质文化价值，人类的物质、科学和艺术活动，先进的知识、先进的理论和创造性思维形式的成果，即在这一概念最广泛的一般社会

---

① 中文译文参照《马克思恩格斯选集》（第 2 卷），《政治经济学批判》序言，人民出版社 2012 年版，第 2—3 页。——译者注

学意义上的文化遗产仍然具有强有力的、可以彻底改变现代社会的一种手段。我们之所以转向实践研究并重新思考人们最丰富的历史过去，就是为了社会的真正进步和共产主义人格的和谐发展，为了从中汲取到更多的新的精神力量。

众所周知，阶级斗争是阶级对立社会历史发展的动力。民众的动乱和起义不时撼动着中亚社会。马克思和恩格斯写道："自由民和奴隶、贵族和平民、领主和农奴、行会师傅和帮工，一句话，压迫者和被压迫者，始终处于相互对立的地位，进行不断的、有时隐蔽有时公开的斗争，而每一次斗争的结局都是整个社会受到革命性的改造或者斗争的各阶级同归于尽。"[1] 对于历史学家来说，列宁的指示尤为重要，在"如迷宫般混乱"的环境中，马克思主义提供了一个能够揭示规律性的指导线，这一线索就是阶级斗争的理论。正是从这些立场出发，苏联历史科学才对塔吉克人和其他民族的历史进行了研究。

早在20世纪20年代，关于中亚文化和政治历史的某些问题出现许多研究成果。正是在那时，苏联伟大的东方学学者瓦西里·弗拉基米洛维奇·巴尔托利德撰写了有关塔吉克斯坦、吉尔吉斯斯坦和土库曼斯坦历史的论文，他所撰写的《突厥斯坦文化生活史》极具概括性，塔吉克苏维埃文学的奠基人萨德理金·艾尼创作了精彩的历史学和历史文学作品，另外还有亚历山大·亚历山大罗维奇·谢苗诺夫和米哈伊尔·斯蒂芬诺维奇·安德烈耶夫也从事相关研究。

在20世纪30年代，马克思主义方法论成为历史研究中的主要方法论。从历史唯物主义的角度出发，开始对之前积累的科研资料进行重新修订（亚历山大·尤里耶维奇·雅库波夫斯基为此发挥了特别重要的作用），找到新的资料，并且在塔吉克斯坦开展了第一批考古考察工作。

---

[1] 中文译文参照《马克思恩格斯选集》（第1卷），人民出版社2012年版，第400页。

第二次世界大战后，各种各样的历史资料数量呈爆发式增长：古代档案、中世纪法规、古钱币学、古人类学、语言学及其他材料。这使得研究更加深入，可以更全面地追寻历史进程的重要规律。除了研究个别问题，历史学家们还出版了一些专著和合著。

本书并非百科全书般涵盖塔吉克民族历史的所有问题。笔者力图将历史脉络同最重要、最复杂、经常有争议的问题研究结合起来，将塔吉克人的历史文化置于中亚地区所有民族的历史文化背景下进行考察和分析，这也是中亚人民共同的历史文化的组成部分。

在塔吉克斯坦远古、近古和中世纪早期的历史研究方面，许多研究仍处于初始阶段，新的研究材料也源源不断地涌现，很多问题没有最终解决。因此，本书在实事求是地阐述历史事实的同时，也分析苏联及外国同人的一些假设结论，并提出作者自己的观点。当然，这需要详细的介绍，并提供资料来源，包括相关历史学、考古学、古钱币学、语言学、人口学、文学出版物和研究文献的出处。

我们努力避免重复前辈学者已经做过的工作，主要涉及一些中世纪的、在几代俄罗斯和苏联的东方学学者（首先是 В. В. 巴尔托利德、А. Ю. 雅库波夫斯基、А. А. 谢苗诺夫、Е. Е. 贝塔斯、П. П. 伊万诺夫等）的著作中已经被足够详尽研究的政治史和部分文化史。因此，本书的参考文献也具有综合概括的特点。

本书分析的一些问题值得关注：青铜时代的中亚文化和经济发展水平，以及与印度、伊朗和其他国家部落的联系；雅利安问题；中亚、印度北部、阿富汗、伊朗欧亚草原的古代部落和民族的语言基础；阶级社会的产生和发展；琐罗亚斯德教（即祆教、火祆教、拜火教）的起源和演变；中亚—伊朗—印度—希腊文化综合体；贵霜的起源、年代和文化问题。有一个章节专门讨论了古代中亚的社会经济结构，包括对这个复杂问题的历史学解释，对现有可得材料进行分析，其中一些材料被首次用于此方面的研究。

本书详细研究了中世纪早期吐火罗斯坦（Tokharistan）和粟特

（Sogd）的历史和文化，可以肯定，封建关系的出现和发展导致社会生活的逐步变化，如生产力的发展和艺术文化的非凡崛起。毫无疑问，中亚在贵霜时代、中世纪早期以及之后的时代，始终是东方最重要的文化中心之一。

在有关封建关系建立和发展的各章中，关注的重点是对生产力和生产关系的发展、经济生活规律及其具体表现形式的研究。

本书的主要重点是确定每个时期的特点，并追踪部分社会经济体制的发展动态。本书简明扼要地阐释了塔吉克人中世纪文化的所有方面：文学、科学、艺术、建筑和物质文化。书中还介绍了中亚其他民族文化生活中的一些事实。

本书关注了民族起源的过程。笔者试图聚焦和分析包括语言学、古人类学、人类学、民族志和文学等已知的所有书面资料，以便确定塔吉克人形成的过程和路径。同时，书中也有专门的段落说明乌兹别克民族的形成——实际上，在本书的其他部分，乌兹别克斯坦同事的研究结果得到了广泛应用，这令人信服地显示出乌兹别克民族的远古起源，以及乌兹别克民族文化的高水平和独特性。

本书在一定程度上拓展了已有学术著作（包括笔者著作在内）对中亚纳入阿契美尼德王朝、希腊—马其顿帝国和阿拉伯哈里发帝国所产生后果的解释。对此，学界有两种解释：第一种是资产阶级研究中特有的对征服者无节制的称赞，以及对中亚人民文化水平的直接或间接贬低；第二种是苏联文献中的广泛报道，正确地强调了中亚部落和人民热爱自由、反抗征服者的斗争，并着重展示了中亚当地文化的高水平和独特性。但是，与资产阶级观念的斗争以及与之相对的马克思主义解释只是在问题的某一个部分中进行，主要围绕政治事件。与此同时，对社会和经济后果方面的研究也不够深入，观点比较模糊，或者以消极的方式加以报道。笔者试图用有关经济、历史文化联系、各国人民的相互影响以及文化交融的材料，对这些问题进行补充。

人类通过生产、文化发展以及交流知识、成就和实践经验而发展进步。在共同抵抗亚历山大大帝、成吉思汗、帖木儿等征服者所领导的破坏性军事行动的过程中，各族人民建立了友好关系和兄弟情谊；为争取社会进步、和平经贸往来而进行的合作促进了文化的发展和相互交融。希腊艺术、犍陀罗艺术融合了印度、中亚、帕提亚和希腊当时的创作精华，而阿拉伯文学则带有国际性的包罗万象。文化间的相互丰富和紧密联系，在促进共同文化价值发展的同时，也保留了当地的传统，保留着各民族（包括古代和中世纪的塔吉克民族以及中亚各民族）独具一格的文化特征和特色，他们都是奇妙而高度发达文化的创造者。

本书于1970年完成，因此书中使用的是作者在1969年年底至1970年年初之前掌握的资料和研究成果，而在校对过程中部分使用了之后的材料。

笔者真诚地感谢所有提供建议、评论、补充和批评的各位同人，特别是 А. Е. 贝塔斯、И. С. 布拉金斯基、Э. А. 格兰托夫斯基、Е. А. 达维多维奇、А. М. 米尔佐夫、И. М. 奥兰斯基、В. А. 拉诺夫、В. А. 罗莫丁，当然还有本书的编辑 Б. А. 利特温斯基先生。

第一章　中亚的原始社会

第一节　石器时代·前氏族制度·氏族社会

一　石器时代早期

由于最早的人类生活痕迹没有保存下来，现在很难说中亚地区最早出现人类是什么时候。一些专家认为，中亚有过类人猿活动。尽管这个观点未被广泛接受，但并不排除中亚地区发现古代人类遗存的可能性。

1953年，在吉尔吉斯斯坦纳伦地区的翁阿尔恰河（Он-Арча）左岸的中更新世阶地的一座石墙内，奥克拉德尼科夫（А. П. Окладников）发现一块形状较大的、被人类加工过的石器[①]。这块石器的一个边是一条长的、布满碎口的、类似刀刃的弓形凸起。这类砾石工具在考古文献上被称为"砍削石器"。这是在中亚地区发现的最早的石器。此后若干年又在中亚其他十个地区发现类似石器。这些砾石石器在旧大陆的很多地区都有存在[②]，形成了人类文明的最早阶段——旧石器时代。

[①]　更新世亦称洪积世，是地质时代第四纪的早期，属于大冰河时期。地球历史上的更新世和考古学上的旧石器时代相当。根据动物群的性质、堆积物的特点和其他环境变化的因素，1932年国际第四纪会议确定将更新世划分为早、中、晚3期。——译者注

[②]　旧大陆（旧世界）与"新大陆"相对应，是指在哥伦布发现新大陆之前，欧洲所认识的世界，包括欧洲、亚洲和非洲。——译者注

考古学分析认为，中亚地区的砾石石器与印度的索恩文化（Soanian）有很多相似之处，说明这些地区在旧石器时代早期的历史进程存在共性。地质资料表明，石器时代在地质历史上属于早期间冰期与之后的里斯冰河期之间的这段时期，即20万年前的中更新世。该时期生存着古象、猛犸象、化石马、长角欧洲野牛、各种犀牛，但很少有人类。

这一时期在欧洲常见的石器——石斧，仅在中亚西部的土库曼斯坦出现。

二 旧石器时代中期

石器时代中期最能体现中亚地区原始社会的风貌。这是尼安德特人的莫斯特文化（moustier）繁荣期[①]。现代人类就是在旧石器时代的中期和晚期交界阶段形成。这个时期的社会生产力发展比旧石器时代早期更快，制造工具的技术更完善，工具的形状不断变化，功能也越来越丰富。人类不仅学会了保存火种，还能开发火种。现代最新统计方法让我们得以看到，在众多地区的（包括中亚在内）形式各样的本土文化中，存在着很大的共性。

在中亚地区，包括平原和山区在内的很多地方，已经发现很多莫斯特洞穴和露天居住区。在土库曼斯坦的克拉斯诺沃茨克半岛和科佩特山脉中段，以及在乌兹别克斯坦的塔什干和撒马尔罕都发现很多洞穴遗址。在塔吉克斯坦的费尔干纳西部、乌拉秋别、吉萨尔谷地、瓦赫什谷地、丹加拉等地区等发现了多个露天居住区遗址。近年，在吉尔吉斯斯坦北部也发现若干莫斯特文化遗址。

[①] 莫斯特文化在欧洲、西亚、中亚和东北非发现，是旧石器时代中期的人类文化，因最早发现于法国多尔多涅省莱塞济附近的勒穆斯捷岩棚而得名。该文化始于约15万年前，盛行于8万—3万年前。与该文化共存的人类化石大多数属于尼安德特人。莫斯特文化有三个特点：1. 使用勒瓦卢瓦技术制作石器，典型器物是用石片精心制作的边刮器和三角形尖状器；2. 对美学的初步感知；3. 出现第一批墓葬文化。——译者注

捷希克塔什石窟在苏联和国际社会非常有名[1]。该石窟位于乌兹别克斯坦的铁尔梅兹市附近、拜孙套山脉的图尔甘河谷地带。石窟内有尼安德特人留下的5个文化层，曾发现3000多件石器，其中339件是成品，有刀口锋利的石刀和椭圆形的刮刀。锋利的石刀主要用于像刀子一样切割树木和皮革。捷希克塔什人的主要狩猎对象是中亚山区比较普遍的西伯利亚山羊，另外还有鹿、熊、豹和一些小动物。

莫斯特文化遗址中有一个八九岁儿童的遗骸，这一发现具有世界意义。尽管塔吉克斯坦境内已经发现几十处莫斯特文化遗址，但尼安德特人的头骨只有这一个。该遗骸（头骨和身体骨架）四周有由羊角围成的一个圈，说明此处当时很可能举行了葬礼。

除捷希克塔什石窟外，塔吉克斯坦境内还发现了若干石窟，如距离塔什干约100千米的奥比拉赫马特石窟（Обирахмат），其中发现了近3万件莫斯特文化时期的石器。

在列宁纳巴德（今日的苦盏）与凯拉库姆地区的瑙卡特（Наукат）之间的锡尔河谷地也有多处遗址。该地区在莫斯特文化时期的两种典型石器与当地的梯形山冈密切相关。石器用材取自山冈的鹅卵石。像捷希克塔什石窟的石器一样，这个地区的石器也是边缘锋利的石刀和刮刀，不同的是，此地的石器由坚硬密实的卵石制成，而不是脆弱的硅质燧石。这些遗址都属于"勒瓦卢瓦—莫斯特"文化遗址[2]。在中东地区也曾发现此类遗址。

不过，在塔吉克斯坦南部地区发现的莫斯特文化遗址与上述遗址完全不同。该地区的遗址类型与印度以及塔吉克斯坦南部和东部邻国

---

[1] "捷希克塔什"石窟（Тешик-Таш）系1938年在苏联乌兹别克加盟共和国境内的拜孙套山脉发现的石窟，有尼安德特人遗骸。——译者注

[2] "勒瓦卢瓦"技法（Levallois technique）是旧石器时代人类采用的一种打制石器的独特技法，因19世纪在法国巴黎近郊的勒瓦卢瓦—佩雷发现使用该技法制作的石器而得名。勒瓦卢瓦技法是一种在当时较为先进的技法，其技术特点是在打下石片之前，先对用来剥离石片的石核进行精心修理。使用这种技法打下的石片薄而规整，常常无须修整即可作为工具使用。——译者注

的遗址类型很相似，其中最典型的是位于瓦赫什河谷的卡拉布拉遗址（Кара - Бура，吉利库利村附近），由考古学家拉诺夫负责发掘。该遗址位于不太高的沙质山丘上，山丘表面覆盖约两米厚的鹅卵石。莫斯特文化时期的石器就是由这些砾石加工而成。除常见的莫斯特文化石器和石核以外，这里还发现了真正的石器——砍砸器和切削器，形状与后来发现的印度索恩文化石器很相似。

由此可知，中亚地区的石器时代从莫斯特文化开始，并与西亚和东亚两大地区发现的石器非常相似。这种文化相似性一直延续到新石器时代。按照最新的评估，中亚地区的莫斯特文化遗址距今5万—4万年。

三 旧石器时代晚期

现代人类的雏形——智人出现于距今4万—3.5万年。这个时期，石器技术获得极大提升，莫斯特文化时期的三面或四面形状的石器被各种各样的石制工具取代。随着工具的改进，石器的尺寸大幅缩小，狩猎技术也不断丰富。

在旧石器时代晚期，氏族逐渐形成，母系氏族就是在这个时期产生，即依照母系的血缘和出身以及外婚制而形成的人类群体。

关于中亚地区旧石器时代晚期的研究不多。与莫斯特文化时期不同的是，中亚地区的自然条件并不都适合旧石器晚期的人类生存。旧石器时代晚期的中亚遗址有撒马尔罕遗址。从三个文化层中发掘的上千件文物中，有刮刀、刮片、切削器、弯曲的工具、砍砸器等。1964年这里又发现旧石器时代晚期人类的下颚。考古队负责人列夫（Д. Н. Лев）认为，撒马尔罕遗址发现的人类生活在由泥土和芦苇建成的房子里，狩猎的对象主要是马、驴、牛、骆驼、赛加羚羊、野羊、鹿。

旧石器时代晚期的另外一处遗址位于图尔克斯坦地区的一块不大的河谷内，丘尔库村附近的霍贾戈尔（Ходжа - Гор）。遗址属于旧石器时代晚期末,距今1.5万—1.2万年,进入现代地质时代。这里的文化层未能完好保存,一些燧石工具被泥石流卷走,尽管如此,这里依然留存了大量的燧石工具,其形状和加工技术与撒马尔罕遗址发现的工具区别很大。

综合各种材料后可知,在旧石器时代晚期,中亚地区仍继续存在两类石器加工技术:一是与东亚和西伯利亚地区的石器相似(撒马尔罕遗址);二是与西亚地区的石器相似(霍贾戈尔遗址)。

四 旧石器时代的人类社会特征

利用考古资料,我们可以分析中亚地区在旧石器时代的生产力发展历程,但考察人类社会的进化过程则非常困难,其基本发展规律至今未有统一答案,社会学界为此争论激烈。特别是旧石器时代中亚地区的社会发展特点,对此则根本没有任何研究。

可以说,石器时代占据了人类社会的绝大部分时间。我们打一个比方,假设从人类出现到十月革命这段时期是一年,将1月初作为猿进化到人的时间,则从1月到12月25日这段时间为旧石器时代,而中亚地区整个阶级社会的历史最多相当于新年前的半个小时。

旧石器时代早期人类社会的组织形式非常原始。恩格斯将这些最早的自发形成的人类社会称为"部落",列宁则进一步称为"原始部落"和"原始公社"。原始部落时期也是人类社会的形成时期,社会基本结构得以建立。在旧石器时代的中期和晚期出现了血缘社会组织,即由胞族—氏族体系构成的原始公社。在当时的母系氏族体制下,女性发挥重要作用,家庭关系实行群婚制。

当时的集体性劳动生产力水平低下。"这种原始类型的合作生产或集体生产显然是单个人的力量太小的结果,而不是生产资料社会化的结果。"① 不过,生产力还是处于缓慢发展的过程中但并未止步不

---

① 中文译文参照《马克思恩格斯选集》(第3卷),人民出版社2012年版,第824页。——译者注

前。生产力和社会组织的发展推动着人类文化日益丰富。人类掌握了取火术、原始房屋建造技术、狩猎和蓄养大型动物的方法，这些进步都促进了人类社会发展。根据捷希克塔什遗址的男孩墓葬可知，当时已经出现对逝者崇拜的雏形，这是宗教产生的初期。

第二节 中石器时代和新石器时代

中石器时代和新石器时代总共1万—1.5万年，在不同地区，这两个时代的长短有差异。从现有的考古资料看，可以说中亚地区在这两个时代已经有了很多人口，他们生活在母系氏族社会。生产工具更加完善，制造出打磨的、带孔的、锯齿状的新型石器。出现了制陶、犁地、畜牧等新的生产形式。中亚各地根据当地自然条件形成了狩猎、捕鱼、狩猎—畜牧、原始种植等不同人群。

一 中石器时代的遗址

中石器时代遗址的代表是位于滨里海地区的杰别尔洞穴和达姆达姆恰什马洞穴，由考古学家奥克拉德尼科夫（А. П. Окладников）发掘。在这两个以及滨里海地区其他洞穴遗址的众多文化层中，发现了上百件小的硅质岩石器，其中几何形状的石器特别引人关注，有长方形、三角形、梯形。考古资料表明，在中石器时代和新时期时代早期，人类在狩猎的同时还从事捕鱼和采集。滨里海地区的遗址与同期的西亚地区的遗址具有很多相似点。

由考古学家拉诺夫（В. А. Ранов）发掘的帕米尔地区遗址与滨里海地区遗址完全不同。在高原地区发现了世界海拔最高的洞穴遗址，距今9000多年（根据奥什洪遗址的火炉遗留的碳元素物理特性测得）。从特征看，高原遗址与西部地区的中石器时代遗址完全不同。

这里的石器仍属于旧石器时代的工具，大部分是粗加工的鹅卵石，没有几何形状的石器。该遗址是一座狩猎营地，动物很多，人类夏季到此狩猎。人们在奥什洪遗址发现了四个文化层，发掘出上万件石器。

二 新石器时代

新石器时代距今 7000—9000 年。从考古资料和生存条件看，这个时期在中亚地区存在彼此各异的三处历史文化群体。这个时期，人类社会也发生历史性变化，生产方式从获取型向生产型转变，狩猎和采集被农耕和畜牧代替。这种转变又被称为"新石器时代的革命"，这种说法名副其实。

新石器时代，在科佩特山麓地带生活着杰通人[①]。杰通人是苏联境内最早开始农耕的部落。该部落生活在氏族村落中，住在圆形的石头房子里，从事畜牧养殖。杰通遗址发现的农耕工具主要是以燧石为材料的原始镰刀，占该遗址已发现石器总量的 36.5%，主要用于收割小麦和大麦。除燧石工具外，还发现了很多陶器，上面绘有波浪或条纹线条，以及网状图案。这是中亚地区已知的最早的陶器。

杰通遗址的出土文物中，被研究最多的是一些动物形状和人形的黏土制品。按照考古学家马松（B. M. Массон）的观点，这些制品体现出该氏族的恋物癖。按时间推算，杰通遗址体现着大约公元前 6000 年的生活场景。

在中亚的平原地区（尤其是布哈拉绿洲和咸海地区）生活着另外一群部落，被称为克尔捷米纳尔文化[②]。与上述的杰通文化不同，克尔捷米纳尔文化代表狩猎和捕鱼文化。但在该文化后期，该地区的

---

① 杰通（Джейтун）是位于土库曼斯坦首都阿什哈巴德西北 30 千米的一个村庄。20 世纪五六十年代苏联考古队在该地进行考古时被发现，称为"杰通遗址"。——译者注
② 克尔捷米纳尔遗址（Кельтеминарская культура）位于乌兹别克斯坦卡拉卡尔帕克斯坦共和国，因 1939 年考古学家 С. П. 托尔斯托夫在荒废的克尔捷米纳尔渠附近发现而得名。——译者注

人们已经掌握驯养牲畜和耕作技术。学界普遍认为,克尔捷米纳尔文化存在于公元前 4000—公元前 3000 年。

由此可见,各地在新石器时代的发展存在差异。占巴斯卡雷 4 号遗址（Джанбас - Калы,位于乌兹别克斯坦卡拉卡尔帕克斯坦共和国）最能体现克尔捷米纳尔部落的生活场景。该遗址有椭圆形的地上房屋,是由木头和芦苇搭建的框架结构,可容纳 100 多人。在科瓦特 7 号遗址也有类似结构的房屋,规模更大。

克尔捷米纳尔遗址的特点是小型陶器和发达的插楔技术。黏土从卡拉卡尔帕克斯坦地区的苏尔坦乌伊兹达克山区获得,该地区已发现克尔捷米纳尔文化时期的采土场和陶器作坊（布尔雷 3 号遗址）。在居住区发现大量绘有装饰图案的陶器。

在中亚的山麓和山区生活着第三类部落——吉萨尔文化（Гиссарская культура）。这是典型的新石器时代山区文化,体现这个时期山谷地带的生活面貌。第一个发现吉萨尔文化的考古学家奥克拉德尼科夫（А. П. Окладников）指出,吉萨尔文化极具特色:一是其砾石工具代表了中亚地区石器技术的最高水平;二是该地区基本没有陶器。

奥克拉德尼科夫认为,吉萨尔人是最早从事农耕的山区人,他们在从事农耕和畜牧的同时也从事狩猎活动。图特卡吾勒遗址（Туткаул,位于努列克附近的瓦赫什河左岸）就发现大面积的多个文化层和居住区,这丰富了吉萨尔文化,增强了它的经济基础。该遗址共发现有四个文化层（其中两个属于 1 万—1.3 万年前的中石器时代,两个属于吉萨尔文化时期）。在吉萨尔文化时期的文化层中发现一些由石头垒成的半球形火炉,居住区内的房子也用石头垒成。类似的居住区在中东地区的考古发掘中也曾出现,不过那里用木头做房屋的框架基础。

在图特卡吾勒遗址发掘的近 4 万件石器时代文物中,有一些是磨制精美的石斧、锋利的石刀,以及石针、石镰、石板等生活工具。很多工具都用来加工木材。狩猎工具主要是长矛和飞镖，长矛和飞镖头上有一个插入装置，即将片状物嵌入木头或骨头凹槽，然后用树脂或其他黏合剂固定。

吉萨尔遗址的大型工具都用砾石制作，极少部分用骨头制作。已发掘的一座骨头遗址是吉萨尔文化时期的人类学发现。根据上层的文化层碳元素测算，吉萨尔文化大约存在于公元前 5150±140 年。

很难确定图特卡吾勒遗址时期的吉萨尔文化的经济状况。但从考古发现看，这个时期的人不依靠狩猎和采集，而是已经转为或正在转向生产型经济，处于农耕和畜牧刚刚开始的初期阶段。一系列资料表明，畜牧业在此时占据最主要地位。从文化层发掘出来的骨头大部分都来自饲养的山羊和绵羊。

我们可以大体确定吉萨尔文化的分布地域。该文化遗址覆盖塔吉克低地。类似的文化在中亚的其他山区盆地也有发现，如塔吉克斯坦北部、费尔干纳、伊塞克湖沿岸等，但相关研究较少。

吉萨尔文化距今不少于 3000 年（公元前 11—公元前 3 世纪）。该文化早期代表是图特卡吾勒遗址，中期代表是奎布利延遗址（Куй‐Бульен），晚期代表是吉萨尔遗址和戈济延遗址（Гозиен）。

关于吉萨尔文化向金属时代的转变过程，目前研究依然较弱。

三 最早的岩画

考古学家对岩画总是充满兴趣。岩画能够为理解古代人类的思维、他们的思想观念以及对外部世界的认识等提供大量素材。

中亚地区有成千上万刻在岩石上的画作。著名的岩画区有费尔干纳的赛马雷塔什（Саймалы‐Таш）和帕米尔西部的良加尔基什特（Лянгар‐Кишт）。塔吉克斯坦境内也有很多地方发现了岩画，如泽拉夫尚河流域、库拉明斯克高原（Кураминский хребет）等地区。帕米尔地区有 50 多处，不过大部分岩画属于公元纪年后的作品，少部分属于更早的塞人和萨尔马特人时期。考察岩画非常吸引人，但要弄清楚其中的内容含义可能还需要几代考古学家和艺术家的努力。

石器时代的岩画在中亚虽然不多，但是内容和技法很有特色。远古的岩画用涂料绘制，而后世的岩画则是在岩壁或石头上刻或画。

乌兹别克斯坦的扎拉乌特赛（Зараутсай）的岩画世界闻名。其中最有趣的场景是猎人们披着伪装捕猎野牛。根据最新的分析，这幅岩画属于新石器—铜石并用时代，也不排除属于更早的中石器时代。

中亚地区最早的岩画由考古学家拉诺夫（В. А. Ранов）1958 年在帕米尔东部的沙赫特石窟（грот Шахты）中发现。在这个海拔约 4200 米的石窟内，岩画用两种颜色的涂料绘制，有清晰的人、鸟、野猪和熊的图案，动物则被弓箭射中。从图画的造型看，沙赫特石窟的岩画年代要早于扎拉乌特赛的岩画，大约属于新石器早期或中石器时代。

在中亚的另外两个地方——萨雷贾斯（Сарыджас）和距离沙赫特石窟不远的库尔捷克赛（Куртекесай）的岩画，属于稍晚些时候的新石器时代晚期或青铜时代。

第三节　青铜时代·向父系社会转化

青铜时代是人类历史上的重要时期。这一时期的生产力和社会结构都发生了重大变化：人类开始掌握矿石的开采与冶炼技术，并学会制造金属工具，社会生产力取得显著进步；农业耕种中开始采用人工灌溉，几乎所有的中亚部落此时都进入了生产型经济阶段，出现了大规模的居民点。青铜时代晚期，财产和社会不平等现象加剧，人类社会也因此开始朝着下一阶段——阶级社会发展。

青铜时代早期又被称为"红铜"时代或"铜石并用"时代。这一时期，尽管石器依然是主流，但铜质工具和制品开始普及。红铜时代在土库曼斯坦南部地区是公元前 5000—公元前 3000 年，在中亚其他地区则一直持续到公元前 2000 年。而青铜时代本身开始于公元前 3000 年，并一直持续到公元前 900—公元前 800 年。

在青铜时代，中亚各部落的物质和精神文明已经发展到相当高的水平。同时，这些部落还成为西亚、近东、印度的城市文明与伏尔加河流域、哈萨克斯坦、西伯利亚、中亚、中国等地各部落沟通的桥梁。然而西方学界明显低估了早期中亚文明的意义。即使是由联合国教科文组织出版的《人类科学和文化发展史》（«История человечества. Развитие культуры и науки»）这种严肃的著作，在谈到土库曼斯坦南部的青铜文明时，也只是说"该文明特征相对简单。这种文明的社会基础活在静态之中，而非动态发展"。苏联学者的研究成果则完全批驳了这种虚无主义的论述，认为这一时期，中亚对东方文明的贡献极大。操伊朗语和印地语的部落正是从中亚来到印度、阿富汗和伊朗等周边国家，而留在中亚的那一部分人与迁至伊朗和印度的人产生了进一步的分化。中亚文明的进一步发展证明，中亚自红铜时代就已获得了领先文明的地位。

一　生产力

几个世纪以来，生产工具日益完善，技术水平也不断进步。随着技术发展，人类学会了金属冶炼。不过，现有研究尚不能明确指出原始金属冶炼技术诞生的具体年份。最初，人类将天然金属视为一种特殊的石材，采用加工普通石材的方法加工金属。后来，人们逐渐发现这些"石头"的特性。这些金属矿石有着相当的韧性。再后来，人类多次在火堆冷却后的灰烬中发现铜的碎片。这些纯铜碎片因大火烧灼铜矿石还原了其中的金属元素并由此而来。因此，人类产生了从矿石中提取铜的想法，这便是炼铜技术。制陶术（即烧制陶器）对人类掌握金属冶炼技术起到重要作用。考古研究表明，人类掌握原始金属冶炼技术的第一步异常艰难,整个过程持续了几千年。

然而,铜质工具的硬度不足,这极大限制了它的使用。铜锡合金的出现则改善了这一情形。有时合金里的锡也被铅、锑、砷替代。这一技术具有一系列优点。铜合金硬度更大,使得大规模生产金属工具成为可能。不过,这一阶段铜器并未完全取代石器,也未成为武器。

恩格斯写道:"铜、锡以及二者的合金——青铜是顶顶重要的金属;青铜可以制造有用的工具和武器,但是并不能排挤掉石器;这一点只有铁才能做到,而当时还不知道冶铁。"[①]

青铜时代中亚地区已有大量适合人类开采的铜矿,并且这些铜矿也得到了开发。人们在费尔干纳,特别是在恰特卡洛—库拉明山（Чаткало - Кураминские горы）的瑙卡特矿区（Наукатское месторождение）中开采出了铜。布坎套山（горы Букан - Тау）的铜矿在中亚也广为人知。人类用于冶炼的矿石范围也在逐渐扩大,最初仅能从氧化矿石中冶炼铜,后来逐渐掌握更加复杂的技术,可以从广泛分布的硫化矿石中冶炼铜。与此同时,中亚地区也有锡矿开采,例如在泽拉夫尚山谷以南的卡尔纳布矿区（Карнаб）,在其他一些地方也有锡矿分布。

在青铜时代,产生于旧石器时代的农业和畜牧业正在成为经济的重要支柱,狩猎在此时仅起着辅助作用。

土库曼斯坦南部有众多的河流和小溪,当地农民最早利用自然洪汛,在湿泥中播种。此地在公元前6000年（新石器时代末期）就诞生了第一个灌溉工程——这是整个西亚地区最古老的水利工程之一。该工程是一个人工蓄水池,容量达3500立方米。后来又发现一些晚些时候（公元前4000—公元前3000年）开凿的灌渠,用于保障位于土库曼斯坦南部的一个居民点约150公顷耕地的灌溉需求。灌渠借助小水沟向各处延伸。最早的农作物主要是二棱大麦、软小麦和矮小

---

① 《马克思恩格斯全集》（第21卷）,人民出版社1965年版,第184页。

麦。随后发现的谷物证明，除大麦和小麦外，当地还种植黑麦、鹰嘴豆和小粒葡萄。人们最早使用的耕作工具是石制（组装）镰刀，后来逐渐投入使用铜制农具和青铜农具。有充分的证据表明，青铜时代的中后期，该地区的人类已经驯服动物用于耕地。此时的家畜中，羊的数量明显多于牛，绵羊被大量圈养。同时，人们还驯服了马和骆驼用于劳动。

在中亚的其他地区，当地部落掌握农业灌溉技术的时间稍晚，但同样在青铜时代之内。有明确的证据表明，花剌子模地区在公元前2000年就有了灌渠，费尔干纳地区很大概率也有引水渠。这些地区经济中的畜牧业占比远高于土库曼斯坦南部。

随着采矿、冶金、耕作和畜牧业的发展，各行各业都取得了长足进展，制陶和石材加工等领域尤为突出。

二 青铜时代的中亚文化

在青铜时代，中亚各地区的历史发展进程不尽相同。据此可以将中亚划为两大区域：一是西南（土库曼斯坦南部）；二是北部和东部（中亚其他地区）。上述两个地区的文化表现截然不同，但相互之间又同时存在着长期稳定的联系。

在土库曼斯坦南部，农耕文明正在蓬勃发展。根据早期文物的研究，这一文明通常被称为"安瑙文化"（Анау）。俄罗斯方志学家科马罗夫（А. В. Комаров）率先进行安瑙文化遗址的发掘工作，之后潘佩利（Р. Пампелли）率领的美国考古队继续进行。对安瑙文化的学术研究始于对纳马兹加遗址（Намазга-Тепе）的发掘，起初由利特文斯基（Б. А. Литвинский）于1949—1950年发掘，然后由库夫丁（Б. А. Куфтин）继续。库夫丁在其文献中提出对该遗址进行分期探索的方案。经过多年发掘获得的所有关于安瑙文化遗址的材料，由马森（В. М. Массон）及其同事进行了综合整理和研究，这使得该部落文化首次进入古代东方史研究的范畴。

在红铜时代早期，居民点由单独的一居室住宅组成。而到了红铜时代中期，居民点周围已经修建了防御墙。此时已经有公共建筑出现，每座公共建筑内部都有一个由两部分构成的火盆。同时多居室的住宅也开始涌现。在红铜时代晚期，居民点面积急剧扩大，并且房屋已经转变为多居室住宅，这些住宅共同组成一个街区。

从红铜时代到青铜时代末期，带有彩色纹饰的陶器（通常称为彩绘陶器）成为土库曼斯坦南部的独特文化象征。

红铜时代有两种居民点：一种是中小规模的居民点（面积不超过10公顷），另一种是原始城市一样的大规模定居点，纳马兹加遗址就属于后者，占地面积达70公顷。纳马兹加遗址在红铜时代就累积了约34米厚的文化层。该地居民生产劳作方式没有变化，但农作物的种类有所增加。当地人此时开始使用铜和青铜工具，尽管石器和石制品也有使用，但铜和青铜器已经进入人们生活的方方面面。纳马兹加遗址的居住区由若干个大型住宅建筑群组成，每个住宅建筑群都是一个由多个家庭构成的公社。其中一个已经发掘出27座房屋（房屋总数应不少于50座），房屋多为方形，但也有一些形状不规则，由大块的方砖交错砌筑而成，之间有走廊连接。房屋内有多种类型的壁炉，门口有脚跟石，门轴在其中旋转。墙壁用石膏精心粉刷过，一些地方甚至使用雪花石膏。相关资料显示，部分房屋还有拱顶。可以说，在红铜和青铜时代，中亚南部的建筑技术已具有很高水平。

这一时期的手工艺品生产也达到一个新高度。铜作坊生产从铜针、图章到匕首的各种器具。石头除用于制造工具和武器外，也被制成各种装饰品和精美餐具。陶匠技艺精进，学会了制作种类繁多、大小不一的器皿：从细颈水罐到酒杯，再到大陶罐。优雅精致的器具表面绘有五彩纹饰。纺织技术也得到广泛发展。

通过研究器物的装饰图案，我们可以对纳马兹加遗址时期的社会意识形态有所了解。除几何图形以外，这些图案还有蛇、鸟、豹、山羊等。其中站在两棵树之间的山羊图像栩栩如生，尤其壮观。考古人员发现的人类和动物的图案既有抽象的，也有现实具象的。一些图案还带有母系社会的特点。还发现了黏土做成的房屋模型和车轮，这应该是祭祀用品。在房屋的墙壁附近和下方发现了人类墓葬。

阿尔滕遗址（Алтын-тепе）是另一个原始城市居住区。它的面积仅26公顷，比纳马兹加遗址小得多，但该遗址也保留了古代东方类型的建筑遗迹，另外还有其他一些文物，包括带有类似于象形文字装饰的小雕像。

纳马兹加遗址以及在科佩特山麓带和梅尔夫绿洲地区发现的其他遗址，是青铜时代晚期中亚文明的杰出代表。

纵观整个青铜时代，土库曼斯坦南部是中亚最发达、文化程度最高的地区。它邻近古代东方的城市文明，是原始农耕文明的组成部分。在此，中亚、伊朗、俾路支和阿富汗等地的各个部落因地处印度河和两河流域这两个最辉煌的古代文明中心之间，在其中发挥着重要作用。中亚（土库曼斯坦南部）部落的发展受到古代东方高度发达的大城市以及周边伊朗和阿富汗农耕部落的深远影响，但与此同时，这些部落也对上述地区的部落发展产生一定影响。

土库曼斯坦南部的部落与青铜时代中亚地区的另一类部落群（通常被称为"草原部落群"）保持着联系。这一联系意义重大，因为后者是欧亚草原部落群不可分割的一部分，在公元前1500—公元前1000年时期，大批来自北方的草原部落迁徙到土库曼斯坦南部地区。

在咸海地区，托尔斯托夫（С. П. Толстов）的考古队及其同僚发现了许多青铜时代的遗迹。这些遗迹都属于"塔扎巴吉亚布文化"（Тазабагьябская культура）。塔扎巴吉亚布人生活在方形的半露天窑洞内。房屋中央有火炉，墙脚留有做家务的地坑。当地居民从事耕作，并且已经掌握灌溉技术。畜牧业在经济活动中起重要作用。考古人员发掘了当时人们的墓葬，还发掘出大量带有三角形、凹线或三角形点阵装饰图案的陶器。经伊季娜（М. А. Итина）证明，这种陶器与哈萨克斯坦西部的安德罗诺沃文化（Андроновская культура）和伏尔加河地区的木椁墓文化（Срубная культура）有很大的相似之处。

除了塔扎巴吉亚布文化，还有一种"苏亚甘文化"（Суярганская культура）也在咸海地区广泛传播。研究人员认为，该文化的特征很大程度上来自其与南方的安瑙文化部落之间的联系。

青铜时代的末期（公元前2000年代末到公元前1000年代初），位于锡尔河三角洲的塔吉肯（Тагискен）丘陵上，由砖坯和木桩建成的巨型陵墓成为部落文化的标志。陵墓外部呈圆形（直径最大达15米），内部呈正方形。陵墓的黏土墙非常厚实，其内壁可能挂有壁毯。

公元前3000年代末至公元前1500年，在泽拉夫尚河的下游有一些部落定居，考古学家称他们为"扎曼巴彬人"（Заман-бабинцы）。扎曼巴彬人居住在茅屋里，墙壁由黏土筑成，屋顶铺满稻草。扎曼巴彬人从事农业活动，懂得利用围筑的土堤蓄洪灌溉。当地人还经营畜牧业，饲养牛、羊和驴，也从事狩猎和捕鱼活动。居民们使用的劳动工具有石铲、镰刀和杵。扎曼巴彬文化的陶瓷工艺可以追溯到克尔捷米纳尔文化晚期，同时也受到了安瑙文化的深远影响。当地考古人员发现了安瑙文化的陶瓷碎片，这些碎片上的图案与土库曼南部出土的青铜器和石器上的装饰花纹类似乃至一致。这为我们提供了另一种可能的解释，即扎曼巴彬文化与南方的农耕部落存在文化上的（而非种族）联系。

此后（公元前20世纪中叶起），草原的青铜部落文明开始向泽拉夫尚河谷地区扩张。

在塔吉克斯坦的中部和南部，包括铜斧在内的铜—青铜器是最早出土的青铜时代文物。其中一部分出土于尤利村（село Йори），该村庄位于肯特区（Кентский район）的彭吉（Пенджи），另一些则在古比雪夫区（Куйбышевский район）的莎尔莎尔村（кишлак Шар

Шар），还有一些在瓦尔佐布河（Варзоб）沿岸的阿拉克钦村（кишлак Аракчин）附近被发掘。上述文物的年代均为公元前3世纪末到公元前2世纪初。

在塔吉克斯坦的南部和北部，考古人员都发掘出大量青铜时代中期的文物。

在锡尔河右岸、苦盏以东的凯拉库姆（Кайраккум，今塔吉克斯坦古里斯通市）荒漠地区，研究人员发现了数十个居民点并进行了考古学勘察，这些居民点的历史可追溯到青铜时代中叶。居民点面积不一，有的窄小，有的宽阔（占地面积约10公顷），但大多数居民点的面积为0.1—3公顷。居民点通常由多个房屋组成。可以直观地看到，住宅中央有一排炉膛。住宅长度达20米，宽度则为12—15米。

凯拉库姆人主要从事畜牧业。考古人员在居民点收集到了绵羊（或山羊）、牛和马的骨头。大量碾子的出土间接证明了当地农业的发达：碾子被用于磨碎谷物，制作面粉。

采矿和冶金是凯拉库姆人重要的生产活动。在居民点中发现很多青铜铸造残留的炉渣，同时还发现了石制的两半模具，用于铸造青铜斧和镐。

凯拉库姆出土的陶器和塔扎巴吉亚布文化有些类似，尽管两者并不完全相同。工匠们使用带齿的（梳状的）和扁平的工具，在陶器表面绘制装饰性图案。

在凯拉库姆人生活的地区以及在阿什特区（Аштский район）的达哈纳村（кишлак Дахана），都发现了青铜时代的人类墓葬。

在青铜时代，凯拉库姆部落属于众多青铜文明的草原部落之一，当时这些部落占领了费尔干纳山谷的部分地区。这些部落占据了塔什干绿洲，并在七河流域（Семиречья）与南哈萨克斯坦的安德罗诺沃文化部落（андроновские племена）相融合。他们被通称为"凯拉库姆文化"。除凯拉库姆人聚居的塔吉克斯坦北部以外，沙赫里斯坦

（Шахристан）地区也分布有凯拉库姆人。在阿克坦加洞穴（пещера Ак-Тан-га）的顶层，也发现了凯拉库姆人的物质文化遗迹。

除凯拉库姆文化以外，在费尔干纳山谷还有一种完全不同的文明，被称为"楚斯特文化"（чустская культура）。楚斯特人以农业劳动者为主，彩绘陶器是楚斯特文化的标志。

塔吉克斯坦境内也有青铜文明的草原部落定居点遗址，例如库尔干秋别市附近的基洛夫国营农场的中心区。在克孜勒苏河、瓦赫什河，以及注入喷赤河的卡菲尔尼甘河下游河谷地带，考古人员发现了许多公元前1500—公元前1000年青铜时代晚期的人类墓葬。这些墓葬主人生前使用的陶器非常精美，其中一部分在制陶转盘上加工制成。这些陶器具有安瑙文化晚期的部分特征。通过安瑙文化的青铜器，我们也可以看出中亚南部与西部之间的相互联系。同时，当地的丧葬习俗（特别是坟墓的形状和火葬习俗等）表明，该文化与草原文化联系更加紧密。根据墓地的不同位置，研究人员将该地区的文明分为两种，分别叫作"比什凯克文化"（бишкентская）和"瓦赫什文化"（вахшская）。不过，这两种文化之间的关系尚不明确。同时，在距离此地不远的苏尔汉河①（Сурхандарья）沿岸也发现了居民点，在其现场发掘出的陶器与安瑙文化晚期类似。根据阿尔巴姆（Л. И. Альбаум）对古代的库楚克遗址（Кучук-тепе）和阿斯卡罗夫（А. Аскаров）对萨帕利遗址（Сапали-тепе）的考古发掘，早在公元前3000年代末至公元前2000年代初之际，中亚东南部就已经出现原始农业经济高度发达的古老村社。村庄设有防御工事，房屋按照规划布局。建筑物地下是死者的墓葬。各种手工艺品也达到了高超的水平。

利特文斯基认为，公元前3000年代末至公元前2000年代初之际，塔吉克斯坦东北和东南部的安瑙文化部落急剧扩张。在新开拓的

---

① 位于乌兹别克斯坦，为阿姆河的支流。——译者注

土地上，其中一些人继续以往的生活方式，而另一些人则因自然条件的限制逐渐转向畜牧业生产，并向半定居生活方式转变（塔吉克斯坦南部的墓葬就是这部分人留下的），草原人对其习俗和物质文化产生了很大影响。

三 社会制度

关于青铜时代的社会制度问题，学界有很大争议，至今仍然有许多互相矛盾的观点和假说。对安瑙文化部落历史的详细研究引起了不少学者的兴趣。马森认为，大型家庭公社促使了多居室住宅的出现。大约在公元前4000年代和公元前3000年代交接之际，家庭公社由母系转为父系。最终情况如马克思列宁主义著作所述，从母权制过渡到父权制的根本原因是经济基础，特别是男性所从事的畜牧业发展对此起到重要作用。男性通过狩猎累积了剩余劳动产品，女性可以共同使用这些产品，但不享有所有权。"野人"、勇士和猎人满足于自己低于女性的次要家庭地位，而更加"温和"的牧夫则依靠自己积累下的物质财富跃居首位，女性则降至第二位。与男性从事的渔猎相比，此时女性的工作在家庭里已经失去意义。

青铜时代晚期，贫富差距和社会分化进一步加剧。当时的人们修建了类似塔吉斯肯文化（Тагискеn）的大型陵墓。原始城市生活蓬勃发展。尽管目前很多问题仍然没有确切答案，但是学者们对这一阶段许多原始社会现象并无异议。

第四节 青铜时代中亚的民族组成·雅利安人

一 印度—伊朗人，雅利安人

在青铜时代，中亚地区的种族进程意义重大，无论是对于中亚之后的历史阶段,还是对从印度到东南欧的诸多邻国的文明进程,都产生了深远影响。

研究这一时间段的中亚族群历史,面临的一大难题是缺乏文字记载,并且迄今为止,依靠现有的考古资料也不足以充分解释清楚。尽管如此,借助中亚及其邻近地区关于各部落的文献、历史语言学的对比分析,以及不断丰富的考古资料,都能帮助我们在这一方面获得许多意义重大且足够明确的结论。

根据第一份含有确切日期的、有关中亚的书面资料,早在公元前7世纪到公元前6世纪,伊朗族裔的部族就遍布整个中亚,他们之中有粟特人(согдийцы)、巴克特里亚人(бактрийцы)、马尔吉亚纳人(маргианцы)、花剌子模人(хорезмийцы)、帕提亚人(парфяне)以及塞人(саки)部落等。

目前,通过分析出土的文物,科学家解读了由数种伊朗语言写成的文本。在远古和中世纪早期,这些文字在中亚及周边地区十分普遍。其中既有东伊朗的巴克特里亚语、粟特语、花剌子模语及和田塞语(хотаносакский)[①],也有西伊朗的帕提亚语。这里的西伊朗语明显深受中亚地区的东伊朗语影响。在公元前1世纪上半叶,中亚及其毗邻地区盛行一种由琐罗亚斯德教圣书《阿维斯塔》衍生出的方言。

伊朗语族包括波斯语(分为古波斯语、中古波斯语、新波斯语三个阶段)、塔吉克语、库尔德语、俾路支语和其他的西部伊朗语,以及阿富汗语(普什图语)、奥塞梯语、帕米尔语和其他的东部伊朗语和方言。印度语或印度—雅利安语同伊朗语有近亲关系。除现代语言外,古代的吠陀语(ведический)、梵语(санскрит)和巴利语(пали)等也属于伊朗语族。

---

① 和田塞语又称东部塞语,是一种曾在塔里木盆地于阗王国与图木舒克使用的塞族方言,属东伊朗语。其下又分成两种方言,在于阗使用的称为"于阗语"或"和田语"(Khotanese),在图木舒克使用的称为"图木舒克语"(Tumshuqese)。和田塞语的文献存于敦煌文书中,以婆罗米字母书写。英国剑桥大学出版社1979年曾出版贝利教授(H. W. Bailey)撰写的《于阗塞语词典》(Dictionary of Khotan Saka)。——译者注

伊朗语与印度—雅利安语一起构成了印欧语系中的印度—伊朗语支（或雅利安语支）。印欧语系还包括斯拉夫语、日耳曼语、凯尔特语、罗曼语、希腊语、亚美尼亚语以及许多其他语言。这些语言在现代有诸多相近之处，在古代则更为明显，这也表明了它们的一脉相承关系。

现代学者推断，印欧语系最早形成于从西部的中欧和巴尔干到东部的欧亚草原之间的广大地区。需要注意的是，这里所说的起源是一个极其久远的时间概念。印欧语系的各语言分支（如希腊语、斯拉夫语、日耳曼语等）均从古印欧语直接演化而来。尽管各语言分支的应用地域非常广阔，但彼此间仍保持着联系。

与印欧语系其他语支的前身不同，操印度—雅利安语和伊朗语的印度—雅利安人和伊朗人来自同一个祖先。印度—雅利安人和伊朗人的紧密亲缘关系（或说同一性）首先表现为二者语言的相近性。

研究人员分析和比较了各种伊朗语和印度—雅利安语，首先选取阿维斯塔语和古波斯语等古语言，另外还选择了吠陀语和梵语，对比研究结果清楚地表明：古代伊朗语和印度—雅利安语有着共同的语法结构和基本词汇。

在上述两组语言中，我们可以发现许多对应的词汇，这些词汇仅有少数语音上的差异，其中不乏完全一致的单词。例如，"水"在古伊朗语中是 ап，在古印度语里也是 ап；"大地"分别为 бужи 和 бхуми；"风"为 вата 和 вата；"身体"为 тану 和 тану；"手"为 заста（或 даста）与 хаста；"话语"或"声音"为 вачах 和 вачас；"名字"为 наман 和 наман；"衣服"为 застра 和 востра；"父亲"为 питар 和 питар；"兄弟"为 братар 和 бхратар；"在某地（或在内部）"为 антар 和 антар；"二"为 Два 和 Два；"四"为 чатвар 和 чатвар；"五"为 панча 和 паньча；"七"为 хапта 和 сапта；"八"为 ашта 和 ашта；"十"为 Даса 和 дача；"二十"为 ДваДаса 和 Два - Даща；"一百"为 сата 和 щата，如此等等。

这些词中绝大多数后续经历了某些语音变化，但仍继续存在于现代伊朗语言中。如塔吉克语中有：об—水；бод—风；тан—身体；даст—手；ном—名字；падар—父亲；бародар—兄弟；андар—在某地；ду—二；чахор—四；панч—五；хафт—七；сад——百。

类似的情况在语法规则的变格变位中也有体现。以"身体"（тану）一词为例，古伊朗语中该词语第一格为тануш，第四格为танум，第五格为танва，在古印度语中相应为тануш、танум、танва。至于动词变位，"拿"（бар）一词在现代塔吉克语中为бурдан，词干为бар，而在古伊朗语中现在时第一人称单数对应为барами，第二人称为барахи，第三人称为барати，在古印度语中则分别为бхарами、бхараси和бхарати。

这些事实直接证明了印度语和伊朗语起源一致，都是从同一种语言衍化而来，它们从这一种语言中继承了基础语法结构和核心词汇。根据语言学家的研究，后来各地独立发展起来的各种现代伊朗语（以及印度—雅利安语）之间的差异要比古印度语与古伊朗语之间的差异大得多。古代印度人和伊朗人在宗教、神话和史诗等领域也有很多相似之处。此外，伊朗人和印度人的民族性格、度量衡和流传至今的经书片段（《阿维斯塔》和《吠陀》）也有不少地方相通。这些证据揭示了两种文明间宗教、史诗创作和语言的传承。

研究人员对古代伊朗宗教和吠陀教进行对比和还原。研究结果表明，古代伊朗人和印度—雅利安人的祖先有相似的宗教观念，有相同或类似的宗教祭祀仪式，都崇拜火，都使用特殊植物榨汁而成的饮料祭祀——印度的苏玛汁（сома）、伊朗的豪玛汁（хаума）（名称均来源于动词"压""榨"）。另外，两个语言中均有"曼怛罗"神咒（мантра），这也引起学者关注。

古代伊朗人和印度人崇拜的神以及史诗传颂的英雄名字也相吻合。密特拉神（Митра）是古代吠陀部落和伊朗人的主神之一。此外，还有一些著名的神，如风神与战争之神伐由（Вайу），以及另外一位风神瓦塔（Вата），此外还有印度的苏玛之神对应伊朗的豪玛之神（即上述两种祭祀用饮料的拟人化），《阿维斯塔》的主人公、太阳神维万格罕（Вивахвант）之子"亚马"（царь йима）① 对应吠陀教中的苏里亚（Вивасвант）之子"亚梅"（Иаме）。

印度和伊朗部落祖先共同拥有"阿尔塔"（арта）的概念，即真理、宇宙秩序或正义。总体上，这个概念确定了许多重要的宗教形象，甚至更广范围上的意象场景，还与宗教中的最高神直接相关，如《梨俱吠陀》中的"阿修罗—伐楼拿"（асура Варуна）和伊朗部落的"阿胡拉—马兹达"意思相近，印度语中的"阿修罗"（асура）和伊朗语中的"阿胡拉"（Ахура）都是"主宰""统治者""最高神"的意思。

关于宇宙的概念也以多种方式在神话中反复出现。印度神话和伊朗神话都认为宇宙是三维的，由天、地和天地之间的空间构成。每个空间都被赋予相应的象征，并与相应的神灵相关：天——至上的天神，天地之间——风神、雷电和战争之神，地——众多神灵，通常是代表生育和丰收的神。

研究人员发现，在印度和伊朗的宗教和文学中，许多神话故事和史诗传说都有重合之处，在古代伊朗人和印度—雅利安人精神文化其他领域，类似的相通之处也不断被发掘。

对塔吉克神话的分析表明，它直接继承了印度—伊朗文明的诸多内涵。先简单举一两个例子，根据安德烈耶夫（М. С. Андреев）的观点，塔吉克人的观念中始终有天父与地母、"创世父母"、《梨俱吠陀》等神话。例如，在塔吉克斯坦的亚兹古列姆（Язгулем）部分地区，"天"至今仍叫作 дед，即父亲，而"地"则为 нан，即母亲。这也与将一年四季分为男性和女性相吻合。人们认为秋天和冬天是男性，因为秋冬降水滋润大地；春天和夏天则是女性，因为自然万物此

---

① 亚马系古波斯语，现代伊朗语为"贾姆希德"（由"Jam"和"shid"组成）。——译者注

时焕发生机。

在《梨俱吠陀》中，地和天也表现为母亲和父亲的形象，他们是一对紧密相连的伴侣。古希腊人和其他民族也保留了这种信仰的痕迹。因此，天和地这一神话不仅局限于印度—伊朗文明，同时也属于印度—欧洲文明。对山羊的信仰也与生活在山地的塔吉克人和达尔德人极为相似。

在其他诸如经济、生活方式、社会组织和社会政治结构等领域的共通之处也有重要意义。通过对比研究，我们看到印度－雅利安人和伊朗人的祖先都有相同的生活方式，都过着类似的定居或半定居生活，从事畜牧业和农业生产。应当指出，农业长久以来一直是古代雅利安人的重要经济支柱，尽管此时人们已经将牲畜养殖作为首要劳动，并且拥有牲畜已成为衡量财富和繁荣的主要指标。研究发现，许多常见的古伊朗语和古印度语表示的是家畜、作物、畜牧和耕作的劳动工具。还有一些相关术语，例如，在伊朗语和印度语里，ray 和 гад 分别表示牛；аспа 和 ащва 表示马；уштра 和 уштра 表示骆驼；карши 和 крш 表示犁沟、耕作；йава 和 йава 表示粮食、谷物等。

印度和伊朗部落的祖先在雅利安时代就熟练掌握冶金技术。伊朗语和印度语里的许多金属名称基本相同，例如，艾阿赫（айах）和艾阿斯（айас）分别用于泛指金属，或者指铜，或者后来的铁；扎拉尼亚（заранья 或 Даранья）和希拉尼亚（хиранья）指金；阿尔夏塔（арщата）和拉贾塔（раджата）指银。许多表示劳动工具（包括金属制工具）和武器（矛、弓等）的术语也是基本相同。还有一些资料表明，印度—伊朗人在雅利安时代就开始使用战车（伊朗语中的рата 和印度语中的ратха），当时各部落养马也较普遍。而且，印度和伊朗各部落的军事组织、作战方法和特点非常相似。

印度—伊朗文明的社会组织形式也相同，都是根据家庭、氏族和部落划分，具体到制度、习俗和相应的专有名词也有重合，例如，伊朗语和印度语中，"宗族""村庄"和"村社"一词分别为维斯

（вис）和维希（вищ）。研究人员对古代伊朗和印度语言中的词汇进行比较，结果证明，长期以来，雅利安人家庭和氏族都属于父权制。举个例子，雅利安人社会组织的重要单位之一是同一个父系的家族，成员包括具有相同祖先的、有血缘关系的族人，该家族与其他类似家族一起组成更大的社会组织单位——氏族（村社）和部落（或村社联合体）。在古代伊朗和印度的社会中，这类具有血缘关系的家族成员拥有共同的财产和宗教信仰，共同行使权利和义务，共同继承家族财产，举行同样的成人礼等习俗。这类家族在印度语中通常被称为"戈特拉"（готра，来源于雅利安语rayтpa），伊朗语中同样可以发现类似词汇，在古伊朗语中称为"高特拉"（гаутра），在中古波斯语中叫作"戈赫尔"（roxp或roxp – ак）。

印度—伊朗文明时期，社会关系已经相当复杂。不平等的社会地位和人身依附关系已经出现。完全的自由人分为三类：神职人员、军事贵族和自由的村社成员（即牧民和农民）。这三类人的划分在远古时期的《梨俱吠陀》和《阿维斯塔》中已有体现，在其他伊朗部落，如斯基泰人和奥塞梯人的史诗中也有类似描述。古代印度与伊朗具体的意识形态观念不谋而合，都对这三个群体进行划分，这也证明了印度和伊朗文明有着共同的起源。在印度和伊朗的神话传统中，每类自由人群体都对应一个宇宙空间的维度：神职人员为天，军事贵族为天地之间的空间，同时该维度也是战神对应的空间，村社成员为地，因为与繁育和丰收有关。此外还有一些颜色的对应：神职人员为白色，军事贵族为红色等。颜色对应显然与自由人群体的称谓有关，印度语中的瓦尔那（варна）和伊朗语中的皮什特拉（пиштра）两个词的字面意均为"颜色"。

历史上，古代伊朗和古代印度的军事贵族一般为战车手。上述观点可以在语言词汇中找到证据：阿维斯塔语中，战车手叫作拉泰什塔尔（ратайштар），该单词字面是"站在战车上"；相应地在印度语中，拉特赫什特哈（ратхештха）一词也用于表示刹帝利（кшатрийа—кшатрий）这一军事贵族群体①，而这一军事贵族群体在伊朗语中是 хшатрья - хиштра。这些词汇一方面证明了战车（即印度语中的 ратха，伊朗语中的 рата）在当时的广泛运用，另一方面也使我们能够概括出一些社会经济领域的普遍特征。战车的存在本身就说明了当时人们已经开始使用金属工具，并且手工业也发展到相当高的水平。而专业战车手的存在则证明了当时已经有军事贵族阶层出现，该阶层并未全职从事生产劳动，这也说明了军事贵族拥有非劳动的收入。同时意味着人身依附关系已经出现。

雅利安部落的首领为出身于军事贵族的酋长或"王"。根据伊朗和印度的传统，部落首领有多种命名法，包括赫沙伊（хшай，来源于古伊朗语）和克沙伊（кшай，来源于古印度语），上述词语本意为"统治""执掌"。古伊朗语中赫沙伊一词的变体之一演变为"沙赫"（шах）一词，即塔吉克语中的绍赫（шох）。伊朗语的赫沙特拉（хшатра）和印度语的克沙特拉（кшатра）也有相同的词源，意思均为权力、统治、王权。

早在雅利安时期，古印度和古伊朗的部落就已经建立酋长制（乃至后来的君主制），以及其他的政治制度雏形。

印度—伊朗各部落的祖先有共同的名字"雅利安"（арья），这证明了他们之间存在密不可分的联系，古伊朗和古印度的文字与一些其他资料对该名称都有记载。今天的"伊朗"一词也起源于古伊朗语里的"雅利安纳姆"（Арьянам）一词，意为"雅利安人的国家"；印度语中的"雅利安瓦尔塔"（Арьяварта）指印度北部或中部亚穆纳河（Джамна）和恒河（Ганга）的交汇地带，这也是印度境内最古老的雅利安文明中心之一，阿维斯塔语中的"雅利安纳姆—瓦伊恰赫"（Арьянам - вайчах），意为"雅利安人的辽阔土地"，是伊朗

---

① 瓦尔那是梵语词，varṇa 的音译意思是"人的种类、部落、等级、行业"，是印度教经典中解释种姓制度的概念。——译者注

人传说中的故土。此外还有不少伊朗部落和部落群的名称可以佐证：米底（Мидия）部落叫作"雅利安赞特"（аризанты），其字面意就为"雅利安人的部落"，萨尔马特（Сарматы）人的部落叫雅利安（арии），还有阿兰（аланы）部落联盟，奥塞梯人也在自己的英雄史诗中自称为阿伦（аллон），该词来源于古伊朗语中的"雅利安亚纳"（арьяна）。

综上所述，印度和伊朗语言起源相同，宗教、文化、社会政治组织、经济和部落生活方式在早期文字记载中体现出系统性的内在共通，上述诸多共用的词汇表明，在雅利安时期，伊朗和印度部落祖先存在共性。因此，印度—伊朗文明共同体不仅是一种语言现象，还是一个在特定时期生活在共同地域上的真正的历史整体。由于这一时期经济和社会快速发展，雅利安部落开始向其他地域扩张，这使原先的雅利安部落分化为伊朗和印度雅利安两支。

二 部落迁徙路线

印度—伊朗部落在分化为两支之前，居住在何处？又是何时、以何种方式从原来的地域迁徙至此？学界对这些问题观点不一。一种公认的说法是，印度伊朗各部落的祖先起初居住在黑海沿岸，后来迁至中亚及周边地区，其中一支印度—雅利安人又从这一地区来到印度，另一支则在大约公元前1500年抵达西亚，研究人员在他们的语言和文化中发现了大迁徙的历史踪迹。再后来，伊朗部落（即米底人，波斯人的祖先）也进入了伊朗西部。一直以来，大多数历史学家和伊朗语言学家都坚持上述这一观点。苏联考古学界也支持此观点，例如，伯恩斯塔姆（А. Н. Бернштам）、托尔斯托夫（С. П. Толстов）、伊季娜（М. А. Итина）、扎德涅普罗夫斯基（Ю. А. Заднепровский）、库兹米娜（Е. Е. Кузьмина）、曼杰利什塔姆（А. М. Мандельштам）等学者通常认为，青铜时代在中亚草原地区的安德罗诺沃文化和其他草原文化的承载者是雅利安人或伊朗人。

另外，托尔斯托夫（С. П. Толстов）、马松（В. М. Массон）、季亚科诺夫（И. М. Дьяконов）、甘科夫斯基（Ю. В. Ганковский）等人认为，从公元前 3000 年开始（或公元前 2500 年起），在中亚西南部以及周边的伊朗和阿富汗地区从事农耕活动的居民正是雅利安人。

但是与此同时，胡辛格（Г. Хюсинг）、克尼格（Ф. Кениг）、吉尔什曼（Р. Гиршман）、格兰托夫斯基（Э. А. Грантовский）等学者却持有不同意见。他们认为，伊朗部落，即米底人、波斯人和其他西伊朗民族的祖先并非来自东部的中亚，而是从北部翻过高加索山脉来到伊朗。根据这种观点，在公元前 2000 年，伊朗部落（或其中一支）生活在东南欧。在这种假设中，通常认为其余的伊朗部落当时居住在中亚及其北部毗邻地区，而印度雅利安人的祖先则是从中亚来到印度。

另外还有一种观点认为，伊朗部落在越过高加索山脉到达伊朗后，自此扩散至乌拉尔南部和中亚其他地区。持这种观点的有阿利特海姆（Ф. Альтхайм）和耶特马尔（К. Иеттмар）。

一群雅利安人于公元前 2000 年进入西亚，很有可能是穿越高加索山脉而来。但与此同时，人们更多地认为，其余的雅利安部落，即伊朗人和印度雅利安人的祖先，在迁徙至其他地区之前，先是共同生活在中亚及其周边地区。根据这一假说，他们到达印度的时间是公元前 1500—公元前 1000 年。因此，许多专家认为《梨俱吠陀》成书于公元前 1200—公元前 1000 年。

一些学者基于西亚雅利安人是经高加索迁徙而来的假说，认为这些人是印度雅利安人的祖先，他们是在公元前 12 世纪前后被赶出西亚地区后被迫迁徙到南亚。另一种观点认为，根据相关考古材料，在公元前第 2 个千年的最后几个世纪（大约公元前 12—公元前 10 世纪），吠陀雅利安人的祖先从西亚和外高加索一带开始，通过伊朗向印度扩张。

最后，还有一种完全不同的观点，认为雅利安部落很早就已在印度生活，他们定居印度的时间大约在公元前3000年甚至更早。这种观点与早在公元前2000年前《梨俱吠陀》就已广泛传播有关，并为某些印度学者认同。同时，这本古老的雅利安宗教文学经典在当时的印度（大约在旁遮普邦境内以及贾姆纳河和恒河上游）已经出现。考古人员在印度河谷及其附近地区发现哈拉帕—摩亨佐—达罗文化遗址（Хараппа‐Мохенджо‐Даро）更证明了这一观点。该遗址存在于公元前2500—公元前2000年。一些学者据此认为雅利安人此时已经在印度生活，该文化就是雅利安文化。甚至有人坚信，在哈拉帕文化形成之前，《梨俱吠陀》就已经出现。

因此，如上文所述，对于雅利安部落的早期居住地区、迁徙至某些国家的时间和路径的问题，学界观点不一。但这并不意味着没有解决雅利安问题的可靠论据。相反，考古人员从研究中获得了数据和许多客观性结论，这些材料一方面证明了上述某些理论缺乏根据，但另一方面也提高了其他一些理论的公信力。

也有一些学者认为，关于雅利安部落早在公元前2000年就生活在印度，以及哈拉帕文明的承载者是雅利安人的观点站不住脚。从印度雅利安语同伊朗语非常接近、雅利安语属于印欧语系的一支、这些语言之间有着长期且紧密的联系等事实可知，雅利安部落出现在印度的时间不可能早于公元前2000年，而哈拉帕文化出现于公元前24世纪—公元前23世纪（即公元前3000年代的中叶）。此外，一些考古资料显示，哈拉帕文化是公元前3000年代的上半期（即公元前4000—公元前3500年）印度河谷及其周边地区在当地的早期文化基础上兴起发展。仅凭这个因素我们就必须承认，哈拉帕文化是由雅利安人到来之前的印度本土部落所创造。

与此同时，一些学者确信，哈拉帕文化的居民使用达罗毗荼语或与其类似的语言。很显然，这个群体属于印度河谷及其周边地区的雅利安人之前的部落。关于这一点，从达罗毗荼语对印度雅利安语具有深远影响便可知，这些影响可以清晰地追溯到《梨俱吠陀》时代。

其他一些材料也可证明这个观点。

目前，达罗毗荼语使用者主要分布在印度南部地区。但在印度河以西地区，即今日的巴基斯坦和阿富汗南部地区也有达罗毗荼语使用者——布拉灰人（брагуи）。这个地区在古代有大量的人说达罗毗荼语，后来经过几个世纪逐渐被印度雅利安部落和伊朗部落同化。

还有一个观点应当引起我们注意。一群苏联科学家使用计算机技术研究了哈拉帕文化的文字。结果表明，这种文字不可能是雅利安语，而是与达罗毗荼语有亲缘关系并属于达罗毗荼语系的语言（处于达罗毗荼语的原始阶段）。国外也进行了类似工作，研究人员就哈拉帕文化的文字属性问题得出了大体相同的结论。

因此，基于种种事实，我们可以得出一个明确的结论，即哈拉帕文化不是雅利安人的文化，印度雅利安部落在公元前2000年代初期还没有出现在印度。

与此同时，有学者认为，关于公元前2000年代中期语言文化的西亚文献证明印度雅利安部落起源于雅利安人，这一观点实际是错误的。论证这一观点的语言学和历史学依据已被很多学者证伪，这些学者还认为，西亚的雅利安人不可能是印度雅利安部落的祖先。同理，那些关于印度雅利安部落于公元前1200年至公元前1100年来自西亚和外高加索地区的观点，也同样被证明站不住脚。

至于米底人、波斯人和其他西伊朗人的祖先是从高加索来到伊朗这一观点，尽管被许多学者接受，但至今仍未得到证实。我们认为，伊朗部落更有可能是从中亚移居至伊朗和其他地区。迁徙路线可能有两条：一是直接从中亚出发到达伊朗；二是经由高加索地区。在此需要说明的是，在这个观点中，东南欧地区（即部分西伊朗部落自该地区来到伊朗）应该视作伊朗部落占据的东方领土（包括中亚）的直接延伸。我们还可以假设，如果西伊朗部落真的是由高加索迁徙至伊朗，那么这些人在此之前则是从东方途经里海北部地区到达高加索，这条路线也是后来的斯基泰人的迁徙路线。

但是无论如何，关于中亚地区的伊朗部落来自伊朗这一观点明显不对。支持这种观点的论据绝对站不住脚。现实证据表明，在伊朗西部地区，伊朗部落在公元前1000年代的上半期已经广泛分布，其出现在此地的时间不会早于公元前2000年代末期或公元前2000年代和公元前1000年代之交。但在中亚地区，历史语言学和考古学资料显示，伊朗部落至少在公元前2000年代下半叶至公元前1000年代初期这段时间就已经在此生活。

大部分现代伊朗人：波斯人、阿富汗人、库尔德人、俾路支人等，生活在伊朗高原及其西部和东部的邻近地区。但在公元前2000年代，伊朗西部地区居住着其他部落和语言群体，包括埃兰人（эламиты）、卢卢比人（луллубеи）、加西特人（касситы）等。根据文献记载，这些当地部落大约在公元前1000年代上半叶逐渐被伊朗部落取代和同化，伊朗部落向伊朗全境扩散并成为伊朗西部地区的主体。

伊朗语言和部落的分布范围在古代要比在中世纪和近代广得多，范围从欧洲东南部一直延伸到中国新疆，从乌拉尔一带和西伯利亚南部延伸到伊朗南部。

古代资料可以直接证明，在高加索和黑海以北地区的一部分讲伊朗语的部落从东方向东南欧不断迁徙。这些部落起初是公元前9—公元前8世纪来到此地的斯基泰人（其中一部分在公元前8世纪与公元前7世纪之交又经过高加索来到了西亚），然后是萨尔马特—阿兰人（сармато-аланские）。萨尔马特—阿兰人是现在居住在高加索地区的现代伊朗人——奥塞梯人的祖先之一。根据文字记载和考古资料，萨尔马特人在向西迁徙之前，他们主要生活在从里海和咸海以北一直到外乌拉尔的地区。

由此，从历史学和考古学角度可以确认，向东南欧迁徙的伊朗部落来自伏尔加河和乌拉尔山脉以东地区，而这些伊朗部落在这个地区定居的时间肯定早于公元前1000年代初期。

进入中国新疆地区的伊朗部落（包括东部塞语的祖先），只可能来自中亚或哈萨克斯坦周边地区。在公元前 3—公元前 2 世纪这个时期，中国新疆的大部分都是伊朗部落（主要是塞人）。这一时期的关于中国新疆的书面文献表明，这些伊朗部落（与说印欧语的其他部落一起）在公元前 3 世纪以前就已经在此长时间生活。只是很久以后，突厥—蒙古部落才从东北方向新疆南部和七河流域扩张。

如上所述，中亚地区在公元前 7—公元前 6 世纪已经完全被伊朗部落占据，包括巴克特里亚人（бактрийцы）、花剌子模人、粟特人（согдийцы）、塞人（саки）等。在这些部落基础上（尤其是巴克特里亚人和粟特人），于中世纪早期逐渐形成了今日的塔吉克民族。

在上文所述的公元前 7—公元前 6 世纪，农耕的伊朗部落早已在中亚定居，他们各自生活在与自己部落同名的地区：巴克特里亚人——巴克特里亚、粟特人——粟特（索格狄亚那）、花剌子模人——花剌子模、马尔吉亚纳人（маргнанцы）——马尔吉亚纳（Маргиана）①、帕提亚人（парфяне）——帕提亚（Парфия）（其北部位于今日土库曼斯坦南部，其南部位于今日伊朗境内）。而考古资料明确表明，游牧的伊朗部落（尤其是塞人部落）也早在公元前 6 世纪就已纳入中亚的历史进程。

农耕的伊朗部落早在公元前 7—公元前 6 世纪之前就已生活在中亚，《阿维斯塔》明确证实了这一点。该书的前几个部分创作于公元前 1000 年代早期的中亚，书中还提到了中亚及其邻近地区，包括粟特、马尔吉亚那、花剌子模、阿列亚（Арейа，即今阿富汗西北部的赫拉特）等。

《阿维斯塔》还记载了一个传说中的国家，叫作"雅利安瓦埃贾"（Аирйанэм-Ваэджа，意思是"雅利安人的家园"），是伊朗部落（或

---

① 马尔狄亚纳（马尔吉亚纳）是以梅尔夫（Merv）为中心的一个地区。梅尔夫即今日土库曼斯坦的马雷，是古代丝绸之路上连接撒马尔罕和巴格达的交通要道。根据贝希斯敦铭文记载，马尔狄亚纳也是阿契美尼德王朝时期以梅尔夫命名的一个贵族。——译者注

雅利安部落）早期居住的地方。一些学者如马克瓦尔特（И. Маркварт）、本维尼斯特（Э. Бенвенист）、克里斯滕森（А. Кристенсен）、托尔斯托夫（С. П. Толстов）等，认为该国度与花剌子模是同一个国家。但是，认为这个传说中的国家不是花剌子模（因为《阿维斯塔》中有关于花剌子模的记载），而是指中亚及其北部周边更广阔地区的观点似乎更正确。俄罗斯著名东方学家伊诺斯特兰采夫（К. И. Иностранцев）曾发表过类似观点，并得到部分苏联学者的支持。

相关研究成果显示，雅利安语（后来是伊朗语）与芬兰—乌戈尔语之间有紧密联系，因为雅利安部落（后来是伊朗部落）的居住生活区一直延伸到北部的伏尔加河和西西伯利亚之间的森林地带，也就是说，延伸到了可以与芬兰—乌戈尔人发生联系的地区。研究成果还表明，雅利安人同印欧语系的其他部落之间的各种语言和联系一直维系到了"雅利安时期"。这意味着雅利安部落生活居住的地区已经扩散到西北部直至东南欧草原。

与此同时，在中亚以东和东北的草原地带也有伊朗部落（或早期的雅利安部落）居住。这一论断的依据是当地稍晚时期的（从公元前1000年代中期开始）人口信息，以及更早时期的考古资料。从书面文献资料的解读中也可看到，在公元前2000年代后期至公元前1000年代初期，在中亚及其北部邻近地区有伊朗部落居住生活。这说明，伊朗部落是在这些地区发现的这个时期文化遗址的主人。这些文化遗址属于安德罗诺沃文化圈（或者木椁墓—安德罗诺沃文化、塔扎巴吉亚布文化、凯拉库姆文化等）。在公元前2000年代中期至公元前1000年代初期，在中亚东部地区（包括塔里木盆地）也存在无论是考古学特征还是依据欧罗巴人种的人类学特征都属于同一类型的文化遗址。在塔里木盆地出土了安德罗诺沃文化的陶器。后来在公元前1000年时期，斯基泰—塞人部落开始出现在中亚东部地区（包括阿尔泰地区和塔里木盆地）。此外，在塔里木盆地发现的公元前1000年时期的文字，说明在另一语族内有两个亲缘关系紧密的语言（或方言），这两个语言（方言）学术上称为吐火罗语，说吐火罗语的人被称为吐火罗人（或原始吐火罗人）。

在较早之前，吐火罗人生活的地域更广阔，包括更西部的地区。关于吐火罗人为何会出现在塔里木盆地，学界存在不同观点。但必须指出，语言学的研究分析已经证明，原始吐火罗人和东伊朗部落之间存在特定联系。

因此可以说，伊朗部落的早期居住地和部落分布的中心地带是中亚及其北部周边地区。考虑到伊朗和印度雅利安部落的祖先有亲缘关系或同宗，我们可以得出如下结论：在向印度迁徙前，印度雅利安部落的祖先就生活在这一地区。这个观点得到了考古资料，特别是最近在中亚的遗址发掘资料的证实。

我们发现，中亚自红铜时代起就存在两个不同的经济文化区域。在中亚的西南部，即土库曼斯坦南部是农耕文化，该文化在公元前3000年代末期至公元前2000年代初期达到鼎盛。该农耕文化与伊朗的文化类型以及与中亚南部接壤地区的文化类型非常相似。另一种文化类型则存在于中亚大部分地区，该文化类型与中亚北部地区的文化相似。该文化类型所在地区的部落通常与雅利安人和伊朗人有关，尤其是青铜时代的草原部落。

还有一种观点认为，公元前3000年代末期生活在中亚西南部的农耕部落也是雅利安人。这个观点基于如下假说，即中亚西南部的农耕部落和中亚地区的草原部落都是雅利安人。但这种观点意味着，各个雅利安部落之间存在着截然不同的经济文化环境，而这一点与现有的（包括上述的）关于雅利安部落的历史和语言的考古资料存在明显出入。同时，关于印度雅利安人和伊朗雅利安人的祖先的经济文化状况的资料，与青铜时代的草原文化和游牧—农耕文化的出土材料完全相符，但似乎与关于土库曼斯坦南部的农耕文化的资料毫无关系。

还需要注意一点，土库曼斯坦南部的文化自新石器时代到青铜时代早期都被纳入农耕文化圈内，该文化圈覆盖了中亚南部的伊朗及其从西亚到阿富汗和印度的周边地区。这一农耕文化在社会经济和文化方面表现出不少相似乃至一致之处。也有许多考古学证据表明，在当时，尤其是在红铜时代晚期和青铜时代，土库曼斯坦的农耕文化同南部的伊朗及其周边的农耕文化之间有着紧密联系，其中包括一些精神文化要素的渊源。另外还有证据显示，土库曼斯坦南部的部落居民与其南部近邻的伊朗和阿富汗的部落居民之间存在亲缘关系，这些居民在上述地区内来回流动。

因此，从经济和文化总体特征看，在红铜时代和青铜时代早期，土库曼斯坦南部的农耕部落很可能与伊朗、阿富汗及周边地区的部落有联系。一方面，这个时期，在这些地区内的雅利安人还不是很多；另一方面，有确切证据表明，当时在这些地区内居住的是种族和语言都与雅利安人不同的另外一个部落。

与此相对的是，在经济社会和文化属性方面相同的、覆盖中亚大部分地区的文化，都与中亚北部的文化保持着长期联系。而历史和语言学研究资料证明，中亚北部地区与印度—伊朗部落有确切联系。还应注意一点，即雅利安人的祖先自青铜时代初期起便与欧洲的印欧部落之间存在某些联系。

同时，在中亚及中亚以北地区的青铜时代草原文化的考古研究成果，与我们对伊朗部落和印度雅利安人的祖先的历史和语言的比较研究的成果中得到的结论完全吻合。在青铜时代，草原部落的畜牧业发展较好，他们同时也懂得耕种技术。而这种生产方式（即畜牧和农耕相结合，畜牧业的地位日益显著，牛是繁荣和财富的重要标志）在雅利安人中也非常普遍。在青铜时代，印度—伊朗部落和草原部落都已经掌握养马技术，养马在畜牧业中占有重要地位。这个时期，草原部落的社会发展水平也相当高。考古学家根据墓葬中出土文物断定，当时的草原部落已经有父权制家庭出现，并且存在财产和社会不平等。这些特征在雅利安人的社会中也同样存在。前文说过，印度—

伊朗部落的冶金业自雅利安时代就已相当发达，这一现象在青铜时代的草原文化的考古文物中也能看到。

在冶金方面，塔吉克斯坦考古学家在该国北部凯拉库姆地区进行的考古发掘中获得的资料直接表明，当地的冶金生产十分广泛。

历史语言学研究表明，在冶金业大发展和金属工具应用较普遍的时期，印度雅利安人和伊朗雅利安人的祖先们仍然在一起共同生活。这个研究成果可以帮助我们确定印度—伊朗部落的祖先们在一起共同生活的时间。根据这个研究成果，加上中亚及其以北地区出土的文物证据，可以得出这样的结论，即印度雅利安人的祖先与伊朗部落的祖先在自己古老的故土上至少在公元前2000年代初期，甚至直到中期都生活在一起。另有其他证据表明，雅利安人也是大体从这个时期开始从中亚向南迁徙。

显然，在红铜时代和青铜时代初期，土库曼斯坦南部的农耕部落不可能是雅利安人。同样，与处于全盛时期的中亚西南部的农耕文化相类似，在伊朗东北部（如吉萨尔遗址三期）、阿富汗南部（如蒙迪加克遗址四期）、印度河谷（如摩亨佐达罗—哈拉帕遗址）等地出现的原始城市文化和城市文化由于种种原因也不可能属于雅利安人。考古结果显示，这些地区在公元前2000年代的中上期发生了历史性的巨变。古老的文明中心、广阔的村庄和城市开始衰落。不少地区的制陶术也经历了显著革新，利用转盘制造陶器取代了原有的制陶工艺。这种变化通常与新部落入侵有关，就像通常认为的，是由来自中亚的雅利安部落（或印欧人）的迁徙扩张所引发。

必须承认，尽管上述这种部落迁徙扩张存在可能性，但迄今为止仍无直接的考古证据。甚至可以假设，上述变化由当地内部原因产生，并促使雅利安部落向上述地区迁徙扩张。

同样地，还有一种虽被广泛认可却也未经证实的观点，即哈拉帕文化起源于雅利安部落入侵印度河流域。但现有的考古资料所推断出的另一种观点更为可信，即印度河谷的哈拉帕文化衰落几个世纪之后，雅利安部落才出现在印度。

尽管存在各种不同观点，但是在伊朗东部、土库曼斯坦南部、阿富汗和印度西部这一地区，在公元前18—公元前17世纪之前，并未发生上文所提及的诸多文化变迁。由此可以推断，在此之前，雅利安部落并没有向这些地区大规模扩张。

一些可靠度更高的考古资料已经证明，雅利安人的迁徙活动发生在公元前2000年代的中期和下半叶。苏联考古学家针对这一时期做了大量工作，获得了丰富多样的考古资料。这些资料认为，这个时期是整个中亚地区的部落大迁徙时代。草原游牧部落不断抵近土库曼斯坦南部的农耕区，并且很可能已经越过边界，进入农耕定居地带。目前已有资料可以证明草原部落向土库曼斯坦南部的古代农业绿洲迁徙：考古学家在绿洲外围地区发现了草原部落特有的墓葬，而这一形式的墓葬在北部地区尤为典型。

在同一时期，雅利安部落也开始向阿富汗和印度迁徙。塔吉克斯坦南部的克孜勒苏河、瓦赫什河、卡菲尔尼甘河的河谷地带发掘出的墓葬，是这一结论的重要证据。这些墓葬的出土文物表明，这些墓葬主人的物质文化与纳马兹加六期遗址文化十分接近，其丧葬仪式具有草原部落的特征。从这些墓葬主人的人类学特征看，他们更接近南部地区掌握彩绘陶器技术的居民。这些墓葬主人的来历尚不能确定，关于他们的起源和文化有不同的看法。但从丧葬仪式和墓葬的诸多特点看，考古人员认为这些墓葬与雅利安部落存在联系，该墓葬反映出的丧葬和其他一些习俗具有吠陀雅利安人和东伊朗部落的特征。

由于巴基斯坦和意大利考古学家在现代巴基斯坦西北部的斯瓦特地区发现了具有类似结构和丧葬仪式的墓葬遗址，因此这批出土于塔吉克南部遗址的文物激发了研究人员更浓厚的兴趣。这批塔吉克南部的墓葬群中，第一批墓葬的建造时间可以追溯到公元前2000年代的下半期。

由此可以确定，红铜时代和青铜时代早期的中亚部落不是印度雅利安人，而青铜时代中晚期的中亚草原部落（位于印度的西北部方向的部落）正是印度雅利安人。东方学家季亚科诺夫（И. М. Дьяконов）提出了一种假说：各种印度—伊朗语在中亚农耕部落（安瑙文化）的传播应用过程中，因为与草原部落有着各种接触，因此在其发展阶段的后期受到这些接触联系的影响，并在这一接触联系过程中逐渐形成了印度伊朗部落共同体和印度伊朗部落文化。这一假说经过其他学者的丰富发展（如利特文斯基），能对考古材料作出最好的解释，但仍存在许多不足之处。只有不断发掘新的事实证据，才能最终找到准确答案。

与此同时，现有研究资料表明，雅利安部落可能在公元前2000年代的中期或下半期从中亚出发向南迁徙，包括印度方向。中亚部落向南迁徙的进程一直持续到印度雅利安人的祖先彻底在印度定居下来为止。

考古学家认为，在纳马兹加遗址六期所属时代之后（青铜时代晚期），草原部落在土库曼斯坦南部的文化遗址形成过程中扮演了重要角色。这些草原部落在青铜时代晚期，即公元前2000年代与公元前1000年代交接之际或公元前1000年代初期，就已经迁徙到或者说"征服"了这片土地。

在中亚最东端的帕米尔高原，同样发现了部落向南迁徙的踪迹。这些帕米尔部落来自草原部落，很可能是从费尔干纳及其周边地区迁徙至此。草原部落出现在帕米尔高原的时间大约在青铜时代，即公元前2000年代末期至公元前1000年代初期。帕米尔高原的考古发现认证了斯基泰—塞人部落从公元前7世纪起便在该地区存在，同时也证明了该部落不断向印度迁徙的事实。

即使不依靠考古发现，上述这些结论也可由书面文献和历史语言学的研究成果直接证实。书面文献和历史语言学研究成果认为，属于塞人或其近亲（如现代阿富汗人和门吉人的祖先）的伊朗部落在公元前7—公元前6世纪就已经向帕米尔高原以南、印度边境地区（部分已进入印度境内）和阿富汗东部地区迁徙，并在这些地区定居生活。毫无疑问，这些东伊朗部落来自北方、来自中亚。

因此我们看到，考古资料和历史语言学研究都表明，各雅利安部落（最早主要是印度雅利安人，然后是伊朗人）都从中亚往南迁徙，朝着印度、阿富汗和伊朗方向扩张。

所有这些研究成果都再次证实，中亚及其周边地区是印度—伊朗部落分布的主要中心，也是印度—伊朗部落的早期（但不是最初的）居住地。那些留在中亚的伊朗部落成为自有文字历史至中世纪之前的中亚主要居民的祖先。

由此，以中亚的东伊朗部落为基础（首先是巴克特里亚人和粟特人，以及其他族群），逐渐形成了塔吉克民族。

第二章　阶级社会早期中亚的东伊朗诸部（公元前9—公元前6世纪中期）

第一节　铁器时代早期的考古学资料

一　冶铁

将考古学资料和古老的书面文献（属于较为晚近时期）与某些语言学资料进行比对，我们就能够还原公元前2000年代末到公元前1000年代初期中亚的社会生活图景。公元前1000年代初期，中亚学会了从铁矿石中提取铁。恩格斯曾经这样定义铁对于人类历史的意义："铁已在为人类服务，它是在历史上起过革命作用的各种原料中最后的和最重要的一种原料。所谓最后的，是指直到马铃薯的出现为止。铁使更大面积的农田耕作，开垦广阔的森林地区，成为可能；它给手工业工人提供了一种其坚固和锐利非石头或当时所知道的其他金属所能抵挡的工具。所有这些，都是逐渐实现的；最初的铁往往比青铜软。"[①]

熟悉炼铜术可以帮助人类掌握提取铁的冶炼流程。在所谓原始高炉里进行冶铁，这种高炉的温度可达1300—1400摄氏度。20世纪20

[①]《马克思恩格斯全集》（第21卷），人民出版社1965年版，第186页。——译者注

年代，安德烈耶夫①就曾在塔吉克斯坦的万奇河谷②发现了仍可运转的类似高炉。

对于原始人类来说，把杂乱的石块（矿石）变成坚硬无比、可塑的材料，似乎是一件神秘莫测、难以理解之事，引发人们对冶金师—铁匠的崇敬之情，对这些人产生了迷信般的敬畏。甚至在不久前，对冶金师—铁匠的这种崇敬之情仍存在于许多民族之中。例如，在帕米尔高原的某些地区，铁匠被视为最受尊敬的人物，他们的冶铁作坊被尊崇为圣地。人们崇敬铁匠。每当收完庄稼以后，大家就会在冶铁作坊中举行祭祀。同时，在另外一些信仰中，铁匠又会被视为恶魔的化身。对铁的使用附会了各种禁忌，反映人们对金属的恐惧③。应该指出，铁深入人类生活中的速度和程度，在不同地区并不一致。

铁制工具的推广非常缓慢。铁最早主要用作饰物，逐渐越来越多地用来打造工具和武器。锻造铁质工具的工艺流程要比铸造青铜制品费力得多，而掌握新技术的过程也非常缓慢。新型金属的显而易见的优势也不会立即就被所有人理解。在中亚，在铁器时代早期，最初获得推广应用的都是青铜与铁的合金工具和武器，如短剑，剑刃用铁打造，而剑柄则部分或全部用青铜锻制。

二 村落遗址

对中亚铁器时代早期文物的研究情况非常薄弱，比石器时代和青铜时代的文物的考察研究差得多。

土库曼斯坦南部至今仍有一些村落遗址，其生活始于新石器时代。例如，在阿纳乌发现了一些文化层，属于铁器时代早期。这里

---

① 米哈伊尔·斯捷潘诺维奇·安德烈耶夫（1883—1948），出生于塔什干，著名的苏联东方学家，主要研究中亚各民族语言、民俗、文化等，留下大量有关中亚和印度的考古学、语言学等方面的资料。见 Андреев М. С. К материалу по среднеазиатской керамике, Ташкент. 1926, С. 8 – 16。——译者注

② 万奇河是塔吉克斯坦境内彭吉肯特河的支流，长103千米，流域面积2070平方千米。——译者注

③ И. И. Зарубин. Сказание о первом кузнеце в Шугнане//Известия Академии наук СССР. VI серия, 1926г, С. 126 – 127.

发现一些铁制品，其中包括一些中亚最为古老的铁制镰刀、剪刀残片等。

而在土库曼斯坦西南部有一处梅什赫迪米斯利安谷地，有一些有围墙或无围墙的村落，其文化面貌迥异于阿纳乌。其中一些村落规模非常大，例如，伊扎特库里面积达 50 公顷，房屋用巨大的土坯建成，每块土坯长度近 0.75 米。

梅什赫迪米斯利安谷地利用水渠从阿特列克河引水灌溉。农业在该村落中占主导地位。能够证明这一点的，不仅有灌溉网，还有大量的小石磨。此地已经运用金属打造的镰刀，与此同时，拼接的石镰刀也还在用，发现了石镰上用的燧石砍削片。

村落遗址中发现几堆铁渣。有青铜锻造的武器，包括箭头和剑。还有用制陶转盘制成的高质量陶器，其图案已经漫灭不清。

另外一些遗址（从地域上来说的）位于土库曼斯坦东南部，在穆尔加布河的冲积平原，处于马尔吉亚纳文化的最晚期。从拜拉姆阿里往西北 34 千米处，亚兹遗址曾是这里最大的村落[①]。该村落包括一座几乎为四方形的城堡和一片宽阔的土地。当时的（之后亚兹遗址还存续了较长时间）村落总面积近 16 公顷。在城堡内有一座 8 米高的砖砌平台，其上耸立着一座宽大的建筑物，包括一些长方形和正方形的房间，还有一间较大的方形大厅。这是一座完整的宫殿，是当地统治者的官邸。

亚兹遗址出土的文物主要是一些陶器，它们与梅什赫迪米斯利安遗址出土的陶器不同，大部分是手工塑形而成。

在土库曼斯坦南部和乌兹别克斯坦南部，能够代表铁器时代早期文化的是库楚克（位于乌兹别克斯坦的苏尔汉河州）、马克尼莫尔（位于塔吉克斯坦南部的巴尔哈尔区）等村落遗址。库楚克村落遗址

---

① 亚兹遗址（英文：Yaz culture, Yaz-Tappe, Yaz Tepe, Yaz Depe, 俄文：Яз-депе, Яз Депе, Яз Тепе）是土库曼斯坦铁器时代的一处遗址，位于现在的马雷地区。——译者注

位于穆兹拉巴德草原。该村落遗址早在发达的青铜时代即已开始存在，且一直延续到公元前1000年代中叶。该时期，村落内有一座椭圆形建筑（1962—1964年发掘了17间房舍），用长方形的砖建成，其四周是圆形的防御城墙。这里有一些保存完好的房间，里面发现了铸造模具、大量青铜制品或石制品，包括石镰刀。

铁器时代早期的另一处村落遗址由考古学家在克孜勒苏河下游的马克尼莫尔地区发现。此处并无保存完好的房舍，仅有大量该时期的陶器以及一些同时期的其他制品遗存①。在塔吉克斯坦的其他一些地区也发现了单件或成套的器物。特别需要指出的是，后来在凯拉库姆发现的一些成套器物，以及来自帕米尔高原东部的一些墓葬，也有可能属于这一时期。

第二节　铁器时代早期的中亚社会

一　作为史料的《阿维斯塔》

有关中亚远古史的最为重要的史料就是《阿维斯塔》，这是一部琐罗亚斯德教②的经文汇编。目前在伊朗有一部分琐罗亚斯德教徒，在印度还有超过10万琐罗亚斯德教徒。他们通常被称为"帕西人"。他们不仅保留了古老的宗教，还保存了古老的经卷。18世纪中期，法国人亚布拉罕·昂克蒂尔·德佩龙（Anquetii du Perron）对研究古代宗教表现出浓厚兴趣，前往印度旅行。他从帕西人的祭司那里学会了古老的宗教仪轨，还学会了阅读古老经

---

① 在 Б. А. 李特文斯基（Б. А. Литвинский）主持下发掘，但发掘资料不曾公开发表。
② 琐罗亚斯德教是流行于古代波斯（今伊朗）及中亚等地的宗教，中国史称祆教、火祆教、拜火教（同源但教义不同）。琐罗亚斯德教在基督教诞生之前是中东最有影响的宗教，是古代波斯帝国的国教。琐罗亚斯德教的教义一般认为是神学上的一神论和哲学上的二元论。琐罗亚斯德教的经典主要是《阿维斯塔》。——译者注

卷（对经文的掌握程度堪比祭司），买到好多种抄本。后来在他回到祖国后，出版了与原文相对照的《阿维斯塔》的法文译本。由于他的学术贡献，欧洲学界开始接触到关于《阿维斯塔》的资料。但是他的译本非常粗糙，很多地方都表达得不确切，或者说对很多文献都不太理解。

由于比较语言学的发展，早在19世纪就已确定《阿维斯塔》语言与古老的吠陀语言以及梵文之间存在亲缘关系。《梨俱吠陀》等著作就是用梵文写成。借助古老印度语文献，吠陀作品已得到深入研究，为人们所熟知。还应该指出的是，对《阿维斯塔》之后的琐罗亚斯德教文献的深入研究和印欧比较语言学的资料成果，均有助于解读另一种人人熟知的古伊朗语（即古波斯语）的文献。另外，对中伊朗诸语言（包括东伊朗语言）的研究也特别重要，既包括死语言（花剌子模语、粟特语、和田塞语），也包括活语言，特别是帕米尔诸语言。这一切都极大地推动了对《阿维斯塔》的学术翻译工作。但是直到现在，翻译《阿维斯塔》仍然面临许多重大困难，即使是最权威的专家对一些重要地方的译法也各不相同。

就如其他古印度和古伊朗宗教文献和史诗文献一样，在很长时间里，《阿维斯塔》主要通过口传方式保存下来，这种方式保障了其高度的准确性（仅发音有一定变化）。甚至在《阿维斯塔》被书面记录下来（用于祭拜、学习、保存传统文献等）之后的很长一段时间里，这种口头传承和读诵方法仍具有其独特优势。

在阿维斯塔语（即用来记述存留至今的《阿维斯塔》抄本的字母）出现之前，有一些《阿维斯塔》经文用阿拉米语韵母记述，这种方式曾在公元前6—公元前5世纪的伊朗和中亚广泛运用。但是按照波斯中部古老的琐罗亚斯德教传说（关于琐罗亚斯德教早期历史的许多重要问题并无准确资料），早在阿契美尼德王朝时期就有《阿维斯塔》诸经的汇编本，但在马其顿入侵时被毁。而稍后的帕提亚王国君主瓦拉赫（Валахш 或 Вологес，即沃罗赫斯一世，人们常常将其与公元 1 世纪的统治者沃罗赫斯一世混淆）下令收集《阿维斯塔》经文残篇和祭司们的口传经文[①]。当代学者认为，关于阿契美尼德王朝时期即已出现《阿维斯塔》经书的说法并无依据，有些学者甚至怀疑，安息时期也未必有《阿维斯塔》经书。

但是，成文的《阿维斯塔》经书显然在帕提亚帝国（安息帝国）后半期即已存在，可以肯定，《阿维斯塔》经书至少在萨珊王朝之前就已出现。季亚科诺夫（И. М. Дьяконов）和利夫希茨（В. А. Лившиц）利用尼萨[②]古城出土的帕提亚王国时期文献资料推断，早在公元前 1 世纪，在帕提亚王国东部即已存在成文的《阿维斯塔》，至少已出现部分《阿维斯塔》经卷。

稍后出现了使用专门创造的文字记录的《阿维斯塔》。该文字根据得到充分发展的帕拉维斜体字（即中古波斯琐罗亚斯德教经书用的字体）创造，这种斜体字在阿拉米语文字基础上发展起来。但是《阿维斯塔》经书的字母大大增加（相当于阿拉米语字母的两倍），其中包括 14 个声母。用细化了的《阿维斯塔》字母记录经文显然非常准确细腻地再现了该文字产生时期的《阿维斯塔》传承者的传统发音，同时，这种传承确实有许多特点（这些特点在很大程度上取决于古代的方言特征），总体上能够清晰反映《阿维斯塔》经文产生时期人们所操的古伊朗语的面貌。《阿维斯塔》字母显然是在公元 6 世纪，很可能是在霍斯劳一世（Хосров I，公元 531—579 年在位）时期创造[③]。早期保存下来的《阿维斯塔》经书抄本完成于 13 世纪末至 14 世纪，而流传至今的《阿维斯塔》经书记录于萨珊王朝晚期，这两个版本都可以追溯到同一母本。

---

① 后来，在阿尔达希尔一世（波斯帝国萨珊王朝的建立者）和他的儿子沙普尔一世统治时期，遵照同样的传统，散佚的《阿维斯塔》经卷被收集并汇总（Widengren G -. Die Religionen Irans, Stuttgart, 1965, S, 246 - 247）。

② 今土库曼斯坦境内的尼萨古城遗址。——译者注

③ 按照 Г. 容克等学者的著作中反映出来的另一种观点，公元 4 世纪时阿维斯塔文字已经形成。但是，19 世纪俄国杰出的伊朗问题学者 К. 扎莱曼院士（К. Залеман），以及后来的亨宁（Henning W. B.）、摩根斯泰因（Georg Morgenstierne）、贝利（Bailey H. W.）等人的研究表明，阿维斯塔文字的创制不早于公元 6 世纪。

用现代字母记录的《阿维斯塔》主要基于口传。"阿维斯塔"一词本身源于中古波斯语词汇"apastak"（后作 aβastaγ），意为"基础"（还有人解释为"谕令""智识""赞美"），而"基础"一词就属于口传的《阿维斯塔》经文[①]。其附录部分被称为"正德"或"赞德"（zand，занд。在中古波斯语中，赞德意为"知识""学说"）。很明显，这个词起初指的是成文的《阿维斯塔》经书（用旧字母记录，最初也可能用新字母记录），包括用阿维斯塔语对经书所作的补充和注释。但是后来，赞德首先指称萨珊王朝时期所作的《阿维斯塔》的中古波斯语译本及其注释（所有的《阿维斯塔》早期抄本都有逐字逐句翻译的中古波斯语译本）。这也是西方著作长期误将《阿维斯塔》写成"《赞德—阿维斯塔》"，将阿维斯塔语称为"赞德语"的缘由所在。

《阿维斯塔》在历经多个世纪的时间里曾被多次编纂，其中包括：在公元1世纪瓦拉赫（沃罗赫斯一世）统治帕提亚王国时期，曾收集和整理《阿维斯塔》的教义教规；在公元3世纪的萨珊王朝早期和公元4世纪沙普尔二世统治时期，教士阿图尔帕特—米赫拉斯潘丹（Атурпат Михраспандан）对《阿维斯塔》做过意义重大的系统编纂；在公元6世纪，霍斯劳一世统治时期爆发"马兹达克运动"之后，也修订过《阿维斯塔》（删除一些在公元4—5世纪收录的经文）。

在最后一次编纂之后，《阿维斯塔》由21卷经书构成，其各卷的名称和内容简介可从公元9世纪的琐罗亚斯德教名著《信仰行为》（Денкардт）中获知（该书是《阿维斯塔》的中古波斯文版本的简版，而非阿维斯塔文）。留存至今的《阿维斯塔》中，将近1/4是在

[①] 对琐罗亚斯德教神圣经书的口头传承的广泛运用，其原因在于：直到铁器时代早期之前，同时代的非琐罗亚斯德教徒常常认为，琐罗亚斯德教根本没有自己的神圣经典。显然是因为这样一种情形：在被阿拉伯人征服之后，在伊斯兰教国家里，与基督教徒和犹太教徒不同的是，琐罗亚斯德教的信徒并不被认为是"有经人"（有自己圣经的人），在伊斯兰世界中，针对琐罗亚斯德教徒的法律法规也反映出这一点。琐罗亚斯德教经书的证据能够直接表明口传传统及传承——包括保存《阿维斯塔》神圣教规——的重要意义。——译者注

萨珊王朝晚期写就，其中的经文都是祭神时必需的内容。现存的《阿维斯塔》中的"亚斯纳"卷（Ясна）就基本符合这一特征。只有"万迪达德"卷与旧版《阿维斯塔》完全一致。

流传至今的《阿维斯塔》包括"亚斯纳""亚什特""维迪弗达特""维斯帕拉德"等卷。"亚斯纳"意为"祭祀""祈祷"，是完成主要仪轨时念诵的经文汇编。"亚什特"意为"崇敬""赞美"，是琐罗亚斯德教神殿里为诸神唱诵的颂歌。"维迪弗达特"意为"驱除妖魔法"，是保持正法的方法，包含许多宗教律法规则，古老神话及长诗片段等（后来称为"万迪达德"）。"维斯帕拉德"意为"所有首领"或"所有尊贵者"（后讹称为"维斯佩列德"，也不太准确），是祈祷文和抒情经文汇编。此外，《阿维斯塔》还收入其他许多篇幅不大或无关紧要的经卷。

"亚斯纳"共有72章，其中17章是"伽萨"（意为琐罗亚斯德教的创始人、先知查拉图斯特拉的"颂歌"），7章被称为"哈普坦加吉"（意为"七章颂歌"），是《阿维斯塔》中语言和成文年代最接近"伽萨"的经文。"伽萨"和"七章颂歌"使用的语言比其他部分的经文（《小阿维斯塔》[①]）使用的语言更古老，语言规则也不一样。

捷德斯科（П. Тедеско）、梅耶（A. Мейе）等一些学者将阿维斯塔语归入西伊朗语，纽伯格（X. Нюберг）等一些学者则认为更有可能是东伊朗语。霍夫曼（K. Гоффман）、亨宁（B. Хннинг）等学者的观点更可信，认为阿维斯塔语在所有伊朗语中占有特殊地位，或是处在东伊朗语和西伊朗语之间的过渡形态。阿维斯塔语的许多独有特征，包括"伽萨"中的方言特征都能在东伊朗语中找到对应之处。

[①] 在巴列维语中称为"胡尔达克·阿维斯塔"，意为"小阿维斯塔"，并非《阿维斯塔》的有机组成部分，而只是波斯古经《阿维斯塔》的选本。萨珊国王沙普尔二世时期，由祭司长阿扎尔帕德·米赫拉斯潘丹从圣书的各本集中选取了一些章节，编辑而成。参见《阿维斯塔》，元文琪译，商务印书馆2009年版，第307—308页。——译者注

阿维斯塔语被视作神圣的语言，从《小阿维斯塔》可以看出，该语言受到伊朗语（包括西伊朗语）的影响。

关于《阿维斯塔》各卷产生的时间和地点问题，至今存在争议。依据有关查拉图斯特拉创立琐罗亚斯德教的传说（从萨珊王朝开始已被证实）来看，查拉图斯特拉生活及其创作"伽萨"的时代应当在公元前7世纪末到公元前6世纪上半期。那些认为该传说建立在可靠资料基础上的学者就持这种观点。但是这种传说的可靠性引起其他学者质疑。他们指出，该说法已被证明是晚近时期，且多半源于神话。现在，尽管不排除查拉图斯特拉确实生活在公元前7世纪末到公元前6世纪初这种可能性，但无论如何都难有把握认为这一断代结论准确可靠。依据萨珊王朝时期及更晚近的口传说法，查拉图斯特拉出生于阿特罗帕特尼（即今日的阿塞拜疆）或米底的帕尔（中世纪称为莱依，大致在今德黑兰附近）。但是，现在这些资料被认为肯定不确切。确实，《小阿维斯塔》的资料能够表明，查拉图斯特拉的信徒很早就在帕拉克斯建立社团，且占据主导地位，但这是因为这一地区位于米底的最东北边区，是查拉图斯特拉的教义最早渗入并传播的地区之一。

有一种传说，而且是很久远的传说，认为查拉图斯特拉生活在巴克特里亚（即中国古书上的大夏）。这种说法反映在希腊史学家克泰西亚斯（Ctesias，公元前5世纪末到公元前4世纪初）的著作中。在此传说之后，乔治·穆尔顿（Jon Moulton）等学者推断，"伽萨"诸篇是在巴克特里亚创作，并且古代的巴克特里亚人操阿维斯塔语。19世纪的威廉·盖格（Wilhelm Ludwig Geiger）等学者也持有这种看法。但是其他资料无法证实这种观点，不久前发现的贵霜王朝时期的语言文献使得上述观点成立的可能性很小。

达尔梅斯泰特（Ж. Дармстетер）、杰克逊（В. Джексон）等学者，以及后来20世纪三四十年代的赫尔茨菲利德（Э. Херцфельд）等学者都认为，查拉图斯特拉的活动范围在伊朗西北部，他与阿契美尼德王朝初期的君主（包括大流士一世）是同代人。但是按照现在公认的观点，"伽萨"的创作时代无论如何都在阿契美尼德王朝建立之前，且其起源与伊朗西部无关。

当代学者依据《阿维斯塔》本身透露出来的地理信息，认为"伽萨"诸篇及与之时间相近的《阿维斯塔》各卷创作于中亚部分地区，或者毗邻阿富汗西北部和伊朗东北部的地区。但具体在哪里，学者们提出各种观点。托尔斯托夫（С. П. Толстов）等学者认为是在阿姆河中下游，或者就是在花剌子模。这种观点通常是引用马克瓦尔特（Josef Marquart）、本维尼斯特（Émile Benveniste）等学者的著述，将《阿维斯塔》所述的伊朗人和琐罗亚斯德教的神话故乡"雅利安纳姆—瓦伊恰赫"[①]与花剌子模混为一谈。纽伯格（Henrik Samuel Nyberg）等学者认为应在阿姆河与锡尔河之间的某些地区，即粟特及其相邻地区。阿巴耶夫（В. И. Абаев）等学者认为应在与中亚的斯基泰人—塞人居住区相交界之处。盖奥·维登格伦（Geo Widenglen）等人认为应在与咸海与锡尔河下游地区相交界的地区；杜兴·吉尔曼（Duchenne Guillmin）等人认为应在马尔吉亚纳[②]、粟特或花剌子模等地。

亨宁（B. Henning）、巴尔（C. Burr）、戈尔舍维奇（И. Гершевич）、泽纳尔（Carl Peter Zenner）等学者提出的观点被许多人接受，他们认为"伽萨"诸篇在一个以花剌子模为中心的部落联盟（根据前文提到的查拉图斯特拉的生平日期，该联盟存在于阿契美尼德王朝统治前）所在地区创作。马尔吉亚纳和阿里亚[③]（Арейя）可能正是创作"伽萨"诸篇的地区。司徒卢威（В. В. Струве）院士甚至依据其他材料，认为马尔吉亚纳可能就是琐罗亚斯德教的发祥地。

---

① 雅利安纳姆—瓦伊恰赫（Арьянам - Вайчах），意为雅利安人的家园。——译者注
② 今土库曼斯坦东部的重要文化遗址，以梅尔夫（今日的马雷）为中心。波斯人称之为马尔古什。《贝希斯敦铭文》中提及。——译者注
③ 大致位于今阿富汗北部的赫拉特。——译者注

亨宁还认为，更晚近的《阿维斯塔》经文大多是在锡斯坦地区（Систан）创作。但是不管是否真的存在过这样一个以花剌子模为首的联盟（一些古代作者的资料可以证明这个联盟存在），至少到现在为止没有足够证据能够证明查拉图斯特拉与该联盟有关。

还有学者认为不需要研究查拉图斯特拉生平日期，或者干脆否认其可靠性，他们通常认为"伽萨"的创作时代比阿契美尼德王朝征服中亚的时间更早。例如，季亚科诺夫（И. М. Дьяконов）依据"伽萨"所描绘的社会发展水平，认为"伽萨"诸篇的创作时间应该早于公元前6世纪，且在公元前7世纪下半叶之前。爱德华·迈耶（Eduard Meyer）及其他一些学者一度认为，"伽萨"甚至有可能创作于公元前1000年前后或公元前1000年代初期。最近出版的关于伊朗宗教的众多成果之一的作者盖奥·维登格伦（Geo Widenglen）甚至写道，将查拉图斯特拉的生活年代定在公元前1000—公元前600年是正确的，无论如何，该年代要远远早于阿契美尼德王朝成立。

包括季亚科诺夫、维登格伦在内的许多学者都认为，早期的《阿维斯塔》经书早在公元前6世纪中期之前就已在米底东部的拉加地区（Para 或 Раги Мидийские）被接受，然后（尽管内容有所变异）从这些地方向伊朗西部传播开来。还有一些学者将"伽萨"诸篇西传的时间仅仅确定为阿契美尼德王朝早期。例如，海因茨认为是在居鲁士统治时期，亨宁、戈尔舍维奇等人则认为是在大流士一世统治时期。

因此可以认为，查拉图斯特拉的活动及其创作"伽萨"诸篇应该是在不晚于公元前7世纪末到公元前6世纪初这一时间段。究竟是这一时间段或者更早一两个世纪，我们暂时无法准确断定。至于"伽萨"诸篇的产生地点，尽管现在并无十足把握指出某一具体区域，但可以确定，这个地方位于中亚或与中亚毗邻的地区。《阿维斯塔》自身的地理轮廓以及其中列举的地区能够非常可靠地证明这一点。

这些地区的最详细清单体现在第一章"维迪弗达特"（即"万迪达德"）。这些地区位于阿胡拉·马兹达所创造的"最好的地方"，其中包括：雅利安纳姆—瓦伊恰赫；"哈瓦，粟特人的居所"；"木鹿（梅尔夫地区），强大而忠实"；"美丽的巴赫迪（巴克特里亚），旌旗高耸"；"木鹿和巴赫迪之间的尼萨亚"；哈罗伊瓦（赫拉特地区）等。这些地区的东南部抵近印度河和哈拉赫瓦迪（阿拉霍希亚）[①]，南部到达希尔曼德谷地（Хильменд）的海图曼特（Хайтумант），西部到达戈尔甘地区（Гурганцы）和米底国东北部的拉加地区。

因此，《阿维斯塔》经书的创制者们的地理范围几乎涵盖了中亚及其毗邻的阿富汗和伊朗东北部所涉及的全部历史区域。诚然，流传至今的"万迪达德"经书版本是在琐罗亚斯德教已获广泛传播的时期写就，属于比较晚近的时期，比《阿维斯塔》的其他经卷都要晚。据此推断，这个时期所产生的经文中，提及的地区比较少。

更早期的经文是《阿维斯塔》中的"密特拉颂歌"（"亚什特"第十章，"梅赫尔—亚什特"），其中列举很多国家。这部"亚什特"是阿维斯塔语诗歌（或古伊朗诗歌）的完美典范之一。"亚什特"对一些国家做了丰富多彩的描述：

> 战无不胜的军事首领发起多次袭击，
> 那里的高山有丰饶的牧场，养育着牲畜。
> 幽深的湖泊波浪汹涌，
> 深邃宽阔的河流急速奔腾，
> 流向伊什卡特、帕鲁特，流向赫拉特和梅尔夫，
> 粟特人的哈瓦和花剌子模。

[①] 阿拉霍希亚（Арахосия）位于今阿富汗境内，是以坎大哈为中心的地区。——译者注

我们认为，这些经文片段中所记述的地域，应该就是琐罗亚斯德教最早传播的地区，而从上述诸地区中就可以找到最早的《阿维斯塔》经文的故乡。

此处列举的一些地区都与巴克特里亚相邻或接壤，部分地区显然在阿契美尼德王朝之前就已加入巴克特里亚，成为其中的一部分。

因此，在"维迪弗达特"（"万迪达德"）中列出的"旌旗高耸"的巴克特里亚，即使不是最早传播琐罗亚斯德教的地区，至少也是很早就传播琐罗亚斯德教的地区之一。

《小阿维斯塔》的经文中可以看到很多后人对查拉图斯特拉教义发展充实的内容。后人使用各地方言，将那些与先知的最初教义有所不同的思想、礼仪和方式方法融入《小阿维斯塔》中，使得经文中的"伽萨"和"七章亚斯纳"等内容包含了大量在当时当地流行的信仰。

《阿维斯塔》中的一些颂歌是献给那些自古以来就被雅利安人崇拜、但被先知在"伽萨"中否定的神灵和神话人物（如密特拉、豪玛等）。这是对当时在各大国境内流行的部落宗教和信仰让步的结果，如阿契美尼德王朝、帕提亚王国、萨珊王朝等，这些大国在存续期间，创制、规范并修订了《小阿维斯塔》的部分经卷。在《小阿维斯塔》中，借助查拉图斯特拉的权威，以"查拉图斯特拉如是说……"这样的句式及其他撰写技巧，将这些崇拜、礼仪和仪轨神圣化。如果没有加入后来这些修订补充的内容，那么仅就其内容（而不是语言）来说，《小阿维斯塔》中许多经文（尤其是"亚什特"）的创制时间要比"伽萨"更久远。

因此，《阿维斯塔》不仅包含了有关琐罗亚斯德教的资料，还包含了一些古伊朗信仰和部落崇拜的资料，而这些信仰和崇拜一度发端于印欧共同体存在的时代。对于研究伊朗古代史，研究中亚和伊朗的伊朗语各部的文化、日常生活、社会制度、政治制度、长诗等，《阿维斯塔》都是极为重要的文献。

查拉图斯特拉教义与其他许多伊朗宗教教义的合流进程，多半在公元前 5 世纪中期之前就已完成。

"七章颂歌"的创作时间常被断代为公元前 6 世纪到公元前 5 世纪初，而将最古老的"亚什特"（特别是"米赫尔亚什特"）的创作时间断为公元前 5 世纪的最初几十年。但在这种情况下，主要依据这样一种观点："伽萨"的创作是在公元前 6 世纪初期或其上半叶。然而，由于"伽萨"的创作时间可能更早，因此时间上稍后的《阿维斯塔》各卷，如"七章亚斯纳"和早期的"亚什特"就有可能是在更早期创作，处在暂时尚未确定的查拉图斯特拉生平年代与公元前 5 世纪中期之间的时间段。《小阿维斯塔》其他经文的撰写持续到上述时期之后，其中一些经文甚至是在公元 1000 年代的最初几个世纪才形成。

由此可以清楚地看出，在将《阿维斯塔》作为史料运用时，必须考虑到其中有许多折射不同历史时期和时代的断面，也反映出经文编纂者和修订者的观念、观点对流传至今的经文的影响。甚至在同一篇经文中，也常常融汇了不同时代的信息。

尽管有这些局限性，但对于弄清楚东伊朗人（即中亚、阿富汗，以及毗邻中亚的伊朗地区的居民）的古老历史来说，《阿维斯塔》仍然是最为重要的甚至在很多方面可以说是唯一的史料。

二 《阿维斯塔》所反映的中亚社会

就判断中亚的社会特征而言，盖格（В. Гейгер）的著作《古代东伊朗文化》最为充分系统地汇总了《阿维斯塔》的相关资料。该书于 1882 年出版，尽管在很多方面显得有些过时，但令人遗憾，能够与该著作的涵盖范围比肩的当代著作至今尚未出现。除了运用新的语言学和语汇学方法，该书中涉及的《阿维斯塔》的材料也可透过考古新发现的棱镜加以审视。

在分析《阿维斯塔》时代的中亚社会特征时，学者们指出，该时期的社会是四等级社会。"亚什特"第十章第115节说道：家庭的宗教首领称"恩曼尼亚"（нманья），氏族宗教首领叫"维希亚"（висья），部落宗教首领叫"赞图玛"（зантума），国家的宗教首领叫"达修玛"（дахьюма），最高宗教首领叫"查拉图斯特拉泰玛"（заратуштротэма）。

在《阿维斯塔》时代的中亚社会，家庭叫作"恩曼纳"（нмана）。在这个宗法制家庭中，家长是一家之尊长，称作"恩曼纳帕蒂"（нманопати），即"户主"。家中的年长妇女被称为"恩曼纳帕特尼"（нманопатни）——"女户主"。在塔吉克人（特别是帕米尔高原附近的塔吉克人）中间，家中的成年女性发挥着巨大作用，尽管伊斯兰教的统治地位已经确立千年，但塔吉克妇女的这种巨大作用一直保留至今。在帕米尔高原各地收集的民俗学资料能够证明这一点。还有一个证据，尽管是间接证据，也能够证明成年女性在古代中亚发挥重大作用。

在古代中亚，诸如乌斯特鲁沙纳（Уструшана）和粟特这样的地区①，其统治者的尊号叫"阿夫申"（Афшин）。阿巴耶夫（В. И. Абаев）对这一术语进行了详细的历史学和词源学分析，推翻了旧的、缺乏说服力的词源学方面的研究结论。他将该术语同至今保留在奥塞梯语词汇中的"阿夫申"（afsin，即主人）一词进行对照后认为，塞人—马萨格泰人②（сакско - массагеты）的女首领可能就是被

---

① 乌斯特鲁沙纳，大致相当于中国文献中提及的苏对沙那、东曹国。最早在《隋书·西域传》提及：苏对萨那，《大唐西域记》作"窣堵利瑟那"，《新唐书·西域传》载："东曹国或日率都沙那、苏对沙那、劫布呾那、苏都识匿"。其中心地带的故址在今日塔吉克斯坦境内北部的乌拉丘别（费尔干纳地区）。——译者注

② 马萨格泰人（Massagetai）是一支操古代东伊朗语的游牧民族，通常认为是斯基泰人（塞人）的一个部落，居住在里海东部、咸海周边的大草原，即今日土库曼斯坦、乌兹别克斯坦西部以及哈萨克斯坦南部地区。他们因被古希腊作家希罗多德的著作提及而闻名。从考古遗址推断，马萨格泰人会随着地域不同而分别从事农耕或游牧。据历史记载，波斯君主居鲁士就是被马萨格泰人女首领托米丽斯所杀。根据希罗多德的记述，马萨格泰人实行一妻多夫制，以牛奶为主要饮料，只崇拜太阳为神，并献上马肉作为奉献。对待老人有特别的习俗。如果一个老人活到很大年纪，家人会选择某日，与老人的族人集合起来，把老人连同家畜一同屠杀并放在一起煮，然后大摆宴席，隆重庆祝老人生命的结束，他们认为这才是对死者最高的幸福。如果老人是病死的，就要埋在土里，他们觉得这是不幸。——译者注

这样称呼。该词可能是与塞人—马萨格泰人相邻的中亚地区从塞人—马萨格泰人部落那里沿袭而来，只不过已经改用于称呼男性统治者。所以，在奥塞梯人那里表示女家长的"阿夫申"一词，在古代中亚则是逐渐被用于称呼男性统治者的。

在《阿维斯塔》经文中，"恩曼尼亚"表示家庭成员，但东方学家戈尔舍维奇（И. Гершевич）证实，"恩曼尼亚"同时还表示家庭的庇护神，按照俄罗斯人的古老信仰，应称为"家神"。还有一些部落神"维希亚"（висья）等，这些神灵的部分功能与"弗拉瓦希"（庇护天使）及造物主的功能一致。

维拉（вира）、瓦伊萨（вайса）、帕里亚塔尔（париайтар）是家庭中不能享有完整权利的家庭成员。维拉通常表示男人、战士，也可理解为奴隶。例如，"亚什特"第十章第 28 节中提及密特拉（Митра）时写道：出于对一家人的仁慈，密特拉赠送这家人"一群牛和一群维拉"。也就是说，维拉很可能就是奴隶。总之，在《阿维斯塔》中将牛群和维拉并列，因此后者显然意味着奴隶。通过某些经文来推断，瓦伊萨和帕里亚塔尔是家庭中的年幼成员。

按照父系血统联系起来的、比家庭更大的单位叫作"纳法"（нафа），这些父系亲属集团显然对耕地、牧场等财产拥有集体权利，而且加入该集团的人都以团结一致和相互保障为纽带联系在一起。这种联合体相当庞大，其中享有完整权利的男子最多可达 100 个。查拉图斯特拉的抱怨尤其能够证明这些父系亲属集团所起的作用（"亚斯纳"46 章，第 1 节）：父系亲属和盟友都对我发难，部落也对我不仁不义。就如国家的邪恶统治者一样不仁不义[①]。

氏族（"维斯"，вис）由若干个父系团体组成，氏族首领被称为

---

① 在中文版《阿维斯塔》相关部分的译文是："军人武士和众首领尽量对我回避，农夫们也不能令人满意。信奉谎言的国家统治者（专门与我作对）。"见［伊朗］贾利尔·杜斯特哈赫选编《阿维斯塔——琐罗亚斯德教圣书》，元文琪译，商务印书馆 2005 年版，第 49 页。可能依据的是不同的版本，或对经文原文的理解不同。——译者注

"维斯帕蒂"（виспати）。"维斯"不仅表示氏族，还是氏族聚居的村落。显然，最初的村落由几个有血亲关系的家庭组成，后来逐渐开始具有乡村公社的特征。

少年成年之后，要举行加入宗教和村社的仪式。在父系团体的大会上，他们会得到一条神圣的腰带和一件长衫。这种成人礼被视为一个人的"再生"。只有经过成人礼之后，少年才会变成享有完整权利的全权村社成员，可以参加崇拜礼仪、履行义务、结婚等。大多数重要问题都由氏族议事会决定，成员都是父系团体首领。议事会解决内部生活问题，既有生产问题，也有社会问题，还包括祭祀、诉讼、与其他氏族关系等问题。

从《阿维斯塔》经文推断，当时社会的特征是：在社会和财产方面已经严重分化。前文已经谈到了奴隶问题。《阿维斯塔》各卷都有一些经文会提到个别家庭和个人拥有庞大畜群。牲畜被视为主要财富。当然，贵族的财富不仅有畜群，还有土地和其他财产。

《阿维斯塔》曾列出一些社会职业群体：祭司、战车战士、农民—牧民、手工业者（提到过一次）。一些学者认为，这一清单属于印度—伊朗共同体之前的时代，因此不值得关注。还有学者则认为（同样不无道理）：该清单反映了曾经存在过的历史真实（即《阿维斯塔》成书前后的时代面貌），对于还原《阿维斯塔》时代的中亚社会，是必备参考。

与普通氏族成员并存的还有一些"高贵"成员、"贵族"成员。这种术语之一，如"阿扎特"（азат，即出身高贵）就是用于表示"高贵"成员、"贵族"成员。"阿扎特"通常是氏族首领，同时也是家庭的家长。贝利（Г. Бэйли）曾详细分析了"阿扎特"一词的词源和语义演变。在中古波斯语（帕拉维语）中，"阿扎特"意思是"生于王族成员的""天生高贵的""天生自由的"。

由此又产生了一个塔吉克语词汇"奥佐德"（озод）——意为"自由的""自由自在的"；还有一个词是"奥佐达"（озода），含义是"高贵的、显贵的"。在《阿维斯塔》中,另一个用于表示"高贵"的词是"阿斯纳"(асна)。

相比之下,部落(赞图,занту)发挥的作用显然小得多。同时,《阿维斯塔》经文还讲述了来自"最好的人"的建议。该词用来表示诸如"罕恰曼"这样的一些议事会,该词在塔吉克语中保留下来,叫"安丘曼"(анчуман),意为"会议、大会"。

"地区"和包括几个地区的"国家"在《阿维斯塔》中称为"达修"(дахью)。季亚科诺夫(И. М. Дьяконов)指出:"要弄清这个词的内涵并不容易。"在《阿维斯塔》最古老的经卷中,达修常常就是一些具体而微小的"国家",就像亚述史料中所提及的那样,在米底曾经有过一些地域性实体,不是作为国家而运转,而是一些大规模的氏族部落实体。同时,达修这个词也适用于更广大的地域。利夫希茨(В. А. Лившиц)认为,达修首先是一个地域概念,一个地理概念,常常指代那些规模较大的族裔社区,但尚不属于已建成国家中的一个行政单位。他的观点是正确的。达修的首领称作"达修帕蒂"(дахьюпати)。其他的掌权人士中,值得一提的是"萨斯塔尔"(састар,意思是统治者、主子),这些人通常是在防御据点的某一个地方行使权力。

《阿维斯塔》中还有一个词叫"达修萨斯蒂"(дахьюсасти),意为"统治多个地方""地方联合体",用来表示若干个达修的联合体。统治这个联合体(即达修萨斯蒂)的首领称作"所有达修的达修帕蒂"(дахьюпати всех дахью),意为"所有地方的主宰"。但这个首领不享有独裁的权力,因为还有一个"达修纳姆·弗拉特玛达托"(дахьюнам фратэмадато),意为"各地方联合体首领的议事会""达修萨斯蒂首领议事会"。显然,所有的达修帕蒂,甚至"所有达修的达修帕蒂"自己都会受到权力约束,或者受到议事会的监督。

通过分析"伽萨"中所体现出来的社会经济关系(在这方面,

阿巴耶夫和季亚科诺夫的著作最为重要），可知"伽萨"诸篇反映了国家在即将建立或建立初期这个时期的社会日常生活状况。

在"伽萨"所处的时代，社会常常遭受邻族掠夺、经常不断的盗匪式袭击、牲畜被偷等侵害。"伽萨"诸篇包含了对和平生活的召唤，以及对在"好的"统治者治下实现村落繁荣的召唤。这一切都要求实施重大社会变革，而这种变革进程在当时无疑非常迅猛。在此，需要考虑到以下这个因素，即在阶级社会形成的早期阶段，在统治阶级中占主导地位的，永远是出身于原始社会体制核心的首领、祭司等氏族贵族。若想建立统一的国家，首先需要克服氏族传统和氏族寡头的统治。而氏族寡头凭借自己具有的本地的、氏族公社的根基依靠，永远有分离倾向。

所以，"伽萨"所处时代的中亚社会关系表现为从原始社会制度向阶级社会制度的转变过渡。氏族公社发生了分化，出现了村社（乡村公社），恩格斯写道："个体家庭开始成为社会的经济单位了。"① 而村社与氏族公社的不同之处在于，村社的基础不是建立在氏族血缘联系之上，而是建立在经济联系和地域联系之上。在中亚各民族历史上，村社在许多世纪里都展示出巨大的生命力，发挥了重大作用。恩格斯在《反杜林论》中写道："东方专制制度以及东征西讨的游牧民族的不断更迭的统治，几千年来都对这些旧的公社无可奈何。"②

在村社内部，个别家庭之间的财产不平等现象逐渐加剧。宗法制的奴隶制日益发展起来。出现了穷人和富人之分。军事首领的作用在增加，他们变成了常设的公职人员。但他们的权力受到议事会或部落大会的约束，建立部落联盟已成为必需。恩格斯强调。"掠夺战争加强了最高军事首长以及下级军事首长的权力"，战争成了经常性的行

---

① 中文译文参照《马克思恩格斯文集》（第4卷），人民出版社2009年版，第183页。——译者注
② 中文译文参照《马克思恩格斯文集》（第9卷），人民出版社2009年版，第169页。——译者注

当,最高军事首长以及下级军事首长变成了世袭贵族;原始的自然成长的民主制度从人民意志的工具转变为独立的、压迫和统治自己人民的机关了①。

鉴于草原—荒漠地带和绿洲—草原地带具有不同的生产条件,大约在公元前1000年代初期形成了两种经济类型:草原上的游牧—畜牧业经济,以及在绿洲和河谷地区的定居—农业经济。这样一来,早在远古时期,在中亚就已形成了马克思曾经描述过的一种特点:"可以证明有史以来所有的东方部落中定居下来的一部分和继续游牧的一部分之间的一般关系。"②

三 远古的国家实体

对中亚社会经济形式的分析能够表明,当时的国家处在向阶级社会过渡的阶段。非常自然的是,在中亚某些发达程度极高的地区出现了最早的一批国家实体,可能就是《阿维斯塔》中被称为"达修萨斯蒂"的那些地区。关于这些最早的国家实体的史料,我们只见到一些微不足道,甚至基本上不太可靠的线索。"大花剌子模"就是这样的国家实体之一。

希罗多德《历史》第三章第117问写道:"在亚细亚,有一个四周被山脉环绕的平原,在这些山脉当中有五道峡谷。这个平原位于花剌子模人(хорасмия)、希尔卡尼亚人(гирканцы)③、帕提亚人(парфяне)、萨朗格人(саранги)和塔玛涅人(тамане)的领地交界处④,曾经属于花剌子模人。有一条大河从这周边的诸山中流出,称为阿克斯河(Акес)。这条大河有五条支流,分别流经五道峡谷而

---

① 《马克思恩格斯文集》(第4卷),人民出版社2009年版,第183、184页。——译者注
② 《马克思恩格斯文集》(第10卷),人民出版社2009年版,第111页。——译者注
③ 希尔卡尼亚,取自《贝尔希斯敦铭文》,系古代希腊语地名音译,波斯语为"戈尔甘",位于里海东南部,大体相当于今日伊朗的戈勒斯坦省。——译者注
④ 希尔卡尼亚、帕提亚、萨朗格、塔玛涅,均系波斯阿契美尼德王朝时期的贵族领地。——译者注

灌溉着前文所说的那些部族的土地。"①

希罗多德书中的这个片段令人对阿克斯河发生兴趣。学者们作出各种各样的解释,其中不乏完全臆想式的解读。确实,此处有很多难点,以至于像巴尔托利德(В. В. Бартольд)这样的中亚史地专家干脆不愿意具体考察此信息。

大多数学者对此并不悲观。首先,几乎所有学者都将希罗多德书中所说的阿克斯河识别为捷詹河(Теджен)。在此,我认为托尔斯托夫(С. П. Толстов)的观点是错误的。他无视大量的直接或间接的史料证据,竭力证明该河位于今天花剌子模地区。其次,学者们运用了古希腊罗马作者的一些零零碎碎的资料。比希罗多德更早的一位古希腊作者、米利都的赫卡忒乌斯(Гекатей из Милета,约公元前500年前后)曾提及花剌子模人,称他们生活在帕提亚以东的地方,一部分人住在平原,一部分人住在山中。很清楚,这不是当代的花剌子模,而是今天赫拉特到梅尔夫的某个地区。考虑到所有这些情况,马克瓦尔特(И. Маркварт)不仅将阿克斯河与当代赫里鲁德河(Герируд,捷詹河)混为一谈②,将希罗多德的道听途说变成真实,还将其与古伊朗关于阿弗拉西亚布君主(Афрасиаб)的传说进行对照——该君主曾经越过好几条河流前往希尔曼德湖③。他就此提出推论,认为可能存在一个庞大的东伊朗部落联盟——"大花剌子模"。

上述信息的全部地理背景都能够证明,"大花剌子模"联盟的中心很可能不在当今的花剌子模,而是在更往南的地方,大约在今天的梅尔夫或赫拉特。另外,是族群流动导致该联盟的建立。在此有两派理论:一派要证明,米利都的赫卡忒乌斯和希罗多德的资料证实了花

---

① 《希罗多德历史》,王以铸译,商务印书馆1997年版,第245页。——译者注
② 赫里鲁德河,即今天阿富汗和伊朗境内的捷詹河。"赫里"即赫拉特的古称;"鲁德"是阿富汗语"河流"的意思。——译者注
③ J. Markwart, Wehrot und Arang. Untersuchungen zur mythischen und geschichtlichen Landeskunde von Ostiran, H. H. Schaeder (ed.). Leiden, 1938, S. 9 и сл. 阿弗拉西亚布君主是伊朗神话中,讲伊朗语的古老游牧民族和半游牧民族国家——传说中的图兰国的国王,即图兰人的统治者。

剌子模人是从北向南逐渐流动；另一派恰恰相反，他们确信花剌子模人是从伊朗和咸海地区逐步向北流动。马克瓦尔特提出一个观点，认为《阿维斯塔》中提到的"雅利安人纳姆—瓦伊恰赫"（即伊朗人或雅利安人的家园）就是所谓的"大花剌子模"。相关资料能够表明，该地区位于达季亚河（Датья，似乎是阿姆河）附近，而且那里的冬天持续十个月之久。现在这个观点已被多数学者接受。

语言学家们对于"大花剌子模"说的当代发展贡献良多，尤以亨宁（В. Б. Хеннинг）为代表。他将《阿维斯塔》的语言同已知的花剌子模语进行对照分析后得出结论：《阿维斯塔》中的两种主要方言既不能归入东伊朗语，也不能归入西伊朗语，这些方言处在东西伊朗语之间的过渡位置。亨宁认为，这个结论符合这样一种假设，即《阿维斯塔》中最古老的经卷"伽萨"是在梅尔夫和赫拉特地区撰写，而晚近的《阿维斯塔》经文则大部分在锡斯坦（Систан）撰写。因此他认为："尽管不能说有关花剌子模的资料提供给我们的语言学证据证明了我们的历史建构都是正确无误的，这么说有些夸张，但有一点可以肯定，那就是这些语言学证据与我们的历史建构相符。"

由此，尽管关于"大花剌子模"还有很多问题不清楚，但是存在这一巨大实体这一事实本身却很少遭人质疑。

第二个这样的国家实体是古巴克特里亚国（中国古书称为"大夏"）。古希腊作家克特西亚斯（Ктéсий Кни́дский）保存了很多关于亚述王尼诺远征巴克特里亚的故事[①]。故事中讲到巴克特里亚国中有很多大城市，国都巴克特拉赫防御很坚固，巴克特里亚国王奥克西阿尔特（Оксиарт）及其宝藏等。而在当代的史学批判著作看来，亚述人的远征并未到达巴克特里亚，因此，克特西亚斯所讲的故事被认为是参照希罗多德讲述居鲁士远征吕底亚的事迹而虚构的一个文学故

[①] 克特西亚斯（Ctesias），按罗氏希腊拉丁文译音表译作"克忒西阿斯"，公元前5世纪的尼多斯人（Cnidus），是阿契美尼德王朝的阿尔塔薛西斯二世的御医，历史学家，主要的著作有《波斯史》和《印度史》。——译者注

事。尽管多数学者不认可克特西亚斯讲述的具体内容，但大家也都认为，克特西亚斯讲述的事件背后隐藏着当时在伊朗地区流传的一些传说。希罗多德的著作可以证实确实存在一个强大的巴克特里亚（《历史》第一章，第153节）。书中提到：阿契美尼德王朝君主居鲁士在征服吕底亚之后，还要征讨巴比伦、巴克特里亚、塞人和埃及人。因此，巴克特里亚是与埃及或巴比伦这样的大国相提并论的国家，盖格（Wilhelm Ludwig Geiger）在其著作中指出：古代巴克特里亚的实力超过了相邻地区，在这些地区内占有特殊地位。

巴克特里亚国的疆域显然要比巴克特里亚本土大得多。依据某些资料，马尔吉亚纳和粟特等地区也属于该联盟（可能不是一直属于）。巴克特里亚的自然资源丰富，声名远扬，甚至传到前亚地区，尤其是巴达赫尚的青金石受到高度赞誉。

除上述提到的花刺子模（更准确的发音是"霍拉斯米"）和巴克特里亚以外，在中亚的农耕地区还有粟特人、费尔干纳人、马尔吉亚纳人、帕提亚人。粟特位于泽拉夫尚河（Зерафшан）与卡什卡达利亚河（Кашкадарья）的河谷地带，费尔干纳人住在费尔干纳谷地，马尔吉亚纳人住在梅尔夫绿洲，帕提亚人住在科佩特山脉以北的地区。在河谷和群山里有一群游牧的塞人部落。塞人当时分为两大集团：一是东南部的塞人集团，与巴克特里亚和印度有关联，称作"豪玛瓦尔加塞人"（саки-хаумаварга，即崇拜一种植物——豪玛的塞人）或"阿缪尔吉塞人"（амюргии）；二是东北部的塞人集团，与花刺子模有关联，称作"季格拉豪达塞人"（саки-тиграхауда，意为"戴尖帽的塞人"）或"奥尔托卡里班吉—马萨格泰人"（ортокариба-нтии—массагеты）[①]。

[①] 有关塞人部落的分布问题无比复杂，因此在各种著作中有许多不同观点。本书采信其中的一种。

四　琐罗亚斯德教

前文已经提到，《阿维斯塔》杂糅了各个部落和不同时代的内容。长期以来，学者们一直在剥离这些内容，以便弄清伊朗人的古老宗教积淀。戈尔舍维奇（И. Гершевич）提出，可以用以下三个概念取代"琐罗亚斯德教"这一通称：一是"查拉图斯特拉教"，即查拉图斯特拉本人所在时代的宗教，反映在《阿维斯塔》"伽萨"各篇；二是"新查拉图斯特拉教"，反映在较晚近的《阿维斯塔》经文中；三是"琐罗亚斯德教"，即萨珊王朝时期的宗教教义。

早在公元前2000年代末公元前1000年代初期，伊朗诸部已有一定的信仰和观念，这些信仰和观念后来成为琐罗亚斯德教的组成部分，并且是以深度发展的形式成为琐罗亚斯德教的组成部分。其中许多来自印度—伊朗共同体的时代，某些信仰和观念甚至可以追溯到印欧共同体时代。特别应该强调的是对密特拉（Митра）的崇拜。伊朗人崇拜的所有诸神都统称为"阿胡拉"，后来逐渐地衍生出最高神（最高的阿胡拉），称为"马兹达"（意为"英明、智慧"）。尽管有学者提出质疑，但可以确定，查拉图斯特拉是一个真实的历史人物。他创作了"伽萨"，并在其中作为一位传道士，一个活生生的、斗志昂扬的人而演说。但在后来的《小阿维斯塔》中，查拉图斯特拉已经成为一个神话人物。

查拉图斯特拉（"琐罗亚斯德"的欧洲语言转写）的名字的意思可能是"放牧骆驼的人"[1]，他出身于斯皮塔姆家族（Спитам，粟特语称为"斯皮塔曼纳"，希腊语转写为"斯皮塔门"），其父名叫波鲁沙斯帕（Поурушаспа），母亲名叫杜戈多娃（Дугдова）。查拉图斯特

---

[1] 查拉图斯特拉，米底语的发音，略经改换后，在萨珊王朝时期的伊朗称为"查拉都什特"（塔吉克语的发音也由此而来）。欧洲语言中称为"琐罗亚斯德"，显然是经由希腊语转写后，再还原为中古波斯语的形式，就成了"查拉—图斯特拉"（GershevitchI. Zoroaster's Own Contribution//Journal of Near Eastern Studies – Vol. 23, 1964, pp. 28, 38）。——译者注

拉属于祭司阶层。他并不富有，经常抱怨说他只有很少的牲畜和下人，曾经有人答应过给他10匹带马驹的母马和一头骆驼。查拉图斯特拉曾娶妻生子。查拉图斯特拉在"伽萨"中称：他从最高神阿胡拉·马兹达那里得到正信启示。查拉图斯特拉开始传道新教后，起初并不成功，被迫逃亡，最后得到贵族（国王）维什塔斯帕（Виштаспа）的庇护。维什塔斯帕与其亲随一起接受了查拉图斯特拉的传教。

查拉图斯特拉的传道内容主要是反对部落领袖（或部落贵族）和旧祭司，尤其是那些搞大规模流血祭祀的祭司。查拉图斯特拉支持更先进的经济形式，反对军事冲突，反对以夺取牲畜为目的的掠夺性袭击，号召保护农耕村落，主张建立强大的权力以及和平的尘世生活。查拉图斯特拉反对部落里对一些旧神灵的崇拜，号召崇拜唯一的最高神阿胡拉·马兹达。

各个发展阶段的琐罗亚斯德教都表现出的宗教特征有：（1）在琐罗亚斯德教的早期形式中，已经有一定的一神论倾向，表现为对最高神阿胡拉·马兹达（后被称为"奥尔马兹达"或"胡尔马兹达"，Ормазд，Хурмузд）的信仰。（2）表现为善—恶以及真理—谎言两种永恒对立且抽象的二元论（常被称为道德二元论或伦理二元论），主导善（对应真理、公正、光明等）之力量的是善神阿胡拉·马兹达，主导恶或敌对（对应的是谎言、黑暗等）之力量的则是阿赫拉曼纽（Ахра-Манью，Ангро-Майнью，Ахриман，《阿维斯塔》中写作"安格拉迈纽"，后来写成"阿赫里曼"），这两种力量之间的斗争构成了世界进程的内容。由于"阿胡拉·马兹达"这一名称，琐罗亚斯德教也常常被称为"马兹达教"[①]，而其教徒们自己则自称为"马兹达亚斯尼"（源自"马兹达亚斯"，意为"崇拜马兹达的人"）。

---

① 一些苏联学者仅将与琐罗亚斯德教相关的、中世纪版本的古伊朗宗教信仰称为马兹达教。为了避免混淆，在这种情况下，应该说是中世纪的马兹达教。——译者注

第二章　阶级社会早期中亚的东伊朗诸部（公元前9—公元前6世纪中期）

在很早的时候，还在印度—伊朗共同体的时代，雅利安人部落就有两类神灵的观念：一是普通的神"代瓦"（дайва），印度语中称为"提婆"（дева），伊朗语中称为"德弗、迪弗"（дев，див），印欧语中称为"杰沃"（дейво），属于古老的拟人化的自然形成的天人；二是掌握最高权力尤其是掌管道德秩序的神"阿修罗"（асура），伊朗语中称为"阿胡拉"（ахура，意思是主宰、统治）。"阿修罗"（阿胡拉）这一概念起初在古代印度的口头传说中（在《梨俱吠陀》的晚期神曲中）是一个与人类为敌的恶魔，后来在印度仅被用于指称恶魔，而提婆仍是善神。但这一概念在琐罗亚斯德教中却发生了截然相反的演变：阿修罗（阿胡拉）一词专门用来表示神的意思，而提婆（迪弗）却成为与神为敌的恶魔[①]。在《阿维斯塔》中提到的恶魔还有"因陀罗"（吠陀时代的古印度人最知名、最受崇拜的神灵之一）、"纳哈蒂亚"（印度称为"纳萨蒂亚"）。

有一位神从诸神之中脱颖而出，成为苍穹之神和全知全能神："阿胡拉"加上修饰语"马兹达"（"英明、智慧"），成为最高神"阿胡拉·马兹达"（"英明之主、智慧之神"）。这种变化与伦理因素在宗教中越来越重要有关。就好像古印度的最高神阿修罗—伐楼拿一样，阿胡拉·马兹达与一个基本的宗教概念"阿尔塔"[②]直接相关。"阿尔塔"的意思是真理、公正的法律秩序、神圣正义。在查拉图斯特拉撰写的"伽萨"诸篇中，阿胡拉·马兹达不是一般的最高神，他不仅可以否定其他诸神，还可以取代其他诸神。

在宗教仪轨方面，查拉图斯特拉反对血腥的宰牲祭祀，反对喝圣水豪玛（印度称为"苏玛"），只认可对火的崇拜。火被认为是神圣正义的体现和象征。后来，崇拜火和修建拜火祠就成为琐罗亚斯德教的典型特征。禁止搞大规模流血祭祀也与查拉图斯特拉教义中的社会

[①] 书面文献记录表明，在中世纪之前，中亚始终保留了迪弗（天神，印度称为提婆）不仅是男性善神，也是女性善神的观念，而帕米尔高原周边居民及雅格诺布人甚至直到今天仍然保留此种观念。——译者注
[②] 阿尔塔（арта），《阿维斯塔》中称作阿沙（аша）。——译者注

规范直接相关。

随着伊朗各部落群中"阿胡拉"（起初）和"阿胡拉·马兹达"（后来）神的确立，一神教逐渐发展起来，同时，二元论观念也得到广泛传播。按照这种观念，世间的一切，无论是神灵，还是自然现象、社会生活、动物等，都具有善或恶的根源，都或者属于真理世界，或者属于充满谎言、非正义、丑恶之物和道德龌龊之事的世界。这些观念在查拉图斯特拉的教义中得到深化和提炼，将善之本原领域的一神论与渐次推进的二元论结合起来，将此前已存在的全部二元论思想集中于普遍的世界冲突中，并赋予人非常积极的作用。

在琐罗亚斯德教中，人的作用由"自由选择"理念决定，这种理念植根于查拉图斯特拉的"伽萨"诸篇中。人可以在善与恶之间作出选择，在人世间善恶本原二者的斗争中，人的行为具有决定性意义。

善的道路已由先知查拉图斯特拉带给尘世的正信指明。在其信徒（追随者）的集体努力下，善必将取得最终胜利。查拉图斯特拉预言：一个新世界即将到来，这个新世界意味着善之力量将战胜恶之力量。经过火的考验之后，那些选择了善的人们将进入阿胡拉·马兹达建立的正义王国。

按照查拉图斯特拉的教义，在不久的将来，善的力量可望最终获胜。但是后来的琐罗亚斯德教则称：在查拉图斯特拉诞生，以及他作为反抗恶的工具的教义出现之后，再过3000年会有救世主绍什扬特（Саошьянт，这个名字已经出现在"伽萨"中）从查拉图斯特拉奇迹般保存在湖底的种子中降生①。在救世主降生之后，善将最终战胜恶。

人帮助善与恶斗争的首要义务，不是为了履行琐罗亚斯德教

---

① 按照相关神话传说，教主查拉图斯特拉升天后，其精液由江河女神阿娜希塔保管，藏在锡斯坦的卡扬塞湖里。每过一千年，就会有一位女子前往湖中洗浴、受孕，因而到三千年后，就会有三位隐遁的先知降世，斩妖除魔，拯救人类。——译者注

（尤其是琐罗亚斯德教的早期发展阶段）的祷告和仪轨，琐罗亚斯德教并不认为这些有决定性意义，而是为了保持正信所规定的正当生活方式：善思、善言、善行，这是人与恶作斗争的方式。增加物质福利（阿胡拉·马兹达或圣灵为人创造的），即从事畜牧和农耕活动，也是人与邪恶力量作斗争的主要手段之一。

在《阿维斯塔》的"伽萨"诸篇中，与最高神阿胡拉·马兹达同时提及的神还有两位，其中之一象征真理，另一位神灵象征谎言。在《阿维斯塔》以"七章亚斯纳"而知名的经卷中，有不少多神论成分。被崇拜的不仅有阿胡拉·马兹达及其化身，还有火神、水神、风神、地神、空气及动物之灵等。

在《阿维斯塔》的万神殿中，最受崇敬的神灵是太阳神和光明神密特拉，密特拉是战士的庇护者，护佑他们取得胜利；另外还有主管生产的女神、水神阿尔德维苏拉·阿娜希塔（Ардвисура Анахита），对她的崇拜保留了可以追溯到母系时代的某些特征。

琐罗亚斯德教最为独特的是葬俗，至今仍被印度的帕西人沿袭。死者遗体被置于一个专门建筑（"达赫马"）中，便于鸟类分食。通过这种方式将肉清理之后，骨头存放在专用器皿（骨瓮、骨殖坛）中。这种丧葬的方式比琐罗亚斯德教古老得多，但却与琐罗亚斯德教的基本规则直接相关，对于琐罗亚斯德教徒来说，是唯一可能的葬俗。在琐罗亚斯德教二元论思想的矛盾体系中，生与死的矛盾是基本矛盾之一。生命被视为善之本原赐予的幸福，而死亡则是死神阿赫里曼（Ахриман）作恶。因此，正信者在生时是善之本原的体现，死后其遗体若被玷污，则是恶之本原的体现。同时，出于对火、土和水的崇拜，绝对禁止将其玷污。因此，埋葬遗体或者像以前那样火化就尤其不可接受。

查拉图斯特拉的教义将从事农耕和畜牧作为信徒们的神圣职责，将其视为虔诚的壮举。在"万迪达德"第三章中说道，"最好的、最受神灵眷顾的地方就是，一个虔信徒建造的房屋，房屋里有火和牛奶、妻子、孩子以及畜群……在这个房子里，六畜兴旺……还有一条狗，还有妻子、孩子、火，以及世间一切日常的美好之事……虔信徒在那里加工更多的粮食、草、植物以及食用的果实，灌溉干燥的土壤，或烘干过分潮湿的土壤……繁育大小牲畜，多多益善……大小牲畜能提供更多肥料"（根据 И. С. Брагинский 的俄译本，第 2—6 章）。此处包含了直接号召发展农牧业的内容，尤其是发展农耕经济。

在同一章里，接下来又谈及，"用左手换右手、右手换左手地耕种土地的人，会给土地带来收益。就像一位热爱自己妻子的丈夫，馈赠给在软床上休憩的心爱妻子一个儿子或其他礼物一样……土地会对他如是说：你啊，作为一个用你的右手换左手、左手换右手地耕种的人啊，我将真正不知疲倦地生育，生产全部食物，生产丰饶的庄稼……谁播种粮食，谁就是在播种公义。"（根据 И. С. Брагинский 的俄译本，第 25、26、31 章）。

"伽萨"诸篇也非常重视畜牧业。先知呼吁阿胡拉·马兹达："您就是为我们创造牲畜的主，是兴旺繁荣的源泉"（"伽萨"第 47 章第 3 节）。我们还可以找到很多关于牲畜、关于护佑牲畜、关于保护牲畜和牧民不受盗匪袭击的片段："赞美阿胡拉·马兹达和喂草料给牲畜，是我们认为的最美好之事。"（"伽萨"第 35 章第 7 节）

正是在《阿维斯塔》最古老的经卷中，包含了号召农耕劳动，以及反映民间神话和观念等方面的内容。但是总体来说，《阿维斯塔》是较为晚近时代的著作，在阶级社会条件下，查拉图斯特拉的教义（琐罗亚斯德教）被神化，成为国教，从而将王权神圣化，将贵族和祭司们对劳动大众的统治地位神圣化。

对于研究古代塔吉克民族史来说，民俗学资料非常重要。在十月革命前的塔吉克人，特别是高山塔吉克人的日常生活中，仍保留不少原始公社时期的遗迹，如达尔瓦兹和卡拉捷金村落里的大型公共宅舍。

在众多的琐罗亚斯德教残留中，最为普遍的是拜火祠，是村里男性村民聚集之地,他们聚集在一起集体进餐。而在古老的好汉传说中,最受欢迎的是关于鲁斯坦的传说。塔吉克山民在开始干活前,通常会念一句:"鲁斯坦,保佑我!"彩虹被称为"鲁斯坦之弓"。许多习俗都体现母系社会的特征。在陶器和建筑艺术中,还有很多古老特征保留至今。

第三章 阿契美尼德王朝版图下的中亚

第一节 公元前6—公元前5世纪的中亚政治

一 阿契美尼德王朝的产生

伊朗最早的国家形式（公元前3世纪下半叶在伊朗西南部地区建立的埃兰王国除外）可以追溯到公元前9—公元前7世纪。公元前9—公元前7世纪，伊朗西部的许多地区都是亚述帝国（Ассирийская империя）和乌拉尔图王国（Урарту）的一部分（后来成为米底王国中心的一些地区也属于亚述帝国）。公元前640年前后，曾经属于埃兰王国的伊朗西南部的波斯部落在阿契美尼德人的带领下，从亚述帝国独立出来。公元前9—公元前7世纪，伊朗西北部的大片领土则属于马纳王国（Манна）。

当时伊朗地区的操伊朗语的部落，在最初阶段（公元前1000年前后）的发展水平尚未达到可以建立国家政权的高度。后来，这些操伊朗语部落依托自身以及被他们同化的一些伊朗部落，不断发展壮大，并于公元前7世纪下半叶建立了米底王国（Мидийское царство）。

米底王国的领土最初主要位于埃克巴坦（Экбатан，今日的哈马丹）及其周边地区。后来又将伊朗的大部分地区（包括法尔斯）、马纳王国和乌拉尔图王国的领土、原亚述帝国的一些地区、小亚细亚东部等地区也都纳入版图之中。米底王国的东部边界已到达中亚地区。

公元前6世纪中叶，阿契美尼德王朝取代了米底政权。这一强大的阿契美尼德王朝最终完成了前一时代（公元前9—公元前6世纪）就开始的融合进程，即将古代东方各国和各民族统一到同一个国家内（相当于继承了亚述帝国、乌拉尔图王国、米底王国和新巴比伦王国的扩张进程）。这个统一化进程的背后隐含着一定的经济和社会原因。

阿契美尼德王朝的缔造者是曾臣属于米底王国的波斯部落首领居鲁士二世（Кир Ⅱ）。经过长期艰苦卓绝的斗争，他不仅摆脱了这种依附关系，还在公元前550年彻底打败并征服了米底王国。居鲁士二世接受了"米底国王"这个新尊号，同时保留了自己原先的"波斯王"称号。

居鲁士二世发动了数次战争。最初征服的是米底王国，然后在公元前547年或公元前546年又吞并小亚细亚最富有的国家吕底亚（Лидия）和一众希腊国家。

二　居鲁士二世征服中亚

居鲁士二世统治的初期阶段，阿契美尼德王朝日益强大，物质水平和人口锐增。所有这些都为他实现愿望，即建立一个覆盖整个亚洲的宏伟王朝创造了先决条件。

据希罗多德在其名著《历史》第一卷中写道："居鲁士征服吕底亚后，又将巴比伦、巴克特里亚、塞人地区和埃及纳入征战计划。居鲁士亲自领导作战，而面对伊奥尼亚人时[①]，他决定另派一名指挥

---

① 伊奥尼亚（拉丁语：Ionia；古希腊语：Ἰωνία；土耳其语：İyonya；这三种语言的发音均为"爱奥尼亚"）。系古希腊四个主要部落之一，于公元前2000年后期在爱琴海岸定居，操伊奥尼亚语。伊奥尼亚这个名字取自希腊神话英雄伊翁（Ion），也是古希腊时代对今天土耳其安纳托利亚西南海岸地区的称呼。伊奥尼亚重要的城市有以弗所、米利都、伊兹密尔。这些城市靠贸易富强起来，它们结盟为伊奥尼亚联盟。——译者注

官。"居鲁士二世的这一计划并非偶然：他可能掌握了中亚各族实力与军备的资料，所以在这次战役中，即使是居鲁士的亲信，也无法得到他对其指挥能力的信任。

对于居鲁士二世征服中亚的过程，我们了解不多。但已知的是，征服伴随暴行。据希罗多德（《历史》第一卷，第 177 页）所述，"哈尔帕格（Гарпаг）征服了亚洲西部[①]，居鲁士征服了亚洲东部。居鲁士没有放过任何一个民族，全部被他征服"。公元前 3 世纪的巴比伦尼亚历史学家贝罗索斯甚至认为[②]，居鲁士是在征服整个亚洲之后才占领巴比伦尼亚[③]。但这些说法与大马士革的尼古拉斯所著《历史》中的记载有所不同[④]。据尼古拉斯所述，居鲁士二世战胜米底后，吉尔卡尼亚的总督向其表示臣服[⑤]，"然后帕提亚、塞人地区、巴克特里亚等相继到来，争先表示忠心"。这个说法存在时间错乱的谬误，因为当时的巴克特里亚和塞人地区并不是米底王国的一部分，居鲁士二世尚未征服这些地区。另外，这个说法在其他方面显然也存在错误。较为可靠的说法应当是特洛古斯在其《腓力比史》中所表述的[⑥]："曾经臣服于米底的各个国家认为，随着政权更迭，它们这些国家的地位也在改变，于是寻求脱离居鲁士的统治自行独立，这也成为居鲁士频繁征战的起因。"

[①] 哈尔帕格（Harpagos 或 Hypargus，Гарпаг）是公元前 6 世纪米底王国的一位将军，后协助叛军首领居鲁士二世登上王位。据古希腊历史学家希罗多德曾记载，米底国王阿斯提阿格斯命令哈尔帕格率军迎战居鲁士，在帕萨尔加德平原战斗 3 天后，哈尔帕格背叛了他的国王，转而支持居鲁士二世，导致米底的灭亡和波斯的建立。——译者注

[②] 贝罗索斯（Беросс，Berossus）系公元前 3 世纪的古巴比伦王国的作家、天文学家，著有《巴比伦尼亚》（又称《巴比伦历史》）。——译者注

[③] 巴比伦尼亚（Вавилóния，Babylonia）是美索不达米亚中南部的一个古代文化地区（主要位于现今伊拉克），分为东南部的苏美尔和西北部的阿卡德两部分，中心是巴比伦，操闪米特的阿卡德语，苏美尔语主要用作宗教用途。汉谟拉比在此地建立了巴比伦王国。因此，很多文献将巴比伦尼亚和古巴比伦王国等同使用。——译者注

[④] 大马士革的尼古拉斯（Nicolaus of Damascus，Николай Дамасский）公元前 64 年前后出生在大马士革，是罗马帝国的奥古斯都时代的犹太历史学家和哲学家，还是安东尼和埃及艳后所生孩子的家庭教师。——译者注

[⑤] 吉尔卡尼亚（Гиркания）大体位于今日的里海东南部，伊朗的厄尔布尔士高原和科佩特山脉地区。——译者注

[⑥] 特洛古斯（Gnaeus Pompeius Trogus，Гней Помпéй Трог）系公元前 1 世纪前后古罗马历史学家，著有《腓力比史》（Historiae Philippicae）。腓力比系古代马其顿的一座城市，大约于公元前 4 世纪由马其顿国王腓力二世建造。——译者注

第三章 阿契美尼德王朝版图下的中亚

关于居鲁士二世征服中亚的一些细节,克忒西阿斯在其著作中有所描述①。据克忒西阿斯写道:居鲁士与"巴克特里亚人交战,战况胶着,双方都没有占有任何优势"。直到巴克特里亚人看到阿契美尼德王朝内部形势越来越稳固之后,他们才"自愿"臣服于居鲁士。

大流士一世(Дария I)下令雕刻的贝希斯敦铭文对了解阿契美尼德王朝至关重要。从铭文中可以得到准确的大流士一世执政前的阿契美尼德王朝版图。还应当指出的是,在居鲁士二世去世和大流士一世执政这段时期,即公元前530—公元前522年,阿契美尼德人一直忙于征服埃及以及处理内政事务,并没有打算征服中亚其他地区。大流士一世在贝希斯敦铭文第一栏写道:"这些都是阿胡拉·马兹达恩赐予我的国家",大流士一世还在铭文中列出了帕提亚、阿里亚②、花剌子模、巴克特里亚、粟特,以及犍陀罗、萨塔吉迪亚③、阿拉霍西亚④等阿富汗南部和印度斯坦西北部地区。此外,还出现了"塞人"这个名称(显然是指塞人的豪玛部落⑤)。在古代的一些资料中(如老普林尼⑥的作品),还能获得关于居鲁士消灭卡皮萨(Каписа)的信息。研究人员一般认为卡皮萨位于靠近喀布尔的巴格拉姆地区。

综合现有的一些资料,我们可以认为,居鲁士二世成功征服了帕提亚、巴克特里亚、花剌子模、粟特以及一部分塞人地区,最有可能征服的是塞人的豪玛部落。阿契美尼德王朝的东北边界究竟扩张了多

---

① 克忒西阿斯(Ctesias the Cnidian or Ctesias of Cnidus,Ктéсий Книдский)系公元前5—公元前4世纪的古希腊历史学家。阿契美尼德王朝阿尔塔薛西斯二世的御医。——译者注
② 阿里亚(Арейа,Артакон)系公元前6世纪的古城,大体位于今日阿富汗的赫拉特。——译者注
③ 萨塔吉迪亚(Саттагидия,Sattagydia)系阿契美尼德王朝东部的一个行省,大体位于印度河上游的旁遮普地区,今阿富汗东北部和巴基斯坦西北部。北邻巴克特里亚,南邻阿拉霍西亚,东邻犍陀罗。——译者注
④ 阿拉霍西亚(Арахосия,Arachosia)系希腊名称,是古代阿契美尼德帝国、塞琉古帝国、孔雀王朝、帕提亚帝国的一个行省,大体位于现今阿富汗东南部及巴基斯坦和印度的部分地区。赫尔曼德河流经阿拉霍西亚并提供南阿富汗最肥沃的土地。当中最大的城市坎大哈,据说是由亚历山大大帝建立及命名。——译者注
⑤ 波斯文献中记载了塞人各部落的名字,包括"帕拉达赖亚塞人",即生活在里海边或河边的塞人;"季格拉豪达塞人",即居住在锡尔河和阿姆河下游地区的戴尖帽的塞人;"豪玛瓦尔加塞人",即居住在巴尔喀什湖附近的加工豪玛酒的塞人;"阿里玛斯佩塞人",即居住在阿尔泰山脉和哈萨克斯坦东部等地区的养殖金雕的塞人。
⑥ 盖乌斯·普林尼·塞孔杜斯(Gaius Plinius Secundus,23—79年),常称为老普林尼、大普林尼,系古罗马作家、博物学家、军人、政治家,著有《自然史》(也译为《博物志》)。——译者注

远，无从得知。一些较久远的资料中曾提到，边界大致扩张到了费尔干纳盆地的居鲁士要塞（Кирополь）①。但根据语言学的分析，这一地名可能不准确。居鲁士要塞实际应该叫作"Куруш－ката"（库鲁士卡塔），这个词的第一部分"Куруш"（库鲁士）可能是一个部落的名称（也有说是居鲁士的古波斯语发音），后来希腊人把这个词转写为"Қирэс－хата"。

三 居鲁士和托米丽斯

公元前539年，居鲁士二世打败巴比伦后欲征服埃及。然而阿契美尼德王朝东北边境（也就是中亚地区）的局势尚不允许他征战埃及。为保障后方安全，居鲁士二世在中亚开始了新的征战之路。他亲自带兵出征，决心征服强大的中亚游牧部落。

很多古希腊历史学家都记录了这次战役，但他们对事件的描述却不尽相同。版本一：居鲁士二世越过阿拉克斯河（Аракс）②后，入侵托米丽斯女王（Томирис）统治的马萨格泰③部落。版本二：与版本一较为相似，居鲁士二世与由托米丽斯女王率领的斯基泰人作战。版本三：居鲁士与德尔比克部落作战。版本四：居鲁士与大益部落作战。

希罗多德、特洛古斯等学者对这次战役及其结果都有详细的记载。特洛古斯是这样描述的："居鲁士在征服了亚洲以及整个东方之后，开始向斯基泰人开战。当时，统治斯基泰人的国君是托米丽斯女王。这位女王没有因敌人入侵而产生一般女人都会有的恐惧感。虽然托米丽斯本可以阻止敌人渡过奥克斯河（Окс，即今日的阿姆河），

---

① 居鲁士要塞（Кирополь）即当今塔吉克斯坦索格特州的伊斯塔拉夫尚（Истаравшáн）。——译者注
② 大部分学者认为阿拉克斯河是指今土库曼斯坦境内的捷詹河，也有认为是穆尔加布河。
③ 德尔比克部落系古希腊历史学家希罗多德在其名著《历史》中提到的名称，系中亚的塞人游牧部落联盟——马萨格泰（массагет）的三大部落之一。三大部落分别是：大益（дай，даг，даев，дак，Daoi）、卡斯比（Каспии，Kaspioi，又译成里海部落）、德尔比克（дербик）。德尔比克部落据说大体位于阿姆河中游，今日土库曼斯坦的土库曼巴德至乌兹别克斯坦的布哈拉一带。——译者注

但她却给了他们一个渡河的机会,因为她认为在自己的领土内作战会更加得心应手,而敌人也很难渡过堵住他们去路的河流。居鲁士命军队渡河,在深入斯基泰一段距离后,就地安营扎寨。第二天,居鲁士佯装受惊,离开了营地,状似逃跑。他在营地里留下了大量的酒和举办宴席所需的一切食物和物品。托米丽斯女王得知此事后,派自己年幼的儿子率1/3的军队去追击敌人。进入居鲁士的营地后,未经战事考验的年轻人被营地内的假象所迷惑,忘记了自己的敌人,仿佛是受邀来参加宴会而不是来参加战斗,这些不擅饮酒的士兵喝得酩酊大醉。居鲁士得知此事后连夜返回,袭击了醉得不省人事的敌人,将包括王子在内的斯基泰人全部歼灭。托米丽斯损失了一支军队,让她更加难过的是,唯一的儿子也就此离世。然而托米丽斯并没有以泪洗面,一味沉浸在失败的悲痛中,而是在复仇和以牙还牙中寻求慰藉。她假装遭受打击,不信任军队,借此离开领地,只身前往到一处峡谷。托米丽斯在此处设伏,将居鲁士引诱至此。最终,居鲁士连同其20万波斯军队全部被托米丽斯歼灭。鏖战惨烈异常,以至于连一个向波斯人通报惨败战况的信使都未曾留下。女王下令割下居鲁士的头颅,扔进一个装满人血的皮袋,说道:'你现在要被鲜血喂养,用你一直渴求的,永远喝不够的鲜血喂养。'"

关于这一战,希罗多德的记载更为详细。据其所述,居鲁士起初通过特使向托米丽斯提出联姻请求。但托米丽斯明白,居鲁士的目的不在于求娶,而是觊觎她所统领的马萨格泰,于是拒绝了居鲁士的请求。托米丽斯之子斯帕尔加皮斯(Спаргапис)没有被居鲁士杀掉,而是被俘后自杀。对于马萨格泰与阿契美尼德的作战经过,希罗多德这样描述:"……这场战争是马萨格泰人参加过的最为激烈的战斗。如我所闻,两军先是远距离以弓弩互相射击,待箭矢用尽后,徒手作战,短兵相接。两军对峙了很久,无一方败逃。最终,马萨格泰人取胜,波斯军队大部分死于战场,居鲁士自己也被杀死。"斯特拉波

（Страбон）补充了一个非常重要的细节①：在这场战争中，居鲁士二世的敌人——游牧民族（斯特拉波称其为塞人）两次击败了阿契美尼德军队。

居鲁士二世远征的具体方向难以确定。有人认为是锡尔河流域，也有人认为是阿姆河流域或乌斯钵水道②。乌斯钵水道也许是最合理的推测。

公元前530年7月末至8月初，居鲁士被马萨格泰人打败——这是中亚历史上第一个能够准确确定的日期③。

季亚科诺夫（И. М. Дьяконов）认为"居鲁士二世是古代历史上最杰出的人物之一"。这个评价无疑很正确，从居鲁士二世的作为可知，他是当时进步潮流的代表，另外，他的背后有庞大的阿契美尼德王朝，从小亚细亚至印度河流域的无数资源尽在其掌握之中。尽管如此，居鲁士二世在与中亚游牧民族的交战过程中不仅多次失败，还命丧于此。其原因不是军事作战的胜败无常，而是各族人民为了捍卫自由和独立而勠力同心、同仇敌忾。在中亚乃至世界历史上，这样的例子不胜枚举。

四　反对阿契美尼德王朝的运动

居鲁士二世被中亚游牧民族击败，使阿契美尼德王朝遭受沉重打击。王朝的强大缔造者不仅殁于这一役，其子和继任人冈比西斯（Камбиз）也不得不推迟筹谋已久的埃及之战。后来，冈比西斯还是

---

① 斯特拉波（Strabo，Страбон，公元前64—23年），公元前1世纪古希腊历史学家、地理学家，生于现在土耳其的阿马西亚（当时属罗马帝国），著有《地理学》和《历史学》。《历史学》差不多已经完全散佚，目前仅存的写于莎草纸的残片存于米兰大学。——译者注

② 乌斯钵水道（The Uzboy，Узбóй）是一条历史上穿过土库曼斯坦西北部的阿姆河的支流，在17世纪干涸。水道长约750千米，经过萨雷卡梅什湖流入里海。水道沿岸的文明大约从公元前5世纪兴起，持续至17世纪。火星上的乌斯钵谷（Uzboi Vallis）便以这条河的名字命名。——译者注

③ 这一日期是根据巴比伦的文献而确定：以居鲁士二世名义颁布的最后一份文件的日期是公元前530年8月12日，以冈比西斯名字颁布的最早的一份文件日期是公元前530年8月31日。因此可以推断，居鲁士去世的消息传到巴比伦应当是在8月中旬或下旬。有的文献中认为日期是公元前529年，这个说法并不准确。——译者注

推进了埃及之战。埃及被征服，归于阿契美尼德王朝统治之下。

公元前522年，伊朗政权被阿契美尼德王朝的旁系大流士（统治至公元前486年）夺取。彼时，王朝内部的王权纷争引发了社会政治危机，在此背景下，阿契美尼德王朝统治下的各行省纷纷脱离其统治而独立。在大流士一世为颂扬自己功绩而刻下的贝希斯敦铭文中，详细描述了这些起义被镇压的情况。

中亚地区也趁此机会脱离阿契美尼德王朝的统治。帕提亚地区、马尔吉亚纳地区（Маргиана）和塞人地区相继发生起义。马尔吉亚纳的起义声势尤为浩大。大流士一世在贝希斯敦铭文中记录了这一过程："大流士一世说：马尔吉亚纳发生了叛乱。他们拥立一个叫弗拉德（Фрад）的马尔吉亚纳人为首领。得知此事后，我委派达达尔希什（Дадаршиш）前往波斯。他是我的奴仆，是巴克特里亚的总督。我对他说：去击败那些声称不是我们的人的军队。于是达达尔希什带领军队去镇压马尔吉亚纳人。幸得阿胡拉·马兹达赐予的协助，我的军队击溃了叛军。9月23日，我军与叛军交战。"大流士接着写道："马尔吉亚纳成为我的领土。"铭文中给出的日期相当于公元前522年12月10日。这一日期与居鲁士被马萨格泰人打败的日期一样，成为苏联史学界在古代断代中确立的最精确的日期。

阿契美尼德军队在巴克特里亚总督的指挥下，将叛军杀得片甲不留。这场起义几乎被鲜血浸没。根据巴比伦版的贝希斯敦铭文以及阿拉米语的复刻版铭文记载，有5.5万余人被杀，6500—7000人被俘虏。起义的首领弗拉德起初被救，后来也被阿契美尼德军队俘虏。帕提亚人和塞人的起义也遭到残酷镇压。

大流士在其统治的第三年（公元前519年或公元前518年）专门征伐了"戴尖帽的塞人"。塞人在这场战斗中失败，部分士兵被俘，其首领斯昆哈（Скунха）也被抓。大流士任命另一位塞人担任首领。

公元2世纪的古希腊学者波利艾努斯（Polyaenus，Полиен）根据已有的塞人传说，讲述了一段塞人勇于斗争的故事。大流士一世亲自率领大军去镇压塞人,塞人马夫希拉克(Ширак)不知为何出现在他的营帐中。他是一个伤残人,身上有很多伤口,耳朵和鼻子都被割掉。希拉克声称这些伤是部落里的人对他实施的惩罚,他要报仇。他承诺,要带领波斯军队沿着他所熟知的道路奇袭塞人后方。经过七天的艰苦跋涉,波斯人发现自己身处一片荒芜的沙漠,处于死亡的边缘。波斯人意识到这是个骗局。而希拉克即使在死亡的威胁下也依然骄傲地回答说:"我赢了,为了不让我的塞人同胞遭受灾难,我要让你们波斯人饥寒交加,受尽折磨。"波斯人后来斩杀了这位勇敢的马夫。波利艾努斯的这个故事讲述了大流士一世的一场失败战役。

第二节 公元前 5—公元前 4 世纪的中亚社会

一 阿契美尼德版图下的中亚地区

据原始资料记载,公元前 5—公元前 4 世纪,中亚大部分地区处于阿契美尼德王朝统治之下。根据波斯波利斯铭文(персепольская надпись)的记录,该区域从"粟特后方的塞人"地区延伸到库什(Куш)(埃塞俄比亚)。"粟特后方的塞人"指居住在锡尔河上游和中游部分地区的塞人。花剌子模、粟特、巴克特里亚、帕提亚以及游牧塞人聚居的众多地区,都成为阿契美尼德王朝繁盛时期的一部分。

在阿契美尼德王朝存续期间,巴克特里亚始终是其版图的一部分,成为阿契美尼德王朝在东方最重要的中心。巴克特里亚拥有突出的人力、经济、军事资源及与其相关的地区优势,这决定了它在整个王朝东部的经济和政治生活地位。在争夺"万王之王"宝座的王朝斗争中,巴克特里亚人登上王位的概率极高。巴克特里亚表面上奉行分离主义政策,但在某些时候,又积极支持有志于王位的人,试图和波斯人一起在整个王朝中占据领导地位。

整个阿契美尼德王朝被划分为不同的军事和征税区，称为"萨特拉庇亚"（сатрапия）（即行省），由总督（сатрап）管理。根据希罗多德的记载，在大流士一世（公元前522—公元前486年在位）时期，阿契美尼德王朝下辖20个萨特拉庇亚（行省）。各辖区总督几乎都是从波斯人中选拔和任命，直接隶属于国王。总督的职责主要是征税和维持军队，并有权从事外事活动，必要时，经国王同意，甚至可以组织军队征伐邻国。总督的地位一般都是世袭。

国家机器最重要的职能是税收。根据大流士一世的税制改革，各行省每年的主要税种必须用货币缴纳，也有一些税种可以实物缴纳，即以手工业、采矿业、农业和畜牧业产品缴税。从苏萨[①]铭文中可知，中亚地区的各行省为阿契美尼德王室宫殿（可能还有其他建筑）的建设提供了各式各样的饰面石和黄金。除税收外，民众还要承担多种差役，用于行省内的杂项和道路维护。阿契美尼德军队的兵员供给也是民众的沉重负担。这些苛税重负给民众带来了巨大痛苦，百姓往往需要以高利贷抵押土地，甚至将子女卖为奴隶，以应付苛政。

中亚被划分为四个行省。根据希罗多德的记载，生活在里海沿岸的游牧部落属于第11行省的一部分，须每年缴纳200塔兰同[②]的巴比伦银。花剌子模、粟特、帕提亚组成第16行省，须每年缴纳300塔兰同的巴比伦银。巴克特里亚是第12行省，须每年缴纳360塔兰同的巴比伦银。塞人区域是第15行省的一部分，须每年缴纳250塔兰同的巴比伦银。在当时看来，这是一笔巨大的数目。

在阿契美尼德时代，中亚地区的大型灌溉设施都掌握在阿契美尼德统治者手中（或受其控制）。阿契美尼德王朝向中亚人民收取额外税收的手段之一是控制水闸。关闭水闸就无法灌溉田地，于是中亚当

---

① 苏萨（Shush, Cýзы）也译作苏撒、稣撒，是位于伊朗的胡齐斯坦省的古代城市，蒙古人入侵后衰落。著名的《汉谟拉比法典》在此出土。——译者注
② 塔兰同（talentum, Талáнт）是古代中东、希腊、罗马时期的重量和货币计量单位，本意是天平、秤。各地的标准不一。在古希腊，作为重量单位时，1塔兰同相当于26公斤，作为货币单位时，1塔兰同为20—40公斤银。——译者注

地人不得不额外缴纳税费用来开闸。希罗多德写道：当中亚人没有水的时候，他们就会拖家带口地去波斯，站在国王的城堡门前悲痛地哭号，国王看到这些乞求者们急需用水，就会命人打开通往平原的水闸。当中亚人的土地被水浸透后，水闸会再次被关上。同时，国王命人打开其他水闸，供其他急需用水的臣民使用。从这一记录中可知，除去平时所获的税收，在"开闸放水"这一方面国王也能收取巨额费用。

根据希罗多德的记载，水闸的位置应当位于阿克斯河沿岸（р. Акес），但具体定位十分困难。根据大多数学者的说法，阿克斯河就是捷詹河（Теджен，Герируд），也有少数人认为是穆尔加布河（Мургаб）。

在阿契美尼德时代，中亚地区的劳动人民处境十分艰难。热爱自由的部落和人民不断反抗阿契美尼德统治者的压迫。

显然，从公元前4世纪下半叶开始，花剌子模人从阿契美尼德王朝独立出来，组建了自己的国家。这个时期，塞人也不再臣属于阿契美尼德王朝。

阿契美尼德王朝是一个具有鲜明军事贵族特征的奴隶制国家，其特权和统治阶层由波斯人和部分米底人组成。在其领土内，特别是在远离王朝中心的中亚地区，"自己人"（即行政机构）的权力很大：阿契美尼德人和当地贵族共同压榨中亚各行省的百姓。

二 公元前6—公元前4世纪粟特、花剌子模和巴克特里亚的社会经济制度、文化及宗教

在对现有资料进行全面研究后发现，在阿契美尼德王朝时期，中亚东伊朗人的社会制度在一定程度上与西伊朗人的社会制度有很大不同。

在中亚，虽然奴隶制关系有一定程度的发展，但奴隶劳动并没有成为经济基础。部落制度在这里得到了更大程度的传承，村社制度占

据着重要地位。阿契美尼德王朝统治中亚，对后者的社会经济进一步发展起到了双重作用：一方面，它在一定程度上加速了奴隶制关系的发展，但另一方面，它又导致中亚地区经济极度衰弱。巨大的财富以贡品和物资供应的形式被攫取，最好的工匠都被带走参与阿契美尼德国王的宫殿建设。

根据阿夫拉西阿布（Афрасиаб）（古撒马尔罕）城址发掘所得的考古资料以及古代学者的资料，可以大致描述这一时期的粟特社会状况。农业在粟特人的生活中扮演着重要角色，当时的农业已经以人工灌溉为主。有文字资料记述这一时期的场景。斯特拉波在记录波利基梅特河（Политимет）（今泽拉夫尚河）时写道："灌溉完这片地区之后，波利基梅特河流入荒芜的沙漠，而后被沙土吸收。"显然，此处是描写泽拉夫尚河在给粟特的众多灌渠提供水源之后，就流向了沙漠。

除专事农业和畜牧业的农村居民点以外，粟特还有城市居住区。其中规模最大的城市是撒马尔罕——希腊人称为"马拉坎达"（Мараканда）。马其顿王国统治时期，这座城市由两部分组成：一部分是由城墙和护城河包围的卫城，另一部分是城市本身。城墙长度为70斯塔迪亚[①]，即至少12—12.5千米。有河流绕城而过，这条河指的是西阿布河（Сиаб）。

据考古资料显示，古撒马尔罕（或该城中心）位于阿夫拉西阿布的古城遗址上。在遗址发掘过程中，考古学家们发现了公元前6—公元前4世纪的居民点遗址。这里坐落着总督官邸，至于亚兹遗址（Яз-депе），则早已失去其原有价值。

帕提亚北部的古城耶利肯（Елькен-тепе）发挥着相当重要的作用，研究资料表明，这座古城拥有牢固的防御系统。据考古研究表

[①] 斯塔迪亚（Стадия，Стáдий，Stadia）系古巴比伦和古希腊的长度单位。测量方法通常是早晨从见到太阳的第一缕阳光到整个太阳升到地平面上的时间内，以正常平静步伐行走的距离。——译者注

明，当时在梅尔夫绿洲已经出现了大型灌渠设施，其中一条灌渠向贾乌尔卡拉城（Гяур-кала）的居民点和周围田地供水。考古学家在这里发现了大量陶瓷、小雕像和其他物品，其中包括斯基泰人的青铜箭头。

巴克特里亚居民主要从事农业活动。库尔提乌斯（Квинт Курций Руф）写道："巴克特里亚自然环境多种多样。葡萄树结出硕大香甜的果实，阳光充足的土地获得丰沛的水源灌溉，最肥沃的土地用作种植粮食，其余的土地则被辟作畜牧场。不过，这里的大部分土地都属于贫瘠的平原。"老普林尼（Плиний）也曾写道，巴克特里亚种植的粮食和草种大小几乎与普通的谷穗一样大。

巴克特里亚的土地耕作方式包括旱作农业和灌溉农业。例如，在公元前5世纪，从瓦赫什河引出一条运河，大致就是今日的博尔代（Болтай）运河。这条运河可浇灌约50平方千米的土地。

通过对巴尔赫遗址（Балх）的考古研究发现，其最古老的文化层可以追溯到公元前1世纪上半叶末期。季亚科诺夫（М. М. Дьяконов）发掘卡菲尔尼甘低地的卡莱米尔（Қалаи мир，今日塔吉克斯坦沙赫里图兹）遗址时，获得了与巴克特里亚北部文化相关的资料。该地有一个十月革命前一直存在的居民点，是卡巴迪安的伯克们的聚居处，以此为基础，发现了一个被严重破坏的古巴克特里亚时代的住宅群。出土了8间以方形生砖砌成的狭窄房屋，房屋的外墙厚于其他墙，还发掘出许多最古老的撒马尔罕和梅尔夫所使用的同类型器具，以及可追溯到公元前7—公元前5世纪的青铜箭镞和铁器（针和刀）。考古发现，这一居民点的居民从事手工业（陶器、编织、炼铁、青铜铸造）和农业（灌溉土地和饲养牲畜）。另一个公元前5—公元前4世纪的居民点由泽伊马利（Т. И. Зеймаль）在瓦赫什河谷（即库尔干秋别市）附近的博尔代遗址（Болдай-тепе）发掘而出。

奥克斯宝藏（又称"阿姆河宝藏"）的众多藏品体现了巴克特里亚工艺美术的发展水平。奥克斯宝藏中有大量的艺术藏品，其中主要是金银（现有180件，过去数量更多）制品和大量的金银币。这些藏品由一些布哈拉商人于1877年从卡巴迪安当地人手中购得，然后带到印度，又辗转落入学者们手中。藏品的真实制作年代不详。古巴克特里亚人拥有珠宝设计艺术家一样的惊人技能，这一点在奥克斯宝藏的许多制品中都得到体现。例如，金制马拉战车模型和银雕人像，还有绘有人体图形的金盘，金盘上衣服和武器的全部细节十分清晰，其中人像佩戴的金手镯末端形似山羊或蛇的头部，还有巨型的金鹿雕像等制品。

康宁盖姆（А. Каннингэм）认为，奥克斯宝藏是属于某个巴克特里亚贵族家庭的私人宝藏。吉尔什曼（Р. Гиршман）则认为，奥克斯宝藏是位于巴克特拉（Бактра）的著名的阿娜希塔神庙（храма Анахиты）宝藏的一部分，可能在亚历山大大帝或塞琉古一世军队入侵时被毁。巴奈特（Р. Бэрнетт）基本认可吉尔什曼的观点，但认为宝藏最终形成于时间更晚一些的公元前2世纪[①]。

塔吉克斯坦北部分布着城市居住区，包括大城市。典型代表是被希腊人称为居鲁士要塞（Кирополь）的聚居点（今日的乌拉秋别地区）。

在塞人生活的广大地域也发现许多遗址。东帕米尔地区一般多为墓冢，墓葬的深度很浅，内部呈弯曲状。有时也见成对的墓葬。在七河地区发现了巨大的墓冢，内有木质墓室。在咸海流域，即阿姆河与锡尔河之间的地带，也发现了错综复杂的塞人贵族大型墓葬。此处发现居住区，某种程度上说明曾经有塞人在此生活。

中亚人的宗教信仰并不统一，当时流行的宗教是琐罗亚斯德教。这一宗教吸收了当地各种祭祀仪式的内容。我们对宗教信仰的实际内容了解不多。一些塞人部落显然也信仰琐罗亚斯德教，而其他部落则

[①] 巴奈特根据自己的时间考证，认为巴克特里亚没有黄金。实际上这完全不符合事实，因为巴克特里亚境内确实存在黄金。

多数信奉与太阳相关的最高神，最有可能的是阿胡拉·马兹达（或密特拉神）。

阿契美尼德王朝推行的历法是小阿维斯塔历（младоавестийский календарь）。该历法依据埃及太阳历而制定，一年为12个月，每个月30天，年末余下5天。所用的月份和日期的名称源于琐罗亚斯德教万神殿各神和《小阿维斯塔》神话人物的名字。这些名字或在《阿维斯塔》的"伽萨"篇中出现过，或是伊朗人信奉的其他神（包括那些明确不被查拉图斯特拉承认的神）。这一历法在伊朗各族人民中广为流传，在古代和中世纪早期的中亚地区也曾被广泛使用，现存的关于粟特、花剌子模和帕提亚的文本可证明这一事实。阿契美尼德王朝历法后来衍生出中古波斯历法，并融入了新波斯历（现代伊朗太阳历的月份名称就来自《小阿维斯塔》中的神）。阿契美尼德王朝历法的月份名称在其他一些西亚国家也得到认可，特别是亚美尼亚。

当时的中亚各部落中，史诗创作已发展到一定程度，这在《阿维斯塔》中体现得尤为明显。关于塞人女王扎丽娜（Зарина）和米底人斯特里安格伊（Стриангей）两人命运的史诗情节也有很多印证。在第一任丈夫——塞人首领死后，扎丽娜嫁给了帕提亚首领梅里耶尔（Мериер）。当时帕提亚人和波斯人之间有一场战争。在这场战争中，一个叫作斯特里安格伊的米底人把一位塞人女子从马背上掀下来——塞人同阿玛宗人[①]一样，女性也参加战斗。斯特里安格伊看到该女子美艳动人，又是如花的年纪，于是将她毫发无损地放走。后来，斯特里安格伊被扎丽娜的丈夫俘虏。他爱上了扎丽娜，而扎丽娜也爱上了他。但斯特里安格伊当时正面临着死亡危险，无论扎丽娜如何乞求，她的丈夫都不为所动。后来，扎丽娜将俘虏都放了出来，并在他们的帮助下杀死了自己的丈夫，然后与斯特里安格伊"建立了

---

① 阿玛宗人（Амазонки）是古希腊神话中一个全部是女战士的民族，占据着小亚细亚、弗里吉亚、色雷斯和叙利亚等中东地区。希腊历史学家希罗多德认为这一民族来自中亚的萨尔马特—斯基泰人。根据希腊语，阿玛宗的意思是"没有胸的女人"。据说，为了方便射箭，阿玛宗的女性都要割去右胸。——译者注

友谊"。有学者认为，这个故事是塞人的史诗，另有一些学者则认为这个故事反映的是印度的历史。我们认为，第一种观点比较可取。

第三节　阿契美尼德时期的中亚和伊朗

阿契美尼德王朝存续了200多年，是世界上已知的古代最强大的帝国之一。阿契美尼德王朝在东方历史上扮演了重要角色，在该王期所形成的经济政治制度和文化传统甚至在后来的马其顿王国、帕提亚王国、萨珊王朝和中亚民族中都能寻到踪迹。

在阿契美尼德时期，社会关系发生了巨大变化（土地关系不断发展、奴隶劳动日益重要、巴比伦贸易活动活跃等），统一的国家铸币制度建立起来。此外，税收制度在各地经济发展的基础上建立起来，整个国家划分为边界清晰的多个行省，并规定各行省使用官方的统一文字——阿拉米语。在这一时期，国家驿站得以建立，修缮了旧驿道，修建了新驿道。此外，还组织编撰了适用全国的法律，同时规定各地区的旧有法律依然有效。

当然，历史现实非常复杂。与早期的古代东方君主制相比，阿契美尼德王朝的政策相对更积极些，因为早期的东方专制和压迫要比阿契美尼德时期残酷得多。即使如此，在阿契美尼德王朝时期也未见到任何田园风光，激烈的阶级斗争和受压迫人民的起义不断冲击着阿契美尼德政权。

与早期的其他古代东方国家相比，阿契美尼德人对其他民族的宗教高度包容，甚至修缮了各国（如巴比伦和犹太）的寺庙。阿契美尼德王朝的缔造者居鲁士在当时享有盛誉，受人敬仰，波斯人称其为父亲，巴比伦人称其为巴比伦主神马尔杜克（Мардук）的使者，希腊人称其为伟大的政治家，而犹太人称其为耶和华派来的救世主。

阿契美尼德人为国际贸易创造了有利条件。旅行者、学者等各类人士均可进入阿契美尼德境内。当时，许多古希腊著名学者（米利都的赫卡塔埃乌斯、希罗多德、德谟克利特等）都到东方国家旅行，并将东方民族的文化成就传播至希腊。这些都有助于拓展阿契美尼德帝国的文化视野，进而促进各民族之间的深入交流。

众所周知，马其顿亚历山大大帝曾设想将希腊和东方各族整合为文化、政治的统一体。起初，他试图使用武力（"马其顿方阵"）实施该设想，遭到各族人民，尤其是中亚人民的激烈反抗。而后，他改用温和的和平手段来统一各民族，却获得非常好的效果。应当指出，各民族的文化融合在亚历山大大帝征服前的200年就已经开始，并呈逐渐深入之势。因此，亚历山大大帝的计划似乎是阿契美尼德王朝政策的延续。

在阿契美尼德时期，各个国家和各族人民共同生活和劳作。例如，在努比亚与埃及孟菲斯城交界的象岛（Элефантин），埃及人、波斯人、希腊人、花剌子模人、巴比伦人、阿拉米人、犹太人、腓尼基人等各族人民共同生活并互市。他们经常互相仿效宗教信仰，不仅信仰自己的神，还崇拜别国的神，甚至改变自己的名字，接受外族的名字。在尼普尔和巴比伦的其他城市，巴比伦人、埃及人、卡里亚人、吕底亚人、米底人、犹太人、印度人、塞人、巴克特里亚人、花剌子模人等各国家和民族的居民共同生活在一起。在苏萨、波斯波利斯等地居住着成千上万来自埃及、巴比伦尼亚和希腊等地的移民。从印度到埃及，不同民族的人们持续不断地来到这些城市。各民族的物质文化和精神文化相融合，逐渐形成了阿契美尼德王朝的繁荣文化，该文化融合了诸多国家的科学知识、艺术技巧和宗教信仰。包括中亚民族在内的许多民族，都为这一文化的形成做出了贡献。

巴克特里亚人、花剌子模人、粟特人、帕提亚人、马尔吉亚纳人、塞人等其他中亚民族均为阿契美尼德王朝的发展起到重要作用。

中亚各民族为阿契美尼德王朝提供了大量具有军事经验的士兵。

例如，在希腊联军与波斯帝国对峙的马拉松战役中，塞人骑兵比波斯步兵表现更突出，成功迫使雅典人退到战线中央。塞人士兵在普拉提亚战役和温泉关战役中也表现得出奇勇敢。波斯军队的统帅马尔多尼（Мардоний）为征战希腊而选拔出一支精锐部队，巴克特里亚人、塞人、波斯人、印度人一同被选入队伍。塞人士兵还成为舰队的成员，甚至在埃及也出现塞人士兵。从埃及到中亚，在阿契美尼德版图的城市里，都能够找到绘有戴尖帽塞人士兵的陶器。

在巴比伦的尼普尔城及其周边地区，塞人驻军一直生活在大型移民区内，同时也生活在巴比伦的其他城市。例如，大流士时期来自西帕尔城（Сиппар）的文献中，将塞人（саки）称作"塞埃特"（Сакиэт）。其他中亚民族的代表也在各地的阿契美尼德王朝军队中服役，或因各种原因来到各地。一位名叫达格曼（Даргман）的花剌子模人在遥远的象岛上生活并拥有房子。还应该注意的是，大流士时期的巴比伦文献还提到，犍陀罗和巴克特里亚的女性常常被当作奴隶贩卖。中亚人也曾到过小亚细亚。

另一方面，中亚也是西方移民的家园。公元前5世纪，薛西斯（Ксеркс）统治下的中亚地区本就生活着来自希腊城市米利都（Милет）的移民。他们既讲当地语言，又讲希腊语。大流士统治时期，北非的巴尔克城（Барка）居民被安置到巴克特里亚。此外，阿契美尼德王朝的一些行政官员，包括阿拉米文的抄写员在内，也都在中亚地区生活过。

尽管波斯人将国家管理中的最重要职位牢牢掌握在手中，但他们还是愿意将部分高位让与其他民族的代表。中亚人也经常担任重要职务。特别是在公元前4世纪，帕提亚人阿米纳斯普（Амминасп）就是埃及的统治者。

我们所熟知的伊朗史诗的残存片段，即阿尔塔薛西斯二世（Артаксеркса Ⅱ）的宫廷医生克忒西阿斯所著的史诗《波斯史》，最初便创作于中亚地区（主要是在巴克特里亚人和塞人聚居处）。后来，史诗向西方传播，几经修改补充后成为伊朗国家史诗的基础。这一叙事诗中的许多情节也曾在菲尔多西所著的《列王纪》中出现。

阿契美尼德时期，兴起于中亚地区的琐罗亚斯德教开始向伊朗及其以西地区传播，并在阿拉伯人征服伊朗和中亚之前成为伊朗人的国教。早在公元前 5 世纪，在埃及孟菲斯城就建有一座供奉伊朗神祇密特拉的神庙，罗马帝国时期，密特拉的信徒遍布不同国家，远至不列颠群岛。

据公元前 3 世纪的巴比伦史学家贝罗索斯（也译为拜罗斯）（Беросс）所述，阿尔塔薛西斯二世在巴比伦、苏萨、埃克巴坦（Экбатан）、波斯波利斯、巴克特里亚、大马士革和萨第斯（Сард）等地建女神阿娜希塔的雕像，以示信仰。

从巴比伦的泥板上的楔形文字和莎草纸上的阿拉米语文字可知，在阿契美尼德时期，巴比伦和埃及已经出现了伊朗祭司。显然，这些伊朗祭司在巴比伦和埃及举行过宗教仪式。

古希腊学者对琐罗亚斯德教也有初步了解，还写过专门的论述。亚里士多德就曾写过一篇关于巫术的文章，不过流传至今也只剩下其中的片言只语。普鲁塔克（Плутарх）、第欧根尼（Диоген Лаэртский）等作家也都写过与琐罗亚斯德教相关的文章。在公元前 5 世纪，吕底亚历史学家赞瑟斯（Ксанф）、巴比伦历史学家贝罗索斯（Беросс）以及哲学家斐洛（Филон）等人也曾用古希腊语书写过琐罗亚斯德教的相关活动。琐罗亚斯德教的教义对古希腊人的哲学体系也产生了一定影响。

在阿契美尼德时代，匠人们创造性地对前人传承下来的以及邻国传播过来的文化传统进行了改造和发展。

在阿契美尼德时代之前，斯基泰部落生活在从西伯利亚至黑海北部地区的广阔地域上，他们已经发展出了特殊的动物纹风格艺术（"斯基泰动物纹风格"）。这种风格的作品在古代享有盛誉，并被一些希腊艺术家所使用。阿契美尼德的艺术成就在很大程度上要归功于

"斯基泰动物纹风格"，当时欧亚草原，包括中亚（咸海流域、七河地区、帕米尔高原以及哈萨克斯坦的诸多地区）都盛行这一风格的艺术作品。阿契美尼德的艺术作品以及阿契美尼德工匠制作的成品不仅流传到中亚地区，还传入草原深部地区，如萨尔马特，萨尔马特文化后来又反过来影响了阿契美尼德的文化发展。

中亚和伊朗的民族服饰也有很多共同点，尤其是花剌子模人、巴克特里亚人和其他中亚部落的服饰非常相似，戴尖帽的塞人（саки-тиграхауда）服饰主要以尖头饰为特征，加上宽松式束腰短上衣和窄裤。贝希斯敦铭文、波斯波利斯遗址和纳克希鲁斯坦姆遗址（Накширустам）的浮雕中绘有中亚各民族的人物，这些浮雕为这些民族的人类学和人种学特征提供了宝贵资料。从这些遗迹中也能看出，波斯人的服饰也与中亚民族服饰非常相似。

在公元前6—公元前4世纪的阿尔泰墓葬中，发现了在永久冻土条件下保存完好的皮革、羊毛和毛毡制品。这证明了阿契美尼德时期伊朗与中亚及其东北地区的文化和贸易关系。其中，第5号巴泽雷克（Пазырыкском кургане）墓冢中的毛织物碎片和一块剪绒地毯证明，当时的织造和地毯制作技术水平非常高。有人认为，这块地毯是由波斯或印度工匠制作，但也有人认为是由中亚人制作。显然，此类地毯在伊朗和中亚均有制作，因为地毯的制作手法、绘制风格、艺术技巧以及所描绘的主题等，都是操伊朗语的诸民族所共有的。

从考古资料和阿契美尼德浮雕的图案可以看出，阿契美尼德人与中亚和伊朗人民的武器种类以及携带武器的方式也比较接近。公元前1000年代，在中亚和欧亚大草原上出现了一种重甲骑兵，他们身着甲胄和护腿，戴头盔，战马有护额和马铠。后来这种重甲装备传到伊朗和西亚，已经证实在公元前5世纪末得到使用。

中亚各族人民为阿契美尼德时期的艺术创造做出巨大贡献。大流士的贝希斯敦铭文中记载，为在苏萨建造一座宫殿，从巴克特里亚运来所需的黄金，从粟特运来青金石和红玉髓，由花剌子模提供绿松石。这一记载连同古代作家流传下来的文字以及考古资料，都证实了中亚矿业的兴盛及其对伊朗矿业发展的影响。还应注意的是，印度、巴比伦和埃及都曾使用来自中亚的青金石。

由此可见，中亚被纳入阿契美尼德帝国的版图之下，这极大地拓展了西伊朗人、希腊人及其他民族的地理视野和科学知识。同时，中亚各民族也吸收和借鉴了波斯人、印度人等民族的许多成果。

东帕米尔士兵—塞人士兵（公元前 7 世纪至公元前 6 世纪，图片来源于墓葬资料）

在阿契美尼德王朝产生、发展和衰落的整个过程中，作为多数的人民与作为少数的剥削者之间的阶级斗争也在发展和变化。与其他帝国一样，阿契美尼德王朝的建立和扩张也都伴随领土的扩张与镇压起义。但同时，如前所述，众多国家的统一促进了东方文明的发展，加强了各民族的经济往来与文化交融。

第四章　中亚各民族抗击希腊—马其顿侵略者

第一节　亚历山大大帝东征

一　马其顿王国的兴起

马其顿在腓力二世（Филипп Ⅱ）统治时期（公元前359—公元前336年），王国实力迅速增强，其中，腓力二世成功粉碎了主张分裂国家的马其顿贵族阶层，这一举措有力地推动了王国的巩固和统一。腓力二世还重组了军队。最显著的成就是组建了步兵单位作战方阵——马其顿方阵。值得一提的是，还制定了能够协调不同军种共同作战的新战术。腓力二世成功征服了希腊的大部分领土。公元前337年，在科林斯会议[①]上，马其顿在希腊的霸主地位获得了法律支持，同时，腓力二世还宣布发动对波斯的战争。公元前336年，腓力二世率领的1万名士兵开始在小亚细亚同波斯人作战。但彼时腓力二世已经去世，被他的卫兵刺杀而亡。

王位传给了腓力二世之子——时年20岁的亚历山大，就是后来

[①] 科林斯会议是公元前337年腓力二世在科林斯召开的全希腊会议（仅斯巴达缺席）。会议约定成立以马其顿为首的希腊联盟，宣布由马其顿领导希腊各邦对波斯进行复仇战争。科林斯会议结束了希腊的城邦时代，希腊各邦已名存实亡。此后，希腊历史进入了马其顿帝国军事独裁统治的时期。科林斯大会满足了希腊大奴隶主的要求，确立了马其顿的统治秩序。——译者注

载入史册的亚历山大大帝。希腊各城邦试图重新实现完全独立,但这个幻想很快就被亚历山大摧毁。事实证明,亚历山大是一个比他父亲更为残酷的统治者,他使他的对手们都屈服于其统治。恩格斯曾指出:"腓力二世和亚历山大使希腊半岛得到政治的统一……"①

亚历山大集中力量筹备与阿契美尼德王朝的战争。像他父亲一样,亚历山大非常重视军队的组建和改进,尤其是骑兵。他也十分重视步兵,即著名的希腊—马其顿方阵,该方阵的特点是长矛林立,盾牌覆盖,整体像一只带刺的铠甲龟,体现了强大的攻击力量。但方阵的弱点在于机动性较差。在亚洲的战役中,发挥更大作用的是机动性较强、轻装上阵的步兵军队。军队拥有经过改进的投射器,并配以完善的通信和补给服务。

二 阿契美尼德王朝的覆灭

得益于来自波斯的信息,亚历山大很清楚阿契美尼德岌岌可危的状况。阿契美尼德王朝的统治者阿尔塔薛西斯二世摩涅摩恩(Мнемон)育有150个子女。阿尔塔薛西斯二世于公元前359年②去世后,其子奥克斯继承王位,史称阿尔塔薛西斯三世(Артаксеркс Ⅲ Ox)。在父亲去世之前,阿尔塔薛西斯三世的兄弟中就已有人丧命于他的险恶计谋。执政后,阿尔塔薛西斯三世将自己的所有亲属全部杀死,不分年龄和性别。正因如此,阿尔塔薛西斯三世在历史上被认为是阿契美尼德王朝最血腥的一位统治者。

阿尔塔薛西斯三世统治的前几年,小亚细亚地区的纷争不断。由于之前征战埃及的计划一直被推迟,导致现如今与埃及的战争也旷日持久,死伤无数,血流成河。虽然战争在公元前342年随着下埃及(包括腓尼基和塞浦路斯)并入阿契美尼德王朝而结束,但积年的战

---

① 恩格斯:《论早期基督教的历史》,《马克思恩格斯全集》(第22卷),人民出版社1965年版,第541—542页。——译者注

② 一说国王去世发生于另一日期,即公元前358年。——译者注

争大大削弱了阿契美尼德王朝的实力和能力。阿尔塔薛西斯三世试图稳定王朝的统治，下令禁止小亚细亚的行省总督保留雇佣军。这项措施十分重要，但迟迟没有实施。公元前338年，权倾朝野的宦官巴戈阿斯（Багой）授意御医向阿尔塔薛西斯三世下毒，阿尔塔薛西斯三世中毒而亡[①]。

王室的纷争使得阿契美尼德的对手希腊人重燃希望。阿契美尼德的新国王阿尔塞斯（Арсес）是以巴戈阿斯为首的王室成员所扶植的傀儡。当阿尔塞斯刚刚表现出自己的独立倾向时，强势的宦官巴戈阿斯即下令将他同样毒杀（彼时阿尔塞斯统治尚不足两年）。阿尔塞斯的子女也被杀掉。由于阿契美尼德家族的主系继承族谱中断，巴戈阿斯将阿尔塞斯的表弟推上王位，即后来被载入史册的大流士三世科多曼（Кодоман）。不久后，巴戈阿斯又想向新扶植的傀儡下毒，但新国王却设法让巴戈阿斯自己饮下了毒酒。

无休止的王朝纷争和宫廷政变削弱了阿契美尼德王朝的中央集权，各行省贵族阶层的分离主义倾向愈演愈烈，各地的经济发展也促使他们的独立愿望愈加强烈。虽然缺乏能够直接体现阿契美尼德王朝末期社会政治的相关资料，但可以确定，当时的贵族仍占据绝对统治地位。大流士一世以及他最亲近的继任者所颁布的社会平等政策后来均被废弃，王朝的社会根基异常薄弱。各地人民与阿契美尼德的统治桎梏进行了不懈斗争，起义频发。

在这种背景下，希腊—马其顿王国与阿契美尼德王朝之间的战争打响。战争爆发后不久，希腊—马其顿军队通过公元前334年5月的格拉尼库斯河战役和公元前333年11月的伊苏斯战役，给阿契美尼德军队以重创，亚历山大大帝占领了小亚细亚、叙利亚、巴勒斯坦、腓尼基和埃及。

[①] 根据奥尔姆斯特德的观点，尽管阿尔塔薛西斯三世嗜血成性，但他是一个能干的统治者。然而，奥尔姆斯特德认为，巴戈阿斯在杀死阿尔塔薛西斯三世后成功摧毁了阿契美尼德王朝。该观点显然是纯粹的理想主义，与事实相去甚远。——译者注

公元前331年春，希腊—马其顿军队移师阿契美尼德王朝中部。公元前331年10月1日爆发高加米拉战役（美索不达米亚东北部的一个村子），阿契美尼德军队再度败北。大流士三世败逃。希腊—马其顿军队开始横扫阿契美尼德王朝中部，陆续攻占了巴比伦、苏萨、波斯波利斯、帕萨尔加德。希腊—马其顿军队由此收获了丰厚的战利品。

尽管马其顿亚历山大大帝在这场战争中获胜。然而，亚历山大必须抓住大流士三世才能宣告战争彻底结束。希腊—马其顿军队开始追击逃亡东北的阿契美尼德君主大流士三世。大流士三世生性懦弱、优柔寡断并缺乏军事才能，完全没有能力凝聚力量抵御马其顿军队。而此时，大流士三世身边的贵族们却正在酝酿着针对他的阴谋，阴谋的主要策划人是巴克特里亚总督贝苏斯（Бесс）。贝苏斯发动了叛乱，大流士三世被杀，贝苏斯称王，自立为"阿尔塔薛西斯"，并开始集结力量击退希腊—马其顿的军队。

三　中亚要冲之战

文字资料记载了有关贝苏斯反叛活动的一些信息。首先，他试图使自己的权力合法化。西西里的狄奥多罗斯（Диодор）对巴克特里亚的相关叙述印证了这一点："贝苏斯承诺统帅战争，人民深信不疑，于是拥他为王。"狄奥多罗斯还写道，贝苏斯"组建了一支军队并在武器装备方面做了充足的准备"。

贝苏斯得到邻近几个行省总督的支持，其中最早表示支持的是阿里亚（今日的阿富汗赫拉特地区）。他同时也得到游牧民族的支持。他们共同组成了"行省同盟"。然而，贝苏斯却没能获得各阶层民众的广泛支持，尤其在他接受了阿契美尼德君主的称号和名位后，这种劣势就表现得愈加明显。与此同时，从西方而来的希腊—马其顿军队正稳步逼近，留给他的时间也不多了。

希腊—马其顿部队在阿里亚遭到顽强抵抗。亚历山大大帝用了一个多月的时间才获胜。萨季巴尔赞（Сатибарзан）率领的阿里亚骑兵成功地从亚历山大手中逃脱，并与贝苏斯会合。

亚历山大大帝在夺取了由贝苏斯拥护者占据的阿富汗南部地区之后，通过兴都库什山口向北行军。在希腊—马其顿军队撤出阿富汗北部平原后，贝苏斯手中还有七八千名巴克特里亚士兵和其他小规模的特遣队可以支配。为了引开亚历山大的部分军队，贝苏斯命萨季巴尔赞带2000名骑兵去阿里亚，在那里制造叛乱。为了镇压叛乱，亚历山大不得不派出部分辅助部队。然而，贝苏斯与亚历山大大帝的力量相差悬殊。贝苏斯退回到巴克特里亚北部、阿姆河后方，也就是中亚地区。

学术界对贝苏斯的行为性质和影响各执一词。在我们看来，无论贝苏斯本人的主观愿望如何，其所实施的一系列举措在客观上都具有进步意义。贝苏斯领导人民展开斗争，使得希腊—马其顿军队疲惫不堪，其进入中亚的时间被推迟了几个月，甚至半年。"行省同盟"反抗希腊—马其顿军队的这场斗争拉开了后来蔓延至整个中亚地区的全民战争的序幕。

第二节 中亚各民族抵御希腊—马其顿王国的战斗

一 中亚的军力与军事

中亚人民依靠什么力量抵抗马其顿的亚历山大大帝？需要指出的是，中亚军队的主要缺点在于缺乏集中化管理。阿契美尼德王朝在中亚的势力范围只覆盖了中亚的一小部分，但即使是这一小部分，也没能牢固地统一起来。中亚的其他地区则是由各个独立的王国或部落首领统治管理。

公元前 4 世纪，中亚的兵器制造已发展到较高水平。中亚士兵普遍使用铁制（较少青铜制）匕首和剑，其手柄上偶尔还有丰富的装饰物。匕首一般佩于右侧。中亚人所使用的匕首称作"卡尔塔"（карта），也常常会被称为"阿基纳克"（акинак），即"短剑"的意思。剑的长度较长，达 1.2 米。在战斗中更常见的武器是战斧。在帕米尔地区的墓葬遗址中就发现了单刃和双刃的铁制战斧。据希罗多德和斯特拉波（Страбон）所述，马萨格泰人的战斧是铜制的。带有青铜尖或铁尖的长矛的作用也相当大。希罗多德直接称马萨格泰人为"持矛人"。相比而言，钉头锤的作用就小得多。

弓箭主要是作为远程作战武器。早在公元前 1 世纪中期，中亚地区就已经开始使用被称为斯基泰式的复合弓。它以射程远和命中率高而闻名。这种复合弓包括多种类型。巴克特里亚、粟特、帕提亚、花剌子模等地都用芦苇来制作弓。文献资料中还提到塞人和马萨格泰人拥有弓箭手和弓骑兵。中亚士兵还熟练地使用投掷器。

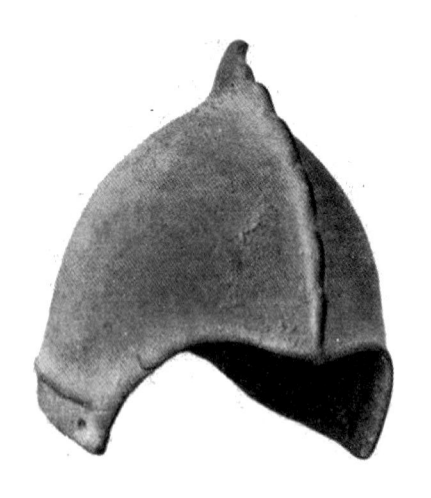

中亚士兵的铜盔

战士们都有防御盔甲保护。古罗马历史学家库尔提乌斯（Квинт Курций Руф）写道，中亚草原上的民族配有铁片铠甲。据古希腊历史学家阿里安（Appиан）介绍，中亚士兵在战场上被铁甲"包裹严实",戴金属头盔,手持形状大小各异的盾牌。根据希罗多德的记载,马萨格泰人的马匹用胸甲保护。当时中亚也有战车。

早在青铜时代末期,中亚地区就已经出现了防御工事。在希腊—马其顿入侵之前,中亚是一个城防严密的地区。除了一般城防,在一些大城市内还设有坚固的堡垒状城市防御要塞,城墙上布有塔楼和射孔。

中亚军队有不同军种,编制成不同分队。作战时往往是多个分队密集聚合,以梯队形式向纵深进攻。还有一种战术也十分著名——战略撤退。骑兵忽而进攻,忽而撤退,然后从另一个方向迅速攻击。一般来说,按照惯例,攻击战通常从骑兵分散包抄开始,装备着弓箭和长枪的骑兵全力疾驰,在极度接近敌人后发起决定性突击,战斗最后会以白刃战和追击败兵结束。在战斗的关键时刻,预备队也会被派遣至战场支援。

古希腊文献对塞人的战斗能力高度赞赏。希波战争让希腊人确信了这一点。就连亚历山大大帝本人也多次领教了塞人的厉害。第一次是在高加米拉战役中,亚历山大的先锋队被塞人—巴克特里亚骑兵打得溃逃。

研究中亚军事的学者作出如下结论:第一,中亚军队的武器装备在当时处于较高水平,一定程度上甚至超过希腊—马其顿军队;第二,中亚军队懂得并善用各种攻防战术;第三,由于参加过阿契美尼德王朝与希腊—马其顿的战争,包括参与了抵御亚历山大大帝的战斗(中亚境内),中亚军队的统领非常熟悉阿契美尼德王朝和希腊—马其顿军队的武器和战术;第四,公元前6—公元前4世纪,中亚人的军事能力非常强,这是他们能够抵御外来侵略的一个重要因素。

二 中亚河中地区的军事活动

阿里安这样描述河中地区的战斗:贝苏斯得知亚历山大的军队已经近在咫尺,便渡过奥克斯河(Окс,今日的阿姆河)。他烧毁了渡河的船只，然后去了粟特，抵达纳夫塔卡（Навтака）（今日的卡尔希）。紧随其后的是斯皮塔门（Спитамен）、率领粟特骑兵的奥克夏特斯（Оксиарт，Оксиартес），以及从塔纳伊斯（Танаис，即锡尔河）而来的大益人①。文献中首次记载了在这场战斗中抵御希腊—马其顿军队的英雄斯皮塔门（这个名字已被希腊化，实际上应该是斯皮塔曼）。

亚历山大在5天内将其部队派遣至阿姆河对岸。历史文献对此记载很模糊。贝苏斯被其同盟斯皮塔门等人废黜并交给亚历山大大帝。废黜事件的动机不清楚。也许是斯皮塔门等人认为贝苏斯此时已经无用，不但不能领导战斗，还不想让出领导权，于是斯皮塔门等人没有手软，逼其退位。亚历山大回到巴克特里亚后，召开了马其顿军事长官会议。贝苏斯在会上被定罪为"谋杀合法的君主并侵占王位"。亚历山大下令割掉贝苏斯的耳和鼻，将其押送至埃克巴塔纳（Экбатáна），当着米底人和波斯人的面处死了他。亚历山大宣称处死贝苏斯是对其篡夺皇权的惩处，他想以此吸引波斯贵族站到自己这一边。

占领纳夫塔卡后，亚历山大进军粟特首府马拉坎达（Мараканда，当地称为撒马尔罕，马拉坎达是希腊语的转译），并占领这一城市。在马拉坎达，亚历山大遭遇抵抗。根据库尔提乌斯的记载，"亚历山大将驻军留在城里，带领军队破坏并烧毁了邻近的村庄"，然后他向东北方向行军。然而，亚历山大大帝的部队推进艰难。粟特人团结一心，共同抗击希腊—马其顿的侵略者。当国家的自由与独立面临考验时，他们以非凡勇气捍卫家园，抵御侵略。这场斗争是中亚人民古代史上的光辉一页。

其中一个重要事件，是亚历山大的军队穿越马拉坎达与居鲁士要

---

① 大益部落（дай，даг，даев，дак，Daoi）系古希腊历史学家希罗多德在其名著《历史》中提到的名称，是中亚的塞人游牧部落联盟——马萨格泰（массагет）的三大部落之一。三大部落分别是：大益、卡斯比（Каспии，Kaspioi）、德尔比克（дербик）。——译者注

塞之间的山脉时，希腊侵略者同乌斯特鲁沙纳山区的粟特部落之间的战争。当时，亚历山大向乌斯特鲁沙纳各地，包括向其主要城市居鲁士要塞派出了后勤部队。当地居民被暴力和苛捐杂税所激怒，纷纷奋起反抗，但遭到希腊—马其顿军队的镇压，起义军被迫退入山区，并试图在那儿重组队伍。战斗发生在难以攻进的陡峭山脉中。粟特人抵抗到最后一刻。据阿里安所述，他们中有很多人因不想落入敌手而选择自杀。亚历山大十分艰难地压制住起义军的反抗。在这场战役中，有2.2万当地居民被杀。希腊—马其顿的军队也遭受巨大损失。亚历山大大帝本人也受了重伤。

在镇压了乌斯特鲁沙纳的粟特人之后，亚历山大进军锡尔河。当时锡尔河流域被视为游牧草原和农业河谷的交界处：河的右岸居住着塞人，左岸坐落着多座大大小小的城市。亚历山大在锡尔河岸边驻扎下来，并在当地各城市建立了希腊—马其顿驻军。一段时间后，锡尔河左岸7座城市的居民揭竿而起反抗希腊人的统治。在河的另一侧，塞人也集结起来，等待时机渡河援助起义军。与此同时，巴克特里亚和粟特也爆发了起义。这是中亚各族人民全面反抗希腊—马其顿侵略者的肇端。

亚历山大发现自己处境艰难，决定首先巩固和加强其在锡尔河畔的阵地。他在两天之内占领了5座沿岸城市，并在这些城市内施以暴行，屠杀所有的男人。妇女、儿童及其他战利品则被士兵们掠取。

居鲁士要塞始终顽强抵抗希腊人的围攻。亚历山大被迫亲自参与镇压战斗。他率领一队人马沿着流经城中的干涸河床潜入城中，攻破城门，让大部队进城。内城街道上爆发了一场血战，8000名当地居民丧生。希腊人同样损失巨大：亚历山大本人和他的一些高级军事将领都负了伤。

经过激烈进攻，起义军的最后一个据点也被占领。就这样，反抗希腊侵略者的起义被成功镇压，据阿里安所述，前述7座城市的居民无一人幸免，全部惨遭杀戮或变卖为奴。

三 公元前329—公元前327年的起义

粟特和巴克特里亚的独立斗争由当地军事领袖斯皮塔门领导。斯皮塔门是塔吉克历史上的杰出人物之一。公元前329年,斯皮塔门集结了一支由平民组成的大军,夺取了马拉坎达城,杀死大部分守军,幸存的希腊士兵退入城堡中,紧闭大门,等待外援。

亚历山大镇压了锡尔河畔起义后,派人去支援被围困于马拉坎达城的3000名步兵和800名骑兵,而他本人则开始在锡尔河畔(大体位于今日的苦盏,或苦盏与乌兹别克斯坦的贝科博德之间)建造一座坚固的亚历山大要塞(Александрия Эсхата)。据库尔提乌斯所述:亚历山大回到塔纳伊斯河畔(即锡尔河),"在营地周围圈建了一座城池,城墙长60斯塔迪亚(10—11千米)。他还下令将这座城命名为亚历山大。要塞的建设速度非常快,工程开始后的17天就建好了城中的房屋。……要塞中还安置了囚犯"。据阿里安所述:"要塞用20天就建好了城墙,亚历山大在城中安置了希腊雇佣兵、愿意在此居住的蛮人,以及那些不再适合服兵役的马其顿士兵。"古罗马历史学家查士丁(Марк Юниан Юстин)也证实了这一点:建造工程(可能是最初的基建工程)共计17天。城墙周长1.2万步(约9千米)。按照查士丁的说法,其他城市的居民都被迁到新建的亚历山大城中,亚历山大军队中那些有叛乱倾向的人也被留在这里。这座城市是作为国家东北边境的一个防御据点而建造。亚历山大的行为,尤其是修建要塞这一举措,引起了生活在锡尔河对岸的塞人的不安。库尔提乌斯写道:"斯基泰国王当时的势力已经扩张到塔纳伊斯河一侧,他认为马其顿人在河岸建造的这座城市扼住了他的喉咙。"于是,游牧的塞人从锡尔河对岸用弓弩攻击希腊人。亚历山大先用投射器反击,迫使塞人撤退,然后乘木筏迅速渡河,向塞人发动攻击,迫使他们撤退到草原上。不过,为了最终击败塞人,希腊军队差点全军覆灭。天气炎热、水源缺乏、沙漠中道路不通,加之好战的塞人不断发动攻击，这些不利条件都令希腊人苦不堪言。最终亚历大山因罹患疾病而停止了征战。

在希腊—马其顿军队试图占领乌斯特鲁沙纳和费尔干纳以西之际，起义的火焰蔓延至粟特全境和巴克特里亚部分地区。亚历山大大帝并没有意识到起义的规模。他派遣了一支规模相对较小的分队（约2500人）到马拉坎达，支援困于城中的驻军。当希腊军队逼近马拉坎达时，斯皮塔门解除了对城池的包围，命令撤军。希腊军队开始追击粟特人。斯皮塔门选择一个有利时机，率军回击。据阿里安所述："希腊人逃到了河上（即泽拉夫尚河）的一个小岛。在这里，斯基泰人和斯皮塔门率领的骑兵包围了他们，并将其射杀。"[①] 正如著名的德国历史学家阿利特海姆（Ф. Альтхайм）所正确指出的那样："斯皮塔门在战斗中摧毁了部分马其顿军队，取得了前人无法达到的成就。"

斯皮塔门在当地民众支持下，在马拉坎达再次围攻了马其顿的驻军。当亚历山大率领其主力部队到达马拉坎达时，斯皮塔门没有交战，而是将部队撤回草原。亚历山大吸取了与游牧的塞人战斗的教训，没有追击斯皮塔门，而是继续残害泽拉夫尚河谷的平民，下令烧毁村庄，杀死所有成年人。即将被处决的30名高贵的粟特人表现出令马其顿人惊讶的镇静，引吭高歌而死。

尽管希腊军队损失惨重，但亚历山大依然积极准备着公元前328年春的战役。在巴克特里亚过冬之际，他一边扩军，一边与塞人和花剌子模的首领进行谈判。

英勇的粟特人民即使在损失惨重的情况下，也从未想过投降。斯皮塔门一天也没有让敌人安生。他率领着"飞骑"骑兵部队，攻击入侵者，给他们以猛烈的打击。正如阿里安所述："为了摆脱亚历山

---

① 根据 F. 施瓦茨的观点，战斗发生在济亚季纳地区的泽拉夫尚河右岸。而根据 B. A. 利特温斯基的观点，战斗发生在左岸。——译者注

大所任命总督的统治,许多粟特人逃到有防御设施的地方。"被掠夺得满目疮痍的粟特国家开始再度反击侵略者。为了镇压起义,亚历山大将他的两万大军分成 5 个分队,横扫粟特全境,所到之处全部杀戮。希腊历史学家西西里的狄奥多罗斯（Диодор Сицилийский）这样描述:"亚历山大追击粟特起义军,杀死了 12 万余人。"由于这次残酷的围剿,粟特王国几乎成为荒地。亚历山大命令一位军事长官在粟特建城,即在已被破坏的粟特建立希腊—马其顿军队的军事和行政据点。

当希腊侵略者在粟特屠杀百姓,城里血流成河之际,奉亚历山大之命驻守在巴克特里亚的军事长官也在用尽手段来降服民众,惩罚叛军。斯皮塔门率领 600 名骑兵前往亚历山大的大后方巴克特里亚,并在那里以非凡的力量与勇气与希腊军队继续作战。公元前 328 年秋,斯皮塔门率 3000 骑兵再次奔赴粟特首都。此战双方损失惨重,他不得不退守草原。在那里,游牧部落首领们背信弃义,攻击斯皮塔门,并砍下他的头颅,正如阿里安所述:"他们将斯皮塔门的头颅送给亚历山大,以求自保。"

斯皮塔门的牺牲并不意味着外族侵略者在侵略和征服粟特方面取得彻底胜利。对希腊人而言,粟特的局势依然十分危险。轻易击败世界强国阿契美尼德王朝的亚历山大大帝,被迫在尚未征服的粟特度过了公元前 328—公元前 327 年的冬天。

为镇压粟特人民反抗,从公元前 328 年秋天开始,亚历山大希望获得当地贵族支持。因此,他从根本上改变了对待贵族和琐罗亚斯德教祭司的政策。公元前 327 年春,亚历山大在夺取了奥克夏特斯（Оксиарт）、西西米特尔（Сисимитр）、霍里扬（Хориен）等当地贵族统领的山地防御据点后,不仅饶恕了他们,还归还了他们的全部财产。亚历山大开始用金钱奖励的办法,把起义军的财产赏赐给那些帮助他的当地贵族,甚至还奖励那些没有参加反抗亚历山大粟特之战的人。关于亚历山大对当地贵族的态度转变,从阿里安反驳宫廷史官卡利斯提尼（Каллисфен）的话语中也可作出判断："如果像常言所说，一个野蛮的国家通常会有野蛮的思维方式。那么我请求您，亚历山大，不要忘记我们的国家希腊，您远征的目的，就是将希腊与亚洲连在一起。"

亚历山大开始与粟特的上层阶级联姻。他将被俘的奥克夏特斯的女儿罗克珊娜（Роксана，Рохшанак）娶为妻子，新婚妻子的娘家人与亚历山大的关系愈加亲近。粟特贵族们深信，亚历山大不是同他们作战，而是同人民作战。粟特贵族由此成为亚历山大的走卒，将国家利益出卖给敌人。粟特贵族西西米特尔为亚历山大提供了一支大军，协助亚历山大征服了塞人部落。

粟特贵族奥克夏特斯的行为就是当地贵族阶级背叛自己人民利益的实例。与亚历山大结亲后，奥克夏特斯竭尽全力地帮助亚历山大奴役自己的祖国。公元前325年春，当驻守在巴克特里亚的希腊军队反叛亚历山大并占领巴克特拉要塞时，奥克夏特斯并没有趁此良机反抗侵略者，而是将事情的经过告知亚历山大。当时在印度的亚历山大立即采取行动镇压叛乱，并任命奥克夏特斯为帕洛帕米斯行省（Паропамис，喀布尔山谷）的总督。当时那里也爆发了反抗希腊侵略者的起义，奥克夏特斯亲自前往镇压，并残酷地处置了起义者。

由于征服者的军事力量集中，加上当地贵族变节投降，粟特人民的英勇反抗均被镇压。阿姆河右岸支流地区全部被马其顿人占领。据说，亚历山大最后抵达了泽拉夫尚河上游。从当地的伊斯坎达尔湖（Искандаркуль，即亚历山大湖）的名字中就能判断出这一点。

在亚历山大征服中亚期间，只有花剌子模一直保持独立。据阿里安所述，公元前329—公元前328年，亚历山大在巴克特里亚过冬期间，花剌子模国王法拉斯曼（Фарасман）带领1500名骑兵投奔了他，并提出要与其结盟共同抵抗科尔基斯人（колхи）[①] 和阿玛宗人

[①] 科尔基斯人（Colchian tribes）系古代格鲁吉亚西部部落的总称。——译者注

（амазонки）。

为了捍卫自己祖国的独立，塔吉克人和其他中亚民族的祖先与缔造了庞大帝国的征服者进行了3年斗争。虽然他们最终战败，但他们的英勇抵抗给亚历山大造成了沉重打击，甚至大大地削弱了其军事力量。

阿契美尼德帝国的失败以及巴克特里亚、粟特和其他中亚国家对希腊—马其顿征服者的臣服，丝毫没有改善这些地区劳动群众的生存困境。在征服者面前寻得了稳定一席的地方贵族对人民的剥削变本加厉，他们既是为了积累个人财富，同时也为征服者的利益而服务。正因如此，在整个马其顿侵略者统治时期，为了摆脱侵略者的奴役压迫，中亚各族人民始终不断反抗。

四 亚历山大马其顿帝国的覆灭和马其顿东征的影响

亚历山大将巴比伦设为新帝国的首都，并延续了与阿契美尼德时期基本相同的管理制度，目的是竭尽全力实现国家统一。从公元前324年开始，波斯人、巴克特里亚人、粟特人以及其他中亚民族与希腊人一起加入部队。当地3万名贵族青年按照马其顿军队的方式进行武装，并编入骑兵部队。

据古希腊学者称，为给希腊—马其顿移民建设据点，亚历山大在粟特和巴克特里亚建造了8—12座城堡，统称亚历山大城，其中包括埃斯哈塔亚历山大城、阿里亚亚历山大城（赫拉特）、阿姆河畔亚历山大城（铁尔梅兹或库利亚布）、艾哈努姆亚历山大城、巴克特里亚亚历山大城（可能是巴克特拉）、马尔吉亚纳亚历山大城（今日的巴格拉姆）。在亚历山大城中总共驻有多达2万名步兵和3000名骑兵。

然而，亚历山大大帝的这些军事活动并不能使一个由零散部落和人群所组成的帝国成为一个统一的国家。亚历山大死后（公元前323年），帝国的脆弱性立即显现出来。亚历山大的死讯引发了被奴役的中亚人民的反抗。据古希腊历史学家记载，征服者亚历山大死后，

"蛮人"立即摧毁了马尔吉亚纳亚历山大城。

亚历山大死后，帝国权力由两大派系实际掌握，一派称作"吉阿多赫"（диадох，即继承人、继业者）；一派称作"埃皮贡"（Эпигóн，即继承人的继承人）。这两派激烈争夺帝国政权，但没有一派能够完全夺取最高权力。两大派系于公元前301年在弗里吉亚（Фригия）的伊普苏斯（Ипс）发生战争。这是古代世界史上最血腥的战役之一。激烈战斗过后，亚历山大帝国被划分为马其顿、埃及、叙利亚（塞琉古）3个相互独立的国家。这3个国家在历史上均被称为"希腊化"的国家。

有些历史学家认为，亚历山大大帝的征战是一种进步现象，但并未指出其征战的主要目的是将希腊势力扩大到东方，拓展贸易，剥削东方人民，并掠夺他们的财富。所有这些都伴随对当地居民的残酷灭绝。

对希腊—马其顿军队所征服的地区的历史研究表明，希腊人和马其顿人在其所征服的土地上寻得一席之地后，将希腊奴隶制时期制定的对待被征服者的方法带到了当地：暴虐恣睢，无限制地胁迫当地居民，将俘虏卖掉或送到其他地方，以此牟利。

历史学家都注意到希腊文化对东方文化的影响（这种影响的确非常巨大），但对东方民族的文化成就却往往三缄其口。其实，东方的千年文化对希腊和其他西方国家的各个领域的文化发展也产生了深刻影响。

众所周知，所谓的希腊文化所体现的并不是"纯粹"的希腊文化创造力，而是希腊文化和东方文化交融的成果。在希腊文化的发展过程中，中亚人民发挥了突出作用。

越来越多的考古发现表明，包括中亚在内的东方民族都对希腊世界的物质文化发展做出了贡献。希腊城市规划中的一些基本原则，如城市规划系统，就可以追溯到东方化地区早在希腊时代之前就已经形成的思想。

中亚和伊朗的宗教文化对希腊人和罗马人的宗教观,以及后来基督教的发展都产生了一定影响。英国学者塔恩(William Woodthorpe Tarn)写道:"从这个角度看,东方人将侵略者变成了他们的俘虏。虽然宗教运动可能在基督教纪元前尚未达到顶峰,但它在整个希腊化时期却一直都在发展。"东方文化也影响了希腊的哲学、文学、艺术等领域。

第五章　公元前3—公元前2世纪的巴克特里亚和帕提亚

第一节　塞琉古王朝统治的中亚

公元前312年，马其顿的亚历山大大帝的部将塞琉古（Селевк）被任命为巴比伦总督。在接下来的9年中，他逐渐向东和向西扩展自己的权力，包括伊朗和中亚在内。他在某些地方会通过外交途径扩展版图，但在中亚却遭到坚决抵抗，因此不得不发动战争。古罗马历史学家特罗古斯（Помпей Трог）指出：塞琉古一世在与巴比伦一战中获胜，并增强了自身实力，并征服了巴克特里亚，后来又征服了帕提亚和粟特。然而，塞琉古一世曾想占领印度北部，但最终以失败告终。

苏联著名希腊史学家拉诺维奇（А. Б. Ранович）写道："历史学家研究塞琉古人的历史时遇到极大困难。这不仅因为缺少文献资料，也因为塞琉古王国的历史在很大程度上与中亚历史有关。可以说，公元前3世纪末至公元前2世纪中叶的这段历史几乎无人知晓。"

塞琉古王国地域庞大，而东部的局势需要持续关注，于是塞琉古一世于公元前293年任命自己的儿子安条克一世（Антиох）统治东部，与儿子共同治国。值得注意的是，安条克一世是塞琉古一世和阿帕玛的儿子，阿帕玛则是斯皮塔门的女儿，所以对安条克一世来说，中亚在某种程度上是他祖先的国度。

据诸多材料间接证实，公元前3世纪初的中亚就已经有反对塞琉古统治的起义。同时，游牧部落不断侵犯塞琉古王国的中亚领土。塞琉古政权的许多城池被摧毁，其中包括马尔吉亚纳亚历山大城和埃斯哈塔亚历山大城两座要塞。这些城池随后由塞琉古人重建。马尔吉亚纳绿洲用约250千米长的城墙圈起，派德莫达玛斯（Demodamas，Демодам）率军远征锡尔河北部的游牧民族。安条克一世采取一系列军事、政治和外交手段，最终成功镇压了中亚人民抵抗塞琉古王国的起义。

分析货币史料有助于了解塞琉古王国的东部政策，以及地方首领安条克一世的地位。利特文斯基（Б. А. Литвинский）、马松（B. M. Массон）对此进行了分析。作为王国共同统治者，安条克一世参照印度货币的重量标准来发行货币，并将父亲塞琉古一世与自己的名字一起印到货币上。很有可能，这是安条克试图公开独立的信号。公元前280年，塞琉古一世去世后，安条克一世成为塞琉古王国的新君主，随后便停止发行这类货币。

安条克一世统治了近20年（公元前280—公元前261年）。这期间，塞琉古王国的西部多次发生战争，使得他无暇顾及王国的东部，包括中亚地区的时局。当时，中亚各地发展迅速，百姓的生活逐渐正常化，农业、手工业和贸易都得到发展。

尽管中亚距离塞琉古王国的政治中心极为遥远，但它也是王国的重要组成部分。塞琉古王国对中亚的兴趣不仅在军事战略方面，经济方面也不示弱。例如，从底格里斯河畔的塞琉西亚（Селевкии на Тигре）到巴克特拉（Бактр，今阿富汗的巴尔赫）的商路上，塞琉古人建造了很多新定居点和城市。

当时，塞琉古王国的统治阶级成分混杂，除希腊首领及其身边显贵外，还有各地的当地贵族代表。诚然，塞琉古政权在中亚地区的统治主要依靠那些驻扎在"卡托吉亚"（катойкия，即军营要塞）的希腊军队。不过，在剥削民众的过程中，那些所谓的"自己人"（即统治阶级中的中亚人）也出力不少。统治阶级内部也并非铁板一块，那些想要捞到更多好处的群体也对部分外族势力榨取中亚财富表示不满。遭受双重剥削的中亚当地居民感到强烈愤慨。

同时，有个观点十分客观："塞琉古王国统治中亚的时期，正是中亚努力恢复被希腊—马其顿人入侵所破坏的生产力的时期，也是巴克特里亚、粟特、帕提亚和其他中亚各地人民团结抗击塞琉古王国的时期。"

在塞琉古王国内部，权力争夺矛盾冲突不断。各地的总督一直想要独立。这自然成为暴乱的导火索（尤其是边防地区）。

第二节　巴克特里亚王国和帕提亚王国

一　帕提亚王国和巴克特里亚王国的诞生及早期历史

安条克一世去世后，塞琉古二世（Селевк Ⅱ）和安条克·伊厄拉斯（Антиох Гиеракс）两兄弟开始争夺塞琉古王位。帕提亚总督、希腊人安德拉戈拉斯（Андрагор）趁机带领帕提亚独立。正如一位对中亚当时发生的事件描述最全面的古罗马历史学家查士丁所述：当时的中亚形势是，"作为巴克特里亚千百座城池的首领，狄奥多特一世（Диодот）宣告脱离塞琉古王国，自封为王，成为独立的巴克特里亚王国。其他地区也效仿这一举动，整个东部诸族都摆脱了马其顿人的控制。当时有一位名字叫作阿尔沙克①的人，出身不详，他非常勇武，经常抢劫掠夺。在得知塞琉古王国（塞琉古二世）在亚细亚被击败的消息后，他不再惧怕塞琉古国王，于是带着匪帮进攻帕提亚人，击败并杀死了帕提亚的统治者安德拉戈拉斯，最终夺取了帕提亚政权，建立了帕提亚王国。"

上述关于巴克特里亚和帕提亚早期历史的阐释，有很多含混不清的地方，主要是时间次序问题。巴克特里亚是何时脱离出来的？最早研究该问题的学者是俄罗斯科学院院士拜耳（Ф. Байер，1738 年），随后又有许多学者仔细分析了文献资料（包括查士丁的文献），多次查证时间是否存在不一致的现象。有可能，与狄奥多特有关的历史事件的发生时间会更早些，约为公元前 256 年，而与阿尔沙克有关的历史事件应是在公元前 250 年前后。

更复杂的问题是对已发生历史事件的定性。史学研究存在两种倾向。英国学者麦克唐纳（Г. Макдональд）和塔恩（William Woodthorpe Tarn）认为，在巴克特里亚发行的塞琉古钱币上出现了狄奥多特名字首字母的组合，这说明他在这个地方作为总督的势力逐步扩大，逐渐寻求独立。实际上最后也确实实现了完全独立。但是印度学者纳赖（A. Нарайн）认为，这种字母的组合通常代表的是造币厂或是监督钱币发行的人。如若涉及某个地方总督意欲独立时，则需贯入其全名，而非缩写。当然还有其他假设。严格意义上讲，暂时很难确定巴克特里亚钱币上字母组合的含义。同时，还发现一套塞琉古货币上印

---

① 阿尔沙克一世（Arsaces I, Аршак,？—公元前 211 年），据说是游牧部落大益（斯基泰）下的帕尼部落的首长。帕尼部落的语言属伊朗语支，在公元前 3 世纪游牧于里海东部一带。古希腊历史学家阿里安记载说，阿尔沙克和他的兄弟梯里达底是阿契美尼德王朝的波斯君主阿尔塔薛西斯二世的后代。这种说法没有任何根据，也可能只是阿尔沙克为争取伊朗人的支持而做的宣传。——译者注

根据阿里安的记载，阿尔沙克带领大批民众侵入帕提亚，打败并杀死安德拉戈拉斯，建立了帕提亚王国，但阿尔沙克在侵入帕提亚之后不久就战死了，其弟梯里达底一世继承王位，杀死安德拉戈拉斯一事也被归于梯里达底。但现代历史学家根据考古学发现，认为阿尔沙克一直统治到公元前 211 年，继承者是他的儿子阿尔沙克二世，或称阿尔达班一世。——译者注

在阿尔沙克一世死后，所有的帕提亚统治者在公开场合都只使用"阿尔沙克"这个名字。据说这个名字是阿契美尼德王朝国王阿尔塔薛西斯二世的本名。帕提亚诸王发行的钱币大多也只铸有这个名字的希腊语属格形式ΑΡΣΑΚΟΥ，意为"阿尔沙克发行的钱币"。古代中国文献称帕提亚王国为"安息"，这是对"阿尔沙克"一词的音译，因为在古汉语中"安息"读为 Arsək 或 Ansek。——译者注

的是狄奥多特头像，而不是塞琉古国王头像。不过，一些历史学家认为，上面提到的头像并非狄奥多特一世，而是他的儿子，但这个观点缺乏足够的证据。

因此，货币史料不能作为麦克唐纳和塔恩所提出假设的依据。而且，这一假设否定了查士丁所述的直截了当的信息，即狄奥多特一世摆脱了塞琉古王国的控制，也就是说，他反抗中央政权，并建立了自己的国家。

对于这个史料有限的历史事件，我们的观点是：当时巴克特里亚的塞琉古地方总督拥有庞大的希腊人组成的军队。狄奥多特一世利用这些力量，依靠当地也渴望摆脱塞琉古王朝统治的巴克特里亚和粟特贵族，领导了让巴克特里亚从塞琉古王国独立出来的起义。毫无疑问，反对双重压迫并争取独立的人民群众参与了这次起义。

很难界定这个新王国的面积有多大。斯特拉波（Страбон）的叙述可以补充说明这一点。他表示，狄奥多特首先说服了巴克特里亚和全部邻国一起起义。我们没有更具体的信息确定是哪些国家。可能是粟特（有些研究人员这样认为）、阿里亚、马尔吉亚纳（也很有可能）。

巴克特里亚王国的早期历史与帕提亚王国的历史有交错。查士丁明确指出，帕提亚国王阿尔沙克"忌惮"巴克特里亚国王狄奥多特一世。斯特拉波给出的说法是，阿尔沙克是巴克特里亚人，他"为了摆脱狄奥多特王国日益强大的势力，所以在帕提亚起义"。

狄奥多特一世统治的时间可能不是很长，他的儿子狄奥多特二世随后继承其王位。在众多印有狄奥多特头像的钱币中，钱币学家无法判定哪些是狄奥多特一世的铸币，哪些是狄奥多特二世的铸币。另外，关于帕提亚王国的起源还存在很多不明确的地方。

帕提亚研究专家德贝沃伊斯（Neilson Carel Debevoise）表示，"古希腊人甚至自己也不清楚这些资料所说的历史事件是否确有其事"。古代史料记载了帕提亚历史初期的三个不同版本。第一个版本，认为是帕提亚总督试图叛变，摆脱塞琉古王国的统治。巴克特里亚也是在这个时期摆脱了塞琉古王朝的控制。事件极有可能发生在公元前3世纪中叶。第二个版本，认为是阿尔沙克夺取了帕提亚政权。根据斯特拉波的说法，他来自大益部落的帕尼部（Parni，парн-дах）。斯特拉波补充道："相反，另一些人认为他是巴克特里亚人。为了使自己免受狄奥多特日益增长的势力迫害，他在帕提亚起义。"查士丁还表示"阿尔沙克出身不明，但十分英勇"。他袭击并击败了帕提亚总督，随后取得了帕提亚政权。我们从阿里安的著作《亚历山大远征记》中找到了第三个非常详细的版本，即阿尔沙克和梯里达底（Тиридат）兄弟俩被塞琉古总督所慢侮，于是他们伙同五位同伙杀死了总督，并说服了民众起义。

我们认同德贝沃伊斯的观点，即如果没有其他额外的材料来源，就无法确定这些版本中哪个版本是正确的。起初，阿尔沙克势单力薄，他为争取土地而不断作战……但阿尔沙克很快就战死了。史料中通常不会用名字直接称呼后继的帕提亚国王，而是用"阿尔沙克"（арсак 或 аршак）来代替，王朝也因此被称为"阿尔沙克王朝"。

帕提亚王国由阿尔沙克的弟弟梯里达底一世继承后不久，梯里达底一世就占领了希尔卡尼亚王国（Гирканское царство）①，由此成为帕提亚和希尔卡尼亚两个地区的统治者。因为惧怕塞琉古一世和巴克特里亚狄奥多特一世的袭击，所以梯里达底集聚了一支庞大的军队。

但是，两个新建成的国家塞琉古和巴克特里亚处于严重冲突的状态。最初，二者都宣称自己在中亚拥有霸权地位。比起塞琉古一世，帕提亚统治者更惧怕巴克特里亚国王狄奥多特一世。但在狄奥多特一世去世后，情况发生了变化。显然，塞琉古人的扩张野心对中亚地区

---

① 希尔卡尼亚（Hyrkania，Гиркания）是一个历史区域，大体位于今日里海东南部，伊朗的戈尔甘河与阿特列克河地区，南至厄尔布尔士山脉，东至科佩特山脉。萨珊王朝灭亡后，被称为塔巴里斯坦。——译者注

这两个国家的独立造成威胁,这对帕提亚与巴克特里亚两国关系起到了关键性作用。狄奥多特一世死后,他的儿子狄奥多特二世与帕提亚缔结了和平条约。事实上,起初,塞琉古国王塞琉古二世向东部派兵,试图重新整合中亚地区。但事实表明,他势单力薄,被后防稳固的帕提亚人设法击退。不过,在战争初期,梯里达底一世确实被迫流亡到帕提亚北部的阿帕西部落(апасиаки或апасии,意思是水边的塞人),在那里度过一段时间后才发起反击,最终击败塞琉古二世,重新夺回帕提亚。

上面我们讨论了帕提亚与巴克特里亚两国的外交政策目标。也许在缔结该联盟时,狄奥多特二世也曾试图巩固其国内的政治地位。因为,巴克特里亚王国内部状况绝对不安宁。此时,狄奥多特二世的政敌——来自小亚细亚的希腊人欧西德莫斯(Евтидем,Euthydemus I)越来越活跃,最后发动政变而成为巴克特里亚的新国王。有人认为,欧西德莫斯是塞琉古国王梯里达底一世的兄弟,但这不太可能。还有一个猜测可能性更大,就是在政变发生之前,欧西德莫斯曾在巴克特里亚王国担任过重要职务,但具体是何职务不得而知。有人认为他最初担任的是粟特总督,还有人认为他兼任阿里亚和马尔吉亚纳两个地区的总督。不过,所有这些都是猜测,都缺乏根据。

古罗马历史学家波利比乌斯(Полибий,Polybius)记述了欧西德莫斯一世说过的话:"我不是第一个起义的人。恰恰相反,我正是因为杀死了几个叛徒的后代,才赢得了巴克特里亚王国。"根据波利比乌斯的材料可以得出结论,即欧西德莫斯一世杀死了狄奥多特一世的后代,即狄奥多特二世及其子女,甚至可能还有狄奥多特一世战友的后代。

塔恩(W. W. Tarn)坚持认为,欧西德莫斯一世的政变得到了民众支持,因为与帕提亚结盟在巴克特里亚人中不受欢迎,另外,欧西德莫斯一世这么做符合塞琉古的利益。后一个原因分析的主要依据是,欧西德莫斯一世娶了塞琉古公主的女儿,因此认为自己与塞琉古人有姻亲。但这些说法都属于毫无根据的猜测。

关于欧西德莫斯一世后来统治的实际情况，人们知之甚少。但可以猜测，杀死狄奥多特二世后，他与帕提亚的关系愈加紧张，甚至有可能导致武装冲突。从一些史料中也可知，欧西德莫斯一世在位时，巴克特里亚国家已经拥有了阿里亚①（Арейа）和马尔吉亚纳（Маргиана），在西部可能还拥有阿斯皮昂（Аспион）、图里瓦（Турива）两个地区（大体位于今日捷詹河中下游地区）。因此，他在中亚的势力范围非常大。巴克特里亚仍然是欧西德莫斯一世的核心，其中包括粟特，可能还有邻近的一些区域。

二 抵抗塞琉古王国的扩张

公元前3世纪的最后10年，帕提亚已经成为一个实力强大的国家。梯里达底一世扩大了帕提亚王国的边界，占领了伊朗的多处领土，重建了许多要塞，扩大了军队数量。他统治国家37年后，大约于公元前211年去世。他的儿子阿尔达班一世（Артабан I）继承了王位。

这一时期，塞琉古王国的地位也再次得到巩固。在东方，尤其是军事经验丰富的帕提亚国王梯里达底一世去世后，塞琉古国王安条克三世（Антиох Ⅲ）希望恢复塞琉古王国之前在东方的所有统治权。对此，查士丁夸大其词地写道：安条克三世命令10万步兵和2万骑兵向前攻进②。虽然帕提亚人英勇抵抗，但不得不屈服于强大的敌人。他们失去了部分领土，不得不与塞琉古人缔结同盟条约。

自此，通往巴克特里亚王国边界的路段被打通。波利比乌斯记录了事件的后续进程。巴克特里亚国王欧西德莫斯一世将约1万人的骑

---

① 阿里亚（Арейа，Ариана，Ария，Аркана，波斯语记作 Харойва，Харайва）系阿契美尼德王朝、塞琉古王国、巴克特里亚王国的一个行省，大体位于今日的阿富汗赫拉特地区。阿里亚是希腊语 Αρία、Αριανη 发音，"雅利安人的家园"的意思。——译者注
② 马松错误地认为这支庞大的军队是阿尔沙克二世的军队。实际上，这是安条克三世的军队。——译者注

兵先锋部队派到阿里亚河（今捷詹河），任务是防止塞琉古部队渡河。白天军队戒备森严，但到了晚上，因骑兵距离阿里亚河较远，只留下了岗哨。得知这一情况后，安条克三世花了一夜时间，秘密将他的军队调配到河边，借助夜幕掩护，在拂晓前将大部分塞琉古骑兵运过河。

巴克特里亚军队得知塞琉古军队渡河的消息后，立刻派骑兵快速奔向河岸。安条克三世亲自率领自己的部队迎击。巴克特里亚骑兵分为三个梯队，依次冲击。结果双方都伤亡惨重。波利比乌斯写道：巴克特里亚骑兵的进攻效率很高。当第二和第三梯队骑兵一拥而上时，塞琉古军队"在敌人的猛烈进攻下开始有些支撑不住"。不过，安条克三世还有后备队，巴克特里亚的主力部队却距离很远。最终，塞琉古军队取得了胜利，只有小部分巴克特里亚骑兵逃回欧西德莫斯一世亲自率领的主力军。欧西德莫斯败下阵来，被迫撤退至巴克特里亚境内的扎里阿斯帕城（Зариаспа，今阿富汗的巴尔赫），躲藏在固若金汤的要塞里。

现存的波利比乌斯文本中有很多省略的地方。文本随后描述了围攻巴克特里亚的最终结果。双方进行了漫长谈判。特别是欧西德莫斯一世提出和平建议："在边境……有大群游牧部落威胁着我们两国。蛮夷如果越过边境的话，国土就可能会被他们占据。"正如波利比乌斯文中说的那样，塞琉古国王意识到围攻可能毫无结果，也想着能找到一个双方都能接受的解决方案。谈判持续了很久。为了达成结果，欧西德莫斯一世将他的儿子德米特里一世送到安条克三世的营地中。安条克三世对德米特里一世待若上宾，他非常欣赏这个年轻人的仪容和谈吐，称德米特里一世做国王都当之无愧，并答应将自己的一个女儿许配给他，支持他继承王位。书面协议中还包括一些其他条件。双方最终签署了一份盟誓。安条克三世带着大量补给和欧西德莫斯一世的大象离开了营地。总的来说，有关协议的具体内容一无所知，唯一清楚的是：欧西德莫斯给了安条克三世礼物，特别是大象。不管怎样，欧西德莫斯得以保留了巴克特里亚的实际独立。

波利比乌斯所述的情节中，有一个细节值得人们注意。上万名巴克特里亚骑兵是欧西德莫斯军队的作战先锋，他们对塞琉古军队冲锋，差点挫败塞琉古人。塔恩解释道：巴克特里亚拥有大量骑兵，这是欧西德莫斯实施一系列内政措施，从而使得巴克特里亚的贵族能够参与国家管理的结果。可以说，如果不是巴克特里亚贵族阶级从内心反抗塞琉古威胁的话，欧西德莫斯不会将这样的重任赋予巴克特里亚骑兵。

安条克三世解除对巴克特里亚的封锁后，继续向南挺进，越过兴都库什山脉，侵入印度，与孔雀王朝的幸军王（Софагасен，Sophagasenos）"重续两国友谊"。安条克三世远征印度是企图占领当时较虚弱的孔雀王朝，同时也是向巴克特里亚国王显示他未来的扩张方向。

三 巴克特里亚王国的鼎盛时期

巴克特里亚王国在印度开疆拓土主要依靠欧西德莫斯的儿子德米特里一世来实现。查士丁称德米特里一世为"印度之王"。斯特拉波（Страбон）谈到德米特里和另一位国王米南德一世（Менандр）在印度的征战成果。古希腊地理学家卡拉克斯的伊西多尔[①]（Исидор Харакский）在其著作中也曾提到阿拉霍西亚（Арахозиия）有座德米特里城。

带有德米特里名字的钱币具有不同的外形。钱币上的国王或戴着冠状头饰，或戴着大象头状的头盔。国王的面孔在钱币上确有不同。一些钱币上刻有希腊铭文，一些钱币上刻有希腊文和印度文

---

① 卡拉克斯的伊西多尔（Исидор Харакский，Isidore of Charax）是公元前1世纪—公元1世纪时期的古希腊作家、地理学家，著有《帕提亚驿程志》（Stathmoi Parthikoi）。——译者注

（佉卢文字）。正面（刻有国王肖像那一面）的铭文用双语写着"不可战胜的德米特里国王"。根据钱币的差异，一些研究人员认为有两个名为"德米特里"的国王，其他人则断然否认这个观点。此问题尚未有最终答案。但无论如何，德米特里国王（或两个德米特里中的一个）极大地扩大了巴克特里亚的南部边界。双语铭文和大象形状头盔的出现只能解释下面的观点，即古代犍陀罗国（今巴基斯坦的西北部）的某些领土曾隶属于巴克特里亚王国。

印度学者拉希里（А. Н. Лахири）以印度史料为依据，认为德米特里一世趁孔雀王朝软弱的统治者布里哈德拉塔（Брихандратх，Brihandratha）在位之际，大举入侵印度，这一事件发生在公元前185年前后。与维特海德（Р. Уэтхэйд）一样，拉希里也认为这次远征结果不稳固，这次漫长的军事远征就是一场突袭，突袭过程中，巴克特里亚军队直捣孔雀王朝腹地。这次行动让东方人印象深刻，这也是查士丁称德米特里为"印度之王"的原因。这次远征的直接成果不是很大，只是为后来的希腊入侵和占领印度西北地区做了前期铺垫。根据拉希里的说法，德米特里到达了巴特那（Паталипутры）并击败了布里哈德拉塔军队后，很快就返回巴克特里亚，那里等待他的是与欧克拉提德一世（Евкратид Великий）的战争。拉希里的这种理智且基于事实的分析令人信服。

德米特里征服印度期间，另一个重要人物出现在巴克特里亚的历史舞台上，他就是欧克拉提德一世。查士丁对此写道：帕提亚的米特里达梯（Митридат）和巴克特里亚的欧克拉提德几乎同时成为国王。两位都是伟人。但命运更偏爱帕提亚人，在统治者米特里达梯的领导下，帕提亚王国的势力达到顶峰。而巴克特里亚人不断发动一场又一场战争，不仅失去了王国，还失去了自由。巴克特里亚由于与粟特、阿拉霍西亚、扎兰吉亚那①、阿里亚和印度之间的战争而变得脆弱不堪，最终被较弱的帕提亚完全击败。尽管后来一无所有，但欧克拉提德在很多战役上展现莫大的勇气。当被印度国王德米特里大军团团包围时，已经虚弱的他采用偷袭的方式，带着300名士兵击败了6万敌军。在经历5个月的围攻后他重获自由，并将印度纳入自己的统治范围之下。"

斯特拉波援引雅典的阿波罗多洛斯（Аполлодор）的《帕提亚历史》写道："巴克特里亚人征服了甚至比马其顿更大的印度部分领土……其他作家则认定，巴克特里亚控制着9个部落和5000座城池。"斯特拉波还指出，帕提亚人"夺取了部分巴克特里亚，击退了斯基泰人甚至更早的欧克拉提德及其支持者"。斯特拉波列举巴克特里亚的城池时指出，欧克拉提德城以其前统治者的名字命名，同时他还表示，阿斯皮昂和图里瓦行省是帕提亚人从欧克拉提德一世手中夺来的。

上述均为文字记载的史料。此外，还有许多欧克拉提德一世的钱币。这些钱币在中亚大量出土。因此，在卡什卡达里亚地区的基塔布村附近发现了大约100个巴克特里亚钱币。这些钱币多数是欧克拉提德压模铸币。这种铸币在塔吉克斯坦也有发现，例如在喷赤、库利亚布等地区。

钱币正面是欧克拉提德头像，上面写着"欧克拉提德大帝"。钱币的背面有两个头像，女性头像头戴王冠，背景为未佩戴王冠的男性头像，上刻"赫利奥克勒斯和劳迪丝"（Гелиокла и Лаодики）。由于这些名称是以所属格的形式出现，因此出现许多有争议的解释，需要整体阅读才能理解铭文。例如，欧克拉提德大帝是赫利奥克勒斯和劳迪丝的孩子，赫利奥克勒斯和劳迪丝生下欧克拉提德大帝。也有观点

---

① 扎兰吉亚那（Систа́н，Дрангиана，Drangiana，Zarangiana）古作 Sakastan（塞人之地），位于现代伊朗东部（锡斯坦—俾路支斯坦省）和阿富汗南部（尼姆鲁兹省、坎大哈省）。该地区被阿富汗境内的赫尔曼德河分隔成两部分，该河注入伊阿边境的哈蒙湖。——译者注

认为，钱币背面的头像是欧克拉提德的儿子和他的妻子，他的妻子是公主，因此佩戴王冠。现在，大多数学者都承认，钱币的背面是欧克拉提德的父母，其母是一位公主，所以他想借此强调他的行为和获得王位的"合法性"。这种解释似乎已被各界接受。

根据文字记载和钱币材料，我们可以还原欧克拉提德夺权的历史场景：欧克拉提德是巴克特里亚的一位希腊贵族，其母亲劳迪丝是王室后裔。德米特里在印度期间，欧克拉提德在巴克特里亚发动起义。这几乎与米特里达梯一世（Митридат I）登上帕提亚王位同时发生，即在大约公元前171年。由于德米特里将巴克特里亚的主力部队带去了印度，欧克拉提德轻松夺取了政权。夺权后，他获得"索特尔"尊号（Сотер，Soter，"救世主"），意思是他从德米特里手中"拯救了"巴克特里亚。

德米特里得知反叛夺权消息后，立刻派遣优势兵力平叛。德米特里占有数量优势。欧克拉提德的规模不大的部队被包围，王位似乎不保，因为围攻者有大约6万名士兵，而他的士兵人数则少得多。欧克拉提德与300名士兵并肩作战，不断进攻对手，表现极其英勇。尽管史料未有明确记载，但估计是敌人营地内部混乱，使得欧克拉提德有机会击败德米特里的强大部队。登上王位后，他获得"欧克拉提德大帝"称号，并发行了一系列刻有他父母头像的钱币。钱币以欧克拉提德的名号大量发行于巴克特里亚，很可能在欧克拉提德死后也继续流通。在巴克特里亚王国瓦解之后，这种钱币依旧被模仿。

欧克拉提德巩固巴克特里亚的政权后，开始侵占德米特里在印度的土地，将其疆域继续扩大。据说他当时占领了1000座城池。

在欧克拉提德统治期间，并非所有事情都一帆风顺。巴克特里亚王国的两个西部省份失守，被强大的帕提亚国王米特里达梯一世夺走，另外还有一些边境地区被夺。

正如查士丁所记载的那样，在征服印度北部领土之后，欧克拉提德返回巴克特里亚。"在回来的路上被自己之前封为共治者的儿子所杀，其子毫不掩饰自己的杀父行为，就像他杀死的不是自己的父亲，而是杀死敌人一般。他把父亲的尸首放在战车上，并命人不准筑墓，任凭暴尸荒野。"欧克拉提德的悲惨史事发生在公元前155 年前后①。

欧克拉提德同一时期的对手——帕提亚的国王米特里达梯一世（Митридат I，公元前 171—公元前 138 年或公元前 137 年在位）在开疆拓土方面成就斐然。在与地方首领和塞琉古人的顽强斗争中，他占领了伊朗西部，将米底亚和美索不达米亚并入帕提亚。帕提亚王国一度成为世界上最强大的国家之一。

巴克特里亚的情况则有所不同。从公元前 2 世纪中叶开始，巴克特里亚的政治势力开始衰落，这个占领了中亚、阿富汗和印度广域土地的大国逐步瓦解。各时期的统治者——狄奥多特、欧西德莫斯、欧克拉提德的王族后裔，以及不属于这些王室的势力强大的贵族，纷纷夺取权力并用自己的名号铸币。公元前 2 世纪下半叶，安提玛科斯（Антимах）成为巴克特里亚和粟特的统治者，他的封号是"特奥斯"（Teoc，神）。在印度—希腊的国王中，最重要的角色是米南德（Менандр）。显然，他在欧克拉提德死后便立即夺取了印度领土。根据佛教传说，他是一个非常明智的国王，在他的统治下，国家得到繁荣。一般认为，关于他接受佛教的信息可能与事实相符。

在公元前 3 世纪末的欧西德莫斯时期，游牧部落联盟对巴克特里亚北部地区构成很大威胁。在公元前 2 世纪下半叶，中亚北部的游牧地区就像波涛汹涌的海洋，海浪时不时地冲袭巴克特里亚海岸，使岸上泛滥成灾。在暴风雨来临之前，就连战胜塞琉古的勇士——米特里达梯一世的后人、帕提亚的王公们都瑟瑟发抖。

---

① 纳拉因认为，欧克拉提德有两个儿子：柏拉图和赫利奥克勒斯（不要与欧克拉提德的父亲赫利奥克勒斯混淆）。——译者注

第三节 公元前3—公元前2世纪的国内
制度、经济与文化

一 巴克特里亚王国

由于历史资料极度匮乏，我们无法详尽描述巴克特里亚的国家结构和社会体系。势力强大时，王国拥有一定程度的中央集权，在许多方面都明显照搬塞琉古王国的统治。普鲁塔克（Плутарх）不止一次讲述了一个关于塞琉古的笑话："如果人们早知道即使写写看看公文都要付出这么多辛苦的话，那么谁都不会去捡王冠了，就让它在地上扔着吧。"正如苏联希腊历史学家拉诺维奇（А. Б. Ранович）所述："从碑文中获得的史料可以看出，塞琉古政权建立广泛的公文体制，起草各种行业的法令和条例，任命法官和仲裁员来处理城市的大小官司，安顿移民，与其他国家进行外交通函，并与自己的城市、希腊城市、寺庙和希腊各大圣地保持不间断联络。"巴克特里亚的国家机构可能不像塞琉古王国的国家机构那么发达、集中和架构完整。国家分为不同的总督管辖区，国王是国家元首，有时与自己的儿子共同作为统治者。

从《弥兰陀王问经》[①]（«Милинда - Панха»）中，我们可知米南德王国的结构，即在巴克特里亚的印度领属地有六类达官显贵：军队统帅、宰相、大法官、国库长官、持伞多闻天王（财政长官）、持剑增长天王（司法长官）。此外，书中也提到了"村落统治者"。正如

---

① 《弥兰陀王问经》写于公元前2世纪，用巴利语写作，主要记录古印度国王米南德一世和印度学者那迦仙之间的哲学对话。——译者注

苏联史学家特列韦尔（Камилла Васильевна Тревер）指出的那样："分析所有这些术语，以及将《弥兰陀王问经》的内容与其他资料进行比较后，可以了解米南德王国的社会面貌，但对于巴克特里亚和其他相关区域，此类文献未能提供相应材料。"

由希腊人、当地居民和从巴克特里亚征募士兵组成的军队发挥着重要作用，其中巴克特里亚人以骑兵部队为主。国王可能有近卫军。战象增加了军队的攻击能力。

关于巴克特里亚王国的军事组织有一些数据：军队的主力是骑兵和步兵。保留至今的文物及文字史料说明，巴克特里亚部队中有战象部队，士兵在战象部队后面。显然，在战局激烈时，这些战象部队会投入战斗。

查士丁称狄奥多特一世为"巴克特里亚千城之主"。斯特拉波说，欧克拉提德拥有上千个城池。显然，两位作者说的这些城池不仅是巴克特里亚王国，而是指包括印度北部在内的最宽泛称呼的巴克特里亚王国。但是，"千"这个字也比较夸张。同时必须承认，这种夸大性是基于巴克特里亚城市和城市生活的广阔发展。

按起源划分，可将巴克特里亚（以及粟特）的城市分为三类：第一类是阿契美尼德王朝之前和阿契美尼德时代出现的老城，包括巴克特里亚王国的首都和最大城市巴克特里亚城、位于卡菲尔尼甘河下游的城市（现为卡莱米尔遗址 Калаи мир）、粟特首府马拉坎达等。第二类出现在希腊—马其顿人远征时期或塞琉古人时代。第三类城市出现在巴克特里亚王朝。在第二和第三类城市中，有亚历山大大帝建立的城市（如埃斯哈塔亚历山大城），也有后来的希腊统治者建立的城市（如巴克特里亚的欧克拉提德城），还有在没有皇室权力干预的情况下发展起来的城市。

我们对巴克特里亚和粟特城市生活的内在体制仍然知之甚少。但是通过随后的铭文发掘，可以分析出帕提亚和塞琉古时期的一些城市特征，特别是某种形式的城市自治。

《弥兰陀王问经》中有关于巴克特里亚时期或是稍晚期的一座大城市的描述。通过该叙述可以推断，城市中手工业极其发达，有用金、银、铅、锡、铜、青铜和铁来制作器具的工匠，还有陶艺家、制革工人、帐篷制作师傅、梳篦师、精纺工、清棉工、编篮工、弓箭制造师、泥瓦匠、洗金者、厨师、浴房主、屠夫、酒商和花卉商人等。《弥兰陀王问经》还写道，在当地，有许多商人从事布匹和食品的贸易活动。这些信息足以证明，手工业和贸易主要集中在当地人手中。

首都巴克特里亚城被认为是巴克特里亚王国的中流砥柱。他们在这里集中军力进攻邻国，特别是进攻邻国印度。

巴克特里亚作为首都的地理位置无可厚非。它距今阿富汗马扎里沙里夫仅20千米。这座巴克特里亚人留下足迹的古城一直存续（尽管也有间断），到中世纪成为规模非常大的巴尔赫城。由于古地层被后来的地层所覆盖，因此考古研究变得非常复杂。巴克特里亚时期的巴克特里亚城的核心是现今阿富汗的巴拉希萨尔古城（Бала-Хисар）。古城遗址呈椭圆形，面积120公顷。法国学者施伦贝格（Д. Шлюмберже）和拉贝尔（М. Лаберр）弄清了古代巴尔赫的城墙构造。墙壁结实度惊人：可以推断其底部厚达31米。墙壁上装有射箭孔。研究人员认为，正是这些防御工事帮助巴克特里亚城的捍卫者抵御了安条克三世庞大军队的围攻，当然，防御工事也不限于巴拉希萨尔城。

1964—1965年，法国考古学家开始发掘艾哈努姆遗址。该遗址位于阿富汗境内卡什卡达里亚河流入的喷赤河畔。这座巨大的古城遗址呈三角形，两千米长的古城地基与喷赤河相邻。另一边（1.5千米）以卡什卡达里亚河为界。毗邻喷赤河的城址西北侧地势较低，东南侧地势较高。对艾哈努姆城址（Ай-Ханум）的发掘工作成果丰硕。人们掘开了遗址的一部分，发现其采用的正是当时普遍的希腊式设计方案和施工细节。建筑材料采用石头、土坯和烧砖。石柱、壁柱及屋顶石材搭接土坯砖墙。石砌建筑细节均是科林斯式，完全符合希腊标准。在这里还发现了希腊的雕塑、陶瓷和饰品等，以及希腊的墓葬和希腊墓志铭。所有遗物（包括硬币）都证明，艾哈努姆是公元前 3—公元前 2 世纪的巴克特里亚城市。就像人口构成中的希腊元素一样，古希腊文化元素也在城中占据主要地位。我们还不知道这座城市的名称。该城市或许属于亚历山大或安条克时期，或许属于欧克拉提德时代。但有一点可以明确，即这个城市肯定存在于塞琉古和巴克特里亚时代，是巴克特里亚王国的重要中心之一。

值得一提的是，在喷赤河岸边的法尔霍尔地区，考古学家发现了巴克特里亚末期的另一个重要遗址——萨克桑奥胡尔（Саксан - Оур）或称法尔霍尔遗址。它位于法尔霍尔市中心以北 7 千米处。古城遗址的总面积达 5 公顷。在发掘过程中，发现了一个手工艺街区，里面有烧制瓷器和陶器的炉子，还发现了一个宫殿和庙宇建筑群。该建筑群的建筑中心是一个大型的方形庭院（27.7 米 × 27.7 米）。它三面由迂回的走廊包围，而庭院的另一面，有个深邃的四柱式门廊①建筑。在门廊深处有一条通向迂回走廊的通道，门廊侧面是一些小房间。门廊轴线中心稍偏位置对应一个长方形大厅，其屋顶由两根柱子支撑。这个大厅旁边是一个带有祭坛的长方形房间，与大厅由一条走廊相连，该走廊又与迂回走廊相连。

迂回走廊的西侧共有 8 个房间，并形成 3 个相对独立的空间。北侧是一个方形房间，有一个壁柱和圆柱。这里出土的文物最多，包括金制三叶草。

建筑物的墙壁很厚实。较窄的房间为拱顶，而大房间（正方形和长方形）的屋顶由圆柱支撑。正厅的门槛用造型复杂的石板制成。门廊带有高高的石柱装饰，这些石柱的基座比较复杂，为两级柱脚结构，科林斯式的柱冠尤为突出。

---

① 门廊，即伊万（Iwan, айван），是波斯和伊斯兰建筑中常见的一种长方形、带有拱顶的空间，三面围墙，一面开放。它由波斯人发明，公元前 3 世纪时在帕提亚王国治下达到成熟。在波斯语中，伊万的入口门面又称"皮西塔克"（pishtaq），其上常绘有繁复的几何花纹和伊斯兰书法，其大小和形状并不完全固定。——译者注

在门廊后面的双圆柱大厅以及与其相连的火坛房，显然是建筑群的祭祀中心，上面提到的三个空间间隔分出的地方是接待大厅和宫廷小教堂。

建筑群的建造时间可以追溯到公元前2世纪。

在巴克特里亚时期，塔吉克斯坦领土上还有其他许多城址。例如，凯卡巴德沙赫（Кей - Кабад - шах）古城，在今卡巴迪安区（Кабодиён）中心附近。城址平面呈长方形（285米×315米），外面筑有城墙，厚重城墙上建有突出的矩形塔楼，墙壁由压实黏土和土坯砖制成，上面垒有城垛。在城址内部，已经发掘了几个方形和长方形的房间，其墙壁上涂了白灰。在凯卡巴德沙赫古城中没有堡垒。

离这个定居点不远处还有一个定居点，即今日卡莱米尔古城遗址。通过对这里的发掘，发现了一家铜器铸造作坊、大量生活用具和古币。

在塔吉克斯坦南部的考古遗址中，库赫纳卡拉古城遗址（Кухна - кала）占有重要地位。该遗址位于科尔霍扎巴德村南部，规模比凯卡巴德沙赫古城小一些，由两部分组成：一部分是长方形，另一部分形状不规则。该城址位于瓦赫什河台地断崖处，战略位置优越。在城墙内有连成片的建筑，并将方形和长方形的走廊式的房间相连，房间大小不同。经过发掘发现，库赫纳卡拉古城未建造完成。也许它是在巴克特里亚王朝末期建造，而游牧部落的进攻导致其未能完工。

像凯卡巴德沙赫古城一样，库赫纳卡拉古城可以复原古代巴克特里亚的防御工事。长方形的塔楼为坚固的军事防御设施。塔楼表面有凸起的壁柱，成排的射孔有真有假。古城入口设有专门的防御设施或高高的塔楼。

众所周知，撒马尔罕和粟特在希腊—马其顿人的攻击下遭到重创。后来，这里的生活逐渐恢复正常，慢慢发展起来。尤其是陶瓷业取得了长足发展，手工业取得了相当大进步。市场上除本地工匠制作的产品外，还有希腊工匠制作的产品。文化彼此丰富，促进了当地手工业水平进一步提升，反之又对整个希腊东部产生了重大影响，包括那里的陶瓷业和建筑业的繁荣。

农业也取得丰硕成果，古希腊和古罗马时期的作者提供了许多关于巴克特里亚自然条件优良的信息。这里曾种植谷物（种植规模可能非常大），稻米种植尤为突出，到处是花园和葡萄园。畜牧业也非常发达。毫无疑问，在巴克特里亚和粟特都有四通八达的灌溉渠网。

在前述的政治史章节中我们反复提到了钱币。至1970年为止，对巴克特里亚钱币最系统、最完整介绍的是印度学者拉希里（Lahiri A. N.）编写的《印度—希腊钱币外观》，不过，他的这一课题研究并没有使用苏联的馆藏或出版资料。巴克特里亚国王用金、银、铜、铜镍合金铸造钱币。有许多银制巴克特里亚钱币流传至今。

钱币的正面通常是国王头像，背面则是希腊诸神像，如阿波罗（Аполлон）、阿耳忒弥斯（Артемида）、雅典娜（Афина）、得墨忒耳（Деметра）、狄俄斯库里兄弟（Диоскуры）、赫卡忒（Геката）、赫利俄斯（Гелиос）、赫拉克勒斯（Геракл）、宙斯（Зевс）、胜利女神尼姬（Ника）、波塞冬（Посейдон）等。正如拉希里所写，这些希腊神明"有时会被附加一些其东方替身的典型特征"。

在早期的巴克特里亚钱币上，铭文只包含尊号和名字。欧克拉提德是第一个在钱币上使用别号"伟大"的人，安提玛科斯（Антимах）称自己为"神"。欧克拉提德时期的钱币上首次出现双语铭文。通常印在背面的希腊神话却出现在了正面，而在背面却出现了佉卢文书写的古代印度语直译文本。但是在某些情况下，信息与铭文不匹配。在两个晚期的印度—希腊国王的铜币上，还使用了印度梵文。

巴克特里亚钱币的重量标准问题相当复杂。部分巴克特里亚钱币最初使用希腊阿提卡称重方案，所含黄金单位重量为132格令（即8.2克），狄奥多特一世和狄奥多特二世、欧西德莫斯一世和欧克拉提德发行的斯达特金币（статер）也采用这样的重量标准。不过，巴克特里亚并不总是按照阿提卡重量标准铸币，当时也采用了其他的称重方案。因此，这些方案的由来以及采用其所带来的经济效益一直是人们探讨的话题。

巴克特里亚钱币的大量流通毫无疑问证明了当地商品交易的发达。从最新的考古发现来看，国际贸易面广，包括与希腊各地区间的贸易非常盛行。此外，这些钱币也被用于国内贸易，文字材料也证明了这一点。巴克特里亚人"非常擅长做贸易"。在巴克特里亚有一个非常大的集市。

关于精神文化方面的资料极为零散。但这些零星的资料也可以表明，巴克特里亚是当时世界上的文化中心之一。在巴克特里亚土地上存在高度发达的当地原始文化，可以追溯至远古。巴克特里亚文明与渊博的印度文明、希腊文明、东方希腊文明相互交融，产生累累硕果。

巴克特里亚在艺术方面取得了非凡成就。特列韦尔（К. В. Тревер）在谈到巴克特里亚国王钱币时写道："……巴克特里亚硬币上的国王头像的最大特点就是铸艺精湛。阳模都是名家雕刻，他们能够奇妙地将写实头像绘在微小的画卷上，不仅能看到个人面部特征，还能细微地表现出各种人物的性格特征。"她认为，巴克特里亚城应该有杰出的希腊雕塑家留西波斯（Лисипп）的雕像作品，他的亚历山大大帝雕塑作品流传很广，主要特点在于更加写实。公元前3世纪的希腊雕塑就是在留西波斯及其流派影响下发展起来，巴克特里亚可能也同样如此。总之，在艾哈努姆古城遗址已经发现了希腊雕塑。至于钱币，特列韦尔继续说道："在钱币模刻师中，可能有希腊人，但是要注意的是，巴克特里亚的钱币与希腊钱币不同，其表现头像轮廓的手法新奇，能够传达思想、柔情、力量与个性。这些钱币的模具可能是由掌握了留西波斯技艺精髓的当地工匠、希腊人或巴克特里亚人来制作。"

巴克特里亚的金属浮雕工艺品不凡。房子的墙壁上装饰着壁画、石材和金属的浮雕。

如前所述，这一时期的巴克特里亚与希腊和印度之间的文化联系密切，这也对宗教信仰产生影响。正是此时，佛教传入中亚。

不过，这并不意味着琐罗亚斯德教地位的丧失。在巴克特里亚王国的中心巴克特里亚城，琐罗亚斯德教依然得到广泛认可，有无数朝圣者从四面八方蜂拥而至。巴克特里亚城有一座著名的拜火祠，是阿娜希塔女神（Aredvi Sura Anahita）的神庙，里面有一个雕像头上戴着金色皇冠，穿着30只海狸皮做的衣服。城里还有其他神的庙宇。另外，萨克桑阿胡拉建筑群（Саксан - Охура）也受到琐罗亚斯德教徒崇拜。

在巴克特里亚有很多希腊神庙，因为这里有很多希腊居民，而且巴克特里亚国王本身也是希腊人。证据之一就是：希腊诸神的形象被刻印在钱币的背面（关于这点我们在上述文中列举过）。在艾哈努姆古城遗址的发掘过程中，发现了希腊的祭祀性建筑。

因此可以说，在巴克特里亚曾有各种各样的宗教同时存在。从《弥兰陀王问经》可知，印度的沙卡拉城（Шакала）（今巴基斯坦锡亚尔科特）对各种宗教非常宽容，在那里，"人们在街上向所有宗教的传教士问好"。也许巴克特里亚的情况也是如此。毋庸置疑，琐罗亚斯德教影响着巴克特里亚当地大部分人，甚至也影响了希腊居民。

二 帕提亚王国

如果不局限于本章的时间跨度并借鉴更晚些史料的话，可以说，人们对帕提亚王国内部结构的了解可能比巴克特里亚更多。古希腊和古罗马时期的作者保存了一些史料，还有很多碑文遗迹等。特别重要的是，在帕提亚王国的一个主要中心之一——尼萨（Ниса，今日的土库曼斯坦阿什哈巴德附近）发现了大量的文字史料。

帕提亚国王的权力某种程度上受两个议院来限制：氏族贵族院和

神职祭司院。氏族贵族院内，除帕提亚王朝的皇亲国戚外，还包括六大家族的代表。根据已故国王的遗嘱，国王由这两个议院从本朝代表中选出。

帕提亚王国下辖一些相对独立的王国，如希尔卡尼亚（Гиркания）、锡斯坦（Сакастан）等，还有总督（萨特拉普）管理的行省（萨特拉庇亚）。这些附属的小王国统治者有时也会铸造自己的钱币，如埃兰（Элам）、佩尔西达（Персида）等。行省（萨特拉庇亚）分为若干个吉帕庇亚（гипархия），吉帕庇亚再下辖若干个斯塔姆（статм）。马兹班（марзпан，通常是边疆地区的行政长官）的地位比总督高，总督须听从马兹班领导。

季亚科诺夫（И. М. Дьяконов）、利夫希茨（В. А. Лившиц）从尼萨遗址档案中获得了宝贵资料，可用于了解帕提亚东北地区地方行政机构的运行机制。该地区的行政机关设立许多分支机构。主要行政单位是迪斯（диз），即设防的村庄（塔吉克语中，迪斯这个词义为"堡垒"），其长官被称为迪斯帕特（дизпат）。迪斯帕特隶属于总督。在公元前2世纪20年代，该地区归科费扎特总督（Кофезат）管辖。该总督以"梯里达底的骑兵统领""司库员""骑士"等绰号闻名。在行政机构中，很多官员都负责收缴和储存食物的工作。因此，在皇家仓库（酒窖）收缴葡萄酒时，参与的各官员都有自己的称号：送葡萄的、印火漆的、抄写的、记簿的、斟酒的。祭司是特权阶层。文中提到火神祭司斯波萨克（Спосак）。地方官僚阶级的首要任务是尽可能地从百姓身上榨取税赋徭役，并使之臣服。

正如尼萨档案所记载，在土库曼斯坦南部肥沃的广袤土地上，拥有的"田产"绝大部分是葡萄园。土地被分成几类，并从中收取相应的实物税给国王纳贡。为了维持发展，还有一类特殊的火神税（一部分实物，一部分金钱），属于什一税的一类。

在米特里达梯城堡（Михрдаткирт，现为尼萨城址）中，有一些巨大的皇家葡萄酒库。在这里人们将送过来的葡萄酒倒入大陶罐中并登记在册。陶罐碎片被用作书写材料，作为记录标签（"酸葡萄酒""倒入另一容器中"等）。登记文书注明葡萄酒的数量、葡萄园名称、庄园名称、供应商名称、葡萄酒等级、年份等。这些详细文件的时间跨度长达 70 年。此外还有汇总记录、清单和分发葡萄酒的规定。

在对帕提亚西部一些城市、其城市规划和城市文化的研究过程中，从那里发现的文献可知，城市，至少在大城市都有自治机构，农业地区归城市管辖，有些城市会铸造自己的钱币。

苏联考古学家发掘之后，帕提亚东北部的城镇和村庄首次为人所知，尤其是在对巴吉尔村（Багир，阿什哈巴德附近）的两个相邻的尼萨古城进行了长期发掘后，这些地方就更加出名。老尼萨城址原来是皇家禁地，新尼萨城址是帕提亚城的遗址。

老尼萨城堡包括皇宫（含服务皇室的部门）、祭祀建筑、达官和近卫军下榻地。城堡为五边形，被坚固的城墙所包围，墙底部厚度达 9 米。在南面的角落有一座巨大的塔，塔台是一个正方形，即 35 米 × 35 米。这是一个完整的要塞，是整个城堡防御的重点之一。墙壁和塔楼用夯实黏土和土坯建造而成。沿着墙壁延伸的狭窄的斜坡（斜道），可以进入要塞。

要塞的中央是一个巨大的方形大厅，面积为 400 平方米。在要塞的中心有四根大型柱子，由烧砖堆砌成，每根柱子的柱身都像由四个半柱捆成一整根一般。沿墙的边缘有半柱，第二层的墙上也用半柱装饰，在一层墙壁和二层墙壁的间隔中、在壁龛中有一个大型（比人还大的）泥像。第二层的墙壁上装饰有鲜红色的石泥和彩色的装饰画，同时还使用了镀金。地板用雪花石膏制成，天花板是木质，在中心有一个发光的洞，是唯一的照明来源。高耸的中央立柱、庄严的雕塑、严谨的建筑装饰，让参观过这座建筑的每个人都惊叹不已。建筑专家和考古学家都在讨论这个庞大建筑物究竟是什么功能。有些人认为，巨大的大厅是帕提亚国王的礼堂。而另一些更为合理的观点是，四方大厅是一座寺院的遗址，这里曾是一座为纪念祖先而建立的大型拜火祠。

除庙宇外，米特里达梯城堡遗址还有许多其他建筑，特别是可以容纳超过50万升葡萄酒的酒仓和皇家宝库，其结构是一个封闭的正方形结构（60米×60米）。

在其中一个房间里发现许多象骨制品，主要是饮酒用的角杯。角状杯的上部边缘有一个边界，上面有酒神狄奥尼索斯的浮雕。在许多角状杯的下部都有雕塑装饰。这里还出土了赤土陶器塑像（包括镀金雕塑）、青铜塑像、大理石塑像和银质塑像，如帕提亚女神的镀金银雕像，戴金手镯的爱神厄洛斯（Эрот）的银质雕像等。正如科舍连科（Г. А. Кошеленко）指出："尼萨遗址展现的帕提亚建筑物，其特点在于两种原则的有机融合，即中东和中亚的伊朗语各民族文化与希腊文化相融合后所形成的当地传统文化。"

之前已经提及的大量帕提亚史料在老尼萨城的发掘中占有特殊地位，这些史料大部分是关于税赋，并且写于陶瓦（即黏土瓦）上。

在第二座古城遗址（新尼萨遗址）上，发掘出了神庙和墓室。

尼萨档案文献不仅让人们更深入地了解当地的行政税制，还可以了解帕提亚东北部的精神文化。文献本身使用阿拉米文字编写。让我们回顾一下，这种字母在阿契美尼德王朝文书中已经被使用。季亚科诺夫（И. М. Дьяконов）、利夫希茨（В. А. Лившиц）从一开始就发现了这个问题：有一部分词语是阿拉米文字，而另一部分则是帕提亚文字，相同的概念时而使用阿拉米语，时而使用帕提亚语。这些文献的句法结构用的是帕提亚语，不是阿拉米语，帕提亚语词汇没有显示阿拉米语的语法特征，而是帕提亚语本身的特征。基于此，研究人员得出结论：当时阿拉米语词汇只是某种代码（针对同形异读词），这些词汇已经不再用阿拉米语解读，抄写员看到一组符号就能读出相应的帕提亚词汇。掌握这样的文字并不容易。学生们练习很长时间后，才允许他们抄写文献。出土的瓦片上就有这种写作练习（皮革材质太昂贵，因此无法练习时用）。

帕提亚王国的宗教类别形形色色。除当地的太阳神密特拉和王国的开国君主外，希腊众神、琐罗亚斯德教、犹太教以及后来的基督教在帕提亚王国都很流行。琐罗亚斯德教派占主导地位。

在尼萨文献资料中有200个名号。其中任何一个名号都可能属于正统的琐罗亚斯德教徒，许多名号只属于琐罗亚斯德教。琐罗亚斯德教有教历。

上文中已经提到过享有"火神"尊号的斯波萨克祭司和其他一些普通祭司。文献中出现一些无名神庙，还有弗拉特斯神庙（Фраат）和娜娜神庙（Нанайи），也许当时存在神庙经济。帕提亚宗教的混杂还表现在帕提亚万神殿中有异域神明，如娜娜女神，她是古代美索不达米亚的月亮神，自苏美尔时代起就广为人知。之后广泛流行于亚述地区。后来一方面传到伊朗，另一方面传到亚美尼亚、叙利亚、埃及乃至希腊。在西方，她与其他神灵融合在一起，尤其是与希腊阿耳忒弥斯神结合。娜娜女神后来在贵霜王国和粟特王国的万神殿中被发现。娜娜女神（Нанайя，Nanaya）的名字传到舒格南语[①]中。"nan"在舒格南语里的意思是母亲。

由于尼萨文献的缘故，关于帕提亚历法的问题又再次出现。历法的起点是与公元前247年相对应的那一年份。在尼萨文献中，日期是根据琐罗亚斯德（《小阿维斯塔》）教历列出。众所周知，琐罗亚斯德教历基于古埃及太阳历形成，从公元前5世纪下半叶在伊朗开始使用。一年分为365天，共有12个月，每个月30天，另外再加5天。历法的日子和月份的名称就是琐罗亚斯德教众神称号的帕提亚语叫法。

伊朗中世纪的编年史学家对帕提亚王国整个几百年历史尽可能闭口不谈，有意将其描述为篡政夺位的黑暗时期。然而在民间，这一时

---

① 舒格南语（Shughni or Khughni，Шугнáн）又称识匿语、舒格南话、舒格南方言，是印欧语系印度—伊朗语族伊朗语支东伊朗次语支帕米尔诸语言的一种语言，分布于塔吉克斯坦戈尔诺—巴达赫尚自治州以及毗邻的阿富汗巴达赫尚省，是高原塔吉克族的民族语言。舒格南语接近中国境内的色勒库尔语。——译者注

期的记忆以一种奇特的方式被记录下来。"帕赫拉翁"（пехлавон）一词成了勇士的代名词，而巴列维神话、巴列维诗歌则具有神话故事、古代诗歌的含义。公元3—7世纪时期的所有使用中古波斯语编写的文献也都被称为巴列维语文献。

帕提亚王朝只有500年的历史。王朝的下半期主要分布在伊朗和美索不达米亚，部分涉及中亚，成为中亚各民族祖先历史的一部分。

三　中亚的其他地区

根据公元前2世纪末的记载，在巴克特里亚王朝存在的同期，费尔干纳这个中亚最重要农耕区的经济同样高度发达。不过，关于公元前2世纪晚期的费尔干纳状况，我们只能通过史料来分析推测，因为在费尔干纳地区至今尚未发现公元前3—公元前2世纪的遗址。

费尔干纳是否属于巴克特里亚王朝的一部分，是一个有争议的问题。以斯特拉波的一个发现为依据，许多研究人员认为费尔干纳是巴克特里亚的一部分。但支持此观点的论据却完全站不住脚。

在费尔干纳发现了欧西德莫斯、德米特里钱币，以及赫利奥克勒斯（Гелиокл）铸币的仿币。当然，就像在帕提亚的尼萨古城遗址发现的巴克特里亚钱币一样，这些钱币也可能通过贸易往来传到那里。

公元前2—公元前1世纪，受外来侵略影响最小的是花剌子模这个强大的独立王国。尽管对此没有文献记载，但对花剌子模遗址的考古发掘可以充分证明这一点。赞巴斯卡拉要塞（Джанбас-кала）呈长方形，由厚实的双层城墙围起。工事的入口处有五条弯道，内墙上还留有射孔。由于工事内没有塔楼，所以每个角落处的射孔呈扇形排列，墙壁上有半圆形凹槽，上面有三个射孔，可沿着墙壁进行射击。为了更好地向敌人射击，射孔被挖得很深，下面挖有斜槽。由此，整个墙壁看上去就像一个封闭的半圆柱体。要塞墙壁上的大量射孔让我们推断，全体居民都可能参与了防御任务。总的来说，整个防御系统都证明了绿洲居民团结一心抵御游牧民族的入侵。

赞巴斯卡拉要塞的结构特点是被一分为二。主街道将城市分为两部分，与要塞入口相对，拜火祠在街道末端，它是公共的长明火祭拜地。主街两侧都有住房，居住区由多个规模大致相同的房屋组成。

科伊克雷尔甘卡拉（Кой-Крылган-кала）是花剌子模重要的建筑之一。与普通的正方形和长方形结构不同的是，科伊克雷尔甘卡拉遗址中有一个直径42米的独立圆柱塔形结构，周围是圆形墙壁，围墙上有塔防（外圈的直径为87.5米）。中央的圆柱建筑为两层，被改动过两次。环形庭院是逐步盖起来的。

在考古发掘过程中，人们发现了各种各样的遗物，包括可大量储存水和物资的大陶罐。在小水壶壁上绘有极高艺术水平的浮雕图像（狮身鹰头兽像、骑士、妇女等）。大量陶土和雪花石膏制作的雕像重现了花剌子模万神殿的神像，也有日常生活的雕像，有些则极其逼真。人们发现了一些可追溯到公元前3—公元前2世纪的铭文，由阿拉米文字书就。其中一段铭文上面有个称号，基本词干为"阿斯帕"（马），这个称号应该表示的是"骑士"的含义。

在科伊克雷尔甘卡拉遗址发现了十多个骨瓮（骨骸和殡葬面具）残片。在周围发现了大量的骨瓮——陶土制的方盒上面有人形雕塑（尺寸偶尔会与实物相同）。科伊克雷尔甘卡拉城遗址的研究人员称，"中间的建筑作为穴墓而建造，很可能与火葬仪式有关。这个独特的亡者之屋与一个王侯贵胄的尸体一起被烧毁，墓主人甚至可能就是花剌子模的国王。死者的骨灰（或许是陪葬者的骨灰）从火场中拿出来并放置在骨瓮中。后来，该建筑群成为安灵的祭祀中心，变成一座大庙宇，同时又成为拜星和天文观测的中心"。这些结论既有趣又存有争议，但科伊克雷尔甘卡拉是中亚地区出色的文化遗存却毫无疑问。

游牧部落和半游牧部落占据了大片的草原、山麓和高山草甸。受花剌子模文化的影响，咸海流域（即阿姆河与锡尔河之间的河中地区）的游牧和半游牧部落逐渐过渡到定居生活。游牧民族的贵族们拥有牢固的定居点。游牧的塞人部落居住在锡尔河右岸及其中游、南哈萨克草原、吉尔吉斯斯坦北部、费尔干纳盆地的外围及盆地内的部分地区、帕米尔东部等。它们与长期定居的地区保持紧密的经济、政治和文化联系。同时，它们也是从蒙古一直延伸到南俄草原整个庞大的游牧部落的一部分。

关于公元前3—公元前2世纪的中亚历史，我们只知道它的模糊轮廓。就像电影胶片失去个别画面一样，不仅这一时期的一些政治事件不得而知，而且一些已知事件的先后顺序也不清楚。各种现象的因果关系通常不能理顺，使得巴克特里亚的政治史仍然模糊不清和难以理解。俄国东方学家格里高利耶夫（В. В. Григорьев）试图把巴克特里亚钱币上熟知的君主进行归类整理，但最终遗憾地表示："即使如法炮制了各种组合，历史知识也没有一点长进。"

在过去的100年中，出土的巴克特里亚钱币数量大幅增加。有一些人比19世纪上半叶的钱币学家还要大胆得多，想要重现巴克特里亚历史。这些尝试的大胆之处在于，它们没有基于任何确凿的事实解释，而是基于肆意组成的联姻、基于比较各种人物肖像的亲属关系的想象、基于文献来源的夸大解释等，尤其是塔恩的观点。极端主观主义导致塔恩对巴克特里亚历史的描述完全不正确。我们绝不打算完全否认这位杰出的英国历史学家的著述所具有的价值。他的著述中包含了大量有价值的发现和史料。但我们想强调的是，历史与小说还是存在界限的，稍有不慎，历史学家就会变成小说家。而塔恩就没掌握好这个尺度。

不过，通过考古学家和古钱币学者的研究，巴克特里亚王国的经济和文化特征现在已经有了相当具体和明确的形态。

还有一个问题值得注意。在西方文献中，希腊文化在中亚发展中的作用和重要性被极度夸大。一些学者深信，整个中亚的社会经济发展都归功于希腊人的影响，特别是在希腊人到来之后，各大城市

（包括设防的城市）也是在希腊人到来之后才得以出现。这些西方的观点遭到苏联学者的严厉批评。决定中亚社会发展的关键因素，是中亚地区社会经济进程中出现的、内部的、深层次的矛盾。考古发现同时也深深揭示了巴克特里亚人、花剌子模人、粟特人和其他中亚民族的与众不同的文化特征。

与此同时，也有一些人陷入另一个极端，即不承认在中亚地区存在大型希腊人居住区，没有充分认识到希腊与中亚的社会经济和文化联系的重要性与成就。虽然希腊人是以侵略者的身份来到中亚，但他们绝不是简单地把军队留在中亚。位于中亚、阿富汗和印度北部的希腊人口中，囊括了手工业者、商人、演员、雕塑师、医生、音乐家。因为与希腊世界的密切接触，当地的奴隶制度获得了新的发展动力。中亚及其周边地区的城市建设也受到了希腊城市制度的影响。

更重要的是对当地文化的影响，即精神文化和物质文化的影响。以一个事实为例：在亚历山大大帝远征后的一千年里，希腊文字一直是巴克特里亚地区的主要文字。在石制建筑、雕塑、珠宝艺术等方面，希腊文化与当地文化的互动无处不在。在后来的几个世纪中，这种互动融合不断持续发展。在这种互动融合过程中，中亚文化是平等的甚至是关键的组成部分。希腊移民的语言逐渐与巴克特里亚本地人的语言相融合。商品的国际交换，以及人群在贸易、战争和移民过程中的流动，均促使中亚最优质的精神和物质文化成就向西方广泛渗透。因此，所谓的希腊文化，是众多民族的天才共同创造的结晶，有希腊人、近东和中东的当地人，以及中亚和印度人。

还有一点，塔恩把巴克特里亚视为希腊化世界的重要组成部分，是希腊化的国家之一。纳拉因（Narain A. K.）批判了此观点，认为整个巴克特里亚的历史应该是"印度—希腊人"的历史，是印度历史的一部分，而不是希腊化国家历史的一部分。"希腊人来了，看到了，但是被印度征服了。"

上述的塔恩和纳拉因两人的观点与事实相去甚远。当然，要想了解巴克特里亚王国的历史，就必须了解塞琉古王国的背景和历史。巴克特里亚王国后半段的历史自然与印度相关。但是，巴克特里亚的历史起源于中亚，在中亚开始，并且在中亚（以及阿富汗）强大起来。正是巴克特里亚和希腊元素的组合，才造就了征服印度北部的强大实力。因此，巴克特里亚王国首先应是在中亚和阿富汗，其次才是印度和希腊化世界。

第六章　贵霜帝国时期的中亚

第一节　帕提亚·巴克特里亚·月氏

一　游牧部落和帕提亚王国

公元前 138—公元前 137 年，少年弗拉特斯二世（Фраат Ⅱ，Phraates Ⅱ）登上帕提亚王国的王位。起初，帝国由其母亲掌管，出于国家安全考虑，国王应留守东方，可情况发生了变化：塞琉古人（Селевкиды）又一次进攻帕提亚并大获全胜，占领了包括巴比伦尼亚[①]在内的帕提亚西部大部分领土。然而，塞琉古人无情地掠夺和压迫帕提亚人民，导致人民起义并与塞琉古军队展开厮杀，使得塞琉古在帕提亚的胜利并未持续多久。弗拉特斯二世获得胜利，塞琉古国王去世（或自杀），其女被弗拉特斯二世纳入宫室，这是塞琉古人最后一次尝试夺回曾经属于他们的东方领土。帕提亚军队再次挺入巴比伦，开始为进军叙利亚做准备。

在取得卓越成就的同时，帕提亚的统治者遭受了数年困扰，查士丁对此进行了全面描述："那时候，斯基泰人（即塞人）的暴动迫使他（弗拉特斯二世）返回来捍卫自己的国家。实际上，斯基泰人受

---

① 巴比伦尼亚（Вавилония）是美索不达米亚中南部的一个古代文化地区，存在时间大约是公元前 19—公元前 6 世纪，其中心为巴比伦。——译者注

帕提亚人雇佣对抗叙利亚国王安条克（Антиох），但他们到来的时候，战争已经结束。斯基泰人被指责为援助过迟，因此没有得到相应的报酬，斯基泰人对此十分不满，便提出要求：或者给报酬，或去攻打其他敌人。斯基泰人的要求遭到拒绝，感到受了侮辱，于是开始破坏帕提亚王国边境地区。因此，弗拉特斯二世开始远征，打击他们。"

据查士丁描述的战争场景："弗拉特斯二世带领那些在与安条克的战争中被俘的希腊军队参战。但他对希腊军队表现得十分高傲残酷，当希腊士兵看到帕提亚军队的战斗成果不保时，便毫不犹豫地倒戈投向敌方，对俘获他们的帕提亚人展开了期待已久的复仇。他们摧毁了帕提亚人的军队，并在一场血雨腥风的战斗中杀死了弗拉特斯二世。"

弗拉特斯二世死后，其叔阿尔达班二世（Артабан Ⅱ）成为新国王，斯基泰人洗劫帕提亚后，返回了他们的游牧区。本性高傲的帕提亚人被迫给斯基泰人纳贡，但阿尔达班二世却试图摆脱这种依附，他曾与一个部落（查士丁称其为吐火罗）交战，手臂不幸受伤，不久后去世。

公元前123年，阿尔达班二世之子米特里达梯二世（Митридат Ⅱ）继承帕提亚王国王位，并自封为大帝。米特里达梯二世在位期间，帕提亚人设法终止塞人部落发起进攻，甚至夺回了部分被塞人占领的土地（可能并未夺回全部领地）。查士丁曾写道："米特里达梯二世是曾被外族羞辱的帕提亚祖辈们的复仇者，曾多次与斯基泰人作战并大获全胜。"在米特里达梯二世统治期间（公元前123—公元前87年），帕提亚王国空前强大。

二　月氏国起源问题

与帕提亚相比，巴克特里亚王国的发展轨迹完全不同。若要了解该地区以及中亚总体历史发展情况，需关注发生在中亚东北部的事件，这些事件在中国古代文献中有所记载。月氏人与居住在蒙古地区的匈奴人为邻，公元前3世纪后半叶，月氏变得强大，匈奴统治者不得不将子嗣交其做质子，后来局势有所变化，匈奴单于冒顿（Маодунь 或 Модэ）建立了匈奴社会明晰的军事行政体系，使这个游牧民族摇身变为一股强大的力量。公元前176年，一名匈奴大将击败月氏人。公元前174年，冒顿之子老上单于（Лаошан）击败月氏人，杀死月氏王，将其头骨做盏饮酒。败北的月氏人向西迁移至新疆（塔里木盆地）和中亚地区。然而，居住于此的百姓（中国人称为"乌孙人"）此时仍在某种程度上依赖于匈奴人。匈奴人指使乌孙人发起同月氏人的战争，但以失败告终。而后，月氏人击败了南迁的塞人部落，① 通过"吊桥"（位于帕米尔高原东南部的山路）来到罽宾国（Гибинь），日益壮大的乌孙部落反而击败了月氏人，这也使得月氏人被迫朝着大夏（即巴克特里亚）方向迁移②。

正如西欧学者哈隆（Г. Халоун）所写："很难准确给月氏部落迁徙的两个阶段确定日期。"日本学者桑原骘藏（И. Кувабара）提出，公元前172—公元前161年月氏人迁徙至中亚北部，然后在公元前139—公元前129年一路向南抵达阿姆河地区，这一说法似乎也有道理，公元前133—公元前129年，月氏人确实曾来到过今天的撒马尔罕地区。

迁徙至中亚的月氏人被称为"大月氏"，而留在河西走廊和中国新疆的月氏人被称为"小月氏"。

古希腊文献对于这些事件的描述则完全不同。由于中亚东部的事件对于他们来说并不了解。据斯特拉波（Страбон）记述："在这些游牧民族中，那些曾经从希腊人手中夺走巴克特里亚的游牧民族尤为

---

① 马斯库特（Маскут）系伊朗语发音，源自"马萨格泰"（Массагéты）。在中亚地区通常指中亚南部的农耕部落，在高加索地区指居住于阿塞拜疆北部和达吉斯坦南部的操伊朗语的部落。——译者注

② 一些现代历史学家认为，乌孙人与月氏人的恩怨情仇在中国编年史中没有任何历史依据，是完全杜撰出来的内容。——译者注

出名，即阿西亚人、帕西安人、吐火罗人、萨卡拉乌尔人，他们都来自塞人和粟特人生活的雅克萨特河（Яксарт，即锡尔河）。"据特罗古斯（Помпей Трог）在其名《腓力比史》（Historiae Philippicae）第四十二卷的序言中有这样一句话："阿西亚人象征着吐火罗人称王和萨拉乌科人的覆灭"，在第四十一卷中说道："萨拉乌科人和阿西亚人为主的斯基泰部落攻占了巴克特里亚和粟特。"

实际上，上述文献中并未提及月氏人，但绝对清楚的是，中西文献中都对导致巴克特里亚王国覆灭的事件有所记载。

自18世纪中叶以来，人们一直试图"和解"中西这两种史料来源，将其中提到的民族和部落彼此对比，并将其与其他不同地域民族的称谓进行比较，但是目前并未敲定最终的统一说法。

一直以来都存在一种假设，认为抄写员歪曲了斯特拉波的原始文本，最初并不是阿西亚人、帕西安人，而是阿西亚人或阿西安人。这种说法从地域角度看，可以解释得通，因为当时针对同一民族有两种不同叫法。至于斯特拉波笔下的"萨卡拉乌尔人"与特罗古斯提到的"萨拉乌科人"也完全相同。通过对这两个名称进行比较，许多语言学家在引用其他参考文献时，认为正确的名称是"萨卡拉乌克"（сакараук），来自重构词"萨卡拉瓦卡"（сакаравака），意为"快速移动的塞人"。

斯特拉波	庞培·特罗古斯
阿西亚人（асии）	阿西亚人（асии）
帕西安人（пасианы）	阿西安人（асианы）
吐火罗人（Тохары）	吐火罗人（Тохары）
萨卡拉乌尔（Сакараулы、сакарауки）	萨拉乌科人（Сарзуки、сакарауки）

接下来让我们看一看中国的史料，其中出现有乌孙、塞王部落和大月氏。"乌孙"这一民族概念在中国中古汉语发音应为"Uosuan"，

而按照古汉语的发音为"Oswn",还常有人表示"乌孙"是阿西亚人的中文名称。其中,伯恩斯塔姆(А. Н. Бернштам)十分赞同这种观点。除了发音相似,它们在来源上也有一定的相似性。据中国史料称,乌孙人击败了月氏人,而根据特罗古斯的说法,阿西亚人(吐火罗斯坦地区的主人)击败了萨拉乌科人。

然而事情可能并非如此简单,资深史学家马克瓦尔特(И. Маркварт)坚决反对这一说法。哈隆曾正确指出,据中国史料称,乌孙人继续留在七河地区和天山一带,且并无史料表明其曾迁往中亚南部,而古希腊学者笔下的阿西亚人显然已经移居到了南部。因此,他认为乌孙人(усуни)等于阿西亚人(асии, асианы)的这一说法存在问题。应当补充的是,著名的加拿大汉学家蒲立本(Э. Пуллейблэнк)认为,从历史语言学角度看,乌孙人不可能等同于阿西亚人。因此,在包括专业文献在内的诸多文献中,我们经常看到的观点"乌孙人等同于阿西亚人"只是一个毫无根据的猜测。

至于塞人(сэ),这个时期的名称听起来应该是"塞克"(сэк)。现今人们普遍认为这是来自古波斯和古希腊的塞人部落(саки)。

"月氏"这一称谓在古代中国如何发音,汉学家对此说法不一。早前人们认为这个称谓的发音为"ngittsie"或"ngiwattia",就像"gotti""gutti""grti"一样,很明显是中国人眼中的一个外国名讳。蒲立本证实,这种理解方式适用于更晚一些的时代,在中国史料最初记载月氏人的时代,其中文称谓来自名称"Ywati"。

这些语言学上的细节意义非凡。根据"月氏"一词的古音,学者们将其与古希腊时期史料所载的各民族进行对比。自19世纪上半叶起,有人认为月氏人就是马萨格泰人(массагеты),苏联学者托尔斯托夫(С. П. Толстов)曾深入研究这一假设的可能性。他以福兰阁(О. Франке)的观点为基础,认为一部分马萨格泰人从亚洲中部游牧至东北部是一个不争的事实,尽管实际上这一推论并没有得到任何证实。托尔斯托夫将"马萨格泰"这个称呼解读为"大格泰"

（велик-ие геты），并且那时人们约定俗成认为"大月氏"在古代的发音为"大格瓦缇"（«гвати»）或"嘎缇"（гати）。托尔斯托夫坚信，月氏人就是马萨格泰人。这一观点是错误的，是未经证实的推论。而且托尔斯托夫由此将他人的解读和假设草率定论为"不客观的伪科学命题"。总之，关于"马萨格泰"一词的准确词源问题尚未有一个明确的定论。

德国学者马克瓦尔特（Karl Joachim Marquardt）以及加拿大的蒲立本（Edwin George Pulleyblank）等学者均认为，汉语的月氏（Ywa-ti）的古音很可能对应的是希腊语的"亚季"部落（яти）的名称，托勒密（Птолемей）也曾将亚季和吐火罗等同。

关于吐火罗人，学者们时常会将吐火罗（тохар）与大宛（Давань）这两个名称进行比较。大宛的汉语古音应为"da-iwan"，这个发音可能对应的是当地名称"Taxwar"（吐火罗）。在历史文献中能够找到大宛国就是费尔干纳的依据，因此没有任何理由去否定这一说法。无论是前人或是现代学者，想要把大宛往帕米尔高原和塔里木盆地方向"迁移"，其说法完全没有说服力。

另一方面，在公元4世纪及后来的文献中，学者们将"月氏"一词始终翻译为"吐火罗"，这进一步肯定了吐火罗人与月氏人之间的联系。

有一种观点认为：月氏人（和吐火罗人）与部分塔里木盆地的人有关联，列里赫（Ю. Н. Рерих）、伊万诺夫（В. В. Иванов）等苏联学者尤其倾向于此。这一观点的依据是，中世纪流传下来的手稿用两种语言（或方言）书写，均被称为"吐火罗语"。这些语言虽然都属印欧语系，但与印度语和伊朗语没有任何共同之处。

日本历史学家榎一雄（K. Еноки）曾试图通过以下方式解决这一难题。他发现古希腊和中国史料描述的不是同一个史实，而是征服巴克特里亚的前后两个阶段——古希腊史料描述了早期事件，中国史料则是后期事件。因此，没有必要将月氏与古希腊史料中列出的任何一个民族相比较。至于月氏，榎一雄同样认为他们是斯基泰人。他认为，巴泽雷克遗址①（пазырыкская культура）也是月氏国的一部分。"我认为，公元前3世纪的月氏国在领土和国力上与公元6—7世纪的突厥人非常相似，所谓的月氏移民并不是一群人从一个地方迁移到另一个地方，而是月氏国东部和北部国境的扩张。"应当指出，蒲立本对"月氏人等于斯基泰人"这一语言学假设持批判态度，这一假想的其他方面也经不起推敲。

中国、匈奴、月氏这三方关系对巴克特里亚王国瓦解起到了怎样的作用？托尔斯托夫（С. П. Толстов）将这一假设同自己的理论进行比较，"……总体而言，蛮族征服巴克特里亚王国这一事件被描述成咸海流域部落向南迁移，远离其长期的敌人。"我们认为，正是由于这些远离中亚领土事件的发生，才真正导致了大批游牧部落——月氏人进入中亚北部地区，进而吸引了更多的中亚游牧部落和人民加入这种大迁徙，由此引发了一系列的连锁反应。正是由于"反应堆达到临界质量"，连锁反应的强度才会如此之大。

三 征服巴克特里亚王国

公元前206年，在月氏人入侵中亚之前的几十年里，许多游牧民族已经来到巴克特里亚王国的边界地区，由于国力不断削弱，导致北部领土面积不断缩小。由于月氏到来引起了大规模迁移，对巴克特里亚王国更加猛烈的攻击随即开始。这个进程实际上如何进行，我们无从得知。其中一个可行方案如下：（与其他方案一样，该方案也存在很多漏洞）被月氏赶走的塞人沿着山路穿过塔里木盆地和帕米尔地区，到达印度东北部。坐落在锡尔河中游的萨卡拉乌科部落占领了粟特，再从粟特到达梅尔夫绿洲（Мервский оазис），并向南迁徙到塞

---

① 巴泽雷克遗址（пазырыкская культура, The Pazyryk culture）系公元前5—公元前3世纪的遗址，位于阿尔泰山区的乌拉干河谷的巴泽雷克高地上，1865年被发现。——译者注

人斯坦（Сакастан，意思是塞人的居住地，今日的锡斯坦）和印度西北部。此外，从费尔干纳边境及七河地区大批部落以及来自咸海流域的部分游牧民族，向南迁徙到达巴克特里亚。

早在公元前128年，中国使臣张骞就已指出，月氏人占领了大夏（即巴克特里亚）；但是，当时月氏的大本营仍位于阿姆河以北，显然，巴克特里亚地区的统治者最初承认他们向月氏国臣服。随着月氏军队向南挺进，月氏政权得以确立。

显然，纳拉因（A. K. Нарайн）的说法是正确的。他曾写道：巴克特里亚王国曾在不同的时期、不同的方向遭到不同部族的袭击，最终导致王国衰落。公元前2世纪末至公元前1世纪上半叶，巴克特里亚王国的最后一份领地被占领和撤销。因此可以说，与帕提亚王国不同的是，正是游牧民族的袭击才导致巴克特里亚王国的彻底瓦解。

第二节　公元前2—公元前1世纪的中亚

一　巴克特里亚和粟特

月氏占领巴克特里亚导致其继续支离破碎。起初，每一座大规模的城市都有巴克特里亚王国遗留下的统治者。但中国史料记载，月氏有五大诸侯部落，迁徙至大夏（巴克特里亚）后，"月氏族领土……被分为五大翕侯。"[①] 这些文字表明，同后期到达中亚的游牧民族一样，领土划分符合部落原则。

这些部落首领都有封号，中国人称其为"翕侯"（古音为 heap-

---

① 《汉书·西域传》记载：大夏本无大君长，城邑往往置小长，民弱畏战，故月氏徙来，皆臣畜之，共禀汉使者。有五翕侯：一曰休密翕侯，治和墨城，去都护二千八百四十一里，去阳关七千八百二里；二曰双靡翕侯，治双靡城，去都护三千七百四十一里，去阳关七千七百八十二里；三曰贵霜翕侯，治护澡城，去都护五千九百四十里，去阳关七千九百八十二里；四曰肸顿翕侯，治薄茅城，去都护五千九百六十二里，去阳关八千二百里；五曰高附翕侯，治高附城，去都护六千四十一里，去阳关九千二百八十三里。凡五翕侯，皆属大月氏。——译者注

goh）。几乎可以肯定的是，这个封号后来以"yavyga"的形式出现在贵霜货币上，之后又以"亚布古"（ябгу，叶护）的形式出现在突厥语中。贝利（Г. Бэйли）指出，这个封号源于伊朗语，其原意应为"首领"。

我们并不清楚公元前2—公元前1世纪实际发生的事情，目前掌握的唯一资料是从钱币研究和考古中获得。也许，在巴克特里亚王国覆灭后，以巴克特里亚国王欧克拉提德（Евкратид）命名的奥波勒斯小银币①依旧流通。通过研究塔吉克斯坦南部发现的货币可知，这些钱币在月氏时期铸造，即公元前2—公元前1世纪末，而且月氏人也复制奥波勒斯币，但铭文略有倾斜。据推测，当时发行了好几批类似的钱币（出土于吉萨尔和卡巴迪安地区）。

参照巴克特里亚最后一任国王赫利奥克勒斯（Гелиокл）钱币而发行的铸币也非常重要，其中几枚非常接近赫利奥克勒斯钱币，另几枚上则出现了赫利奥克勒斯钱币上没有的马。有马的钱币出现时期较晚，这可能是预示发生了某种政治变革，抑或是体现了公元前1世纪王权的巩固。这些钱币发现于苏尔汉河河谷和吉萨尔山谷中，在塔吉克斯坦的法尔霍尔（Фархор，Пархар）地区也发现了这种钱币。

粟特继续模仿巴克特里亚王国的方式铸造钱币，但参照的是欧西德莫斯德拉克马银币（тетрадрахмы Евтидема）样本。这些钱币中有一些最接近于原始样本，铸造和流通的时间可能与巴克特里亚王国后期相吻合，当时粟特可能已经摆脱了巴克特里亚王国的统治。其他钱币与样本相去甚远，可能铸造于巴克特里亚王国覆灭以后，这些钱币显然与布哈拉绿洲有关。

此外，其他钱币也曾在粟特流通（部分在巴克特里亚流通）。有一种在背面绘有弓箭手的钱币，根据解读希腊铭文可知，这是塞琉古国王安条克的名字，但钱币正面却不是他，而是一位当地首领。这些

---

① 奥波勒斯（obol, obolos, обол），古希腊一种小银币，6个奥波勒斯等于1个德拉克马。在希腊神话中，有人死了，要在死者口中放一枚奥波勒斯，付给卡戎（冥王的船夫）作为把死者渡过冥河的酬劳，未付款的死者，将被迫在河岸游荡百年。——译者注

钱币出土于撒马尔罕附近的塔利巴尔祖（Тали Барзу）和彭吉肯特（Пенджикент）。

考古学家们还发现了很多带有"吉尔科德"（Гиркод）这个名字的钱币，有些带有希腊铭文，有些带有粟特铭文。吉尔什曼（Р. Гиршман）建议按照如下方式解读钱币上的希腊铭文："吉尔科德的（钱币），萨卡劳克（сакараук）的阿尔塔德尔（Ардетр）（之子）。"吉尔什曼曾在粟特传说中看到过"阿尔塔德尔（或阿拉塔德尔）"和"萨卡拉格"（сакараг）等词，因此他认为，萨卡劳克人占领了粟特并定居于此，得益于这一地区富饶的资源，萨卡劳克人日益强大。不过，这个解读的合理性让人怀疑。

在卡菲尔尼甘河下游（别什肯特谷地）和巴比绍夫（Бабышов）（位于阿姆河右岸，介于塔什拉巴特和穆克拉车站之间），有许多大型的游牧部落墓穴被发掘。它们位于半沙漠绿洲之中，距离农耕绿洲有一段距离，但靠近水源。由于墓穴位于灌溉土地以外，因此，这些游牧部落似乎在绿洲上占据着主导地位。另外，墓地位于阿姆河的渡口附近，说明游牧部落在移居至巴克特里亚北部地区时，很多人转变为半游牧的生活方式。

在卡菲尔尼甘河谷的墓葬出土中，我们发现了大量武器（箭头、匕首等）和装饰物（包括黄金、陶瓷等）。毫无疑问，这些物品当中有一些是从外来的或定居部落那里获得，如常见的巴克特里亚陶器等。这表明，在与定居部落的文化互动过程中，巴克特里亚文化中的许多元素迅速而广泛地进入游牧部落的生活。出土文物表明，按人类学类型分，外来移民与中亚北部地区的居民非常接近。例如，七河流域和咸海流域的塞人同乌孙人都具有明显的蒙古人种的人类学特征。当然，也不排除利特文斯基（Б. А. Литвинский）的推测，即"这些遗物可能并不属于外来人口，而是属于巴克特里亚的游牧民族"。

粟特地区也有一些外来游牧部落的墓穴，包括库尤马扎尔墓葬（Куюмазарский могильник）、里亚万达克墓葬（Лявандакский могильник)。这些墓葬的历史文化功能与巴克特里亚墓葬十分接近，说明来到粟特的外来游牧部落接受了当地的定居文化。

二 费尔干纳古国——大宛国

中国史料中详细地记载了公元前2—公元前1世纪存在的一个辽阔、富饶、人口稠密的国家——大宛国。绝大多数俄罗斯及国外学者认为，大宛国位于费尔干纳。如何解释"大宛"这个名称的由来，是一个难题。"大宛"与"费尔干纳"完全不同，史料文献中，这个词首次出现于公元前3世纪，之后在公元5世纪出现了"拔汗"（Бохань）和"波洛纳"（Полона）这两个名称，对应着古时的大宛国。显而易见，波洛纳是"费尔干纳"一词的汉语拼法。至于"大宛"，一种可能的解释是，这是中国人对一个与吐火罗（Taxwar）有关的国家的称呼[①]。

据公元前2世纪末的中国史料记载，费尔干纳人口30万。当时并没有进行精确的人口普查，也没有制定出近似估计人口的方法，因此这个数字仅仅是使者的印象，并不是一个准确的结果。大宛国有许多城市和大型居民点（据文献记载共70座），主要城邦是贰师城（Эрши）。

据称，"此地居民的眼窝深陷，胡须浓密，善于贸易……尊重女性。妻子怎么说，丈夫就怎么做"。

大宛国被描述为一个农业高度发达的国家，这里有很多大型葡萄园，盛产可储藏几十年的葡萄酒，种有苜蓿。

费尔干纳宝马十分有名，其中最著名的非汗血马莫属，成为各邻国贵族渴求的骑行马匹，中国人尤其珍爱那些"出汗如血"的费尔干纳马，将其视为天马，认为骑着它们可以到达"永生之地"。汉武

---

① 有学者认为中国史料中的大宛名称可能是亚历山大大帝来到费尔干纳边境后，因殖民于此地的希腊人后裔而取名，名称上"宛"（yuān）很可能是从巴利语的耶婆那（Yavana）转译而来。耶槃那或耶婆那（Yavana）是古印度人对伊奥尼亚（Ionians）的音译，用来称呼进入印度的希腊人，或希腊在印度旁遮普地区建立的一系列希腊化国家，如巴克特里亚王国、印度—希腊王国。——译者注

帝曾狂热地寻找永生之法，所以特别渴望得到汗血宝马，故此，汗血马在中国成为受崇对象，甚至中国诗人都曾为其赋诗颂歌。实际上，这些马匹并非称颂的那样流着血一样的汗，而是被寄生虫叮咬皮肤造成的。

三　北方地区及部族

在艰难时刻向费尔干纳人伸出援手的国家之一是康居（Кангюй，古音为 kha kiah）。史料详细记载了有关康居国的信息，一方面，康居同大宛（即费尔干纳）接壤，显然，这是康居的东南边界，康居南部与月氏接壤，康居的西北部领土延伸到奄蔡（Яньцай）。奄蔡是咸海地区的萨尔马特—阿兰部落（сармато-аланские племена），当时臣属于康居。

康居是谁？他们广袤领土的中心在哪里？托尔斯托夫（С. П. Толстова）认为康居就是花剌子模，这个观点在苏联史学界非常流行，长期以来受到学者们普遍承认。但如果仔细研究史料，就会发现这个观点与很多史实不符。

康居人的夏季牧场很可能位于锡尔河沿岸，而康居国王的宫殿位于塔什干地区，因此，康居的中心位于锡尔河中游。这样就可以理解，为什么费尔干纳与周边国家发生战争时，康居人可以前来帮助费尔干纳人，而花剌子模则位于康居管辖的外围偏远之地。

有关康居人的种属，学界说法不一，其中一种观点认为，康居人是突厥人；还有观点认为，康居语属吐火罗语族。更有可能，他们是操伊朗语的锡尔河流域塞人的后裔。

有文献称康居人为游牧民族，还有文献称康居人的习俗与奄蔡人十分相似。但"奄蔡人生活在泥墙内"，的确，康居国境内确实曾存在许多定居点。

据史书记载，康居国力团结强盛，最鼎盛时期可追溯到公元前1世纪，当时有12万士兵。康居奉行独立外交政策，并协助邻国同外族侵略者作战。在和平时期，康居曾向汉朝使臣明确地表现出锱铢必较，贪财逐利，汉使失望道："康居人……傲慢无礼。"①

康居后期的历史少有人知。公元270年，康居派使臣前往中亚以外国家。后来，强盛的康居逐渐衰败，最终并入嚈哒国家（Эфталитское государство）。

锡尔河中部的考古研究表明，那里有许多墓葬和居民点，格里高利耶夫（Г. В. Григорьев）最初研究的居民点是位于塔什干州扬吉尤利（Янги－Юля）附近的考恩奇遗址（поселение Каунчи）。朱恩墓葬（Джунский могильник）②也在附近。考古学家将公元前最后几个世纪到公元后前几个世纪的锡尔河中部地区的文化称为"考恩奇—朱恩文化"（каунчинско－джунская культура），该文化区域随后不断扩大到卡拉马扎尔山脉（Карамазарские горы）和撒马尔罕地区，这个文化就是康居文化，起源于当地。根据考古材料，康居人的信仰中有对赫瓦雷纳神（Xvarnah，Khvarenah，Фарн）的信奉，赫瓦雷纳神是琐罗亚斯德教万神殿供奉的一位神，是统治者的保护神和守护神，也是房屋、家庭、健康的守护神。这位神的特别之处在于它的公羊形象。这就是为什么康居人将其容器手柄做成公羊形状（塔吉克人的容器至今保留这一形象）。

乌孙是中亚东北部和中国西北地区的一支大型游牧部落。据传说，乌孙人最初居住在蒙古，然后向西移居。乌孙首领的尊号是"昆莫"（куньмо，即部落之王）。传说乌孙人曾居住在蒙古，首领是

---

① 《汉书》之"西域传上"记载：至成帝时，康居遣子侍汉，贡献，然自以绝远，独骄嫚，不肯与诸国相望。都护郭舜数上言："本匈奴盛时，非以兼有乌孙、康居故也；及其称臣妾，非以失二国也。汉虽皆受其质子，然三国内相输遗，交通如故，亦相候司，见便则发；合不能相亲信，离不能相臣役。以今言之，结配乌孙竟未有益，反为中国生事。然乌孙既结在前，今与匈奴俱称臣，义不可距。而康居骄黠，讫不肯拜使者。都护吏至其国，坐之乌孙诸使下，王及贵人先饮食已，乃饮啖都护吏，故为无所省以夸旁国。以此度之，何故遣子入侍？其欲贾市为好，辞之诈也。匈奴百蛮大国，今事汉甚备，闻康居不拜，且使单于有自下之意，宜归其侍子，绝勿复使，以章汉家不通无礼之国。敦煌、酒泉小郡及南道八国，给使者往来人、马、驴、橐驼食，皆苦之。空罢耗所过，送迎骄黠绝远之国，非至计也。"汉为其新通，重致远人。终羁縻而未绝。——译者注

② 朱恩运河位于今日乌兹别克斯坦的塔什干市和塔什干州。该运河原系奇尔奇克河的一个支流，经改造后成为塔什干地区的一条重要运河。运河两岸发现一些定居点和公元4—5世纪的墓葬。——译者注

难兜靡（Нань-доу-ми）。后来，乌孙遭到月氏部落攻击，难兜靡被杀，乌孙被迫迁移到匈奴领地，希望匈奴人保护他们（另一种说法是匈奴人杀死了乌孙首领）。难兜靡被杀时，他的儿子猎骄靡刚刚出生，其傅父①将其包裹好，放置在草地上后，本人前去寻找食物，回来时看到母狼在用母乳喂养他，而乌鸦在其上方盘旋，喙中还衔着肉。傅父将他抱在怀里，认为他是神明的化身，于是带他去见匈奴。匈奴单于十分喜爱他，将其抚养长大。猎骄靡长大后，匈奴单于将其父的百姓归还于他，并派他去领导军队。最终，猎骄靡战胜并击退了向西进攻的月氏人，终于为父报了仇。

据史料记载："乌孙人既不务农，也不种树，他们寻找水草丰富的地方，随牲畜一同迁移。"中国史料认为，公元前1世纪，乌孙人的数量已超过60万，是中亚最强的民族之一。

乌孙贵族作用显著。他们的财富巨大：有大量牲畜，光马就有四五千匹。乌孙首领的子嗣们成年后会得到一块封地，但在决定国家事务时，首领昆莫并不专制。新的昆莫产生由"长老会"决定。

中国使臣董琬②的记述是目前可以找到的有关乌孙人的最后信息。他于公元435年出使乌孙都城赤谷。那时，在阿瓦尔人（авар）的强烈攻势下，乌孙人最终失去了政治独立。

考古学家们在天山和七河流域发现了不少乌孙人的墓葬。发掘过

---

① 傅父系古代保育、辅导贵族子女的老年男子。翖（xī，古同"翕"）侯是官位。布就是人名。《汉书》"张骞李广利传"记载：天子数问骞大夏之属。骞既失侯，因曰："臣居匈奴中，闻乌孙王号昆莫。昆莫父难兜靡本与大月氏俱在祁连、焞煌间，小国也。大月氏攻杀难兜靡，夺其地，人民亡走匈奴。子昆莫新生，傅父布就翖侯抱亡置草中，为求食，还，见狼乳之，又乌衔肉翔其旁，以为神，遂持归匈奴，单于爱养之。及壮，以其父民众与昆莫，使将兵，数有功。时，月氏已为匈奴所破，西击塞王。塞王南走远徙，月氏居其地。昆莫既健，自请单于报父怨，遂西攻破大月氏。大月氏复西走，徙大夏地。昆莫略其众，因留居，兵稍强，会单于死，不肯复朝事匈奴。匈奴遣兵击之，不胜，益以为神而远之。今单于新困于汉，而昆莫地空。蛮夷恋故地，又贪汉物，诚以此时厚赂乌孙，招以东居故地，汉遣公主为夫人，结昆弟，其势宜听，则是断匈奴右臂也。既连乌孙，自其西大夏之属皆可招来而为外臣。"天子以为然，拜骞为中郎将，将三百人，马各二匹，牛羊以万数，赍金币帛直数千钜万，多持节副使，道可便遣之旁国。骞既至乌孙，致赐谕指，未能得其决。语在西域传。骞即分遣副使使大宛、康居、月氏、大夏。乌孙发译道送骞，与乌孙使数十人，马数十匹，报谢，因令窥汉，知其广大。——译者注

② 北魏时人。于太武帝太延三年（公元437年）被派和高明等出使西域，曾远至乌孙、破洛那（即大宛改称）、者舌（故址在今苏联乌兹别克东部塔什干一带）诸国，并同附近十六国建立友好关系。董琬等归国后曾对当时西域的地理和交通提出详细报告，见《北史·西域列传》。——译者注

程中获得的材料能够帮助我们明晰乌孙人的历史和文化。需要指出的是，我们不应过于字面地理解史料所记载的乌孙人自东方迁徙的信息。事实应该是，历史上被称为"乌孙"的部落联盟，其中只有一个小部落迁徙到中亚，大部分则在当地逐渐与塞人融合。

乌孙人不仅放牧，还从事手工艺品制作和农耕。可以认为，乌孙人像塞人一样，曾占据着今日中国新疆绝大部分地区。

四　帕提亚王国

米特里达梯二世（Митридат Ⅱ）统治时期，帕提亚王国的实力大大增强，米特里达梯二世去世后（公元前88年或公元前87年），帕提亚开始不断遭受挫败。此时，罗马正奉行东扩政策，帕提亚和罗马都承认两国边界是幼发拉底河，但罗马人的侵略行动不可避免地导致他们与帕提亚人发生冲突，帕提亚人也无法和平地坐以待毙。双方的冲突最初发生在公元前65年，以罗马人获得全面胜利而告终。

公元前54年，罗马开始为进攻帕提亚王国做大规模战争准备，罗马军队由著名的指挥官克拉苏（Красс）指挥，但他并不了解战区情况，也不熟悉帕提亚王国战术。当时，帕提亚国王奥罗德二世（Ород Ⅱ，约公元前58—公元前39年在位）带领军队攻占了亚美尼亚，并在那里等待克拉苏部队出现。克拉苏穿过平原向美索不达米亚前进，他并未意识到帕提亚骑兵是平原上最危险的兵种。罗马军队越过幼发拉底河，在帕提亚人的引诱下，向沙漠深处行进了三四天。帕提亚王国的指挥官苏列纳（Сурена）早就做好了充分准备，除去普通的骑兵队，他还部署了1000名盔甲骑兵，并提前准备了大量弓箭。

公元前53年5月9日，帕提亚人在卡莱城近郊迎战入侵的罗马人。战斗前，帕提亚战鼓声轰隆响起，古罗马作家普鲁塔克（Плутарх）写道，"帕提亚人用这些声音吓住了罗马人，帕提亚人突然扯下铠甲上的覆盖物，他们就像熊熊火焰一样出现在罗马人面前，身穿由马尔吉亚纳的铁制成的头盔和铠甲，鲜艳夺目，熠熠生辉，而战马则披挂黄铜和铁制铠甲。统帅苏列纳本人站在队伍前列，他身材高大，是所有人中最英武的……帕提亚士兵呈分散队形，几乎不用瞄准目标便开始从四面八方射箭（因为罗马士兵站位十分拥挤，非常容易射中），一支支锐利有力的箭矢从绷紧的大弓上射出，对于罗马人来说，这无疑是灾难性的进攻……"

此时，克拉苏命令罗马军队中最勇猛的将士投入战斗。他命令自己的儿子带领军队还击，帕提亚人开始撤退，在追赶帕提亚人时，罗马军队追得过远，反被帕提亚军队包围起来消灭。夜晚，罗马军队拼命撤退，但这未能够挽救他们，最后，几乎所有罗马士兵都被杀或被俘，克拉苏战死，他的头颅被作为战利品交给奥罗德二世。

据某些史料称，被俘虏的罗马人被安置在梅尔夫地区。据贺拉斯（Quintus Horatius Flaccus）记载，罗马军团的士兵在这里安家，并在帕提亚军队服役，还有一些人去了东北方向的七河流域地区。有一份尼萨文书记载，塔格玛首领送来葡萄酒，并提及他们的名字（帕提亚人）。塔格玛（Тагма）是希腊语词汇，在罗马时代意思是"军团"。

季亚科诺夫（И. М. Дьяконов）、利夫希茨（В. А. Лившиц）认为，从这份尼萨文书中可知，酿造该葡萄酒的葡萄由罗马军团在帕提亚东部地区种植。这个猜想非常巧妙，但也不是毫无争议。在罗马人与帕提亚人的交往过程中，一些罗马词汇有可能渗透到帕提亚语中。"塔格玛"也可能是借用希腊语，该词在希腊语中的意思是部队、军队。

公元前40年帕科罗斯（Пакóр I）统治时期，帕提亚人甚至占领了叙利亚和巴勒斯坦，甚至小亚细亚都受其管辖。尽管罗马人很快又重新占据了这些地区，但重要的是，在公元前1世纪，帕提亚人是罗马人最强大的对手，帕提亚军队曾多次击败罗马军团。

第三节 贵霜王国

一 贵霜王国初期

在巴克特里亚和粟特常见的钱币中，有一组钱币的正面是一个戴着王冠的男人头像，背面是骑马的国王，胜利女神尼姬从背后飞向他。在同一面上，有一组由四个词组成的希腊语铭文，第一个词是希腊单词"暴君"的派生词，意思是"统治"，在当时，这个词可能意味着臣属于统治者（但不是最高的统治者）。接下来是统治者的名字"赫拉欧斯"（Герай），这是通常的发音，但不排除有其他读法。第三个词是一个名字或封号，其含义仍不清楚。第四个词是希腊字母写的"贵霜"一词。正如研究这些钱币的著名钱币学家佐格拉夫（А. Н. Зограф）所说，这些钱币延续了欧克拉提德钱币的类型，并且可以追溯到公元前 1 世纪中叶。

尽管我们没能在书面史料中找到任何有关钱币上的"统治者赫拉欧斯"的身份信息，但钱币上的最后一个单词"贵霜"似乎为这位统治者的归属提供了一些启示。中国的编年史中有一个故事，讲述了月氏人迁居至大夏（巴克特里亚），然后划分为五块领地，其中一块领地被称为贵霜（Гуйшуан）。据《后汉书》"西域传"记载："初，月氏为匈奴所灭，遂迁于大夏，分其国为休密、双靡、贵霜、肸顿、都密，凡五部翕侯。后百余岁，贵霜翕侯丘就却（Киоцзюкю）攻灭四翕侯，自立为王，国号贵霜王。侵安息，取高附地。又灭濮达、罽宾，悉有其国。丘就却年八十余死，子阎膏珍代为王。复灭天竺，置将一人监领之。月氏自此之后，最为富盛，诸国称之皆曰贵霜王。汉本其故号，言大月氏云。"

从钱币上的铭文我们得知，"贵霜"（更准确地说是 kiwei – sian）

是汉语发音，因此，赫拉欧斯可能是贵霜王朝开始走向强大阶段时的第一位统治者，也可能是钱币中提到的贵霜国王丘就却的先人（父亲或祖父）。

贵霜钱币在中亚、阿富汗和印度也有大量发现。这些钱币是贵霜历史的最重要研究材料。此外，印有贵霜国王姓名的印度铭文也十分重要。关于贵霜国王的记载不仅保存在中国史料中，还保存在印度和中国西藏的历史资料中，这些资料过于零散、难以相互比较且相互矛盾。

二 贵霜年表问题

研究贵霜的断代问题仍然是个难题，学者们对此讨论了近百年。在印度和巴基斯坦发现的刻有贵霜统治者姓名的铭文似乎应是贵霜年表的起点，这些铭文中大多带有日期，但未指出它们的纪事元年，并不排除铭文上同时使用两个及以上纪事元年。众所周知，印度同时有多种历法：以佛陀涅槃为始的佛历、维克拉姆历（公元前57年为元年）、塞人历法（公元78年为元年）。据学者推测，古印度历史的编年纪事可能是以异邦纪元为参考，如塞琉古纪元、帕提亚纪元等。另外也有学者建议，贵霜王国的历史可以从其他时间开始计算，例如从月氏人进攻巴克特里亚开始、从某些统治者登基开始等。

还有一个难点在于，古印度有这样一种习惯：不标记年代的百位或千位数，而仅标记十位或个位。迦腻色伽（Канишка）是最著名的贵霜国王。1874年英国学者托马斯（Э. Томас）建议将迦腻色伽统治时代的元年与塞琉古元年（即公元前312年）联系起来考虑。但在与迦腻色伽相关的铭文中，缺乏百位数字，即百位数上没有"3"这个数字。由此，托马斯结合最新发现的铭文，将迦腻色伽时代的起始时间最后定在公元前9年。有关迦腻色伽的断代问题，印度最著名的考古和钱币学家康宁盖姆（А. Каннингэм）在维克拉姆纪元、塞琉古纪元等纪元之间摇摆不定。弗格森（Д. Фергюссон）于1884年提出了这样一个假设，即迦腻色伽统治始于塞人纪元——公元78年。康宁盖姆随后接受了这一想法。此后，这个日期在文献中到处出现，在研究和田塞语方面最具权威的古文字研究学者科诺夫（С. Конов）认真研究了这一问题的所有资料，但却无法得出同样的结论。他将公元128年、129年、130年、134年和138年称为迦腻色伽王朝的起点，利用铭文中的天文数据，试图在天文学家的帮助下找到精确日期，但仍未能得出最终的明确结论。最后他表示，迦腻色伽王朝始于公元200年前后。像这样既摇摆不定又想寻求问题答案的研究人员很多，可见问题的复杂性。除上述日期外，学者们还提出了许多其他建议，如吉尔什曼（Р. Гиршман）提出公元144年的说法。

1902年，印度学者班达伽（Д. Р. Бхандаркар）以印度史以及与贵霜有关的印度铭文为基础分析了贵霜历史，得出了听上去很荒谬的结论。在他看来（其观点反映了当时的科学水平），贵霜君主的先后顺序为：库如拉·卡德菲兹（Кадфиз Куджула，即中文文献中的丘就却）、卡拉·卡德菲兹（Кара Кадфиз）、无名王（Безымянный царь）、威玛·卡德菲兹（Вима Кадфиз）。在班季塔尔铭文（Панджтар，白沙瓦附近）中，记录着一个不知名字的贵霜国王，时间是未知纪元的123年。班达伽将此人与丘就却联系到一起，认为丘就却早在三年前，即未知纪元的120年就已开始统治。班达伽将上述四位君王每人的任期均分为20年，合计80年，威玛·卡德菲兹的统治应在未知纪元的第200年结束。铭文中带有迦腻色伽、胡毗色伽、韦苏提婆名字的时间大约是未知纪元的5—98年。班达伽认为，这些历史日期使用同一纪事元年，但遗漏了百位的数字，也就是说，这些国王的统治始于未知纪元的205年，结束于298年。他提议采用塞人纪元（即公元78年）作为这些历史叙事的纪事元年，由此，未知纪元的205年就是公元283年，也是迦腻色伽统治的元年。班达伽还试图证明，正是采用这种编年纪事，贵霜历史才能明显地"嵌入"印度历史架构。

班达伽观点的不足之处显而易见，不仅列出的君主名单有错误，而且揣测每个国王都统治了 20 年也过于随意（根据中国相关史料记载，丘就却的统治时期就可能比这长得多）。

在已知的铭文中，涉及的时间从未知纪元的 200—299 年都有，在 187 年（或 184 年）的铭文中提到了威玛·卡德菲兹①。根据钱币学资料，迦腻色伽在卡德菲兹之后称王。在带有迦腻色伽名字的铭文中，第一年的时间不详，然后是第 2 年，依次排到第 23 年，婆湿色伽是 24—28 年，胡毗色伽是 28—60 年；迦腻色伽二世是 41 年；韦苏提婆是 64 年或 67—98 年。现存关键问题在于，迦腻色伽和后来君主的铭文篆写者究竟使用的是什么纪事元年。

贵霜纪年问题的首席专家之一，荷兰教授罗赫维森（Лохвизен де Леев）仔细研究了所有相关材料后得出结论："凭借现有知识水平，应当承认，迦腻色伽王朝的起始元年要么与格里高利历的公元元年一致，要么晚 200 年。"从纪元的"协调性"出发，她将公元前 129 年定为铭文纪事的开局之年，这样迦腻色伽的统治时间便始于公元 78 年。另外一些学者也依据各种资料，赞成将公元 78 年作为迦腻色伽统治的开端之年的观点。

巴基斯坦学者达尼（А. Дани）精密分析古文字后，认为古文字能够证明这些纪元的"协调性"是合理的。尽管目前对印度的古文字研究并不是很透彻，但达尼的观点非常重要，可以用它来确定一段历史，哪怕只有十年。

当然，还存在其他的断代观点，例如，将迦腻色伽统治元年确定为公元 103 年（纳拉因 Нарайн）、公元 128 年或 129 年（马歇尔 Д. Маршалл）、公元 144 年（吉尔什曼 Р. Гиршман）、约公元 200 年

---

① Sircar D. C. 认为，无法确定铭文中的名字是否与国王名字相符，名字可能并不是威玛·卡德菲兹，而是贵霜的地方长官。——译者注

（科诺夫 С. Конов）、公元 235 年或 236 年（戈布尔 R. Göbl）、公元 248 年（马宗达 P. Маджумдар）等。

苏联学者泽伊马利（Е. В. Зеймаль）除了研究在印度和巴基斯坦发现的铭文，还研究钱币学资料。经过详细论证后，他表示支持班达伽的观点，即所有贵霜统治者的纪事元年都可能更晚。泽伊马利根据班达伽的想法，将纪事年表方案修改如下（方括号中恢复了碑文中缺少的百位数字）

统治者姓名	铭文年份	公元年份
丘就却　Куджула Кадфиз	约 100—160	178—238
威玛·卡德菲兹　Вима Кадфиз	» 160—200	238—278
迦腻色伽一世　Канишка Ⅰ	» [2] 00—[2] 23	278—301
婆湿色伽　Васишка	[2] 24—[2] 28	302—305
胡毗色伽　Хувишка	[2] 28—[2] 60	306—338
迦腻色伽二世　Канишка Ⅱ	[2] 41	319
韦苏提婆　Васудева	[2] 64—[2] 98	342—376

不难看出，泽伊马利是采用了班达伽的假设，确定了丘就却王国的纪事元年。至于将丘就却统治的结束时间定在未知纪元的第 160 年，主要原因是史料关于他在世时间的记载对确定这个时间影响较大。

确定威玛·卡德菲兹的统治年代，唯一的证据是铭文上记载的 184 年或 187 年。将他的统治起始时间定于 160 年，这与其前任国王丘就却统治的时间上限有关（纯属假设）。而将他的统治终止时间定于 200 年，主要考虑从 200 年或 201 年起（即公元 278 年起），迦腻色伽一世登基。这样考虑的原因，仅仅基于班达伽关于贵霜纪年的"协调性"（补全百位的数字后）假设。

因此，尽管班达伽的假设经泽伊马利修改后看起来更加合乎逻辑，还吸收了古文字学的一些证据，但还是无法证明"日期协调性"这个前提假设的合理性。将公元78年（即塞人的纪事元年）作为贵霜年表的起点，依旧是争议很大的问题。

为支持班达伽的假设，泽伊马利提出了另外一些重要论据。他在贵霜钱币的一些特征和细节中，看到了罗马时期的钱币原型，其中，在贵霜胡毗色伽钱币中，他发现了公元3世纪下半叶后期到公元4世纪前十年的罗马钱币的明显特征。鉴于只有当罗马时期的钱币制造发行后，贵霜的钱币才能具备这些特征，因此可以判断，贵霜胡毗色伽时期的钱币只能属于公元4世纪上半叶或更晚的时期。泽伊马利以此为论据，支持将未知纪元认定为公元78年的观点。因为只有这样，胡毗色伽的统治时间才可能是公元306—338年，即78＋228年—78＋260年。泽伊马利的第二个钱币学论据是卢科宁（В. Г. Луконин）提出的贵霜—萨珊古币的时间（依照韦苏提婆及其后人的钱币模型铸造），相应地，贵霜在公元4世纪七八十年代灭亡。这些事件在伊朗、中国和印度的文献史料中也有所记载。

尽管班达伽和泽伊马利的假设引人注目，但这仍然是假设。奥地利钱币学家戈布尔（R. Göbl）分析了相同的钱币资料以支持自己的年表顺序，他结论中的时间日期比上述日期提前了近半个世纪。

贵霜王国幅员辽阔，历史悠久，曾与中国汉朝、波斯萨珊、印度古国有所交集，具有无可争辩的同步性。让我们来举个例子。

根据中国编年史所载，公元230年1月5日，大月氏国王波调派出的使团曾到访中国。沙畹（Э. Шаванн）认为，"波调"（Po‐t'iao）这个名字可能就是"韦苏提婆"（Vasudeva）的汉语表达。不过他认为，这个韦苏提婆与那个在迦腻色伽和胡毗色伽之后登基的贵霜国王韦苏提婆不是同一个人。按照瑞典汉学家高本汉（Klas Bernhard Johannes Karlgren）的观点，韦苏提婆这个名字的发音实际上应该是Pua‐dieu。通常情况下，中文首字母p的发音是p或b，而"韦苏提婆"的首字母发音是v。伯希和（Paul Eugène Pelliot）认为应该换一个思路,将韦苏提婆的读音稍加变通,读作 Bu^-d'ieu,但他对此并不完全肯定。蒲立本(Edwin George Pulleyblank)认为,虽然换一种思路可行,但在此有一个问题,即韦苏提婆是谁?尽管不能完全确定,但韦苏提婆可能就是贵霜王室的常用名,可能很多人都叫"韦苏提婆"。

为了解决这一复杂的问题,除上述所列的材料以外,学者们还反复研究了其他资料,包括珍藏在宝库或从文化层中发掘出来的贵霜古币和罗马古币;印度和中国新疆地区的造币模板;考古发现的贵霜的古币、铭文、艺术品等考古材料;一些解释不清的印度和中国西藏的习俗等。尽管如此,仍不能得到一个明确的解释。

1913 年和 1960 年,伦敦举行了关于迦腻色伽王朝断代的研讨会。1968 年在杜尚别举行的关于贵霜时期的中亚历史、考古学及文化国际会议上,学者们对这一问题进行了详细而深入的探讨,但并未达成共识。

由于材料不足,学术界始终无法从根本上解决有关贵霜王国断代的各种假设。各种观点主张都通过选择不同的论据,经过符合逻辑的论证,证明迦腻色伽统治时期必定在公元 1 世纪下半叶到公元 3 世纪下半叶这个区间内。鉴于此,借助印度的铭文以及中国和西方有关贵霜的历史文献,现代历史学家在研究各个贵霜国王的统治年表时,正如印度学者普里(Б. Н. Пури)所说,"努力将这些统治者们安置在贵霜年表这个漂泊流浪的岛上"。普里本人的专著《贵霜统治下的印度》是非常有益的资料。书中认为,针对解决一系列贵霜历史问题,当前科学尚不具备足够的客观标准。

三 领土侵占

对于中国文献中的贵霜国王丘就却(Киоцзюкю),法国学者伯希和(Paul Eugène Pelliot)认为其古音类似于 K'iaudz'iau kiap,与贵霜古币上说的贵霜国王 Кудзула Кадфиз(库德祖拉·卡德菲兹)

相符。Кудзула（库德祖拉）是中文名字的前两部分"丘就"（Киоцзю），Кадфиз（卡德菲兹）是后半部分"却"（кю）。众所周知，丘就却曾同安息（即帕提亚王国）交战，还征服了高附（今喀布尔）。但据我们了解，高附曾附属于安息，月氏人（贵霜人）是在击败安息以后，才占领了高附。由此可以推断，在此阶段，同贵霜人交锋的并不是帕提亚王国本身，而是臣属于它的、处于半独立状态的帕提亚东部诸部，且贵霜人获得胜利。贵霜后来又打败了濮达。濮达古音为"buok－dat"，马克瓦尔特（Josef Markwart）认为，濮达可能就是帕克季人（пактии）[①]。

罽宾（Гибинь）的问题更为复杂。在地理位置上我们遵循意大利学者伯戴克（Luciano Petech）的观点，认为罽宾国位于印度西北部、犍陀罗（Гандхара）和旁遮普（Пенджаб）西部。因此，在丘就却（即卡德菲兹一世）时期，贵霜王国的版图明显扩张，超越了巴克特里亚王国，占领了诸多地区和民族。

从古币信息中可以了解一些有关丘就却统治时期的贵霜情况。有一组古币，其正面铸有希腊—巴克特里亚晚期的一位国王赫尔墨斯（Гермей）的肖像并带有他名字的铭文，背面是大力神赫拉克勒斯（Геракл）的形象和铭文"丘就却，贵霜的叶护[②]，意志坚定"。一些研究人员，如希尔卡（Dineshchandra Sircar）、西蒙内塔（A. Simonetta）、马松（Вадим Михайлович Массон）等认为，这些古币反映了丘就却在阿富汗中部山区的最初发展情况，当时他被迫承认巴克特里亚国王赫尔墨斯至高无上，因此在联合发行的钱币中，正面是巴克特里亚国王。但还有一种观点认为，这些古币不是丘就却与赫尔墨斯联

[①] 濮达系古代西域国名。沙畹认为濮达就是巴克特里亚（Bactria），今日的巴尔赫（Balkh）。蒲立本认为濮达是俗语 Pnakrit 的对音，即今日巴基斯坦西北部城市贾尔瑟达（Charsada）。马克瓦尔特认为，濮达就是希罗多德笔下的帕克季部落（Πάχτυες）。帕克季部落系希罗多德在描述阿契美尼德王朝与希腊战争时，薛西斯一世的军队中有一些来自东部部落的士兵，其中包括帕克季部落。苏联学者认为，帕克季部落就是普什图人（пактии，паштун，пахтун）。——译者注

[②] 叶护（Ябгу，йабгу，jabɣu，yabgu，yabghu）系突厥语，西域诸部的官名，地位仅次于可汗。一般认为源自中亚地区游牧民族月氏与乌孙的官名"翖侯"。——译者注

合铸造发行的古币，而是丘就却仿制的早期钱币，并对其加以修改，加入自己的名字。塔恩（William Woodthorpe Tarn）认为，这与丘就却一位祖先曾迎娶赫尔墨斯的女儿或妹妹有关，这种带有两个人名字的古币反映了丘就却的继承权。不过，这种联姻关系并未得到证实。其他学者（拉普森、巴霍费尔、纳拉因）也持类似观点。但更合乎逻辑的解释是，丘就却继续铸造赫尔墨斯钱币并加上自己的名字，主要因为这些钱币在当地流通广泛。截至目前，还无法确定这些钱币是在什么情况下铸造的。

通过研究丘就却时期发行的、仅刻他自己名字的钱币可以发现，他的尊号在逐渐发生变化，从叶护（首领）到"伟大的国王"，甚至是"王中之王"。

显然，领土扩张和权力增长让丘就却有了更大野心：在自己几十年的统治时期，丘就却从一个地区的统治者摇身变为一个统治众多地区和民众的君主。

关于丘就却吞并了印度西北部部分领土的事件，除书面文献记载外，当地发现的大量古币也可以证明。仅在塔克西拉古城遗迹（городище Таксила）就发现了 2500 枚丘就却时期的古币。中亚地区发现的丘就却古币数量很少。塔吉克斯坦的沙赫里纳夫、杜尚别、卡巴迪安、霍罗格等地区都发现了这种古币。

丘就却古币仅由黄铜铸造而成。根据泽伊马利的说法，早期的丘就却古币模仿的是赫尔墨斯古币，有一些丘就却古币模仿的是古罗马的早期钱币。

贵霜古币中，还有一大批钱币上虽然没有统治者的姓名，但带有"Basileu Basileuon Soter Megas"（王中之王，伟大的救世主）[①] 的封号字样。中亚发现的这些钱币数量相对较少，在塔吉克斯坦的不同地区

---

① 一般认为是贵霜国王 Vima Takto（或 Vima Taktu）时代的古币，上面的文字是 ΒΑΣΙΛΕΥ ΒΑΣΙΛΕΥΩΝ ΣΩΤΗΡ ΜΕΓΑΣ，即 Basileu Basileuon Soter Megas，意思是"王中之王，伟大的救世主"。Vima Takto 是丘就却的儿子，中国史书上记载为阎膏珍。但阎膏珍究竟是 Vima Takto 还是 Vima Kadphises 存在争议。——译者注

也发现有这种古币。马松（М. Е. Массон）、普加琴科娃（Г. А. Пугаченкова）、纳拉因（А. К. Нарайн）等学者在综合各种观点后认为，这些无名钱币铸造于丘就却时期。这个假设有一定道理，但存在一些钱币学无法解释的问题。西蒙内塔（A. Simonetta）认为，铸造这些钱币的是一位与卡德菲兹二世同期，但被卡德菲兹二世消灭的国王。学界还有这样一种假设，即这些无名钱币由统治时期大体相近的多个统治者铸造。泽伊马利（Е. В. Зеймаль）认为，这些无名古币的最早一批，时间大约与丘就却古币同期，最后一批则于卡德菲兹二世之前或与其同期。还有人认为，钱币上的铭文"Soter Megas"（伟大的救世主）指的不是贵霜王国的最高统治者，其等级要低一些。

中国史料称，接替丘就却（卡德菲兹一世）的是他的儿子阎膏珍（古语音为 Iam‐kau‐'tien）。但根据古币信息分析，接替丘就却的是威玛·卡德菲兹（Вима Кадфиз）。他被冠以"王中之王，世界之主，救世主"的头衔。从铭文和古币资料看，史料记载的关于这位统治者征服印度北部许多地区等内容基本属实。在印度马图拉（Матхура）发现的石像铭文有威玛·卡德菲兹的名字，在拉达克的卡拉泽（Калатс）发现了刻有威玛·卡德菲兹名字和187年（纪元起始不详）字样的铭文。有人认为，卡德菲兹二世占领了整个印度北部地区，包括克什米尔在内（但此信息存疑）。

四 卡德菲兹二世的货币改革

卡德菲兹二世进行了货币体系改革，将金币投入流通使用。通常认为，卡德菲兹二世金币的重量是参照古罗马的"奥里斯金币"（aureus）和"第纳里乌斯银币"（denarius）的重量标准而铸造。贵霜发行的货币包括双第纳尔、第纳尔、半第纳尔、1/4第纳尔四类，1第纳尔重量约为8克。自19世纪末起，学界就开始讨论有关贵霜货币与奥古斯都的罗马金币的重量标准很接近的问题，重量单位都约为8克。鉴于此，国外和俄罗斯的文献基本都认为，卡德菲兹二世的金币重量标准是模仿奥古斯都的古罗马金币重量标准，甚至铸造时间都与奥古斯都时期相近。众所周知，奥古斯都死于公元前14年，而最重的奥古斯都金币在公元前19年就已经铸造。奥古斯都之后的罗马金币重量逐渐减少，公元64年的货币改革后，金币重量单位定为7.3克。荷兰学者德黎乌（J. E. Van Lohuizen Deleeuw）由此得出结论，认为卡德菲兹二世的铸币时间在罗马货币改革之前，即早于公元64年。

然而麦克道威尔（Д. Макдоуэлл）的研究成果表明，贵霜货币的重量问题比乍看起来要复杂得多。首先，罗马是在奥古斯都死后才开始恢复发行较重的金币，直至公元97年。其次，约8克重的金币仅在奥古斯都时期的公元前19年至公元前12年发行，后来就退出了流通市场，公元1世纪上半叶已难觅踪影。当时罗马流通的金币，其重量要小于卡德菲兹二世金币。因此，无论运用哪种纪年方法，都不能将卡德菲兹二世的执政时代归于公元前1世纪末。

麦克道威尔的分析和结论值得我们关注。卡德菲兹二世的货币改革之举绝不是也不可能是简单地仿效罗马货币。无论是在罗马还是在贵霜，此类金币都算是大额，同时因为存在重量差异，两类钱币通常无法互换。但对于做大买卖的商人而言，在国际贸易中应用此类金币，兑换并不难。麦克道威尔认为，罗马和贵霜发行金币的目的不是"在一个地区与其邻近地区同时流通"。

然而，罗马帝国与印度，特别是与贵霜王国曾进行大量的贸易往来，印度曾发现诸多罗马古币，罗马铸币对贵霜铸币产生了很大影响，这都是事实，这一点不能不考虑。由此可以得出结论，即贵霜铸造金币的动机是为了满足其国际贸易需求，其金币的重量标准虽说可能不是直接复制于罗马金币，但确实受到罗马金币的影响。

五　迦腻色伽王朝与贵霜王国的兴盛

贵霜王国最著名的国王是迦腻色伽（俄文 Канишка，英文 Kanishka，巴克特里亚语 κανηþ κι），对这个名字的分析引起了整个学界的热议。贝利（Г. Бэйли）认为，这个名字的第一部分来源于一个词"Кан"（小的、年轻的），整个名字的意思是"最年轻的"或"最小的"。与贝利的观点不同的是，亨宁（В. Б. Хеннинг）研究了"Кан"这个词的词源后，认为它是一个后缀。伊万诺夫（V. Ivanov）认为这个词是一个吐火罗语的后缀，而整个名字则是伊朗语和突厥语的混合体词。

如果说"迦腻色伽"这个名字的含义无法最终确定，那么其统治时间就更难确定。即使再睿智的假设和猜测，没有准确数据支撑都是无稽之谈。学者推测的年限范围很宽泛，从公元78—278年。国内外的一些钱币学家认为，迦腻色伽王朝起始断代应更晚（或相对较晚），但马上就引起了某些学者的强烈批评反对。显然，只有考古新发现才可能最终明确这一问题，否则无法解决。无论是迦腻色伽时代，还是贵霜其他国王统治时期的断代都相差百年。

根据已有资料，迦腻色伽执政时间不少于23年。在他的统治下，贵霜王国的印度领地得到进一步扩大和巩固。旁遮普、克什米尔、信德、北方邦（在贝拿勒斯即瓦拉纳西以东）都在迦腻色伽的统治之下，其首都是布路沙布逻（Purusapura，今巴基斯坦的白沙瓦市）。

迦腻色伽统治下的贵霜领土绝不仅限于印度北部，还包括几乎整个阿富汗、中亚的许多地区和中国新疆部分地区。

玄奘曾道："在迦腻色伽执政之前，他的名号就已传遍邻国，他的军事实力得到了所有人的认可。那些向中国以西的迦腻色伽王朝纳贡的王侯们意识到他的强大，纷纷向其派送质子。"[1]

萨珊王朝国王沙普尔一世公元262年的"琐罗亚斯德教的克尔白"（The Ka'ba-ye Zartosht，即在纳克希鲁斯坦悬崖上刻的铭文）

---

[1] 玄奘：《大唐西域记》卷三之"迦湿弥罗国"记载：揵陀罗国迦腻色迦王，以如来涅槃之后第四百年应期抚运，王风远被，殊俗内附。——译者注

指出，贵霜的版图边界延伸到白沙瓦（？）、渴石（Каша，Кашгар，Кеш，今日的沙赫里萨布兹）、粟特和恰奇（Чач，即石国，今塔什干）等地区。通过研究考古遗迹和古币可以推断，现代塔吉克斯坦（包括帕米尔高原）和乌兹别克斯坦的南部地区以及泽拉夫尚山谷都是迦腻色伽国土的一部分，很可能在其对外扩张时期，费尔干纳也属于或附属于贵霜，锡尔河中游地区也是如此。是否包括花剌子模不清楚。一些文献中经常出现"贵霜的花剌子模"这个说法，但此说法缺乏依据。

至于中国新疆，即使是中国文献也表示，在一段时间内曾是月氏国（贵霜国）的一部分。最初，贵霜人和汉人关系友好，但后来双方发生战事，最终导致公元2世纪初贵霜与疏勒国（今喀什）交好，疏勒国君十分"畏惮"月氏。

由于贵霜年表未定，因此关于贵霜同中国的战争是发生在迦腻色伽时代还是在其祖辈人的时代的问题也无从知晓。印度历史通常将迦腻色伽描述成既拥有新疆的塔里木盆地，又在西部击败帕提亚人。这一切都表明，迦腻色伽不仅设法扩大了国家规模，还一举战胜了诸多邻近大国。

佛教传说将"迦腻色伽"这个名字与佛教紧密地联系在一起。迦腻色伽皈依佛教，成为虔诚的佛教徒。他建造了佛塔、精舍（вихары）等许多佛教建筑，第三届高僧说法大会就是由他筹措举办。

当然，佛教传说中有明显夸大之处，这种习惯在其他文献中也能看到，例如，比鲁尼（Бируни）称，迦腻色伽曾在白沙瓦建造伽蓝"迦腻色伽支提"（Kanik Chaitya）①。

当然，这类传说的背后通常会基于某些事实和倾向。如以下史实

---

① 支提是梵文"caitya"的音译，意为在圣者逝世或火葬之地建造的庙宇或祭坛，一般指礼拜场所。迦腻色伽支提就是为纪念迦腻色伽而建造的佛塔。——译者注

就很有代表性：迦腻色伽的前任贵霜国王威玛·卡德菲兹铸币时，仅刻有一个神像，即印度教湿婆神，然而在迦腻色伽和下任国王胡毗色伽的钱币上，虽然也有湿婆神像，但在已发现的30多种神像中占比很小。这些神像当中有佛陀像并带有"佛陀"及"释迦牟尼佛陀"铭文。

贵霜古币上还出现了包括古希腊神明在内的其他神明。我们还在古币上看到琐罗亚斯德教诸神，如胜利神与风神乌尔斯拉格纳（Вэрэтрагна）、著名的阿娜希塔（Анахита）、太阳神和胜利神密特拉（Митра）、象征财富和王权的法罗（Фappo）等。这些神灵是否反映贵霜万神殿的真实状况，抑或这些神灵的出现完全出于某些政治因素（向庞大的贵霜帝国的各阶层人民呼吁），对此学者们看法不一。

迦腻色伽时期，贵霜古币上的铭文不再使用希腊语，而是开始用巴克特里亚语，其文字是希腊文字的贵霜变体。迦腻色伽的这个创新之举具有十足的生命力：这种铭文不仅应用在贵霜铸币中，此后也有应用。

迦腻色伽统治时期，精神文化领域发生了较大变化。在宗教文化相互包容的背景下，佛教地位逐渐上升，国王本人也笃信佛教。巴克特里亚语的作用逐渐增长，很可能成为官方语言（或其中一种官方语言）。

迦腻色伽时期的铸币类型非常丰富，此外，手工艺和贸易也蓬勃发展，因此，贵霜王国的实力达到顶峰。但与此同时，国家内部的离心力逐渐显现，一些地区的统治者开始搞分裂。在帕提亚王国废墟上发展起来的波斯萨珊王朝（自公元226年起）逐渐强大，并到处侵略。

六 贵霜王国的衰败，贵霜人和萨珊人

通过印度铭文判断，迦腻色伽之后的君主是婆湿色伽

（Васишка），但并没有婆湿色伽古币，可我们发现了带有"Hoerko"名字的古币（实际上是 Hoeshko，因为巴克特里亚语中"sh"发"r"的音），根据其铭文发音称其为"Huvishka"（胡毗色伽，Хувишка）。他在位超过 30 年。除此之外，在位时间较长的统治者还有韦苏提婆。其在位时期，钱币上仅保留了万神殿中湿婆神的形象。泽伊马利（Е. В. Зеймаль）曾指出，通过研究神像，韦苏提婆古币上的湿婆形象同威玛·卡德菲兹古币上的湿婆形象相似，更接近于湿婆教后期的湿婆形象，湿婆教后期的典型特征是极端不容忍其他宗教。

身着战服的贵霜国王

1—取自迦腻色伽三世钱币	2—取自韦苏提婆钱币

前文已经提到，波斯萨珊王朝逐渐强大，萨珊国王沙普尔一世（Шапур I，公元 242—272 年在位）在公元 3 世纪 40 年代出兵东方。在铭文中，沙普尔一世和他的继任者们都称自己为"边界到海的塞人斯坦①、突厥斯坦和印度之王"。根据卢科宁（В. Г. Луконин）的说法，实际上沙普尔一世显然只是征服了之前帕提亚王国的部分边缘

---

① 塞人斯坦（Сакастан）意为塞人的土地，也称锡斯坦，曾是萨珊的一个省，位于今伊朗东南部和阿富汗西南部。——译者注

地带，包括梅尔夫和锡斯坦（Систан）等地区。

在上面提到的公元262年萨珊国王沙普尔一世雕刻的"琐罗亚斯德教的克尔白"铭文信息中，在罗列各地区（包括贵霜在内）之前，沙普尔一世说道："我主宰着"；在罗列完地区以后，沙普尔一世则注明："他们都被我们统治，向我们纳贡。"学界有一种观点认为，贵霜实际上可能不是萨珊的一部分，只不过是向萨珊纳贡。但通常认为，贵霜是萨珊的一部分（也许是附属于萨珊），只不过存续时间目前依然无法确定，因为文献来源彼此不一致，甚至信息相互矛盾。阿拉伯历史学家塔巴里（Табари）曾指出，萨珊的第一位统治者阿尔达希尔一世（Арташир I）占领了梅尔夫、巴尔赫、花剌子模"直到呼拉珊的边境"。大部分人认为这一信息可靠，只有少数学者对此存疑。

如果塔巴里的记载，以及"琐罗亚斯德教的克尔白"铭文反映的信息是准确的，那么摩尼教文献则有与这些信息不符的地方。摩尼教创始人摩尼（Мани）在世时（公元3世纪70年代中期），曾指派教士末冒（Mar Ammo）前往东方，经呼罗珊到达贵霜边境，之后到访扎姆巴（Замба，即今日土库曼斯坦克尔基市的阿姆河渡口）。显然，末冒出访的最终目的地是巴尔赫地区的瓦鲁强（Варучан）。该地受贵霜国王统治，也可能受萨珊统治，或附属于萨珊。

萨珊人成功击溃了贵霜人，侵占了一大部分贵霜领土，可这发生于什么时间呢？要想了解萨珊人消灭贵霜的时间，就必须弄清楚萨珊—贵霜古币以及贵霜—萨珊古币的断代问题。许多钱币学家和历史学家都曾研究过这一问题，如康宁盖姆（А. Каннингэм）、赫尔茨菲利德（Э. Херцфельд）、比瓦尔（А. Бивар）、卢科宁（Б. Г. Луконин）、戈布尔（R. Göbl）等。其中一部分钱币根据萨珊样本铸造，钱币上的铭文为中古波斯语，由梅尔夫和赫拉特的铸币厂发行。其他钱币则根据贵霜晚期带有韦苏提婆（Васудевы）名字的钱币样本铸造，这里的铭文同样是中古波斯语，但用的是贵霜文字，其中一些钱币带有造币地"巴赫罗"（Бахло，即巴尔赫）字样。赫尔茨菲利德认为，所有按照贵霜样本发行的钱币都在巴尔赫铸造，包括那些未标明巴尔赫字样的钱币。但比瓦尔对此提出怀疑并认为主要的铸币厂应位于喀布尔地区。

这些钱币中，有一种钱币上印有"信奉马兹达的霍尔木兹王，王中之王"字样，并指出铸币地是梅尔夫。在其他钱币上则经常看到阿尔达希尔、卑路斯（Пероз）、瓦拉赫兰（Варахран）等字样。之前通常认为，如赫尔茨菲利德的观点，贵霜—萨珊钱币上的"霍尔木兹"指的是伊朗国王霍尔木兹二世（公元302—309年在位），这些钱币的发行时间大约是公元3世纪中期。但卢科宁详尽分析历史材料后认为，不能将"霍尔木兹"直接认定为霍尔木兹二世。他认为，贵霜—萨珊钱币和萨珊—贵霜钱币由萨珊的王储铸造（他们中有多人未能当上波斯的王中之王），时间大约是从公元4世纪中叶到5世纪中叶。

卢科宁的观点在某种程度上基于这样一个假设，即贵霜的统治时期较长，其瓦解的时间不是公元3世纪，而是公元4世纪。当然也有人反对卢科宁的观点。因此，到底谁的观点正确，目前尚不能得出最终结论。贵霜的覆灭并不是突然间分崩离析，而是内外部因素持续多年共同影响的结果。

在研究贵霜与萨珊之间的关系时，我们可以看到，贵霜需要同时兼顾多条战线的斗争，包括其国内的政变，中国史料证明了这一点："……月氏国王寄多罗勇武，带领军队越过大山，来到印度北部，占领了乾陀罗以北的五个地区。"[①] 寄多罗（Цидоло）是"Kidara"的音译，也是贵霜的高官之一，公元4世纪下半叶（更可能是4世纪末期）曾夺取旧贵霜王国的大部分领土。与此同时，中亚部分地区处

---

① 《北史》卷九十七·列传第八十五：大月氏国，都剩监氏城，在弗敌沙西，去代一万四千五百里。北与蠕蠕接，数为所侵，遂西徙都薄罗城，去弗敌沙二千一百里。其王寄多罗勇武，遂兴师越大山，南侵北天竺。自乾陁罗以北五国，尽役属之。——译者注

于新兴部落——匈尼特人的统治之下。最终，权力落入嚈哒手中。在公元4—5世纪，绵绵不休的战争对于中亚各国来说都是一场空前的灾难。

第四节 贵霜时期的中亚城市和居民点

一 巴克特里亚北部

在阿富汗和北印度斯坦，学者们研究了许多贵霜时期的遗迹，包括一些大型城市在内，如距喀布尔不远的巴格拉姆市，古代称为卡皮萨（древняя Каписа）；距拉瓦尔品第不远的塔克西拉（Таксила），即古印度的塔克卡西拉或塔克沙希拉（Таккасила，Такшашила）；白沙瓦东北部的贾尔瑟达（Чарсада），古称普什卡拉瓦缇（Пушкалавати）等。苏联考古探险队发掘了许多贵霜时期的中亚城市和居民点，资料涵盖面广，我们只能从已经研究过的遗迹信息中挑选一些精简的资料予以介绍。

铁尔梅兹是贵霜时期巴克特里亚北部最大的中心城市之一。由于城市遗址（位于当代的铁尔梅兹市附近）已经存在了近千年，贵霜时期的考古层已被后期的文化层覆盖。贵霜时期的铁尔梅兹占地面积巨大，市内有一些大型宗教中心，如卡拉（Кара-тепе）和法亚兹（Фаяз-тепе）佛寺遗址。这个城市还有很多手工艺作坊，如陶器作坊等。

贵霜时期的铁尔梅兹是冶金（金属生产）中心之一。在贵霜文化层中还发现了许多原始熔炼过程中形成的手掌状的烧结粒铁。从一些石制建筑碎片看，铁尔梅兹曾有许多宏大建筑物。

沙赫里瑙村附近曾有一个非常大的城市，城墙总长达7千米，城墙围起来的总面积约350公顷。除了钱币，这里还发现了刻有人像的柱冠。

凯卡巴德沙赫（Кей-Кабад-шах，今塔吉克斯坦卡巴迪安区）地区有一座建于希腊—巴克特里亚时代的城市，在贵霜时期继续存在。这座城池防御城墙厚实，呈矩形（375米×285米），两个长边上各有9座塔楼，两个短边上各有7座塔楼，另外每个角都设有塔楼，所有塔楼均呈长方形。从出土的墙壁来看，里面有一条走廊，分为若干个隔间。走廊与矩形房屋相连。在这里发现了陶瓷、小雕像、装饰物等大量遗物。

距现在塔吉克斯坦亚万市（Яван）8千米的地方，曾经坐落着贵霜时期的一座大城市，占地面积约40公顷。城中一处高地上建有城堡。城堡高8米、长380米、宽200米。城市四周由城墙围起，城墙外是庄园和墓地。考古发掘主要在城堡以及其他一些区域进行。已发掘出一排建筑区域，是位于狭窄的街道或胡同两边的若干小房子，这些小房子可分成多组。城市建设的后期，建筑物多为两层。考古学家们还发掘了前期建筑的残垣。厚达10米的城堡残垣中，体现五个时期的建设痕迹，其下层建于公元前1世纪至公元元年前后，上层建于公元4—5世纪。考古学家们还观察到物质文化成果的进化，尤其是陶器的变化。另外，城中还发掘出了骨制品（如顶端带有雕刻物的骨锥）、金属装饰物，以及谷物碾子、磨盘等。

萨克桑阿胡尔城（Саксан-Охур，位于塔吉克斯坦法尔霍尔区）在贵霜时期一直存在。

贵霜时期最杰出的古迹之一，是位于乌兹别克斯坦苏尔汉河州哈尔恰扬（Халчаян，靠近迭纳乌市）的一组建筑，其中包括位于哈纳卡遗址（Khanaka-tepe）的庭院（或寺庙）。庭院的前部是四根柱子支撑的门廊，长16.5米，可以通过三条走廊（中央及两侧）进入一间横向大厅。大厅的后墙有一条通道通向一个双柱支撑的房间。此外，建筑中还有其他一些房间和走廊。这座庭院建筑的内部装饰有很多华丽的泥雕和壁画。在哈纳卡遗址还出土了一些建筑物，包括两层房屋。

除哈尔恰扬建筑群外，在苏尔汉河州还发现了大量贵霜时期的遗址，如达里维尔京遗址（Дальверзин‑тепе）、海拉巴德遗址（Хайрабад‑тепе）、扎尔遗址（Зар‑тепе）等。

二 粟特、费尔干纳、石国、花剌子模国

相对于巴克特里亚北部，对贵霜时期的粟特、费尔干纳和恰奇①等各大城市及居民点的研究要少得多。但已知的是，这些地区的城市生活有了明显改善。撒马尔罕是一个大城市。粟特地区有许多小型居民点，塔利巴尔祖（Тали Барзу）便是其中一个防御型的居民点。

在费尔干纳和乌斯特鲁沙纳②地区，已发现别戈瓦特村附近的蒙恰克古城遗址（городища Мунчак‑тепе）、列宁纳巴德要塞遗址（ленинабадская крепость）、阿施特遗址（Ашт）、舒拉巴沙特遗址（Шурабашат）、琼遗址（Чун‑тепе）等。费尔干纳地区居民点遗址的物质文化极具特色，而费尔干纳地区内部，各地差异也较为突出。

沿锡尔河中游，位于费尔干纳及其邻近地区的考恩奇—朱恩文化（каунчинско‑джунская культура）蓬勃发展，该地因发现考恩奇遗址和朱恩墓葬而得名。考恩奇遗址居民点的下部文化层属于公元前2—公元前1世纪。这个居民点一直存在到大约公元5世纪。同一时期的遗址还有明格乌留克遗址（городища Минг‑Урюк）、阿利姆拜遗址（Алимбай‑тепе）、库甘特遗址（Кугант‑тепе）、阿克托别遗址（Ак‑тобе）、绍舒库姆托别遗址（Шаушукум‑тобе）等。

---

① 恰奇（Чач, Шаш）系中世纪名称，即今乌兹别克斯坦塔什干地区，中国古书称为石国。——译者注
② 乌斯特鲁沙纳（Уструшана）系中世纪早期中亚的一个国家，中文文献中是昭武九姓中的曹国。位于今塔吉克斯坦西北部，其中心城市是本吉卡特（Бунджикат），即今日的塔吉克斯坦卡赫卡哈城遗址（Кахкаха）。——译者注

花剌子模也有许多城市和居民点。其中发掘较深入的是托普拉克卡拉城遗址（Топрак－кала）。这个城市轮廓呈较大的长方形（500米×350米），边界处砌有黏土砖墙，带射孔和塔楼，一条狭窄的街道贯穿整个城市，两侧是被各种巷弄隔开的大型屋落。城内最主要的建筑是一座宏伟的三塔城堡，这是花剌子模国王的住所。这座坚不可摧的宫殿傲然挺立，高出地面25米，其中心部分面积为80米×80米。房屋分两层，用途广泛。此外还发现了一组礼堂，雄伟的王殿（280平方米）就坐落其中。沿着王殿墙壁延伸的基座被隔板分成单独的区域。这里用于摆放花剌子模国王、王后、贵族和神灵的雕塑。墙壁和壁龛上挂有精美的字画。城堡内的其他房间也装饰有浮雕和字画，耳房中还有武器库（兵器库、修械所），另外还发现了档案库残垣。

第五节　贵霜时期的中亚经济

一　农业和水利

考古工作者调查后发现，中亚大部分地区都曾为农业发达地区。平原上以灌溉为主的农业及畜牧业得以发展。水利工程规模宏大，在花剌子模、泽拉夫尚河谷和其他一些地方建有完整的运河系统并投入使用。在塔吉克斯坦（包括瓦赫什河谷）发现了贵霜时期的古运河。灌溉用水不仅源于河流，还有泉水。毋庸置疑，那个时代的泉水水量远超当代。例如，瓦赫什河谷北部地区的土地主要由引自瓦赫什河的干渠灌溉。乌雅雷村（пос. Уяла）附近的哈尔卡扎尔城遗址（городище Халкаджар）的居民点位于梯田上。这些居民点及其周边地区的供水现在由水泵供应，但在贵霜时代都使用山泉。同时，这里和亚万河谷一样都是旱地作业。旱地农耕曾广泛地分布在山麓和山区。在贵霜时期，整个泽拉夫尚河上游河谷地区，一直到现在的马特恰（Матча），都被开发利用。

这里的耕作技术仍处于原始阶段，但在灌溉方面有很大突破。在发掘塔利巴尔祖遗址（Тали Барзу）过程中，考古工作者们还发现了铁犁。

公元 1 世纪，磨盘使用开始普及。在卡拉马扎尔山（Карамазарские горы）的一座墓葬中，考古工作者发现了最古老的手工磨盘。初期的磨盘尺寸很小，后来尺寸逐渐增大，尤其是公元 3—4 世纪时磨盘尺寸更大。

文字资料和考古发现表明，贵霜时期的中亚农民种植了谷物、经济作物、园林作物、饲料等中世纪已知的大多数农作物，种类十分丰富。所以，公元 3—4 世纪的花刺子模就种植了分别用于酿酒和直接食用的葡萄，花刺子模人世代相传的育种技术培育了适合当地条件的高产品种，中亚周边国家从中亚人民那里引进了许多种农作物，这并非偶然，例如中国引进了苜蓿和核桃。

在群山环抱的平原地区，尤其在费尔干纳平原，由于部分人口的半游牧生活方式和季节性迁徙，畜牧业较为发达。费尔干纳的良种牲畜，特别是费尔干纳马总是让邻国羡慕不已，长期向外邦输送。

二 建筑业及手工业

考古发掘共发现了宫殿建筑、宗教建筑、住宅、工业建筑、仓储设施、防御工事、灌溉设施 7 种建筑。考古工作者们发现，大多数建筑并不是孤立存在，而是彼此关联，不过，有些古建筑的功能有时也很难精准确定，例如，我们无法确定哈尔恰扬的建筑究竟是宫殿还是寺庙。

公共建筑的特征往往比较明显，君主的城堡和宫殿的规模很大，矗立在高台上，周围环绕坚固的防御工事。大厅天花板较高，装饰着造型精美的艺术品和壁画，墙壁厚实宽大。

有些宗教建筑规模很小。例如，位于艾尔塔姆（Айртам，铁尔梅兹附近）的佛堂中央部分面积不大，但是佛堂装饰有石制浮雕（著名的艾尔塔姆浮雕）。

住宅建筑的质量并不都是很高，多是一些简陋的小房间，墙壁外层简单地用泥浆抹平。也有一些较为宽敞的房间，墙面有石膏涂层。住宅的这些特征和布局既反映了当地的传统，也反映了当时的社会财产分化。

中亚的防御工事建筑师也取得了巨大成就，坚固的要塞城墙、高耸的塔楼、复杂的防御建筑、密集的射孔——这些都达到了当时的最高水准。在帕米尔高原西部山谷的运输干线上，修建了卡赫卡（Каахка）、雅姆春（Ямчун）等大型要塞，构成了相互关联的长期防御工事体系。

施工过程应用了各种材料。墙壁使用槽砖和生砖①（通常为方形，边长32—44厘米不等）。石板有时（尤其是在山区）也被用作墙体材料，烧砖使用相对较少。巴克特里亚地区的天然材料丰富，受希腊文化传统影响，该地持续且广泛地将致密石材用于承重结构和装饰中：简单的圆环状柱基、形状稍复杂的槽形柱基；石制柱身；雄伟的石制柱头，形态各异的科林斯式柱头（在沙赫里萨布兹发现的柱头上，有人物图像和狮身鹰头兽像）；石制壁柱底座。柱身和天花板均为石制，壁柱和天花板上还使用了陶瓷瓦片。

天花板的结构为柱梁式和圆拱式。拱顶仅用于天花板面积较小的房间，采用倾斜分段式建筑工艺完成。

通过无数手工艺品和手工作坊可以看出，无论在大城市还是在小城镇，手工业生产都呈现蓬勃的发展态势，研究人员在许多地方都发现了制陶作坊遗址。众所周知，制陶工匠通常会在不同类型的窑炉中烧制完成各种陶器。在这一时期的出土文物中，陶器数量很大。陶器

---

① 切碎的稻草黏土砖。——译者注

的类型和形状繁多。器皿（尤其是用餐和典礼活动使用的）的工艺都达到很高标准。在吉萨尔的图普洪（Тупхон）墓葬出土的杯子，其壁很薄，且经过细致打磨和抛光，两千多年过去后，敲击杯壁仍能发出像水晶制品一样的清脆声响。典礼用具上有着各种模压的装饰和异形把手等。

金属器皿和装饰物几乎随处可见。人们在日常生活中广泛使用青铜器皿、烛台、镜子、手镯、耳环、戒指和许多其他物品。这些物品数量众多且做工精良。此外还发掘到了用于铸造产品的模具。

玻璃制品也多种多样。出土了很多玻璃珠子，其中有闪闪发光、映射彩虹光辉的马赛克珠，有带有人像的马赛克珠，还有绚烂夺目的双层镀金小珠，这些珠子的中心部位覆盖着细小的金箔，外层由无色透明玻璃制成。

武器铺的物品也十分丰富。远程武器（弓）在贵霜时期得到改良。当时流行一种由五部分构成的特殊类型的复合弓，弓上有骨制或角制的弓面。这种强大的武器起源于中亚，后来流传到波斯萨珊。西方文献中广泛称呼的"萨珊弓"是错误的，苏联学者建议将其更名为"贵霜萨珊弓"。这种弓先从中亚流传到萨尔马特人（сармат）手里，后传至西方（直到苏格兰地区），还传到了南部的伊朗和印度，东部的中国。在中亚古迹的发掘过程中，发现骨制和角制的弓面，有些弓整体或其中结构复杂的部位是骨制或角制。箭由木制或芦苇做成，铁制的箭头分为多种类型，最常见的箭头带有叶柄和3个三角形突起（叶片）。到了贵霜后期，出现了造型复杂的箭头。

士兵的武器是匕首和剑。在从公元纪年开始的几个世纪里，中亚地区较为盛行的是双刃铁剑，又大又长（长达1.2米），手柄呈长杆形，没有十字护手。其他类型的武器还有长矛、战斧和投石器。

手工作坊的建造和正常运行都需要有原材料，因此贵霜时期的矿产开采量急剧增加。从地下开采了金属矿物、建筑材料、半宝石和宝石等，部分矿产和金属工艺品还出口至其他国家。

三　国内外贸易

贵霜时期的货币制度较为发达，货币面值较多，铸币种类丰富。这充分说明贵霜的商品生产和流通活跃。尤其重要的是，贵霜出土的钱币主要是铜币，这可能表明货币交换已经进入了居民的日常生活。在勾勒贵霜历史画卷的同时，我们已经注意到贵霜钱币在不同时期所经历的一些重大变化。同时应该注意到，迄今为止，钱币学家对贵霜钱币做了分类处理，几乎全部的关注点都放在肖像研究上，在社会经济方面的研究还没有取得太大进展。

当时，随着国内贸易发展，对外贸易发展的进程也逐渐推进。根据普林尼（Плиний）的描述，罗马帝国从印度、丝国和阿拉伯国家的进口量巨大（约为 1 亿塞斯特斯铜币[①]）。一部分进口始于贵霜（包括中亚地区在内），普林尼认为，价值高昂的铁从"丝国"[②] 出口到罗马帝国。赫沃斯托夫（М. Хвостов）认为，出口到罗马帝国的不是铁原料，而是铁制品。或者可以这样认为，至少同其他产品一样，其中一部分铁实际上来自中亚。后来的中世纪时期，阿拉伯地理学家曾反复提及，公元 9—10 世纪的铁和铁产品曾出口到中亚以外的其他地区。

有文献表明，巴克特里亚商人曾到达罗马帝国境内，包括罗马帝国最大的贸易中心之一——埃及的亚历山大港。与此同时，罗马商人也来到了中亚。在中亚地区发现了相当多的罗马制品和罗马钱币。这充分证明了罗马与中亚交往的深度和广度。罗马（更准确地说是地中海地区）生产的商品向中亚出口，促进了中亚同类产品的制造。罗马艺术品对中亚艺术的发展，尤其是对盛行于印度西北部、阿富汗和中亚南部的犍陀罗国的艺术形成产生了重大影响。

---

① 塞斯特斯（Сестерци, sestertius）是古罗马的硬币。在罗马共和国时期，这是一种很小的银币，仅在极少数情况下发行。在罗马帝国时期，它是一种大的黄铜硬币。——译者注
② 丝国（俄语 Серика, Serica, Seres）系希腊语"丝绸"的转译，西方文献中一般指中国。——译者注

贵霜与中国也有贸易往来，丝绸之路贯穿中亚，装有丝绸的驮队一直向西延伸，也让丝绸产品在中亚地区落地生根。例如，弗罗鲁斯（Флор）①认为，帕提亚人早在公元前1世纪中叶就已经有了丝制旌旗。除丝绸以外，从中国传入中亚的还有铜镜、漆器等，中亚地区对中国的出口也很多。

公元4世纪下半叶的印度古诗《摩诃婆罗多》第二部分"大会篇"提到，各民族代表给般度（现今的德里）首领坚战献礼，其中也有来自中亚的代表。他们向国王敬献的礼物显然与各自地区生产的物品相对应。例如，从巴克特里亚带来的礼物是色彩艳丽且触感极好的羊毛毯、各种织物、绵羊皮、武器、宝石。塞人、吐火罗人、康居人则带来"能够日行千里"的宝马。

考古材料表明，贵霜还与位于乌拉尔和伏尔加河沿岸的萨尔马特部落有贸易往来，双方贸易路线穿越上述部落领土，将中亚与高加索和黑海地区连接起来。

前面我们提到，巴克特里亚人曾出现在亚历山大港和埃及，粟特人在远离粟特的地方建立了贸易站。在中国敦煌发现了一批公元4世纪初的粟特语文书，即"古粟特文信札"②，其中一封书信提到，敦煌有100个自由的（或高贵的）撒马尔罕人。亨宁（В. Б. Хеннинг）认为，在敦煌的粟特人（连同奴隶及其家庭成员）总数达1000人。有些书信还谈到商品信息、价格等。居住在中国西北地区的粟特人与其亲属居住的宗主地撒马尔罕之间联系密切。

---

① 弗罗鲁斯（Lucius [Publius] Annaeus [Annius] Florus，Лу́ций (Пу́блий) Анне́й [Анний] Флор），公元2世纪前后的古罗马历史学家，生活于图拉真和哈德良统治时期，出生于非洲。他以学者李维的著作作为基础撰写古罗马历史，并将其划分为若干历史时期。尽管错误较多，但保存至今的著作为后世了解古罗马历史提供了重要的参考资料。——译者注

② 1907年斯坦因教授在中国西北敦煌以西的长城烽燧遗址中发现了一组非常重要的信札。这些文献被确认为粟特文古信札，是幸存的最早的粟特文书。古信札放在从中国运往西方时丢失（或被中国有关部门没收）的一个邮包里，由居住在中国西北和甘肃的粟特人写成，发给粟特或楼兰地区的同胞，反映了当地粟特商人独特的生活和行为方式。——译者注

第六节 贵霜时期中亚的文化及宗教

一 文献史料

中亚人民的精神文化生活在贵霜时代同样发生了巨大变化,这是一个既复杂又相互矛盾的时期,各种发展趋势和外来影响相互交织在一起。公元前4—公元前2世纪,中亚地区以阿拉米语为基础逐渐形成了自己的本土文字。

早期粟特文字的遗存主要是纪元前后的粟特古币上的铭文,还有"古粟特文信札"。在这些材料中,粟特的各个文字符号差异很大,且大部分彼此间关联甚少。可以说,这个时期的粟特文字同阿拉米语的差别并不大。不过,利夫希茨(В. А. Лившиц)认为,这些文字表明"粟特书面语的基本规范已经形成,并一直沿用至少到公元10世纪"。

正如亨宁所指出的,"古粟特文信札"可以追溯到公元312—313年,这不仅是重要的历史文献,还是书信体散文的典范,反映了人类生活的真实事件,记录了粟特人在匈奴人的猛烈袭击下的焦虑、恐惧、愤怒和爱情,人类的全部感情和经历都在这些文献中得到了反映。一位年轻的粟特女子梅旺查(Мевaнча,这个名字的意思是"小老虎"或"小猫")在给远在撒马尔罕的母亲的信中充满了痛苦与怨恨的情绪:她的监护人纳尼达特(Нанидат)想强迫她做自己的妻子,她在信中写道:"我宁愿嫁给狗或猪,也不愿做纳尼达特的妻子。"一段时间过去后,梅旺查再次给母亲写信时,她不仅已经成为纳尼达特的妻子,还以充满爱意和尊重的语气对丈夫称赞有加。类似这样的反转在世界文学作品中屡有描写。

考古人员在苏尔赫科塔尔遗址(Surkh Kotal,靠近昆都士南部)

发现了数个用希腊字母变体而来的贵霜文字写作的铭文，铭文上的语言属东伊朗语，此前学界对该语言几乎没有了解，导致破译困难重重，马利克（A. Марик）、本维尼斯特（Э. Бенвенист）、亨宁、格尔舍维奇（И. Гершевич）、哈尔玛塔（Я. Харматта）、胡姆巴赫（Х. Хумбах）等人参与了破译工作。其中一条铭文共 25 行，迄今为止还没有公认的完整译本，研究人员在许多关键部分各执一词，特别是针对"铭文中所指寺庙的建造者"这一问题。利夫希茨提出了一种可能的方案："这座卫城是一座名为胜利者迦腻色伽的寺庙，用作纪念迦腻色伽。当卫城建成之初，城内的水池全部干涸，导致城内无水可用。夏日炎炎，酷热难耐。人们从神庙中撤掉了一些神灵的图像和雕塑。卫城从此变得荒凉，直至统治第 31 年的尼散月，一位名叫诺孔佐克（Ноконзок）的总督来到这里。诺孔佐克深受国王喜爱，是国王的近臣，光彩照人['上帝之子']、做事努力[?]、行善积德、思想纯洁。他建起城墙围住卫城，挖井、引水、用石头垒好[井]，使卫城内的人们摆脱缺水（洁净水）的困扰。即便夏季酷暑难耐，天气大旱，人们也不会从神庙中撤走神灵，卫城也不会荒芜。他还在水井[?]上方安装了取水装置，并修建了水库。正是由于这口水井以及水井上的取水装置[?]，整个卫城再次繁盛。这口水井和这个[后面的词语据猜测可能是'窗户''塔楼'的意思]由希尔格曼（Хиргоман）、布尔兹米赫尔（Ъурзмихр）、库兹加什迦之子（сын Кузгашки）、阿斯缇尔冈奇克（Астилганциг）、诺孔佐克等听命于国王的总督们建造。本铭文由叶夫曼（Евман）与米赫拉曼（Михраман）、布尔兹米赫尔布赫尔（Бурзмихр-пухр）、阿米赫拉曼（Амихраман）等共同书写。"

这个铭文的语言介于两种语言之间，一种是门吉语（Munji）、伊德加语（Yidgha）等普什图和帕米尔诸语，另一种是粟特语、花剌子模语、帕提亚语。杰出的伊朗学专家亨宁认为，铭文上的语言是至今仍鲜为人知的巴克特里亚语。由于贵霜钱币、宝石和陶瓷上铭文语言十分简短，难以总结其语言特征。就语法结构来看，相比其他东伊朗语，后期的巴克特里亚语同其原始状态相去甚远。

据语言学家考证，苏尔赫科塔尔铭文（Cypx－Kotaл）和印度（贵霜时期）铭文中，仅保留了某些原始贵霜塞人方言的某些词语。可以设想，贵霜人在巴克特里亚境内同巴克特里亚人通婚后，其语言在一定程度上会发生同化和交融，尽管巴克特里亚语中有很多伊朗语和印度语的外来词，但仍被作为书面语言使用。贵霜钱币上的铭文便是这种巴克特里亚语。

至少从贵霜时代开始，希腊语就一直被应用于写作。希腊字母从24个增加到25个。但实际使用的字母数量较少。贵霜语（更准确地说是巴克特里亚语）中大多数字母都呈锐角、方形和圆形，后来演变出半斜体。

巴克特里亚语成为继粟特语、帕提亚语和花剌子模语之后的又一门语言，苏尔赫科塔尔铭文是巴克特里亚语的第一块文字碑。就题材而言，该类铭文与阿契美尼德铭文和萨珊铭文相似，但不同于王室铭文，苏尔赫科塔尔铭文中几乎全无溢美之词。如果将其与大流士的苏萨铭文相比，这一点就尤为明显。苏萨铭文的1/3专门用于赞扬阿胡拉·马兹达（Axypa－Мазда）和国王。苏尔赫科塔尔铭文则具有严格意义上的商业性质，它较为连贯地叙述了某些事件及其动机，为我们提供了简短的事件编年史，是商业文本的样本。

在中亚南部，发现了很多（尺寸不大的）巴克特里亚语铭文；在杜尚别还发现了一个刻有简短铭文（仅有一字）的祭祀陶罐。在达什特朱玛发现了一个青铜钟，上面刻有17个字符的铭文（也许这只是不识字工匠的随意之笔）；在铁尔梅兹的卡拉遗址佛寺中发现了一些刻有巴克特里亚语铭文的瓦片，包括双语铭文，同时墙壁上还有刻画的铭文。在花剌子模的托普拉克卡拉（Топрак－кала）也发现了花剌子模的文字遗迹。

二 宗教信仰

贵霜时期的宗教信仰复杂多样。大部分中亚人都继续信奉琐罗亚斯德教。通过分析"古粟特文信札"的人名（20余个）可以清楚地发现，粟特人大多信奉琐罗亚斯德教。这些名字可以追溯到中亚琐罗亚斯德教万神殿供奉的古代伊朗神灵的名字。此外，粟特人信仰的琐罗亚斯德教还具有一定的特殊性。应该指出，女神娜娜在粟特神殿中的地位最高。第2号信函的作者及居住在撒马尔罕收件人的名字中就包括"娜娜"一词。娜娜是起源于美索不达米亚的女性神灵，早在苏美尔时代就已广为人知。后来又出现在亚述，再后来出现在伊朗。在罗马时期从西部的埃及和希腊传至东部的帕提亚、贵霜和粟特。或许在中亚地区，人们对娜娜女神的信仰与对阿娜希塔[①]的信仰混合交融。

粟特人所在的中国新疆部分地区粟特本地都建有"瓦格恩"（вагн），即寺庙。佛教寺庙住持"瓦格恩帕特"（вагнпат）在粟特社会生活中扮演着重要角色。

通过分析贵霜古币上的神像，可以获悉琐罗亚斯德教在巴克特里亚的状况。在专门描述有关巴克特里亚的文献中可以看到下列名字：奥罗莫兹多（Оромоздо，即阿胡拉·马兹达）、米赫罗（Михро，即密特拉）、冒（Мао，即月亮神马哈）、法罗（Фарро 或 Фариа，即丰收之神、王权之神、命运之神法恩）、奥尔拉戈诺（Орлагно，即胜利之神瓦雷特拉戈纳）、娜娜女神等。还会看到一些巴克特里亚本土的特定表达，例如奥赫硕（Охшо）或奥阿赫硕（Оахшо）。毫无疑问，这个词来源于古伊朗语的"瓦赫舒"（вахшу）。"瓦赫什"（вахш）这个词在阿维斯塔语中意为"言语"，在粟特语中则与"逻

[①] 阿娜希塔是古波斯神话中司江河的女神，水神，象征美和幸运之神，也是处女的守护神。在波斯古经《阿维斯塔》中被称作"阿尔达维·苏拉·阿娜希塔"（Aredvi Sura Anahita），意思是"纯洁而伟大的河流"。阿娜希塔为古代伊朗雅利安人崇祀的重要神祇之一。——译者注

乌兹别克斯坦艾尔塔姆遗址的雕塑（铁尔梅兹附近，阿姆河畔）

各斯"[①]一词的含义相关，在伊朗中部地区的语言中意思是"精神"，有时也与"流水"相关，在印度语中的意思是阿姆河［希腊人称为奥克苏斯河（Оксус）］。

在卡里库特博物馆（Калькуттский музей）的石雕铭文中，有一个宗教用语"瓦赫什，唯一的神"。"瓦赫什"作为神灵的概念在中亚一直沿用到中世纪。11世纪初的比鲁尼（Бируни）记述道，花剌子模有一个节日名为"瓦赫什安加姆"（вахшангам），"瓦赫什是上天派来监管河流（包括杰伊洪河[②]）的天使名字。"在发达的中世纪及当代，"阿姆达里亚"（即阿姆河）这个古老的名字就是因为喷赤—阿姆河水系的一个支流而存在，这个支流就是瓦赫什河。这恰恰表明，塔吉克斯坦南部地区对水神奥阿赫硕（Оахшо）的信仰根深蒂固。

[①] 逻各斯是欧洲古代和中世纪常用的哲学概念。一般指世界的可理解的一切规律，因而也有语言或"理性"的意义。——译者注

[②] 杰伊洪河（Джейхун）即阿姆河，系阿拉伯人对阿姆河的称呼。阿姆河在各不同历史文明语言中有各种称呼，古希腊语称Oxos，拉丁语称Oxus，希伯来语称Gozan，阿拉伯语为Jihôn、Jayhoun，中国古称乌浒水、妫水，《元史》作暗木河，《明史》作阿木河。——译者注

法国探险队在阿富汗的苏尔赫科塔尔发掘了一处神庙，为研究巴克特里亚时期的神庙提供了素材。神庙位于一座较高的丘陵上，有一条三段神道连通。神道的台阶由砖砌而成，两侧有石柱和壁柱加固。神庙呈矩形，长 35 米、宽 27 米，前宽后窄，由一座居中的方形大殿以及位于两侧和后面的环形走廊组成。从正面可经三条通道进入神庙：一条较宽的通道通往中部，两侧较窄的通道通向长廊。神庙中部的大殿中间有一座方形的石制平台，四角处设有圆柱。沿着平台后面的三级台阶可登上平台。大殿墙壁装饰有壁柱。

神庙四周被要塞式城墙包围，其外部设有长方形塔楼。城墙内侧沿墙壁筑有柱式门廊，墙壁一面镂有壁龛，壁龛内有若干色彩鲜艳的大型泥塑（大部分已毁坏）。在神庙平台和院墙之间靠近外墙的位置建有两座小寺庙。这两座寺庙也由位于中央位置的方形大殿和四条侧面的外围长廊组成。在一座寺庙的中央大殿里筑有用土坯砖砌成的阶梯式平台，墙壁角落及中部位置有壁柱装饰，壁柱中间雕有黏土浮雕（飞鸟形象）。在平台表面有一个严重烧毁的凹槽，里面装满了干净的灰烬，这是祭坛。严格来说，即使有这些证据也无法证明这座神庙就是火神庙。曾有人提出这是一座皇家寺院。研究这座神庙的学者斯伦贝谢（Д. Шлюмберже）认为，这座神庙可能兼具两种功能——既是皇家寺院，又是火神庙，因此将这个苏尔赫科塔尔神庙并称为"贵霜皇家火神庙"。

贵霜时期，除琐罗亚斯德教以外，其他宗教也有所传播。众所周知，佛教在贵霜时期的中亚地区十分普及。佛教很可能在此之前的几个世纪就已经渗透到中亚，也许就是在阿契美尼德统治时期，但佛教在中亚的传播时间可能要更晚一些。佛教通过阿富汗渗透到中亚，综合现有资料来看，传播路线有多条（至少两种）：西线往梅尔夫方向（到帕提亚东部地区），东线往铁尔梅兹方向（到巴克特里亚地区）。

据锡兰编年史记载，公元前 1 世纪上半叶一位名为摩诃提婆（Махадева）的智者来到锡兰参加佛教盛会。这位智者很可能并非来

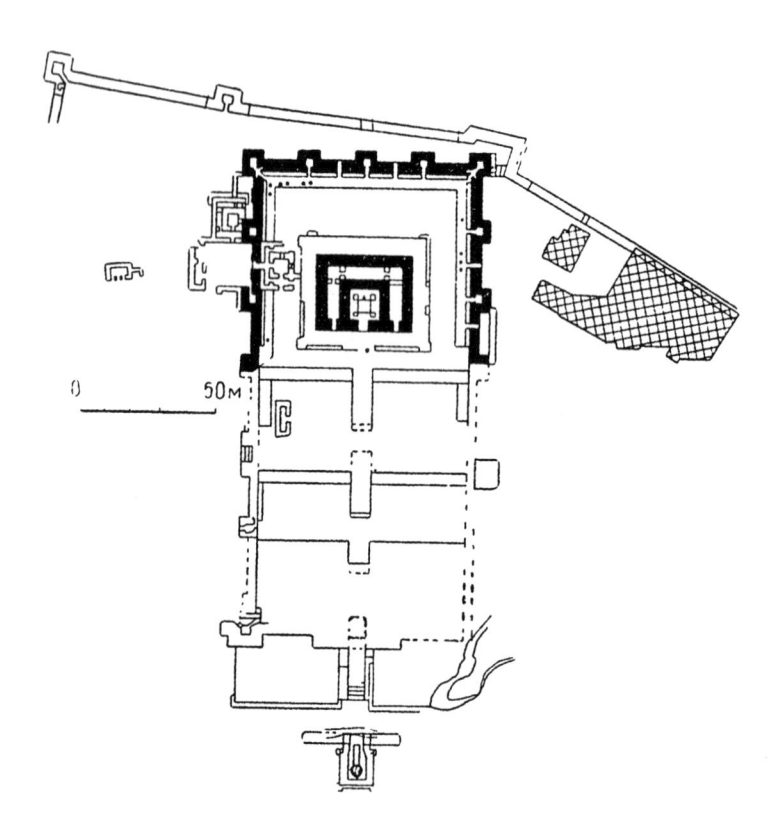

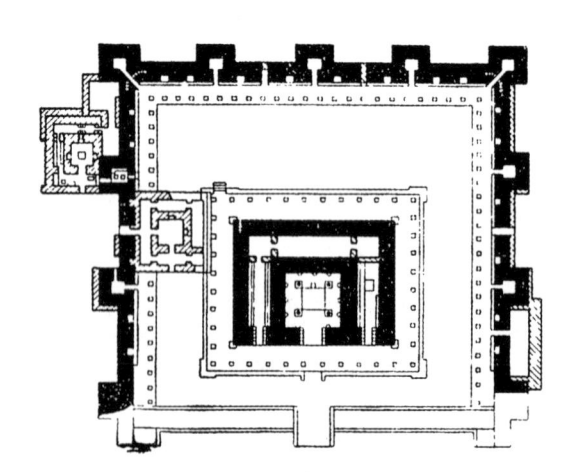

苏尔赫科塔尔神庙

自帕提亚王国，而是来自邻国。此后不久，佛教进入梅尔夫地区。据利特文斯基（Б. А. Литвенский）的研究成果，有一位智者安世高于公元148年到达洛阳，并将佛经译成中文，从他姓"安"可以判断，他来自帕提亚（即中国古书上的安息国）。正是由于安世高及其门徒，当时的中国才开始了解佛教。此外，安世高是一位伟大的学者，中国人通过他获得了有关中亚各国人民的科技信息。

我们获取了很多巴克特里亚的相关信息。其中，著名的佛教高僧高沙加（Ghoshaka）[1]是吐火罗斯坦人，佛教高僧昙摩蜜多来自铁尔梅兹，佛教僧侣甚至到达了石国地区，并在那里修建了佛教建筑。

佛教的毗婆沙派[2]（Vaibhāṣika）在中亚地区传播较广，该学说渗透着很多唯物主义思想，其知识论包含辩证法要素。正如恩格斯所说："辩证思维——正因为它是以概念本身的本性的研究为前提——只对于人才是可能的，并且只对于相对高级发展阶段上的人（佛教徒和希腊人）才是可能的，而其充分的发展还要晚得多，通过现代哲学才达到……"[3]

目前已知的佛教建筑有很多。在距离铁尔梅兹不远的艾尔塔姆（Айртам），考古人员发掘了公元1—2世纪时期的佛教寺院。寺院由一座方形大殿和前厅组成，在大殿的中心位置有一个放置圣物的矩形台架，前厅的墙壁上装饰有精美的石制花饰，寺院中还有许多居住和办公用房。在铁尔梅兹的卡拉遗址（Кара-тепе），有一座佛教洞窟寺院（这类寺院在印度非常多）。这里已发掘了几个建筑群，每个建筑群由一座洞穴圣殿和庭院组成，圣殿由四个迂回的拱形长廊环绕，庭院中有礼拜堂。此外，还发现了壁画、石制及雪花石膏雕像的碎片。考古学家阿里巴乌姆（Л. И. Альбаум）负责发掘距离卡拉遗址

---

[1] 高沙加是公元1世纪的吐火罗斯坦人，曾参加过白沙瓦佛教讲经大会，对佛教经典《阿毗达磨集》（Абхидхарм Вибхаш）有过注释。——译者注

[2] 毗婆沙（Vaibhāṣika, Вайбхашика）指对于佛教经典（尤其是律典或论典）的详细解说。毗婆沙为梵语，意译为广解、广说、胜说、异说、种种说等。——译者注

[3] 《马克思恩格斯选集》（第3卷），人民出版社2012年版，第924页。——译者注

不远的法亚兹遗址（Фаяз-тепе），这是另一座佛教建筑，建筑内部有精美的绘画和雕塑，还有一排呈"U"形的长廊、小室、圣殿和独立的佛塔。在铁尔梅兹也有一座佛塔，现被称为"祖尔马拉佛塔"。苏尔汉河地区的达里维尔京（Дальверзин-тепе）也发现了贵霜时期的佛教建筑群。有趣的是，在该建筑群内发现了佛像和社会名流的雕塑。

基督教在公元2—3世纪传到中亚地区。据比鲁尼（Би-руни）记述，在基督教宗教创始人去世约200年后，一位牧师将基督教传到了梅尔夫。如果不是我们掌握了来自叙利亚（公元3世纪初）和亚美尼亚（公元4世纪初）地区有关基督教在贵霜王国传播的文献资料的话，那么比鲁尼的这一信息确实让人难以置信。

贵霜时期，中亚还出现了另一种宗教——摩尼教。摩尼教在中亚人民的精神生活史上发挥了重要作用。摩尼教创始人摩尼（Мани）于公元216年出生在巴比伦尼亚泰西封（Ктесифон）附近的一个贵族家庭。尽管萨珊国王起初允许这种新兴宗教传播，但最终摩尼还是遭到监禁并死于狱中（在公元276—277年），摩尼教徒也在伊朗遭到迫害。

根据摩尼教义，世界初始时，没有天地之分，只有光明（善良）和黑暗（邪恶）。在现实生活中，这两种元素互相混杂，人应该为实现完美而作出贡献，在与邪恶作斗争时帮助光明的一面。摩尼教义既包含并结合了琐罗亚斯德教的诸多重要元素，又融合了基督教早期的诺斯替教派（Gnosticism），某种程度上还有佛教的元素。摩尼教义不是一个统一的整体，其中一些教义明显鼓动社会抗议活动，他们有一个口号广为流传："富人总有一天会穷，会乞求施舍并忍受永恒的折磨。"正是这种崇高道德理想的说教，加之宣扬"进入光明的天堂"的承诺，吸引了劳动人民和中等阶层群众信奉摩尼教。同时，摩尼教还建立了强大的组织。这使得萨珊王室和琐罗亚斯德教的教士深感危机。

在摩尼生前及死后，摩尼教的传播已经远远超出了伊朗国土边界。与伊朗的摩尼教不同，中亚的摩尼教徒起初主要是贵族，后来才逐渐覆盖到更广泛的人群，末冒（Mar Ammo）便是中亚摩尼教的著名传教士之一。摩尼教后来传播到中国西北部，接着又传到中国内陆。中亚和中国西北部的摩尼教吸收了很多佛教内容，吸纳了一些佛教思想和术语。在传播宗教思想方面，摩尼教徒还结合了艺术创作方法，特别是绘画艺术。很多摩尼教的书籍中都配有精美的插图。因此，在塔吉克—波斯文学以及旧的详解词典中，"摩尼"一词就是"伟大画家"的同义词。

贵霜时代，不同民族的丧葬习俗各异。贵霜时期的丧葬习俗引发了学者们的兴趣，季亚科诺夫（И. М. Дьяконов）发掘了位于吉萨尔的图普洪（Тупхон）墓葬群。这是一些铺设了砖坯的泥质墓室，部分墓穴还是半成品。在墓室前部发现了冥间用餐器具，所有的器具都用制陶转盘制成。大多数器具呈瓠形，比例适中。这些坟墓中没有任何武器。在尸体口中或胸部有时还会发现钱币。这些钱币类似于欧克拉提德古币（或是欧克拉提德仿币），时间大约是在巴克特里亚王国覆灭以后。在女性的墓地中，考古学家发现了由金（耳环）、铁（指环、扣环）、宝石和玻璃（珠串）、青铜（镜子、手镯、戒指）制成的首饰。这些装饰物与里海和黑海沿岸的萨尔玛特文化有许多相似之处。有趣的是，在这些遗留物品当中还有只能采自波罗的海的琥珀和来自印度洋的宝螺贝壳。在坟墓外，考古工作者们还发现了诸多钱币，其中有一枚钱币是迦腻色伽古币。此外，还发现了谷物碾子、磨盘碎片、铁制刀具等。

在季亚科诺夫以及后来利特文斯基的墓葬考古发掘中，发现了其他的丧葬方式。一些墓葬使用大型的烧制黏土棺椁。这种丧葬方式在帕提亚很普及，可见是贵霜从帕提亚借鉴过来的。在杜尚别地区发现的墓葬使用石制棺椁和大陶罐棺椁。瓦赫什河谷的库赫纳卡拉古城遗址（Кухна-кала）中，死者安放在一个小房间里。花剌子模自公元前2世纪起（甚至更早）就开始盛行骨瓮丧葬，这种丧葬习俗后来流传至中亚其他地区。骨瓮是陶罐（石材极少见），用于存放死者的骨骸。

游牧、半游牧和定居人口通常会将死者葬于墓冢之中。被发掘的古墓大部分位于卡菲尔尼甘河下游、伊斯法拉地区，以及乌兹别克斯坦和吉尔吉斯斯坦部分地区。

三 艺术

贵霜时期，中亚古代艺术达到高点。大型艺术（绘画、雕塑、浮雕）、小型雕塑（陶俑）、工艺美术（珠宝制品等）均获得长足发展。艺术品不仅能够体现中亚艺术大师的卓越才能，还能反映中亚同邻国的关系。

中亚艺术古迹的意义远远超出中亚区域本身，使我们能够以新的方式研究和解释东方重要的艺术文化现象。以犍陀罗的艺术为例，犍陀罗是古称，其中心地区是白沙瓦河谷及其周边地区。在犍陀罗发现了许多独特的艺术品，尤其是石材和雪花石膏材料的雕塑和浮雕。尽管这类艺术风格流传甚广，遍布整个印度西北部、阿富汗和中亚南部地区，但这类艺术仍被冠以犍陀罗的名称，称为犍陀罗艺术。犍陀罗艺术具有将当地特色与古希腊—罗马传统相融合的显著特征，不过，关于犍陀罗艺术的起源、演变和年表问题仍然争议不断，学者们各持己见，提出了无数理论和假设。丹麦学者英霍尔特（Harald Ingholt）将犍陀罗艺术史研究巧妙地比喻为战场："这是一个散落着兵甲的战场，许多考古学家的信念在此被摧毁。过时的理论就是这个战场上的破碎盔甲，相悖的假设就是这个战场上的武器碎片。同时，还有不胜枚举的问题亟待解决，这些问题似乎根本无法解决，学者们的每一次尝试都好像徒劳无益。"

法国学者富歇（Alfred Charles Auguste Foucher）在印度和阿富汗艺术及考古方面做了许多工作，奠定了犍陀罗艺术研究的基础。法国学者斯伦贝格（Daniel Théodore Schlumberger）结合富歇、马歇尔（Д. Маршалл）、罗兰德（Р. Роулэнд）、库马拉斯瓦米（А. К. Кумарасвами）、列夫（И. Лохвизенде Лееv）、英霍尔特（Г. Ингольт）等学者的研究成果，并基于国外最新考古发现，认为"希腊—伊朗元素"（特别是希腊—巴克特里亚元素）在犍陀罗艺术中发挥了重要作用。中亚地区的考古发现为评价巴克特里亚艺术提供了极好的素材。哈尔恰扬遗址的宏伟雕塑和绘画作品、巴克特里亚的非凡塑像等，都为研究犍陀罗艺术的起源问题提供了一定参考。

除巴克特里亚艺术以外，粟特、花剌子模和帕提亚当时也都有自己的艺术风格。

第七章　古代中亚的社会经济结构

第一节　古代中亚奴隶制社会经济结构的史料研究

早在20世纪20年代末至30年代初，苏联历史学家就开始从唯一正确且深刻的科学角度，即马克思列宁主义观点，来详细阐述东方的社会经济结构。

列宁在1919年发表著述《论国家》，该书对马克思主义社会经济历史的发展发挥了重要作用。书中指出："世界各国所有人类社会数千年来的发展，都向我们表明了它如下的一般规律、常规和次序：起初是无阶级的社会——父权制原始社会，即没有贵族的原始社会；然后是以奴隶制为基础的社会，即奴隶占有制社会。整个现代的文明的欧洲都经过了这个阶段，奴隶制在两千年前占有完全统治的地位。世界上其余各洲的绝大多数民族也都经历过这个阶段。"[①]

对东方社会经济形态历史问题的马克思主义研究于20世纪20—30年代才刚刚起步。遇到的难题是，虽然大多数老一辈东方学家的具体史实知识极为丰富，但那时马克思主义意识形态领域还不成熟。

[①]《列宁选集》（第四卷），人民出版社2012年版，第28—29页。《论国家》是列宁于1919年7月11日在斯维尔德洛夫大学的讲演。——译者注

在这种情况下，老一辈学者的主要代表奥尔登伯格（С. Ф. Ольденбург）院士于1931年6月在苏联科学院会议上发表了意义重大的讲话。他称："对我们来说，人民和国家没有东方和西方之分，研究的方法都相同。东方和西方以同等的条件成为我们的研究对象。我们运用马克思主义的方法和理论研究东方，也同样运用这个方法和理论研究西方。阶级斗争在东西方都存在。东方历史形成的框架结构，西方历史也一样。这些是我们东方学研究的主要原理。"奥尔登伯格院士的讲话深深扎根于马列主义基础上，成为苏联东方学研究的总路线。马克思主义对东方民族历史的观点与英国作家吉卜林（Joseph Rudyard Kipling）的观点形成了鲜明对比。他曾写道："哦，东方是东方，西方是西方，两者永远不会相遇，除非大地与天空出现在上帝的审判席上！"

司徒卢威（Струве）利用马克思理论解释了古埃及和美索不达米亚的历史渊源。他在20世纪30年代初得出一个结论，即古代东方国家是原始的奴隶社会。1933年，他在国家物质文化研究院的一份特别报告中阐述了自己的想法，报告很快就被发表。他的演讲具有创新性，对东方奴隶制的经济社会形态问题有新认识。不过，他高估了奴隶制的作用，低估了部落成员的角色，导致当时一些杰出的学者不赞同他的观点。其他一些学者则接受了关于东方存在奴隶制度这个观点，并对此加以研究。

很快，托尔斯托夫（С. П. Толстов）在1933年国家物质文化研究院的全体会议上发表讲话《游牧部落社会的封建制度的起源》，阐释封建制度的产生和发展问题。他提出了许多重要观点，这些观点后来被纳入苏联历史学科知识库。例如，游牧部落和定居的农耕部落之间存在紧密关系等。同时，他还提出了一个假设，即中亚游牧民族（自匈奴起）从公元前2世纪到公元八九世纪经历了奴隶制发展阶段。"与地中海地区的古罗马体制相类似，已拥有畜牧业的游牧民族在其奴隶制社会发展进程中，其军事民主制度也以自己的独特形式发展。"不过，托尔斯托夫对此没有提供充分的论据和具体的分析，他的一些论据也很不严谨，甚至有些出发点就不对（例如，土库曼人直至19世纪都仍然保留了奴隶制等论点）。但总的来说，托尔斯托夫的观点将马克思主义的社会经济体系学说具体应用到东方学研究，取得了丰富成果。从逻辑上讲，不仅是中亚的游牧民族，就连与他们密切相连的定居社会，也都经历了奴隶制的发展阶段。

这一问题的最新表述遭到许多学者的强烈反对。其中的一个代表人物是伯恩斯塔姆（Алекса́ндр Ната́нович Бернштáм），他在1933年的一次会议上捍卫了自己的观点，即"亚洲大部分地区（包括中亚）从原始公社制度直接过渡到了封建社会，绕过了奴隶制社会"。两年后的1935年，马松（M. E. Массон）强调，公元8世纪后，中亚的"旧封建关系瓦解"的进程已经开始。

然而，关于"中亚人民经历过奴隶制时代"这一观点越来越多地出现在科普刊物和专刊之中。1938年，托尔斯托夫首次系统阐述了关于古代中亚奴隶制度的论点，主要内容如下。

1. 阿拉伯人入侵之前，粟特王国的贵族兼有"奴隶主和部落首领"的特征。粟特政权依赖于"恰基尔"① 奴隶武装部队以及享有特权的贵族青年骑兵。这方面材料源自波斯、阿拉伯和中国史料。这种类型的卫队组织在帕提亚时代也存在。古代中亚的绿洲文明具有独特的"城市"风貌。游牧民族和农耕民族彼此之间的联系极为密切。

2. 奴隶制在定居人口和游牧人口中得到了广泛发展。中文史料及"古粟特文信札"可直接证明这一点。能够证实这一点的证据还有中亚并入阿契美尼德王朝这一事实，萨珊法典中关于奴隶制的内容也可以间接证明这一点。另外，乌孙人的墓冢内有大量墓室，但墓冢却不成片分布（即孤立存在），说明墓冢里面很可能是殉葬的奴隶

---

① 恰基尔（чакир）系中亚粟特地区的奴隶卫队、战士。源自波斯语Čākar，中文文献通常记作赭羯、柘羯、拓羯。——译者注

（或者是乌孙贵族与其奴隶被一起埋入地下）。

3. 考古资料表明，中亚在筑造农田水利系统的过程中使用了大量奴隶劳动。在古代粟特和花剌子模的技术条件下，如果动用农耕劳力去建设水利设施，会将大量的劳动力从农耕劳作中分离出来，从而使农业无法正常运作。如果没有奴隶制，东方富饶的农田水利文明就不会出现。

4. 中亚有文字的历史始于公元前 1000 年的前几个世纪。当中亚进入有文字的历史阶段后，原始社会秩序的残余依然持续了几百年。尽管如此，我们依然能够感受到中亚社会制度发生重大转变的初期特征，即社会正在逐渐转向东方的奴隶制阶级社会。

5. 那些导致罗马帝国被颠覆、古代中国被破坏的奴隶社会的普遍危机，中亚自然也不能幸免。公元 5 世纪袭击贵霜王国的蛮族，就是那个在公元 4 世纪袭击中国、在公元 4—5 世纪袭击欧洲的"匈奴"。

托尔斯托夫的结论中，前两个观点不准确，原因是前提错误，即认为中亚的奴隶制时代一直持续到公元 7—8 世纪。除此之外，其他观点基本上已被绝大多数苏联学者接受，并且在以马克思主义理论为基础的中亚古代历史研究中发挥着重要作用。

此后，托尔斯托夫多次回到古代中亚的社会经济制度问题研究上。他试图通过引起人们对花剌子模农业水利系统历史的新观察，来论证奴隶制度在这里居主导地位。尽管不排除在农耕中使用过奴隶劳力，尤其在水利灌溉方面，但托尔斯托夫确信平民没有参与水利建设，古代沟渠的筑造是由"大量未从事其他农业劳动的奴隶"来完成。我们认为这个观点有争议。根据托尔斯托夫的计算结果，要想建造一条长为 25 千米的让巴斯卡拉运河，如果城市附近所有男性居民每年工作 20 天，需要花 15—25 年的时间才能建造完成。托尔斯托夫认为，这种结果是不可能的，因此，这些运河必然由大量奴隶建造。这种推理基于两个前提：一是大型运河的修建速度非常快；二是绿洲的农民需要每年有 20 天时间从事水利建设。

但是，首先，大型运河可能需要数年（有时需要数十年）时间才能建成，而整个农业水利系统建设则可能需要上百年。其次，中亚（包括花剌子模）农业的特殊性，使得农耕人口每年至少要用2—3个月时间来建造和清洁灌溉设施。因此，如果根据托尔斯托夫和安德里安诺夫（Б. В. Андрианов）提供的数字，即成年男性工人的数量大约为1000人，让巴斯卡拉运河可能由运河附近的人在4—5年内建成①。最后，农业技术落后使得农业生产效率不高，如果将大量的人工脱离田间作业，只让他们从事灌溉系统建设，则非常不划算。就算只给这些从事灌溉工程的人最基本的生存保障，也会给农耕人口带来沉重负担。即便按照19世纪末花剌子模农业技术所达到的水平，一个人工（加上畜力）一年可以耕种的耕地也很少，更不用说农业技术水平更低的古代。因此，扩大播种面积的可能性和必要性直接受到从事田间作业的人数的严格限制。

众所周知，在19世纪到20世纪初，灌溉土地上的小麦单位年产量每公顷为15—20公担。在此情况下，需要留出1.5—2公担的种子，还有一部分要缴纳赋税（在中世纪，这一部分不少于1/3），因此能留给农民自己的只有8—11公担。然而在古代，能留给农民的数量要远远低于这个数字。如果取这个数字的一半（当然，纯粹是推测），即留给农民的量是4—5.5公担，那么这些粮食一年只够养活两个人，最多三个人。鉴于其他家庭成员也会参加田间工作，减轻主要劳动力的压力，古代花剌子模的农村家庭只能是勉强维持生计和缴纳税贡。

基于此，更有可能的是，参与灌溉工程及运河季节性清理的不仅是绿洲的所有农村居民，当然还有奴隶。如利特文斯基正确指出的那样："如果农民使用水和灌溉的土地，国家就会收取适当的赋税，因

---

① 实际上，估计运河所需的开挖量为75万立方米。如果每天发掘的土方量为2.5立方米，则可计算出，这种规模的工作量可能在五年内完成。如果劳动生产率更高，达到3.5立方米，那么同样的人工可以在三年内建成这样的运河。——译者注

为政府对修建新的运河也感兴趣。显然,农村居民是被迫修建渠道。这项工作可能是在国家代表的监督和控制下进行的。"

利特文斯基还通过类比的方式指出,在亚速,筑造灌溉工程是全民的事业,国王本人作为部落的代表,也亲自参与进来(当然是象征性地)。直到19世纪前,这一古老习俗在希瓦汗国都一直保留着。每年在对运河进行清洁之前,会举行隆重的仪式,仪式过后,可汗会亲自到运河中,别人递给他一把铁锹,他故作动工姿态。

在古代东方,运河筑造者的社会地位(即"等级")可谓很高,以至于在苏美尔神话中,诸神会亲自参与水利灌溉工作,他们用锄头刨土,把刨出来的土装入篮子里。

托勒密王朝时的埃及,运河和水坝靠当地的被征服者来筑造,他们被迫服从国家的命令。理论上讲,所有的居民都应参与其中,但是,特权阶层的代表却可以通过缴纳相应赋税的方式而摆脱工作。政府为参与这项工作的人提供锄镐以及用来搬运土壤的篮子,工作完成后,必须将工具归还。

在东方,经济合理性要求全体农村居民都要参与运河建设,如果没有国家的指挥和调动,这项大规模的工作就不可能执行。正如马克思在《不列颠在印度的统治》一文中指出的那样:"在亚洲,从远古的时候起一般说来就只有三个政府部门:财政部门,或者说,对内进行掠夺的部门;战争部门,或者说,对外进行掠夺的部门;最后是公共工程部门。气候和土地条件,特别是从撒哈拉经过阿拉伯、波斯、印度和鞑靼区直至最高的亚洲高原的一片广大的沙漠地带,使利用水渠和水利工程的人工灌溉设施成了东方农业的基础。无论在埃及和印度,或是在美索不达米亚、波斯以及其他地区,都利用河水的泛滥来肥田,利用河流的涨水来充注灌溉水渠。节省用水和共同用水是基本的要求,这种要求,在西方,例如在佛兰德和意大利,曾促使私人企业结成自愿的联合;但是在东方,由于文明程度太低,幅员太大,不能产生自愿的联合,因而需要中央集权的政府进行干预。所以亚洲的一切政府都不能不执行一种经济职能，即举办公共工程的职能。这种用人工方法提高土壤肥沃程度的设施归中央政府管理，中央政府如果忽略灌溉或排水，这种设施立刻就会废置，这就可以说明一件否则无法解释的事实，即大片先前耕种得很好的地区现在都荒芜不毛，例如巴尔米拉、佩特拉、也门废墟以及埃及、波斯和印度斯坦的广大地区就是这样。同时这也可以说明为什么一次毁灭性的战争就能够使一个国家在几百年内人烟萧条，并且使它失去自己的全部文明。"①

20世纪40—60年代，苏联研究人员准确而深入地阐述了中亚历史上的奴隶制发展情况，详细研究了政治历史、生产力发展、货币流通、文化等方面的问题，努力确定中亚奴隶制度的特点及其发展阶段。因此，苏联学术界明确指出，古代中亚地区的奴隶制十分盛行。

通过研究各种史料，大家确信，中亚的奴隶制度具有一些显著的特点。在第一版《塔吉克人民的历史》（莫斯科，1949年）中，已经强调了古代中亚社会结构的基本特征。这些观点在该书后来的几版中也得到了完善和发展。在《塔吉克人民的历史》（莫斯科，1963年）第一卷中，利特文斯基分析了20世纪60年代初学界所掌握的古代中亚的学术资料，并对比了东方邻国的经济社会历史材料。这项最完整且系统的工作为解决相关问题迈出了坚实的一步。

我们应该特别讨论"亚细亚生产方式"。苏联史学界在20世纪20年代末到30年代初对该问题进行了广泛探讨，60年代中期又因为国外马克思主义学者的一次演讲而掀起第二波讨论。许多关于这一话题的文章已经发表在学术期刊上，还出版了一些论文集和研究成果。

"亚细亚生产方式"这一术语经常出现在马克思主义奠基者的著述当中。但是到了19世纪80年代，当马克思和恩格斯着手深入研究古代史问题时，他们的观点有所改变。恩格斯在1884年《家庭、私有制和国家的起源》一书中认为，"亚细亚生产方式"被原始社会取

---

① 中文译文参考《马克思恩格斯选集》（第1卷），人民出版社2012年版，第850—851页。——译者注

代，随后被奴隶占有制取代。在1887年《美国工人运动》中又写道："在亚细亚古代和古典古代，阶级压迫的主要形式是奴隶制，也就是说，群众不仅被剥夺了土地，甚至连他们的人身也被占有。……在中世纪，封建剥削的根源不是由于人民被剥夺而离开了土地，相反地，是由于他们占有土地而离不开它。农民保有自己的土地，但是他们作为农奴或依附农被束缚在土地上，而且必须给地主服劳役或交纳产品。"[1] 列宁在其著述《论国家》中，专门论述了社会经济形态，并对每种形态都进行了详细描述，还对其后续的变化作了分析。不过，列宁并没有提到"亚细亚生产方式"，仅在引用马克思相应的论述时才提到这一术语。一些苏联学者认为，马克思和恩格斯慢慢放弃了"亚细亚生产方式"这个有些特殊的概念，我们也支持那些苏联学者的观点。将列宁归为"亚细亚生产方式"的支持者，这显然有些牵强。

与此同时，人们在大讨论中发现，有必要对奴隶社会制度和体系的内涵予以更全面和更广泛的分析阐述。存在这样一种完全错误且教条的观点，即认为奴隶制社会就是绝大部分（甚至主要部分）的直接生产者一定是奴隶的社会。实际上，历史上几乎没有过这样的社会。在大多数情况下，奴隶在劳动人口中的占比都较小，奴隶本身的社会地位也可能不尽相同。最后，我们称为奴隶制的社会，实际上是一个多元化的社会。在研究古代中亚的社会结构时，所有这些因素都不容忽视。

第二节 古代中亚社会经济制度的当代学说

一 社会分化和财产分化

从公元前3000年代末到公元前2000年代初，土库曼斯坦南部开

---

[1] 《马克思恩格斯选集》（第4卷），人民出版社2012年版，第183页。——译者注

始出现明显的财产分化。在伊朗的吉萨尔古城遗址（Тепе‑Гиссар）中，这一时期的首领墓葬十分奢华。尽管土库曼斯坦南部的墓葬没有如此奢华，但与普通墓葬相比，显然也有一些不同。例如，阿尔德遗址（Алтын‑тепе），墓主人女祭司就戴着金戒指和美丽的珠子。

印刷品发行也证明了社会分化和财产分化。宝藏的发现表明，宝藏集中在个别的家庭手中。建造类似于宫殿和寺院等建筑物，清楚地表明社会显然已经划分为等级。社会分化和财产分化首先在中亚南部，更确切地说是土库曼斯坦南部出现，然后才在其他地方产生。土库曼斯坦南部这种"超前"发展的原因有多方面因素。特别值得一提的是，土库曼斯坦南部拥有中亚地区最优质的原始灌溉农耕条件，另外，土库曼斯坦南部也拥有与东方城市文明交往联系的最有利条件。

土库曼斯坦南部的阶级社会发展，起初呈上升状态，公元前2000年代中后期开始衰败。这个时期，土库曼斯坦南部无意间与印度北部建立了联系。人们只能猜测原因是当时土库曼斯坦南部发生了社会变革。当然，这时社会分化和财产分化已经产生了显著差异。同样明显的是，出现了设有要塞的坚固定居点。公元前2000年代末至公元前1000年代初。无论是土库曼斯坦，还是巴克特里亚都有这类定居点。这完全应验了恩格斯的话："在新的设防城市的周围屹立着高峻的墙壁并非无故：它们的堑壕成了氏族制度的墓穴，而它们的城楼已经高耸入文明时代了。"[①]

新的社会分化和财产分化过程在公元前1000年代的上半期就已开始。总体上，这一过程覆盖了中亚大部分地区。这一现象在波斯古经《阿维斯塔》中，甚至在其最古老的章节部分都有所反映。对于《阿维斯塔》的作者们来说，财富就是牲畜。万能的英雄伊玛（Йима，Yima）就拥有"上好的牧群"。书中还提到"拥有大量牧群

---

① 《马克思恩格斯选集》（第4卷），人民出版社2012年版，第183页。

的家族"。有一个人答应给查拉图斯特拉本人赠送十匹怀着小马驹的母马和一头骆驼，正如利夫希茨（В. А. Лившиц）指出的那样，"这个人不太可能是部落的一般成员"。

关于中亚在公元前1000年代中期和下半期的社会制度，这方面的资料非常有限。但我们依然能够发现一些社会分化的迹象。例如，在巴克特里亚和粟特出现了以"显贵"为特征的"高贵的人"（nobilissimi）。奴隶制在中亚也存在。据文献记载，波斯阿契美尼德王朝西部地区的一些居民被当作奴隶，并让他们定居在中亚。据希罗多德记述，在巴克特里亚居住着一批来自希腊巴尔卡城（北非）的居民。波斯人威胁那些起义的希腊—伊奥尼亚人称，要把他们变成奴隶，并把他们的女儿流放到巴克特里亚。显然，巴克特里亚是来自阿契美尼德王朝西部的奴隶们的居住地。这些奴隶都是国王的奴隶。至于这个时期的私人奴隶，我们知之甚少。只知道粟特人斯皮塔门有奴隶（也不一定可信）。史料中有关于当时的中亚社会存在氏族部落制度的记载。如在粟特北部就有一个城市的居民是梅玛肯（мемакен）部落或氏族。

粟特和巴克特里亚的贵族在马其顿亚历山大大帝时代拥有大量财富。从霍里恩（Horien，Хориен）这个人身上可以间接证明这一点。他可以为马其顿军队提供两个月的粮食供应。来自帕提亚苏连部落的一名贵族击败了克拉苏，普鲁塔克在《克拉苏传记》中写道："这位贵族不是一个普通人。他的财富、家族权贵和荣耀地位仅次于国王。他在行军时，会带上1000头骆驼和200辆姬妾乘坐的马车；1000名甲骑，还有更多轻装随从做他的护卫；他所有的骑士、骑兵和奴隶不少于万人。"在大宛，一个外国人看到了"富裕的家族"和"元老"；富人拥有大量的葡萄酒。在乌孙游牧民族中，富人拥有四五千匹马。

二 公元前1000年代末至公元1000年代初期的中亚社会结构

在巴克特里亚时期及晚期的钱币以及贵霜王国的铸币上，都有希腊或东伊朗国家首领的称号。即"统治者""国王""万王之王"。在一个源自印度的宝石印章上刻有贵霜文字的铭文，先是人名，后面跟着封号"首席大臣"（вазорк - фромалар）。波斯萨珊王朝也曾用"首席大臣"（вазург фрамадар）一词，是整个内阁的领导，就是首相。这一职位由王室成员或名望高、势力大的世家大族担任。但应该注意的是，这个封号在中亚的含义可能有所不同：在中世纪早期的粟特语文本中，大臣（фрамандар）的字面意思是发号施令者、宫廷事务管理者。但在贵霜统治时期，大臣可能是国家的高级（或最高的）官员之一。

在今俄罗斯国立埃尔米塔什博物馆和大英博物馆的藏品中，有带有主人称号"哈扎鲁赫特"（хазарухт）的印章，与萨珊王朝的"皇家侍卫长"（хазарпат）相对应。这些印章的年代尚不完全清楚。看上去，它们应该属于贵霜之后的时期。印章的制造地也无法确切判定，但是我们可以将这些印章用作证明"公元3—5世纪巴克特里亚王国存在发达的国家机器"的补充证据。

在苏尔赫科塔尔铭文中有个官称"诺孔佐克"（Ноконзок），意思是"边防卫士"。正如亨宁所指出的一样，该官称与萨珊王朝的"卡那朗格"（канаранг，意思是边界守卫者或巩固边防者）相同。卡那朗格是负责守卫与中亚接壤的萨珊东部边界的官员；其职能更多是军事，而非民事。这个官号在中亚使用广泛，例如在中世纪早期，撒马尔罕王室的代表就使用了这一称号。

亨宁在国立埃尔米塔什博物馆的一枚印章上认出了"阿斯巴尔比德"（асбаробид）一词。该词的第一部分"阿斯巴尔"在中古波斯语中是骑士、武士的意思；第二部分"比德"（бид）则源于古波斯语"pati"，意思是"主人"。因此，"阿斯巴尔比德"与其说是一个名号，不如说是一个官称，意思是"骑兵首领"。

在贵霜发现的一颗宝石上，刻有其主人的名号"哈尔巴兰"（харбалан），即"骑驴的人"。正如利夫希茨所指出的那样，在贝拿勒斯郊外的鹿野苑（Сарнатх）发现的两个印度梵天铭文上也找到了这个名号。在第一段铭文中，标有铭文的日期——贵霜国王迦腻色伽统治的第三年。铭文介绍了佛教建筑情况，捐助者名单提及两位总督：Vanaspara 和 Kharapallano。Vanaspara 一词则来源于巴克特里亚语 Wanaspar，即呼唤胜利的人。Kharapallano 是刻在贵霜宝石上的"哈尔巴兰"这个名号的印度语表达，在第二段铭文中，Kharapallano 被称为"伟大的总督"。

在帕提亚地区，区域和地方的行政机构极为分散，旨在压迫直接生产者。由此产生了两极分化：一面是集中了巨大权力和众多财富的贵族，另一面则是通过劳动创造财富的人。但具体到中亚，关于中亚劳动人民的细节还知之甚少。谁从事宫殿及防御工事的筑造，谁在城市作坊干活，农村人口的组成情况等，现有的史料涉及不多。但可以肯定，中亚既有奴隶，也有包身之人。

语言学家证明，用于表达父权奴隶制的术语在青铜时代的印欧人中间就已经存在。这说明，他们那时就已经知道"父权奴隶制"。在《阿维斯塔》时代已存在奴隶和包身之人。后来的文献中，提及了粟特和帕提亚的奴隶，还说到来自巴克特里亚和费尔干纳的奴隶。在"粟特文古信札"和其他粟特文献资料中，常见"万达克"（vandak，男奴）和"达伊亚"（daya，女奴）这两个词。在粟特的婚约中（公元 8 世纪初）出现了四种类型的包身之人，包括之前提到过的"万达克"（vandak，男性奴隶）、"尼帕克"（nipak，债务奴隶）、"瓦纳克"（vanak，战俘奴隶）。在公元 6 世纪形成的萨珊法典中也提到了奴隶，其中"万达克"（bandak）是奴隶的统称，还有"阿纳沙克里克"（anashahrik，最初从战俘中募得的奴隶）。在与花剌子模的托克卡拉（Ток-кала）骨瓮大约同期的铭文中，有"胡纳尼克"（hunanik，奴隶）这一术语。从一些资料可知，在阿拉伯人占领之前，"hun"这一术语在花剌子模是指外国奴隶。

在托普拉克卡拉遗址（Топрак-кала，公元 2—3 世纪）发现的文献对于了解中亚的社会经济制度极为重要。这是一部族谱，或者更确切地说，是男性成员（即父系亲属制度）的谱系。例如，通过8号文件可知，这一家族由21人组成，其中4个自由人（一家之主、两个成年儿子和一个女婿），其余17人是奴隶（或仆役），其中12人是一家之主的奴隶（或仆役），两人是他妻子的奴仆，两人是他孩子的奴仆，还有1人是小妾儿子的奴仆。

但是我们要再次强调一下，奴隶既不是唯一的劳动力，可能也不是主要劳力，尤其是在农业领域。德国著名的印度专家鲁本（Вальтер Рубен）认为，古印度的奴隶数量非常多，但在直接生产（农业和手工业）领域，奴隶的作用并不大，因为他们的劳动无利可图。这种情况不仅在印度，在古代世界上大多数没有发达商品生产的国家均如此。季亚科诺夫（И. М. Дьяконов）写道："……只有在像科林斯、雅典或罗马那样处于共和国晚期和帝国初期阶段的国家，也就是说，古代世界上，只有少数几个商品生产占主要地位的国家，才有可能称得上是大型私人奴隶制快速发展的典型。"

在中亚地区的农业生产中，奴隶劳动占次要的或从属的地位。有直接和间接材料表明，古代中亚就像整个古代东方一样，公社占据了非常大的一部分。宗法制的家庭公社和联合公社成为古代社会的基础。用季亚科诺夫的话说，公社主要是享有充分权利的自由人和奴隶主的民间组织。

在中世纪早期（甚至可能更早）的粟特，公社（naf）由贵族（azatkar）、商人（hvakar）、自由农民社员和手工艺人（karikar）组成。一般来说，伊朗语自《阿维斯塔》时代起就存在社会地位高和低相对的词汇。"阿扎特"（azat，自由的人、高贵的人）表示地位高的人，不同于包身之人，尤其是奴隶。恩格斯说："东方的专制制度是基于公有制。"[①]

[①]《马克思恩格斯全集》（第20卷），人民出版社1971年版，第681页。——译者注

尽管奴隶制关系在整个社会经济体系和整个社会中都占据重要位置，正如大多数研究古代东方的学者所言，这样的社会可以称为奴隶所有制。但在我们看来，中亚在整个古代，在生产方面起主导作用的却是公社制度，尤其是在农业领域。在农村地区，当时以农村公社为主。农耕公社的特点减缓了自然经济向商品经济的过渡，因为众所周知，"产品变成商品的规模越大，公社生活就会变得越衰落。"

如前几章所述，城市生活在中亚出现的时间很早，并且开始与多国进行贸易，但仍以自然经济为主。尽管这没能促使内部贸易与货币流通渗透到足够深的程度，但仍然促进了"以生产直接生活资料为目的的父权奴隶制转变为以生产剩余价值为目的的奴隶制"。在中亚的山区和草原地区，城乡一体的现象也存在。这里的手工业还没有完全脱离农业。

千百年来，农耕地区与游牧部落共存与密切接触是中亚和许多东方国家历史发展的典型特征。

东方专制主义的一个功能是不断发动战争，目的是抢掠外国财富，占领大片领域。

我们还必须注意经济发展的极大不平衡，以及由此导致的中亚各地区奴隶制度的发展差异。经济上处于领先地位的是粟特、花剌子模、巴克特里亚（吐火罗斯坦）、费尔干纳、呼罗珊等绿洲地区。经济较落后的地区是不便利的山区，如帕米尔、巴达赫尚、库锡斯坦（Кухистан）和其他地区。七河地区、咸海流域、外里海以及现今的哈萨克斯坦等草原地带属于中亚的外围地区。恰奇绿洲（Чачский оазис）和乌斯特鲁沙纳（Уструшана）则是独特的缓冲区。氏族制度在草原畜牧经济以及山区经济中表现出了强大生命力。在绿洲地带，奴隶制的发展势头越来越强。总体上，奴隶制度在中亚并没有像古希腊那样根深蒂固。

日益激化的阶级矛盾主要发生在两个阶级之间：一方是拥有奴隶、大片土地和商队的较富裕的军奴贵族和祭司阶级，另一方是以各种形式依附于他们的普通公社成员。国家权力集中在贵族和祭司手中，由专制国王及其军队领导，凌驾于人民之上。上层统治阶级依靠强大的中央集权，剥削奴隶和公社成员。

关于罗马这个古代奴隶制国家，马克思写道："在古罗马，阶级斗争只是在享有特权的少数人内部进行，只是在富有的自由民与贫穷的自由民之间进行，而从事生产的广大民众，即奴隶，则不过为这些斗士充当消极的舞台台柱。"[①] 在中亚也是如此，尽管古文献中提及甚少，但中亚的主要生产者是自由的公社成员，主要的阶级矛盾恰恰发生在贵族与贫穷的自由公社成员之间。这是自公元前7世纪至公元三、四世纪的中亚社会总体进程的缩影。

农村公社在一定程度上存在地域联系。由此，各地方的联系也日益加强。

关于中亚民族的形成过程，我们必须指出，在这一时期，部落联盟取代了部落氏族。除了邻近部落之间的简单联合，也出现了部落融合，即民族形成的进程。不过，在当时的历史条件下，正像恩格斯关于古希腊所述，民族形成的步伐并没有更进一步，只是建立了部落间的彼此联系而已。当时并不具备形成统一民族的先决条件。中亚国家的史实印证了恩格斯的这一观点。这一时期，还不能说已经形成了统一的粟特人或花剌子模人。只能说各地形成了一些中心，形成了粟特、花剌子模、巴克特里亚、呼罗珊和其他地区的地方性小部族，并表现出未来进一步接近并最终形成粟特人、花剌子模人和其他民族的趋势。

---

① 《马克思恩格斯选集》（第1卷），人民出版社2012年版，第665页。——译者注

第八章　公元4—6世纪中亚的部落和民族

第一节　政治

一　萨珊王朝

到公元3世纪时，由于与罗马人的长期战争和内部矛盾，帕提亚王国发生分裂。大量便于耕种的土地集中在贵族手中，奴隶主贵族、公社社员和奴隶之间的阶级对抗加剧。

法尔斯地区（Фарс）的贵族通过与琐罗亚斯德教密切合作取得政权，以便利用国家机器掌控劳动者，使自己的财富和权力得到进一步增长。

公元220年，位于法尔斯地区的伊斯塔赫尔公国（Истахр）的统治者阿尔达希尔一世（Арташир I，Ардашир Папакан）统治了整个法尔斯。公元224年，阿尔达希尔一世击败帕提亚王朝的最后一位统治者阿尔塔班五世（Артабан V）的军队，建立了覆盖整个伊朗领土的国家政权。从此，萨珊王朝取代帕提亚王朝。

帕提亚王朝在与罗马的斗争中衰弱，陷入复杂的社会矛盾之中，在西方的奴隶制与东方的氏族公社之间摇摆不定，无法为新的社会关系发展提供强大动力，萨珊王朝则完成了这一进程。

萨珊王朝存续了400多年（公元224年或226年至公元651年）。

其统治时期具有以下三个特征：第一，大约自公元4世纪开始，封建关系在萨珊王朝得到不断发展；第二，为了克服各省大公和执政者的离心力，中央政府显著增强了自己的实力，因此恩格斯称萨珊王朝为"有序的王国"；第三，琐罗亚斯德教的影响迅速扩大并逐渐成为国教，阿尔达希尔一世曾说："宝座是神坛的支撑，而神坛是宝座的支撑。"

在阿尔达希尔的儿子沙普尔一世（Шапур I，公元242—272年在位）统治期间，萨珊王朝击败了罗马军队，战争中，一位罗马皇帝阵亡，另一位罗马皇帝被俘。在沙普尔二世（Шапур II，公元309—379在位）统治期间，萨珊王国变得更加强大，在与东方和西方的战争中连连获胜，占领了许多城市。到伊嗣俟一世（Йездигерд I，公元399—420年在位）统治时期，萨珊国内有很多基督徒，他试图依靠基督教来限制贵族和琐罗亚斯德教的势力。

萨珊政权的残酷统治引起中亚和外高加索被占领地区人民的强烈不满，这些地区发生了起义。中亚游牧民族入侵动摇了萨珊政权，萨珊国王和王子或沦为游牧民族的俘虏，或沦为人质，如卑路斯国王（Пероз，公元459—484年在位）。与此同时，在伊朗发生了包括"马兹达克"运动（Mazdakism）在内的社会运动。当时的萨珊政权在民众的攻势下几乎崩溃。

霍斯劳一世（Хосров I Ануширван，公元531—579年在位）统治时期，萨珊王朝达到鼎盛。除了派出庞大的远征军（甚至征服阿拉伯的也门），霍斯劳一世还进行一系列税收、军事和行政改革，巩固了新兴的封建关系并促进其进一步发展。与此同时，中央政府的地位也得到巩固。

萨珊国王曾尝试吞并中亚地区。在公元5世纪中叶，中亚地区处于游牧部落统治之下，萨珊逐渐失去对该地区的控制。但是，土库曼斯坦南部地区后来再次处于萨珊王朝统治之下。公元7世纪中叶，萨珊政权在阿拉伯人的袭击下垮台。

二 寄多罗人

关于寄多罗人（кидариты），中国的纪传体史书《北史》记载："大月氏国，都剩监氏城，在弗敌沙西，去代一万四千五百里。北与蠕蠕接，数为所侵，遂西徙都薄罗城，去弗敌沙二千一百里。其王寄多罗勇武，遂兴师越大山，南侵北天竺。自乾陀罗以北五国，尽役属之。"① 此外，《北史》还记载了公元424年发生的事件："小月氏国，都富楼沙城，其王本大月氏王寄多罗子也。寄多罗为匈奴所逐，西徙。后令其子守此城，因号小月氏焉。"

至今已发现带有婆罗米语"寄多罗贵霜"字样的一批钱币，根据钱币上面的铭文可以确认其制造年代为公元390—430年，制造地在兴都库什山脉以外。英国学者比瓦拉（А. Бивара）对钱币进行分析后得出结论，带有如此字样的钱币至少经过两位执政者的分次模压。对此，叶诺基（К. Еноки）研究证实，公元412—437年，寄多罗王国统治的地区包括吐火罗斯坦（Тохаристан）和犍陀罗（Гандхара）。

据帕尼翁的普利斯库斯②（Приск Панийский）所著的西方文献描述，被称为寄多罗的匈奴人于公元456年及以后几年中与波斯萨珊王朝进行战争。帕尼翁的普利斯库斯写道，公元456年帕提亚人（即萨珊）正在与匈奴寄多罗人交战；公元464年，萨珊政权认为，罗马人（即拜占庭帝国）一定会资助波斯人反对寄多罗人。

中文史料中的寄多罗（Цидоло，读作 kiwo‑ta‑la）即古钱币图案中的寄多罗（Кидара）。根据中国史料记载，寄多罗人与贵霜人同源，或者是贵霜人的一个分支。不过，此说法没有在其他文献中得到

---

① 见《北史》卷九十七，列传第八十五，大月氏国即贵霜帝国。国王为寄多罗。蠕蠕即柔然。《南齐书》《梁书》作芮芮，《魏书》作蠕蠕，《周书》作茹茹。——译者注
② 普利斯库斯（Priscus Panites，生卒年大约是公元410—472年），是公元5世纪时期罗马的一位外交官、历史学家、雄辩家。出生在希腊的帕尼翁（位于色雷斯，在今伊斯坦布尔附近）。公元448年曾跟随马克西米努斯的使团，奉狄奥多西二世之命出使匈人帝国，面见其王阿提拉。著有希腊文著作《拜占庭史》。——译者注

验证。至于前往印度的寄多罗人同普利斯库斯所记载的与萨珊人交战的那些人是怎样的关系，目前尚不清楚。关于寄多罗人与匈尼特人①（хиониты）之间的关系，有学者认为，由于匈尼特人臣服于寄多罗国王，因此也被称为寄多罗人。有资料显示，早在公元477年，犍陀罗地区的寄多罗王国就向中国派出了使团。

三　匈尼特人

公元346年或者347年萨珊国王沙普尔二世统治时期，匈尼特人居住在萨珊王国的东部边界。萨珊王国的安全受到匈尼特和贵霜②（еусены）部落，特别是贵霜部落的侵扰，于是沙普尔二世设法与匈尼特人和戈兰人（геланы，Gélanes）缔结了联盟协议。

公元359年，为了履行联盟的义务，匈尼特人由格鲁姆巴特（Грумбат）率领，参加了沙普尔二世在叙利亚城市阿米达（Амида）附近的战斗。根据公元4世纪的古罗马史学家阿米安·马塞林（Аммиан Марцеллин）的叙述，格鲁姆巴特是"匈尼特人的新国王，一个面部满是皱纹的中年人，杰出的统治者，立下赫赫战功。他的儿子，一位英俊青年，与他一起参战并且在战斗中丧生"。

在公元4世纪60年代末至70年代中期，萨珊国王沙普尔二世两次与国都位于巴尔赫（Балх）的贵霜人交战。生活在公元5世纪的亚美尼亚人浮士德（Фавст Бузанд，又称为"拜占庭的浮士德"）描述了这两次战争。第一次战争由贵霜国王发起，沙普尔二世亲自领导萨珊军队迎战，但无济于事。浮士德写道："贵霜军队击溃了萨珊军队，杀死许多波斯军士，俘虏了很多囚犯并将其余的人赶走。"在第

---

① 匈尼特人，中文称为㹜，是古代游牧民族，逐渐采用伊朗语言，曾经占据河中地区与巴克特里亚。古罗马历史学家阿米安·马塞林（Ammianus Marcellinus，又译为阿米阿努斯·马尔切利努斯）于356—357年首次记录下这个民族。有学者认为匈尼特人源自西迁的北匈奴，此说法获多数学者赞同，匈尼特人文明程度与匈奴人相当，也和匈奴人的长相相似度极高，但匈尼特人为匈奴人的说法尚无定论，目前可证实的证据只有北匈奴消失的地点和匈尼特人出现的地点位置相同。——译者注

② 此处"еусены"可能是阿米安·马塞林的笔误，单词的第一个字母е应该写成"к"，加上该字母之后就成为"贵霜"（кусени/ кушань）。如果这一推理正确的话，则匈尼特人与贵霜人同时存在。——译者注

二次战争中，萨珊军队同样以失败告终。当然，这里的"贵霜人"可能是寄多罗人、匈尼特人，或者是二者一起出现。

记述古印度摩揭陀笈多王朝的萨摩陀罗笈多（Самадрагупта）功业的阿拉哈巴德石柱铭文中，记载了关于尊号"戴瓦普特拉—沙希—沙哈努沙希—沙卡—马伦达"（дайвапутра - шахи - шаханушахи - шака - марунда），以及作为摩揭陀笈多王朝附庸的锡兰（Цейлон）等岛屿上的居民的内容。这些附庸国的统治者将自己的女儿献给萨摩陀罗笈多做妻子，请求册封自己的领地，并承认摩揭陀笈多王朝为宗主国。关于上述头衔，学界有不同解释。比较有说服力的是印度学者布德哈·普拉卡什（Будха Пракаш）的观点，他认为，"戴瓦普特拉—沙希—沙哈努沙希—沙卡—马伦达"是指公元 4 世纪中叶的一位杰出的贵霜统治者（石柱上的铭文正可追溯到此时）。另一位印度史学家阿尔特卡尔（A. S. Altekar）认为，阿拉哈巴德石柱铭文指的是寄多罗（Кидар）。亚美尼亚历史学家浮士德（Фавст Бузанд）曾称颂"伟大的贵霜国王"，这与铭文中所提到的天朝"王中之王"有相似之处。但是各种历史记载中，对铭文的诠释并不能完全还原当时的情况，特别是寄多罗人与匈尼特人之间的关系。

学界通常认为，中国古代史料并没有涉及匈尼特人的信息。但是日本学者榎一雄（K. Еноки）研究后认为，中国古代编年史中有关于"匈奴人"征服粟特的史料，称匈奴人杀死了粟特统治者，夺取了他们的土地（这已是此地匈奴人的第四代）。这些征服粟特的所谓的"匈奴人"实际上就是匈尼特人。但是中文文献中关于匈尼特人征服粟特的具体时间记载得并不详细，从时间顺序看（史料记载大约是公元 437 年），匈尼特人很可能是在到达中亚南部之前就先征服了粟特，再经粟特南行。

应当指出，关于发生在公元 5 世纪上半叶和中叶的事件，文献混淆了寄多罗人和匈尼特人，因此很难区分事件的主体到底是匈尼特人还是嚈哒人（эфталиты）。根据塔巴里①（Табари）和季纳维利②（Динавери）的说法，巴赫拉姆五世（Варахран V Бахрам Гур，公元420—437年在位）在呼罗珊登上萨珊王位后不久，就入侵突厥可汗的领地并进行掠夺。

巴赫拉姆五世假装前往阿塞拜疆，在做好所有预防措施后，他秘密靠近了已在梅尔夫建立营地的毫无戒心的突厥人。然后，他的士兵发出令人恐惧的吼声，吓得突厥人仓皇逃走。巴赫拉姆五世杀死突厥可汗，俘虏他的妻子，将突厥人追赶到阿姆河，在阿穆利（Амуль）地区越过河流。当他接近突厥人时，突厥人向他表示臣服，请求划定边界，并且保证不会越过边界。巴赫拉姆选择了一个"深入"突厥国家的地方，下令在那里建造一座塔楼并将其指定为边界。

按照塔巴里的说法，边界设在紧邻突厥人居住区的地方。他还添加了有关巴赫拉姆捕获战利品的详细信息。据他记载，巴赫拉姆五世在呼罗珊地区任命地方长官，将官邸建在巴尔赫。不过，尽管取得了胜利，但东部边界的局势仍需要不断加以控制。对于此次事件，波斯诗人费尔多乌西（Фирдоуси，公元935—1020年）曾经提到：在击败突厥人之后，查加尼扬（Чага-ниан）、胡塔梁、巴尔赫和布哈拉的贵族必须向波斯称敬。

这里提到的"突厥人"到底是哪些人？这个称呼可能有时代错乱嫌疑。马克瓦尔特（И. Маркварт）提请注意两种情况：首先，一部巴列维语（帕拉维语）史诗《怀念扎里尔》（Ядгар Зареран，Ayadgar–i Zareran）讲述伊朗国王维什塔斯普（Виштасп）与匈尼特王阿尔贾斯普（Арджасп）在梅尔夫地区的草原上战斗的故事。胜利后，维什塔斯普回到巴尔赫。这些情节让人想起巴赫拉姆五世所发动

---

① 塔巴里（公元838—923年），祖籍波斯，全名穆罕默德·本·贾里尔·本·耶兹德·本·哈里德，生于里海南岸塔巴里斯坦（今伊朗马赞达兰省）的阿莫勒，并以出生地塔巴里著称于世。他是中世纪著名的《古兰经》注释家、圣训学家、伊斯兰教法学家、历史学家，阿拉伯编年体史书鼻祖。——译者注

② 阿布·哈尼法·艾哈迈德·本·达乌德·季纳维利，出生年份未知，卒于公元895年前后，波斯血统讲阿拉伯语的语言学家、自然科学家、历史学家。——译者注

的战争。其次，呼罗珊的地方长官获得"贵霜边界守护者"的封号。据此，马克瓦尔特得出一个令人信服的结论，即巴赫拉姆五世实际上是在与匈尼特人开战。

呼罗珊的地方长官为什么会有"贵霜边界守护者"的头衔？主要有两种解释。一种可能是，根据塔巴里的说法，巴赫拉姆五世打算兼并印度境内被贵霜人占据的部分领土，该头衔可能是出于政治需要。另一种可能是，伊朗人认为（或知道）新出现的匈尼特人与早已存在的贵霜人之间有某种联系。这个解释得到以下这个材料的支持，即在巴赫拉姆五世的儿子伊嗣俟二世（Йездигерд Ⅱ，公元438—457年在位）统治时期[①]，其与北方游牧民族的战争仍在继续。当时参加过这场战争的亚美尼亚史学家、瓦尔达佩特叶基舍[②]（Егише）记载道：萨珊国王"突然袭击了被称为贵霜的匈奴人所在地，与他们的战争持续了两年，仍无法获胜"。在此，两个完全独立的关于匈尼特人的文献记载都谈到了贵霜，这证实了不应将匈尼特人与贵霜人分开的观点。

伊嗣俟二世被迫将其驻地移至北部边界。那里的紧张局势持续了十多年。据叶基舍的说法，"伊嗣俟二世于公元450年集结许多部队来到嚈哒人所在地，贵霜国王见此情景不敢应战，带着军队逃到了沙漠中最安全（无法进入）的地区。"之后，伊嗣俟二世洗劫了贵霜，占领了许多城堡和城市，获得了大量囚犯和战利品。苏联史学家特列

[①] 《旧唐书》作伊嗣侯，《新唐书》作伊嗣俟，俄文为 Йездигерд（音译"叶兹季格尔德"），英文为 Yazdegerd、Yazdgerd 或 Yazdgird。——译者注

[②] 瓦尔达佩特（vardapet or vartabed，вардапет）系古代亚美尼亚文化程度最高的传教士和神职人员。当代则是亚美尼亚教会的学位，只能由未婚且通过主教考试的教士获得。最高的瓦尔达佩特（即最高学位）是"特采拉贡"（Tsayraguyn vardapet），相当于世俗教育中的博士学位。——译者注

叶基舍（Yeghishe, Егише）系公元5世纪时期的亚美尼亚历史学家和教士，著有《瓦尔达佩特与亚美尼亚战争》（或者翻译成《教士与亚美尼亚战争》）。叶基舍参加过阿瓦拉尔战役（Battle of Avarayr, Аварайрская битва）。该战役是公元451年瓦尔丹·马米科尼扬（Vardan Mamikonian, Вардáн Мамиконя́н）领导下的亚美尼亚基督教军队和萨珊王朝波斯军队之间在阿瓦拉尔平原（今伊朗西北部的马库market 附）的战役，是基督教历史上首次保卫信仰之战。虽然波斯人在战场上取胜，但亚美尼亚人获得了战略上的胜利，双方最终于484年签订条约，确认了亚美尼亚人信仰基督教的自由。战役被认为是亚美尼亚历史上最重要的事件之一，战役指挥者马米科尼扬被视为亚美尼亚民族英雄。——译者注

威尔（К. В. Тревер）根据记述中的"嚈哒人所在地"一词而得出结论，认为在那个年代嚈哒人还没有统治贵霜。这一说法并不正确。相反，这段文字恰恰证明嚈哒人当时已经统治了匈尼特人，这里的所有土地都归嚈哒人所有，只是这时候的嚈哒还没有开始与波斯的战争。

四　嚈哒人

在亚美尼亚史学家记述公元 450 年发生的名为《嚈哒国》的记载中，出现"嚈哒国"一词。据叶基舍记载，在公元 453—454 年伊嗣俟二世再次向贵霜发起进攻，但贵霜国王及时得到消息并组织反击，大败波斯军队，使波斯多地遭到破坏。

苏联的史学家和东方学者涅拉济克（Е. Е. Неразик）同意这一观点，认为这次出征的地方是比以前更靠近东部的地区，并且作战对象可能并非匈尼特人，而是嚈哒人。这个观点比较准确。可以认为这是萨珊王朝与嚈哒人的第一次军事冲突，这次冲突使萨珊意识到，遇到一个新的而且非常强大的对手，而且这仅仅是开始。

公元 5 世纪 50 年代的嚈哒非常强盛，并向外派驻使团；公元 456 年，嚈哒的第一个使团到达中国。嚈哒政权加强的一个明显标志是，他们在公元 5 世纪 50 年代末至 60 年代受到寄多罗人的侵扰。

萨珊与嚈哒的战争在卑路斯统治期间最为激烈。根据阿拉伯人的记载，卑路斯依靠吐火罗斯坦及其周边地区的支持而登上萨珊王位，为此，他承诺不会越过边界，并帮助嚈哒人增强了实力。但在此之后，按照塔巴里的记载，他开始征讨居住在吐火罗斯坦的嚈哒人。卑路斯和他的军队到达了巴赫拉姆五世建造塔楼作为边界的地方。为掩盖他违反了不越过边界的誓言，卑路斯下令用 50 头大象和 300 个人将塔楼向前拖拽，他在其后跟随，认为这样他就没有违反与嚈哒国王阿赫舒瓦尔（Ахшунвар）达成的协议。随后，在与嚈哒人的战斗中，卑路斯及其大部分军队掉进了陷阱而被杀。嚈哒人占领了整个呼罗珊地区。

历史学家季纳维利称突厥（嚈哒）国王为阿赫舒万（Ахш-уван）。他像塔巴里一样，讲述了嚈哒人精心设置和伪装的陷阱，以及国王卑路斯本人及其军队掉入陷阱的场景：他们"消失在漆黑的夜晚"。卑路斯在陷阱里被落石砸死，他的整个营地以及他的女儿、祭司、女人和财产都落入嚈哒人的手中。

叙利亚、拜占庭和亚美尼亚的历史文献也谈到这些事件。根据这些记载，卑路斯与嚈哒人共经历了三次战争。第一次战争以他被嚈哒人俘虏而结束。他被拜占庭皇帝赎回。一段时间后，卑路斯再次发动战争，再次被俘虏。显然，那时他才许诺不越过嚈哒人的边界，而且必须向他们支付巨额赔偿——30匹驮着钱币的骡子。在被囚禁期间，他下令将这些财宝交付给嚈哒人，但由于国库空虚只能交付一部分。不过，卑路斯把儿子作为人质交给嚈哒人，从而得以脱身。根据普利斯库斯的记载，第三次战争的原因是卑路斯欺骗了嚈哒人。他建议实现和平，并为此将他的妹妹送给嚈哒统治者，但这位女子后来承认并非他的妹妹，而是他的奴隶。这冒犯了嚈哒统治者昆哈（Кунха）。当时的嚈哒人拥有一支庞大的军队，但缺乏经验丰富的军事指挥官，因此请求波斯人来担任军事教官。卑路斯派遣了300名波斯贵族，当这些人到达时，一部分被嚈哒人打残，另一部分被杀死。由此引发第三次战争，这次战争导致卑路斯生命的终结。

可怕的失败使波斯人一蹶不振。据史料记载，在波斯，即使是和平时期，也没有人能够毫无恐惧地面对嚈哒人，甚至有人一听到关于嚈哒人的消息就害怕不已。

此外，还有一位著名的波斯人描述了卑路斯被嚈哒人击败之后的波斯局势：卑路斯将（我们）这样一个如此庞大且独立的国家臣服于嚈哒人，并达到这样的程度，即这个雅利安国家只要存在，它就无法摆脱臣服的困境。

在波斯古经《巴赫曼—亚什特》（Бахман-Яште）中有一段文字，描写了公元4世纪80年代的事件："这些愤怒的人杀死了数以百计甚至成千上万的人。无数的恶魔军队摇旗呐喊，进入了由奥尔穆兹德（Ормузд）创建的伊朗领土，这些满含敌意的突厥人和匈尼特人，身着红色盔甲，把旗帜稍微放低，排着宽宽的队列进入。"

公元 5 世纪末，曾经让高傲的罗马皇帝不止一次低头的萨珊王朝，也开始害怕强悍的中亚游牧民族嚈哒人，并向他们纳贡。

我们前面提到过嚈哒人（在公元 467 年至公元 470 年或 480 年之间）占领了粟特，然后开始统治中国新疆地区。他们在公元 497 年征服吐鲁番（Турфан），在公元 490—497 年征服乌鲁木齐（Урумчи），在公元 497—507 年征服焉耆（喀喇沙尔，Карашар）。公元 522 年，哈拉浩特①（Xapa - Xoтo）地区的一位柔然头领发动反对中国的叛乱，逃到嚈哒人那里并向他们求助②。这件事证明嚈哒人在中国新疆所拥有的势力和威望。如果算上加入嚈哒的和田和喀什，则可以认为，嚈哒人从公元 6 世纪初开始就拥有整个中国新疆地区。

中国古代的编年史列出了嚈哒人的国家构成。如果将这些记载与后来的阿拉伯和波斯的文献记载进行比较，则可以得出以下结论：中亚的主要地区已经成为嚈哒的一部分，吐火罗斯坦是其中最重要的领土（据马克瓦尔特的观点）。嚈哒人在亚洲南部也进行了一系列战争，公元 5 世纪下半叶占领犍陀罗③，之后占领印度北部的一些地区。

遗憾的是，嚈哒人在印度的这一段历史跟它在中亚的历史一样，都非常不明确。印度的古文献记载将嚈哒人称为"匈奴"（huna）。有证据表明，印度笈多王朝的国王塞建陀笈多④曾被迫组织防御嚈哒人的进攻并打败了他们。这次战争可以认为是嚈哒人在占领犍陀罗（Гандхар）之后的首次出击。

---

① 哈拉浩特（Khara Khoto，Xapa - Xoтo）系蒙古语，又译为"哈喇和屯"，意为"黑城"，西夏党项语意为"黑水"，又名"黑水城"，位于今内蒙古自治区额济纳旗东南哈拉浩特古城。元朝时期设置亦集乃路（也有写成亦即纳）。——译者注
② 据《魏书·蠕蠕传》记载：522 年（北魏正光三年）婆罗门寻与部众谋叛投嚈哒。——译者注
③ 日本学者榎一雄认为，这可能发生在公元 477—520 年，更准确地说，可能是在该时段开始的时候。
④ 塞建陀笈多（Skandagupta，Скандагупта）根据一些文献记载，他大约在公元 435—467 年统治印度，也有文献称他的统治时间是公元 455—456 年开始，大约到公元 470 年结束。——译者注

关于之后的年代，各种文献史料，包括印度的编年史和碑文以及中国的游记等，所提供的信息都非常矛盾，因此也出现了许多不同的说法。在公元5世纪末到6世纪的前十年，印度匈奴人的首领是头罗曼（Тораман），在印度的一座碑铭上出现这样的话："众所周知的头罗曼，享有无尽荣耀的土地统治者。"头罗曼的儿子密希拉古拉①（Михиракула）成为其继承人并统治了整个印度，他"无一遗漏地征服了所有邻近的省份"。很显然，在密希拉古拉统治期间，嚈哒在印度北部地区的统治范围达到最大。但是密希拉古拉采取的许多措施，尤其是对佛教徒的迫害，激起印度人民对他的不满。后来，他在与笈多王朝统治者亚绍德哈尔曼（Yashodharman，Яшодхарман）的战争中被击败，不过随后又占领了克什米尔。

到公元6世纪中叶，印度北部大部分地区摆脱了印度"匈奴人"（即嚈哒人）的统治。对此，印度学者马朱姆达尔（P. Маджумдар）给出了正确解释：印度的嚈哒人并不是被印度当地人打败，而是因为在公元6世纪60年代初遭到来自中亚嚈哒人的毁灭性打击，造成印度嚈哒人失去了中亚大后方，不再有新的力量和支持进入印度，进而导致其衰落。不过这也从另外一个角度证明了印度与中亚在历史上的紧密联系。后来，尽管嚈哒人以小公国的形式仍在印度存在了很长一段时间，但匈奴—嚈哒人已不再在印度历史上扮演重要角色。

我们在讲述政治事件时，基本没有使用古钱币资料。详细介绍嚈哒时期的钱币的出版物是戈勃利（Р. Гёбль）的四卷巨著《巴克特里亚和印度的伊朗匈奴人历史文献》。该文献记录丰富，为嚈哒古钱币学的科学研究奠定了基础。戈勃利将大量的钱币（但是未使用苏联博物馆的藏品）分为297个发行期。他还原了嚈哒人造币冲模的演变过程，解释了许多关于钱币的传说，得出非常重要的历史性结论。不

---

① 密希拉古拉，即"大族王"，玄奘在《大唐西域记》中称作"摩醯逻矩罗国"。——译者注

过，由于他对苏联历史和古钱币学了解不多，这些结论主要以他的判读为基础，其中很多观点存在争议，并需要伊朗语言学方面的验证。因此，本书暂不采用他的结论。

那一时期，嚈哒人建立了庞大的国家，其范围超出贵霜王国。但与此同时，它也变得更加松散和脆弱。尽管如此，在中亚和许多东方国家的历史上，嚈哒人仍扮演着重要角色。他们阻挡了向东扩张的萨珊军队，并给萨珊王朝以毁灭性打击。嚈哒军队在波斯平原纵横捭阖，由谁来当波斯君主等事务，都由嚈哒统治者决定，许多波斯统治者都必须定期纳贡。

公元5世纪下半叶，被萨珊王朝奴役的外高加索地区人民掀起反对压迫的斗争。公元483—484年，在伊比利亚①、亚美尼亚和高加索阿尔巴尼亚（Кавказская Албания），反对萨珊人的起义此起彼伏。起义队伍充分利用了萨珊国王卑路斯被嚈哒人打败而国家实力衰弱的机会。由此，被奴役的外高加索人民起义同中亚嚈哒人的入侵相互交织在一起。总而言之，在印度、阿富汗，尤其是中亚的民族起源中，嚈哒人都发挥过重要作用。

第二节　民族历史问题与阶级斗争

一　匈尼特人和嚈哒人的起源

公元6世纪的叙利亚学者约书亚·斯基利特（Yeshu Stylite, Иешу Стилит）写道："匈尼特人本质上是匈奴人。"这一说法并不

---

① 伊比利亚（Iberia, Иберия）是古希腊和罗马人对"卡特里王国"（Kartli, 公元前5—公元前3世纪，又称"格鲁吉亚王国"）的称谓，大体位于在现今格鲁吉亚的东部和南部。通常称为"高加索伊比利亚"或"东伊比利亚"，以便区别于现今国家西班牙、安道尔和葡萄牙所在的伊比利亚半岛。高加索伊比利亚人（或"卡特维尔语族"，Kartvelians）是今日格鲁吉亚人的族源。——译者注

完全正确。对于那个时期的西方学者来说，所有中亚游牧民族，无论他们的真实名称是什么，都通称为"匈奴"或"白匈奴"。

一些现代研究人员将匈尼特人与波斯古经《阿维斯塔》中提到的"希奥纳人"①（хийаона）相提并论。"希奥纳人"是琐罗亚斯德教的敌人，也是琐罗亚斯德教保护者（即公正的维什塔斯普国王）的敌人。从《阿维斯塔》的内容来看，他们是"坏人"和"不忠的人"，也可能是游牧民族。

阿利特海姆（Ф. Альтхайм）将《阿维斯塔》中的一句话"戴有尖顶头盔和锋利盾牌"（摘自《亚什特》第 29 章，此句的上下文场景较模糊）与族群特征同样是"戴尖帽"的季格拉豪达塞人②（саки - тиграхауда）相比较，并由此得出结论，认为希奥纳人应该与在奥克苏斯河与亚克萨尔特河之间区域的一个塞人部落同时期出现。

著名的伊朗语学者贝利（Harold Walter Bailey）对这个问题进行了详细研究，他认为《阿维斯塔》中提到的部落确有其事，这个部落最初（即维什塔斯普国王时代）生活在奥克苏斯河（即阿姆河）一带。但后来出于何种原因而向东北迁徙，迁徙后是留在了原地还是又回到了南部，它们与"匈奴"有什么关系，"希奥纳"（хийаона）这个古老的称呼中是否保留了"匈奴"（хуны）这个发音等这些问题，贝利均未给出答案。

就目前的研究状况，我们还不能回答这些专业问题，也不能断定"希奥纳人"（хийаона）与历史上的匈尼特人（хионит）有怎样的关系。如果我们按照贝利的思路考虑，那么就不得不承认，那里曾经存在一个非常强大的部落联盟，即《亚什特》中提到的琐罗亚斯德教的敌人，但这个部落联盟后来却从历史学学者们的视野中消失得无

---

① "希奥纳人"（хийаона）是波斯古经《阿维斯塔》中对伊朗的白匈奴人的称呼。——译者注
② "季格拉豪达塞人"（саки - тиграхауда）即戴尖帽的塞人，居住在锡尔河和阿姆河下游地区。奥克苏斯河（Оксус）即阿姆河的古称。亚克萨尔特河（Яксарт）即锡尔河的古称。——译者注

影无踪。正如奥地利史学家缅钦赫尔芬（Менчен－Хелфен）所言："这么长时间里，他们藏在何处，始终是个谜。"关于这个部落向东北部迁移的假设"绝对令人难以置信"。用奥斯陆大学语言学教授摩根斯蒂尔内（Georg Morgenstierne，Моргенстьерне）的话来说，"他们实际上并不存在"。

那么，在公元前6世纪的维什塔斯普国王时期是否真的存在"希奥纳人"？关于这个问题有两个相互对立的观点。对此，马克瓦尔特非常肯定地下了结论。早在20世纪初，他就描述了匈尼特人和嚈哒人打败萨珊人的残酷场景，他写道："这些人给伊朗人留下的印象如此之深，以至于他们的名字在被写入《阿维斯塔》时完全代替了琐罗亚斯德教保护者（即维什塔斯普国王）的敌人的最初名字。"

但是，关于匈尼特人的起源，无论是在波斯阿契美尼德王朝之前、阿契美尼德王朝时期，还是阿契美尼德王朝之后的时期，在《亚什特》中都没有找到根据。因此一些学者坚持认为，"希奥纳人"这个词在《阿维斯塔》的描述中出现时间较晚。因此，《阿维斯塔》中所记载的内容只是反映了更晚时期的政治局势，而不是匈尼特人早期起源的证据。同时，这也再次说明了匈尼特人起源问题的复杂性。

匈尼特国王格鲁姆巴特的名字被伊朗人解释为"受巴赫拉姆的庇护"。古罗马史学家阿米安·马塞林将格鲁姆巴特的儿子描写为"身高和颜值超过同龄人"的年轻人。而同样是这位史学家，他却称匈奴人外表"丑陋"，外貌"古怪而可怕"。一些研究者认为，这位古希腊学者夸赞这位年轻人（匈尼特人的代表）外貌英俊，如果他与匈奴人长相相似，就不必用这种语言来表达。

马塞林还详细描述了匈尼特人的葬礼。根据他的描述，王子死后，身穿戎装被放置在宽大的高平台上，周围摆着10张死者画像，这些画像画得非常逼真。仪式持续整整10天，人们举行宴会，以帐篷和队伍分组唱葬歌哀悼王子。妇女们按照习俗痛哭哀悼……然后放火焚烧尸体，将骨头收集在银制容器中，按照王子的遗愿将其运送回家乡。

考古资料表明，在花剌子模的阿姆河左岸发掘坎加卡拉遗址（Канга-кала）和库尼亚瓦兹遗址（Куня-Уаз）时，发现了类似仪式的痕迹。例如，墓葬附近建有大火坑，周围散落着人的头骨和部分骨骼，在附近还发现了人脸（在坎加卡拉遗址）和人体器官彩色泥塑的残片（在库尼亚瓦兹遗址的墓室里发现了用带石膏的布缠在铁架上做成真人大小的手）。

根据上述资料以及其他一些研究结果，许多苏联学者认为咸海周边地区可能是匈尼特人的故乡。但是，在中亚其他地区也有类似仪式的葬礼。根据中国史料记载，在塔什干绿洲有一栋内部建有平台的建筑物，每年都会举行葬礼：平台上供奉着装有当地统治者已故父母骨灰的金色的瓮，周围摆满了散发香气的花朵和各种水果。贵族们献上用于祭祀的肉。在费尔干纳、锡尔河中游和咸海地区，都有在坟墓内放置石膏塑像的风俗。

因此可以断定，公元6世纪的叙利亚学者约书亚·斯基利特（Yeshu Stylite，Иешу Стилит）关于匈尼特人就是匈奴人的观点是错误的。不过，我们暂时还不能提出关于匈尼特人起源的完整理论。只能说，匈尼特人很可能是源自中亚的讲伊朗语的部落。

关于嚈哒人的出身和种族有很多信息，但这些信息极为矛盾。拜占庭史学家普罗柯比（Procopius Caesarensis，Прокопий Кесарийский）称嚈哒人为"白匈奴"，他说："尽管嚈哒人属于匈奴人，并且也被称作匈奴人，但他们与我们所熟悉的那些匈奴人并无交集，彼此互不接壤，居住区也不相邻……他们长期定居在肥沃的土地上，而不像匈奴人那样游牧……他们是匈奴人中的白种人，外表并不丑陋，生活方式也不相同，不过野外生活，而是由一位国王统治，有法纪，在邻里关系方面遵守公正公平原则，言行举止丝毫不差于罗马人和波斯人。"普罗柯比虽然很明确地区分了嚈哒人与匈奴人，认为他们属于不同的民族并为此找到了充分的证据，但是他没有说明嚈哒人的起源。

关于嚈哒人的起源，中国历史文献中有许多版本，但所表达的信息并不一致，可分为以下四类：（1）嚈哒是月氏的别部；（2）嚈哒是突厥人的高车部落（гаогюй）；（3）嚈哒人来自车师部落[①]（чеши）；（4）嚈哒是康居的后人。正如一位中国古代学者所认为的那样，从遥远的地方以及从说外语的人们那里获得的信息很容易引起误解，或者被歪曲，更何况这些都是很早以前的事。因此，我们很难了解这些信息的真实情况。想通过这些中国史料来解决嚈哒人的起源问题非常困难。当代日本学者榎一雄（К. Еноки）在研究了所有这些版本后，得出一个完全相似的结论，即中国古代的史学家们不清楚嚈哒人的真实起源，中国史料记载的各种版本虽然是书面文献，但也有臆断的成分。

西欧学者主要根据各种中文版本提出许多关于嚈哒人的理论。有人认为嚈哒人是月氏的后裔；有人认为嚈哒人是匈奴人，属于古代突厥人或蒙古人；有人认为嚈哒人属于伊朗语族；有人认为嚈哒人与匈尼特人完全不同；还有人则认为嚈哒人是匈尼特人中的统治阶级。

语言学家们则侧重于分析与嚈哒人有关的名字和术语。在各种文献中，嚈哒人除了被称为"白匈奴"，还有其他称呼。在叙利亚的史料中，它们被称为"阿布杰尔"（абдел）和"埃普塔利特"（эпталит）；希腊语称为"阿布杰尔"（абдел）和"埃夫塔利特"（эфталит）；亚美尼亚语称为"赫普塔尔"（хептал）、"伊达尔"（идал）和"捷塔尔"（тетал）；波斯语称为"耶普塔尔"（ефтал）和"赫夫塔尔"（хефтал）；阿拉伯语称为"海塔尔"（хайтал）和"伊阿夫塔尔"（йафтал）；塔吉克波斯语称为"赫塔尔"（хетал）和"海塔尔"（хайтал）；中文称为"嚈哒"（iep～tat 或 iep－t'ien）。

---

① 车师即吐鲁番（Турфан）。——译者注

第八章 公元4—6世纪中亚的部落和民族

还应该补充一点，在琐罗亚斯德教的文献中，嚈哒人的拼写发音与希瓮（хион）接近；印度语就直接称为"胡"人（хуйн）。阿拉伯人常常错误地将嚈哒人称为突厥人，而亚美尼亚文献里则往往将嚈哒与贵霜混淆。

德国史学家阿尔海默（Ф. Альтхайм）曾经从突厥语词根中推断出"嚈哒"这个名字的意思是"做""完成"，但是该解释比较牵强，似乎不太可能。也有人提出了另一种解释，即来自伊朗语言中的"哈普达"（意思是数字7）。

公元10世纪的波斯学者巴拉米（Балами）写道："'hayatila'是'haital'的复数，布哈拉语意为'有力量的人'。"布哈拉语中的"力量"读作Haital，这个词在阿拉伯语中变为haital，在东伊朗语族的和田塞语中也有发音相近的词，意为"勇敢的，英勇的"。

根据嚈哒人钱币上的铭文可以看出，嚈哒人自称为"希瓮人"（хион，钱币上为"OIONO"），因此可以说，嚈哒人是匈尼特人的一个分支。根据钱币判断，巴克特里亚语是吐火罗斯坦地区嚈哒人的官方语言。钱币上有巴克特里亚的封号。

嚈哒人分为两部分。当代学者贝利（Г. Бэйли）对这个问题进行了最彻底和最全面的研究。他推理的起点是巴列维语文献。《贾马斯普的书》[①]（Джамасп-наме）中叙述了伊朗与"白希瓮人"的交战情形以及战争的结果："迪弗和希瓮人都是邪恶的载体。他们被消灭掉了，就像叶子被冬天的风从树上刮下一样。"《巴赫曼·亚什特》（Бахман-Яшт）描写了萨珊人的失败："王国和至高无上的权力落到奴隶们手里，这些奴隶不是伊朗人，而是希瓮人、突厥人、哈夫塔尔人（хафтал）、山民（горцы）、粟特人、拜占庭人、红希瓮人（кармир хион）、白希瓮人（спет хион）。他们成为我的祖国——伊

[①] 《贾马斯普的书》是巴列维语（帕拉维语、中古波斯语）写作的文学作品，是贾马斯普的言论集。贾马斯普系琐罗亚斯德教信徒所推崇的智者。——译者注

朗的统治者。"因此，如果说前面的叙述中仅仅提及白希翁人的话，则后面的叙述中同时提到了希翁人（与突厥人并列）、红希翁人和白希翁人。根据《巴赫曼·亚什特》的注释，"红希翁人"这个名称的由来是因为这些人戴着红色头饰、红色盔甲和红色旗帜。印度的文献中还提到了红匈奴和白匈奴。但印度文献中的匈奴（хуна）是指嚈哒人。在公元7世纪的和田塞语中提到了一些人，他们的名字被译为"戴红帽子的人"。贝利称他们为"红希翁人"。西方文献资料中（比如拜占庭史学家普罗柯比的著作），经常提到"白匈奴"，同时，普罗柯比也描述过"克尔米希翁人"（кермихион）。正如贝利所说，这些"克尔米希翁人"就是巴列维语文献中的"卡尔米尔希翁人"（即红希翁人）。巴列维语中"卡尔米尔"（кармир）是"红色"的意思。

红希翁人和白希翁人这两部分嚈哒人究竟是同一个部落联盟内的不同部落，还是同一个部落中的不同氏族，我们不得而知。在撒马尔罕的阿夫拉西阿布遗址（Афрасиаб）中，有描绘使者到来的壁画。壁画中的两位使者的肤色不同（红脸和白脸）。俄罗斯学者利弗希茨（В. А. Лившиц）认为，壁画上的人物就是红希翁人和白希翁人。

嚈哒人的书面文字直接延续了贵霜（巴克特里亚）文字，二者的区别在于，贵霜文字为斜体。关于嚈哒人，中国的高僧玄奘曾经写道：他们的语言与其他国家的语言有些不同。主要有25个字母，将这些字母组合起来就可以表达所有的概念。他们书写时横贯整个页面，从左到右阅读。他们的文学作品正在逐渐增加，已经超过粟特人①。

但实际上，这些"文学作品"很少能够保存下来。新疆地区发现的部分手稿片段属于嚈哒人的文字材料，其中一些明显属于公元

---

① 玄奘《大唐西域记》之睹货逻国故地：字源二十五言，转而相生，用之备物。书以横读，自左向右，文记渐多，逾广窣利。——译者注

7—8世纪，但没有能够上下文连贯阅读的文稿。从语言属性看，一些语言学家认为这些手稿属于塞语，而另一些人则认为属于巴克特里亚语。

在巴基斯坦西北部的托奇河（Точи）河谷发现了三段石刻铭文：在一块石头上有阿拉伯语和梵语双语文字，另一块石头上是巴克特里亚语和梵语双语文字，第三块石头上的铭文则分为两部分，即巴克特里亚语文字和两行阿拉伯语文字。巴克特里亚语为斜体字。已经有人将这些铭文译成现代语言，但是译本存在很多问题，只能说是一种尝试。据考证，这些铭文的写作年代约为公元9世纪。

公元6世纪的拜占庭史学家费奥凡（Феофан）在谈到"红希翁人"时写道，塔纳伊斯河（Танаис，顿河旧称）以东是突厥人，古称为马萨格泰人（массагет），波斯语将这些突厥人叫作"红希翁人"。法国学者沙畹（Э. Шаванн）对此进行详细考证①，认为所涉及的是柔然人（жуан-жуан）。不过，这一假设并没有得到认可。

在中亚，嚈哒文字的遗迹包括：赞格遗址（Занг-тепе）废墟的铭文碎片，保存下来的只有6行字；卡拉遗址（Кара-тепе）的铭文②；在阿夫拉西阿布（Афрасиаб）发现的两行斜体巴克特里亚文字的铭文，应该是来自附近的粟特石碑，是嚈哒人的正式文书范本；在卡菲尔卡拉城堡遗址发现的残缺壁画③。

学界至今仍对嚈哒人的钱币和铭文存在争议。从伊朗语词源学角度解读此类材料，可认为其语言属于东伊朗语。鉴于此，那些认为嚈哒人是匈奴—突厥人的学者解释了为什么在嚈哒语中会有伊朗语词汇存在：是臣服于嚈哒人的伊朗人将自己的语言元素渗透进嚈哒人的语言（即原始突厥语或蒙古语）。德国学者阿利特海姆（Ф. Альтхайм）和加拿大学者普列伊布伦克（Э. Пуллейблэнк）都坚持这种

---

① 伊曼纽埃尔-爱德华·沙畹，法国著名的东方学家、汉学家。——译者注
② 这两个地方均位于乌兹别克斯坦南部的铁尔梅兹。——译者注
③ 这两个地方均位于乌兹别克斯坦南部的撒马尔罕。——译者注

观点。

关于嚈哒语言，有各种各样的解释，中国古代文献中也有少许提及。嚈哒语属于东伊朗语毫无疑问，但认为嚈哒语就是突厥语（或蒙古语）的说法则缺乏足够证据。对此还需要进一步发掘和深入研究。

这里有必要讨论一下嚈哒人形成的地方。这些在中亚、伊朗、阿富汗、印度和中国新疆历史中发挥了如此重要作用的神秘人群究竟来自何处？关于这个问题，除文献记载的事实外，还有很多解释和说法。根据不同版本的中国资料，学者们认为嚈哒人的起源地要么是阿尔泰山（Алтай），要么是塔里木盆地等地。

最初有人认为，嚈哒人来自巴达赫尚（Бадахшан）。苏联学者别尔恩什塔姆（А. Н. Бернштам）在 1951 年谈到嚈哒人的民族起源和国家形成时，指出了两个中心：一个是锡尔河中下游地区，另一个是阿姆河上游地区。

日本学者榎一雄（К. Еноки）在 1955—1959 年充分证实了别尔恩什塔姆的想法，他查阅了所有可用的材料，还从中文文献中获得了新证据。榎一雄认为，嚈哒人最早生活在巴达赫尚的东部边缘地区，并且他们的文化中含有一些伊朗元素。

关于嚈哒人起源于巴达赫尚的说法，也得到了古米列夫（Л. Н. Гумилев）的赞同，但他并没有为榎一雄的结论增加新的论据。在此应当补充说明的是，这一说法的根源最终可以追溯到中文文献，更确切地说就是玄奘的记述，即巴达赫尚地区有个"呬摩呾罗国"（Гимотало，嚈哒一词的梵文形式或其变体），该国的国王曾经征服了许多国家①。但是涅拉济克（Е. Е. Неразик）认为，玄奘的材

---

① 玄奘：《大唐西域记》之呬摩呾罗国：呬摩呾罗国，睹货逻国故地也，周三千余里。山川逦迤，土地沃壤，宜谷稼，多粟麦，百卉滋茂，众果具繁。气序寒烈，人性表急，不识罪福，形貌鄙陋。举措威仪，衣毡皮褐，颇同突厥。其妇人首冠木角，高三尺余，前有两岐，表夫父母。上岐表父，下岐表母，随先丧亡，除去一岐。舅姑俱殁，角冠全弃。其先强国，王，释种也，葱岭之西，多见臣伏。境邻突厥，遂染其俗。又见侵掠，自守其境，故此国人流离异域，数十坚城，各别立主。穹庐毳帐，迁徙往来。——译者注

料说的是月氏的扩张，不能作为嚈哒政权起源自巴达赫尚的证据。涅拉济克还指出榎一雄观点的其他不足之处，也都基本被认可。尽管如此，榎一雄的研究仍然有价值，尤其是在史料研究方面。至于巴达赫尚假说是否准确，还需要其他证据来证实，也许新的考古研究会有所发现。

在俄国革命前的文献中，伊诺斯特兰采夫（К. И. Иностранцев）注意到了古文献记载的嚈哒人墓葬同"穆格哈纳"[①]（мугхана）石头墓葬具有相似性。利特温斯基（Б. А. Литвинский）研究了穆格哈纳和其他类型的墓葬结构，包括库尔干地区的木制棺椁（根据中文文献记载，嚈哒人经常使用木制棺椁），又参考了其他资料后得出结论：同样广泛应用类似墓葬的、位于费尔干纳山麓地区的部落对嚈哒部落的形成起到重要作用。

在苏联的历史文献中，关于嚈哒人的起源还有另外一种说法。托尔斯托夫（С. П. Толстов）认为嚈哒人来自咸海地区。对于这个观点，他写道："应该认为，在公元4—5世纪，阿姆河和锡尔河三角洲地区是匈尼特—嚈哒人建立的'野蛮国家'的中心，而匈尼特—嚈哒人则是古代塞人—马萨格泰人同东方的匈奴—突厥人深度融合而形成。"不过，已有研究成果表明，咸海地区从来没有成为托尔斯托夫所断言的匈尼特人或者嚈哒人的国家中心，也很少有研究成果支持咸海地区是嚈哒人发源地的观点。

综上所述，在严格推敲已有的各种假说之后，我们还是不能彻底地，哪怕是大部分地解决关于嚈哒人的起源问题。至于嚈哒人的种族属性问题，结论比较清楚，即嚈哒人是在一些操中亚和东伊朗语的部落同突厥人相融合的基础上形成的。

[①] "穆格哈纳"是费尔干纳山谷和邻近地区的一种墓葬结构，其历史可追溯到公元1—3世纪。它呈拱形，侧面有一个矩形开口，用未经加工的石头砌成。从平面图上看，"穆格哈纳"是圆形的，直径达到8米，壁的厚度约为2米，高度达3—3.5米。——译者注

二 嚈哒社会

普罗柯比撰写了有关"白匈奴"（即嚈哒人）的文章。他认为，白匈奴早就开始定居生活，由一位国王统治，拥有合法的国家地位。在古希腊作家米南德（Menander, Менандр）留下的有关突厥使团的信息中，嚈哒人是一个"城市部落"。据他所说，突厥人打败嚈哒人之后，成为原先嚈哒人所在城市的新主人。拜占庭史学家费奥凡（Феофан Византиец）认为，在击败波斯人之后，嚈哒人成为波斯人过去所拥有的那些城市和港湾的主人。但是中国史料的记载却大不相同，根据中国北魏时期的西行求法者宋云记载，嚈哒人"居无城廓，游军而治。以毡为屋，随逐水草。夏则随凉，冬则就温"。这两份相互矛盾的材料均在玄奘关于呬摩呾罗国的记述中有所反映：呬摩呾罗国的居民（即嚈哒人）居住在由毛皮制成的帐篷中并到处游牧，征服了许多拥有坚固防御的城市和乡村的国家。一些西方学者之所以将嚈哒人视为城市居民，可能就是因为嚈哒人拥有城市并随后在城市定居。

嚈哒人的社会存在明显的阶级差异，从其丧葬风俗仪式就能窥见一斑。除《梁书》对木质棺椁的描述外，《北史》和《魏书》也记载，有钱人家的死者用石头墓穴，而穷人则被埋在挖好的土墓中，贵族穿着华丽的衣服。宋云在描述贵族的衣服时说，穷人和富人的衣服完全不同。当时社会对盗窃财物的惩罚非常严厉。对盗窃者，无论财物数量，一律砍头，被盗财物十倍偿还。根据上面的材料可以得出结论：嚈哒人生活在阶级社会，贫富分化严重。嚈哒人已经建立了自己的国家，其军队非常强大，士兵手持狼牙棒。中国人说他们是优秀的弓箭手，据再往后的资料记载，嚈哒士兵的主要武器是剑。

从嚈哒人的军事行动特点看，他们主要是一支骑兵部队。在这个问题上，阿利特海姆（Ф. Альтхайм）的观点比较正确，而古米列夫

(Л. Н. Гумилев）的观点是不正确的。

嚈哒人实行一妻多夫制，几个兄弟共有一个妻子，丈夫没有兄弟，妻子戴独角帽；丈夫有几个兄弟，女人帽子上就有几个角，同时也在衣服上缝相同数量的穗带。中国古代文献表明，当时嚈哒普通人的一妻多夫制与统治者的一夫多妻制共存。

根据文献记载，嚈哒人本身不信奉佛教，而是崇拜他们自己的神，特别是火神。每天早晨，他们都会走出帐篷向众神祈祷。他们也可能崇拜太阳。后来，那些被嚈哒征服地区的人把自己的信仰逐渐带入嚈哒社会，尤其是佛教，还有记载表明，基督教在嚈哒社会也有传播。

三　马兹达克运动

公元5世纪与6世纪之交的伊朗，处于萨珊王朝喀瓦德一世（Кубад或Кавад I，公元488—531年在位）的统治之下，民众掀起反对封建关系的大规模起义。这一运动的领导者是一个叫作"马兹达克"（Маздак）的人[①]。与当时其他的人民运动一样，这次反抗奴役的农民运动也采用了宗教运动的形式。这个宗教教派的创始人是查拉图斯特·本·胡拉伊（Зарадушт бен Хурраи）。有人认为他生活在公元3世纪末到4世纪初，但他更可能生活在5世纪下半叶。查拉图斯特用自己的名字将其创立的教派命名为"查拉图斯特阿坎"（зардушта-кан）。马兹达克是这个教派的门徒和追随者。

马兹达克宣扬所有人一律平等，要夺走富人的土地和财产，消除不平等现象。塔巴里根据中古波斯文献的译本写道，马兹达克和他的追随者宣称："神创造了世间财富，原本是为了让人们能够平等地分

[①] 阿利特海姆（Ф. Альтхайм）、什季利（Р. Штиль）等人认为，马兹达克来自花剌子模（Хорезм）或其邻国。这个观点是不正确的。有人认为马兹达克来自尼萨（Ниса）或呼罗珊（Хорасан），也并不可信。马兹达克的确切出生地未知，也许是底格里斯河（Тигр）左岸的美索不达米亚（Месопотамия）。此外，有人认为，马兹达克并非他本人的名字，而是教派或信徒的头衔。——译者注

享它们，但人们却为此而互相伤害。马兹达克的追随者认为，他们是为了穷人才劫富济贫，并把从富人那里得到的东西还给穷人。一个人即使拥有过多的金钱、妻子和其他财物，也不意味着他对一切事物都拥有优先权。"有一位阿拉伯人也曾这样说过：马兹达克教导大家，为了能够平等地享有财富，一定要为了穷人而从富人手中夺取财物。

马兹达克的信徒认为，杀生（包括屠宰牲畜）是极大的罪恶。但马兹达克教义解释道，如果杀生的目的是赢得反邪恶正义斗争的胜利，则流血杀戮是无罪的。马兹达克教义要求公平分配生活财富和消除不平等现象。该教义首先在农民中得到传播。

伟大的诗人费尔多西（Фирдоуси）在史诗《列王纪》（Shah-nameh，Шах‐наме）中描述了马兹达克的宣讲。马兹达克说：

> 拥有钱财和势力的人，
> 并不比出身贫贱的人更高贵。
> 穷人为经，富人为纬。
> 人世间应有平等，
> 奢靡是罪，不容夸赞。

马兹达克的宣传获得了巨大成功。塔巴里写道："普通百姓意识到这个大好形势，开始追随马兹达克及其支持者，参加他们的集会。"正如比鲁尼（Бируни）所说，"无数人跟随着他"。在伊朗国都，饥饿的群众在马兹达克运动号召下，开始捣毁贵族和富人的粮仓，起义在短时间内席卷了整个国家。马兹达克夺取了富人的财产并将其分给穷人。许多伊朗大地主被杀，迫使很多大地主逃到邻国。

国王喀瓦德一世既担心自己性命难保，又想借机削弱地方首领和贵族，加强中央政权，因此宣布自己支持马兹达克运动。对于喀瓦德一世的动机，史学家们有不同的解释。古特什米德（A. Гутшмид）、尼奥利杰克（T. Нёльдеке）等遵循中世纪的记述，认为喀瓦德一世决定不反对马兹达克运动的原因，是打算将其导向对自己有利的方向——反对贵族以及与其关系密切的神职人员。当代许多学者同意这一观点。而克里斯滕森（А. Кристенсен）则认为，喀瓦德一世是真心实意地加入了马兹达克教派，成为其忠实追随者。大多数苏联学者认为，克里斯滕森的观点是错误的。政治图谋才是喀瓦德一世的出发点，他对马兹达克运动和普通民众并无好感[①]。

喀瓦德一世被反对马兹达克的贵族推翻并投入监狱（公元496年）。他的弟弟贾马斯普（Jamasp）被推上王位，成为履行贵族意志的傀儡。后来，喀瓦德一世设法逃往嚈哒国。嚈哒国王是他的妹夫。喀瓦德一世留在嚈哒国并娶了嚈哒公主为妻。约书亚·斯基利特（Иешу Стилит）描述了这一时期的情况："与国王结亲之后，他（喀瓦德）便振作起来，每天向嚈哒国王哭诉，要求派遣一支军队，帮助他去摧毁那些贵族并重建自己的王国。他的岳父应他的要求，给了他相当规模的军队。当他到达伊朗边境时，他的兄弟得知这一消息后便赶快逃离，喀瓦德一世实现了他的愿望，并处决了反对他的贵族。"公元499年，喀瓦德一世在嚈哒军队的帮助下再次登上王位，并镇压了反对他的那些贵族。

在依靠嚈哒人帮助夺回政权后，喀瓦德一世对马兹达克运动的态度也开始改变，逐渐由私下反对转为公开反对。他将马兹达克的信徒当作死敌，与他们展开斗争。公元528年和529年，喀瓦德一世设计杀害了马兹达克和其他起义领导人，并对马兹达克的追随者展开残酷屠杀。

马兹达克运动失败的最重要原因，是马兹达克教义所反对的封建制度，在那个时期恰恰符合历史发展的必然阶段，而他们提出的恢复

[①] 对此，托尔斯托夫（С. П. Толстов）提出以下观点：在喀瓦德年轻的时候，他曾被父亲佩罗兹作为人质派往嚈哒国。根据这一事实，他认为，喀瓦德与马兹达克教派之间达成协议是由于他了解嚈哒的社会秩序：嚈哒国家的社会种族传统与马兹达克运动的口号相符合。喀瓦德认为，实施这些口号的措施能够以年轻的"白匈奴"王国为蓝本，巩固正在衰落的萨珊帝国。但是，嚈哒人并没有处于原始公社制度阶段，在他们的社会中早已存在财产和地位的差别。

公社平等的口号，在那个时期则意味着恢复已经衰败和过时的氏族部落制度。

但是，马兹达克带领民众展开反对压迫和剥削的斗争，使得这场起义在客观上具有进步性。马兹达克的思想在贫穷的普通民众中影响巨大，在中亚广泛传播。当时的中亚也开始了封建化的进程。

马兹达克运动失败后不久，坚决反对马兹达克和马兹达克运动的霍斯劳一世（公元531—579年在位，喀瓦德一世之子）也进行了一系列改革，使得封建关系在伊朗得到巩固。

第九章 公元 6—7 世纪的中亚各个民族

第一节 主要政治事件·阶级斗争

一 突厥汗国及其政权在中亚的扩张

公元 6 世纪，在远离中亚边界的阿尔泰地区形成了一个国家——突厥汗国（公元 551—744 年），它对中亚历史的发展起到重要作用。书面文献中的突厥有着多个既相似又不同的写法和发音。中国人称他们为突厥（туцзюе，古代发音为 t'u t kiwat），这本是讲蒙古语的柔然人对突厥的称呼。根据突厥碑文，突厥人自称为"纠尔克"（тюрк），粟特人和波斯人称他们为"图尔克"（турк）。总之，学者们对该民族名称的含义有不同的解释。

突厥首领土门（Бумын）首先征服了铁勒部落（теле）。在实力增强之后，又开始与此前统治它的柔然部落（жужан）展开战争。消灭柔然之后，突厥人在蒙古和阿尔泰地区建立了强大的国家。土门的儿子——木杆可汗（Мухан，公元 553—572 年在位）统治期间，国家疆域进一步扩大。土门的弟弟室点密[①]（Истеми）带领一支军队西征，公元 555 年，他到达了"西海"（可能是咸

[①] 室点密，西突厥可汗，公元 552—575 年在位，阿拉伯史学家称他为"辛吉布"（Синджибу），拜占庭称为"西尔济布尔"（Силзибул）。——译者注

海)。据《阙特勤碑》记载:"他们令自己的人民向西移居直至铁门关。"中世纪时的铁门关(Темир-капыг)是粟特与吐火罗斯坦的分界点,位于拜孙套山脉。突厥军队到达伊朗的边界,往西到达黑海,占领博斯普鲁斯海峡。建立了一个庞大的游牧帝国,覆盖从朝鲜到黑海沿岸的整个地区。在突厥这个超级大国面前,当时世界上的另外两个大国伊朗和拜占庭也不得不颤抖和诅咒。

但是庞大的突厥国家并没能保持内部团结。内战开始后(公元600—603年),突厥汗国分裂为东突厥和西突厥两部分,中亚属于西突厥的范围。公元630—682年,东突厥汗国被彻底削弱,实际上已不复存在。在公元7世纪末,东突厥汗国再次出现,在与中国唐朝的战争中实力迅速增强,特别是在默啜可汗(Мочжо,又称迁善可汗Капаган,公元691—716年在位)统治期间变得更加强大。公元7世纪末到8世纪中叶,阿拉伯人结束了突厥人在中亚大部分地区的统治。

二 突厥人和嚈哒人

突厥人进入中亚后,最先遭遇的就是嚈哒人。当突厥汗国夺取中亚霸权的意图越来越明显时,二者间的冲突不可避免。

相比之下,处于突厥和萨珊两面夹击的嚈哒处境更加艰难。也正是在这个时候,萨珊王朝在霍斯劳一世(公元531—579年在位)统治下,军事实力得到巩固和加强,不再向嚈哒人纳贡。

早在公元6世纪50年代,突厥人与嚈哒人在中亚北部发生冲突。当时的嚈哒人已经意识到这一对手的强大实力。嚈哒国王起初打算抢先发起进攻,但他的军师卡图利夫(Катульф)建议克制,理由是嚈哒人在自己领土上作战会比在他人领土上作战更有利。战争持续了很长时间(中间也有休战)。突厥可汗室点密(Силзибул）曾威胁阿瓦尔人①（авары），待击败嚈哒人之后，还要消灭其他与他敌对的人。

霍斯劳一世与突厥人建立了外交关系，结盟的目的是消灭嚈哒人。对此，波斯诗人费尔多西（Фирдоуси）做过详尽描述。突厥可汗向萨珊国王霍斯劳一世派出使者，出使路线要穿过粟特到达阿姆河流域，但这些地区当时都被嚈哒军队控制。为了防止突厥可汗与萨珊国王建立联盟，嚈哒国王加季法尔（Ghatifar，Гатифар）下令杀死所有使者，但是其中一位使者侥幸逃脱并把消息带回给突厥可汗。突厥可汗发誓报仇，他聚集了一支非常庞大的军队向嚈哒进发，首先占领了恰奇②和帕拉克③，然后到达古利扎里云河（Гульзарриюн，即锡尔河）。与此同时，加季法尔也集结军队，来自巴尔赫（Балх）、舒戈南（Шугнан）、胡塔梁（Хутталян）、瓦什吉尔德（Вашгирд，塔吉克斯坦南部地区）、铁尔梅兹、阿穆利④（Амуль）、泽姆（Земм）的各路军队在布哈拉地区聚集，准备在此决战。

> 布哈拉到处都是棍棒和钉头锤，
> 因为它是嚈哒国王的军队驻地。
> 加季法尔和他的军队像山一样移动，
> 紧紧包围嚈哒的部落。
> 各路军队四面八方赶来集结，
> 把这里围得密不透风。

---

① 阿瓦尔人系公元6世纪生活在亚洲中部地区的游牧部落。后迁徙到东欧地区并与当地融合。大部分学者认为，阿瓦尔人就是说蒙古语的柔然部落。——译者注
② 恰奇（Чач，Шаш）系中世纪名称（意思是水流湍急），即今乌兹别克斯坦塔什干地区，中国古书称为石国。——译者注
③ 帕拉克（Парак）系中世纪的阿拉伯语名称，即今乌兹别克斯坦塔什干州的奇尔奇克市（Чирчик）。奇尔奇克河是锡尔河支流。——译者注
④ 阿穆利（Амуль）位于阿姆河畔，即今土库曼斯坦的土库曼斯坦纳巴德，旧称查尔朱，是土库曼斯坦东部的一座城市，列巴普州首府。泽姆（Земм，Замм，Атамурат，Керки）即今日土库曼斯坦列巴普州的克尔基市。——译者注

战斗持续了八天，嚈哒人大败，被迫撤到南方的查加尼扬①（Чаганиан），并在那里选出法加尼什（Фаганиш）为新首领。此时，萨珊国王霍斯劳一世出场，法加尼什承认臣属于他，于是萨珊国王开始与突厥可汗谈判。

塔巴里（Табари）对此精练地描述道："突厥人中最强壮、最勇敢的人是室点密可汗，他拥有最强大的军队。正是他与嚈哒国王展开战斗，他不惧怕嚈哒的人数和实力，杀死了他们的国王和他们的军队，夺取了他们的财富，占领了他们国家境内除被霍斯劳一世占领以外的所有地方。"据季纳维利（Динавери）的记述，起初是萨珊霍斯劳一世"派军队来到嚈哒国，征服了吐火罗斯坦、扎布利斯坦（Забулистан）、卡布利斯坦（Кабулистан）和查加尼扬（Чаганиан）等地。而当时的突厥可汗室点密则带领民众出征呼罗珊，占领了恰奇、费尔干纳、撒马尔罕、渴石②（Кеш）、涅谢夫③（Несеф），并到达布哈拉"。结为联盟的萨珊军队和突厥军队都急于先发制人，使嚈哒军队腹背受敌。

突厥首领室点密在阿拉伯文献中称为"辛吉布"（Синджибу），在拜占庭文献中称为"西尔济布尔"（Силзибул）。诺尔迪克（Теодбр Нёльдеке）认为，嚈哒首领被称作"瓦尔兹"（Варз）。如果这样发音的话，那么这个称呼很可能来自伊朗语，意为"野猪"。很多东伊朗地区的首领也都拥有"瓦拉兹"（вараз）的尊号，如梅尔夫（Мерв）、赫拉特（Герат）、加尔奇斯坦（Гарчистан）、尼萨（Ниса）等地。也有一种解释认为"瓦尔兹"（Варз）一词来自粟特语（即粟特语的Prz），意为"高大的"。

法国学者沙畹（Э. Шаванн）在详细研究史料之后认为，突厥人

---

① 查加尼扬（Chaghaniyan）系古称，大体位于今乌兹别克斯坦南部和塔吉克斯坦的交界地区，吉萨尔河与苏尔汉河的河谷地带。玄奘在《大唐西域记》中称之为赤鄂衍那国。——译者注

② 渴石是中国古书中的古称，也记作渴石、乞史、史国。今乌兹别克斯坦卡什卡达利亚州的沙赫里萨布兹，是帖木儿帝国缔造者帖木儿的出生地。——译者注

③ 涅谢夫是古称，今乌兹别克斯坦卡什卡达利亚州州府所在地卡尔希市。——译者注

击败嚈哒的时间在公元 563—567 年。根据曼杰利什塔姆（А. М. Мандельштам）的推测，这场战争可能发生在这一时段的开始阶段，即公元 563 年；莫拉弗奇克（Г. Моравчик）则认为大约在公元 560 年。

战争蔓延到中亚的大部分地区，城市和乡村都遭受了巨大苦难。对此，费尔多西写道："恰奇、捷列克（Терек，即奇尔奇克）、撒马尔罕和粟特等许多地方遭到破坏，成为猫头鹰出没的地方。对于生活在查加尼扬、巴米（即巴米扬）、胡塔梁和巴尔赫的人来说，生活充满了阴霾和痛苦。"

但是，战争也让突厥与萨珊的盟友关系走向破裂。显然，双方都想充分利用局势而为自己谋利。据塔巴里记载，野心膨胀的突厥人要求萨珊像之前给嚈哒人献贡一样向他们交付贡品。但根据季纳维利（Динавери）的记载，当萨珊国王霍斯劳一世得知突厥人已经到达布哈拉、渴石和涅谢夫等地后，就派他的继承人率领一支军队前去交战，突厥人见状并没有迎战而是选择撤退，这些地区便成为萨珊王国的领地。正如诺尔迪克所言，季纳维利的材料与其他史料记载不符。实际上，中亚河中地区[①]（Маве-раннахр）仍掌握在突厥人手中。当然，这两个联合不久的盟友之间的的确确发生了摩擦。

萨珊人与突厥人之间的紧张关系对嚈哒人非常有利。中亚最南端的地区，特别是今日的塔吉克斯坦、乌兹别克斯坦和土库曼斯坦的南部地区均处于萨珊控制之下，而中亚的北部地区则属于突厥人的势力范围。当然，当时并没有确定清晰的边界，界限模糊的跨界地区必须同时向两个政权纳贡。居住在泽拉夫尚河谷的嚈哒人需要向突厥人纳贡。中亚南部的嚈哒可能以半独立政权的形式存续了一段时间。不过，根据古代阿拉伯史学家马苏迪（Масуди）的记载，霍斯劳一世可能以某种借口为由入侵了巴尔赫河（即阿姆河）地区，并到达了

[①] 中亚历史上的一个区域，位于阿姆河与锡尔河之间。——译者注

胡塔梁。嚈哒国王阿赫舒瓦尔①（Ахшунвар）被杀，霍斯劳一世将嚈哒的属地并入自己的领地。

嚈哒国从此消失。正像历史文献所说："突厥人打败嚈哒人以后，历经几代人在中亚繁衍起来。"

三　突厥与萨珊之间的经济与政治冲突

嚈哒被消灭后，昔日的盟友之间便产生冲突。导致冲突激化的原因主要不是政治野心，而是各方的经济利益矛盾。

贵霜帝国时期，许多贸易线路都途经中亚，特别是连接亚洲中部与罗马的"丝绸之路"。后来，中亚地区也开始发展蚕桑业且生产丝绸。而西方并没有自己的丝绸产业，拜占庭帝国与罗马帝国时期一样，以波斯商人作为中介从中亚进口丝绸。拜占庭人企图绕开波斯人从印度获得丝绸，但没有成功。中间贸易为波斯人带来巨额利润，他们一方面防止拜占庭与生丝供应商发生直接联系，另一方面又抬高生丝价格。拜占庭帝国对生丝价格进行管制的政策也未获得成效。公元6世纪中叶，蚕卵被带到拜占庭帝国，但是拜占庭想发展自己的桑蚕业还需要很长时间。

这个时候，与生丝供应商有联系且自己已开始生产丝绸的粟特人便对中亚与拜占庭帝国之间的丝绸贸易产生兴趣，而当时最划算的丝绸贸易线路是经过伊朗，由此，波斯商人与粟特商人之间产生利益冲突。

当突厥与萨珊之间关系正常甚至是盟友的时候，在粟特的提议下，突厥可汗决定派遣粟特使团到萨珊，商讨有关丝绸过境运输到拜占庭的问题。使团由粟特人马尼阿赫（Маниах）带领。根据米南德（Менандр）的记载，突厥可汗允许粟特人"自行派遣使团"，这表

---

① 阿赫舒瓦尔（Ахшунвар）系东伊朗语，可能是封号，也可能是人名，意思是"首领""统治者"。——译者注

明突厥人并未将粟特视为独立的国家,而是将其作为自己的附庸国。这一举动反映了中亚当时的实际政治状况。实际上,突厥贵族非常明白国际贸易尤其是丝绸贸易扩大所能带来的好处。这也是突厥可汗支持粟特人提议的原因所在。

马尼阿赫的出使并没有获得成功。在拖延了很久之后,萨珊国王霍斯劳一世以不希望突厥人进入伊朗为由,拒绝了使团的请求。当时,霍斯劳一世有一位嚈哒人幕僚卡图利夫(Катульф),这个人是在嚈哒被突厥打败之后来到伊朗的。他极力反对粟特使团的提议,霍斯劳一世接受了他的建议。霍斯劳一世先下令购买了粟特人带来的丝绸,随后当着粟特使者的面将其烧毁。波斯人以此明确表示,他们不需要粟特人带来的商品,因为这些丝绸来自突厥国家。

突厥可汗得知消息以后,决定重新派遣一个全部由突厥人组成的使团再次前往。尽管第一次派去的粟特使团没有完成使命,但可汗再次派出使团的这份执着表明,这其中包含有更高层次的政治意义。很明显,突厥人想知道萨珊是否愿意与他们保持和平友好,或者他们是否应该为战争做准备。如果萨珊第一次拒绝粟特使团的行为可以理解为不愿意与突厥的附庸国进行对话的话,那么萨珊国王这次会不会拒绝不久前还是盟友的突厥可汗的使团?答案很快就明确了:使团中仅有几人返回,其余都死在萨珊,而且是被毒死的。这一事件使得萨珊与突厥之间的关系紧张起来。双方都已清楚,必须为战争做准备,因为军事行动可能随时爆发。

于是,突厥希望与萨珊的宿敌——拜占庭帝国建立政治关系,并顺便解决丝绸交易这个困扰粟特和突厥贵族并已陷入死结的问题。代表突厥国家出使拜占庭帝国的使团仍然由粟特人马尼阿赫率领,他随身携带信函和许多价值不菲的丝绸礼物。当然,使团必须绕过伊朗,因而选择了另外一条沿里海北岸并途经高加索地区的线路。

到达拜占庭后,使团向拜占庭皇帝献上礼物和信函。根据拜占庭的记载,信函"用斯基泰文字写成"(很可能是粟特文字)。这次使团出访获得了成功,双方缔结了直接针对萨珊的军事协议。在突厥使团回国之际(即公元568年),拜占庭派遣以泽马尔库斯(Zemarchus, Земарх)为首的回访使团,与突厥使团同行回国。自此,突厥与拜占庭经常互派使团,双方结为军事和政治联盟。

根据记载,公元581年,和田人、波斯人和嚈哒人起兵反抗突厥。具体是哪些嚈哒人,史料不详。有些史料认为这是一次规模不大的起义,其实不然。事件的原因是:萨珊国王霍斯劳一世于公元579年去世后不久,伊朗局势不稳,突厥人决定趁机吞并公元6世纪70年代末至80年代初仍在吐火罗斯坦幸存的、处于缓冲地带的嚈哒国。但是,在这场中亚南部的战争中,突厥人不得不同时面对嚈哒和伊朗两支军队。据随后的记载可以判断,突厥人只获得了局部胜利:吐火罗斯坦地区阿姆河右岸的嚈哒人不得不承认突厥国家拥有至高无上的权力,但左岸地区的嚈哒人则依然保持独立。

几年之后的公元588年,突厥鞅素特勤[①]带军入侵萨珊。迎战突厥的是有勇有谋的萨珊统帅巴赫拉姆·楚宾(Бахрам Чубин,巴赫拉姆六世)。巴赫拉姆·楚宾在生前和死后都声名显赫。帕拉维语作品中就有颂扬他事迹的小说。当时许多史料都提及他,但大部分都已失落。这些史料所记述的事件在费多乌西的作品以及阿拉伯语文献中也有所反映。这场战争的主要脉络基本清晰。突厥军队强行渡过阿姆河,占领了整个吐火罗斯坦(北部和南部),并向西行进至赫拉特(Герат)。在战斗中,巴赫拉姆·楚宾率领精心挑选的士兵冲入突厥首领的阵列。季纳维利对此写道:"见到萨珊军队后,突厥可汗下令把他的马牵过来,却正好进入巴赫拉姆的视线。巴赫拉姆向他射出一箭,这支箭刺穿了他,他跌倒在地,突厥人仓皇逃跑。"后来,这个被杀的突厥可汗的儿子巴尔穆达(Бармуда,也有史料称作 Ел -

---

① 鞅素特勤(Yangsu Tegin, Янг - Соух - тегин Янг - соук, Дулу - хан, Шири Кишвар, Шаба),系达头可汗之子,西突厥泥利可汗之父。伊朗语写作萨韦或沙巴。——译者注

тегин）召集一支新队伍继续作战，其中包括先前被击溃的部分士兵。之后发生的事情有两个版本：其中之一说波斯人越过阿姆河，再次打败突厥人；另一版本说突厥和萨珊在铁尔梅兹的阿姆河河畔达成了和平协议。

除此之外，历史上非常著名的亚美尼亚主教谢别奥斯（Себеос）还写出第三个版本。这个版本更加可信，因为谢别奥斯年轻时曾经在萨珊宫廷服务，他是在那个时候听到的这些事件。据他说，巴赫拉姆·楚宾"击败了海塔尔人（即嚈哒人）的军队，用武力占领了叶阿尔赫（Еалх）和整个贵霜王国，到达维赫罗德河（Вехрод，即阿姆河）的另一侧……当时，巴赫拉姆·楚宾还与居住在河对岸的马斯库特人①（Маскут）作战，打败了他们人数众多的军队，杀死其首领，把整个国家洗劫一空"。这个版本的重要意义在于，它非常清楚地表明，为了反对萨珊，突厥人与居住在阿富汗北部的嚈哒人结盟。

公元 7 世纪初的 616—617 年，萨珊再次试图击败嚈哒及其盟友突厥。萨珊统帅斯姆巴特·巴格拉图尼（Смбат Багратуни）向右岸的吐火罗斯坦两次发动进攻，那里有多个受突厥地方政权巴尔赫管理的嚈哒人部落。根据谢别奥斯的记载，这些嚈哒人当时生活在赫拉特、巴德吉斯（Бадгис）、塔利坎（Таликан）、巴尔赫等地。尽管萨珊军队取得胜利并缴获了大量战利品，但在这些地区停留的时间并不长，很快就被突厥人赶走。

四　突厥可汗与地方首领的相互关系

突厥人占领中亚之后，最初的政策与嚈哒没有太大区别。各地方继续纳贡，王朝体系得以保留，领地的宗主制也没有变化，一旦发生战争，就必须支持宗主国。后来，情况慢慢发生了变化，突厥人掌握

---

① 马斯库特（Маскут）系伊朗语发音，源自"马萨格泰"（Массагéты）。在中亚地区通常指中亚南部的农耕部落，在高加索地区指居住于阿塞拜疆北部和达吉斯坦南部的操伊朗语的部落。——译者注

了中亚地区的行政管理制度，从中亚生活的旁观者逐渐成为积极参与者。贪婪的突厥贵族开始思考这样一个问题：既然从民众身上榨取了那么多财富，为什么他们只得到其中一部分呢？公元605年，突厥人杀死恰奇地区的统治者后，任命突厥人为特勤[①]（Дэлэ）并取而代之。

西突厥在统叶护可汗（Тун-шеху）领导下进行了一项改革。公元618年，他决定将各地的首领变成他任命的官员，并授予他们适当的官职。为了控制这些地方官吏，他向各地派遣代表督促征收贡赋。虽然不清楚他的这项改革是否真正得到实施，但这是一次将各个分散的独立领地组建为统一国家的尝试。统叶护可汗统治时期（公元618—630年），西突厥汗国拥有非常强大的军事力量。据史料记载，他智勇双全，擅长指挥作战，制伏了那些不听话的中亚小国统治者。除武力外，他还擅长使用外交手段。他把女儿嫁给当时最强大的撒马尔罕统治者。在萨珊统帅斯姆巴特·巴格拉图尼（Смбат Багратуни）征讨嚈哒人时，统叶护向嚈哒军队施以援助。当斯姆巴特·巴格拉图尼带领其主要部队向伊朗回撤时，突厥的一支军队越过阿姆河将他们赶走，使得整个吐火罗斯坦摆脱了萨珊王朝的统治。这就是史料记载的统叶护"征服波斯"。史料还曾记载统叶护"征服罽宾"[②]，将阿富汗南部和现在巴基斯坦西北部地区置于突厥人的统治之下，或者至少在某种程度上依附于突厥人。

统叶护可汗公元630年去世后，西突厥汗国的局势变得很不稳定。上层贵族间的内讧和争斗波及中亚的农耕地区，袭击和掠夺行为越来越频繁。费尔干纳的统治者被杀后，在费尔干纳北部任命了突厥官员。

内外交困的西突厥逐渐分崩离析，先是可汗被推翻，后整个汗国

[①] "特勤"系突厥官名，突厥三大显爵之一，地位仅在叶护、设之下。——译者注
[②] 罽（jì）宾（Гибинь），古汉语拟音：krads-mpin，又译作凛宾国、劫宾国、羯宾国等，具体位置有多种说法，包括喀布尔、犍陀罗、克什米尔等。——译者注

完全瓦解。这一时期，突厥人已经进入绿洲，一部分过起了定居生活，还有一部分人在绿洲边缘从事畜牧业。城市也出现了突厥居民。许多地区仍旧由具有突厥血统或混血的贵族继续统治。史料中记录了许多突厥人与外族通婚的事实。

突厥民族对中亚手工业发展的贡献非常大。考古资料表明，突厥人在来到中亚之前，就已拥有高度发达的手工业。他们的金属制品（尤其是武器）和珠宝饰品都具有极高的品质和独创性。在突厥的浮雕工艺影响下，粟特和费尔干纳地区的制陶技术得到改进，出现了制作华丽的陶杯和陶瓷拼接的腰带等作品。突厥元素已经深深嵌入公元7—8世纪的中亚社会。由于突厥人带来的武器和战术，中亚的军事技术获得巨大发展。突厥人对中亚地区的日常生活各个方面产生非常大的影响，那个时代的艺术品经常出现突厥人的形象。突厥民间诗歌和文学与中亚定居人民的诗歌和文学之间相互影响。来到中亚的突厥人积极参与这里的宗教生活和文化价值观建设，与原住民共同奠定了中亚文化基础。中亚地区操伊朗语和突厥语的各民族在风俗习惯、信仰和文化方面开始相互融合，并且越来越紧密。

五 阿布鲁伊运动

当时劳动人民的生活状况非常艰难。因此，关于阿布鲁伊运动的史料备受关注。11世纪的内沙布里（Абд ар-Рахман Мухаммад Нишапури）在其《科学宝藏》一书中有关于该运动的记载。该书的部分内容经修改后又被收录在纳尔沙希①（Наршахи）的《布哈拉史》书中。内沙布里写道：古时候，人们在布哈拉生活。"人们从四面八方聚集到这里并愉快地生活。有些人从突厥斯坦来到这里，因为这里有很多水、树木和丰富的猎物。他们喜欢上这个地方并在这里定

---

① 纳尔沙希（Наршахи, Abu Bakr Muhammad ibn Jafar Narshakhi, 公元899—959年），生长在布哈拉绿洲，用阿拉伯文写作《布哈拉史》，并献给萨曼国王。——译者注

居。最初，他们住在搭建的帐篷里，当聚集的人多起来后，建起了房子。后来，人口越来越多，他们就选举出自己的埃米尔①，名叫阿布鲁伊（Абруй）。"城市称为"达布西"②（Дабуси），而埃米尔本人则居住在拜肯德③（Пайкенд）。过了一段时间，阿布鲁伊的势力越来越大，他开始残酷地统治这个地区，致使许多人无法留在这里。地主和富人（商人）纷纷离开，前往突厥斯坦和塔拉兹，并在那里建立了一座城市，选举了一位名叫哈穆克（Хамук）的人为首领，用他的名字将城市命名为哈穆卡特④（Хамукат）……那些留在布哈拉的人派人来到这些逃离了的贵族这里，请求帮助消灭阿布鲁伊。这些贵族和地主于是向突厥达头可汗（Кара-Чурин-Турк）求助……达头可汗派自己的儿子鞋素特勤（Шири-Кишвар）率领一支庞大的军队到达布哈拉，在拜肯德抓住阿布鲁伊。鞋素特勤下令将阿布鲁伊投入一个满是红蜂的口袋，阿布鲁伊在袋子里被红蜂活活蜇死。此后，鞋素特勤成为布哈拉的统治者，他邀请逃亡者返回，因为"富人和大地主都逃离了，而低贱的人和穷人却留了下来。这些人（逃亡者）返回后，留在布哈拉的那些人成了他们的奴仆。贵族中有一个大封建主，人称'布哈拉胡达斯'（бухар-худат，The Bukhar Khudahs），他出身于一个古老的封建主家族，财产比其他封建主多。大多数（穷）人都是他的奴仆"。

　　学者们反复研究这段文字。最初，有人认为这是一个传说，是拟人化的泽拉夫尚河，或者是关于泽拉夫尚河谷定居点的古老传说。而马克瓦尔特在他的研究中提出，上述这个故事反映的是真实历史事件。此外，他认为该事件与突厥和嚈哒人争夺粟特有关，描写的是发

---

① 埃米尔（амир 或 эмир）是伊斯兰国家统治者的尊号。——译者注
② 达布西（Дабуси）是一座已消失的粟特时期城市，大体位于今日乌兹别克斯坦的撒马尔罕州。——译者注
③ 拜肯德（Пайкенд）系中世纪古城，位于今日乌兹别克斯坦布哈拉市以西 40 千米处。——译者注
④ 哈穆卡特（Хамукат, Джамукат, Костобе）系中世纪古城，位于今哈萨克斯坦塔拉兹市以北约 15 千米处。——译者注

生在公元6世纪60年代的事件。经过大量比较研究之后，他认为阿布鲁伊［该名称本身取自一个文献中的叫作"阿布列济"（Абрези）的人物形象］实际上是嚈哒的最后一位首领。

托尔斯托夫提出一个假说，他认为这些事件发生在公元6世纪80年代末，与突厥汗国的危机和纷争有关，并导致突厥人大量涌入布哈拉绿洲定居。他建议将内沙布里故事中的人物与历史记载中真正的突厥可汗相比较。但是，托尔斯托夫的结论与马克瓦尔特一样也存在漏洞，尽管他的假设很有吸引力，但没有证据能证明是正确的。不排除一种情况，即这些事件可能发生在公元6世纪90年代以后。

虽然托尔斯托夫对事件的解释不太可信，但他的结论仍有一定的道理，即这一运动具有明显的社会属性，但没有种族属性。普通的突厥移民，包括早已定居或刚刚定居的，与粟特穷人居住在同一区域。相反，粟特贵族则与突厥贵族结为统一战线。因此，从内沙布里的记述和许多其他资料中可以判定，当时的中亚是阶级斗争激烈的舞台，起因是封建主企图将自由的部落成员变成自己的奴仆。

第二节 公元6—8世纪初的吐火罗斯坦

一 公元6—8世纪初的吐火罗斯坦

吐火罗斯坦（Тохаристан）这个名称最早出现在公元383年的中国史料记载中，古代中国称为"吐火罗"（Тухоло，T'ou-ho-lo, Tou-ho-l-o, Tou-hou-lo）。

吐火罗斯坦包括今天的塔吉克斯坦南部、乌兹别克斯坦的苏尔汉河州和阿富汗北部地区。实际上，中世纪时期的吐火罗斯坦在地理上与古代巴克特里亚的地域范围相近。

公元6世纪的吐火罗斯坦政治斗争非常激烈。嚈哒与突厥及其后续国家的斗争、萨珊军队的入侵、内乱和战争等因素让吐火罗斯坦的情况极为复杂。应当指出，由于史料对吐火罗斯坦的记载非常少，我们仅仅了解该地区历史的轮廓，相当于吐火罗斯坦这部史书的目录，但对书的内容（在某些领域发生的事件）我们几乎不知晓。古钱币学研究为我们的研究增加了一些材料，在阿吉纳遗址①（Аджина - тепе）和卡菲尔卡拉遗址②（Кафыр - кала）的挖掘过程中，发现了大量吐火罗斯坦当地铸造的钱币，不过对这些钱币的研究工作尚未完成。

以下是有关吐火罗斯坦的记载。北魏旅行家宋云于公元519年来到钵和国（今阿富汗瓦罕，Вахан），他写道，"高山深谷，险道如常"，"国王所住，因山为城。人民服饰，惟有毡衣。地土甚寒，窟穴而居。风雪劲切，人畜相依。国之南界，有大雪山，朝融夕结，望若玉峰。"③

他继续向西走，到达嚈哒国，即今天的巴达赫尚（Бада-хшан）。他这样描述嚈哒国的情况："土田庶衍，山泽弥望，居无城郭，游军而治。以毡为屋，随逐水草，夏则迁凉，冬则就温。乡土不识文字，礼教俱阙。阴阳运转，莫知其度。……王妃亦著锦衣，长八尺奇，垂地三尺，使人擎之。"据宋云的描述，嚈哒有大地毯（至少在国王的宫廷里有），有很多宝石、马和骆驼。国都是巴季扬（Бадиянь），也许这是巴达赫尚的误称。在一些关于公元590年的记载中，提到了一个名为"鲍多昌"（Бодочан）的地方，这无疑就是指巴达赫尚。

据《隋书》记载，公元7世纪初的吐火罗，其居民"与挹怛杂居"（挹怛即嚈哒）；"兄弟同一妻"；这里有"胜兵十万人，皆习战"。

---

① 阿吉纳遗址位于今塔吉克斯坦哈特隆州鲍赫塔尔市东12千米处的一座山丘上，有公元6—8世纪的佛教寺院遗址。——译者注
② 卡菲尔卡拉遗址是公元5—8世纪的一座粟特城市遗址，位于今撒马尔罕不远处的同名居民点的附近。——译者注
③ （东魏）杨衒之：《洛阳伽蓝记》卷五《宋云行纪》。——译者注

公元 7 世纪时，玄奘（公元 629—645 年）记录了吐火罗斯坦及所属领地，描述了这些领地和一些城市的规模。他从北边经过铁门关（拜孙套山）到达吐火罗（玄奘称其为"睹货逻国故地"）。据他介绍，吐火罗斯坦从东到西的长度是从北到南的三倍，一条河流（指阿姆河）横穿整个国家向西流去。根据玄奘记载，吐火罗斯坦统治者的家族已衰落多年，整个吐火罗斯坦依照自然边界分为 27 个大小国家，各地的小统治者通过武力强化自己的政权，但仍从属于突厥人。这里气候温暖湿润，居民大多穿细棉布制成的衣服，少数人身穿粗棉布制成的衣服。居民的语言与其他国家有所不同，用 25 个主要字母写作（习惯于象形文字的中国人，对于用字母组合来表示所有物体和概念感到惊讶）。吐火罗斯坦人书写和阅读都是从左到右。他们拥有的书籍逐渐增加，其数量超过粟特王国。他们在贸易中使用黄金和白银，钱币的样式也与其他国家不同[①]。

此外，玄奘还非常简短地描述了吐火罗斯坦的几个附属国（即领地），如呾蜜国（即铁尔梅兹）、赤鄂衍那国（即查加尼扬，其范围包括锡尔河河谷的东北部和吉萨尔山谷的西部）。

查加尼扬的国都面积相当于铁尔梅兹国都面积的一半大小。舒曼（Шуман，玄奘称其为愉漫国）在中世纪指吉萨尔山谷的东部和中部。该国公元 7 世纪时显然占据了大片土地，并可能沿着卡菲尔尼甘河向南部延伸。特别需要指出的是，舒曼的国王是突厥人。舒曼与卡巴迪安（Кабадиан，玄奘称之为鞠和衍那国）接壤，其国都（名称未提及）与查加尼扬的国都面积大致相等。卡巴迪安东边毗邻瓦赫什（Вахш，玄奘称其为镬沙国），瓦赫什南北长度是东西长度的两倍

[①] 玄奘：《大唐西域记》之睹货逻国故地：出铁门，至睹货逻国故地。南北千余里，东西三千余里。东厄葱岭，西接波剌斯，南大雪山，北据铁门，缚刍大河中境西流。自数百年王族绝嗣，酋豪力竞，各擅君长，依川据险，分为二十七国。虽画野区分，总役属突厥。气序既温，疾疫亦众。冬末春初，霖雨相继。故此境已南，滥波已北，其国风土，并多温疾。而诸僧徒以十二月十六日入安居，三月十五日解安居，斯乃据其多雨，亦是设教随时也。其俗则志性恇怯，容貌鄙陋，粗知信义，不甚欺诈。语言去就，稍异诸国；字源二十五言，转而相生，用之备物。书以横读，自左向右，文记渐多，逾广窣利。多衣氎，少服褐。货用金、银等钱，模样异于诸国。——译者注

以上，其国都的规模接近铁尔梅兹的国都。瓦赫什以东是胡塔梁（Хутталян，玄奘称其为珂咄罗国）；胡塔梁的东部与葱岭山脉（即帕米尔）相接，其面积比前述的那些国家都要大得多，其国都的面积大概与铁尔梅兹国都面积相当。关于胡塔梁，应该说它包括两个国家。玄奘称其中之一为阿利尼国，该国位于喷赤河的两侧，其首府规模很大；另一个领地是钵利曷国，它与阿利尼国一样，都位于吐火罗斯坦境内，其首府规模也非常大。比尔（С. Бил）认为钵利曷国应该是科克恰地区（район Кокчи）的帕尔哈尔（Пархар）。马克瓦尔特认为他的观点正确。而别列尼茨基（А. М. Беленицкий）对马克瓦尔特的观点进行了补充，他认为，钵利曷国是位于喷赤河右岸的帕尔哈尔（今塔吉克斯坦帕尔哈尔地区），至于阿利尼国，它实际上是中世纪作家们所记载的阿尔亨（Архен），也位于喷赤河的右岸。此外，玄奘还提到了库梅德①（Кумед，拘谜陀国）、舒格南（Шугнан，尸弃尼国）、巴达赫尚（Бадахшан，钵铎创那国）、瓦罕（Вахан，达摩悉铁帝国）。根据记载，瓦罕的国都为昏驮多（Хуньтодо），这里的自然环境比较恶劣，人们播种少量小麦和豆类。他特别强调了本地产马匹的优点——体形虽小但非常结实。居民们穿着羊毛制成的衣服②。

从对舒格南的描述中可以得知，当地种植小麦和豆类，甚至还有少量水稻。当地人的服装由皮革和羊毛制成，这里使用的文字与吐火罗斯坦的文字相同，但是语言不同。

玄奘还描述了吐火罗斯坦的国都波霍（По‐хо，今阿富汗巴尔赫），这是一个人口较少但却坚固的城池。他还描述了另外一些位于吐火罗斯坦地区阿姆河左岸的地方（今阿富汗北部地区）。

---

① 库梅德（Кумед，拘谜陀国）大体位于今日塔吉克斯坦的卡拉捷金（Каратегин）、达尔瓦兹（Дарваз）、万奇（Ванч）等地区内。——译者注

② 玄奘：《大唐西域记》之达摩悉铁帝国：在两山间。睹货逻国故地也。东西千五六百余里。南北广四五里。狭则不逾一里。临缚刍河。盘纡曲折堆阜高下。沙石流漫寒风凄烈。虽植麦豆少树林乏花果。多出善马。马形虽小而耐驰涉。俗无礼义。人性犷暴。形貌鄙陋。衣服毡氎。眼多碧绿异于诸国。伽蓝十余所。僧徒寡少。——译者注

根据《唐史》记载，公元 7 世纪下半叶至 8 世纪初，吐火罗人与嚈哒人居住在一起，他们的生活方式为定居。比丘林（Н. Я. Бичурин）认为，舒格南国王的宫殿最初在库罕城（Кухань），后来他又到不同的山谷中居住。而沙畹（Э. Шаванн）却认为，这段文字的意思是，国都起初位于库罕城，然后（居民）分散居住在山谷。五个大山谷都有各自的自治首领，他们被统称为"五个轮子"。根据这个记载，当时并不存在农耕经济。

关于瓦罕，中国唐朝的史料基本上重复了玄奘的记述，包括有关其居民的蓝眼睛等信息。但是，其统治者的驻地叫作塞迦审城（Сайгашэнь），城市的北部是乌浒河（即喷赤河）。马克瓦尔特在研究了其国都的古代发音之后作出结论，认为这里指今阿富汗的伊什卡希姆（Ишкашим）。由此，当时的舒格南应该位于阿姆河的左岸。

也有史料记载胡塔梁是一个大国，国都叫思助扬（Сечу - кянь），这是国王官邸的所在地。该地区有很多品种优良的马和棕色的豹子（可能是老虎或雪豹）。另外，据史料记载，这里有四座大的盐山。的确，离国都不远处有一座巨大的盐山，即今天塔吉克斯坦南部的霍贾姆明盐山（Ходжа - Мумин）。

另一位来自中国的僧人慧超[①]（Хой Чао）于公元 726 年来到中亚，他记述了吐火罗斯坦当时的情况。根据他的记载，吐火罗斯坦当时已被阿拉伯人征服。突厥可汗逃脱后住在巴达赫尚。吐火罗斯坦居民使用的语言不同于其他地区，与卡比萨语[②]（Каписа）略微有些相似。人们穿着用毛皮和棉织物制成的服装。这个地方有许多骆驼、绵羊、骡子、马、棉花和葡萄园。最喜欢的食物是干面饼。男人剪头发剃胡须，而女人则留长发。首领、贵族和平民信奉小乘佛教，有许多

[①] 慧超是唐朝时期朝鲜半岛新罗国僧人，幼年来到中国。后经南海至印度访学，并达波斯、大食、拂菻等地，后经中亚返回长安。精通梵文、汉文，译佛经多部。慧超是公元 8 世纪初西域政治形势剧变的见证人。——译者注

[②] 卡比萨是今日阿富汗的 34 个省之一。——译者注

寺院与僧人。在吐火罗斯坦，十个、五个、三个或两个兄弟共娶一位妻子，由此可见，随着嚈哒人定居于此，本地有一妻多夫的习俗。

根据慧超的记载，胡塔梁的统治者来自突厥部落，境内一半是胡人（xy），即本地人，另一半是突厥人。整个地区都处于阿拉伯人的统治之下。有些居民会说吐火罗斯坦语，有些人讲突厥语，有些人讲当地语。胡塔梁有骆驼、骡子、绵羊、马、牛、驴，人们种植棉花和葡萄，生产羊毛织物。居民们身穿棉制衣服和毛皮大衣。男人剪头发剃胡须，女人则留长发。可汗、贵族和平民崇尚小乘佛教，有寺院和僧侣。

瓦罕国王势力较弱，他臣服于阿拉伯人，每年向他们进贡丝绸。瓦罕人居住在山谷中，房屋小而狭窄，有些人住在洞穴中。这里有很多穷人。这里的人身穿毛皮大衣，外面套一层毡服，而国王的服装用丝绸和棉布制成。这里居民使用的语言与其他所有国家的语言都不同。人们吃烤熟的面包和面制品。这里的气候异常寒冷，比其他国家要冷得多。山上没有树木和其他植被。人们饲养羊、（体型很小的）牛、马和骡子。首领、贵族和平民崇尚小乘佛教，有寺院和僧侣。

慧超还提到了舒格南下属的九块领地，每一块领地都有自己的统治者和军队。舒格南国王又臣服于瓦罕的大统治者（国王）。舒格南坐落在雪山之中，气候非常寒冷。居民饲养羊、马、牛、驴。首领和贵族们穿棉制服装和毛皮大衣，平民则身穿毛皮衣服和毡制斗篷。居民的语言也不同于其他国家的语言。佛教在这里并没有得到传播。据说舒格南统治者还专门派遣军队去掠夺商队。

二 政治

西突厥汗国在统叶护可汗（Тун‐шеху，卒于公元630年）时期征服吐火罗斯坦。不久之后，玄奘来到吐火罗斯坦，在这里遇到了一位突厥统治者。根据阿拉伯人和波斯人的记载，这位统治者的官号发音为"贾布亚"（джабуя）或"贾布古亚"（джабгуя），即叶护[①]（ябгу）。但关于吐火罗斯坦各地的情况，他们的史料里记载不多。

胡塔梁是吐火罗斯坦地区势力最强的国家。至少在公元7世纪与8世纪之交已成为一个地方政权。根据塔巴里的记载，胡塔梁国王是萨巴利（ас-Сабаль）。也许这是突厥语名称的阿拉伯语译法，在其他语言的史料记载中称为沙钵罗（Шаболо）。在沙钵罗统治时期访问过中亚的僧人慧超写道，胡塔梁国王来自突厥部落。沙钵罗从公元7世纪末至8世纪30年代初一直统治着胡塔梁。阿拉伯人称他为国王。该职位有确定的继承顺序。据塔巴里记载，沙钵罗提到必须遵守官位的继承顺序。

这一时期，尽管胡塔梁是突厥人的国家（或其统治者拥有突厥血统），但却采用波斯的官号，称作"胡塔梁沙赫"[②]（хутталян-шах），而在阿拉伯语的史料中，他们通常被称为"马利克"（即统治者、首领）。不过，胡塔梁仍然是全吐火罗斯坦统治者的附属国。阿拉伯总督库捷伊巴·伊本·穆斯利姆（Кутейбы ибн Муслим）举办宴会，全吐火罗斯坦统治者及包括沙钵罗在内的几位等级较低的统治者同时受邀，后者见到全吐火罗斯坦统治者时，要在得到允许后亲吻他的手并坐在他的下座。一位等级较低的统治者说："尽管（他）是我的敌人，但他比我年长。而且他是马利克，我就像他的奴隶。"根据公元8世纪初的史料记载，胡塔梁国王拥有5万军队，可与舒曼（Шуман）、卡巴迪安（Каб-адиан）、舒格南（Шугнан）和瓦罕（Вахан）等国相比。

马克瓦尔特、别列尼茨基（А. М. Беленицкий）、斯米尔诺娃（О. И. Смирнова）等学者研究了胡塔梁后来几位统治者的历史，认

[①] 叶护是中亚地区的游牧民族的官称，地位次于可汗，世袭，由可汗的子弟或宗族中的强者担任，被派往臣服部落出任首领。——译者注

[②] 沙赫取自中古波斯语，系波斯君主的头衔。谢赫取自阿拉伯语，原意为年长的、老人，后引申为首领。——译者注

为详细研究胡塔梁的历史没有意义,因为到目前为止,各种语言的文献还不能完全达到统一。

史料中也有关于其他国家的记载。前面已经提到,在撒马尔罕的阿夫拉西阿布遗址(Афрасиаб)发现了描绘外国使者来到撒马尔罕的壁画。使者声称来自图兰塔什(Туранташ,即查加尼扬国)。利弗希茨(В. А. Лившиц)在对壁画上的字迹进行研究之后认为,该壁画可能不是已经失传的粟特国王正史的纪实插图,而是民间创作的作品。因此,壁画上的铭文不能被视为真实反映事件的史料。但即使是这样,铭文无疑也能够部分地体现公元7世纪下半叶时期的情况。

据史料记载,当时查加尼扬被嚈哒人统治。公元8世纪初,更确切地说是在719年,查加尼扬的统治者是季什·奥德诺格拉济(Тиш Одноглазый)。阿拉伯人的史料里称他为吐火罗斯坦叶护。他的名字是典型的伊朗人名字——在巴克特里亚语中意为天狼星。查加尼扬统治者的尊号是"查加尼扬胡达特"(Чаган-худат)。

总的来说,吐火罗斯坦并非严格意义上的中央集权国家,它所属的每一块领地都有各自的统治者且王位世袭。实际上它几乎是独立国家组成的邦联。这些小国有一定的权力自由,可以向邻近和遥远的国家派遣使者。

对这些国家内部的情况,我们几乎一无所知。根据粟特王国的情况推测,在吐火罗斯坦的国家内部有一套完整的行政机构,因为在阿夫拉西阿布遗址壁画上的粟特语铭文中,查加尼扬使者被冠以"达比尔帕特"(дапирпат)的官称(字面意思是"司书官")。

三 灌溉与农业

吐火罗斯坦的大部分人口从事农业。北魏的旅行家宋云记载了当地的人工灌溉情况,灌溉网络在河谷地区非常发达,在海拔较高的地区则是旱作农业。考古发现,当时的灌溉网络覆盖范围非常广。泽伊马利(Т. И. Зеймаль)经过研究得出结论,从古代到中世纪,瓦赫什山谷共修建了四条运河，以便将水引出瓦赫什，其中卡菲尔运河的作用非常大。

卡菲尔运河遗址在塔吉克斯坦列瓦坎特市（Левакант）以西 2.5 千米处的瓦赫什河左岸。在其最开始部分没有水，此后一直延伸到马尔达特（Мардат）村（今基洛夫国营农场所在地），从那里一直向南，紧贴山谷东部的阶地。这里有许多古迹（共有 16 处），中世纪早期的乔尔古利城堡遗址（Чоргуль-тепе）处于最中心，距离阿吉纳（Аджина-тепе）佛教寺院遗址不远。运河继续沿着阿克加津高地（Акгазинское плато）向南延伸，在南部沿着河道向西转向克济尔图姆舒克高地（Кзыл-Тумшук）。这里也存在中世纪早期的大型城堡遗址。古代运河的土堤高度为 1.5—2 米，河床最宽处达 6 米，在别什卡帕（Беш-Капа）西南 4—5 千米处的运河遗址尤为壮观。在这里，运河必须沿着低地流淌。古代工匠们堆积起一段巨大的土坝，运河沿着这段土坝延伸。挖掘运河时的废土堆总高度约为 8 米，坝基宽度达 50 米，运河河床本身的宽度为 13—15 米。

即使在我们这个时代，这种巨大工程也令人印象深刻。运河从这里继续向南，为许多定居点提供了灌溉水源，最终穿越瓦赫什山谷的绝大部分而到达今天的库姆桑吉格尔区（Кумсангигрский район）。

这条运河有两个特点。一是运河河道靠近山脚，利用山谷的有利地势，使得运河可以向任何方向流淌；二是古代农业灌溉者在设计运河路线时的惊人技术。现代新建的一条运河，其路线由专业测量工程师进行测量，使用航空摄影器材和最先进的测量仪器，其走向与古运河几乎完全一致。

因此可以说，远古时代的人们就已经掌握先进的方法，能够为这种复杂的大型运河（如卡菲尔运河）选择最佳路线。

农业生产使用非常原始的工具。使用木制带铁尖的犁耕地（阿吉纳遗址的发现）。农民（包括兴修水利的工匠）使用铁锄和铁锹。在沙尔图兹（Шаартуз）地区的蒙昌遗址（Мунчан-тепе）还发现一块铁镰刀残片。当时的人们使用中小型手工磨盘和碾子来磨谷物（在卡菲尔尼甘河下游、瓦赫什河、苏尔汉河的河谷遗址中发现）。这里与中亚其他地区一样，也有水磨。

当时的农作物已经比较齐全。田里种植粮食作物和豆类，而且已经种植优质棉花（有了优质的棉织物），还有许多葡萄园和一些稻田。

有记载说，在公元647年，突厥叶护（不清楚是否是吐火罗斯坦的叶护）送来了一种特殊品种的葡萄——形状比较长。此外，吐火罗斯坦还出口稀有药用植物。

考古发现证实了这些史料记载。大量的磨盘和碾子，说明谷物种植在该地区农业生产中占重要地位。在巴拉雷克遗址（Балалык-тепе）发现了葡萄干。此外，在这里还发现了小麦、小米、绿豆、桃核、杏子、樱桃、李子、葡萄、甜瓜、西瓜、开心果、巴旦木和棉桃。

吐火罗斯坦出产优良马匹。这里的马有多个品种，包括小型但耐力很强的山地马、适于长途跋涉的平原马。这里流传着许多关于马的传说，人们信奉神话中的马的祖先。

除马外，此地还有骆驼。骡子、马和驴是主要运输工具。吐火罗斯坦有大批牛羊。从慧超的记载以及其他有关本地羊毛服装和羊毛地毯的记述中可以断定，当时的养羊业比较发达。

四 手工业与贸易

吐火罗斯坦的采矿业非常发达。从旅行者的记述和各种制品的输出描述中可以清楚地看到，当时这里已经开采众所周知的巴达赫尚红宝石（稀有尖晶石），以及青金石、其他半宝石和宝石。根据北魏旅行家宋云的记载，吐火罗斯坦的宝石蕴藏非常丰富，沙宝石（即玛瑙）已经被开采。舍费尔（Шефер）认为，这里最好的还是玉髓及其产品。盐也得到开采，人们用岩盐制成各种工艺品。在巴拉雷克遗址发现用粉红色的盐制成的骆驼雕像。当时的人们在举行仪式时还用到盐。据记载，萨珊国王在庄严宣誓时使用盐作为忠诚的象征。苏联考古学家阿利鲍姆（Л. И, Альбаум）指出，根据书面资料，盐对于中亚各国人民具有象征意义，特别是嚈哒人。

尽管缺乏直接材料，但通过分析已有的关于吐火罗斯坦的材料可以得出这样的结论，即这里的矿物开采最早从黄金开始。黄金被用于制作各种饰物和饰品。铁也得到大量开采，并用于制造工具、家居用品、武器和防御装甲。随着矿石的开采，各种金属加工作坊也开始运作。在战争几乎连续不断的时代，武器制造在手工业生产中占有重要地位。根据史料记载，在公元5—7世纪，吐火罗斯坦居民使用的武器有弓箭、棍棒、钉头锤和剑，他们编织的"巴尔赫铠甲"非常有名。

吐火罗斯坦的士兵除配有一张简易的弓外，还配有一张复合弓箭可供使用。箭头配备大的三点式铁尖，有的是叉形铁尖。其他武器还有大型的三尖式长枪。吐火罗斯坦绘画中的男性腰部挎着短剑。有的剑鞘上镶着金片。贵族手持长剑，细节不太清楚。

贵族们在生活中大量使用金银制成的碗和杯子。这些器皿形状优美，其下部或是形状复杂的高脚或是平坦的底座，主体布满了密密的凹形斜纹（因此得名纹碗），其边缘有带状装饰。有些器皿的形状非常复杂，带有刻花。

巴拉雷克遗址的壁画中，一些人物的脖子上戴着各种金属项圈，手上戴着金手镯，手指上有戒指。巴拉雷克遗址和阿吉纳遗址壁画上的人物都戴着结构复杂的耳环。在考古挖掘过程中，考古学家曾经找到镶戒（带有金属底座和镶嵌物的戒指）以及手镯和其他珠宝。还有精美的铜制物品，如巴拉雷克遗址出土的铜圈，上面有逼真的大象图案。

从出土的器具看，当时吐火罗斯坦首饰匠人的技艺已经非常精湛。有两个高达3英尺的树形玛瑙（或玉髓）烛台，制作年代大概是公元 7 世纪下半叶。

吐火罗斯坦的玻璃制品已达到高度完美。据中国史料记载，公元 424 年，商人和工匠从大月氏（即吐火罗斯坦）来到中国，他们声称能够从石头中熔炼各种颜色的玻璃。这些人在山区开采矿石并在都城进行浇筑实验。实验获得成功，制成的玻璃甚至比从西方进口的玻璃更具有光彩（西方是指叙利亚和埃及的亚历山大城，那里生产当时世界上最好的玻璃）。中国人拜中亚工匠为师，学到了玻璃制造技术。亮晶晶的透明的玻璃使人们十分惊讶，认为是一件神奇的事。即使很久以后的公元 8 世纪初，中国人仍然从吐火罗斯坦进口高等级的红色和绿色玻璃。

在巴拉雷克遗址发现了精美的玻璃艺术品，它是由绿色玻璃浇筑的纪念章，纪念章有银框，上面有一个坐着哺乳的女人。比较常见的是器型较小的玻璃容器，如窄口瓶或小瓶子，瓶身有时会有玻璃制成的不同颜色波浪线或条状作为装饰。此外，这里还生产玻璃珠。

这里的编织工艺也很发达。据史料记载，这里生产羊毛和棉花的织物，贵族的服装样式复杂。根据考古资料和当时的肖像画可以断定，胡塔梁出口精美的彩色丝绸织物。在巴拉雷克遗址发现了三种织物：羊毛条纹织物（黄色和红色条纹），带图案的羊毛织物（黄色背景上的蓝色图案），丝绸织物（蓝色或绿色）。在吐火罗斯坦考古发现大量的纺线以及用黏土或石头制成的飞轮和木制纺锤，这说明，当时的吐火罗斯坦本地已经在生产羊毛和棉织物。人们使用这种简单的工具纺纱（纺锤在塔吉克斯坦各个地区都很普遍，直到近代，家庭织物作坊才最终被工厂替代），然后用织机织成棉和羊毛织物。

至于丝织物，早期的文献记载都认为是从中国进口。最新的考古发现表明，在中世纪前期，中亚地区已经发展了桑蚕业和丝织业。例如，在公元 6—8 世纪的赞格遗址（Занг‐тепе）发现蚕茧。在有关粟特王国手工业的章节中，我们将详细论述这个问题。

从巴拉雷克遗址绘画上的人物形象来看，吐火罗斯坦贵族穿着用色彩艳丽的织物缝制的华丽服装。织物上很少有重复的图案，有的图案铺满整块织物。这些图案中有简单的几何形状（实心菱形）、植物（三叶形花朵、花结）等。有的织物上满是几何形状的鱼或盘羊角等图案。有一块织物的图案非常引人注意，它由圆圈组成，中间画了一只奇异的动物头像，露出舌头和獠牙。还有一块织物上满是一个个相互套着的圆环，每个圆环内都有一个男性头像。值得注意的是，壁画中的仆人通常都身穿样式简单且无图案的衣服。

巴拉雷克遗址壁画中的男性人物身着窄而长的袍子，右侧领口为三角形。袍子裁剪合身，腰间系一条皮带。女性人物身穿无袖斗篷，里面露出带有宽袖子的第二层衣服，并露出第三层衣服的窄袖口。阿吉纳遗址壁画中，手捧礼物的男性穿着无领紧身套装，上衣的腰间系着皮带，皮带拼接而成，黄色片（即金片）和黑色片（铁片）缝在其表面上。脚上穿着平底轻便靴。阿吉纳遗址的世俗人物雕像非常宏伟，身穿带有双面领口的合体长袍。因此，不仅当时的织造工艺高度发达，有些产品确实具有很高的艺术水平，而且缝纫工艺也具有较高的水平。

在手工业的其他领域，首先应该提到的是陶瓷业。尽管这里公元5—8世纪时期的陶瓷制品比不上贵霜时期最好的陶瓷制品，但也不能说其陶瓷工艺有所退步。这一时期生产了各种各样的陶瓷产品：从油灯上带小尖嘴的油盏（在阿吉纳遗址中发现了350多个）到大型容器。餐饮和典礼所用陶瓷器皿质量很高，其中一些模仿了金属器皿的样式。此外，当时的手工业还包括制皮、木工、骨雕、制药和其他手工艺品的制作。

吐火罗斯坦人前往遥远的国家经商，这证明当时该地区有大规模的对外贸易。吐火罗斯坦，尤其是胡塔梁出口品种优良的马匹。商人们分别于681年、720年和748年（从吐火罗斯坦）、729年、733年、746年和750年（从胡塔梁）成群结队地来到包括中国在内的其他国家，带去大量的宝石和半宝石，其中有加工好的产品，也有未经加工的原料。就后来在中国被称为"和田石"的青金石来说，它在古代和中世纪就已被大量加工成产品供贵族使用。和田只是一个转运地和产品加工地，石材的开采则在巴达赫尚。

吐火罗斯坦也出口药品，包括以某种水果、草药以及对外国人来说有些"奇怪"的药物制成的芳香性药丸。这种由多种芳香物质组成的药在治愈伤口和止血方面特别有用，因而大量出口。它的治愈能力令中国人赞叹不已，以至于他们传说，这种药物能让被切断的四肢重新长出。

吐火罗斯坦与其他中亚国家之间的贸易规模也很大。在阿吉纳遗址发现了粟特钱币。吐火罗斯坦铸造钱币的时间是公元7世纪下半叶至8世纪上半叶，外形沿用了粟特的钱币样式。在吐火罗斯坦北部地区发现了大量这一时期的铜币。这表明其国内贸易也很发达，并已进入人们的日常生活。

五 建筑艺术

考古工作者对吐火罗斯坦的城市、地主庄园和宗教建筑等遗址进行了考古发掘。1936—1938年，马松（M. E. Массон）曾领导对铁尔梅兹的发掘工作，但未能搞清楚这个吐火罗斯坦最大城市的布局结构和组成元素。相反，在那些规模小一些的遗址挖掘中反而更有收获，特别是巴拉雷克遗址、赞格遗址和卡菲尔卡拉遗址的发掘。

卡菲尔卡拉（Кафыр-кала）是玄奘提到的瓦赫什山谷的中世纪早期城市中心。城市遗址为正方形，规模为360米×360米。它的主城区在一座土丘之上，在城市的东北角建有一座城堡。1968—1970年工作人员曾对该城堡的上部60米×60米部分进行了考古发掘。城堡上筑有坚固的城墙，墙角建有塔楼。这些塔是土坯和砖块结构，圆顶天花板由成排的土坯和砖块砌成。城堡的外墙面呈梯形，墙壁有窄窄的射孔。在城堡的东北角有一个大房间（20米×10米），看起来像是会议大厅。墙边是一排座椅，在较长的一面墙前，中间的座椅被类似于舞台的平台代替,看起来,这里曾经摆过木制的沙发床供统治者及其亲信落座。在平台的对面有另一个平台(比座椅低)。上面摆放着巨大的火炉。大厅里曾经发现过文献古迹。城堡内还有正方形和矩形的大厅,装饰着黏土制成的半圆柱,大厅之间有走廊连接。这里的壁画和黏土浮雕部分保留至今。城堡的一角建有一座佛教寺院,寺院包括一间小型中央圆顶屋和一个走廊,房间的墙壁上有佛的画像。根据判断,城堡的上层平台至少进行过三次彻底的重建。

巴拉雷克遗址(Балалык‐тепе)位于今乌兹别克斯坦苏尔汉河州安戈尔村(Ангор)附近,是一座矮小的城堡。整个建筑的底部是一个高平台基座(高度为6米,面积为30米×30米)。正方形平台的四周是高大的外墙,这些外墙高于平台顶部。在平台的顶部平面上建起房屋。中间是一个方形庭院,四周都是狭窄的长方形房间。房间直接用通道彼此相连,并与庭院合成一体。这些房屋在经过改造之后用作防御。每个房间的外墙上有两个或三个狭窄的射孔。此外,在其中一个拐角处有一座突出的矩形塔,也开有射孔。根据研究人员的说法,城堡的入口位于这座矩形塔中,人通过吊桥进入城堡。城堡在二次改建后发生了一些变化。在院子的场地上建起了一组房屋,其中有一个大的长方形礼堂,沿墙壁摆放着座椅。其中一堵墙边有一个圆形的底座用来燃火。大厅的天花板是平的,木质部分装饰有雕刻,中央有一个洞,用于挂照明灯笼和排烟。还有一个摆着座椅的小房间,墙壁上有精美的画作。后来,经过一段时期的荒芜,这座建筑再次被重建。阿利鲍姆认为,该城堡始建于公元5世纪,在公元5世纪末或6世纪初重建并增加了壁画。阿利鲍姆认为,巴拉雷克遗址的最终被毁坏的时间大概在公元7世纪上半叶。

在离巴拉雷克遗址不远处,也是在苏尔汉河州的安戈尔村附近,有一个城市遗址,即赞格遗址(Занг‐тепе)。小小的城市周围建有围墙,西北角有一座高大的城堡。城堡底部为正方形(每条边长约为50米),该城堡即使在坍塌以后仍有20米的高度。该城堡始建于公元前，被填平之后又成为新建筑的地基。这是一座坚固的城堡，每个角上都有结实的四角形塔楼。墙壁的光滑表面留有矩形射孔。上层平台上建有房屋。一期（即公元5—6世纪）建设的房屋布局与巴拉雷克遗址的房屋相似。在公元6—7世纪，大多数一期建筑的墙壁坍塌，又进行了彻底重建。新建筑与巴拉雷克遗址建筑风格截然不同，各个房屋都是独立的。除了举行仪式的地方，还有卧室和厨房，房间里有各种各样的家用器具，这些都反映了封建主当时的生活状况。另外，这里还发现了一部写在白桦树皮上的佛教手稿。

被发掘的还有农村的庄园。这些庄园通常也同样建在土丘或山岗上。有些庄园由排列不够整齐的狭小房间组成，每个房间都是一个小家庭（如恰扬遗址、塔希遗址等）。这是农村地区的父权制大家庭住宅。这里也有系统完整的农村村落，如亚克希拜遗址（Якшибай-тепе）

阿吉纳遗址（Аджина-тепе）是宗教建筑的范例。该建筑是公元7—8世纪初的佛教寺院，位于库尔干秋别以东12千米处的瓦赫什山谷。这是一个相对较小的建筑遗址（面积为100米×50米，至今保留的高度为6米）。遗址由两个方形院落组成（庭院和寺院）。庭院为方形，四边为房间。每个边都由两个方形大厅（其中一个大厅内靠墙部分有一个带底座的雕塑）和柱廊构成。大厅的外侧是朝向院子的带盖的柱廊。柱廊之间由走廊相连，这些走廊遍布建筑物的四周并可通往院内。

寺院的大小与庭院相同。寺院中央是一座佛塔，佛塔坐落在一个阶梯式的底台上，底台的四个侧面各有两级台阶通向佛塔，佛塔顶部曾经有半球形顶罩（现未存留）。寺院四边的房屋布局与庭院略有不同，它们的中间是两个大厅，两边是总长16—17米的走廊。这里的大厅比庭院的大厅小一些。在大厅外侧有七个小佛殿。有些佛殿中放置着微型佛塔，还有一些供着佛像。在走廊中有非常大的（大于真人尺寸）佛像。走廊的墙壁和拱顶上有佛的画像和佛教题材绘画。

其中一个走廊里存放着一座长度为 12 米的涅槃卧佛。走廊顶部为拱顶，大厅则是圆顶，其中一个大厅的天花板由四根木头柱子作为支撑。

内容丰富的佛教雕塑和绘画、有规划的布局和大小佛塔，这些因素都证明，阿吉纳遗址毫无疑问是一座佛教寺院。根据包括钱币在内的全部资料，其历史可以追溯到公元 7 世纪至 8 世纪初。寺院由两部分组成，即"僧房"（包括僧侣住所、讲经和聚会厅等）和"佛殿"。佛殿包括佛塔，其四周的房屋里有佛像并布满佛教绘画，僧侣和信徒们在这里举行隆重的宗教活动。

阿吉纳遗址的布局很有特色。不仅严格对称，还有四个门廊式建筑的组合结构。在伊斯兰教占领中亚之后，这种结构成为中世纪时期中亚建筑结构的一大特征，这表明在中世纪的中亚，佛教与伊斯兰教有着千丝万缕的联系。

当时的吐火罗斯坦建筑尽管具有自己的特色，但基本上采用与中亚其他地区相同的建筑材料和技术。主要建筑材料是土坯和半米长的大块矩形烧砖。烧砖使用较少，主要用于房屋立柱地基等。狭窄的房间上面覆盖半圆状的拱形屋顶，屋顶的建筑材料采用矩形烧砖。

面积较小的方形房间上面覆盖着圆形屋顶。早期的圆屋顶通常是直接（没有任何过渡地）加盖在墙上，如蒙恰克（Мунчак - тепе）、沙尔图泽（Шаартузе）的建筑。阿吉纳遗址的建筑则使用了更复杂、更完美的方法，借助喇叭拱形从四边墙壁过渡到圆顶。有些圆顶则是土坯和烧砖结构（如卡菲尔卡拉遗址）。

当时的建筑技术已经采用凹槽式减压穹顶来减轻搭接的重量（如阿吉纳遗址），这是建筑学的一项巨大成就。另外，各种类型的拱门，不同的拱形穹顶结构，由墙壁或柱子支撑的平面天花板，装饰有壁画、雕塑、木刻的礼堂等，这些设计都突出了这个时期的建筑多样性和完美性。

六 绘画

绘画艺术在巴拉雷克遗址和阿吉纳遗址中得到最充分的体现。在巴拉雷克遗址的正方形房间（4.85 米×4.85 米）中，呈带状的连续图像在深蓝色背景下的墙壁上展开。图中描绘的是一次宴席，男女或端坐或斜躺在地毯上，约 3/4 人物彼此面对面，背景则是站立着的仆人，他们的大小约为坐着人物的一半。发掘这一遗址的阿利鲍姆（Л. И. Альбаум）认为，巴拉雷克遗址的绘画再现了"一场宗教活动的盛宴场景。但由于在中世纪早期社会的思想体系中，宗教与日常生活息息相关，因此这一场景可以称为日常生活"。虽然阿利鲍姆提出一系列论据支持他的观点，但也不能认为这一观点已经得到证实。普加钦科娃（Г. А. Пугаченкова）、利特文斯基（Б. А. Литвинский）等认为，这是一幅世俗画作，是当时贵族生活中非常普遍的宴席场景。我们认为这一观点比较正确，当然，很难对这幅画的内容作进一步分析。普加钦科娃试图将其解释为《列王纪》中的一个情节再现，似乎没有特别的根据可以佐证。最有可能，这里表现的是在当地统治者或主要封建主院子里举行的一次普通宴会。巴拉雷克遗址的绘画技艺高超，色彩明亮艳丽，极富生活乐趣。不足之处在于，人物的头部和身体的转动不够协调，面部表情呆板，不能表达心理活动，绘画的风格比较平静。尼尔森（В. А. Нильсен）写道，每个大人物都是贵族的理想形象，"缺乏现实的描述和一定的想象力"。但是，服装的细节和佩饰设计得精心细致。

另外，根据当代意大利著名建筑和艺术学者布萨利（М. Буссальи）的说法，巴拉雷克遗址绘画毫无疑问地表明，公元 5 世纪时期的中亚西部地区（指吐火罗斯坦）就已经开始出现伊朗化的趋势，但是萨珊王朝和其他地区的艺术并没有将其非常清晰地反映出来。因此，我们必须承认，在西域①（塞林迪亚）中心地区发现的一些东西，实际上是伊朗地区（即中亚）艺术的再现。布萨利认为，这些元素随着贸易和经济联系的发展而渗透到西域，巴拉雷克遗址绘画对阿富汗中部地区，尤其是巴米扬地区（Бамиан）的艺术产生了重大影响。此外，巴拉雷克遗址绘画是中亚中世纪早期绘画艺术的典型代表。在公元7世纪至8世纪中叶的彭吉肯特②、瓦拉赫沙③和其他古城遗址中，巴拉雷克遗址绘画的风格得到进一步发展。

阿吉纳遗址绘画（根据情节）可以分为佛像、世俗人物、装饰元素三部分。拱顶的内表面完全被成排的坐佛图像所覆盖。佛被绘成各种姿势，象征着不同的精神状态。在走廊的墙壁上画有佛像（大比例）和相关人物的形象（小比例）。其他图像（包括世俗人物）也与建筑物的主题和意识形态取向有关。在其中一个小佛殿入口处的墙壁上描绘了一个场景，保留下来的部分有两个盘腿而坐的武装男子，每个人手持一个装满鲜花的器皿（一个是金的，另一个是银的）。这幅图画体现的是向神献礼这一佛教情节，类似画面在从锡兰（Цейлон）到中国新疆的广大地区比较常见，它们与巴拉雷克遗址的绘画风格非常接近。明显看得出，这些绘画的作者描绘佛像的技术比描绘世俗人物更高。

七 雕塑、木刻和其他艺术

在很多考古遗址中都会发现一些雕塑作品。在阿吉纳遗址发现了

---

① 塞林迪亚（Serindia, Сериндия）是英文中由"Seres"（赛里斯、中国）和"India"（印度）两个地名合成的地域名称，中文中一般翻译为"西域"。赛里斯（Serica, Seres, Sinica, Серес），意为丝国、丝国人，是战国至东汉时期古希腊和古罗马地理学家、历史学家对与丝绸相关的国家和民族的称呼，一般认为是指当时中国或中国附近地区。拉丁文 Sēres 原意是"有关丝的"，一般认为是中国词语"缫丝"的音译。丝国人更可能指买卖丝绸的中间商，譬如在丝绸之路上被希腊人或罗马人遇到的丝商。——译者注
② 彭吉肯特古城遗址（Пенджикент）位于塔吉克斯坦索格特州彭吉肯特区。——译者注
③ 瓦拉赫沙古城遗址（Варахша）位于乌兹别克斯坦布哈拉州容多尔区，布哈拉以西30千米处。——译者注

大量佛教题材的雕塑。所有雕塑均由黏土制成，没有内部木制框架。雕塑上较大的部位由黏土模制，细节部位模压而成。中小型雕塑的头部也是模压而成。整个雕塑被涂成彩色，佛陀的衣服为红色，手脚为白色，头发为蓝色或黑色。这些雕塑中，体型最大的是佛陀涅槃。这是一尊真正的巨像，但不是站立的，而是卧佛。佛陀右侧卧，左臂伸出放在身体的侧面，右臂肘部弯曲并置于头部下方，头部靠在一个由五个部分组成的枕头上。脚的大小为 1.7—1.9 米，可想而知身体的大小。佛陀雕像原本 12 米长，其身体被带褶皱的红色长袍覆盖，只露出手脚。佛陀脚上穿了轻便的凉鞋，凉鞋用皮带固定在脚上。佛陀头部仅部分保留下来，其发型非常特别，头发被梳成一缕缕波浪形的螺发。

按照佛教艺术的惯例，涅槃的佛陀通常为坐姿，佛像雕塑家一般不会采用卧姿，而是按照教义的规定进行塑造。因此可知，这座卧佛雕像的雕塑家为自己设定的任务不是重现一位来到尘世的传道者，而是塑造一尊安宁超脱的巨神。不难想象，这样的塑像在当时会对佛教徒产生多么大的影响力。

佛陀的其他雕像中，值得一提的是壁龛上的雕像。它们的尺寸比巨大的涅槃佛陀小得多，但也是普通人身材的 1.5 倍。佛陀被塑造成打坐的姿态，即盘坐姿势。每一位佛陀的头部后面是浮雕和彩绘的光环。

此外，还发现了许多相当于真人 3/4 或 1/2 大小的塑像。它们从艺术角度来看非常完美，佛陀带有螺发的头部还在，还有菩萨和其他神像，许多雕塑都是真正的杰作，柔和的线条极具美感。赤裸的丰满身体，仅在臀部覆盖有褶皱的衣服，体态呈现复杂的变化：胸部转向一侧，骨盆和腿转向另一侧，一只脚缩回。彩绘的躯干带有许多装饰。有些人物形象充满动感且非常精致。在对僧侣的描绘中，雕刻家不受任何宗教典范的束缚，从而在作品中体现了真正的现实主义。其中一件雕塑是一位疲惫老人的头部塑像，额头和双眼附近布满皱纹，头巾也很有特色，让人联想到现代的塔吉克人。阿吉纳遗址的雕塑还有许多其他形象，各具特色。

尽管与其他佛教艺术品，特别是公元7世纪阿富汗的丰杜基斯坦（Фундукистан）佛像有很多相似之处，但阿吉纳遗址的雕塑原始且独特。它不仅体现了阿富汗哈达神庙的犍陀罗晚期以及印度笈多王朝时期的艺术风格，还继承了当地独特的吐火罗斯坦—巴克特里亚艺术传统。

在阿吉纳遗址的许多房间内，墙壁上突出的部分、拱门和壁龛都有雕塑装饰。

在巴拉雷克遗址、朱马拉克遗址①（Джумалак‑тепе）发现了木刻残片。一些矩形横截面的木条上面刻着有叶子或大圆盘的枝条，还有一些木板上雕刻着大圆圈，大圆圈由小圆圈组成，中心是复杂的花结。此外，还发现了一个木制檐壁的一部分，上面刻着许多拱形，每个拱形由装饰条纹隔开，里面装饰有花结，或者半身人像。

吐火罗斯坦的舞蹈和音乐的水平也很高。在胡塔梁和库梅德有出色的舞者。这里的统治者把舞者作为礼物送给外国。尽管一些中亚的音乐人没能得到外国宫廷的认可，但他们的艺术却在普通百姓中享有盛誉。可以说，库梅德的音乐是现代帕米尔音乐的前身。在巴拉雷克遗址的一个房间里，发现了弦轴、指板等乐器的残片。

八　宗教

根据历史和考古资料可以推断，公元5—7世纪，吐火罗斯坦的居民信奉多种宗教。相当一部分人继续信仰琐罗亚斯德教，但具体的表现内容和形式我们并不清楚。尽管在丹加拉（Дангара）和吉萨尔（Гиссар）发现了一些骨瓮，但与粟特、恰奇和花剌子模的居民相比，骨葬仪式在这里并不普遍。

---

① 朱马拉克遗址（Джумалак‑тепе）位于乌兹别克斯坦南部的苏尔汉河州。——译者注

在巴拉雷克遗址发现了一个大型陶瓷香炉，这说明琐罗亚斯德教在当时得到广泛传播。该香炉包括一个开槽并带有装饰图案的圆锥形架子和一个放在架子上的广口碗。在海拉巴德遗址（Хайрабад - тепе）和塔吉克斯坦南部都曾找到这种香炉。在科尔霍扎巴德（Колхозабад）的卡菲尔卡拉城内还发现了一个固定着的香炉。

当时的佛教地位很高。嚈哒人原本不是佛教徒，各地的嚈哒统治者在不同时期对待佛教的态度也不同。佛教在战争期间没有受到重视，许多寺院遭到破坏和掠夺。不过总体而言，嚈哒统治者还是支持佛教，在嚈哒统治下的中亚地区，佛教徒并没有受到迫害。突厥人在进入中亚之前就已受到佛教宣传的影响。在公元6世纪末至7世纪初，一些西突厥统治者成为佛教徒，开始在中亚南部以及阿富汗和印度北部修建佛教寺院。据公元8世纪到过这里的旅行者记述，在吐火罗斯坦，国王、贵族和平民都信奉佛教。关于胡塔梁的记述也是如此。公元7世纪，在吐火罗斯坦的首府巴尔赫有100座寺院，在铁尔梅兹大约有12座寺院，在卡巴迪安有3座寺院。每座寺院都有一定数量的僧侣，通常为2—50名。佛教甚至传到了帕米尔地区，帕米尔有两座寺院，在瓦罕有寺院和僧侣。根据现存的书面资料可知，一些寺院拥有巨额财富，包括土地和其他财产。从阿吉纳遗址和卡菲尔卡拉的发掘情况就可以看出。有些地名也具有佛教含义，如塔吉克斯坦南部的克孜勒苏河（Кизыл - Су）沿岸有一座城市叫"帕尔哈尔"（Пархар），根据语言学家的研究，该名称来自梵语"维哈拉"，即"佛教寺院"。

在赞格遗址曾发现一部写在桦树皮上的佛教手稿。这是一整套佛教经文，用中亚婆罗米语（брахми，Brahmi，佛教混合梵语）编写，其中包括"毗尼"（Виная，Vinaya），即佛教僧侣修行的戒律和寺院的制度。在卡菲尔卡拉也发现了类似手稿的残片。

上述资料证明，佛教在吐火罗斯坦曾得到广泛传播。

在中亚特别是吐火罗斯坦，牢固扎根的还有摩尼教。公元8世纪初，摩尼教的高僧来到吐火罗斯坦。他是在公元719年作为查加尼扬国王的使者被派到这里，当时的头衔是"伟大的导师"。关于这次出使情况的记述证明，摩尼教在中亚地区从其传播之初就依靠贵族和统治者。

公元6—8世纪时期还有一种宗教也在吐火罗斯坦地区得到普遍传播，这就是基督教，或者更确切地说，是基督教的聂斯脱利派。众所周知，在嚈哒国有基督教传播，吐火罗斯坦的突厥人也信奉基督教，而且吐火罗斯坦还曾向外派遣使者传播聂斯脱利派教义。

第三节 公元6—7世纪的粟特

一 概述

在各国的史料记载中，粟特这个名称都多次出现。著名学者托马舍克（В. Томашек）提出，"粟特"（Согд）系伊朗语中的一个常见词根，意思是闪耀、闪亮、燃烧。塔吉克语里也有这个同根词"苏赫坦"（сухтан），意为燃烧、烧尽，但在塔吉克—波斯语词典中，它的解释却完全不同，意思是"集水的洼地"。在塔吉克语中，洼地、沼泽地或有滞水的地方叫作"苏古德"（сугуд）。

根据公元7世纪时玄奘的记述，粟特王国的地理范围在东北的楚河与西南的拜孙套山铁门关（Байсуиские ворота）之间。实际上，这里要讨论的并非粟特王国的政治和地理边界，而是粟特人主要定居的地方。从更晚一些的阿拉伯语和塔吉克语史料中，也可以对公元5—8世纪时期的粟特国家有所了解。从这些史料可知，粟特一词有广义和狭义之分。从广义上讲，粟特包括整个泽拉夫尚河河谷和卡什卡达里亚河河谷。从狭义上讲，可将粟特视作一个与撒马尔罕有关的地区。中世纪的史料经常提到"撒马尔罕粟特"，还有一个称呼叫作

"布哈拉粟特"。雅古特①（Якут）曾经说过："据说有两个粟特：撒马尔罕的粟特和布哈拉的粟特。"卡什卡达里亚河河谷被认为是粟特的一部分，阿拉伯历史学家雅古比②（Якуби）称：渴石③是粟特的国都。

二 玄奘和慧超关于粟特的记载

玄奘于公元 629 年来到粟特。他写道：飒秣建国（即撒马尔罕）方圆一千六七百里，东西长，南北狭窄。此国的大都城方圆二十多里，形势极为险要且坚固。城中很多居民。四方的珍宝奇货往往都向这个国家汇集。国内土地肥沃，几乎种植栽培所有作物。这里森林树木郁郁葱葱，花果鲜美茂盛。飒秣建还盛产良种马匹。精湛奇巧的手工技艺与其他各国相比尤其高超。气候一年四季温和宜人，但民风勇猛暴躁。飒秣建是所有胡国的中心，这些国家无论距离飒秣建远近，人们的举止、仪节都取法于飒秣建。飒秣建的国王非常豪迈勇猛，邻国都不得不顺从听命。他麾下的兵马强盛，大部分由赭羯组成。被称为"赭羯"的武士性格强悍暴躁，打起仗来视死如归，所向披靡④。

此外，玄奘还谈到了弭秣贺（Маймург）、劫布呾那（Цзеб-удана）、屈霜你迦（Цюйшуанницзя）、捕喝（Бухэ）、羯霜那（Цзешуанна）等国家。不过，他只是描述了这些国家的大小，并重复使用"土宜风俗，同飒秣建国"这句非常简短的话来描述各国的

---

① 雅古特·本·阿卜杜拉·哈迈维（Yāqūt Shihāb al‑Dīn ibn ‑'Abdullāh al‑Rūmī al‑Hamawī, Шихабуддин Абу Абдуллах Якут ибн Абдуллах аль‑Хамави, 1179—1229 年），叙利亚的希腊裔地理学家、历史学家，曾到中亚履行。主要著作包括《地理词典》等。——译者注
② 雅古比（Ahmad al‑Ya'qubi, or Ya'qubi, Якуби,? —897），公元 9 世纪的阿拉伯地理学家和历史学家。曾在亚美尼亚和呼罗珊等地居住，后出游印度、埃及和马格里布等地。著有《列国志》和《雅古比历史》（记载了公元 872 年以前伊斯兰教什叶派眼中的世界史）。——译者注
③ 渴石系旧称，今日的乌兹别克斯坦卡什卡达里亚州的沙赫里萨布兹。——译者注
④ 玄奘：《大唐西域记》之飒秣建国：飒秣建国周千六百里，东西长，南北狭。国大都城周二十余里，极险固，多居人。异方宝货，多聚此国。土地沃壤，稼穑备植，林树蓊郁，花果滋茂，多出善马。机巧之技，特工诸国。气序和畅，风俗猛烈。凡诸胡国，此为其中。进止威仪，近远取则。其王豪勇，邻国承命。兵马强盛，多是赭羯。赭羯之人，其性勇烈，视死如归，战无前敌。——译者注

特点。

慧超①（公元726年）简要描述了"胡国"的情况，其中包括安国（布哈拉）、曹国（伊什季汉）、史国（渴石）、石国、米国（迈穆尔格）、康国（撒马尔罕）。尽管这六个国家都有自己的国王，但他们都处于阿拉伯人的统治之下。这些国家都很小，但都有自己的小规模军队。这里产骆驼、骡子、马、绵羊，种植棉花。居民穿棉和毛皮的裤子和外套，男人喜欢戴白色棉布头巾，头发和胡子都要剃掉。语言与所有其他国家（地区）的语言不同。他们的习俗比较粗鄙：男人可以娶任何自己喜欢的女人，包括自己的母亲和姐妹。在波斯，男人也可以娶自己的母亲。这六国都尊崇琐罗亚斯德教，很少有人信佛教，仅在撒马尔罕有一座佛教寺院。

三　政治

目前还没有足够的资料来重现粟特及其各地的政治发展史，现有的材料都是一些孤立的史实。

根据中国的编年史记载②，在公元7世纪初，统治撒马尔罕粟特（在此编年史中称作"康国"）的是（或者可能是）由月氏先人所建立的王朝。通常认为，该王朝在公元纪年前后建立并一直统治下来。撒马尔罕粟特国王的姓氏（或者尊号）是昭武（чжаоу），住在人口稠密的城市阿卢季（Алуди）。据史料记载，康国被视为强国，就连西突厥的达头可汗（Датой，公元575/576—603年在位）都认为，最好能与康国国王代失毕（Тайшепи）通婚并将女儿嫁给他。

康国（即"撒马尔罕粟特"）下面统治着当时的米国（迈穆尔

---

① 慧超《往五天竺国传》记载："又从大寔国已东，并是胡国，即是安国、曹国、史国、石骡国、米国、康国，中虽各有王，并属大寔所管，为国狭小，兵马不多，而能自护。……又此六国总事火祆，不识佛法，唯康国有一寺有一僧，又不解敬也。"——译者注

② 《隋书·西域传》：康国者，康居之后也。迁徙无常，不恒故地，然自汉以来相承不绝。其王本姓温，月氏人也。……王字代失毕，为人宽厚，甚得众心。其妻突厥达度可汗女也。……名为强国，而西域诸国多归之。——译者注

格)、曹国(伊什季汉)、何国(库沙尼亚)、安国(布哈拉绿洲的东边)、那色波①(Нашебо)等八个小国。因此,康国几乎统治了整个泽拉夫尚河河谷(除了最西端的部分)以及卡什卡达里亚河河谷。不过,关于这一国家联盟的成立时间、性质特点、地方对中央的依赖程度等问题,直到现在都还不清楚。

在康国国王的宫殿中,有一个祭祀祖先的庙宇,这里每六个月举行一次献祭活动。其他国家的国王也前来一同祭祀。这份记载暗示了粟特各地统治者之间存在家庭关系,即他们拥有共同的祖先。当然也不排除另一种解释,即康国的附属国必须参加庆典仪式,以便表明他们对宗主国的忠诚。这两种可能性都存在。

康国作为国家联盟,其组成和地理边界基本没有变化。也有可能,后来布哈拉绿洲(或其主要部分)也被纳入康国版图。这个说法的证据是,根据阿拉伯学者马苏第(Масуди)的记载②,布哈拉绿洲周围的城墙由一位粟特国王建造。

根据雅古比(Якуби)的记载,渴石曾经是粟特的国都。渴石的势力在公元7世纪上半叶得到加强。其国王昭武狄遮(Тичо)是一位非常有能力的人。在他统治期间,建起了一座城市"乞史",这就是后来的渴石。根据史料记载,公元642年曾有使团携带礼品献给渴石国王沙瑟毕(Шашепи)。但除此之外,历史文献中再没有任何关于沙瑟毕的资料。据考古发现,沙瑟毕在位期间发行了钱币,在彭吉肯特发现的钱币中,有一些刻有"伊赫希德西什庇尔"(ихшид Шишпир)字样。"伊赫希德"是阿拉米语文字,是粟特统治者的尊号,即国王、统治者、首领。对比分析这些资料之后可发现,对钱币上刻有"伊赫希德西什庇尔"这个字样的最合乎逻辑的解释,就是

---

① 那色波(Нашебо)古代也称涅谢夫(Несеф),在今乌兹别克斯坦卡尔希市。——译者注
② 马苏第(Al-Mas'udi, аль-Масуди,公元896—956年)出生于巴格达,是一位阿拉伯历史学家、地理学家,被称为"阿拉伯的希罗多德",曾游历波斯、叙利亚、埃及、印度、斯里兰卡等地,著有《黄金草原》一书。——译者注

承认这个叫作西什庇尔（中文材料中称"沙瑟毕"）的渴石国王是整个粟特的统治者。当然，这只是一种可能。

不过，渴石的粟特霸主地位未能坚持很长时间。据公元 656—660 年的史料记载，渴石国王昭武舍阿霍（чжоу Шиагйе，沙畹记作 Che–a–ho）开始臣服于撒马尔罕国王。考虑到撒马尔罕早在公元 650—655 年就已成为粟特的最高统治者，并且让渴石承认撒马尔罕的至高无上地位需要一段时间，由此可以推测，在这形势变化的五年时间里，撒马尔罕与渴石之间发生了战争，结果是粟特国王（来自渴石）西什庇尔失去王位，舍阿霍成为渴石的新统治者。撒马尔罕家族的代表拂呼缦[①]（Фухуман）成为粟特的国王。

在大量的粟特钱币上都标有"伊赫希德瓦尔呼缦"（ихшид Вар-хуман）字样（意思是瓦尔呼缦国王）。斯米尔诺娃（О. И. См-ирнова）认为，这表明拂呼缦（Фухуман）这个名字可能是粟特国王瓦尔呼缦（Вархуман），更确切地说是阿瓦尔呼缦（Авархуман）的转译。这个国王的名字也出现在撒马尔罕城北的阿夫拉西阿布遗址的粟特铭文中。

与粟特国王一起存在的还有各地方的附属小国的国王。例如，臣服于撒马尔罕的渴石国王就拥有自己的世袭头衔"伊赫里德"（ихрид）。

在中文史料中，布哈拉被称为安国、忸密国（Нэуми），有时将其叫作布豁、捕喝（Бухо）。布哈拉国王姓昭武，与撒马尔罕国王同族。公元 7 世纪初，布哈拉国王与撒马尔罕国王有着密切的血缘关系，在公元 7 世纪上半叶的后期，布哈拉的统治者是阿林加（Алинга）。据中国史料记载，布哈拉政权相继统治 22 代，长达数个世纪。

[①] 据《新唐书·卷二百二十一下·列传第一百四十六下·西域下》记载：高宗永徽时，以其地（康）为康居都督府，即授其王拂呼缦为都督。另据《唐会要》卷九十九记载：显庆三年，高宗遣果毅董寄生列其所居城为康居都督府。仍以其王拂呼缦为都督。——译者注

在布哈拉地区还流通着带有粟特文字"阿斯瓦尔陛下"（государь Асвар）的凹形铜币。根据古文字学推断，这些钱币的年代可以追溯到公元4—5世纪。国王的名字是伊朗人的名字，意为骑手。在塔吉克语中，"阿斯普"（асп）是马的意思，"萨沃尔"（савор）是骑手的意思。根据钱币上的铭文判断，布哈拉统治者有两个尊号，其中之一是"国王"，另一个是"陛下"。

当时，彭吉肯特是一个非常重要的国家，该国的范围除了彭吉肯特地区，在公元8世纪初还包括泽拉夫尚河上游地区。在穆格山遗址（Муг）发现的粟特文书中，提到一些地名，如马基安（Магиан）、帕尔加尔（Паргар）、克什图特（Кштут）、马尔图什卡特（Мартушкат）。这些地区内有很多村庄，如马德姆村（Мадм）、库姆村（Кум），这两个村直到现在名称不变，泽拉瓦德克村（Зэровадк，现在叫扎罗瓦特村 Зароват）、埃斯卡塔尔村（Эскотар，现在叫伊斯科达尔村 Искодар）、赫希坎德村（Хшиканд，现在叫赫希卡特村 Хшикат）、瓦尔兹村（Варз，现在叫瓦尔济米诺尔村 Варзи - Минор）、库鲁特村（Курут，现在还叫库鲁特村）、法特米弗村（Фатмиф，现在叫法特梅夫村 Фатмев）、帕胡特村（Пахут，现在叫波胡德村 Похуд）、埃夫特毛特（Эфтмаут，现在叫法尔毛特 Фалмоут）、沙夫卡特（Шавкат，现在叫沙瓦特克 Шаватк），亚格诺布（Ягноб）河谷也是彭吉肯特的一部分。属于彭吉肯特或者附属于它的还有佩塔曼地区（Пэтаман，该地区在中世纪时期叫布塔曼 Бутаман）、吉萨尔山区（Гиссарский хребт）和泽拉夫尚山区（Зеравшанский хребт）。穆格山文书则提到其他一些地方，包括现在的安佐布村（Анзоб）。

专家们对彭吉肯特地区出土的大量钱币冲模进行详细研究后认定，在彭吉肯特曾经存在一个独立的王国（目前对该国名称的研究还没有最终结果）。公元8世纪上半叶，粟特王国由于阿拉伯人入侵而处于一个艰难时期，但此时的彭吉肯特却因初期未受到阿拉伯人侵袭而实力增强。当时彭吉肯特的统治者是杰瓦什季奇（Деваштич）。他不是来自粟特国王家族。穆格山文书 B-4 中有他父亲的名字，叫约德赫舍塔克（Йодхшетак），但没有"国王"的尊号。杰瓦什季奇曾觊觎撒马尔罕王位，希望得到"粟特国王撒马尔罕陛下杰瓦什季奇"的头衔。可能有一段时间里他确实得到过撒马尔罕王位。

除了较大的国家，还有许多小国家，其中一些还铸造了自己的钱币。例如，粟特王国内的萨米坦村（Самитан，当时称为潘奇 Панч）曾经是一个小国的中心城，它的统治者以自己的名字发行了青铜币。

从历史学、考古学和钱币学的角度进行研究后发现，粟特联盟国家内各个成员的实力在慢慢增强，而粟特国王的至高无上的权力却被逐渐削弱，使得联盟国家的规模大大缩小。联盟国家的规模可以根据多个史料进行判断。公元 712 年，阿拉伯人向粟特国王的儿子古列克（Гурек）表示，要"扶植其成为撒马尔罕、渴石和涅谢夫的国王"。粟特联盟国家还包括米国（迈穆尔格）、曹国（卡布丹、伊什季汉）和其他一些附属国。作为联盟国家最大组成部分的布哈拉逐渐拥有自主权，并以布哈拉为基础建立了布哈拉胡达特王国。在其发行的钱币上，该王国统治者的头衔被冠以"布哈拉国王陛下"的尊号。

粟特王国与其他中亚国家建立了外交关系，经常互派使团。阿夫拉西阿布遗址的壁画描写了外国使者到达（更确切地说，是接待外国使者）的场景，旁边部分保存下来的粟特铭文写道："当阿瓦尔胡曼国王接近他时，（使者）开口说道：'我是查加尼扬司书官布卡尔扎捷（Букар-зате）。我受查加尼扬的图兰塔什陛下（Туранташ）派遣来到撒马尔罕，我的使命是向国王表达敬意，我现在正在向国王表达敬意。请（你）不要怀疑我，怀疑撒马尔罕的众神，以及（撒马尔罕的）公函。我很明白，这不会对（撒马尔罕）国王造成（？）任何伤害。'（阿）瓦尔胡曼……国王释放了他。（这时）恰奇司书官开口……"遗憾的是，铭文只保存到此。

穆格山文书说明了粟特王国与许多中亚国家和地区的外交关系，

包括恰奇、乌斯特鲁沙纳和费尔干纳。众多的史料显示，粟特使团的出使地远远超出了中亚的边界，而且也有外国使团来到这里。

四 农业与灌溉

公元6—7世纪的粟特主要有三条农业灌溉运河，运河源自瓦拉格谢尔[1]，灌溉着撒马尔罕以南地区。巴尔托利德（В. В. Бартольд）指出，从有关阿拉伯入侵事件的描述中可以看出，早在阿拉伯人征服之前的公元6—7世纪，这里就已经存在农业灌溉，当时有一条运河将水输送到撒马尔罕城里。

在古代中亚众多的运河中，值得一提的有以下两条：一是灌溉库沙尼亚（何国）地区的纳尔派运河（Нарпай）；二是位于布哈拉绿洲内的泽拉夫尚河下游的一条运河，中世纪时期被称为沙普尔卡姆（Шапуркам），传说这条运河由萨珊王子沙普尔（Шапур）命人开掘，灌溉着布哈拉绿洲的最北端瓦尔丹地区（Вардан，瓦尔丹曾与布哈拉交战和对立）。此外，还有几条运河也起到重要作用。在卡什卡达里亚绿洲也有发达的灌溉系统。

撒马尔罕地区有广域的田野和绿地，水源和耕种条件非常优越，以至于被派到这里的第一批阿拉伯总督称为"君主的花园"。

粟特的农业属于灌溉农业。很难想象，那时的农业没有旱地。当时的史料中有关于该地区农业的总体描述：气候温暖，能够种植各种粮食，居民们擅长栽培果树和蔬菜，树木通常生长繁茂，有马、骆驼和驴。

穆格山遗址发掘过程中的一些发现非常详细地说明了当时的农作物种类。在这里发现了各种谷物和果核，还有棉花残留。从穆格山文书中了解到，泽拉夫尚河上游地区的主要农作物是小麦和葡萄，此外

---

[1] 瓦拉格谢尔（Варгсер）系中世纪名称，今乌兹别克斯坦撒马尔罕州的拉巴特霍贾村（Рабат‑и Ходжа）。——译者注

还有大麦、黍和豌豆。粟特语中的粮食一词在词源上与"簸"的含义相关。

谷物在磨坊被加工成面粉。穆格山 B-4 号文书记载,一位名叫马希安(Махиан)的人租用三座磨坊及整段运河、建筑物和磨盘的协议;房租用面粉支付。尽管我们对磨坊还没有一个完整的概念,但目前已发现有很大的磨盘,如在阿夫拉西阿布遗址。除水磨机外,中小规模的手工磨盘也在城镇居民的日常生活中使用。

穆格山文书还包括发放谷物、水果和葡萄酒的命令。

葡萄种植是该地区的主要农业产业之一。

在彭吉肯特发现了葡萄酒酿造设备。它是一个深坑,底部有一个特殊的凹沟,深坑旁边是一个浅池,坑与池之间有狭窄的通道相互连接,它们的壁都被仔细地涂抹上纯白生石膏。可以假设,浅池上覆盖着木板,木板之间留有缝隙,然后在上面铺上一层生骆驼刺,再把葡萄放在上面。当葡萄被挤压时,汁液首先流入浅池,然后进入深坑。当汁液在坑中澄清之后将其放入陶制容器。实际上,如今的民间塔吉克酿酒厂也还是这样的布局方式。

撒马尔罕粟特盛产葡萄酒,对此很多史料都有记载。据说,在贵族的家中保存着大量有年份的葡萄酒。考古资料和穆格山文书证实,这个说法并不夸张。其中一份资料记载,"这种香气扑鼻的葡萄酒在侍女奉上后要尽快喝下,余下的妥善封存"。古代曾有"首席司酒官"的职位,这一记载成为例证。

除了葡萄园,还有许多果园。穆格山文书提到了"园长"。水果的品质很高,来自撒马尔罕粟特的桃子让外国人非常惊讶,它们像鹅卵一样大,颜色为金色,被称为"金桃"。撒马尔罕还出口白樱桃和黄樱桃。这些充分证明了玄奘所记述的粟特农业特征。

在外国人看来,他们进口的撒马尔罕种马与费尔干纳马有着共同的血统。公元 624 年、724 年、726 年、727 年、744 年和 750 年,成群的品质优良的粟特马匹从撒马尔罕、布哈拉、渴石、米国被运送到中国。生有巨大而沉重尾巴的撒马尔罕绵羊，即著名的肥尾羊也受到外国人的欢迎。

穆格山文书提到了大角和小角的牛以及骑乘动物，包括马、骡子和驴。在平原地区人们使用骆驼。

当时的粟特王国还发展了自己的养蚕业。丝绸和棉织物以及羊毛织物的生产均采用当地原料，而无须进口。

五　手工业与贸易

粟特周围的山脉富藏各种矿物。据史料记载，当时已经有一些矿物被开采。有直接迹象表明当时人们已经掌握黄金和氯化铵的提取技术。粟特大量出口黄金，特别是渴石和米国（迈穆尔格 Маймурга，弭秣贺）。米国还出口一种金属合金——黄铜，即铜和锌的合金。盐也得到开采，用于烹制食物和制作手工艺品。史料还特别提到渴石和米国生产有色盐。

大量的矿石开采主要用于满足国内需求，出口也对开采起到一定刺激作用。目前，与金属生产相关的考古资料非常多，特别是在彭吉肯特的挖掘过程中获得了许多此类材料。在3号区挖掘中发现了一个金属加工作坊。它由两个相连的房间组成，在其中一个房间有一个黏土制成的低平台，一个陶制容器的颈部插入其中，这就是熔炉。此外，这里还有其他生产设施，发现了两个两通喷气嘴。为了达到高温，粟特工匠使用两张毛皮来确保持续送风。

在另一个金属加工作坊（也是两个房间），主房间内清晰可见工作区域。熔炉有一个出口和一个连接喷嘴的孔，熔炉的炉膛内有矿渣堆积，屋内地板上有很多铁和矿渣。另外还发现了熔炼用的铲子，还有铁匠工具——铁砧、锤子和巨大的凿子。

那时候的金属产品多种多样，武器之外的种类也有很多，其中生产工具有铲子、斧头、镰刀等，木工用品有钉子、拐钉、镶嵌物、卡钉等，家用物品有各种类型的铁制刀具、铁和青铜的皮带扣、镶嵌物、装饰品、铁剪刀、钥匙、复杂的青铜灯具等。

武器制造与金属加工密切相关。尽管有专门制造武器的作坊，但金属加工作坊通常也制造武器。粟特的进攻性武器包括远程和近战武器。他们有复合弓、简易弓、剑、匕首、矛、钉头锤、钺。防御武器包括盾牌、锁子甲、铠甲和头盔。这些出土的武器，如穆格山遗址的盾牌和箭矢、彭吉肯特遗址的箭头和弓面等，以及史料记载的大量图示资料和文字说明，都证明了武器生产是当时粟特手工业的主要领域之一，手工业者能够为军队制造大批武器。这些手工业者的工作难度和强度很高，需要很长的加工时间和精湛的技能。以复合弓为例。根据历史和考古资料，制造这种弓的时间为1—2年。在彭吉肯特遗址发现的复合弓的骨制弓面表明，这种弓为彭吉肯特本地制造。贵族的武器具有高度的艺术性，特别是剑和匕首。从幸存的样品和图片材料看，粟特工匠将艺术设计与武器制造成功地结合在一起。匕首和剑的柄与鞘由贵金属制成，饰有镶嵌物和镶边，有的还做成龙头形状，都是真正的艺术品。盾牌也是如此。

制造精美不是粟特武器的全部优点，比这更重要的，是它的效用非常高。粟特防御装甲享誉东方和西方。公元718年，粟特人将他们的锁甲作为礼物送给中国。

撒马尔罕粟特（康国）生产了许多优秀的艺术品。对此，史料有书面记载。这些艺术品包括贵重的香炉、盛放眼药的小容器等。撒马尔罕、米国（迈穆尔格）、渴石将宝石及其制品作为礼物送给外国宫廷。来自撒马尔罕的玛瑙花瓶特别受欢迎。

有很多壁画都描绘了精美的制品，包括盘、碗、杯。粟特工艺品在中亚以外的地区也有发现。例如，在俄罗斯彼尔姆州的库拉格什村就发现一只描绘决斗场面的银制餐盘，现在保存在俄罗斯艾尔米塔什国家博物馆中。另一个比较有代表性的粟特工艺品也是一只盘子，上面的图案是一位骑手正在射击攻击他的狮子。不过，并没有足够的证据证明这只盘子是粟特的工艺品，因为上面的铭文不是粟特文字，而是直接写了盘子订货人的名字。语言学分析后得出的结论是，这个盘子极有可能是萨珊王朝之后年代的伊朗制造。

在考古发掘过程中发现了许多珠宝首饰，有华丽的金耳环和红色尖晶石做成的椭圆吊坠，上面饰有绿松石和珍珠；有青铜、金和银的戒指，镶有宝石和半宝石；闪闪发光的珠串泛着彩虹的颜色，就像朝阳下的露珠。

根据考古发现和史料记载可以判断，粟特的纺织工艺水平很高。在穆格山遗址发现了约150块织物残片。尽管它们由于保存条件差而仅仅留下这些碎片，但仍然为我们了解当时的纺织技术提供了可能。维诺库洛娃（М. П. Винокурова）从穆格山遗址的135个织物残片中提取了90块棉织物、44块丝织物和1块羊毛织物（这批织物中羊毛织物的数量比丝织物少得多）。

所有棉织物均采用最简单的平纹织法，棉线本身有些扭曲且粗细不均，因此织物厚度不均且面料非常稀疏，每平方厘米为8—10条经线和10—12条纬线，最多为每平方厘米10—14条经线和15—20条纬线。粗糙的织物让人想起现代的粗麻布。总体而言，根据线的粗细、编织的质量及其密度可以推测，这些残片来自4批棉织物。这些棉织物中都没有装饰图案。

还有一些非常特殊的混纺面料，经线为丝线和棉线交替，而纬线是棉线。

丝织物也分为四类。其中大多数用较复杂的斜纹编织法和凸纹编织法编织而成，少数为平纹编织或平纹与斜纹组合编织而成。许多丝织物的密度远高于棉织物的密度：每平方厘米高达39—40条经线和39—40条纬线。通常，丝织物生产要求工人必须掌握相当复杂的技术。穆格山遗址一些丝织物掺杂着棉布织造技术，再加上前述的棉丝结合的织物图案，表明这一时期纺织技术可能正由棉花织造技术逐渐向丝绸织造技术过渡。丝织物中有使用不同颜色线织成的图案。有菱形块组成的图案，在图形的中央放置了彩色花环

（在彭吉肯特壁画人物的衣服上也发现了类似图案）；也有锯齿状的花环，其中心是圆圈或心形图；有四瓣棕榈图案；有带有尖瓣花朵的植物嫩枝；有复杂的装饰物，如打花结的圆环加上开花的嫩枝等。穆格山遗址出土的丝织物中，有些可能来自中国和地中海，但大部分应是粟特本地产品。

羊毛织物碎片带有浅蓝和深蓝色条纹。

显然，这些织物由专门的机器织成。在穆格山遗址发现了纺织机的零件——用来引纬线的叉梳（一个完整的样品和几块残片）。

在彭吉肯特和瓦拉赫沙古城的壁画中，华丽服装的面料上也出现各种不同的主题和图案：从简单的菱形块和花结到带有鸟、野猪等图案的复杂圆圈组合。在彭吉肯特壁画中，衣服面料的图案是狮子、大象、鸟。阿夫拉西阿布遗址的壁画中，人物的服装面料图案也极为丰富。

在西欧博物馆的藏品中有带有狮子、公羊和花结的丝织物样品，这些丝织物的颜色原本明亮得多，应为艳绿色、灰蓝色、粉红色、橙色和白色，后来出现褪色（蓝色除外），如今呈现红棕色、暗黄色和深蓝色。有些丝织物是保存完整的单件产品，最大达 1.16 米 × 2.41 米，这是织机允许的最大宽度，上面有重复的圆圈组成的整个图案，边上有窄窄的缘饰。

还有一种织物现保存在比利时的于伊市（Юи）。该织物的反面有用墨汁书写的字，德国学者亨宁（В. Б. Хеннинг）将其译为："长度为 61 个绷子的赞达纳奇①……"著名的织物专家舍帕尔德（Д. Шепард）分析这种织物的特征，称类似的丝织物在其他博物馆也有收藏。她还指出这些丝织物与中国产的丝织物存在差异，并确定这些丝织物为粟特出品。别列尼茨基（А. М. Беленицкий）、边托维

---

① 赞达纳奇（занданачи）或赞达涅奇（занданечи）是中亚的一种装饰性丝织物，产地在著名的纺织生产中心布哈拉附近的赞达纳村（Zandana），曾是西方最流行的丝织物之一。——译者注

奇（И. Б. Бентович）支持舍帕尔德的观点。中国关于阿拉伯占领中亚的史料描述中，多次提到丝织物，其中之一就是"赞达纳奇"。

我们不再赘述男人和女人的衣服以及各种衣服的样式，因为这些在绘画中都能明显看到。

边托维奇（И. Б. Бентович）写道："粟特人非常懂得皮革加工。加工好的薄薄的白色精美皮革被用作书写材料，有一本著名的阿拉伯语的文章就写在这样的皮革上（即穆格山文书）。另外还有用淡黄色薄皮革包裹的木质盾牌、用带金色花结的黑色皮革包裹的盒子、外包彩色皮革的方形篮筐盖。更有意思的是，发现了一只皮靴，它的样式与生活在山区的现代塔吉克人所穿的一种皮靴完全相同。当然，皮匠们的作品远远不止穆格山遗址所发掘出的藏品，比如马具、皮带、刀鞘等。穆格山文书中还提到熟羊皮和羊羔皮。在提到皮革时，使用了牛皮、山羊皮、小牛皮等细分词语做进一步说明，还特别强调了幼小动物的皮，并提到了彩色皮革。"

这里无法介绍当时的全部技术，哪怕是简单介绍。需要说明的是，当时的骨雕、细木工和木工技术、制陶业等也非常发达。

手工艺品的大量生产，特别是城市的手工业推动了粟特的国内贸易和对外贸易发展。多处史料记载了粟特人在贸易方面的能力。儿童从 5 岁起开始受教育，包括阅读和写作训练，当他们的知识积累达到一定程度后，便开始接受经商训练。年仅 20 岁的年轻人便开始外出经商。据史料记载，这里的"大多数居民都非常重视赚钱"。

粟特的对外贸易方向非常多元化，他们与东方和西方的不同国家以及北部草原都建立了贸易联系，其中与拜占庭的贸易占据很大份额。部分贸易线路经过伊朗，但主要还是经过北高加索地区到达拜占庭。拜占庭先将丝绸样品运到粟特，在粟特当地照样织成丝绸，然后再出口到西方。在北高加索地区的莫谢瓦亚巴尔卡墓地（Мощевая Балка）中挖掘出类似粟特织物的碎片，该织物模仿拜占庭的设计，但明显具有粟特丝绸的特征。

除丝绸外，北高加索地区的"丝绸之路"还交易各种商品。例如，在俄罗斯彼尔姆州的昆古尔（Кунгур）发现了拜占庭时期的盘子。盘子上的图案使用拜占庭的金属浮雕工艺制作。拜占庭的产品通常都带有当地工匠的印章，这个盘子应该是公元6世纪下半叶拜占庭工匠制作，盘子上刻着三个布哈拉粟特文字："布哈拉陛下××××"。根据古文字学分析，该文字的年代在公元6世纪末至7世纪初。由此可见，拜占庭生产的产品能够很快就运到布哈拉粟特。

大量的粟特商品，从贵重的宝石及其制品到品质优良的织物和药品，都出口到中亚和中国。大规模的对外贸易也带动了粟特的国内贸易增长。证据就是当时发行了大量钱币，尤其是青铜币。

目前学界对公元5—7世纪的粟特货币研究不足，原因是没有找到一套完整的钱币，即使在布哈拉的瓦拉赫沙遗址中也没有找到。从公元5世纪开始，中亚国家模仿萨珊王朝卑路斯一世（公元459—484年在位）的钱币而发行自己的银币。在泽拉夫尚河谷地区的考古挖掘中，就发现了大量钱币（每种硬币有数百个），其中包括卑路斯一世钱币的模仿品。当时流行的还有萨珊国王巴赫拉姆五世①（Варахрана V，公元420—438年在位）钱币的仿品。这些钱币后来成为布哈拉粟特的主要流通货币，通常被称为"布哈拉胡达特的德拉克马"②或"布哈拉胡达特的硬币"。俄罗斯学者列尔赫（П. И. Лерх）、沃克尔（Д. Уокер）、弗莱（Р. Фрай）等人对这些钱币进行了专门研究。语言学家们研究了这些硬币上的文字。根据亨宁（Ва́льтер Бру́но Хе́ннинг）的观点，这些粟特文字包含"布哈拉国王陛下"的意思。古钱币学家已经确定了这些钱币发行的时间顺序，但关于其属地的问题还存在一些疑问，尚未找到最终答案。

---

① 巴赫拉姆五世（Бахрам V），又记作瓦拉兰五世（Варан）、瓦拉赫兰五世（Варахран），系萨珊国王伊嗣俟一世之子，伊嗣俟一世（公元399—421年在位）死后继位（公元421—438年在位）。——译者注

② 德拉克马在古代西方既是重量单位又是货币。——译者注

在撒马尔罕粟特曾经流通过上面刻有粟特文字，正面有两个人像的青铜币，但当地大量发行的主要钱币不是这个，而是从公元7世纪上半叶后期开始铸造的、中心带有方孔的青铜币。在彭吉肯特遗址中发现了数千枚这样的钱币，足以说明这种钱币在当时的市场流通量很大。方孔青铜币的正面是由两个符号构成的国王的"徽章"，背面则刻有国王的名字和尊号。从钱币的重量和大小可以判断出，粟特在不同时期发行了多种面额的钱币。

尽管在一些粟特铭文中出现了"杰纳尔"（денар）一词，意为金币，但根据史料记载判断，金币仅用于评估其他物品的价值，并未真正参与流通。

在穆格山文书中，最经常出现的是银币（德拉克马）一词，只有一次出现铜币。这与彭吉肯特遗址发现的钱币构成（那里大多数为青铜币）形成鲜明对比。显然，在日常的市场交易中，青铜币的使用比较广泛，流通量也大，而在较大的交易和文件记录中，通常以银币（德拉克马）计价。

粟特钱币在远离其边界的地方被发现，这证明当时的粟特王国拥有雄厚的经济实力。

六 移民活动

公元6—7世纪这段时期，粟特人的移民迁徙活动既与他们从事经济贸易有关，也与粟特社会内部发生的社会经济和政治进程有关。

七河流域是粟特移民迁徙活动的一个重要地区。在公元7世纪上半叶，七河流域就是玄奘所述的窣利[①]，也就是粟特。波斯史学家纳尔沙希（Наршахи）关于阿布鲁伊运动的故事就在一定程度上反映

[①] 《大唐西域记》之窣利地区总述：自素叶水城，至羯霜那国，地名窣利，人亦谓焉。文字语言，即随称矣。字源简略，本二十余言，转而相生，其流浸广。粗有书记，竖读其文，递相传授，师资无替。服毡褐，衣皮氎，裳服褊急。齐发露顶，或总剪剃，缯彩络额。形容伟大，志性恇怯。风俗浇讹，多行诡诈，大抵贪求，父子计利，财多为贵，良贱无差。虽富巨万，服食粗弊。力田逐利者杂半矣。——译者注

了一些粟特开垦活动。在 11 世纪，卡什加尔斯基（Махмуд Кашгарский）记述了有关七河流域非常有价值的资料。他将居住在这里的人称为"粟特阿克"（согдак），并写道："这些人住在巴拉萨衮（Баласагун），他们来自位于布哈拉和撒马尔罕之间的粟特，只不过他们接受了突厥人的穿衣习惯和风俗。"在 10—11 世纪的七河流域，很多地名都具有粟特语元素。

苏联史学家别尔恩什塔姆（А. Н. Бернштам）将史料记载与考古结果进行比较之后提出，七河流域的粟特曾发生两波移民高潮：第一波发生在公元 3—5 世纪或公元 7 世纪；第二波从公元 7 世纪开始。第二波移民的高潮又随着阿拉伯人入侵和萨曼王朝的征讨而分为几个阶段。他非常重视研究粟特移民与游牧民族的文化融合。进一步的考古发掘显示，楚河河谷从公元 5—6 世纪起就出现定居生活。那些从事手工业、贸易和农业生产的粟特人，无疑对定居城市的发展起到促进作用。城市里也居住着开始转向定居生活的游牧人群。

中亚以外也有粟特移民。研究该问题的普列伊布伦克（Э. Г. Пуллейблэнк）作出以下结论："粟特人不仅是优秀的商人，还是艺术家、手艺人、新宗教的传播者，他们沿着中亚的贸易路线旅行和定居，并且到达中国内陆和草原游牧民的地方。众所周知，粟特文化对突厥人产生了巨大影响。"普列伊布伦克进一步指出，粟特对突厥人也起到很大作用。突厥人征服中亚之后，他们与粟特人之间早已存在的联系变得更加紧密。粟特不仅与西突厥加强联系，还有大批粟特人居住在东突厥可汗控制区，即如今的蒙古国。隋朝灭亡后，粟特人掌握了哈密（Хами）地区的控制权，他们在这里建立了政权并臣服于东突厥。公元 7 世纪上半叶后期，来自撒马尔罕的贵族康艳典（Кан Янь-тян）带领粟特人来到罗布泊地区（ЛобНор），在一座废弃的城市定居，并在这里建造了三座城，其中一座因为广种葡萄而被称为"蒲桃城"①。从公元 8 世纪中叶的人口普查情况看，敦煌地区有很多粟特人定居，大部分来自撒马尔罕，其次来自布哈拉、塔什干、曹国、吐火罗斯坦、库沙尼亚②（何国）、迈穆尔格（米国）和渴石（史国）。

粟特人中既有商人、工匠、传教士，也有士兵、统帅和学者。他们在亚洲中部（包括中国西藏、拉达克、蒙古国）的历史上发挥了重要作用。在中国西北地区发现了大量粟特文字遗址，足以证明粟特人在此处的历史作用，粟特元素在各个文化领域都产生了巨大影响，尤其是艺术。

七 穆格山遗址和彭吉肯特古城的发掘

对于中世纪早期的粟特历史研究来说，考古发现和研究意义重大。我们已经不止一次提到这些考古资料。本节将更详细地介绍在穆格山遗址和彭吉肯特遗址的发现。

塔吉克斯坦当地居民早就熟悉位于扎赫马塔巴德区海拉巴德村（Хайрабад）的穆格山城堡遗址，称其为"穆格城堡"（замок Муг）或"穆格山上的城堡"。20 世纪 30 年代初期，当地居民经常光顾此地。1932 年春季，牧羊人朱尔·阿里（Джур Али）偶然发现了一只藤条编织的篮子和一张像丝绸一样光滑的纸，上面刻有他难以理解的文字。当地学者也不明白那些文字的含义。当年秋季，遗址所在的乌

---

① 据敦煌写本《沙洲伊州地志》云："石城镇，本汉之楼兰国，隋置鄯善镇。隋乱，其城遂废。唐贞观中（627—649），康国大首领康艳典东来，居此城，胡人遂之，因成聚落，亦曰典合城。上元二年（675）改为石城镇，隶沙洲。屯城，西去石城镇一百八十里，胡以西有大鄯善城，遂为小鄯善，今屯城也。新城，东去石城镇二百卅里，康艳典之居鄯善，先修此城，因名新城，汉之弩之城。蒲桃城，南去石城镇四里，康艳典所筑，种蒲桃于城中，因号蒲桃城。萨毗城，西去石城镇四百八十里，康艳典所筑。其城邻近萨毗泽。"——译者注
另据《新唐书·卷四十三·地理志》羁縻州条目："自蒲昌海南岸，又经七屯城，汉伊循城也。又西八十里至石城镇，汉楼兰国也，亦名鄯善，在蒲昌海南三百里，康艳典为镇使以通西域者。又二百里至新城，亦谓之弩支城，艳典所筑。又西经特勒井，渡且末河，五百里至播仙镇，故且末城也，高宗上元中更名。又西经悉利支井、祆井、勿遮水，五百里至于阗东兰城守捉。又西经移杜堡、彭怀堡、坎城守捉，三百里至于阗。"——译者注
② 库沙尼亚（Кушания 或 Кушония）系公元 4—7 世纪的一座粟特城市，位于撒马尔罕附近。现已消失。其位置大体位于今日乌兹别克斯坦撒马尔罕州卡塔库尔干市（Каттакурган）。中文史料中称为何国，《新唐书·西域传》称贵霜匿，《大唐西域记》称屈霜你迦国，位于撒马尔罕西北、那密水（今泽拉夫尚河）以南。——译者注

拉秋别区[①]时任党委书记普洛季（Абдулхамид Пулоти）是位古代历史文化爱好者，他得知此消息后，意识到这一发现的重要性并立即将此文书送到首都杜尚别。1932 年，应塔吉克加盟共和国共产党中央委员会和政府的要求，苏联科学院主席团颁布命令成立了苏联科学院塔吉克斯坦基地，由世界著名的东方学者奥利坚布尔格（С. Ф. Ольденбург）院士出任首位基地负责人。经基地专家鉴定，该文书用回鹘文字或粟特文字书写。1933 年春，这份手稿文书的照片被移交给苏联著名的伊朗研究专家弗莱曼（А. А. Фрейман）。弗莱曼确定该文书是用粟特斜体文字写成的一封信。这是首次在粟特本地发现粟特文字的古迹。牧羊人的发现成为一项非常重要的科学发现，来自粟特本地的粟特语信件让科学家们激动万分。

弗莱曼来到杜尚别，亲自鉴别了手稿文书后，他认为应该还有其他的文书。在弗莱曼建议下，普洛季带领考古队于 1933 年夏开始现场勘察和挖掘工作，发现了 20 多份文件，还有一些有价值的物品。由于普洛季并非专业的考古学家，可能会漏掉一些有价值的东西，但对他的工作热情和付出的精力应该给予肯定。1933 年秋，塔吉克斯坦基地学术秘书瓦西里耶夫（А. И. Васильев）带领考古队来到手稿文书的发现地，又发现了另外 21 部手稿。后来（1947 年），沃罗尼娜（В. Л. Воронина）也对该遗址进行了进一步的研究。

穆格山城堡遗址位于泽拉夫尚河左岸一座 80 米高的山丘上，那里有一条小河汇入泽拉夫尚河。这座山三面环水，一面是陡峭的山坡。上层平台周围是一堵石墙，使城堡更加坚固。平台上原来是一栋两层楼的建筑，到发掘时仅保留了下层的废墟。建筑物看起来像一个不规则的矩形，边长为 18.5—19.5 米。楼房下层的布局如下：有四个几乎与建筑物等长的狭窄房间，还有一个长度较短的房间，这些房

---

① 乌拉秋别（Ура-Тюбе），今塔吉克斯坦索格特州第二大城市伊斯塔拉夫尚市（Истаравшан）。——译者注

间的宽度均为 1.9—2.25 米，房间的北端开向一个狭窄的横向走廊，该走廊将这些房间连接成一个整体。从走廊到外面有个出口。墙壁的地基由石头砌成，上部和拱顶由土坯制成。城堡规模并不大，也没有任何装饰，其功能显然是用于军事警戒。

在发掘过程中，在地面上方 50—70 厘米的倒塌拱门内发现许多文书（总数超过 80 件，其中 74 件是粟特语）。瓦西里耶夫认为该建筑物最初是两层楼，文书保存在二楼。除文书外，从遗址中还发掘出 400 多件物质文化品。有不同样式的陶器和藤条制品。盖子和篮子等藤条制品令人惊叹，其编织工艺和精致形状与帕米尔塔吉克人的制品相类似。值得一提的还有餐具、勺子、纽扣、木锹、木箍等漂亮的木制品。有一个木制盒子引人注意，盒子上面包着一层薄薄的黑色皮革，盖上画着八角星状的花结，上面涂着红色油漆。还有一个独特的木制盾牌，外面包着一层皮革，上面画着彩色的马和武装的骑手。遗址中发现了大量织物，包括棉织物、丝织物和羊毛织物。有一个非常别致的用棉线织成的蕾丝头网，堪称古代中亚花边艺术的杰作。武器类物品中，除了上面提到的盾牌（它很可能是礼仪用品，不是作战用品），值得关注的还有木制的匕首鞘、铁箭头、箭杆（用芦苇、木头两种材料制成）。另外，穆格山遗址还发现了一些玻璃制品、6 枚钱币以及植物的残留。

这些丰富的出土文物首次让世人看到粟特人的物质文化状况。手稿文书的发现是一个划时代的突破，对其解密后得到许多有关粟特历史和文化的宝贵资料。粟特文书的解密工作始于弗莱曼，最终由他的学生博戈柳波夫（М. Н. Боголюбов）、利弗希茨（В. А. Лившиц）、斯米尔诺娃（О. И. Смирнова）等完成。阿拉伯语文书的解密工作由克拉奇科夫斯基夫妇（И. Ю. и В. А. Крачковский）共同完成。

在分析和研究所有材料之后，穆格山城堡及其文物的年代得以最终确认。对此，阿拉伯语文书提供了指导性线索，克拉奇科夫斯基夫妇读到"迪瓦什蒂"（Дивасти），即粟特语的"迪瓦什蒂奇"

（Деваштич），这个名字在阿拉伯人征服中亚的历史资料中曾被提到过。发掘工作过去10年后，克拉奇科夫斯基在他的著作《阿拉伯手稿》中生动地记述了当时的情形。他写道："的确，迪瓦什蒂奇这个名字是一切问题的关键。它不仅解释了阿拉伯文书的内容，还为研究粟特文书提供了坚实基础。迪瓦什蒂奇曾是粟特的统治者，穆格山城堡内的文物是他的物品。这样一来，作为他写信对象的阿拉伯统治者的名字就不难猜到了，这一发现出乎意料地将文书的确切日期带到了伊斯兰教历100年，即公元718—719年。"

穆格山遗址吸引了学者们对泽拉夫尚河上游地区的关注。尽管当时的塔吉克斯坦没有专门的考古机构，但也有人开始对此进行研究。其中包括地方志专家和考古学家切伊雷特科（В. Р. Чейлытко）。此人精力充沛，于1934—1937年对泽拉夫尚河上游流域的历史进行了研究，并且在彭吉肯特古城遗址进行了小型发掘工作，取得了令人瞩目的成果，当然，也存在描述不够准确的问题。切伊雷特科正确地定义了彭吉肯特古城的意义及其研究前景，他写道："在被阿拉伯人占领之前，这里曾经是一座完整的城市，但后来变得无声无息，因为在8世纪初被摧毁之后，城里就再也没有人居住。在发掘过程中，这里发现了艺术品、钱币、陶瓷。"

然而，对彭吉肯特古城的科学研究在几年后才开始。1946年，苏联组织了一次大型科学考察活动——粟特-塔吉克考古考察。苏联科学院物质文化史研究所、苏联科学院塔吉克分院和艾尔米塔什国家博物馆共三家机构参加了这项工作。苏联最著名的东方学家和考古学家巴尔托利德（В. В. Бартольд）的学生、苏联科学院通讯院士亚库博夫斯基（А. Ю. Якубовский）担任考古队负责人。1946年，他带领工作人员来到彭吉肯特。经过对古城的仔细勘察，又结合切伊雷特科的研究结果，亚库博夫斯基得出结论，可以在此处开展大型考古发掘工作。这位科学家从"古代的彭吉肯特人不了解穆斯林时代的生活"这一事实出发，希望获得证据来确定这是一座阿拉伯人入侵之前就存在的中亚城市。正是他把彭吉肯特古城的研究带出死胡同，走上科学研究的宽广大道。亚库博夫斯基一直领导着彭吉肯特古城的考古发掘工作，直到1953年去世。在他之后，这项工作由季亚科诺夫（И. М. Дьяконов）负责。季亚科诺夫1954年去世后，考古发掘工作由别列尼茨基（А. М. Беленицкий）负责。

古老的彭吉肯特古城遗址位于撒马尔罕以东60千米，今日彭吉肯特市的郊区，泽拉夫尚河岸高地旁边。古城遗址在发掘之前是富饶的农田。在河滩阶地上能够看到古城的围墙和塔楼。一路向上攀登可以看到，城内的地面很不平坦，土丘与沟壑交替出现，方向不同，宽窄也不同。这里是主城区，后世史料中称为"沙赫里斯坦"（即内城）[①]，面积达19公顷，周长1750米。主城区的城墙在北部和东部是笔直的，在其他地方则随着地势弯弯曲曲，轮廓呈阶梯状。在主城区的西边有一座城堡，它是整个防御系统的一部分，也是当地首领的住所。城堡位于高达30米的山丘上，与主城区相互隔开。在主城区的东部和东南部有一些近郊庄园，它们是中世纪城市的"拉巴特"[②]（郊区集镇）雏形。在主城区的南边有一些小土丘，发掘后发现这是琐罗亚斯德教徒的墓穴。

内城区被街道划分开。城内主要街道的宽度为3—5米，它们相互平行延伸，然后会合。街道两旁有许多住宅、店铺和手工作坊。其中一条街道（我们暂且将其叫作Ⅰ号街）的长度为100米，一侧是XIII和VI号居住区，另一侧是Ⅲ、XX、VII和XVI号居住区。每个区都包括几十座建筑物，超过100个房间。

以Ⅲ号区为例，它位于城市的东北部，是一个由北向南延伸的190米×35米的几乎规则的矩形。西边长度为100米，为光滑的墙

[①] 沙赫里斯坦（шахристан）即中亚早期封建城市的内城，通常采用矩形布局，有规则的街道网，建有城墙、城门和塔楼，并且建有城堡用于防卫。——译者注

[②] 拉巴特（рабад 或 рабат），系阿拉伯语，郊区的意思。阿拉伯人占领后（公元7—8世纪），中亚、伊朗、阿富汗等地区的城市郊区一般都是手工业和商业汇集地，称为"拉巴特"。——译者注

壁，有 5 座门和 1 座拱形门廊，东边的门和门廊数量最多。根据博利沙科夫（О. Г. Большаков）的研究，整个居住区由 8 座建筑组成，每座建筑包含 10—15 个房间，建筑的第一层为房屋，通过坡道可以上到第二层，中心是一个正方形大厅。各个建筑之间由实墙彼此隔开。

Ⅵ/Ⅻ号区的布局不如Ⅲ号区规整。该居住区的房屋毗邻城墙，拐角处留出一块空地作院子。斯塔维斯基（Б. Я. Ставиский）将这里细化为多个区块，每个区块有 4—10 座低层建筑。一些建筑与上述Ⅲ号区的建筑相似，里面设有大厅，可通过拱形走廊进入大厅，另外还有几个房间和通向二楼的坡道。

根据沃罗尼娜（В. Л. Воронина）的研究，每一栋建筑可分为两个部分：接待区和住宿区。比较富裕的人家建有拱形门廊。一楼的房间通常为拱形，高度可达 5 米，墙边摆着躺椅。这些房间光线不足，比较暗。沿着斜坡或楼梯可上到二楼。二楼明显又亮又舒适，比较适合夏季居住。此类建筑的中心是方形大厅（平均面积为 50—80 平方米），沿墙边摆放着一排高椅子，舞台正对着入口。大厅内的楼板由四根雕花立柱支撑，中间是天窗，墙壁上有壁画，厅里摆着木制雕像。

这样的建筑物都是贵族官邸，里面有贵族及其家人的房间，有单独的供仆人住的房间和工作间，有的还有礼堂。在 19 世纪到 20 世纪初，礼堂有时会被富裕的塔吉克家庭当作客房使用。

除贵族的官邸以外，城区内还有普通市民的住所，这些住所通常面积较小，没有大厅，陈设简单。

在Ⅵ区有一座布局比较特殊的建筑，它有 4 间大厅，其中 1 间为长方形，面积 12.7 米 × 7.9 米。在大厅的壁画中出现棋盘和骰子的游戏场景，可以看到有 100 个骰子。沃罗尼娜认为这里曾经是赌博场所。虽然该说法没有得到证实，但该建筑属于公共场所毋庸置疑。

研究人员认为，城区内的居民区不是一次建成，应该是经历过多次扩建和重建。

部分独立建筑（有时由两部分组成）设有可以直接通往城市街道的出口，其用途陆续得到确认。在已经发掘的4条街道上，此类建筑的数量超过40栋。在一些建筑里发现了熔铁炉、熟铁片、炉膛和其他手工业活动痕迹。同时，在这些建筑里还发现了不少钱币。别列尼茨基（А. М. Беленицкий）认为，这些地方是作坊和商店，或既是作坊又是商店。

城区内有一个挨着富裕人家的建筑群，由邻街的一个院子和院子四周的小房子组成，沿着房子有一排遮阳棚。集市沿城市主干道铺开。在发达的中世纪时期，集市不仅是贸易场所，也是生产场所。

别列尼茨基认为："近年来的挖掘工作从根本上改变了原来关于城市街道布局的想法。展现在我们面前的是规则的四角形街道网络，这些街道将建筑物明确划分为各个街区。毫无疑问，这里曾经有过面积大小不一的各类区域。"

在城市的北半部有一块凹地，是一座广场。广场西面有两座土丘，这里曾是两座毗邻的公共建筑，被很多人鉴定为寺院（南部的1号和北部的2号）。寺院的建筑包括两个部分，即神殿和辅助场所（卧室和工作室）。2号寺院的神殿位于院子中央，四周是房屋。院子东西长75—80米，南北长60米。1号寺院的院子则位于东边一侧。两座寺院的神殿都建在台基上，比院子高出许多。进入围墙后，游客可以看到与大门位于同一轴心线上的六柱门廊，其前沿的长度约为21米。走过长长的门廊，里面是一个院子，可见一个四柱大厅（一座寺院中的大厅为7.85米×8.1米，另一座寺院中的大厅为8.1米×10.3米）。从那里可以进入一个不大的四方形神殿，其侧面和后面环绕着与门廊相连的环廊。位于中央的四柱大厅和门廊的墙壁上都有绘画，似乎还曾经有过泥塑。2号建筑围墙的入口装饰有黏土浮雕。别列尼茨基研究了这两座建筑的历史，认为这里的部分绘画描绘了举行仪式的场景。

即使已成废墟，两座寺庙也给人留下深刻印象。建筑设计师的思路可谓精妙。从广场方向通过宽敞的门廊，一眼就可以看到寺庙的中心建筑。高高耸立在平台上的庙宇，轻巧的柱廊和富丽堂皇的大厅，通过宽阔的坡道向参观者完全开放。可以想象一下寺庙建筑的艳丽辉煌：挺拔的圆柱、精美的绘画和雕塑、交织的色彩、深深的门廊敞开迎接冉冉升起的太阳。

考古队发掘了主城区地表的土层，认为彭吉肯特古城的历史可追溯到公元7—8世纪（再早期的历史我们仍然知之甚少）。这个时期曾是城市的鼎盛阶段，但被阿拉伯人的入侵打断。在某些地方可以找到大火焚烧的痕迹，这最有可能是在公元722年，也可能会晚一些（但在公元738年之前）。

在公元738—740年，彭吉肯特这座城市再次恢复。但在8世纪70年代又被阿拉伯军队摧毁，原因可能与穆坎纳起义①（Муканна）有关，导致在沙赫里斯坦（主城区）和拉巴特（郊区集镇）的人迹彻底消失。

通过考察分析某些区域的下部土层，可以得出结论，即无论是城堡、内城区还是城墙，都建于公元5世纪到6世纪初。整个城市也是在这个时候形成的。

古城内的城堡的发掘工作起初由捷列诺日吉内（А. И. Тереножкиный）负责，后来由年轻的考古学家伊萨科夫（А. Исаков）继续。他们确定该城堡由塔楼和低层建筑组成。城堡内有用于典礼的建筑，里面包括多个带有座椅和讲台的大厅，中心位置是一个大礼堂（10米×12.5米），带有密封阳台，从入口到阳台分为三级平台，依次渐高。现在还能找到宝座底座的木质结构。房屋装饰着宏伟的壁画，已在火灾中严重受损。这些很有可能是彭吉肯特统治者杰瓦什季奇宫殿的遗址。

---

① 穆坎纳起义（Муканна），公元8世纪70—80年代由穆坎纳领导的中亚人民反封建和反阿拉伯起义，又称"白袍人"运动。穆坎纳的教义以马兹达克的思想为基础，号召民众反对政治和经济不平等以及阿拉伯哈里发的统治。——译者注

外城占地20—25公顷。这里的建筑物没有连成一片，而是一个个单独的院落。1951—1953年发掘了9座院落，这些院落所在的地方在开挖前是一座座土丘。其中有一座较高的单独土丘，面积为22米×16米，高2.5米。挖掘之后发现，整栋建筑由入口、三个房间、一个走廊和一条坡道组成。房子保存得比较完好。在后面的房间里有一套葡萄酒酿造设备。由此可以得出结论，居住在这里的家庭从事酿酒行业。院落的主人住在另外的房间里，家里还饲养牲畜。

在部分地区，离居民住宅几米远的地方就是墓地，郊区居民在此埋葬死者的骨瓮。

彭吉肯特古城的豪华陵墓区距离主城区的南墙不到半千米。这里有70座小土丘（最早时的数量至少是这个数字的2—3倍）。考古人员发掘了其中的30%，发现这里原来是存放死者骨瓮的墓穴。墓穴是带有拱形入口的小房间，埋葬后入口即被堵死。墓室内部面积通常为4—5平方米，也有的达到10平方米。靠墙摆放着桌子，上面放着骨瓮。在发掘过程中，考古人员获得了大量有关建筑、艺术和手工业等各个方面的资料。

八 撒马尔罕——公元6—7世纪的粟特国都

撒马尔罕是粟特的国都。城区旧址位于阿夫拉西阿布，面积219公顷。维谢洛夫斯基（Н. И. Веселовский）、巴尔托利德（В. В, Бартольд）、维亚特金（В. Л. Вяткин）对阿夫拉西阿布遗址进行了考古发掘。捷列诺什金（А. И. Тереножкин）的发掘为我们了解阿夫拉西阿布奠定了基础。1958年以来，由希什金（В. А. Шишкин）、古利亚莫夫（Я. Г. Гулямов）领导的乌兹别克斯坦考古队在阿夫拉西阿布遗址进行了广泛的考古研究，有一些重大发现。但是有关撒马尔罕在公元6—8世纪的历史仍存在许多疑问。

捷列诺什金认为，这一时期是撒马尔罕的全盛时代。在城市的北部有一个城堡，西阿布河（Сиаб）岸边的悬崖成为北部的边界。城堡以南是主城区，建有双层城墙，城墙周长约两千米，双层墙的间距为 8—10 米，内墙更厚实一些，城墙上的塔楼呈棋盘式交错排列。在公元 4—5 世纪，这堵双层城墙成为城市防御工事的一部分。但在公元 6—7 世纪，城区早已扩展到城墙之外，沿运河方向往南拓展。

公元 6—8 世纪时期，撒马尔罕的城市非常坚固。这堵双层城墙大大提高了城市的防御能力。城墙的南门位于两层围墙距离最宽处。在该区域，双层墙壁围成一个瓮城，冲破外门的敌人将在这里陷入一个半圆形的包围，防守士兵可从四面八方向其射击。东门的防御能力更强，设有两座塔楼，墙内还有一条暗道。

1965 年，在阿夫拉西阿布古城中间部分、城墙的外部发现一个大型建筑群，在一些房间内有壁画残片，一间大厅里有烧焦的横梁，横梁上面有雕刻装饰的痕迹，还发现了未能完整保存下来的像女人样子的柱子，另外还有两间带有壁画的礼堂。

瓦拉赫沙（Варахша）是布哈拉粟特的最大中心城市之一。它的发掘工作在希什金领导下于 1938—1939 年和 1949—1954 年分两个阶段进行。瓦拉赫沙古城的主要部分是一座小土丘，在平面图中接近三角形，面积约 9 公顷，高度约 10 米。城堡部分又高出 9.5 米（最初应比周围区域高出 30 米），是一座建在夯实黏土台基上的大型建筑物，每个边长为 31 米。城堡西侧是布哈拉统治者的宫殿。这座宫殿由许多大小各异的房间组成，在西面有一个开阔的摆放宝座的大厅。城堡正面有一排房间，其中一些面积很大。宫殿内许多房间的墙壁上都有华丽的浮雕和精美的场景绘画。宫殿对面是寺庙。瓦拉赫沙的北部、东部和西部是居民区。

布哈拉绿洲还有一个值得一提的城市是拜肯德（Пайкенд），占地面积达 20 公顷，拥有包括城堡在内的强大的城市防御工事。撒马尔罕地区的古代城市还有卡菲尔卡拉（Кафыр-кала）、巴尔祖（Барзу）。

斯塔维斯基（Б. Я. Ставиский）在泽拉夫尚河上游河谷地区进行

了多年的发掘工作，他的发现为许多古城和城堡的研究提供了参考资料。在距离穆格山遗址 12 千米的马德姆村（Мадм）有一座希索尔城堡遗址（Хисор）。斯塔维斯基和亚库博夫斯基对此进行了研究。这是一座位于山上的大型宫殿式建筑，毁于一场大火。城堡的主要建筑包括十多个不同的房间，包括一个大礼堂、一座寺院。在这里发现了精美的木雕制品。另外，在马吉安河谷（Магиан）也发现了许多古迹。总的来说，在泽拉夫尚河上游地区发现了 50 多个中世纪早期的遗址。

正如卡巴诺夫所言，中世纪早期的许多大型城市居住区都位于粟特南部的卡什卡达里亚河流域。

九　建筑

前面的章节已经涉及与建筑有关的许多问题。中世纪早期的粟特以及整个中亚地区，主要建筑墙体材料是压制黏土（黏土夯实砖）和大块矩形土坯［通常为（50—52）厘米×25 厘米，26 厘米×（10—12）厘米］。烧砖主要用于铺地板，很少用作墙体材料。承重结构中的立柱通常都采用木头，屋顶的架子也为木制。

墙壁设计非常厚实，因此不需要再打地基。在已经发掘的建筑中，地基非常少见。在瓦拉赫沙宝座大厅的柱子下方有用烧砖和土坯砌成的深层地基（深约 2 米），在彭吉肯特寺院中也发现有一处地基。屋内地板通常铺着黏土土坯，再抹上一层厚厚的涂料。有些地板直接用土坯或者烧砖铺成（在彭吉肯特和瓦拉赫沙）。在山区也使用石材铺地板。

建筑物的墙主要有压制黏土墙、砖墙、夯土块和砖的组合墙、砖和夯土块的混合墙四种类型。砖墙的平均厚度为 1—1.6 米。

各个房间由通道相接，通道通常为楔形拱顶。拱门由土坯砖制成。门廊装单扇木门或者双扇木门，样式与现代塔吉克普通民居的门相似。在门板的两个角上有木栓，可在门槛和过梁的插槽中旋转。方形的狭窄房间跨度约为3米，上面用土坯覆盖。一些小的方形房屋为圆形屋顶，在阿夫拉西阿布曾经发掘出一间4.3米×4.3米的方形圆顶房间。大一些的房屋有木制屋架支柱。在彭吉肯特一些住宅的方形大厅中央安装了四根支柱，支柱之间用大梁连接，然后用横梁搭接到墙上。实际上，这种方形大厅的建造方式与现在帕米尔地区居民住宅的建造方式相同，木制屋顶呈45°角向上倾斜收缩，在中央留有天窗。

根据房屋内烧毁的遗骸判断，这里可能摆着宽敞的木制长椅，就像塔吉克人的木凳或者更大一些的木榻。从壁画可以了解当时的各种家具样式。

十 绘画艺术

考古人员在彭吉肯特、瓦拉赫沙和撒马尔罕发现了粟特时期的绘画。

在彭吉肯特古城的60个房屋内发现了壁画。如此庞大的数量表明，绘画在粟特人的生活中已经非常普遍，我们看到的只是冰山一角。

彭吉肯特出土的壁画由亚库博夫斯基（А. Ю. Якубовский）、季亚科诺夫（И. М. Дьяконов）、别列尼茨基（А. М. Беленицкий）共同整理出版。亚库博夫斯基主要关注壁画的综合历史意义，季亚科诺维研究这些画作的风格特征，别列尼茨基负责解释壁画中的情节。

许多建筑物中的礼堂的墙壁面积达100平方米或更大，墙壁上绘有多幅画作，彼此间由装饰边条隔开。绘画内容极为丰富，经常描绘一些史诗般的传奇故事。在Ⅵ号建筑的4号厅有将近40平方米的绘画，铺满了整个墙壁。其中一面墙壁的绘画分为四个部分，其中下面的第二幅保存得最为完好。画面以蓝色为背景，从一面墙转到另一面墙，形成一个长度约15米（墙的一半周长）的整体画作。别列尼茨基这样描述道："这幅画由6个独立的情节或场景组成，其主要角色是同一位战士，他骑着深红色（栗色）的马。在第一个场景中，他是一群身穿铠甲的骑手的领队,正在准备出征。在第二个场景中,这位主人公正在向敌人(也是骑手)全速疾驰并抛掷套索。第三个场景中,主人公正在与蛇形怪物战斗。在第四个场景中,这位骑士再次率领一群士兵驰骋,与他战斗过的怪兽躺在他同伴的马蹄之下。第五个场景描述了主人公正在与敌人(也是一位骑士)战斗,而他的同伴们正在与一大群恶魔战斗。第六个即最后一个场景显示主人公正在与另一位骑士战斗。"第三和第四个场景中的怪物长着蜿蜒的蛇形身体、女人的上半身和母狮的头,可能原来还有翅膀。塔吉克人称这种怪物为"查哈克"①,怪物的伤口能够喷出火焰。画中的恶魔有人的身体和头部、凶恶的面孔、羊角或牛角、羊腿。画面中两个恶魔在战车上作战。

别列尼茨基认为,这幅画作中的骑士是伊朗史诗《列王纪》中的勇士鲁斯塔姆(Рустам)。在《列王纪》中有关于鲁斯塔姆建功立业的一系列传说,其中包括鲁斯塔姆与龙的战争,鲁斯塔姆与勇士阿弗拉德(Авлад)角斗并用套索俘虏了阿弗拉德,以及鲁斯塔姆打败两个恶魔的故事。此外,别列尼茨基还引用粟特语的文书对此作为解释,该文书也讲述了鲁斯塔姆与恶魔的战争。

别列尼茨基还将壁画中女勇士作战的场景与传说中的故事结合起来。在古代中亚确实有女勇士参加过战斗,如古代作家笔下的托米丽斯(Томирис)、扎丽娜(Зарина)等女英雄,均立下赫赫战功。这些材料成为东伊朗地区一些神话传说的基础,并在遗址的画作中再现。《列王纪》也保留了这些传说。

许多绘画都体现了对神的崇拜。其中一幅是哀悼已故青年的场景,亚库博夫斯基认为这应该是传说中的中亚英雄夏乌什(Сиявуш)。值得一提的还有一位四臂神画像,别列尼茨基和其他一

---

① "查哈克"(Zahhāk,аждахор,аждахар,Ажи‐Дахака,Дахак,Заххáк,Зогак)也译为佐哈克、扎哈克,系波斯神话中的蛇形怪兽。——译者注

些研究人员都认为这是粟特的娜娜女神的画像。在彭吉肯特统治者发行的钱币上也有这位娜娜女神的名字。这证明,彭吉肯特宫廷崇拜这位娜娜女神。另外,彭吉肯特的壁画也反映出当时人们对光的崇拜。

许多壁画描绘了民间传说和动物寓言的不同题材。别列尼茨基解释了其中一些场景:"被咒语囚禁在树上的少女得到英雄解救,这种故事情节与当下流行的神话故事'幸福之鸟'非常相似。这是世界民间口头文学的宝贵财富。还有一幅尺寸不大的画作,它描绘一只聪明的兔子巧舌如簧骗狮子跳入深水潭,从而将动物们从暴政中解救出来。这幅风景优美的画作非常准确地描绘了印度故事集《五卷书》(Панчатантра)中的一个寓言。"

相比神话故事,艺术家们更多地描绘了自己熟知的生活场景和情节,如复杂而多样的战斗场面和贵族的盛宴,还有不同类型的生活场景,包括棋盘游戏、体育竞技等。有些绘画则描绘了建筑装饰。

研究人员划分了彭吉肯特古城遗址壁画的风格并确定了年代顺序。这些画作展现出令人惊叹的和谐画面,其魅力使人陶醉。竖琴师优雅内敛,若有所思地拨弄着琴弦,令人赞叹不已。还有一幅画描绘骑在马上的一男一女,画中的粟特贵族和他的妻子要去哪里以及他们在说什么,我们不得而知,但是这对夫妇还是将我们带进了离我们既遥远又很近的艺术世界。

瓦拉赫沙的壁画也同样令人赞叹。在瓦拉赫沙宫殿的红色大厅中,座椅上方是一幅风景优美的画作。它的构图比较简单:一群驮着人的大象保持着相同的距离,怪物(有的是橙色狮子)或长着白色翅膀的狮身鹰首怪兽从不同的方向攻击大象。而东厅里面的壁画题材则完全不同:一堵墙上画有一排骑兵;而另一幅壁画的中心则是宝座上国王的巨大身躯,其腿上有带翅膀的骆驼作为装饰。左右有许多人,还有一张供桌。在宫殿的其他房间里也发现了壁画的残片。

如前所述,在阿夫拉西阿布古城遗址发现了一幢有宏伟画作的建筑物。在一间大厅的墙上画着一个拱门,里面有一个男人和一个女人的坐画像。另一间礼堂（11米×11米）是位于中心的房间之一，在它的东墙上有一个与水元素相关的场景（蓝色波浪、游泳的人、鸟、鱼等），在南墙上有一个游行队伍向城堡移动，城堡的平台上站着一些人，游行队伍由骑着大象、驼和马的人组成，前面是一头白色大象，它驮着的轿子上坐着一位重要人物，是一位公主或王后，轿子后面坐着她的仆人，大象之后是三位骑马的女子，在第一位女子的手边有一行粟特文字"夫人的亲随"，在这些人后面的是两个骑着骆驼、手里拿着权杖的男武士，以及两位手提4只绑着嘴的白禽（鹅）的男人，队伍的最后是一个身躯为其他人两倍大的骑士。也许这是护送新娘的使团（大象上的人物是新娘，高大的骑士是送亲团的头领）。在另一面墙上，有一个接待使者的场景，里面有不同种族的男人，在其中一位人物的衣服上用粟特文字写着查加尼扬的使者。阿夫拉西阿布古城遗址的这些画作是都市艺术家创作的一流艺术作品，完成得非常出色，画面非常明亮。

　　中世纪早期的粟特壁画具有非常重要的意义，不仅是那个时代留下的艺术品，还具有其他的意义：从本质上讲，这是反映粟特人生活和意识形态的百科全书，尽管并不详尽。当然，由于这本百科全书的表现形式是艺术图像，因此对它们的诠释还存在很多不明确和有争议的地方。

　　第一批彭吉肯特壁画被发现后，季亚科诺夫便立刻指出，这些壁画的意义远远超出了粟特文化乃至整个中亚文化的范畴，有助于追溯中国西北地区的艺术的"中亚源流轨迹"（在俄罗斯、德国、法国、英国和日本等国的考古队努力下，这些遗址于19世纪末至20世纪初得以公开问世），还可将一些原先无法确定时间的遗址古迹按时间顺序进行分类。

　　季亚科诺夫指出，中国西北地区艺术中有许多粟特和中亚元素。意大利学者布萨利亚（M. Буссалья）详细研究了中亚艺术对中国西北地区的影响，他的观点令人信服。但是应该承认，研究人员还只是刚刚触及这个有价值的课题,这将是一个巨大的研究领域。

十一 雕塑

在粟特艺术中,雕塑与绘画占有同等重要的地位。粟特时期的雕塑材料包括黏土、石膏和木材。

在彭吉肯特古城发现了一个巨大的泥塑,它被用来装饰第二座寺庙的门道。在一堵墙上有一块长约8米的雕塑,画面是一个奇妙的河流景观。在波状水面的浮雕背景下,以高浮雕手法描绘了奇妙的动物、鱼类和人形生物。在中间的墙上,有一个人形从水中浮现,鱼和各种奇异的动物正朝着它前进。在第三面墙的画面中央是一个人形生物,其身体看起来像两条弯曲的尾巴。还有张开嘴的怪物形象。别列尼茨基认为,该浮雕及其描绘的生物是水元素,是泽拉夫尚河的拟人化形象。泽拉夫尚河在希腊语中称为"波利季梅特"(Политимет),意为"崇敬的",在粟特语中称为"纳米克"(Намик),意为"颂扬"。

我们再来谈谈彭吉肯特的木制浮雕。建筑物墙壁上装饰有几何形花卉装饰条,房屋的立柱和横梁也都有雕刻。考古发现许多木制浮雕残片,都是在菱形或拱形内刻上的复杂图案,例如,坐在宝座上的人物或战车上的人物等。这些作品的艺术风格可追溯到贵霜时代。

在瓦拉赫沙遗址的宫殿内,许多墙上都涂着一层石膏,厚度为1.5—20厘米,上面雕刻有图案,使其变成装饰性面板。装饰图案非常多样,有的是简单的几何图案,如以不同的方式相互连接的人字形、成排的简单三角形、正方形等,也有花结、星形、花卉和几何形组合的正方形,各种组合图案都有华美的圆圈。此外,还有很多植物元素,尤其是葡萄树。在风景画的构图中,树高两三米,树干粗壮,树枝和树叶繁茂,画面清晰且注重细节,甚至能看到树干上长着树结。这些作品中通常有池塘,池中鱼儿在游动,有的还展现了人与动物以及人与鸟类的场面,例如描绘人在峭壁捕猎盘羊、羚羊和野猪的场景，坐在马上的骑手几乎达到了真人大小，一些马还长有翅膀。作品中有许多传说中的动物，尤其是雌鸟。顺便说一句，雌鸟的形象经常出现在中亚的商品以及中世纪的作品中，如撒马尔罕出土的鼻烟壶上就刻有雌鸟。当时已经采用的多面雕刻技法，加上大胆且饱满的设计，使得整个布景风格大气壮观。

十二　音乐和舞蹈艺术

彭吉肯特古城遗址有一座令人惊叹的木制雕塑，是一个真人大小的舞者。其腰部裸露，身姿妖娆，左手放在大腿上，右腿膝盖弯曲并搭在笔直的左腿上。项链、铃铛串、下半身的复杂外罩与细长的身材协调一致。有一位诗人在惊叹之余写道：

> 舞者，舞者！
> 心与弦调一致，双手听从鼓声！
> 琴弦和鼓在召唤，两只衣袖飘扬。
> 就像旋转的雪花，在旋风中奔跑，在舞蹈中疾驰。
> 向左转，向右转，不知疲劳，
> 一千圈，一万转，没有尽头，
> 与她相比，人和动物的世界中，
> 飞驰的车轮变慢，旋风也仿佛停止。

彭吉肯特舞者是巫师的舞台形象，外国人称之为"像旋风一样旋转的女孩"。当时，恰奇、库梅德（Кумед）①、渴石、迈穆尔格（米国），尤其是撒马尔罕的舞者都很有名。她们身着深红色锦绣长袍、绿色花纹裤子和红色鹿皮鞋，姿态异常优美。当舞蹈达到高潮

---

① 库梅德（Кумот，Гемидо，Кумид，Кумед）系古地名，位于今塔吉克斯坦的达尔瓦兹和阿富汗的巴达赫尚地区，瓦赫什河上游地区，即努列克河、科法尔尼洪河（Кофарнихон）、卡拉塔格河（Каратаг）盆地。——译者注

时，上衣被甩开，观众就看到舞者半裸的身体。舞蹈节奏飞快，使人觉得舞者会像云一样飞腾并到达太阳所在的地方。彭吉肯特雕塑家描绘的正是舞蹈最高潮时的舞者。

粟特及其邻国的居民不仅以高超的舞蹈文化著称，还以擅长音乐闻名。现在已知的就有10种布哈拉乐器的名称，从那时流传下来很多优美的歌舞旋律。舞蹈和歌曲有单人表演，也有集体表演。当时的布哈拉有很多著名的演员。据记载，中亚的木偶剧团曾于公元7世纪来到中国。

十三 粟特文字和文学

粟特文字来自阿拉米语[①]。在我们所研究的时期内，粟特书信为斜体写成。他们实际上使用18—19个字符，还有一些单词用表意文字传达。1965年，考古学家伊萨科维（А. Исаковый）在彭吉肯特古城内首次发现了粟特字母。在陶制容器的壁上刻有字母以及书写练习的痕迹。粟特语由23个字母组成，这是阿拉米语的全部字符，包括实际上不再使用的一些字符。玄奘曾提到粟特语"字源简略，本二十余言"（有20多个字母）。而实际使用的只有18—19个字母，主要原因是，粟特识字人群告诉玄奘的是理论上的字母数量。在中亚的不同地区，粟特文字也有区别，例如，撒马尔罕的粟特文书就与其他地方不同。

[①] 阿拉米语（中文又译为亚兰语、阿兰语、阿拉姆语、阿拉美语）是阿拉米人的语言，属于闪米特语系，与希伯来语和阿拉伯语相近。阿拉米语在公元前1000年至公元7世纪是西亚的国际性语言，目前仍在使用，是世界上少数存活了上千年的古老语言之一。是《旧约圣经》后期书写所用的语言，被认为是耶稣基督时代的犹太人的日常用语，新约中的马太福音（玛窦福音）即以此语言书写。一些学者认为耶稣基督是以这种语言传道。阿拉米人（Aramean people，又译为亚拉米人、亚兰人、阿拉姆人、亚拉姆人、阿拉美亚人）是青铜时代晚期到铁器时代生活在今叙利亚南部及幼发拉底河中上游一带（即《圣经》中提到的亚兰地区）的半游牧民族，属于闪族的一支。曾建立过大马士革王国等政权，《圣经》中提到，其经常与以色列王国交战。阿拉米人后裔在公元7世纪中叶之后受到阿拉伯人的许多影响，但仍然继续使用阿拉米语。但后来，很多阿拉米人后裔在加入伊斯兰教以后便放弃了原有的文化习俗和语言民族认同，成为阿拉伯人的一部分。在今天的叙利亚、黎巴嫩和约旦等地还有许多的古阿拉米人后裔，他们仍有阿拉米人的民族认同，主要信奉基督教，其教会语言仍是阿拉米语，当今他们的语言宗教和风俗生活与亚述人（即叙利亚人）极相似，有时这些古阿拉米人的后裔和亚述人（叙利亚人）被视为同一个民族。——译者注

粟特语最早在中国新疆地区被发现。在发现的文字文本中，所有文本都用相同的语言，但使用三种字母书写：叙利亚字母、摩尼字母和第三种字母（与回鹘文字不同，但非常接近）。文本中的一些日历术语与波斯学者比鲁尼[①]（Бируни）在其《古代民族编年史》中所称的"粟特语"非常吻合，这就为我们确定上述文本同粟特语的关系提供了依据。上面所说的第三种字母实际上就是粟特字母。

对雅格诺布语[②]的研究也有助于解密上述文本。第一次听说雅格诺布语是在1870年。当时，俄国东方学家库恩（А. Л. Кун）与陪同他的塔吉克人米尔扎（Мирза Мулла Абдуррахман）在雅格诺布河谷（Ягноб）停留，其间对该语言进行了研究。后来，阿基姆别托夫（Ш. Акимбетов）、卡利（Е. Ф. Каль）、马利茨基（Н. Г. Маллицкий）、扎列曼（К. Г. Залеман）等人也收集了一些该语言的资料。研究雅格诺布语的苏联学者还有安德烈耶夫（М. С. Андреев）、佩谢列娃（Е. М. Пещерева）、科利姆奇茨基（С. И. Климчицкий）、赫塔古罗夫（Л. А. Хетагуров）、博戈留博夫（М. Н. Боголюбов）、赫罗莫夫（А. Л. Хромов）。外国语言学家戈季奥（Р. Готьо）、尤恩科尔（Г. Юнкер）也曾来过雅格诺布。必须提及的是德国的伊朗语专家格伊格尔（В. Гейгер）和法国学者边韦尼斯特（Э. Бенвенист），他们研究了雅格诺布语的语法结构。雅格诺布语原来是伊朗东部的语言，以粟特语的一种方言为基础发展而成，其很大一部分词汇来自粟特语。在偏远的雅格诺布河谷保存了一些粟特语遗迹，它们为研究粟特文字提供了宝贵素材。

在彭吉肯特古城发现的粟特文字在一定程度上说明，识字需要经

[①] 比鲁尼（Al-Biruni，973—1048年），波斯学者，生于今乌兹别克斯坦花剌子模，卒于今阿富汗的加兹尼。在数学、天文学、物理学、医学、历史学等方面均有贡献。著有《天文典》《密度》《药理学》《古代民族编年史》等书籍。月球上的一座环形山以他的名字命名。——译者注

[②] 雅格诺布语（Ягнобский язык）又称为"新粟特语"，被认为是粟特语的直系后裔，属印欧语系东伊朗语支中现存的一个语言，其他东伊朗语包括普什图语、奥塞梯语、帕米尔语。该语的使用者为今塔吉克斯坦泽拉夫尚的雅格诺布人（雅格诺布河河谷地带）。——译者注

过专门的练习。在中亚，甚至在土库曼斯坦的梅尔夫都发现了粟特语的学习训练证据。马鲁先科（А. А. Марущенко）在梅尔夫的城堡中找到两张阿拉伯字母表、阿拉伯文字残片、中古波斯语（巴列维语）和粟特语的抄写练习残片。

显然，这是公元 8 世纪时期伊朗抄写员学校留下的东西，学生们在此学习阿拉伯语、中古波斯语和粟特语，这些文字当时在国际交流中发挥着重要作用。

从穆格山文书可以清楚地看出，当时粟特的专业抄写员素质很高，许多文件都用漂亮的草书手写。通常在文档末尾会提到："我根据某某的命令写了什么。"现在已知一位抄写员叫阿斯帕纳克·杰夫贡（Аспанак Девгон），还有一位抄写员是弗加什法尔恩（Braшфарн）的儿子拉姆季什（Рамтиш），他是公元 8 世纪初撒马尔罕粟特最好的抄写员之一，穆格山遗址发现的《婚约》就是他的书法作品。

穆格山文书为我们提供了粟特人的法律文书、信件、商业信函等文字材料。

玄奘曾提到粟特有一些文学作品。这可能是指编年史或书。

的确，粟特人拥有大量的宗教和世俗文学作品，如粟特语的佛经。其中最重要的是翻译成粟特语的佛教经典《太子须达拏经》（Вессантара Джатака, Vessantara Jataka）。边韦尼斯特（Э. Бенвенист）是最好的粟特语言学家之一，他借助这部佛经的巴利语、藏语和汉语三个版本对粟特语版本进行充分解读。粟特语版共有 1513 行（仅开头的几页和末尾的几行没有幸存）。

《太子须达拏经》的内容如下：须达拏（Судашан）王子是国王期待已久的儿子。他长大后娶了一位美丽的女子，他们生了两个孩子。由于王子的一次过失，父亲把他放逐到沙漠中的一座山上，那里有凶猛的野兽和食人魔。妻子要带着孩子们与他一起去，尽管王子不希望她这样做，妻子还是选择与丈夫在一起。以慷慨而出名的王子

（实际上他也是因为慷慨而惹来的麻烦）在途中将他的财产全部散尽。他与妻子和孩子们徒步穿越一片可怕的沙漠。至尊的神怜悯他们，为他们创造了神话般的宫殿以便休息。稍事休息后，王子没有留下，以免违反父亲的命令，再次与家人踏上远途。他们到达流放的地方后，用树枝搭建了小屋，然后在那里定居。有一次，须达拏将他的孩子布施给外乡人。为了检验他对人的仁慈程度，神派一位老人向他讨要一个漂亮的妻子，他随即将自己的妻子布施给他。但是老人却没有带走王子的妻子，说他以后会回来带走她。被王子布施的孩子们最终被带到国都，孩子们被国王（他们的祖父）赎回。孩子们向国王讲述了其父亲所受的磨难和高尚的品格。后来经国王几次请求，须达拏王子返回国都，国王将王位传给他。在结尾，佛陀解释说，须达拏王子是他的前生之一。

　　佛陀转世轮回是印度佛教文学中重要的一部分。别尔捷利斯（Е. Э. Бертельс）认为："粟特版本的艺术价值当然不是很大。但是请不要忘记它们都是译本。特别重要的是，这些文本的翻译对于粟特语译者来说是相当艰巨的任务，但也帮助他们发展了自己的语言，使其达到了古印度高度发达的文学语言——梵语的水平。"应该补充的是，粟特语译本并非完全符合原意，在某些地方有所偏离。粟特译者将原始文本中没有的一些细节加入译文，增加的部分符合当时粟特人的世界观和生活方式。

　　根据纳尔沙希（Наршахи）的记述，在布哈拉也有一个关于英雄国王夏瓦什（Сиявуш）的转世神话故事。这些故事被写成诗歌广为传颂，例如，《祭司的哭泣》就讲述了关于夏瓦什去世的故事。显然，夏瓦什受到撒马尔罕粟特以及中亚其他地区人民的尊敬。还有一个用粟特语写作的神话故事描述了勇士鲁斯塔姆和他的天马坐骑拉赫什（Рахш），流传至今只剩下两个片段。一个片段讲述了鲁斯塔姆如何与恶魔战斗，杀死许多恶魔，侥幸逃脱的恶魔藏匿于城市中。鲁斯塔姆获胜后非常高兴，在一块草地上停下来，为拉赫什卸下马鞍让它吃草，他自己也脱下铠甲进食并躺下休息。另一个片段讲述恶魔从恐惧中清醒后离开了这座城市，决定找到鲁斯塔姆并消灭他。故事描述了恶魔的军队，他们乘坐战车，骑大象，骑各种动物，包括爬行动物，有的像鹰一样飞翔，有的则头冲下脚冲上疾驰。"他们搬来雨、雪、冰雹和雷电。他们发出尖叫声，喷出火焰和烟雾"，而英勇的鲁斯塔姆此时仍在酣睡，对此一无所知。英雄被他忠实的坐骑拉赫什救起：它唤醒了鲁斯塔姆。鲁斯塔姆穿上豹皮装甲，拿起武器投入战斗。当恶魔逼近时，他假装被吓坏而转身逃走。恶魔赶紧追赶他，"鲁斯塔姆转过身，像暴怒的狮子一样猛烈地扑向恶魔。"后面的内容没能保存下来。寓言《卡里来和笛木乃》（*Kalila and Dimna*）的粟特语抄本也引人注意，特别是关于商人和珍珠钻工的情节。当然，还有许多其他粟特文学作品值得研究。

十四 宗教

很多史料都记载了关于粟特人的宗教问题，这些史料有粟特语、汉语、阿拉伯语、塔吉克语和波斯语。由于这些信息之间很难进行比较，因此在文献中缺乏关于粟特宗教体系的详细论述。

粟特人全境从东到西（即里海）都崇拜神灵代西（Дэси）。这位神灵外表为金色，高15英尺，体型与身高相称，每天要吃5匹骆驼、10匹马和100只羊，祭品有时甚至是1000个人。玄奘曾经说过飒秣建国（撒马尔罕）的国王和百姓都信奉琐罗亚斯德教，不信佛教，还记载了关于崇拜天神和信奉"世间恶灵"的故事。据慧超所说，公元8世纪上半叶"天神在粟特受到普遍的崇敬"。粟特王宫中就建有"祖庙"。

11世纪中亚重要学者比鲁尼在其《古代民族编年史》中专门开辟一章《话说粟特人每月的节日》。一月的第28天是"拉穆什阿加姆节"（即布哈拉祭司节，Рамуш-Агам），这一天，人们到拉穆什村的火神庙聚会庆祝。这一天也是每个村庄最隆重的节日，每个村庄都举行庆祝活动，人们在村里的拉伊斯①家里举行聚会，吃饭喝酒。这是与自然生死概念相关的新年庆祝活动。粟特人有一个月的斋戒期，其间他们不吃饭不喝饮料，不接触与火有关的一切东西，只吃水果和蔬菜。斋戒结束的第一天，粟特人聚集在火神庙，吃一种由小米面、黄油和糖制成的祭祀食品。粟特人还有每年一次哀悼他们逝去的先人的习俗，"他们哭泣，挠伤自己的脸，为死者摆放食物和饮料"。花剌子模人和波斯人也有类似的习俗，但在他们的祭祀故事中还增加了更多细节，如把食物放进墓穴。

因此，从比鲁尼的描述中可以看出，当时的祭祀习俗很普遍。布哈拉学者纳尔沙希关于崇拜英雄夏瓦什的故事就是例证。在布哈拉，每位居民都要在新年第一天的黎明时分向夏瓦什祭献一只公鸡。研究人员将纳尔沙希的记述同隋朝使者韦节关于撒马尔罕的记述进行对比之后，认为纳尔沙希的故事的关键之处在于，人们相信圣洁的青年英雄夏瓦什是在7月去世，他的尸骨也不知去处。所以每当7月来临时，人们都会穿着黑袍，赤脚行走，捶打自己的胸口并痛哭，在田野中寻找夏瓦什的尸骨。仪式在第7天结束。由此可见，对夏瓦什的描述不仅是对逝者的祭奠，还反映了更古老的、对掌管死亡和复活的生命之神的信仰。

前文已经提到过的彭吉肯特墓穴，在撒马尔罕附近的卡菲尔卡拉遗址也有发现。在撒马尔罕本地发现了许多骨瓮。在靠近卡塔库尔甘的比亚奈曼村（Бия - Найман）就有许多浮雕装饰的骨瓮。1871年，塔什干的人们在生产过程中首次发现骨瓮。1886年，韦谢洛夫斯基（Н. И. Веселовский）在阿夫拉西阿布进行发掘工作时发现了一只破碎的骨瓮，他将其称作"前穆斯林时期用黏土制成的棺材"。1900年，韦谢洛夫斯基在研究中引入了术语"骨瓮"（源自拉丁文的"os-

---

① 拉伊斯（раис，Мухтасиб）为阿拉伯语，意为宗教督察官，负责巡行检查伊斯兰教法规落实执行情况的官员。——译者注

suarium")。十月革命前的韦谢洛夫斯基、巴尔托利德、伊诺斯特兰采夫（К. А. Иностранцев）等学者，苏联时期的博利索夫（А. Я. Борисов）、拉波波尔特（Ю. А. Рапопорт）、斯塔维斯基（Б. Я. Ставиский）等学者都对骨瓮和骨葬进行了研究。

根据这些学者对粟特骨葬的研究可以得出以下结论：《阿维斯塔》和后来的琐罗亚斯德教著作都谈道，琐罗亚斯德教徒死后，尸体被送到一个叫作"达赫马"①的地方，那里"总是有狗和鸟在吃尸体"（尤其是《万迪达德》卷这样描写）。而且，这种习俗在印度的帕西人（парс）中几乎没有改变，帕西人在中世纪自伊朗移居至印度并信奉琐罗亚斯德教。他们收集死者的骨头并置于存放骨头的专用容器中，这种容器称为"阿斯托丹"（астодан）。在有关阿拉伯人征服中亚的阿拉伯语资料中，在中亚的阿拉伯人将这种容器叫作"纳乌斯"（наус）。

我们从书面史料中直接获得了有关粟特存在骨葬这种墓葬方式的证据。公元7世纪初来到粟特的中国使者韦节写道："国城外别有二百余户，专知丧事。别筑一院，院内养狗，每有人死，即往取尸，置此院内，令狗食之，肉尽收骸骨，埋殡无棺椁。"② 根据塔巴里和纳尔沙希的著述可以得出结论，有时人们会从尸体的骨头上刮肉。伊诺斯特兰采夫认为，这并不是通常的埋葬方法，仅在特殊情况下使用。在彭吉肯特的墓穴中，骨头没有留下损坏的痕迹，在埋葬时，部分椎骨还保留了韧带，如果尸体被狗吞噬，这些都是不可能的。在彭吉肯特，通常一个墓穴中平均埋葬10人。除了存放骨头的骨瓮，还陪葬有陶器、铜币和饰品。

穆格山遗址的B-8号文书《土地出售协议》指出，购买者及其后代可以在购买的土地上存放尸体和哀悼。《列王纪》在描述葬礼仪

---

① 达赫马（дахма）也叫"寂静之塔"，是拜火教传统中用于丧葬的圆形塔。——译者注
② 韦节所著《西蕃记》，见《四库全书·通典》卷一百九十三。——译者注

式时也提到哀悼。粟特绘画艺术也反映了这一葬礼仪式。这些仪式与琐罗亚斯德教的戒律相抵触，琐罗亚斯德教明确禁止为死者哀悼。但是，无论是在中亚还是在伊朗，古代民众的信仰都高于禁令。后来，伊斯兰教也在很长一段时间内试图禁止哀悼，但无论在美索不达米亚还是在伊朗和中亚，都没能成功禁止。哀悼仪式以一种或另一种形式一直持续到近代。至今塔吉克人仍有为死者哀悼以及举行丧葬舞蹈仪式的习俗。

有史料提到火神庙和多神庙。别列尼茨基仔细收集了这方面资料并进行详细分析。除了前面提到的证据，《列王纪》中写道，在布哈拉和拜肯德（Пайкенд）还有火神庙。在公元9世纪的巴列维语地理文献《沙赫里斯坦海·伊朗》中，英雄夏瓦什的儿子在撒马尔罕建起了"灵验的火神庙"，并在神庙里保存写有《阿维斯塔》的金（或镀金）片。火神庙被萨坎达尔（Сакандар，即马其顿亚历山大）毁掉，此后图兰国王弗拉夏克（阿夫拉西阿布）又让"神的住所成为恶魔的聚集地"。根据中国史料记载，在贵霜王国有一座庙宇，墙上绘有各个邻国的国王。当地首领在这座寺庙中进行日常祭拜。纳尔沙希关于拉米丹（Рамитан）和布哈拉的"火神庙"的材料，讲述的不是传说，而是真实的历史。撒马尔罕在被阿拉伯人征服期间，有万神庙和火神庙。塔巴里和别拉祖里关于塔瓦维斯村（Тавави́с）也有同样描述。史料提供了有关这些神像的许多具体细节：用木头（有金色装饰）或金银制成。位于撒马尔罕主城的火神庙中的火神像被焚烧后，在灰烬中发现了约5万米斯卡尔[①]（约180公斤）的黄金。撒马尔罕另一尊被重塑的神像使用了2.4万佐洛特尼克[②]（约102公斤）白银。据纳尔沙希记述，阿拉伯人在拜肯德的多神庙里发现了一个重

[①] 米斯卡尔（мискал）是公元7世纪时中亚的重量计量单位，1米斯卡尔略大于3.5克。——译者注
[②] 佐洛特尼克（золотник）是基辅罗斯时期的重量单位，1佐洛特尼克等于4.266克。——译者注

达4000德拉克马①（约三四十公斤）的银制神像，也有记载称这是一座5万米斯卡尔（约180公斤）的金制神像。即使在伊斯兰教进入中亚之后，对多神的祭拜在布哈拉和撒马尔罕依然存在。神庙通常都非常富有，拥有很多金银器皿和宝石，还有鸡蛋大小的珍珠。

别列尼茨基在详细研究了所有资料之后，认为多神庙与火神庙各自单独存在，中亚的琐罗亚斯德教反对崇拜其他神，认为他们是琐罗亚斯德教的敌人。但别列尼茨基未能完全证明自己的论点，一些论点令人怀疑。别列尼茨基的出发点是萨珊王朝的琐罗亚斯德教规范。但是中亚的信仰与伊朗的信仰不同。因此，必须非常谨慎地看待此问题。巴尔托利德认为，中亚琐罗亚斯德教徒的信仰和礼仪与萨珊王朝的琐罗亚斯德教礼仪有很大区别。正如亚库博夫斯基（А. Ю. Якубовский）所说："波斯琐罗亚斯德教与粟特、巴克特里亚和花剌子模的宗教具有一些共同的思想和信仰。一方面，它们是关于善与恶之间斗争的二元概念，另一方面是琐罗亚斯德教与其他教派之间的斗争。在波斯，琐罗亚斯德教发展成为具有严格教义和复杂祭司组织的国教，对国家事务，尤其是意识形态产生了巨大影响。琐罗亚斯德教在中亚的发展则完全不同，它没有严格的教义，没有成为国教，因为中亚没有出现统一的国家，祭司制也没有发展成一个强大的组织。当地的多神教徒也加入琐罗亚斯德教并与琐罗亚斯德教徒友好相处。"一些学者甚至赋予公元6—7世纪的粟特宗教一个特殊的术语——"马兹达教派"（маздеизм）。

巴尔托利德提出对前伊斯兰教时期粟特地区的宗教特点进行研究，但并未提出详细的研究方案，因为许多问题仍不清楚或存在相反的解释。例如，别列尼茨基和亚库博夫斯基两位研究人员对粟特的多神教和琐罗亚斯德教之间的关系就有完全不同的观点。文化历史学家

---

① 德拉克马（Дра́хма）系古希腊重量单位，在不同时期和不同地区标准有所不同，相当于今日7—11克。——译者注

和考古学家的研究没有充分利用语言学资料，而语言学家对考古和圣像画的研究也不足，这仍然是无法克服的困难。

语言学家们的一些研究具有很高的价值。穆格山文书中的《婚约》有一个以巴格神（Баг）和密特拉神（Митра）为名的誓言。在《梨俱吠陀》[①] 中，巴格神是低等神，而密特拉神地位较高。但是亨宁指出，在穆格山婚约中，巴格神与密特拉神地位相同甚至更高。在这种情况下，密特拉神与巴格神同为保护契约的神灵。但是，利弗希茨对这一结论提出质疑。他对所有穆格山文书（和其他粟特文字）的语境进行分析后得出以下结论：是琐罗亚斯德教的最高神（即阿胡拉·马兹达）借用这些神的名义行事，因为粟特人通常不说出和书写阿胡拉·马兹达的名字（在文字材料方面非常少见）。

在粟特多神庙的最高神灵中，经常提到祖尔宛（Зарван）这个名字，在粟特语佛经译本中，祖尔宛与印度的最高神梵天（Брахма）等同，拥有"伟大的""众神之王"之称。与此同时，贝雷特拉格纳（Бэрэтрагна）、娜娜（Нанайя）、赫瓦雷纳赫（Хварэнах）、泰斯特里亚（Тиштрийа）等众神都广为人知。我们发现，粟特人的许多概念和想法都在《阿维斯塔》中有所体现。

粟特语中，寺院叫作"瓦格恩"（вагн）。根据公元5—8世纪的作家记述，许多粟特村庄的名称中都有"агн"的音，比如法格恩、巴格恩、瓦格恩等，这无疑都来自"瓦格恩"这个词的发音（由亨宁最早发现）。这些村庄包括米安巴格纳村（Мийанбагна）、塔瓦维斯附近的瓦努法格村（Вануфагн）、阿斯塔瓦格纳村（Аставагна）、胡尔巴格纳村（Хурбагна）、鲁斯特法格恩村（Рустфагн）、克拉斯瓦格恩村（Красвагн）、胡舒法格恩村（Хушуфангн）、库克希巴格恩村（Кукшибагн）等。胡舒法格恩（Хушуфагн）这个城市名称的词

[①] 《梨俱吠陀》是印度古老的吠陀梵文赞美诗集。它是印度教的神圣规范文本之一，被称为《吠陀经》。——译者注

源是"六座寺院"。由此可见，粟特的地名中保留了许多与寺院相关的名称。但是，不能因为粟特地区的一些地名与寺庙的名称一致或相近，就认为可以通过地名找到相应的琐罗亚斯德教寺院，这种观点是错误的。实际上，地名的形成过程要复杂得多。而"神"这个词在粟特也同样出现在很多地名复合词中。

祭司、寺庙首领在粟特语中称为"维格恩帕特"（вйгнпат），这个词早在"古粟特文信札"①年代就已出现，在穆格山文书中也有体现（I.1号文件），内容是祭司库尔奇参加了一项重要的外交活动。另外，在穆格山第A-5号文件中提到了一个词"马古帕特"（магупат），即首席祭司。

除了当地的"马兹达教派"，其他宗教在粟特也有传播。尽管佛教在当时没有占据主要地位，其信徒人数微不足道，但佛教和其他印度宗教在粟特生活中的作用仍然很明显。从许多史料来看，基督教在当时已得到广泛传播。公元6世纪初，在撒马尔罕已经有一位基督教主教，并在公元8世纪成为都主教。此外，摩尼教也得到传播。

别列尼茨基详细分析了摩尼教在中亚前伊斯兰教时期社会生活中的作用。摩尼教大约在公元600年发生分裂，其中的季纳瓦尔派在中亚留下来，其中心设在撒马尔罕。根据别列尼茨基的研究，彭古肯特壁画的内容可解释为摩尼教的活动。当然，这还需要进一步研究。

总之，虽然现有的资料非常不完整，但仍然显示了公元6—8世纪粟特人生活的多样性，以及这里由于多种宗教并存而形成的复杂宗教系统。

---

① "古粟特文信札"年代指公元4世纪，书信写于公元313年6月/7月。——译者注

第四节 中亚的其他领域

一 乌斯特鲁沙纳

在中文史料中有一个被称为东曹（苏对沙那、率都沙那）的国家。关于这方面的记述较少。《新唐书》称，东曹国的国王居住在波悉山北侧（应该是突厥斯坦山脊）。在古代，这个地方属于汉贰师城（即费尔干纳）。从这里到石国（即塔什干）和康国（即撒马尔罕）的距离是相同的，到吐火罗（即吐火罗斯坦）的距离较远。东曹国内有一个叫野义的城市，这个城市有一个密闭的洞穴，本地居民每年两次献祭。当人们靠近并面对洞穴时，洞穴即冒出烟雾，闻到即死[①]。公元618—626年，东曹的年轻首领叫苏对沙那，他与康国一同派遣使团到中国。根据沙畹（Э. Шаванн）记述，苏都城（Су-ду）也属于该国。

玄奘称东曹为窣堵利瑟那国，据称其周长有1400里或1500里，其东部边界是叶河（锡尔河的中文名称。在这里玄奘犯了一个错误，锡尔河是乌斯特鲁沙纳北部的界河）。这里的物产和习俗与恰奇相似，西北面是一片没有水草的大沙漠。窣堵利瑟那有一位国王，一直处于突厥人的统治下[②]。

由此，东曹在公元6—8世纪的版图已经清楚。其核心是乌拉秋别—沙赫里斯坦盆地，南部包括泽拉夫尚河的上游直到吉萨尔山脊的

[①]《新唐书·西域传》记载：东曹，或曰率都沙那、苏对沙那、劫布咀那、苏都识匿，凡四名。居波悉山之阴。汉贰师城地也。东北距俱战提二百里，北至石，西至康，东至宁远，皆四百里许，南至吐火罗五百里。有野义城，城有巨窟，严以关钥，岁再祭，人向窟立，中即烟出，先触者死。武德中，与康同遣使入朝。——译者注

[②]《大唐西域记》之窣堵利瑟那国：窣堵利瑟那国周千四五百里，东临叶河。叶河出葱岭北原，西北而流，浩汗浑浊，汩淴漂急。土宜风俗，同赭时国。自有王，附突厥。从此西北入大沙碛，绝无水草。途路弥漫，疆境难测。望大山，寻遗骨，以知所指，以记经途。——译者注

北坡，北部边界是锡尔河，东部（可能）是苦盏；西北是（广义上的）撒马尔罕。至于东曹这个地区的粟特语名称，中文译本（苏对沙那、率都沙那、窣堵利瑟那）只能提供大致的概念，与中世纪阿拉伯和波斯地理学家著述中的名称拼写并不一致。一些现代研究者认为，"乌斯特鲁沙纳"（Уструшана）这个拼写更为正确。这里既未考虑中国传统叫法，也未考虑"伊斯特拉夫尚"（Истравшан）或"乌斯塔劳尚"（Устараушан）的现代塔吉克语发音。穆格山文书最终证明，在中世纪早期，该地区被称为乌斯特鲁沙纳。乌斯特鲁沙纳首领的尊号为"阿夫申"（афшин）。

乌斯特鲁沙纳首领的宫殿位于现在的塔吉克斯坦沙赫里斯坦村附近。在沙赫里斯坦河的西岸高阶上有座卡赫卡哈城（Кахкаха），其城墙保存完好，面积约5公顷，分为城区和城堡两部分，城堡建于城区西部的一座比城市平面高8—10米的山丘上。在沙赫里斯坦城市遗址中，发现一座兵营式的建筑。城堡内发现一座院子，院子中心是一个摆着王座的大型礼堂（18米×12米）。院内还有一个小厅，是一座小型寺院。院内其他建筑还有起居室、公用场所、军械库等。宫殿内各建筑都装饰有壁画、雕刻的木制立柱和天花板。

宫殿中央走廊的墙上是一幅6米高的壁画，画面包括一只母狼和两只正在吃奶的小狼。根据涅格马托夫（Н. Н. Негматов）的研究，壁画中的场景应该是在公元5—7世纪传入中亚。他指出"中亚有一定的宗教基础来吸收西方基督教的神话传统"。的确，在中亚（甚至更广的亚洲中部）的各个民族中，都有一些同伊特鲁里亚文明和古罗马文明相类似的传说①。出现壁画中的场景，说明有关母狼哺育王族苗裔的神话很早就传到了东方。

宫殿小厅的墙壁上装饰着大量的绘画。一群身着战袍的骑手骑着

---

① 伊特鲁里亚文明（Etruscan civilization）是伊特鲁里亚地区（今意大利半岛及科西嘉岛）于公元前12—公元前1世纪所发展出来的文明，其活动范围为亚平宁半岛中北部。该文明的全盛时期为公元前6世纪，其后因古罗马的强盛而衰落，最后被同化。——译者注

各种颜色的马疾驰，手执长矛和旗帜，还有三头四臂的神灵，三眼的恶魔和动物碎片。这些画分为多个场景，上下排列在墙上。

宫殿里的木制雕塑和浮雕多种多样。有几个各种构图的人和鸟的圆形雕塑，还有独特的大型雕刻木鼓，上面雕刻着大小不同的人物。这些作品的制作工艺都非常高超。木鼓与沙赫里斯坦的其他艺术品一样，对研究中亚在中世纪早期的艺术文化、神话和日常生活具有重要意义。

卡赫卡哈城遗址位于距城市不远处的一座小山丘上。城墙内是正方形的平坦区域（210 米 × 230 米），在一角有一座小山丘，它是一座三层城堡式建筑的废墟，里面有礼堂和客厅，拱形屋顶是砖砌结构，平屋顶是木质结构，有立柱。该建筑是一座坚固的宫殿式城堡，装饰有木雕和壁画。

沙赫里斯坦有一座至今保存完好的建筑古迹——奇利胡季拉城堡（Чильхуджра）。这栋城堡式的两层建筑位于库利库坦河（Кулькутан）与沙赫里斯坦河的交汇处，其历史悠久而复杂，已被翻修过多次。城堡的第一层和部分第二层保存得很好，现在也能完整地反映出建筑的原貌。离奇利胡季拉城堡不远处，还有其他的城堡，如乌尔塔库尔甘（Урта - Курган）等。

前面提到乌斯特鲁沙纳建筑中的绘画和雕刻。它们既是艺术文化古迹，也为我们了解乌斯特鲁沙纳人的意识形态，包括宗教提供了资料。从已有的资料来看，包括阿夫申海达尔（Хайдар，公元 4 世纪，据说他的先人曾秘密传教）的描述，在乌斯特鲁沙纳占据主导地位的宗教是具有中亚特色，但与粟特地区有较大不同的琐罗亚斯德教。有证据表明，骨葬在这里非常普遍。

乌斯特鲁沙纳的语言是粟特方言之一。在奇利胡季拉发现用墨汁写在木板上的文件。利弗希茨（В. А. Лившиц）阅读了其中一份保存完好的文件。这是一份收据，与粟特人的收据没什么区别。内容如下：我，奇乌斯（Чийус），请求法尔纳尔奇（Фарнарч）从 8 月 22

日（粟特历）开始到第 31 天，把他们从阿特列帕兹马克村（Атрепазмак）带到我这里，而且其中不能有一个坏的。背面：古什纳斯皮奇（Гушнаспич）遵照法尔纳尔奇的命令撰写。文字的风格与穆格山文书非常接近。还有一个特点是，乌斯特鲁沙纳与粟特一样，都有专业的抄写员，我们现在就知道其中一位。而且，这些人的名字具有琐罗亚斯德教徒的特征。

现有的关于手工业、农业等材料证明，乌斯特鲁沙纳在中世纪早期就拥有发达且独特的文化，其主要表现形式与粟特文化非常接近，有时甚至相同。

二 费尔干纳

公元 6—8 世纪，外国人将费尔干纳称作沛汗、钹汗、拔汗那①。根据这些译音和费尔干纳的粟特语名称，其古代的名称应为"法尔（拉）加纳"（Фар［а］гана）或"弗拉加纳"（Фрагана）。

据玄奘说，费尔干纳四面环山。这表明，公元 7 世纪时的费尔干纳实际上是费尔干纳盆地。玄奘还写道，费尔干纳土壤肥沃，盛产水果和花朵，这里的马和牛很出名。慧超补充说，费尔干纳有骆驼、骡子和羊，这里的人们种植棉花，吃面食，衣服用皮毛和棉织物缝制。

费尔干纳王朝连续统治了几个世纪，没有中断，仅在公元 630 年前后大约 10 年的时间失去最高统治地位。据史料记载，当时各地方统治者势力越来越强大并且相互不服。大约在公元 720 年，费尔干纳出现一位非常强大的统治者，阿拉伯史料称其为阿卢塔尔（Алутар）。费尔干纳统治者的尊号为"伊赫希德"或"伊赫沙德"（国王的意思）。不久之后，在公元 726 年，这里出现两位国王：锡尔河南岸的国王臣服于阿拉伯人，而锡尔河北岸的国王臣服于突厥人。公元 739 年以后，费尔干纳由突厥答剌罕阿尔斯兰（Арслан Тархан）统治。据一些史料记载，

---

① 实际上都是中国古代记载的费尔干纳名称。——译者注

当时的费尔干纳首府是卡桑城（Касан），也有史料称当时的费尔干纳首府是阿赫西克特（Ахсикет）。

从对阿拉伯人入侵的描述来看，费尔干纳当时是一个强大的国家，在中亚的政治生活中发挥了重要作用。其军事实力建立在雄厚的经济基础之上。前面曾经提到费尔干纳的农业和养殖业，其手工业的发展也取得了巨大成就，还建立了对外贸易关系，向邻国出口马匹、药品、油漆、靛蓝玻璃制品等商品。

卡桑城遗址位于卡桑河岸边，由城市和城堡两部分组成。这座城市的形状为梯形，边长分别为160米、180米和80米，城墙呈曲折状并在拐角处设有塔楼。在城市的西南面有一座卫城，离主城墙15米另筑一道城墙，堵住了卫城的入口，使防御能力得到进一步增强。在距离城市不远的地方有一座城堡，地势较高（有点像卡赫卡纳城堡内城的Ⅰ号和Ⅱ号区）。城堡有非常坚固的围墙，其平台为90米×70米，由岩石筑成，城墙上有6座塔楼。从城堡的平台下去，过两堵墙到城市，这两堵墙将城市与城堡相互联系在一起。整个遗址的总周长为两千米。1948年，别尔什塔姆（А. Н. Бернштам）对卡桑城遗址进行了小型发掘工作。结果表明，该城建于贵霜时期。卡桑城在中世纪早期就已拥有众多建筑和强大的防御系统。

中世纪早期费尔干纳的另一个中心城市是库瓦（Кува），乌兹别克斯坦的考古学家在那里进行了发掘。

费尔干纳统治者的宫殿在伊斯法拉城区中心以南4千米，位于伊斯法拉河畔。宫殿是一座城堡，名叫"卡莱博洛"（Калаи Боло，意为"山顶城堡"）。城堡的高度为11—12米，占地16米×65米。达维多维奇（Е. А. Давидович）对城堡进行发掘后认为，该城堡建于公元7世纪。在建造高平台期间，将早期的旧墙砌在里面。公元6—8世纪，城堡建在一座高高的平台上，平台呈梯形，垂直的城墙上有射孔。城堡上没有一般城堡或要塞通常都会设置的塔楼，而是将城墙顶部建成阶梯式锯齿状，以便于侧翼射击。城堡内的居住区由北部的开放式庭院和南部的生活生产区组成。主要建筑材料是夯实黏土和方形土坯（52厘米×26厘米×10厘米），墙体也用这些材料砌成，并且使用了从早期建筑中拆除的材料。墙壁表面抹灰泥，内墙被涂成黑色。方形房间上覆盖着拱顶。

除了建在平原的博洛卡莱城堡外，伊斯法拉地区还有建在山上的城堡，其平台是结实的岩石。例如，伊斯法拉河左岸的卡菲尔（Кафыр）城堡。在这里，河岸上方岩石陡峭，有50—60米高。从这一侧向上攀爬是完全不可能的。从其他地方进入城堡也非常困难。在岩石的上平台（80米×60米）有原来的砌块遗留。城堡的围墙上有三座塔楼，围墙呈不规则形状，就像一条带子绕着弯曲的岩石。这座三塔城堡是一个非常坚固的要塞。在苏尔赫（Сурх）和沃鲁赫（Ворух）等村庄附近也有这样的要塞。它们构成伊斯法拉山谷的防御工事，有效阻止敌人的进入。同时，正是这些要塞成为封建统治者的据点，为控制灌溉系统提供了可能。当时，阿什特地区（Аштский район）既有山上城堡，也有低地防御工事。在费尔干纳南部的霍贾巴克尔甘[①]（Ходжа-Бакырган）河谷中曾经有一座富有的封建庄园。布雷基娜（Г. А. Брыкина）经过发掘发现，这是一个很大的建筑群，其中包括各种用途的房间（如一间放置16个陶制容器的储藏室）和卧室。装饰有壁画的家庭礼拜堂还建有地基。在其中一间屋内有一些石膏像，包括以专业方式制作的人物雕像。在这里还发现了三座香炉。布雷基娜提出了一个非常令人信服的假设，即这里是举行祭祀祖先活动的场所。

除定居人口外，费尔干纳山谷还有大量的半游牧和游牧人口，在库拉明斯基山脊（Кураминский хребет）发现他们的墓葬遗迹，墓葬所在区域被称为卡拉马扎尔山脉（Карамазарские горы）。在这里，从库鲁克河（Курук）到阿什特（Ашт）和班加兹（Пангаз）有许多

---

① 今吉尔吉斯斯坦利亚伊利亚克区（Ляйлякский район）。——译者注

墓地。这些墓地是石头材料砌成的地面建筑，当地居民称其为库鲁姆（意为石堆）或穆格洪（意为祭祀屋）。经过考古发掘之后发现里面确实有墓室，有的有入口通向其中。但其并非单人墓室，里面有一人或多人的骸骨和陪葬品，包括餐具、武器、珠宝等。在一个墓室内还发现一匹陪葬的马。这一风俗在公元5—6世纪传入亚洲中部。

有些墓葬，包括穆格洪，可能与突厥人有关。在穆格洪内发现的青铜环上刻有由古代突厥文字四个字符组成的铭文——统治者的名字，这并非偶然。在费尔干纳已经发现了许多古代突厥文字的碑文，而且数量一直在增加。在费尔干纳的塔吉克斯坦部分，即卡拉马扎尔山脉和伊斯法拉山谷中也发现了古代突厥文字的碑文。突厥人的墓葬连同突厥文铭文证明了当时突厥人在政治和日常生活中所占的重要地位，以及对中世纪早期的费尔干纳历史所起的巨大作用。对其邻近地区也是如此，如恰奇和七河流域（受影响程度更深）。

第五节　社会经济制度

一　封建关系的建立

书面史料中没有太多有关中世纪早期中亚经济社会制度的确切描述，因此人们无法详细研究公元5—8世纪中亚的社会经济制度。历史学家只能从后来阿拉伯语和波斯文献史料中提取少量的信息。即使在苏联科学院撰写的《塔吉克族历史》（莫斯科，1964年）第二卷非常详细和深入论述的章节中，其所引用的书面资料也只有阿拉伯文和波斯文著述。在此不再赘述。这里，我们利用穆格山文书以及其他粟特语文书和部分花剌子模文书所提供的信息来研究那个时代。

在穆格山文书的一份文件中，讲述了在库奇（Куч）发生的事件。当时整个社会划分为三个层次：贵族、商人和劳动者（即农民和工匠）、奴隶。通过分析穆格山文书所使用的术语，格尔舍维奇（И. Гершевич）和利夫希茨指出，公元7世纪至8世纪初，粟特地区存在不同种类的奴隶和依附者，包括纯粹的奴隶、人质奴隶、战俘奴隶以及"寻求庇护的依附者"。户主可以将其家庭成员出售为奴隶。托克卡拉城（Ток-кала）骨瓮上的花剌子模语铭文中有"奴隶"一词。阿拉伯人征服中亚时期的史料直接指出，公元8世纪初的粟特有大量奴隶。

当时，社会的主要劳动力不是奴隶，而是不同类别的城乡劳动者。在穆格山文书中，"人们"指被派去劳动的农民，"被强迫工作的人"指为挣钱而劳作的人。根据格尔舍维奇的研究，农民在粟特语中被统称为"卡季维尔"（кадивер），农民也可再细分为"基希季奇卡尔"（кищтичкар）和"基沙瓦尔兹"（кишаварз），相当于农户（farmer）和耕夫（plughman）。在当时，农村公社（父系？）发挥着重要作用，在穆格山文书中用"п'P"表示。该术语也表示"人民"和"国家"。

"季赫坎"（дихкан）即封建主，是统治阶级。那些自由的人、高尚的人、显贵的人属于这个阶层。在中世纪早期，季赫坎是土地所有者，拥有规模大小不一的土地，大到整个地区（如布哈拉或恰奇），中到一个区，小到一块地。在史料中他们分别被称为"大季赫坎"或直接统称为"季赫坎"。季赫坎之所以能够建立强大政权的主要原因，是他们拥有大量的军队，士兵被称为"恰基尔"（чакир）或"沙基尔"（шакир）。玄奘谈到撒马尔罕时说："兵马强盛，多是赭羯。赭羯之人，其性勇烈，视死如归，战无前敌。"

阿拉伯语和波斯语史料多次提到"恰基尔"（军事人员）。在对这些资料进行研究之后可以得出一个结论，即统治者和季赫坎们的军队成员都从自由人中招募，称为恰基尔。恰基尔是专业军人，是军队的核心。大统治者拥有的恰基尔一般都达到数千人。

无论是根据穆格山文书还是根据阿拉伯史料，统治阶级的组成中都存在着复杂的等级制度，随之而来的还有宗族关系。在这个等级制度中，最高层被伊赫希德（ихшид）把持。在"古粟特文信札"（公元4世纪初）中，已经提到了位于伊斯法拉河谷的塔马尔胡什村（Тамархуш）的伊赫希德。在穆格山文书中，"伊赫希德"意思是"国王"。精通阿拉伯语或波斯语的中世纪作家将其解释为"王中之王"也并非毫无根据。伊赫希德在中亚中世纪早期的真正意义相当于"最高统治者"。

根据纳尔沙希的描述，这些季赫坎（封建主）穿着特殊的衣服，系着金色的皮带（粟特和吐火罗斯坦的肖像资料也充分证实了这一点）。他还写道，在阿拉伯人入侵之前的布哈拉女王（更确切地说是摄政王）每天离开布哈拉城堡，坐在宝座上处理国家事务，下达包括奖励和惩罚在内的命令。每天有200名年轻的季赫坎前来向她表示敬意，他们站成两排，在日落时分回到自己的村庄。第二天，第二拨季赫坎出现在女王身边。这种活动既表示敬意，也是一项工作内容，每一个季赫坎每年必须参加4次。

穆格山文书使我们对粟特国家的管理制度有了一些了解。中亚国家的中央行政官员包括吐屯（тудун），属于最高等级的官员之一，可能主管民政部门，另外还有达干（答剌罕 тархан）。其他高等级官员还有近侍、助理等。这一时期，"达比尔帕特"（дапирпат，相当于首席秘书、办公室主任）发挥了重要作用。"弗拉曼达尔"（фра-мандар）是宫内事务总管，负责农产品、手工艺品和军事装备的收支，下达发放某些物品的命令，草拟登记册和清单等事务，在服务层级中具有很高的地位。他的下属（他有特别授权代表）几乎将他视为统治者，称他为"老爷、国君、大堡垒、弗拉曼达尔"。各种专业职务由司酒官、首席医生、司马倌、园长执行。还有一个叫作刽子手的职位（见第A-5号文书）。根据第B-4号文书内容，有官员执行警察职能。此外，穆格山文件还提到收税员、军事长官。

除了中央行政官吏，还有地方行政官吏，包括村庄及周边地区的执政官（被称为老爷、主人），如村长、阿尔斯潘（арспан）、长官等。

整个复杂烦琐行政系统的主要作用是从劳动人民手中征税和差役。中世纪早期粟特国家的"强制机构"就像调节好的钟表一样运作。所有最重要的资产收入和动向都经过了最仔细的登记，有人草拟报表、登记册、收据，所有文件都统一编制（通常一式两份）、签字并盖章。

当时还设有履行管理职能的机构。据史料记载："在决定实施惩罚后，他们取来保存在圣殿里的法典来解决此事。"在穆格山文书发现的《婚约》记载了该文件是在"法律规定的地方"订立，里面称呼的"长官"可能是宗教长官。

与被压迫阶级的贫穷形成鲜明对比的是贵族的富有和奢华。如纳尔沙希讲述的布哈拉国王的故事：他在阿布鲁伊起义后返回家园，发现这个布哈拉国王手中掌握着无数的财富。再例如：粟特人马赫伊安（Махйан）向统治者杰瓦什季奇（Деваштич）租用"三座磨坊及整段运河、建筑物和磨盘"。租户每年必须支付460卡夫奇①的租金，即超过3.5吨面粉。

考古资料清楚地表明，当时存在深刻的社会和财产分化。在城内既有宽敞且装饰精美的贵族住宅和统治者的华丽宫殿，也有普通百姓的棚屋。

贵族的奢华生活生动地反映在古代画作中。无忧无虑喝酒的贵族，抛下柔软的暖炕或大床赶去进行骑士决斗，作为背景的是面部毫无表情的、逆来顺受的仆人。

托尔斯托夫及其合作者涅拉济克（Е. Е. Неразик）、安德里阿诺威（Б. В. Андриановый）对花剌子模的别尔库特卡林绿洲（Берк-

---

① 卡夫奇（Kafch，кафч）是流量的计量单位，在西帕米尔高原的中世纪法律文件中经常提到。卡夫奇的大小在不同地区有所不同，随当地人的约定或认可。——译者注

уткалинский оазис）进行了研究，为了解那个时代的农村生活提供了极为重要的资料。由于特殊的条件，直到今天，别尔库特卡林绿洲的遗迹以及整个村庄和灌溉设施系统都保存完好。绿洲沿着一条运河主干道呈狭窄的带状延伸（长度约40千米，宽度约4—5千米）。

防御牢固的庄园（居住区）之间相距200—300米，这是中世纪早期的别尔库特卡林绿洲农村的主要面貌。庄园内有成片的房屋，有些则集中分布在院子周围，有些庄园还建有坚固的城堡。所有的庄园（居住区）被划分成8—13个组，每组都有一个主城堡。庄园的大小差异很大，其中1/3规模较大，其余则小得多。耕地面积的差异间接证明了农村地区的财产和社会地位差异。许多城堡就是在这一时期建造。在最大的城堡别尔库特卡拉（Беркут‐кала）周围甚至形成了一座小城镇，成为绿洲手工艺品的生产中心之一。在绿洲的中部，农村庄园的密集程度最高。在公元8世纪，（以城堡为中心）在城堡四周及其附近地区出现越来越多的庄园，原来的中心则逐渐消失。

托尔斯托夫认为，别尔库特卡林绿洲的地理分布反映了封建关系的形成。这个观点在涅拉济克的进一步考古工作中得到证实。显然，绿洲地区有多个大型村落区，每个村落区都有7000—8000人。每个庄园内都有多个家庭，每个家庭的规模大小不一，以男性为主，共同拥有财产。家庭是社会生产和生活的基本单位。单个独立的小家庭在社会生产和生活中的作用很小。

实际上，中亚其他地区的情况也相同。城堡作为季赫坎（封建主）的官邸，一律位于灌溉系统的首部，因此城堡的所有者掌握水源。按照当时中亚的生活条件，这相当于掌握着农村人口的生死权力。

20世纪40—50年代苏联历史学研究认为，中世纪早期这里的城市生活正在走向衰落。托尔斯托夫认为这种观点完全不符合事实。很多材料都证明当时的城市和城市生活有巨大发展。城市是手工业和贸易中心（在彭吉肯特的发掘即是例证），这是一种高度发达的文化。

乡村景观以城堡为特征，城堡有时靠近城市。在这些城堡和城市的主城区中居住着贵族和显贵。城市的结构和大量的城堡，独特的艺术和骑士生活传统，大贵族拥有卫队，政治上的分裂和封地，所有这些特征都表明当时社会经济生活发生的最深刻变化。奴隶制正在被封建制所取代。在公元5—8世纪，封建制度仍然处于发展初期和不成熟的阶段，其中许多情况我们只能根据资料间接猜测，但这并不能改变现象的实质，即公元5—8世纪中亚的定居地区开始走上封建发展之路。

在当时的条件下，封建社会的出现是历史的重大进步。与其他地区一样，中亚的封建制度也建立在生产力显著发展的基础上，而奴隶所有制已经不能适应当时的生产力状况。中亚社会生活发生了许多重大变化，出现新兴封建制度的特征。尽管农村仍然占据主导地位，但封建城市已在中亚封建制度的早期阶段得到发展，这是历史进程的重心所在。当然，这些发展都是在激烈的阶级斗争和被压迫者起义的条件下产生（如阿布鲁伊运动）。恩格斯在关于国家的问题上曾写道："（国家）这个组织的主要目的，从来就是依靠武装力量保证富有的少数人对劳动者多数的经济压迫。"[①] 这句话完全适用于中世纪早期的中亚。

[①] 《马克思恩格斯全集》（第25卷），人民出版社2001年版，第609页。——译者注

第十章 阿拉伯哈里发治下的中亚

第一节 萨珊王朝的崩溃

一 伊斯兰教兴起前夕的阿拉伯

有些历史著作经常强调阿拉伯人在伊斯兰教兴起前夕的落后。这种主张既片面又错误。恩格斯在1853年5月26日致马克思的一封信中写道:"在西南部定居的阿拉伯人,看来曾经是象埃及人、亚述人等一样的文明民族;他们的建筑物就证明了这一点。伊斯兰教徒入侵时的一些事例也说明了这一点。"[1]从那个时期获得的考古资料和碑文资料,充分证明了恩格斯这一观点的正确性,即古代的阿拉伯南部部落缔造了强大的国家和一种非常独特的高级文明。

那时,阿拉伯半岛不同地区的社会经济发展水平差异非常大。6世纪下半叶和7世纪初,也门以及其他一些地区的农业和城市生活很发达,而广阔的沙漠和草原成为贝都因(бедуин)游牧民族的栖息地,他们的主要财富是骆驼。尽管阿拉伯人的部落组织依旧非常强大,但在他们之间却形成了封建主义关系,历史的发展进程将零散的部落和部落联盟联合成为统一的国家。公元7世纪初,一种新的宗教体系——伊斯兰教兴起。

---

[1]《马克思恩格斯全集》(第49卷),人民出版社2016年版,第408页。——译者注

要想分析新宗教——伊斯兰教出现的历史原因,分析阿拉伯人迅速征服庞大领土的历史原因,首先必须研究那个时代的社会阶级构成及其内部所发生的变化。毋庸置疑,伊斯兰教是在阿拉伯阶级社会形成的过程中崛起,但更为复杂的问题是,如何确定新阶级社会的性质?当时的阿拉伯人以及在其所征服的领土范围内盛行什么样的生产方式?那个时代复杂而统一的社会融合过程是什么样?解决这些问题尤为重要,因为它们不仅阐明了东方民族历史上最为重要的一个时期,还表明了新宗教首先满足的是哪些特定阶级的意识形态需要。解决后一个问题可以为马克思主义对早期伊斯兰教意识形态方面的分析奠定基础。

关于伊斯兰教兴起前的阿拉伯北部地区社会结构的资料来源很少。中世纪史料研究的特点是,只关注王朝的历史和祭神的历史,经常将史实与神话,乃至各种民间传说混淆在一起。在很大程度上,正是由于这些原因,解决上述问题就很困难。资产阶级的伊斯兰教研究已经积累了有关这一时期的大量史料,就伊斯兰教兴起的原因提出了许多理想主义的假说。但是从方法论上讲,他们对伊斯兰教社会根源的分析十分浅薄无力。

在评价阶级社会的时候,苏联的历史学界有两种观点。

第一种观点认为,奴隶制社会在6世纪的阿拉伯南部地区已经存在。6世纪末至7世纪初,在阿拉伯北部地区以及坐落在最重要的商旅路线上的希贾兹（Хиджаз,中文称为汉志）、麦加、麦地那也形成了奴隶制度。在贝都因这个畜牧游牧民族所定居的阿拉伯半岛内部,宗法公社制度已经开始瓦解,但瓦解的过程非常缓慢。然而在贝都因人中间,一方面出现了富人,拥有大量的牲畜、土地或经常从事商队贸易的俘虏奴隶;另一方面也出现了穷人。伊斯兰教兴起之前的一位阿拉伯诗人尚法拉（ash‑Shanfarā）曾经这样说道:"(穷人)日行一营,夜宿一营。孑然马背,时时赴险。"这些穷人暂时还保有人身自由。

但是，在阿拉伯的北部地区，奴隶制并未发展成主要制度。这是因为在向阶级社会过渡而引发的危机当中伊斯兰教兴起，出现了一位卓越的军事统帅穆罕默德。伊斯兰教中有关圣战的教义被采纳，穆罕默德的继任者们开始在军事远征中寻找摆脱社会危机的出路，大量的阿拉伯人——"伊斯兰教的勇士"涌入了封建化进程正在迅猛发展或是已经建立了封建制度的地区。但是，这些国家的奴隶制度也并未完全消失，并在阿拉伯人统治时期得以保留。在战争期间，由于捕获了大量俘虏，奴隶制度得到进一步发展。总体而言，在大规模征战之后的公元7世纪末，封建关系在哈里发国家内得以确立，但奴隶制仍然保留了很长一段时期。

根据这一观点，伊斯兰教最初是在已经确立了奴隶制度的社会基础之上兴起，战争之后才发展成为封建社会的宗教。别利亚耶夫（Е. А. Беляев）、亚库博夫斯基（А. Ю. Якубовский）、托尔斯托夫（С. П. Толстов）以及佩特鲁舍夫斯基（И. П. Петрушевский）都对这一观点进行了研究。

第二种观点认为，伊斯兰教兴起之前，在阿拉伯的南部和北部形成的不是奴隶制度，而是早期的封建关系。这种关系早在公元7世纪之前（即大征战之前）就已经成为那里的主导社会关系。因此，伊斯兰教从一开始就是封建社会新兴上层社会的宗教信仰。这第二种观点由皮古列夫斯卡娅（Н. В. Пигулевская）、伦京（А. Г. Лундин）、斯米尔诺夫（Н. А. Смирнов）、纳季拉泽（Л. И. Надирадзе）等学者提出。纳季拉泽提请大家注意：在公元7世纪的阿拉伯半岛，租赁分成制已经普遍存在，在当时的历史条件下，这就是建立封建关系的先决条件。

关于公元7世纪阿拉伯半岛的社会状况和伊斯兰教崛起的社会属性，上述这两种观点都仅仅是假说，问题的最终解决还有待未来的研究和发现。但毫无疑问，公元7世纪末的哈里发社会，在保留奴隶制度的同时，已经在很大程度上确立了封建制度。依然保留着游牧生活元素的封建军事贵族带领着阿拉伯人对中亚、呼罗珊东部和河中地区进行征战，并将这个阿拉伯社会所固有的特征带给了当地定居的封建化社会，从而改变并加速了封建化过程。

二 伊斯兰教的兴起和萨珊王朝的毁灭

我们先简短概述一下伊斯兰教的兴起。穆罕默德是阿拉伯最大的中部城市麦加的居民，是最高和唯一的神灵安拉的"先知"。穆罕默德及其追随者在家乡并没有获得成功，于是在公元622年移居麦地那。穆斯林时代即从这一年开始。穆罕默德先是征服了麦地那部落，随后又将麦加纳入自己的"信徒公社"，还征服了许多部落，使之承认安拉及其在尘世间的"使者"——穆罕默德。新宗教"伊斯兰教"名称的含义就是"顺从"和"服从"。穆罕默德去世后（公元632年），伯克尔（公元632—634年在位）被宣布为哈里发（字面的意思为继承人、替代者）；之后是欧麦尔（公元634—644年在位）成为哈里发。欧麦尔在统治期间，完成了征服阿拉伯部落并使其接受伊斯兰教的过程，从而建立起一个高度集权的神权政治国家，组建了一支庞大且具有强大战斗力的军队。阿拉伯贵族们一直梦想着征战邻国及其他遥远的国度，从那里劫掠和攫取财富。在这种情况下，阿拉伯社会底层的不满就可以引向非穆斯林和外邦人，分散他们与剥削者——"自己人"进行阶级斗争的注意力。此外，普通的阿拉伯战士也可以得到部分战利品，这激励着出征的战士（这种激励并不亚于对安拉的信仰）。

征服者们几乎在同一时期向拜占庭和伊朗派出了军队。为阻止阿拉伯人向前推进，萨珊王朝的最后一位代表——伊嗣俟三世（Йездегéрд Ⅲ，公元632—651年在位）的将士们采取了行动，却未能奏效。在卡迪西亚（Кадисия）和纳哈万德（Нехавенд）（公元636年和642年）的战斗中，阿拉伯军队击败了波斯人的联合武装力量，终结了已经存在近五个世纪的萨珊王朝。在十年之内，阿拉伯人占领了伊朗的领土，对拜占庭进行了残酷打击，并占领了巴勒斯坦、埃及、叙利亚和伊拉克。

在阿拉伯人的打击下，伊嗣俟三世从一个地方退到另一个地方，在不同的城市和国家游荡了十年。他也曾试图动员民众起来反抗阿拉伯入侵者，但他的努力没有获得成功。

萨珊王朝的大部分人口是农民和手工业者，他们曾经受到萨珊行政当局、封建主和琐罗亚斯德教祭司阶层的无情盘剥，此外还饱受种姓等级制度折磨，而萨珊与嚈哒、突厥、拜占庭的连年战争进一步加剧了劳动者本来就十分艰难的处境。这引发各族群众的不满，在这场与阿拉伯人的战争之中，他们并没有支持萨珊王朝。

连年的战争削弱了萨珊王朝，使其失去了原有的政治和军事实力。由于地方封建贵族势力增强，中央政府原有的作用急剧下降，地方也不再服从中央。在阿拉伯人入侵期间，个别地区和省份的地方统治者们并没有向中央政府提供援助。

在多数情况下，被压迫的人民群众寄希望于阿拉伯人及其信仰，希望阿拉伯人能够帮助他们，从而改善自己的艰难处境，并享有与所有穆斯林平等的权利。尽管现实很快就破灭了百姓这些根本无法实现的希望，但在最初阶段还是起到了一定作用，甚至有时还被误认为是传统马兹达克运动的复兴。

在各种因素的共同作用下，萨珊王朝无法抵御强大的阿拉伯人。萨珊王朝灭亡了。

第二节 阿拉伯人征服河中地区（第一阶段）

一 公元 7 世纪中叶河中地区的政治割据

从入侵伊朗开始，阿拉伯人就为自己设定了一个目标：征服阿姆河以外的中亚地区，即所谓的阿姆河和锡尔河之间的河中地区。在10世纪作家纳尔沙希（Наршахи）的《布哈拉史》和13世纪的阿拉伯地理学家雅库特（Якут）的著作中都曾引用过一个阿拉伯传说：似乎是伊斯兰教创始人穆罕默德本人曾宣称，征服河中地区是其信仰追随者们神圣而光荣的职责。

在这一时期，河中地区政治割据。这种状况从公元4—5世纪就已出现，在嚈哒以及突厥汗国统治末期更加分裂。这种分裂的特点是：阿拉伯入侵时，在今塔吉克斯坦领土上分布着大量实际上独立和半独立的领地（国家）。

在费尔干纳盆地的南部和北部有费尔干纳国。在乌拉秋别地区（Ура-Тюбе）有乌斯特鲁沙纳国（Уструшана），都城是本吉卡特（Бунджикет，今塔吉克斯坦的沙赫里斯坦附近）。在泽拉夫尚河上游、突厥斯坦和泽拉夫尚的山脉和谷地，都是布塔姆（Буттам）①的属地。这一地区的北部是马特恰（Матча，今塔吉克斯坦索格特州马特恰区）、帕尔加尔（Паргар，即今日的马特恰和法里加尔），以西的地区有潘奇（Панч），即现在的彭吉肯特。

位于吉萨尔河谷地区的查加尼扬（Чаганиан），其国土涵盖了苏尔汉河的整个河谷地带和吉萨尔谷地的西端，主要城市为查加尼扬，靠近迭纳乌（Денау）。查加尼扬以东是阿哈伦（Ахарун）和数瞒（Шуман）②。瓦什基尔特国（Вашгирд）位于卡菲尔尼甘河和瓦赫什河中游的中间地带，都城为瓦什基尔特（今塔吉克斯坦法伊扎巴德区）。库梅德（Кумед）位于卡菲尔尼甘河（罗米特区）和瓦赫什河的上游。

---

① 布塔姆（Буттам）系穆格山遗址发现的穆格文书中出现的名字，在中世纪早期的阿拉伯和波斯文献中经常出现 Буттаман 或 ал-Буттам。大体位于乌斯秋尔特高原和喷赤河之间，分为外、中、内三部分，分别对应着突厥斯坦、泽拉夫尚、吉萨尔等地。——译者注
② 阿哈伦（Ахарун）、数瞒（Шуман），位于吉萨尔谷地，今日塔吉克斯坦中央直辖的图尔孙佐达区、吉萨尔区，首都杜尚别附近。《旧唐书》卷四十·志第二十·地理三中记载：天马都督府于解苏国所治数瞒城置，以其王领之。仍分其部置三州。——译者注

在库尔干秋别地区，在卡博季延平原（Кабодиён）有瓦赫什国，位于卡菲尔尼甘河下游，主要城市是卡巴季安。

在库利亚布（Куляб）地区有胡塔梁①国，位于喷赤河（Пяндж）和瓦赫什河谷地之间，胡利布克遗址（Хульбук）和蒙克城遗址（Мунк，Бальджуан）一侧。胡塔梁在不同时期还包括了其他一些地区，如瓦什基尔特、卡博季延等。

在加尔姆（Гарм）地区有拉什特国。（Рашт），都城是拉什特（加尔姆），达尔瓦兹（Дарваз）的都城是卡兰（Карран）。在巴达赫尚山区，瓦罕（Вахан）、舒格南（Шугнан）、鲁尚（Рушан）与巴达赫尚领土相接。

每个地区的统治者都拥有特殊的封号，并认为自己是完全独立的。河中地区的统治者各自独立，给中亚人民联合抗击阿拉伯人造成极大困难。

二 阿拉伯军队进犯中亚边境，对河中地区的最初侵袭

根据阿拉伯传说，穆斯林的军队在纳哈万德战役（公元642年）之后追赶着被击溃的萨珊军队，似乎是在哈里发欧麦尔去世之前，也就是在公元644年之前就与吐火罗斯坦的突厥人之间有了接触。而事实上，对中亚地区的征战是在十年之后才开始的。公元651年，被阿拉伯军队紧紧追赶的萨珊王朝的最后一位国王——伊嗣俟三世逃到了梅尔夫。在这里，伊嗣俟三世不得不东躲西藏，最后在梅尔夫总督的默许下被杀（还有一个版本说：他被一个磨坊主所害，伊嗣俟三世当时想在他的家里躲避）。同年，阿拉伯人占领了梅尔夫。

三年后，阿拉伯人就开始对河中地区发动了攻击。特别值得一提

---

① 胡塔梁（Хутталян，Khuttal，Khatlan，Khotlan），大体位于今塔吉克斯坦的哈特隆州，瓦赫什河以东和喷赤河以西以北地区。中文《隋书》《新唐书》《册府元龟》《大唐西域记》等文献中称为诃咄、骨咄（duō）、珂咄罗。《新唐书·西域传》："骨咄，或曰珂咄罗。广长皆千里。王治思助建城。多良马、赤豹。"——译者注

的是公元 654 年的进犯。这年阿拉伯人入侵了粟特的迈穆尔格（Маймург，即中文文献中的米国）。公元 667 年阿拉伯人首次进犯查加尼扬国，极大地打击了嚈哒人。阿拉伯人显然还在准备发动更大规模的军事行动。在军事和政治上的准备措施之一，是将五万户阿拉伯人从巴士拉和库法迁居到呼罗珊，分别安置在五个卫戍区。根据吉布（H. A. R. Gibb）的观点，实施这项措施有两个目的：一是加强已经被征服地区的安全；二是为下一步的征服行动积聚力量。

据纳尔沙希记载，在那一时期，阿拉伯的征服者们曾多次越过阿姆河并入侵河中地区。布哈拉女王每次都会为他们缴纳贡赋，或是献上一些礼物，与他们缔结和约，使国家免遭侵略。

公元 673 年年末至 674 年年初，呼罗珊的阿拉伯总督齐雅德（Ubayd Allāh ibn Ziyād，Убейдаллах ибн Зияд）袭击了河中地区，夺取并摧毁了拉米坦和布哈拉的附近地区，在遇到突厥人和布哈拉人联军的强烈抵抗后，缔结了和约。

齐雅德从布哈拉女王那里拿到赎金后，将两千名当地人（熟练的弓箭手）变成了自己的奴隶，用这些弓箭手组成了个人的贴身卫队，暂时离开了河中地区的边界。

公元 676 年，呼罗珊的新任总督赛义德·伊本·奥斯曼（Саид ибн Осман）带领大军越过阿姆河到达布哈拉。布哈拉女王照例支付了大笔赎金（这次的数额是 30 万迪拉姆），并交出一批布哈拉贵族青年作为人质。赛义德继续向撒马尔罕进发，却遭到粟特人的勇猛抵抗。战争持续了一个多月，最后，赛义德被迫和解，带着俘虏和数量微薄的战利品撤退。在返回途中，他占领了铁尔梅兹。

纳尔沙希和贝拉祖里（Белазури）讲述了被赛义德奴役的粟特人质的英雄壮举："人质们说：'难道还有什么屈辱是这个赛义德没有让我们承受的吗？他把我们变成奴隶，让我们干那么重的活。如果我们注定要在屈辱中死去，那么，我们至少应该有意义地去死亡。'他们进入了赛义德的宫殿，关上门并杀死了他，然后又以自杀的方式结束了自己的生命。"

塔巴里（Табари）描述了河中地区山民对阿拉伯征服者们的态度。胡塔梁国王的侄子来到了驻扎在渴石（Кеш）的阿拉伯总督赛义德的营地。他向总督出卖了自己的人民，建议阿拉伯人进攻胡塔梁。赛义德总督接受了他的建议，并派出了自己的儿子耶齐德（Язид ибн ал－Мухаллаб）。

塔巴里（Табари）写道："耶齐德在胡塔梁边界驻扎，而胡塔梁国王萨巴尔（Сабал）的侄子也设置了自己的营地。萨巴尔对自己侄子的营地发动了夜间突袭，他的战士们用阿拉伯语发出了战斗的呐喊声。萨巴尔的侄子以为是阿拉伯人出卖了他，当他离开营地时，阿拉伯人也开始担心自己会被萨巴尔的侄子出卖。萨巴尔抓住了自己的侄子，把他带到自己的要塞并杀死了他。在萨巴尔处死侄子之后，其侄子的母亲便给萨巴尔的母亲捎话：'萨巴尔杀死了自己的侄子，您认为他还能保全自己的性命吗？毕竟，被杀死的人还有七个兄弟，他们都充满了浴血的愤怒。而您——可是唯一儿子的母亲。'萨巴尔的母亲也带话过来：'母狮只有很少的幼崽，母猪的幼崽倒是很多。'"

赛义德发动这次突袭之后，在长达五年的时间里，阿拉伯军队再没有进攻河中地区。公元680—683年，在哈里发耶齐德·伊本·穆阿维叶（Язид ибн Муавия）在位期间，阿拉伯人在呼罗珊总督萨勒姆·伊本·齐亚德（Салм ибн Зияд）的统治下，第三次入侵了河中地区。根据贝拉祖里的报告，阿拉伯的队伍到达了苦盏（Ходжент），却被击溃。撒马尔罕和布哈拉被阿拉伯人打败，被迫向入侵者缴纳了赎金。

公元689年，发动叛乱的呼罗珊总督的儿子穆萨·伊本·阿卜杜拉（Муса ибн Абдаллах）接管了铁尔梅兹，并在这座坚固的堡垒中统治了15年。他拒绝承认任何人的权力，攻击并掠夺邻近地区。直到公元704年，在粟特和突厥军队的大力支持下，阿拉伯的中央军队才成功平息了这场叛乱。对此，贾利洛夫（А. Джалилов）写道：

"……这场打败穆萨的胜利具有双重意义:一方面,当地统治者与阿拉伯哈里发军队一同消灭了穆萨政权,这是积极的;但另一方面,他们帮助阿拉伯中央政府摆脱了叛乱者,而叛乱者在一定程度上是他们向中亚渗透的障碍。"

屈底波(Кутейба ибн Муслим,中文又称古太白)在公元705年被任命为呼罗珊新总督之前,阿拉伯人在河中地区所采取的所有军事行动都是零散的,其目的仅仅是通过抢劫被占领的地区来满足某些阿拉伯首领的私囊。阿拉伯军队以迅猛的突袭击溃和洗劫占领区之后,返回了梅尔夫。

三 粟特、吐火罗斯坦人和中亚其他民族与征服者的斗争

在阿卜杜勒马利克哈里发(Abd al‑Malik ibn Marwan ibn al‑Hakam,公元685—705年在位)统治期间,哈里发内部的权力之争结束,被征服地区的起义被镇压下去后,阿拉伯贵族才决定侵占河中地区。大约在公元705年,呼罗珊总督屈底波展开入侵河中地区的军事行动。

屈底波利用中亚国家的割据状况以及当地农民和贵族之间的内部纷争,逐步巩固了哈里发在中亚的统治地位。公元705年,他征服了巴尔赫地区的某些区域。除巴尔赫外,查加尼扬(当时的统治者季儿已经依附了阿拉伯人,同时还唆使阿拉伯人去侵占周围的领地)、数瞒和另外一些地区也都归顺了他。公元706年,屈底波带领着强大的军队进入了河中地区。正如塔巴里所描述的那样:屈底波越过阿姆河,向泽拉夫尚河畔的拜肯德(Пайкéнд)进发,他的军队里有巴尔赫和查加尼扬地区的农民——一群为了一己私利而支持征服者的叛徒。

拜肯德在当时被认为是河中地区最繁华的城市之一。它被称为"商人之城",也被称为"铜甲之城",因为它拥有坚固的堡垒。在这里,屈底波的军队首次遇到了当地民众的顽强抵抗。参加城市保卫战

的不仅有拜肯德人，还有拜肯德人请来援助的粟特人。战争初期，阿拉伯人陷入困境，被粟特人包围了很长时间，屈底波与外界的联络被斩断。伊拉克和伊朗的所有清真寺内一片为他祈祷之声。最终，救了屈底波一命的并非祷告，而是当地统治者之间不够团结，有些人后来带着自己的队伍离开，致使守卫拜肯德的军队减少。屈底波抓住这个机会，攻下城市并将其洗劫一空，然后向布哈拉进发。据有些资料记载，围攻拜肯德的战役持续了 50 天。也有一些资料记载，这场战争持续了 10 个月。

屈底波刚离开拜肯德 5 个帕勒桑①（大约 30 千米），这座城市的居民就发动了起义，将阿拉伯驻军全部杀死。于是，屈底波重新攻占了拜肯德并彻底摧毁了这座城市，杀死了所有男人，妇女和儿童则被虏为奴隶。入侵者在这里缴获大量的战利品，比之前在任何地方的收获都要丰富。这批战利品中最重要的是各式各样的武器和作战盔甲，不仅数量巨大，而且质量很高。正是从这个时期开始，在阿拉伯诗歌中，"粟特制造"就经常被用作"工艺无与伦比"的代名词。根据某些资料，在攻打拜肯德之前，屈底波的军队总共只有 350 套战斗盔甲，因此他坚持将从拜肯德抢夺的作战装备用于武装士兵，而不是作为战利品分配下去。这大大提高了阿拉伯军队的战斗力。

拜肯德的悲剧让河中地区的民众看到，他们的敌人有多么危险。粟特的一些统治者向突厥人求援，联军在布哈拉附近的拉米坦（Рамитан）集结以抗击阿拉伯人。发生了一场激烈战斗，阿拉伯军队被包围了。

这时，屈底波秘密派人挑唆粟特国王反对突厥人，同时挑唆突厥人反对粟特国王。通过这样的方式，屈底波分裂了粟特和突厥联军。与此同时，阿拉伯哈里发派出的接应部队也靠近了屈底波，在他们的

---

① 帕勒桑（Фарса́х，параса́нг，параса́нга，фарса́нг，фарасанг，фарса́г，санг，таш，йигач），古波斯的长度计量单位，通常是驼队两段休息之间的行走距离，即大约 1 小时步行的长度。在波斯地区一般相当于 5.5 千米，有的地区为 6—8 千米。——译者注

帮助之下，屈底波得以突围，但阿拉伯军队遭受了巨大损失，迫使屈底波暂时放弃了征服河中地区的计划而返回梅尔夫。

公元708年，屈底波重新带领大军向河中地区进发，尽管遭到粟特民众的顽强抵抗，但他还是成功地控制了布哈拉的一些地区，并占领了拉米坦。不过，布哈拉之战并没有取得胜利。遭受重创之后，屈底波于秋天再次被迫返回呼罗珊。得知此次失败之后，伊拉克统治者哈贾杰（Хаджжадж）作为呼罗珊总督屈底波的上级，命令屈底波要不惜一切代价摧毁布哈拉。

公元709年，屈底波再次率领强大的军队越过阿姆河，到达布哈拉附近。布哈拉的民众和以前一样，再次向粟特人和突厥人求援。一场血腥的战斗展开了。

屈底波宣布，不管是谁，只要带回一颗敌人的头颅，将获得100迪拉姆（дирхем）的奖赏。在阿拉伯人的大本营里，河中地区战士的头颅堆成小山，像一座巨大的金字塔。但这并没有击溃布哈拉保卫者的抵抗，他们给阿拉伯军队造成了非常沉重的打击。屈底波担心遭到失败，再次使用了欺骗手段。根据纳尔沙希的讲述，他派奸细去见粟特国王塔尔洪（Тархун）并告诉他，阿拉伯人过一段时间就会离开，而突厥人一定会袭击塔尔洪，因为粟特是那样的富有和美丽，突厥人很想攻占它。粟特国王被这些言论所蒙蔽，吓坏了，于是就向来人询问该怎么做。他得到了极其阴险的建议：与屈底波缔结和约，并通知突厥人，大批援军正在向阿拉伯人靠近，这样突厥人就会离开。

塔尔洪听从了这个建议，反抗阿拉伯人的同盟瓦解，阿拉伯军队得以占领布哈拉。

为稳固自己的地位，屈底波与粟特国王塔尔洪签订了协议，用国王的亲信做人质，并确定了贡赋数额。

吐火罗斯坦的一些统治者（也包括数瞒的统治者）利用阿拉伯人在布哈拉绿洲失败的有利局面，宣布拒绝承认屈底波政权。

公元710年，屈底波集结了新的军队向数瞒进发。数瞒人民拒绝了阿拉伯人的最后通牒，英勇而顽强地抗击敌人的优势兵力。在一场激烈的战斗中，数瞒的统治者被杀。屈底波劫掠了这座城市之后，接着又占领了涅谢夫（Несеф，现在乌兹别克斯坦的卡尔希附近）和渴石（今乌兹别克斯坦的沙赫里萨布兹）。

四 撒马尔罕保卫战

如上所述，撒马尔罕的统治者、粟特国王塔尔洪与阿拉伯人缔结了和平条约，同时还答应进献贡赋。次年，屈底波派他的兄弟阿卜杜拉赫曼（Абд ар-Рахман）到撒马尔罕去收取贡赋，塔尔洪被迫献上贡赋，但却引起撒马尔罕贵族（当然还有普通的粟特人）的不满。塔尔洪被其亲信们推翻，在绝望之中结束了自己的性命。

公元710年，古拉克（Гурек，Gurak）成为粟特新国王，研究阿拉伯征战时代历史的学者吉布（Г. А. Р. Гибб）对他的评价是："他既是一位政治家，又是一位爱国者。"

事件经过是这样的：花剌子模人在花剌子模沙赫的弟弟胡尔扎德（Хурзад）领导下，掀起反对阿拉伯人的起义。屈底波以帮助花剌子模沙赫为借口，插手花剌子模的内部事务，并带领军队向花剌子模进发。公元710—712年，花剌子模沙赫与屈底波缔结和平条约，并送给他1万头牲畜，作为对他血腥屠杀起义者的褒奖。这也意味着花剌子模沙赫对阿拉伯政权的认同。

为了误导粟特人，屈底波散布谣言说：他正带着抢夺的战利品从花剌子模前往梅尔夫。而实际上，他与花剌子模沙赫和布哈拉国王的军队一同去了撒马尔罕。

当时的形势下，与阿拉伯人的斗争缺乏统一战线。布哈拉和花剌子模的统治者背叛，其军队站到阿拉伯人的一边，积极参加攻打撒马尔罕的战斗，撒马尔罕人则不得不孤军防御。此外，撒马尔罕王国内部也并非同心同德。塔尔洪死后，粟特剩下一个强大的亲阿拉伯的贵族团体，其代表之一就是彭吉肯特（Пенджикент）大公迪瓦什蒂奇

（Деваштич）。在塔尔洪自杀后，迪瓦什蒂奇庇护了塔尔洪年幼的儿子们，并接受了"粟特国王，撒马尔罕君主"封号（在穆格山的粟特语文书中可以看到这个封号）。

克拉奇科夫斯基（И. Ю. Крачковский）认为："当然，事情可能会进一步发展，即在阿拉伯或亲阿拉伯的人看来，如果将塔尔洪的儿子们推举为已故粟特国王的合法继承人，则可以更好地制衡现在的粟特国王古拉克。"迪瓦什蒂奇本人可能也存在这种想法，尽管他在很久之后的公元719年才接受了"粟特国王，撒马尔罕君主"封号。老谋深算的屈底波狡猾地宣称，他此次前来撒马尔罕的目的是要为死去的塔尔洪报仇。这一宣告鼓舞了被推翻的粟特国王塔尔洪的支持者，这些人便公然地与亲阿拉伯分子走到了一起。迪瓦什蒂奇于是在阿拉伯阵营中发挥了极重要的作用。这些情况变化使得古拉克及其领导的撒马尔罕保卫者们的处境变得特别复杂。

巴尔托利德（Бардольд）详细分析了有关征服撒马尔罕过程的书面文献。这些资料主要来源于塔巴里的著述，涉及三个版本和根据多个资料来源而撰写的综述。在这场让阿拉伯人遭受重创的顽强战斗中，撒马尔罕的保卫者们表现英勇，屡创奇迹。古拉克国王在他的一封信中描述道："在我们中间有许多士兵阵亡或受伤，大食（即阿拉伯人）的步兵和骑兵人数太多，我们无法抵抗。我撤到了要塞城内，在那里进行防御。"

粟特人向恰奇、突厥和费尔干纳的首领们求援，写信给他们："如果阿拉伯人攻占了粟特，那么下一个攻击目标就轮到你们了。"于是这三地派出"王子们以及由年轻勇士组成的国王骑兵部队"来帮助粟特。突厥可汗的儿子被任命为这支军队的首领。因为当时突厥军队恰好就在粟特的边界，可以为反抗阿拉伯的斗争提供援助，这也是突厥可汗的小儿子拓西可汗（Инэль - каган）[①]被任命为突厥西部军队总指挥的原因。但得益于侦察优势，屈底波事先得知了这支联军的动向，于是派出一支精锐军队，由其兄弟指挥迎战。阿拉伯人预先设下了埋伏，粟特人的盟友在毫无防备的情况下落入了圈套。这支急着赶去帮助古拉克的军队在这场战斗中被击败。当阿拉伯人得知被打败的军队由贵族战士组成，于是便割下死人的头颅，在耳朵上写上他们的名字，将这些头颅挂在腰带上带回营地。参加这次战斗的一个阿拉伯人讲述道："我们所有人的腰带上都悬挂着写着名字的头颅。我们有最好的武器、名贵的布匹、金子做的腰带和骏马，屈底波把这一切都送给了我们。粟特人就是被这些东西击溃。屈底波将这些东西作为攻城武器，射向粟特人。他一直都在与粟特联军战斗。那些曾经站在屈底波一边，并与粟特人进行过激烈战斗的布哈拉人和花剌子模人就是粟特人的榜样。"此时，古拉克的一句话激怒了屈底波和他的战友们："你现在利用我的兄弟和人民与我开战。你还是让阿拉伯人来反对我吧！"这场战斗以及另外几次阿拉伯人占有优势的战斗（叶耳孤比[②]曾记载了几场"顽强的战斗"），迫使粟特人退到撒马尔罕城内。在撒马尔罕的最后一次重大战役中，粟特人差点儿取得了胜利，但后来还是阿拉伯人占了上风。

围城开始了。粟特国王古拉克对此做过如下描述："当时，阿拉伯人围了城。他们安装了300台破墙机来攻城，并在三个地方挖了大沟。他们想消灭我们的城市和王国。"

破墙机不停击打着撒马尔罕的城墙。阿拉伯人砸开一个墙洞，粟

[①] 拓西可汗（？—716年），名阿史那匐俱，阿史那默啜的小儿子。公元699年，默啜立阿史那匐俱为小可汗，号称拓西可汗，地位在左、右厢察之上，主管处木昆等十姓，兵四万余人。公元716年，默啜遭拔也古部落溃兵颉质略击斩杀，拓西小可汗继立大可汗，后被默啜之兄骨咄禄的儿子阙特勤击杀。——译者注

[②] 叶耳孤比（俄语：аль - Якуби，阿拉伯语：اليعقوبي，英语：al - Ya'qubi，？—897年或905年）是公元9世纪的阿拉伯地理学家和历史学家。曾在亚美尼亚和呼罗珊等地居住，后出游印度、埃及和马格里布等地。并于公元891年完成《列国志》（阿拉伯语：كتاب البلدان，Kitab al - Buldan）一书，详细介绍了各地地理、政治和经济情况。还著有《叶耳孤比史》（阿拉伯语：تاريخ اليعقوبي，Tarikh al - Yaqubi），记载了公元872年以前伊斯兰教什叶派眼中的世界史。——译者注

特人就把这个墙洞补好。粟特人用弓箭射击,不断地出击,给围城的敌人造成极大损失。这座城市的保卫者们勇敢地抵抗了一个多月,但城市最终沦陷。古拉克被迫签署对撒马尔罕来说负担沉重的和约:一次性支付 200 万迪拉姆,同时交出 3000 名成年奴隶,交出火神庙中的神像珍宝,每年还须支付 20 万迪拉姆。此外,根据预先约定的条件,撒马尔罕的民众必须在自己的城市内为穆斯林建造一座清真寺,粟特人的军队不得在撒马尔罕驻扎。作为回报,屈底波确立古拉克为"撒马尔罕及其领土和边界内,渴石、纳赫谢布(Нахшеб,今乌兹别克斯坦卡尔希市)、所有城市和要塞的国王",古拉克成为屈底波的附庸。由于担心粟特人造反,屈底波在城中留下了自己的军队。

然而,撒马尔罕人民热爱自由的精神远没有被击垮。根据叶耳孤比的记述,公元 712 年秋天,"撒马尔罕人民发动了反抗阿拉伯总督的起义,突厥可汗也向他发动了进攻"。屈底波与其阿拉伯主力部队到来(公元 713 年春季)之后,阿拉伯驻军才避免了毁灭。关于这些事件的资料在古代突厥文献中也能查到。根据这些资料,以苏克(Сук)为首的粟特使团来到突厥大本营,对此,阙特勤(Кюль-тегин)碑文有所记述:为了安抚粟特人,突厥人来到了铁门关(今乌兹别克斯坦的拜孙套)。对此,东方学家吉布(H. A. R. Gibb)也指出,对撒马尔罕的征服并未让粟特人民屈服,他们中的很大一部分人并不承认阿拉伯政权并保持着自由。撒马尔罕人的起义最终还是被残酷地镇压了。

在经过了连续 10 年的浴血战争之后,河中地区最终屈服于阿拉伯哈里发,但河中地区的人民并没有认为自己已经被征服。每年秋天,屈底波都会派出部队穿越阿姆河,将其部署在梅尔夫和呼罗珊的其他一些城市。到了春季,他就集结部队再次入侵河中地区。每次向河中地区进发,屈底波都需要补充兵力,因为这些征讨行动的损失太大了。

五 粟特、恰奇、费尔干纳和突厥结盟

公元712—713年，突厥可汗与粟特、恰奇和费尔干纳这三个当时尚未向阿拉伯人屈服的王国结成抵抗阿拉伯人的同盟。

粟特贵族之间的内部斗争让大贵族迪瓦什蒂奇（Деваштич）认为，在古拉克投降并被阿拉伯人立为粟特国王的形势下，参加反抗阿拉伯人的斗争会对自己更有利。于是，他派遣一位名叫法图法恩（Фатуфарн）的使者前往恰奇及其邻近地区。在穆格山的遗址中还保留着一份从恰奇发回来的使者信件。这封信生动而直观地描绘了当时复杂而富有戏剧性的局势。法图法恩称迪瓦什蒂奇为"主人"。他写道："主人，我已经来到了恰奇，拜见了国王。主人，我已经呈递了信函。需要口头传达的内容，我也毫无遗漏地向恰奇的吐屯和他的副官做了汇报。主人，给可汗的信和给费尔干纳国王的信我已经通过费尔干纳都督向费尔干纳国王呈递。但是啊，主人，我不能再继续往前走了，因为我可能根本就见不到可汗。不过，主人，我从吐屯和他的副官那里得到了一封信和答复……整个乌斯特鲁沙纳地区都投降了。主人啊，我是一个人，没有随从，我不敢前去。因为这个，我又返回了恰奇。所以啊，主人，我现在非常怕您。另外，主人，吐屯根据与阿拉伯人的休战协定撤退了。根据休战协定，扎姆拉瓦兹（Жамраваз，z'mrβ'z）和波斯指挥官[①]往下游方向去了，据说是为了获取赎金并让自己的部队远离阿拉伯人……还有，吐屯此前已与讹答剌（Тарбанд）达成和解协议，他也因此得到了所有的土地。据说，吐屯的副官对此项和解感到难过，他也因为没能来到您这而害怕您。"信件结尾说明了此信发给迪瓦什蒂奇的途径，即经过坎德（Канд，今塔吉克斯坦索格特州的科尼博多姆），也可能还通过伊斯法拉（Исфара）到达马特恰，再沿着泽拉夫尚山谷送到迪瓦什蒂奇

[①] 也有说此处应该是突厥指挥官。——译者注

的府邸。

从其他的书面资料中也可得知恰奇吐屯的名字，即莫海都（巴哈图尔）。利夫希茨（В. Л. Лившиц）认为，与吐屯驻扎讹答剌同一时期的还有一位统治者——恰奇国王，都城设在宾科特（Бинкет）①。克利亚什托尔内（С. Г. Кляшторный）不同意这一观点，他坚持认为信件中的吐屯与恰奇国王是同一人，这一观点并非毫无依据。可汗指的是突厥的拓西可汗（Inel Qaɣan）。

费尔干纳国王也是这个同盟的参加者。很显然，在该同盟的三个成员中还应该再加上迪瓦什蒂奇本人。

因为粟特（特别是它的山区和撒马尔罕地区）并未完全被征服，屈底波决定打击这个反抗阿拉伯的强大同盟（费尔干纳、恰奇和突厥）。他集结了一支庞大军队，分两队开展行动。第一支部队主要由"联盟成员"，即渴石、涅谢夫和花剌子模的民众构成，向恰奇进发；第二支部队则向苦盏和费尔干纳方向前进。古文献关于北部纵队的行动信息只有一些片段，他们占领了恰奇，烧毁那里的大部分村落。屈底波本人领导的南部纵队经历多次战斗后夺取了苦盏，并到达卡桑（Касан）。南北两支队伍在卡桑会合。尽管伊本·豪盖勒（Ibn Ḥawqal）和伊斯塔赫里（al‐Farisi al‐Istakhri）的记载中有很多时间错乱的现象，但有一点非常清楚，即屈底波还在乌斯特鲁沙纳开展了军事行动，不仅在平原地带，在山区也有行动。

有记载说，屈底波在费尔干纳任命了阿拉伯官员，在恰奇和费尔干纳建立起阿拉伯殖民地。但这一信息的可靠性值得怀疑。虽然屈底波取得了胜利，但费尔干纳和恰奇的民众始终没有放弃抵抗。考虑到这些历史背景，法图法恩信件中的一些内容就比较容易理解。他是在战斗最激烈的公元713年被派去做使者。

在随后的714年，屈底波再次进攻恰奇。他将恰奇作为自己的大

---

① 宾科特（Бинкет）系古代中亚的恰奇王国的都城，位于今日的塔什干古城。——译者注

本营，朝着伊斯菲贾布（Исфиджаб，即现今的哈萨克斯坦奇姆肯特市的赛拉姆区）方向进发。屈底波关注的是伊斯菲贾布这个地方的战略意义，而不是它的商业价值：占领伊斯菲贾布就可以切断突厥军队援助自己中亚盟友的主要路线。

公元715年年初，屈底波再次进攻费尔干纳。费尔干纳国王不得不逃走。在这个时期，屈底波的敌人苏莱曼（Сулейман）成为阿拉伯哈里发。屈底波开始反叛，结果失败，最终死亡（公元715年）。

结束中亚征战之后，阿拉伯人将梅尔夫作为行省中心，该行省包括呼罗珊和河中地区。因为梅尔夫距离"动荡不安的"布哈拉和撒马尔罕要远一些。

阿拉伯哈里发成功征服中亚，其原因主要是各地政治割据，从而被阿拉伯人非常巧妙地利用。在进驻河中地区的早期，阿拉伯人就想尽一切办法让中亚各地无法团结在一起。屈底波先是在交恶的两位国王之中帮助其中的一位，在击败他的对手之后再去制伏他。而河中各地的首领们常常相互攻击，这恰好符合哈里发的利益。在攻打粟特时，屈底波将花剌子模、布哈拉和涅谢夫的军事力量作为阿拉伯军队的补充，后来又将粟特的军队纳入自己麾下参与军事行动。哈里发军队取得成功的另一个原因，是他们不时地利用突厥游牧民与中亚绿洲居民之间的矛盾，成功离间他们并使其彼此对抗。而且，哈里发拥有强大的军事优势。在占领许多国家之后，它总是尽量利用被征服地区的人口和物资开展下一步行动。

中亚人民也常常对阿拉伯入侵者发起猛烈抵抗，但却多次被他们的首领出卖，花剌子模和粟特就是这种情况。许多当地首领相信阿拉伯人的承诺，宁愿臣服于侵略者，也不愿带领人民去进行争取独立的斗争。

第三节　阿拉伯人征服河中地区（第二阶段）

一　中亚各民族情况

阿拉伯人在中亚所有的城市和大型村落中都驻扎了军队，依靠驻军统治当地居民，收取赋税。阿拉伯哈里发在中亚的统治给当地居民带来了沉重负担。屈底波征服撒马尔罕之后，他在快要离开的时候向负责指挥阿拉伯驻军的弟弟下达命令："在将黏土印章盖到手上之前，不允许任何一个多神教徒走进撒马尔罕的任何一座城门。在黏土印章干了之前，他们必须离开城市，否则就杀了他们。如果在他们身上搜出铁质刀具，也要杀死他们。夜间关闭城门之后，在城中无论见到谁，都要杀死。"

阿拉伯人掠夺被他们占领的中亚，迫使中亚人民接受新的信仰，破坏其原有的文化和习俗。征服者不仅从被占领城市掠夺财富，还向当地民众征收大量赋税，迫使他们向新主人提供奴隶、牲畜、粮食、编织品和各种其他物品，并为阿拉伯驻军提供所有必要物资。在被征服地区，阿拉伯贵族夺取了最好的土地和灌溉设施，并迫使城市缴纳贡赋。部分阿拉伯士兵就居住在从当地居民手里抢来的灌溉土地上。

税收使用的是萨珊模式。其中土地税（哈拉吉，Kharāj）高达收成的一半。人头税（吉兹亚，Jizya 或 jizyah）最初只是针对没有皈依伊斯兰教的非穆斯林人群征收。农民和手工业者需缴纳其他类型的赋税，还要被征收实物税，以及从事盖房、修桥、筑城墙、挖壕沟等强制性差役。逃税者会受到严厉惩处，并被剥夺土地。

在一些城市，如梅尔夫、撒马尔罕和布哈拉等，阿拉伯驻军和管理机构为满足自己的需要，占用了当地居民每家每户一半的房子。有时，例如在布哈拉，占用房屋的借口是便于监督当地民众遵守伊斯兰教义的情况，但实际上这只是掠夺当地人的另外一种形式。而且，当征服者成为房屋主人后，就经常会强迫原来的房主为自己做工。

阿拉伯哈里发在被占领地区实施推行伊斯兰教的政策。在中亚，他们同样希望利用这种方式来巩固自己的统治。在阿拉伯人来到中亚之前，中亚地区并没有统一的宗教。除琐罗亚斯德教广泛传播外，还有基督教、佛教、摩尼教和犹太教。阿拉伯人宣布所有这些宗教都是虚假的，尤为坚决地抵制中亚大多数人口信奉的琐罗亚斯德教。为了消除其他宗教的影响，哈里发的总督们到处销毁中亚各地的宗教文献，尤其是琐罗亚斯德教的文献资料，不仅导致河中地区人民的宗教信仰文献被销毁，包括粟特文字著作在内的世俗作品也都几乎全部消失。

起初，皈依了伊斯兰教的中亚居民可以享有较多优惠政策，遵守新宗教教义的人们甚至可以拿到报酬。对于那些拒绝信奉伊斯兰教的人，则按年度征收人头税（吉兹亚）。这些措施促进了伊斯兰教在中亚的传播，但是大多数接受伊斯兰教的人在很长一个时期里，仍旧暗中信奉着自己原来的宗教。

二 粟特、费尔干纳和突厥人的斗争（公元720—722年）

面临阿拉伯人的入侵，粟特人试图与费尔干纳和突厥恢复同盟关系。公元720年，解放斗争的烈火在粟特再次燃烧起来。事件的过程如下。

哈里发欧麦尔二世（Umar ibn Abd al - Aziz，公元717—720年在位）执政时实行财政改革。根据这项改革，对新入教的穆斯林和阿拉伯穆斯林不再征收土地税和人头税，还禁止阿拉伯人进一步获得（其实就是抢夺）土地，因为这减少了中央国库的土地税收入。不过，呼罗珊总督以各种借口逃避执行哈里发的命令，中亚贵族（其中许多人都宣称自己是穆斯林）则不想纳税，希望把税款留给自己，由此，哈里发的地方代表与中亚贵族之间产生了冲突。站在中亚贵族一方的，还有那些深受阿拉伯人的恐怖手段和沉重负担压迫的民众。有一个谣言在疯传：在伊斯兰历100年之际，即公元718（719年），阿拉伯人的强大将终结。

也许，正是因为古拉克反对阿拉伯人的行动（就是在那个时期，而不是更早的时候），才导致迪瓦什蒂奇在阿拉伯人的煽动下宣布自己为粟特国王和撒马尔罕的统治者。

许多此前曾彼此敌对并依靠不同势力集团的粟特贵族也起来反抗阿拉伯人，突厥人也应邀前来援助。公元720年年初，粟特人开始起义。突厥可汗派出的一支由库尔苏利（Курсуль）指挥的援军也赶到。联军给阿拉伯人以沉重打击。在粟特，几乎所有的地区和统治者们都加入了这场抵抗入侵者的起义。阿拉伯驻军只能在个别地区存留，即使在这些地区，他们也要向抵抗者支付赔款并交出人质。角色发生了转换，阿拉伯军队在人民愤怒的海洋里瑟瑟发抖。呼罗珊总督试图镇压暴动，但均以失败告终。于是，因残酷镇压伊拉克民众起义而闻名的赛义德·哈拉什（Yahya ibn Sa'id al-Harashi）被任命为呼罗珊新总督。新总督开始与起义者谈判，部分贵族立刻背叛。这些叛徒中就有粟特国王古拉克，他不仅转向阿拉伯人一边，还与阿拉伯人一起共同镇压本国人民。

然而，大部分起义者仍然没有向阿拉伯人投降，辗转来到不受阿拉伯人控制的地区，如费尔干纳，其国王阿卢塔尔（Алутар，当时已经重新夺取了费尔干纳的王位）承诺向粟特人提供避难和庇护。有了这样的约定，大批粟特人决定前往费尔干纳。带领他们的是勇敢无畏的卡尔赞奇（Карзанч）。卡尔赞奇并不想去费尔干纳躲藏，他提出，要么攻打阿拉伯大军的先锋队并将其击溃，要么越过锡尔河去投奔突厥人。但粟特的商人和富裕农民不同意他的建议，坚持前往费尔干纳。

当粟特起义者向费尔干纳进发的时候，阿卢塔尔却背信弃义，开始与阿拉伯人谈判，承诺交出起义分子。他同时通知粟特人，表示他原来的承诺将在粟特人进入伊斯法拉的一处峡谷之后的20天或40天生效。在谈判的同时，阿拉伯军队抵达了粟特人的临时驻扎地苦盏。而已经成为阿拉伯人走卒的阿卢塔尔拒绝向被他欺骗的粟特人提供帮助。

对阿拉伯人来说，拿下苦盏（公元722年春季或夏季）绝非易事。粟特人拼死苦战。他们在城门口挖掘一道壕沟并做了伪装，然后假装逃跑，引诱阿拉伯人，使数十名阿拉伯人成为俘虏。但是，当人数众多的阿拉伯军队到达后，架起了破城器，被围困者的情况变得十分危急。他们接受了阿拉伯人的条件：返回粟特，支付人头税并释放阿拉伯俘虏。粟特人被解除了武装。在指控其中一人有罪之后，阿拉伯人开始射杀所有的人。不过，即便在生命的最后时刻，粟特士兵的表现也十分英勇。塔巴里赞叹地写道，手无寸铁的粟特人开始反抗，他们拿起棍棒与敌人搏斗直到全部牺牲。只有400名商人得以存活，因为他们用贵重的商品赎买了自己。苦盏的平民百姓也遭了难：阿拉伯首领下令在苦盏农民的脖子上打铅印，不从的人都被处死。

迪瓦什蒂奇率领着另一群起义者。由他领导的粟特人从彭吉肯特往泽拉夫尚河上游进发。根据亚库博夫斯基（А. Ю. Якубовский）比较令人信服的推测，迪瓦什蒂奇原本打算带领队伍通过沙赫里斯坦山口到达苦盏和费尔干纳。但这个计划注定不会成功。在库姆村附近有一座阿布加尔（或阿巴尔加尔）城堡，该城堡常常与穆格山城堡被混为一谈（尽管对此并非没有争议）。阿拉伯军队也吸纳了一些中亚统治者的队伍。迪瓦什蒂奇想阻止敌人前进的努力没有成功。一段时间过后，被围困的迪瓦什蒂奇急需补给，被迫开始和谈。包括迪瓦什蒂奇本人在内的一百户家庭得到了不杀的承诺。但掠夺者再次表现出惯有的背信弃义：迪瓦什蒂奇很快就被残忍地杀害。他被钉在十字架上，头颅被砍下送到伊拉克的阿拉伯统治者手里。

这场抵抗阿拉伯人的运动遭到空前残酷的镇压。许多地方统治者和富裕农民被杀，他们的财产被阿拉伯军队抢夺，农民遭受的剥削愈加严重。

尽管公元720—722年反抗阿拉伯人的起义失败，一些中亚统治者仍然没有放下武器，其中也包括那些曾经向征服者低过头的人。例如在公元723年，费尔干纳国王阿卢塔尔就曾出兵抵抗阿拉伯人。费尔干纳军队与突厥人和恰奇人一道极大地挫败了侵略者，从苦盏到撒马尔罕一路追赶他们。后来在粟特也再次爆发了起义。战斗时而平息，时而爆发，军事行动取得了阶段性的成功。

三 胡塔梁与侵略者的斗争

热爱自由且勇敢的胡塔梁人民对阿拉伯人进行了顽强抵抗。当时的胡塔梁领土还包括库利亚布地区和瓦赫什谷地。从政治上看，塔吉克斯坦南部的其他地区也曾隶属于它。胡塔梁国王拥有一支5万人的军队。

阿拉伯人从公元725年才开始对胡塔梁展开真正的军事行动。在占领巴尔赫之后，阿拉伯的总督阿萨德（Asad ibn Abdallah al‑Qasri）对胡塔梁发起远征，遭到胡塔梁国王和突厥可汗联合军队的迎击，被迫转身逃窜。根据塔巴里记载，在胡塔梁的军事行动遭到可耻的失败之后，阿萨德返回了巴尔赫。巴尔赫的居民给他写了一首充满嘲讽意味的歌曲——这是第一部保存下来的塔吉克语作品：

> 你从胡塔梁来，
> 名誉一扫而光。
> 怀着满心悲伤的你，
> 难过，疲惫，仓皇地回来。

阿拉伯人这次失败得很彻底，在此之后的十多年时间里，再也没有尝试去攻打胡塔梁，一直到公元737年，阿萨德才再次进犯胡塔梁。他起初获得了一些优势，但一段时间以后，突厥可汗[①]发现了他的行动，于是带领着一支庞大的军队去帮助胡塔梁人。阿萨德被迫撤退，在盐山地区（即现在塔吉克斯坦南部的霍扎穆明山 ХоджаМумин）穿越喷赤河。此时的阿拉伯人已经失去了整个辎重车队。突厥和胡塔梁的部队则在喷赤河左岸追击着阿拉伯人。抗阿联军本来有机会彻底摧毁落荒而逃、垂头丧气的阿拉伯部队，并夺回巴尔赫。但联军没有立刻对阿拉伯军队展开集中打击，而是等了很长时间，夺取了一些次要据点，并将军队分散到了各地。当盟军与阿萨德的军队在哈里斯坦（Харистан，大体位于今日阿富汗西北部法里亚布省的迈马纳）交战的时候，阿拉伯人不仅成功地避免了败局，还击败了突厥可汗和胡塔梁联军。胡塔梁当时的统治者是巴德尔答剌罕（Бадр - Тархан）。在被包围之后，巴德尔答剌罕和他的勇士们与阿拉伯人浴血奋战，但最后不得不和谈。阿拉伯人承诺不动巴德尔答剌罕，但与当年粟特首领迪瓦什蒂奇的情形一样，这只是一个骗局，巴德尔答剌罕被残暴地杀死。在此之后，阿拉伯人占领了胡塔梁。

巴德尔答剌罕死后，其后人被迫从胡塔梁转移到费尔干纳，但在阿拉伯人的追赶之下，又从费尔干纳逃到了乌斯特鲁沙纳。这位后人和他的同伴们随身携带了许多神像，并将它们安置在乌斯特鲁沙纳。

当时的乌斯特鲁沙纳由阿夫申统治。凭借着小贵族和富裕农民的支持，尤其是爱好自由的村社农民的同情与积极斗争，直到8世纪末之前，历任阿夫申从未让阿拉伯入侵者踏上自己的土地。

公元728年和736—737年，吐火罗斯坦和粟特人民发动了反抗阿拉伯入侵者的起义。起义得到突厥可汗军队的支持。当时阿拉伯人

---

① 历史记载这个突厥可汗是突厥突骑施可汗苏禄，哈里斯坦战役中惨败，回国后不久被杀，突骑施衰落。——译者注

面临严峻形势，尤其是在公元737年。起义的基本情况是：阿拉伯倭马亚王朝哈里发希沙姆（Hisham ibn Abd al‐Malik，公元724—743年在位）在位时期，国库已经被严重消耗。为补充国库，哈里发下令所有皈依了伊斯兰教的人都要缴纳额外的赋税。那个时期，粟特大部分人表面上都皈依了伊斯兰教，因而无须缴纳人头税（吉兹亚）。哈里发的命令惹怒了粟特人，愤怒的民众向哈里发发出檄文，指出实行附加税违背了之前免除信徒支付人头税的承诺，是非法的。结局可想而知，废除希沙姆征收赋税的要求遭到了拒绝。于是，粟特人便放弃伊斯兰教，重新回归之前的古老信仰。他们向突厥人寻求帮助，并发起反抗阿拉伯哈里发统治的起义。起义规模很大，除撒马尔罕和达布西亚（Дабусия）以外的整个河中地区都被起义者控制。

呼罗珊和河中地区的复杂局势迫使阿拉伯哈里发在短时间内撤换多位总督。最后，纳斯尔（Naṣr ibn Sayyār al‐Lāythi al‐Kināni）于公元738年成为呼罗珊和河中地区的总督。此前，他长期在呼罗珊处理政务。公元738—739年，纳斯尔向河中地区（撒马尔罕、恰奇、法拉普[①]）发起三次军事行动，镇压当地的民众起义。纳斯尔试图与当地贵族建立密切关系，希望在他们的帮助下保证当地人的顺服。他娶布哈拉首领的女儿为妻，与河中地区的贵族联姻。

尽管如此，中亚人民反抗侵略者的斗争仍在继续，中亚成为阿拉伯哈里发最不放心的地区之一。

四　阿拉伯哈里发占领中亚的后果

在评价阿拉伯征服中亚的历史意义时，要避免某些研究中通常以隐蔽形式出现的极端化情况。在分析阿拉伯征服中亚这种复杂现象时，首先必须严格遵循阶级立场，并兼顾封建社会中纷繁复杂且阶层多样的"部落构成"。

[①] 法拉普（Фарап，Фараб），今日土库曼斯坦列巴普州的法拉普市。——译者注

毋庸置疑，萨珊王朝的行政当局、当地的世俗贵族和宗教贵族都沉重地压迫着伊朗和中亚的农民和手工业者。因此，在与阿拉伯人的斗争中，民众起初都拒绝为政府提供支持。阿拉伯统治者关于平等和解放的口号，有时会被民众误解为马兹达克运动传统的复活。在征战初期，这些因素有利于阿拉伯人，使他们在伊朗和呼罗珊地区所向披靡。

与此同时，阿拉伯人对中亚的征战，首先是服务于阿拉伯上层统治者利益的侵略战争，给被征服的人民带来破产与暴行，使他们失去土地和房屋，陷入双重压迫。

地方统治者结束了对伊朗萨珊王朝的依附，却遭到更为残暴的阿拉伯人的统治，特别是在公元7世纪下半叶，征服者实施了掠夺和压迫政策。因此中亚许多地区的人民起来反抗掠夺者，进行坚决的武装抵抗，特别是在征战后期。

同时，我们还应考虑到一点，即形势随着地点和时间而不断变化。起初，中亚人尽力"讨好"阿拉伯人，试图通过献贡买通他们，后来才变为武装抵抗。随着阿拉伯人的进攻加剧，逐渐封建化的哈里发上层统治者的政策也发生了变化。随着这个庞大且又不断扩大的国家越来越稳固，对被征服人民的政策也越来越凶残。那个时期，被阿拉伯人通过相对"和平"方式占领的地区，通常依靠东方盟国的帮助，特别是突厥人的帮助，发生了一些暴动，坚决抵抗阿拉伯人。这便是公元7—8世纪中亚历史的总体局势。

哈里发版图内的民族、语言和文化演化过程非常复杂，充满矛盾。在近东和北非，很多民族被大片"阿拉伯化"。即便在那些保留了母语的地区，其人口也发生了伊斯兰化。与此同时，阿拉伯语被认为是神圣的语言而得到传播：只有懂阿拉伯语的人，才能阅读《古兰经》和神学文献。就像中世纪西欧的拉丁语一样，阿拉伯语在哈里发领土内几乎成为通用学术语言（直到后来，使用当地语言的学术文献才得以重新发展）。哈里发的民族文化（称其为"穆斯林文化"不太准确，称为"阿拉伯文化"则是绝对错误）是包括中亚在内的许多民族成就的大融合。统一的宗教世界观（伊斯兰教）、共同的语言（至少在初期阶段）、密切而持续的交往决定了这种民族文化的许多特征。不过，哈里发治下的每个民族都有着十分明显的独特文化，这种独特性由其自身文化传统和社会经济因素决定，尤其是从公元9世纪末到10世纪初，各民族的独特文化造成哈里发民族文化的分裂。

与同时期的欧洲文化相比，公元9—12世纪哈里发人民的文化要优越很多。哈里发人民最伟大的历史功绩是将许多古代传统向全人类"再次传播"，特别是在自然科学领域和哲学领域，哈里发学者传播了他们的再创造研究。他们的著作和活动有助于欧洲人民了解东方民族的成就。法拉比、比鲁尼、伊本·西那等中亚学者的著作不仅对哈里发的文化与科学，对整个人类的文化与科学都做出巨大贡献。医学著作、数学论著、天文图表以及来自各种语言的阿拉伯语翻译文本传到西方国家，成为几个世纪以来的最权威教程。东方在西欧文学发展中的作用也至关重要，甚至有人认为韵律就是从阿拉伯语传入罗曼语系诗歌。

因此，从历史发展的角度看，中亚纳入哈里发统治，最终促进了封建制度的加速发展，促进了中亚各族人民的团结，削弱了分裂割据，并建立起中央集权的国家。以此为基础并按照这个模式，后来才出现了中亚和伊朗当地的国家。此外，中亚纳入哈里发后，起初对当地的经济和文化造成了重大破坏，后来却促进了不同民族之间的最广泛联系，并在此基础上出现了公元9—11世纪中亚和近东最伟大的文化融合。

第四节 中亚在倭马亚人与阿拔斯人斗争中的作用

一 哈里发政权中的反对派

中亚以及哈里发统治下的其他国家都对哈里发政权十分敌视。不仅劳动大众，当地的贵族也对哈里发当局确立的制度不满。当地贵族不仅在很大程度上被剥夺了政治权利，为了哈里发和阿拉伯贵族的利益而对农民的横征暴敛也影响了他们的收入。

对倭马亚哈里发政策不满的不仅有被征服的人民，也有哈里发统治下的阿拉伯人民。这与当时阿拉伯部落之间正在发生的阶级分化、氏族关系的瓦解、财产不平等的加剧等因素密切相关。

倭马亚人的执政合法性曾受到两个主要集团的质疑。

第一个集团是哈瓦利吉派，由对阿拉伯贵族统治不满的各阶层代表组成。他们反对哈里发的继承原则，提出"没有安拉和人民的意志就没有哈里发"。哈瓦利吉派认为，如果穆斯林公社选拔的哈里发治理不力，可以将哈里发换掉，穆斯林公社内部必须完全平等。这些主张博得了许多皈依伊斯兰教的非阿拉伯信徒的好感，特别是农民。在公元7—9世纪，依靠群众的哈瓦利吉派表达了激进的社会政治观点。

第二个集团是阿里派（什叶派）。起初，什叶派代表的是古老麦加血统的氏族上层的利益，他们承认哈里发的继承原则，但认为阿里的后裔，即穆罕默德的堂弟和女婿（他女儿法蒂玛的丈夫）才是先知的合法继承人。在一次内部斗争中死去的阿里和他的小儿子侯赛因成为笼罩着光环的神圣受难者，被当作反抗倭马亚人斗争的旗帜。后来，什叶派及其对阿里的崇拜成为伊斯兰教中许多反对派运动和宗派运动的旗帜。从成立伊始，什叶派就在被哈里发征服的各地的上层人士中颇受欢迎，认为什叶派的主张有利于削弱外族压迫。

另外，大约从公元718年开始，穆罕默德叔叔阿拔斯的后人为反对倭马亚的统治进行秘密宣传。阿拔斯的后人肯定哈里发的权力属于哈希姆家族，即先知穆罕默德所属的家族，但不具体指明这个家族的哪一位应该成为哈里发，因此他们能够与什叶派联合起来。什叶派相信阿拔斯后人能够站在他们的立场行事。

民众对倭马亚人的政策普遍不满，尤其是在公元7世纪40年代马尔万二世（Марван Ⅱ，公元744—750年在位）统治时期。因为他提高了土地税，还广泛征用当地居民为哈里发完成大规模的建筑工程，强迫他们劳动。

为确保倭马亚王朝的统治安全，哈里发马尔万采取了多种措施，尤其是他将倭马亚家族的所有成员从大马士革安置到新首都哈兰（Харран）之后，下令销毁除安条克（Антиохия）以外的所有要塞，拆除所有城墙，保留安条克作为防御拜占庭的中心。但无论什么措施都无法阻止各地不断发酵的抗议，各地对倭马亚王朝统治的不满情绪已经非常普遍，于是在哈里发的历史上，第一次爆发了哈里发御前侍卫哗变。

一个极富影响力的阿拔斯后人、伊玛目易卜拉欣·伊本·穆罕默德（Ибрахим ибн Мухаммад）承担起反对倭马亚人的宣传领导工作，他向各地派出许多特使传教士，东部省份受到特别关注。

易卜拉欣宣称，自伊斯兰教问世的一百多年里，穆斯林所遭受的所有灾难都来自倭马亚哈里发。易卜拉欣向民众许诺，在推翻倭马亚王朝统治之后，将减少土地税和其他赋税，不再强迫农民参与工程建设，让当地民众享有政治权利，并允许民众参与哈里发的国家事务。

当然，阿拔斯家族及其使者与倭马亚哈里发一样，很少真正关心广大群众的利益。这些承诺的目的只是在与倭马亚人进行的改朝换代斗争中将民众吸引到自己一方。

在河中地区和呼罗珊，阿拔斯家族在反对倭马亚人的斗争中主要依靠当地贵族。这些贵族希望在阿拔斯夺取政权后能够参与管理国家事务。早在希沙姆哈里发（Хишам，公元724—743年在位）统治期间，阿拔斯的特使就已经出现在呼罗珊。曾有记载说，阿萨德（Асад ибн Абдаллах）担任呼罗珊总督期间（公元735—738年），有多名阿拔斯的代表被砍断了手脚。呼罗珊的另一位总督纳斯尔（Наср ибн Сайяр，公元738—748年在位）也曾残酷地迫害什叶派和阿拔斯家族的支持者。

在公元8世纪40年代下半叶，阿拔斯家族的政变倡导者艾布·穆斯林①因为知名度高而逐渐掌握了反对倭马亚人统治的领导权。

二 艾布·穆斯林起义

艾布·穆斯林出身农民，但也有另外一些资料说他在青年时期曾是一名奴隶。他以先知家族代理人的名义，在呼罗珊最大的城市梅尔夫附近积极而秘密地招募什叶派和其他对倭马亚哈里发不满的人。阿拔斯家族赋予他"先知家族的代理人"这个名号，就是为了让他为阿拔斯家族的利益而宣传。有了一定基础之后，艾布·穆斯林于公元747年7月9日号召人们举起黑色旗帜走向公开斗争。黑色是阿拔斯人选中的颜色。

艾布·穆斯林的号召在阿拉伯人以及哈里发统治下的各地民众中都获得反响。阿拉伯语作家迪纳维里（Abū Ḥanīfah Aḥmad ibn Dāwūd Dīnawarī）非常生动地描述了艾布·穆斯林的军队成长历程：来自赫拉特（Герат）、布申格（Бушенг）、梅尔维鲁德（Мерверруд）、塔里干（Таликан）、梅尔夫（Мерв）、尼萨（Ниса）、阿比维尔德

---

① 艾布·穆斯林（Abu Muslim Abd al-Rahman ibn Muslim al-Khurasani，Абу́ Му́слим Абдуррахман ибн Муслим аль-Хурасани，约公元718—755年），《新唐书》中称其为"并波悉林"，波斯呼罗珊的农民起义领袖，阿拔斯王朝开国功臣。公元751年指挥阿拉伯军队于怛罗斯惨胜唐军，控制了中亚的大部分地区，但不久后因功高盖主而被谋杀。——译者注

（Абиверд）、途思①（Тус）、内沙布尔（Нишапур）、谢拉赫斯（Сер-ахс）、巴尔赫（Балх）、查加尼扬、吐火罗斯坦（Тохаристан）、胡塔梁、渴石（Кеш）、涅谢夫（Несеф）的民众奔向艾布·穆斯林。每个人都将自己的衣服染成黑色，并在上面画上了半根狼牙棒……有些人徒步，有些人则骑着马或驴。他们赶着自己的毛驴，大喊着"哈罗，马尔万！"用毛驴来嘲笑哈里发马尔万。这些人有十万之众。聚到黑色旗帜下的还有不久前发动暴乱但遭到镇压的也门阿拉伯人，以及那些希望改变自己处境的奴隶。

镇压艾布·穆斯林的任务落到了呼罗珊总督纳斯尔肩上。他试图联合阿拉伯人抗击艾布·穆斯林，却徒劳无果。各个部落的贵族一直处在永无休止的权力争斗中，此时的权力之争尤为激烈，已经燃起熊熊烈焰。阿拉伯部落内部阶级分化明显，许多阿拉伯人，尤其是那些最贫穷阶层的阿拉伯人，都站到艾布·穆斯林的旗帜下。

公元748年年初，纳斯尔被迫放弃呼罗珊的都城梅尔夫，撤到内沙布尔。艾布·穆斯林命令一名将领追击纳斯尔，并在内沙布尔重创了他。可以说，这次战斗决定了倭马亚人的命运。尽管哈里发马尔万二世动员其所有部队击溃了起义军，公开处决了阿巴斯家族的伊玛目易卜拉欣·伊本·穆罕默德，但这些都没能挽救倭马亚王朝。起义军在伊拉克对哈里发多次发动毁灭性打击，并占领了倭马亚王朝的都城大马士革。在此形势下，艾布·穆斯林在哈里发东部各省集结的部队（主要是来自中亚的民众以及对倭马亚王朝政策不满意的阿拉伯人）于公元750年击败了倭马亚王朝最后一位代表——纳斯尔的军队。阿拔斯家族夺取了政权。

不过，阿拔斯家族上台后并没有为广大的起义民众做任何事情，也没有兑现他们对人民的承诺。没有履行诺言的，还有那位被任命为呼罗珊总督的艾布·穆斯林。

---

① 《元史·地理志·西北地附录》，今伊朗东北城市马什哈德东北。

发现阿拔斯人和艾布·穆斯林根本不想履行承诺后，粟特民众在沙里克·伊本·谢赫（Шарик ибн Шейх）领导下，高喊着什叶派的口号，在布哈拉发动了起义。艾布·穆斯林派出了一支上万人的队伍对付叛乱分子。但起义的规模太大，最后在布哈拉首领屈底波·伊本·塔赫沙德（Кутейба ибн Тахшад）的帮助下才被镇压下去。屈底波·伊本·塔赫沙德为镇压布哈拉劳动人民所派出的军队规模与艾布·穆斯林派出的队伍人数相当。

公元751年，在怛罗斯（今日哈萨克斯坦的江布尔市）附近的塔拉斯河畔曾经进行过一场激烈的战斗。艾布·穆斯林手下的一位将领率领阿拉伯军队成功击败了中国唐朝军队。

艾布·穆斯林不仅同外部敌人开战，还与国内反对阿拔斯的运动作斗争，是阿拔斯的衷心拥护者。但阿拔斯人却并不完全信任他，反而怀疑他有觊觎哈里发的野心。公元755年，哈里发曼苏尔（Абу Джафар ал-Мансур，公元754—775年在位）召见艾布·穆斯林，在自己的宫殿中背信弃义地杀死了他。

三 苏姆巴德·马格起义和穆坎纳运动

与倭马亚王朝统治时期相比，广大民众在阿拔斯哈里发统治时期处境更加艰难。地租主要以实物形式支付，无须灌溉的土地要缴纳一半的收成，需要灌溉的土地要缴纳收成的1/4—1/3，有时还会利用穆斯林阴历和农业阳历之间的差异，一年征收两次赋税。除此之外，在税款征收过程中，克扣与勒索时有发生。

随着封建关系不断发展，土地虽然在名义上被视为归哈里发所有，但大部分被当地的土地贵族实际控制。土地被分割成小块，按照分成租赁的原则分给小农户。曾经享有自由的村社成员失去了独立性，与佃农、被释放的奴隶和土地依附奴隶一起变为分成制佃农。阿拔斯哈里发继承了萨珊王朝的传统，享受着宫廷奢华，当地的贵族也是亦步亦趋。当时修建了很多宫殿、要塞和其他一些工程。与这些建筑工程相关的所有负担都由农民承担。

城市手工业者也遭受着半封建的剥削，处境同样艰难。巨额税负以及官员的随意驱使让他们一贫如洗，游牧民族承担的实物税也颇为沉重。

在这种条件下，民众的愤怒情绪不断高涨。最大的一次起义便是苏姆巴德·马格（Сумбад Маг）领导的起义。苏姆巴德被认为是艾布·穆斯林的近从。在"我们要为艾布·穆斯林的流血复仇"口号鼓舞之下，苏姆巴德成功吸引了来自不同阶层的大批支持者，于公元755年发动起义。琐罗亚斯德教徒和马兹达克运动的追随者——胡拉米特人（Хуррамиты）[①] 也加入了他的队伍，胡拉米特人又被称为"苏尔哈列姆人"（сурхалем，波斯语"红旗手"的意思）。起义蔓延到包括呼罗珊和塔巴里斯坦在内的广大地区。阿拔斯王朝费尽周折才将这次起义镇压下去。苏姆巴德被击败后，他本人在雷伊（Рей）[②] 被处决，他的妻子和孩子被卖为奴隶，他的追随者（即艾布·穆斯林教派的信徒）继续秘密活动，宣扬"艾布·穆斯林终将回来公正地统治世界"。在阿拉伯军队尚未将苏姆巴德起义镇压下去之际，在赫拉特附近又爆发乌斯塔德·西斯（Устад Сис）领导的起义，有数千民众参加。

在哈里发马赫迪（ал-Махди，公元775—785年在位）统治时期，劳动人民的愤怒愈加强烈，引发了一场广泛的反对阿拔斯王朝的群众运动，这场运动在公元8世纪70年代席卷了整个河中地区。起义领袖是来自梅尔夫的手工业者穆坎纳[③]。在一些历史资料中曾记载，他受过良好的教育，是艾布·穆斯林手下的一位军事将领，曾参加过

[①] 胡拉米特（Хуррамиты）这个名字来自马兹达克的妻子胡拉玛（Хуррама）。有传言说，她在马兹达克运动失败后幸免于难，并继续宣扬马兹达克运动思想。——译者注

[②] 雷伊（Ray, Rhages, Arsacia），位于伊朗首都德黑兰以南约15千米，古称阿尔萨西亚，波斯古经中称为刺咖伽，《元史》中称为刺夷。中世纪的伊朗重要城市，蒙古入侵后没落，被德黑兰取代。——译者注

[③] 穆坎纳（Муканна）是阿拉伯语的绰号，意思是戴面纱的人。其人真名是哈希姆·伊本·哈基姆（Хашим ибн Хаким），据说他脸上蒙着绿色的面纱。——译者注

反对倭马亚王朝哈里发的运动。我们有理由相信，马兹达克运动的思想对他产生了极深远的影响。呼罗珊总督得知穆坎纳的宣传后，将他逮捕，并作为国家要犯押解到哈里发的中心——巴格达进行审判。但穆坎纳却从巴格达的监狱逃走，来到梅尔夫，在这里聚集支持者。公元776年，他将支持者派往中亚各地，号召大家起来反抗外来压迫。他的号召在涅谢夫和渴石这两个粟特人的集中居住地尤为奏效。

哈里发的地方官们不遗余力地追捕穆坎纳。他们在阿姆河沿岸布置一队庞大的骑兵，日夜守望，阻止穆坎纳从梅尔夫进入支持者与日俱增的粟特。这些地方官非常清楚，如果穆坎纳潜入河中地区，他们的处境将变得更艰难。尽管如此，穆坎纳仍然设法与他的数十名支持者一起越过阿姆河，藏身于粟特。根据纳尔沙希的记载，在这个时期，"粟特的大多数村庄都接受了穆坎纳的传教，布哈拉的许多村庄不仅不再信仰伊斯兰教，还公开表明自己不信教的态度。局势十分混乱，穆斯林也跟着遭遇大难。"

在谈到穆坎纳运动时，纳尔沙希公开表明他对这位起义领袖的敌视态度。几乎所有的封建历史学家都对穆坎纳持有这种敌视态度。而民众却认可穆坎纳教义，主要原因是该教义主张消除财产不平等，反对阿拉伯人的统治。穆坎纳运动很快发展成为公开的起义，短时间内便波及整个河中地区。

起义者的总部设在布哈拉附近的纳尔沙赫（Наршах）。布哈拉的统治者侯赛因·伊本·穆阿兹（Хусейн ибн Муаз）集结了主要由阿拉伯人组成的军事力量，与布哈拉贵族的队伍联合起来，向起义军发起进攻。公元776年，阿拉伯的军队与起义军在纳尔沙赫城外发生激烈战斗。穆坎纳被击败，有700人被打死。但这场胜利并没有从根本上改变整个局势。不久，起义者再次占领了布哈拉附近地区。

哈里发马赫迪看到起义愈演愈烈，便急忙离开巴格达前往内沙布尔，强化镇压穆坎纳起义的措施。他命令呼罗珊总督立即向布哈拉统治者派出增援部队。从呼罗珊派出的贾布拉伊尔·伊本·亚希亚

（Джабраил ибн Яхья）在一队阿拉伯人辅助下，将纳尔沙赫围了很长时间，但没什么效果。

起义者的不断进攻使贾布拉伊尔的军队精疲力竭。如果兵力得不到补充，他就无法继续展开军事行动。在这个关头，约7000人的哈里发军队从巴尔赫赶到，但当指挥官们看到起义军的战果时，便无心与之对阵。后来，呼罗珊总督的后备部队赶到，人数几乎相当于哈里发派往河中部队规模的两倍，但也无济于事。阿拉伯军队在赶往河中地区的途中便被义军击溃。贾布拉伊尔所面临的形势越发严峻。巴尔赫与梅尔夫之间的联系已经被切断。贾布拉伊尔将他所属的所有军队和装备都集中到纳尔沙赫（起义军的主要力量集中在这里）。阿拉伯军队包围纳尔沙赫4个月，却一直没有效果。不断地交战使双方都疲惫不堪，于是开始和谈。在签署和约的时候，阿拉伯指挥官背信弃义，杀害了一位起义领导人，认为这样就可使起义队伍群龙无首陷入混乱。但这次谋杀反而大大激发了起义军的斗志。

有阿拉伯文献记载，尽管起义军最终在纳尔沙赫被击败，但起义已传播到中亚许多新地区，斗争进入第二阶段。在斗争的第一阶段，穆坎纳得到了一些粟特贵族的支持。在斗争的第二阶段，被这场大规模起义吓破胆的贵族完全站到哈里发一边。广大粟特农民越来越多地加入起义队伍中。"穿白袍子的人"（即穆坎纳的支持者）成为河中地区的主人，有着"正教统治者的花园"美誉的河中地区和呼罗珊成为不受阿拉伯哈里发控制的独立地区。

哈里发马赫迪因应对起义不力而撤掉呼罗珊总督，换上穆阿兹·伊本·穆斯林（Муаз ибн Муслим）。穆阿兹在布哈拉和梅尔夫之间集结了一支庞大军队，去援助撒马尔罕附近处身陷绝境的阿拉伯军队（此时的撒马尔罕已经被起义军占领）。尽管穆阿兹的征伐得到当地贵族的大力支持，但还是以失败而告终。起义军在拜肯德附近的平原上迎击穆阿兹的部队，发起一系列毁灭性打击，导致穆阿兹无法继续向撒马尔罕进发，转头奔向布哈拉。

到了下一年，哈里发的军队才得以占领撒马尔罕，开始了斗争的第三阶段（最后阶段）。

起义军的主要力量集中在渴石附近的萨纳姆山区要塞（Санам）。穆阿兹包围了这座要塞，但不久又解除了包围。阿拉伯历史学家认为，解除包围的原因是冬季严寒。但是很显然，实际原因是军事失利，是穆阿兹的部队被穆坎纳起义军挫败。此后不久，穆阿兹被解除呼罗珊总督一职，哈里发任命了一位新总督，这些事实也印证了上述推断。

正如纳尔沙希所记载，穆阿兹与穆坎纳的战斗进行了整整两年。呼罗珊新总督穆赛亚布·伊本·祖海尔（Мусайяб ибн Зухайр）也与其浴血奋战多年。经过漫长而顽强的战斗之后，祖海尔才利用自己的军事装备和人数优势平息了穆坎纳领导的民众抵抗运动。公元780年，阿拉伯军队攻占了穆坎纳所在的萨纳姆要塞，处决所有的要塞保卫者。不愿投降的穆坎纳选择了自杀。不过，在他死后的许多年里，中亚各地爆发的一些白袍起义还是让人们记起穆坎纳的名字。

在河中地区人民进行解放斗争的年代，阿拉伯帝国被认为是那个时期最强大的国家之一。民众在穆坎纳旗帜下进行的多年斗争，是中亚人民勇敢且热爱自由的又一个生动写照。这场斗争的持续时间和组织水平反映了穆坎纳的军事才能和政治才能，激励着人民起来与外来的和本地的压迫者进行斗争。

应该指出，阿拔斯王朝时期的民众起义与倭马亚王朝时期的起义有着本质不同。倭马亚王朝时期的起义主要针对外来入侵者的统治，通常由当地贵族领导。阿拔斯王朝时期的民众起义针对的不仅是执政的王朝，还针对支持他们的当地贵族。

穆坎纳起义是一场以农民为主的劳动阶层的运动，旨在反抗日益发展的封建奴役，这也是穆坎纳起义在中亚历史上具有重大意义的原因所在。尽管起义遭到失败，但提高了劳动人民的阶级觉悟，培养了广大民众的自由思想和反抗精神，在一定程度上遏制了渐成气候的封建主的剥削。

第十一章 塔吉克民族及国家的形成：塔希尔王朝、萨法尔王朝和萨曼王朝时期的国家（公元9—10世纪）

第一节 公元9—10世纪的政治

一 地方封建贵族势力的加强

河中地区人民不断反抗阿拉伯统治的起义，始于哈里发征战中亚时期，在穆坎纳起义被镇压后也未停止。

公元806年，拉菲·伊本·莱斯（Рафи ибн Лейс）领导的大规模起义爆发。撒马尔罕总督被杀，城市也被起义者控制了一段时间。起义中最活跃的参与者是定居在费尔干纳、苦盏、布哈拉、乌斯特鲁沙纳、化剌子模、查加尼扬和胡塔梁的民众，突厥游牧民也赶来帮助起义者。这场波及广泛的民众起义直到公元810年才被镇压下去。在斗争的关键时刻，起义领导人拉菲·伊本·莱斯倒向了敌人阵营。

在随后几年中，新起义接连在粟特，也就是在乌斯特鲁沙纳或费尔干纳兴起。这证明了一个事实，即哈里发任命的总督单纯依靠武力无法使河中地区和呼罗珊臣服，只有更广泛地吸纳地方贵族参与管理，才有可能实现地方治理。阿拔斯王朝希望通过这种方式麻痹地方贵族的独立意识，并依靠他们来对抗民众起义。从哈里发曼苏尔（Ман-сур，公元754—775年在位）起，到他的继任者哈里发马赫迪

（Махди，公元775—785年在位）和哈伦·拉希德（Harun al-Rashid，公元786—809年在位）统治时期，河中各地主要由当地封建贵族统治，这些贵族大部分来自波斯的巴尔马克家族①和萨曼家族（Саманиды）。不过，这个办法不但未能加强哈里发在中亚的统治，反而让中亚摆脱阿拉伯统治的各种有利条件更加成熟。

  这个时期，舒乌比耶运动②（即亲伊朗反阿拉伯的运动）在伊朗和中亚广泛传播。从公元9世纪中叶开始，舒乌比耶思想成为反对哈里发的民众运动的思想基础，在农村地区传播尤其广泛。舒乌比耶思想在当地受过教育的人群中也有传播。这些人极力强调自己的文化优于阿拉伯文化。同时，地方贵族感到自己的力量在壮大，自己掌握权力和摆脱阿拉伯哈里发的想法也日益强烈。由于惧怕非阿拉伯贵族（以巴尔马克家族为代表）的经济与政治影响力不断增强，哈里发哈伦·拉希德（Харун ар-Рашид）下令处死巴尔马克家族的所有成员。

  为了获得穆斯林神职人员的支持，哈里发哈伦·拉希德极大地强化了他们的作用，将大量土地分给他们。与此同时，哈里发在消灭了一个在宫廷和当地百姓中有巨大影响力长达50年的巴尔马克家族后，并没有改变对东部地区的治理政策，依然执行吸引当地贵族支持哈里发的办法。这些地区仍然借助地方贵族进行治理。从公元821年，也就是呼罗珊和河中地区的本地王朝（首先是塔希尔王朝，然后是萨曼王朝）掌权开始，土地贵族的作用尤为增强。

---

  ① 巴尔马克家族（Бармакиды，Barmakids）系中世纪的波斯贵族，也是巴尔赫的佛教徒后裔。公元8世纪初期起，该家族多位成员担任阿拔斯王朝哈里发辖下的重要大臣，势力遍及巴格达等地，并成为虔诚穆斯林。公元803年，因政治失势，多位家族成员遭到逮捕监禁，自此家族势力逐渐减弱并消失。——译者注

  ② 舒乌比耶运动（Шуубия，Shu'ubiyya），指非阿拉伯裔穆斯林对乌理玛内部阿拉伯人特权地位的反应，其基础是伊斯兰教的种族和民族平等思想。该运动的名称源自阿拉伯语"舒乌比"（šuʿūb），意为"民族"。在伊朗地区，舒乌比耶运动指波斯穆斯林对9—10世纪伊朗地区的伊斯兰教日益阿拉伯化的反应，关注波斯文化和波斯人身份认同的保护。该运动最显著的成果是波斯语流传至今，留下了大量波斯文学和诗歌。——译者注

二　塔希尔王朝（公元 821—873 年）

塔希尔王朝的先人住在赫拉特地区的布申格城（Бушенг）。这个王朝的创立者是布申格的统治者塔希尔·伊本·侯赛因（Тахир ибн Хусейн，公元 821—822 年在位）。在哈里发马蒙（Мамун）早前担任呼罗珊总督时，塔希尔就已经在他帐下享有极大声望。哈里发哈伦·拉希德死后，他的两个儿子阿明（Амин）和马蒙兄弟俩为争夺哈里发之位，于公元 811 年发生争斗。塔希尔率领马蒙的军队于公元 813 年占领了巴格达，扶持马蒙登上哈里发宝座。之后的一段时间内，塔希尔统领了哈里发的所有军事力量，于公元 821 年被任命为呼罗珊总督（埃米尔）。

治理呼罗珊和中亚一些地区时，塔希尔相当于独立王国的统治者。公元 822 年，他甚至下令在主麻日的呼图白（讲经）①中不许提哈里发的名字，这无异于与巴格达决裂。此后不久，塔希尔便死亡。有人猜测，他是被哈里发派人毒死的。

尽管塔希尔的分裂倾向十分明显，但哈里发马蒙还是将塔希尔的儿子塔尔哈（Талха）立为呼罗珊总督（埃米尔）。塔希尔的另一个儿子阿卜杜拉（Абдаллах，公元 830—844 年在位）并不认为自己臣服于哈里发，而是完全独立地统治着呼罗珊。在他的治下，内沙布尔成为塔希尔王朝的都城。哈里发穆塔西姆（Мутасим，公元 833—842 年在位）仇恨阿卜杜拉，却无法使他归顺。毒死阿卜杜拉的计划也没能成功。

为稳固政权和发展农业，塔希尔王朝采取了果断措施。他们推行水利改良，修建新运河。在阿卜杜拉的指示下，权威法学家们制定了灌溉用水的规则。这些规则在 200 年时间里一直都是解决水资源争议

---

① 呼图白（Хутба，khuṭbah）系阿拉伯语，意思是"演讲"。通常在主麻日和宗教节日礼拜时，由伊斯兰教毛拉或阿訇对穆斯林宣讲教义。也表示为在位的国王祈祷。——译者注

的指南。

塔希尔·伊本·侯赛因写给儿子阿卜杜拉的信件至今留存。在信中，塔希尔以训诫的口吻阐释了治理国家的方法、对待臣民的态度、课税的原则等问题。他提醒儿子征税要公正，无论是富人还是穷人都不能免除赋税。这份"关心"的背后，其真实缘由在信中表达得非常清楚："你要记住，当财富躺在国库时，不论它累积和增加多少，都不能带来好处。相反，当它用于民生，支付他们的酬劳，免除他们的后顾之忧时，财富才会真正地增长。这就是让人民获得安康的方式，它能美化你的统治，让时代繁荣，让你获得荣耀和力量……与此同时，你将拥有更多的机会来收取应征收的土地税……你征收的土地税就会增加，你的财富就会增长。你把恩惠赐给军队和民众，你就会拥有控制军队和满足民众的力量。"塔希尔在信里代言了本阶级的利益，阐释了一个道理，即无限制地剥削人民没有好处，只会使民众破产，破坏其支付能力。正是从本阶级利益出发，他号召"理性剥削"。阿卜杜拉在一定程度上兑现了父亲的遗训。

阿卜杜拉努力尝试限制各地的大地主和政府官员对农民肆意妄为。他专门下达了一项命令，稍稍缓减了农民的困境。阿卜杜拉在命令中说道："神用他们的手来喂养我们，用他们的嘴来问候我们，因此也禁止有人欺负他们。"当然，阿卜杜拉并不是捍卫农民的利益，他关注的只有大地主和商人的利益。他提出"不要欺负"农民是因为，如果不这样，国库就得不到正常的税收进项。

在塔希尔王朝统治下，普通民众（特别是农民）的处境依旧非常艰难。农民既遭受大地主的盘剥，同时还必须向国家缴纳高额赋税。公元844年征收的赋税数额特别高，达到4800万迪拉姆，造成锡斯坦的农民起义接连不断。通过这些事实就可以推断出当时民众生活的艰难。

塔希尔王朝加大了伊斯兰教的传播力度，希望穆斯林神职人员支持中央集权政策。在塔尔哈（Талха Тахирид，公元822—828年在位）的推动下，伊斯兰教传入了琐罗亚斯德教盛行时间最长的地区——乌斯特鲁沙纳。阿卜杜拉（公元830—844年在位）在公元840年曾推动审判了乌斯特鲁沙纳的前任阿夫申海达尔（Хайдар，海达尔皈依伊斯兰教后，成为哈里发穆塔西姆帐下最著名的军事将领之一）。审判阿夫申海达尔的理由，是他皈依伊斯兰教的真正目的是掩盖自己的暴动企图，实际是在乌斯特鲁沙纳筹备政变，谋求恢复独立以及古老的宗教信仰。庭审查明，乌斯特鲁沙纳人只是在表面上接受了伊斯兰教，实际上仍然信奉当地的琐罗亚斯德教。

国家需要大量有文化的官员，阿卜杜拉也重视这一点，他希望有更多的人接受教育。跟父亲一样，阿卜杜拉也是一位诗人。他的侄子曼苏尔（Мансур，梅尔夫、阿穆利和花剌子模的统治者）以哲学著作而闻名。他的儿子塔希尔二世（Тахир Ⅱ，公元844—862年在位）在各方面都竭力效法父亲。总体上，在阿卜杜拉和塔希尔二世统治时期，尽管本土文化开始复兴，但这个过程非常复杂且充满矛盾。因为塔希尔王朝的统治者，尤其是阿卜杜拉本人，非常热衷于阿拉伯文化及其各种表现。在公元9世纪至10世纪初，琐罗亚斯德教在伊朗繁荣发展，一些非常重要的琐罗亚斯德教著作以及非宗教性质的著作也是在这个时期产生的，如《班达希申》（Bundakhishn，创世记的意思）和《登卡德》（Denkard，宗教行事的意思）。塔希尔王朝不可能看不到这一点。从政治上讲，塔希尔王朝当时的主要敌人是阿拔斯哈里发，但依靠的力量则以伊朗裔为主。这也是为什么塔希尔王朝对待诗人，尤其是那些对抵制阿拉伯运动抱有同情心的诗人总是很宽恕，经常赞扬他们，并将他们与伊斯兰教兴起前的伊朗国王和英雄们相提并论的原因所在。在塔希尔王朝的宫廷里，除了阿拉伯语，波斯语也很普及。在梅尔夫就有一个图书馆，里面保存着波斯语书籍。

应当承认，对当地文化兴起中发挥主要作用的并不是塔希尔王朝，而是取代它的萨法尔王朝。

三 萨法尔王朝

公元9—10世纪，中亚绿洲农业区的统治机构的主要任务之一，就是与以前一样组织防务，即防止游牧民族的袭扰。为实现这一目标，绿洲农业区在这个时期内建立了由武装志愿者组成的特别部队，这些志愿者被称为"加齐"（гази），即"为信仰而战的斗士、圣战分子"，成员主要由一些落魄的土地所有者和手工业者组成。这些选择了以打仗为职业的人被送到与"异教徒"有冲突的地方。

当地统治者利用加齐军队在农业绿洲和游牧草原的分界线上加固防线。按照阿拉伯地理学家马克迪西（Макдиси）的说法，对地方统治者而言，加齐"既是支撑，也是令人不安的对象"：一方面，他们反击游牧民的袭击，保护农业绿洲免遭敌人侵犯；另一方面，他们又常常积极参与反对地方贵族的民众运动。

在公元9世纪末，加齐武装部队已经是中亚和伊朗边界大规模民众起义的核心力量。叶尔孤白·伊本·莱斯[①]和阿姆尔·伊本·莱斯兄弟俩利用这场起义，先是组织一伙强盗，然后加入锡斯坦的加齐队伍。凭借自己的勇敢和军事才能，叶尔孤白很快掌握了这支队伍的指挥权。这支部队积极参与锡斯坦地区的政治生活，并于公元861年利用农业绿洲爆发的民众起义赶走了塔希尔王朝的统治者，占领了锡斯坦的中心疾陵城（Зерендж，今伊朗扎博勒）。

叶尔孤白成为锡斯坦地区的统治者，并在接下来的十年里占领了阿拉伯阿拔斯王朝东部的许多地区，这些地区在此之前由塔希尔王朝的最后一位埃米尔穆罕默德·伊本·塔希尔（Мухаммад ибн Тахир，公元862—873年在位）治理。公元873年，叶尔孤白击败塔希尔王

[①] 叶尔孤白·伊本·莱斯（Ya'qūb ibn al-Layth al-Saffār，公元861—879年在位）早先是个铜匠。铜匠的阿拉伯语是"萨法尔"（Saffār），因此，由他建立的王朝也被称为萨法尔王朝（公元867—1002年）。阿姆尔·伊本·莱斯（Amr ibn al-Layth，公元879—900年在位）是叶尔孤白的弟弟，原先是个木匠，后来成为萨法尔王朝第二任埃米尔。——译者注

朝的军队，占领呼罗珊都城内沙布尔，推翻了塔希尔王朝在中亚和今日的伊朗东部地区的统治。

巴格达的哈里发对叶尔孤白的胜利感到不安，随即采取一些措施来遏制叶尔孤白影响力扩散，但没有任何成效。公元874年，哈里发被迫承认既成事实，将整个呼罗珊交给叶尔孤白治理。

叶尔孤白到死都一直保持着战士的朴实无华。他身穿粗布衣服，不用地毯和壁毯，总是席地而坐，睡在鞍毯上，枕着盾牌或卷起来的旗子。不过，叶尔孤白完全不了解那个时期触发中亚民众起义的舒乌比耶思想。

叶尔孤白的军队纪律严明。他严格要求士兵和军官，本人表现极为勇敢。在一次战斗中，他的脸被军刀砍伤，有二十多天只能把管子插在嘴里吃饭，但伤好之后仍然参加战斗，勇猛如初。

叶尔孤白有一支部队"木塔塔维阿"（ал-мутатаввиа，字面意思是"志愿者"），也被蔑称为"艾亚尔"（Áyyār，意思是骗子、匪徒）。艾亚尔属于一个独立的、从事圣战的武士阶层，主要由失去土地的农民和逃亡的农民组成，在当地，特别是在反抗侵略者最积极的锡斯坦地区的政治生活中发挥着非常重要的作用。显然，在战斗中表现特别勇敢的艾亚尔会被提升到地位更高的"萨罕格"官阶（Sarhang）。除艾亚尔外，叶尔孤白的军队中还包括"阿扎达甘"（азадаган），即自由人，是富裕农民和有地农民的子弟，还有"古拉姆"（гулям，Ghilman），即奴隶。

最初，叶尔孤白的军队只有两三千名士兵，但到公元874—875年时，一次战斗他就可以调动1.5万名骑兵参加战斗。军队中有战车，还有战象。行军途中，他们特别注意派出警戒和侦察。士兵每3个月领取一次报酬。在纳吾鲁孜节期间，部队要开展阶段性检查，从埃米尔开始，每个战士都要向督查特派员展示马匹、武器等，然后才能领取报酬。

叶尔孤白·伊本·莱斯的成功并没有改善那些帮助他夺取政权的

普通劳动者的艰难处境。叶尔孤白主要依靠中小封建主。在被他征服的地区，原来的制度依然没有任何改变，赋税（这是压在农民身上的沉重负担）也没有减少。

公元876年，叶尔孤白决定夺取哈里发政权，于是调动部队向巴格达进发。在距离巴格达不到100千米的底格里斯河畔的代尔阿古勒（Дар ал - Акул），他被哈里发的军队击溃，于是撤退。正如历史文献所指出的，叶尔孤白失败的原因之一，是他拒绝了曾领导伊拉克黑奴（津芝）叛乱14年（公元869—883年）的阿里·伊本·穆罕默德（Али ибн Мухаммад）的建议和帮助。叶尔孤白主张维持奴隶制，不愿与奴隶缔结联盟。在进军巴格达失败3年后，萨法尔王朝的奠基人叶尔孤白去世，将士们将他的弟弟阿姆尔（Амр ибн Лейс）推上埃米尔宝座。

阿姆尔·伊本·莱斯（公元879—900年在位）继承兄长之位以后，急忙向阿拔斯哈里发表示顺从，并因此获得了总督呼罗珊和伊朗东部一些地区的权力。但实际上，阿姆尔与塔希尔王朝一样，是独立于哈里发之外的地方统治者。有资料证明，阿姆尔是一名优秀的政务管理人才，也有军事才能。

根据一些资料，萨法尔王朝在很大程度上利用了什叶派运动，该运动在农民和手工业者中间获得成功。有人认为"我们将用太阳崇拜来替代克尔白"这句话就是叶尔孤白说的。

四　萨曼王朝的建立

萨曼王朝的先人萨曼（Саман）可能来自巴尔赫、撒马尔罕，抑或是铁尔梅兹附近。他皈依了伊斯兰教，并接受呼罗珊总督的庇护。他的四个孙子努赫（Нух）、艾哈迈德（Ахмад）、亚希亚（Яхья）、伊利亚斯（Ильяс）均为哈里发本人服务。根据哈里发的命令，呼罗珊总督任命他们四人分别为四个地区的统治者：努赫——撒马尔罕，艾哈迈德——费尔干纳，亚希亚——恰奇和乌斯特鲁沙纳，伊利亚斯——赫拉特。表面上看,这四兄弟中的每一个人都是他们所在地区的统治者,直接隶属于呼罗珊总督。但实际情况却并非如此。

最年长的努赫在四兄弟中的地位最高。对外他是一家之主。当时的钱币资料表明,从早期开始,其弟弟们就没有把自己视为独立的统治者,而是形成一个以努赫为首的王朝。最早的萨曼铜币也是利用努赫的名字铸造,这并非巧合。还有一点尤其重要:亚希亚掌管的恰奇首府宾科特(Бинкет)铸造的铜币上,用的不是亚希亚的名字,而是努赫的名字。因此,从最初阶段开始,萨曼的子孙就已经形成了建立统一王朝的思想,这是萨曼家族成为强大王朝统治者的基础之一。萨曼王朝使中亚脱离阿拉伯哈里发和塔希尔王朝的统治而走向独立,这个结论是可信的。

努赫死后,他的弟弟艾哈迈德成为这个尚未完全成形的小王朝的首脑。艾哈迈德精力旺盛、能力超群,他有意将弟弟们的土地"集中"在一起,并确定了自己这一支的王位继承优先权。他生前就已经把撒马尔罕移交给儿子纳斯尔(Наср),公元864年他去世后,纳斯尔成为萨曼王朝的领袖。公元875年,哈里发承认纳斯尔的王朝领袖地位,并颁发治理领地的"证书"。

纳斯尔的处境并不轻松。其长辈们要求独自管理,有时甚至公开否认他王朝领袖的地位。纳斯尔同自己兄弟的分裂企图也进行了斗争,但他既不够坚定,也不够成功。例如,纳斯尔的叔叔穆罕默德·伊本·努赫(Мухаммад ибн Нух)担任恰奇的首领时,他认可自己的附庸地位,承认自己这个侄子拥有王朝领袖的地位,并以侄子的名字铸造了铜币。但当纳斯尔的兄弟叶耳孤白(Якуб)管理恰奇时,他却开始用自己的名字铸造铜币。费尔干纳由纳斯尔的另一位兄弟阿萨德(Асад)统治,阿萨德是纳斯尔在兄弟争斗中的盟友。虽然如此,阿萨德在阿赫西克特(Ахсикет,费尔干纳国的都城)还是以自己的名义铸造了铜币。纳斯尔对此事采取忍耐态度。但是,纳斯尔与其另外一个兄弟伊斯玛仪(Исмаил)的关系却非常复杂。

伊斯玛仪在公元874年获得了此前不属于萨曼王朝的一大块领地——布哈拉。当时这座城市的居民反抗布哈拉总督滥用职权，将其驱逐，当地的贵族找到了纳斯尔，于是纳斯尔派遣伊斯玛仪成为布哈拉总督。但伊斯玛仪却阳奉阴违，秘密地巩固自己在布哈拉的真正统治。

伊斯玛仪管理的布哈拉是国库收入的重要来源地。从纳尔沙希的记述中可知，伊斯玛仪必须将布哈拉的大部分收入（约70万迪拉姆银币）上缴纳斯尔的国库，自己只能保留一小部分（约50万迪拉姆银币）作为担任总督的报酬。在布哈拉的权力得到巩固之后，伊斯玛仪就不再听从纳斯尔，把这个富裕地区的所有收入据为己有。

于是，兄弟之间开始了长期的争斗。之前，人们普遍认为这是一场权力之战，是政治斗争，但这一结论没有找到史料支撑。从详细描述兄弟关系的文献中可以看到，发生在他们之间的斗争在很大程度上属于经济斗争，伊斯玛仪只希望享有所有的权力，巩固自己在布哈拉的统治。两兄弟之间发生两次军事冲突，其原因都是伊斯玛仪将本应上缴纳斯尔国库的收益据为己有：第一次冲突（公元886年）以伊斯玛仪暂时被撤销布哈拉总督职位而告终；第二次冲突（公元888年）以伊斯玛仪获胜而结束。但是，伊斯玛仪并未夺取纳斯尔的埃米尔位置，他当时对王位并没有企图，只是谋求布哈拉的经济和政治独立，将其变为其独自管辖的封地，并最终在公元888年实现了这个目的。公元892年纳斯尔去世后，他成为萨曼王朝的国君，伊斯玛仪的个人封地布哈拉也成为萨曼王朝的新都城。

在消除内乱和镇压骚乱之后，伊斯玛仪面临着一项任务即确保新国家的外部安全。这个时期，外部局势令人寝食难安。伊斯玛仪实力与日俱增，令位于权力中心的哈里发十分不安，与此同时，附近游牧部落不断侵扰，也给农业绿洲经济造成沉重打击。

为打压伊斯玛仪，哈里发动用了呼罗珊总督（埃米尔）——萨法尔王朝的阿姆尔·伊本·莱斯（Амр ибн Лейс）。公元898年，哈里发邀请从中亚前往巴格达朝圣的人们进入他的宫殿，当着众人的面宣读诏书，废黜伊斯玛仪，任命萨法尔王朝的阿姆尔·伊本·莱斯为河中地区的埃米尔。然后，他将这份诏书连同贵重的礼物赐给阿姆尔。哈里发希望阿姆尔与伊斯玛仪之间的对抗能相互削弱，以此使哈里发政权在中亚的统治得到稳固。

接下诏书之后，阿姆尔开始反对伊斯玛仪。纳尔沙希这样记载：伊斯玛仪武装了手工业者和平民，带着强大的军队前往巴尔赫迎战阿姆尔，封锁了他的道路。

在人民群众（平民和手工业者）的支持下，伊斯玛仪于公元900年在布哈拉城下击败了阿姆尔。塔巴里和米斯卡维赫（Ибн Мискавейх）均记载了这个事件，而纳尔沙希则更确切地讲述了伊斯玛仪如何向贵族、平民和手工业者分发给养和武器的情节。阿姆尔因低估平民的强大力量而被打败。《锡斯坦编年史》证实了纳尔沙希记载的关于伊斯玛仪武装平民和手工业者的说法："伊斯玛仪让人在河中地区大喊：'阿姆尔来了！他要占领河中地区，要杀人抢掠，把儿童和妇女变成奴隶！'因为伊斯玛仪说的是事实，河中地区所有的手工业者都拥护他反抗阿姆尔。他们说：'宁可光荣地战死，不当耻辱的俘虏'。"

公元900年，伊斯玛仪运用巧妙的迂回战术，成功包围并打垮了阿姆尔的军队，在呼罗珊建立了政权。

伊斯玛仪对抗游牧部落所取得的成功，与其击败阿姆尔的胜利同等重要。在很长一个时期里，游牧部落不再进犯河中地区的农业绿洲。在伊斯玛仪就任之前，为了保护布哈拉绿洲的安全，使其免遭游牧部落入侵，在农耕绿洲和游牧草原之间就已经修建了长达几十千米的高墙，由当地民众负责修建和维护。根据10世纪历史学家的说法，这是一项非常艰苦的差役。伊斯玛仪击败游牧部落后，布哈拉及其周边地区的民众才摆脱了这一苦役。伊斯玛仪说："只要我活着，我就是布哈拉的城墙。"根据纳尔沙希的记述，伊斯玛仪的确亲自上阵，没有给敌人留下任何占领布哈拉的机会。

伊斯玛仪利用群众开展争取独立的斗争。在中亚地区被阿拉伯人占领之后，是他将因内讧而分崩离析的各个地区统一起来，建立了强大的独立国家。伊斯玛仪结束了萨法尔王朝的统治，不仅宣告自己对河中和呼罗珊拥有权力，还统治了伊朗东部和北部的许多地区。他所建立的国家实际上独立于阿拉伯哈里发的统治。

作为主要的封建领主，伊斯玛仪捍卫了当地封建贵族和商人的利益。为了这些人的利益，他寻求加强国家的外部安全并整顿内部治理。这些措施将呼罗珊和河中地区团结在一个中心的周围，确保了国家的实际独立。他改善了与游牧部落的关系，为发展河中地区和呼罗珊的农业、手工业以及贸易创造了必要的先决条件。

五　国家制度和管理机构的组织

萨曼王朝的创始人伊斯玛仪非常清楚，只有通过建立牢固的中央集权，才能保证河中地区摆脱对阿拉伯哈里发的依附。为此，他采取了许多措施，其中之一便是实行协调配合的国家治理体制。在萨曼王朝统治时期，国家机构被划分为"达尔戈赫"（дargа'x，即埃米尔宫廷）和"底万"（divan，Диван，即管理军事和民政的中央政府）两大体系。在封建条件下，这种划分并没有得到严格执行，有影响力的朝臣会经常干预归属某些行政机关的事务。

正如纳尔沙希指出的那样，在萨曼王朝纳斯尔二世（Наср Ⅱ，914—943年在位）统治时期，在布哈拉的列吉斯坦广场周围，为十个政府机关建造了十所大型建筑，其中：

维齐尔（везир，Vizier，即宰相）管理所有的国家行政、政治和经济部门，所有政府部门的负责人都是他的属下。维齐尔通常来自杰哈尼（Джейхани）、巴拉米（Балами）、乌特比（Утби）三个家族。

穆斯塔菲底万（Диван мустауфи）相当于财政部。

阿米德·穆里克底万（Диван амид ал-мулък）负责所有重要的国家文件以及与其他国家的外交关系。

萨西布·舒拉特底万（Диван сахиб аш-шурат）负责管理萨曼王朝的卫戍部队，监管部队粮食、发放俸禄以及部队给养。

萨西布·巴利特底万（Диван сахиб ал-барид）相当于邮政总长，负责官方函件的递送。但这个机构的地方分支不仅负责邮政事务，还向中央提供有关地方统治者和官员及其行为的秘密信息，履行情报机关的职能。与其他机构不同的是，各地方的邮政机构不归各地首领（哈基姆）管辖，而是直属邮政总长。那个时期的邮政仅为国家的需要提供服务，百姓无权使用。

穆赫塔西布底万（Диван мухтасиба）负责监管市场，检查农民和手工业者销售商品所使用的度量衡。这个机构可以让假冒和伪劣商品停止销售，禁止高价出售食品。渐渐地，这个政府机构也开始监督人们的道德、是否去清真寺以及饮酒等内容。萨曼王朝的每一个城市都有自己的穆赫塔西布机构。

穆什里夫底万（Диван мушрифов）管理国家事务，尤其是国库收支。

除上述机构外，萨曼王朝还设置了土地机关、卡吉（法官）领导的法庭、瓦合甫①管理机构。此外，花拉子米（Ал-Хорезми）还提到了纳尔沙希在其著作中没有记载的军事机关。除邮政机构外，上述机构的地方分支都具有双重隶属关系，既隶属于当地的长官，同时又隶属于相应的中央政府机关。

萨曼王朝的地方长官通常从王室成员、有影响力的封建贵族（包括过去的地方首领）中任命。同时，每座城市都有一位从当地城市贵族中任命的"赖斯"（раис，即市长）。

---

① "瓦合甫"系阿拉伯语 Waqf 的汉译。在伊斯兰法律中，指国家或个人出于宗教或慈善目的捐赠的财产。——译者注

在 10 世纪的萨曼王朝，穆斯林神职人员发挥着极重要作用。河中地区传播较广的主要是伊斯兰教法的哈乃斐派。精神领袖"乌斯塔德"（Устад，Ustad，后来被称为"谢赫"）在萨曼王朝具有非常重要的地位。

不过，尽管存在较完整的国家管理体系，但不代表萨曼王朝就是一个严格意义上的中央集权国家。在整个萨曼王朝统治时期，中央政权与个别有离心倾向的地方封建主之间的斗争一直存在。无论是伊斯玛仪还是他的继任者，尽管为巩固中央集权而采取了很多措施，却始终无法将中央集权推广到中亚的许多地方及其边远地区。花剌子模、查加尼扬、胡塔梁等地区只是在名义上属于萨曼王朝的组成部分，实际上却是独立统治。例如在胡塔梁，当地的巴尼朱里德家族（Баниджуриды）统治了近两个世纪（公元 9—10 世纪）。他们将这个富裕地区的所有收入留给自己，送给萨曼人的只是一点礼物。萨曼王朝希望通过任命地方长官来赢得他们的支持，结束各地封建领主的反抗，但这些做法大都遭到失败。

封建土地赏赐制度在萨曼王朝时期获得高度发展，但这个制度从内部"肢解"了王朝，使得萨曼王朝的主要疆土在一定程度上变得支离破碎。王朝成员以及通过赏赐方式而获得领地和城市的显贵们总是寻求完全独立，也常常能够得到独立于中央政权的地位。

将萨曼王朝宫廷卫队的高级将领任命为地方长官，起初是用来镇压地方封建领主的反抗和民众暴动，但这种做法并没有取得预期效果。有些突厥将领利用地方封建领主的不满和王朝内部的阶级斗争发动反对中央政权的暴动，宣布独立。

六　封建内讧和萨曼王朝的衰落，喀喇汗王朝的征战

公元 907 年伊斯玛仪死后，艾哈迈德（Ахмад ибн Исмаил，公元 907—914 年在位）继任。在他统治初期，撒马尔罕、雷伊、锡斯坦等多个地区的地方长官爆发叛乱。这些叛乱被平息后不久，由于提

第十一章 塔吉克民族及国家的形成：塔希尔王朝、萨法尔王朝和萨曼王朝时期的国家（公元9—10世纪）

高赋税，农民的状况急剧恶化，锡斯坦爆发了民众起义。萨曼王朝费了很大气力才将这次起义镇压下去。

艾哈迈德惹恼了突厥卫队，在狩猎时被自己的奴隶杀死。在他的儿子纳斯尔二世（Наср Ⅱ，公元914—943年在位）统治时期，国家由杰哈尼（Абу Абдаллах Мухаммад ибн Ахмад Джейхани）主持治理。

杰哈尼是那个时期最有学问的人物之一。波斯历史学家加尔迪齐（Gardīzī）指出，杰哈尼担任维齐尔期间将国家事务管理得井然有序，不过，这个时期的内讧仍未停止。根据阿拉伯作家伊本·阿希尔（Ибн ал-Асир）的描述，在公元914年年底和915年年初，纳斯尔二世的亲戚伊斯哈克（Исхак ибн Ахмад）在撒马尔罕造反。不久之后，由重要将领梅尔维兹（Хусейн ибн Али Мервези）领导的卡尔马特教派（Qarmatians，系什叶派伊斯玛仪教派的分支）起义首先在赫拉特爆发，然后蔓延到内沙布尔。梅尔维兹的部队被大地主艾哈迈德（Ахмад ибн Сахл）击溃，本人被俘。过了不久，艾哈迈德发动反对萨曼王朝的叛乱，直到一年后才被镇压下去。

梅尔维兹被处死后，河中地区的卡尔马特教派起义的领导权转移到纳赫沙比（Мухаммад ибн Ахмад Нахшаби）手中。纳赫沙比取得了很大成就，他说服了萨曼王朝的许多达官显贵接受卡尔马特教派，其中包括主要的哈古布（即宫廷侍卫长）、埃米尔的私人秘书、财政部首脑、亚拉克①长官。通过这些关系，纳赫沙比渗透进了萨曼王朝纳斯尔二世的宫廷。

纳斯尔二世统治末期，卡尔马特教派运动显著增强。纳斯尔二世

---

① 亚拉克（Илáк）是锡尔河支流安格连河流域的一个历史文化区，从中世纪早期兴起到蒙古人征服后消失，大体位于现在乌兹别克斯坦塔什干州南部和塔吉克斯坦索格特州北部。历史上经常隶属于恰奇（今塔什干），但享有极大自治权，相当于独立实体。地理学家经常将亚拉克与恰奇合在一起，视为一个区域（Shash and Ilaq）。据地名学家卡拉耶夫（S. K. Karaev）考证，亚拉克的名字是阿拉伯语 Iloq，与 Ayloq 的发音很像（用阿拉伯语书写时，这两种发音无法区分），而 Ayloq 则来自突厥语 yaylak（夏季牧场的意思）。亚拉克的首领被称为德赫坎（dehqan, dihqan，波斯语"大地主贵族"），首府起初是 Tunket（位于现代阿尔马雷克市东北部），在12世纪转移到了 Nuket（今努拉夫尚）。——译者注

本人也接受了卡尔马特的教义，并答应了纳赫沙比的请求，同意向埃及法蒂玛王朝的哈里发支付11.9万第纳尔，用于赔偿死在布哈拉监狱的梅尔维兹。梅尔维兹是法蒂玛王朝的秘密使者。

这些事情引起伊斯兰教神职人员的严重不满。神职人员与突厥宫廷卫队部分人员一起策划了一场针对纳斯尔二世的阴谋。为实施这一阴谋，他们安排了一次军官晚宴，以庆贺萨曼王朝的埃米尔即将远征游牧民族，计划在宴席上杀死纳斯尔二世和所有的卡尔马特教派追随者。

但暗杀阴谋很快被纳斯尔二世的儿子努赫得知。应努赫的要求，纳斯尔二世诱召密谋头目前来觐见并处死了他，然后与努赫一起出席将领们的宴会。当庆祝活动达到高潮时，纳斯尔二世宣布他已经知晓这一阴谋，并命令将已被处决的密谋头目的头颅扔到出席宴会的将领们面前。就在那时，他宣布立即将埃米尔之位传给他的儿子努赫。

努赫十分讨厌卡尔马特教派。据历史记载，努赫（Нух ибн Наср）正式登基后，曾邀请纳赫沙比前来觐见，命令他与伊斯兰教法学家们辩论，以便公开证明他的信仰是正确的。伊斯兰教的神学家们被宣布为这场辩论的赢家。纳赫沙比被控涉嫌从为梅尔维兹之死而支付给法蒂玛王朝的赔偿款中侵吞了4万第纳尔，因此被努赫下令绞死在布哈拉的广场上。在纳赫沙比被处决后的第二天，他的尸体便从绞刑架上消失。

此后，努赫开始对卡尔马特教派大规模捕杀并查抄财产。从那时起，卡尔马特教派在河中地区只能以秘密方式活动。不过，这个"异教徒"的秘密组织在布哈拉依然相当活跃，并持续了很长一段时间。即使在1045年的喀喇汗王朝统治时期，也就是被努赫大规模捕杀事件之后的100多年，都还有卡尔马特教派的传教士在布哈拉被逮捕和处决。

努赫统治期间（公元943—954年在位），萨曼王朝的衰落迹象已经十分明显。在努赫统治的头几年，出现了非常严重的财政困难。有资料表明，仅在公元942年就曾两次向人民征税。因为财政紧张，甚至很长一段时间无法向埃米尔的卫队发饷，引起卫队极大不满。为平息不满，努赫将财政问题归咎于维齐尔，并下令将其处死。这种"措施"自然也不会使国家的财政状况得到改善。

公元947年1月，努赫的叔叔易卜拉欣（Ибрахим ибн Ахмад）利用努赫的困境，在查加尼扬大封建主阿布·阿里·查加尼（Абу Али Чагани）的帮助下夺取了政权。努赫的卫队自从纳斯尔死后就没有领取过饷钱，所以他们也支持易卜拉欣。努赫被迫撤到撒马尔罕。但是，当阿布·阿里赶到查加尼扬时，努赫再次夺取了埃米尔位置，参加叛乱的叔叔和努赫的两个兄弟都被挖掉眼睛。

努赫在其统治的最后几年主要是与反对他的起义者阿布·阿里·查加尼斗争。努赫起初想使用军事手段镇压，未能取得成功，于是不得不任命阿布·阿里为查加尼扬的长官，随后（公元952年）又任命他为呼罗珊长官。

努赫的大儿子阿卜杜勒·马利克一世（Абд ал-Малик I，公元954—961年在位）统治时期，突厥卫队将领的政治影响力得到增强，整个国家的治理都落到他们手里。在这个时期，突厥卫队首领、大封建主阿尔普特勤（Алп-тегин）作为"大哈吉布"（宫廷侍卫长），权力非常大。不经他的同意，埃米尔马利克一世都不能任命维齐尔。在公元954—959年这五年时间里换了四个维齐尔，最终，阿尔普特勤的朋友阿布·阿里·巴拉米（Абу Али Балами）得到这个职位。两人商定互为对方的助手，但不经阿尔普特勤的同意，阿布·阿里·巴拉米不能采取任何行动。

马利克一世去世后，布哈拉爆发骚乱。叛乱的民众纵火烧毁并抢劫了埃米尔的宫殿。在阿尔普特勤坚持下，马利克一世的小儿子被册立为新的埃米尔。但他的统治只维持了一天，因为其他的军事将领和大封建主并不支持阿尔普特勤巩固其个人势力。他们将曼苏尔（Мансур ибн Нух）扶上了王位（公元961—976年在位）。

阿尔普特勤与萨曼王朝的将领们在梅尔夫和巴尔赫地区进行几次较量之后，向伽色尼（Газна，Газни）进发，于公元962年夺取了当地政权。在阿尔普特勤去世（公元963年）后，曼苏尔收复了伽色尼。

曼苏尔死后，在其子努赫二世（Нух Ⅱ，公元976—997年在位）统治时期，宫廷内斗以及地方封建领主和地方长官的叛乱愈演愈烈，包括呼罗珊在内的萨曼王朝许多地方都落到他们手中。

因国力衰弱，萨曼王朝无力抵御外来侵略。正是在这种形势下，萨曼王朝于公元992年遭到突厥喀喇汗王朝的第一次进攻。在入侵河中地区之前，喀喇汗王朝已经控制了七河流域的谷地，以及中国新疆部分地区（即喀什噶尔）。喀喇汗王朝的突厥部落中，人数最多且文明程度最高的是葛逻禄人（карлук）。

努赫二世试图动员全国的军事力量，但未能奏效。这说明，以"宗教战争"的名义来动员民众抵抗突厥人的入侵，这个办法根本行不通，因为伊斯兰教已经借助突厥人同河中绿洲地区的贸易往来而在突厥人中间得到广泛传播，喀喇汗王朝的突厥人已经皈依了伊斯兰教。萨曼王朝的主要军事将领都不支持努赫二世。呼罗珊长官阿布·阿里·辛朱立（Абу Али Симджури）已经与喀喇汗王朝的博格拉汗（Богра-хан）签署秘密协议，因而也没有派出呼罗珊军队去保护河中地区。负责迎战博格拉汗的军队将领法伊克（Фаик）也叛变，导致萨曼王朝战败，法伊克与博格拉汗会师后向布哈拉进发。由于这次背叛，喀喇汗王朝的军队没有遇到任何抵抗，不费吹灰之力就占领了萨曼王朝的都城布哈拉。努赫二世被迫逃往阿穆利（Амуль）。但博格拉汗的意外死亡使局势发生转变。喀喇汗王朝的军队满载而归，退回到草原。

公元992年发生的事件暴露了萨曼王朝的不稳固。阿布·阿里·辛朱立在呼罗珊、法伊克在巴尔赫地区发动了反对努赫二世的暴动。努赫二世知道自己实力不足，返回布哈拉后就向伽色尼的统治者萨布克特勤（Себук‑тегин）求助。萨布克特勤是一位出色的军事指挥官，他来自萨曼王朝宫廷的突厥卫队，与阿尔普特勤联姻，并在其死后巩固了自己在伽色尼的势力，吞并了许多邻近地区。萨布克特勤欣然接受纳赫二世向河中地区进发的请求。他立即带领两万名士兵越过阿姆河，首先到达渴石（今日乌兹别克斯坦的沙赫里萨布兹），然后进入纳赫谢布（今乌兹别克斯坦的卡尔希），并在这里与努赫会合后，一同出发去抗击阿布·阿里·辛朱立和法伊克。经过多次战斗，阿布·阿里·辛朱立和法伊克的军队被击败，被迫逃到戈尔甘（Гурган）。因萨布克特勤的功勋，努赫二世授予他"纳斯尔·阿金·达乌拉"封号（насир аддин‑в‑ад‑даула，即宗教和国家的捍卫者）。萨布克特勤的儿子马哈茂德（Махмуд）在与叛军的战斗中也表现出色，因此获得了"塞夫·达乌拉"封号（сайф ад‑даула，即国家之剑），并被任命为呼罗珊总督，取代原来的总督阿布·阿里·辛朱立。

公元995—996年，萨曼王朝部分地区又发生起义，喀喇汗王朝的突厥人也试图重新夺取萨曼王朝的土地。这一次，尽管努赫二世在萨布克特勤帮助下镇压了起义并阻止了喀喇汗王朝对布哈拉的进攻，却不得不将锡尔河流域的萨曼王朝东北部领土拱手让给喀喇汗王朝。此后，伽色尼在河中地区的影响力大增，努赫二世实际上已经不再是一个独立的统治者。

公元997年，努赫二世和萨布克特勤都已去世。努赫二世的儿子曼苏尔（Мансур ибн Нух，公元997—999年在位）很受伽色尼的马哈茂德的影响。为防止曼苏尔与马哈茂德之间进一步靠近，与喀喇汗王朝早有勾结的内沙布尔的统治者别克图尊（Бегтузун）和法伊克（Фаик）弄瞎了曼苏尔的眼睛。此后不久，曼苏尔在公元999年去世。在别克图尊和法伊克的坚持下，曼苏尔的兄弟马利克二世（Абд ал‑Малик II ибн Нух）成为埃米尔。

马哈茂德（Махмуд Газневид）借口为曼苏尔复仇，带领军队反对萨曼王朝,先是迫使埃米尔让出今天的阿富汗北部地区,过段时间以后又占领了整个呼罗珊。萨曼王朝的埃米尔马利克二世辖下只剩下了一个河中地区。然而这个最后的堡垒也在公元999年喀喇汗王朝的新一轮打击下崩塌。喀喇汗王朝的汗王纳斯尔·伊列克(Наср-илек)占领了萨曼王朝的都城布哈拉,并将马利克二世和萨曼家族的所有成员都关进监狱。

　　作为亲历者的希拉尔·萨比(Хилал ас-Саби)对萨曼王朝的灭亡叙述很简短,但却极富感染力。他的叙述在一份手稿中被发现,并在19世纪末被罗津(В. Р. Розен)公布于世。希拉尔·萨比写道:"可汗军队到来的时候,我就在布哈拉。然后,萨曼王朝的海推布[①]站到清真寺的讲坛上,动员民众参加战斗,并代表萨曼王朝说:你们都知道我们对你们很友善、很温和。现在,敌人正威胁着我们。现在,你们应该帮助我们,为我们而战斗。你们祈求真主吧,求他保佑你们来帮助和支持我们。布哈拉的民众跟河中地区的民众一样,大部分都拥有武器。当人们听到这个消息之后,便去找法基赫[②]并问他是否应该参加战斗。但法基赫却禁止他们这样做。法基赫说:如果喀喇汗王朝与萨曼王朝是因为宗教信仰而开战,就一定要加入这场战斗。如果争斗只是为了尘世的福祉,穆斯林就不该为了杀戮而自我毁灭、自我攻击。喀喇汗人的生活方式很美好,他们的信仰也无可挑剔,因此最好是保持克制(不要掺和进去)。"这成为喀喇汗人夺取政权以及萨曼王朝衰亡的主要原因之一。巴尔托利德曾正确地指出:关于博格拉汗从伊斯菲贾布(Исфиджаб)向撒马尔罕和布哈拉的推进途中,以及占领萨曼都城之后遭遇到何种抵抗,在这个亲历者的讲述中并没有涉及。这说明,遭受持续动荡之苦的人民对王朝的更迭反应已

[①] 海推布(Khatib, хатиб)是伊斯兰的教职称谓。阿拉伯语音译,意为宣讲教义者、宗教演说家。在伊斯兰教中,海推布是主麻日礼拜时在清真寺里演讲的神职人员。海推布一职通常由伊玛目兼任,但其实职务可由不同人担任,任何娴熟伊斯兰教教义的成人都有资格担任海推布。在阿拔斯帝国时期,海推布一职由帝国派任,现代此职亦是常由政府任命管理。——译者注

[②] 法基赫即伊斯兰教法学家。——译者注

经极为冷漠。

萨曼王朝灭亡了。

阶级对抗、地方封建领主与中央政权之间的斗争、萨曼家族与其突厥将领之间的内讧、宫廷代表与底万（政府机构）官员之间永无休止地钩心斗角——所有这些因素都动摇了萨曼王朝的统治。到了10世纪末，强大的萨曼王朝只剩下了回忆。

各地的封建领主间互相敌视，同时，他们手握武器对抗中央政策，拒绝服从中央政府。在这种情况下，萨曼王朝当然无力抵抗外来者的任何侵略行动。河中地区的民众在税赋重压之下苦不堪言，曾多次起来反抗萨曼王朝的统治，当然也不会参加保护萨曼王朝的战斗。而突厥卫队作为埃米尔王位的唯一支撑，没有稳固的后方，自然也就无法抵御敌人的打击。

这就是萨曼王朝无法抵御外来袭扰而最终消亡的原因。

第二节 经济生产、物质文化和社会经济关系

一 农业

在中亚和呼罗珊，大部分劳动人口从事农业和畜牧业，灌溉农业文明已经达到很高水平，运河的分支网络和复杂的灌溉设施保障着土地的高效利用。为了总结出新时期的经济特征，首先要搞清楚公元9—10世纪的耕地面积和灌溉设施是否相比前一个时期发生了重大变化。通常，领土面积较大的国家才具有建设大型灌溉工程的客观条件。阿拉伯人入侵之前，中亚被分割成许多独立且面积都不大的领地，不具备建设大规模灌溉工程的条件。由此可见，与公元6—7世纪相比，公元9—10世纪的灌溉农业已经发展到新的阶段。当然，目前可证实这一结论的具体事例依然不多。但众所周知，哈里发穆塔西

姆（Мутасим，公元833—842年在位）曾拨款在恰奇修建了一条新运河，大型灌溉系统的组织管理体制也发生变化，管理变得越来越集中，例如，管理穆尔加布河流域和泽拉夫尚河流域两个灌溉系统的是同一个机构。塔希尔王朝的阿卜杜拉·伊本·塔希尔（Абдаллах ибн Тахир，公元830—844年在位）统治时期，就已经通过了规范暗渠利用的法律。

中亚最大的两条河流是阿姆河（下游的花剌子模绿洲除外）和锡尔河，它们几乎从未被直接用作灌溉水源，现有的运河基本上都是从它们的支流引出。成片的灌溉土地位于阿姆河和喷赤河的北部支流的谷地，例如苏尔汉河、卡菲尔尼甘河、瓦赫什河等。马克迪西（Макдиси）曾记载说，有太多苏尔汉河的水用于灌溉，以至于有时甚至都流不到阿姆河。沿着阿姆河往下走，在铁尔梅兹与阿穆利之间，史料中提到了一些坐落在渡口周围的小绿洲，它们的灌溉用水来自阿姆河的运河。总体上，根据伊斯塔赫里①的资料，大部分阿姆河的水都用在了花剌子模。

锡尔河用于灌溉的水更少，费尔干纳的肥沃土地由它的支流滋养。一些锡尔河支流的水被完全用于灌溉，甚至流不到锡尔河。阿拉伯地理学家详细描述了向费尔干纳的城市和定居点供水的情况，每次都会提到水量丰沛的运河、豪兹（即水池），以及大量的花园。

在10世纪，锡尔河流域最繁荣的地区是亚拉克河（Илак，今安格连河）谷地与帕拉克河（Парак，今奇尔奇克河）谷地。在一片面积不大的土地上坐落着数量众多的城市和村落，这种现象在河中地区的其他地方都非常少见。公元9世纪上半叶，在这里挖掘了一条新的大运河。

早在阿拉伯人入侵之前，泽拉夫尚河流域的灌溉系统就已经非常发达，后来基本不需要进行大的调整，只需要维护已有的运河、恢复

---

① 阿布·伊萨克·易卜拉欣·伊本·穆罕默德·法里西·伊斯塔赫里（Abu Ishaq Ibrahim ibn Muhammad al-Farisi al-Istakhri）是一位10世纪的旅行作家和地理学家，他在伊斯兰黄金时代——阿拔斯王朝时期访问过许多穆斯林地区，并用阿拉伯语记载了丰富内容。关于他的出身还没有共识。——译者注

临时废弃的运河、深挖河道、调整运河起点等。恢复运河时，运河的名称也经常会随之改变。10世纪时，泽拉夫尚河灌溉系统的基础是位于瓦拉格谢尔（Baparcep）的拦河坝，三条主要的运河从这里发源，灌溉着撒马尔罕以南的所有土地。在瓦拉格谢尔的对面（即泽拉夫尚河的另一侧），有三条北部运河起源于此。就土地的肥沃程度而言，撒马尔罕算得上是最肥沃的一块绿洲。一位阿拉伯总督在公元720—721年曾禁止自己的军队在粟特地区追击敌人，以免破坏这座"正教统治者的花园"，即哈里发花园。布哈拉地区也同样具有足够数量和规模的运河体系。

在此还必须提及穆尔加布河流域的灌溉系统。该灌溉系统在当时非常完善，负责维护各种设施和管理水量分配等工作的人数达到了上万人。

利用地上运河体系（水来自地表河流）进行人工灌溉，是中亚和呼罗珊地区的主要灌溉方式。除此之外也有其他一些方法。在一些地形条件不允许地表引水的地区，会开凿地下运河。地表较高的地区借助水车提水，水车可用骆驼拉动。在山麓地区建有拦水坝，将春天的雪融水保存到夏季使用。

花剌子模的提水设施

需要说明的是，非灌溉的土地也得到广泛开发和利用。即使在灌溉农业高度发达的地区，例如穆尔加布河流域和泽拉夫尚河流域，也有许多旱田，其收成能够满足所在城市或整个地区的需要。还有一些地区因灌溉用水不足，不得不增加旱田作物的种植。如在杰里鲁德河（Герируд，今捷詹河）下游，因水源不足，这里的主业是畜牧业。在河水不足的地方，特别是夏天，经常用井水来浇灌果园和菜园。

公元9—10世纪的文献资料详细地描述了各地居民的农业活动，经常会指出某个地方的特产。粮食作物一如既往地占据种植业首位，棉花种植也非常发达。在这方面，中亚在整个近东和中东地区占有极特殊的地位。棉织物从中亚大量出口到阿拉伯哈里发统治的所有地区和城市，这并非偶然。在梅尔夫（据史料记载，此地棉花品质很高）、撒马尔罕、布哈拉、恰奇等地区都大面积地种植棉花。大片的土地，特别是城市附近，被辟为果园、葡萄园、菜园、瓜园。萨曼王朝的葡萄和甜瓜声名远播，甚至传到国外。在一些地区还种植了茜草、番红花等稀有经济作物。

当时的农民也饲养牲畜，即便在大城市附近也有品质优良的牧场。畜牧业作为一个专业化产业十分发达，在草原和山区经济中占有特别重要的地位。不过，畜牧业尚不能充分满足居民的全部需求。因此，与定居在萨曼王朝边界东北部的游牧民族之间的贸易往来具有极其重要的意义。

二　采矿业和冶炼业

采矿业继续发展。费尔干纳开采的矿产包括铁、锡、银、汞、铜、铅，还有树脂、石棉、绿松石和硇砂。在卡拉马扎拉（Кара-Мазара）和苦盏地区，白银的开采量不断增加。这个矿区被称作古希西姆（Кухи-сим，银山）。阿拉伯地理学家伊本·豪盖勒（ибн Хаукаль）曾写道，在乌斯特鲁沙纳，靠近马尔斯曼达城（Марсманда）的明克村（Минк）开采出铁矿石，这些产品不仅满足费尔干纳的需求，还出口到呼罗珊和伊拉克。一本伊朗无名氏的地理著作《世界境域志》（Худуд ал-алам）讲述道，马尔斯曼达每年都会组织集市，用本地铁矿石制成的产品从这里销售到周边地区。据阿拉伯作家伊斯塔赫里（ал‐Истахри）记载，阿斯巴拉（Асбара，即伊斯法拉）拥有大型煤矿，"那里有座黑色的石山，石头会像煤炭那样燃烧。"他还指出，在10世纪的中亚，石油已被广泛用于军事目的，围攻城市时，经常使用加注了石油的燃烧弹。作为矿业中心，泽拉夫尚河上游地区开采铁、金、银和硫酸盐，达尔瓦兹（Дарваз）、鲁尚（Рушан）、舒格南（Шугнан）、巴达赫尚（Бадахшан）等地区开采金、银、红宝石和青金石，哈吉斯坦地区（Хаджистан，今塔吉克斯坦阿什特区索尔普罗姆村庄）产湖盐，供应恰奇、苦盏和其他地方的居民。

整个中亚地区都被非常详尽地勘察过，勘察工作不受任何艰险的自然条件限制。连帕米尔东部的巴扎尔达拉山脉（БазарДара）也有采矿。这里有一座大型的采矿和交易村落，这可能就是书面史料中所提到的撒马尔罕达克村（Самаркандак）。在这里发现的文书材料表明，与古代一样，中世纪的东帕米尔地区也居住着中亚人民。

考古发现和地质研究为我们勾勒出公元9—10世纪采矿业的真实图景。那个时期，塔吉克探矿者已经积累了十分丰富的经验，他们对矿物特征的实践知识，帮助他们在复杂的矿床勘探中取得连现代的地质学家都感到惊讶的成就。矿床的性质决定采矿基坑尺度或大或小。开采规模有时很大，例如卡尼曼苏尔（Капи Мансур）、卡尼古特（Кани Гут）等矿区。采矿过程中建设了竖井、斜井、水平坑道、坑室和露天矿井等设施。开采工作经常会在很深的地下进行。塔吉克斯坦有记载表明，中世纪的矿井深度已经超过了150米。火烧法已经被广泛使用到开采工作中：在工作面的岩壁附近长时间地燃烧篝火，当火焰将岩石烤热时，再把水浇到岩石上。多次重复后岩石就会出现裂纹，采矿就变得容易很多。人们根据岩石的强度使用工具，如铁楔子、带柄和不带柄的丁字镐、鹤嘴锄、月锄、铲子，此外还有铁锤、榔头、石锤和木楔。

为尽量减少劳动强度，中世纪的矿工们不仅顺着矿脉开采，更是沿着容易前进的方向开采。因此，这些矿井和水平坑道等的形状并不规则，某些地段甚至只能勉强爬行通过。同时，矿工们工作很认真，矿石开采得很干净。

大多数矿井没有加固装置，但在部分矿井遗址，例如公元9—10世纪的卡尼曼苏尔矿，发现使用了木质加固结构。许多矿井不使用加固装置并不意味着那个时代的开采技术落后，而是受当时的社会经济条件所限。那个时期，人们对生命还不够重视，只有在不加固就无法继续向前掘进的时候才会进行加固。如果从技术角度看则又不同。那时已经使用弹性加固法，这种方法在现代也依然使用，目的是防止岩石初始压力的毁灭性影响。

照明用"奇拉格"式油灯（чираг）。通风则以多种方式实现，最普遍的是自然通风。中世纪的塔吉克矿工早已熟悉罗蒙诺索夫（М. В. Ломоносов）阐释的现象原理，即在地下作业时，空气会产生自然抽力。此外，矿工们还利用各种方法来加强自然通风，如安装一个挡板，在有风的时候，可以将空气吹向矿井内。由此可见，人们在那个时期就已经使用人工通风。

奇拉格式油灯

矿井内还有排水措施。这里借鉴了有 1500 年历史的坎儿井建设经验，通过地下渠道把水排走。

矿井内凿下来的岩石用篮筐或皮袋运出地面。在陡峭的倾斜坑道中通常有台阶，在垂直的竖井中通常会安置带有脚窝的原木或真正的梯子，有的还有绞车。在卡尼曼苏尔的一处矿坑中发现了一个结构复杂的木质绞车鼓形轮，在绞绳的末端有一个钩子，可以固定篮子或袋子。

在地面要对矿石进行最终的分选，然后破碎（为此使用了各种各样的设备，包括相当复杂的设备）、冲洗、熔炼。当时已经有了大型矿石冶炼中心，例如古老的康焦尔矿区（Канджол）。

当时人们的冶金水平非常高。通过对照书面史料和炼炉残渣，以及分析炉渣和金属制品的成分可知，那时的人们已经充分掌握了复杂的冶炼技术，包括冶炼硫化铜矿石、利用熔炼法提取银等。

三 玻璃和陶瓷生产

在研究中世纪的城市和村落时，在地表、文化层、房舍和垃圾坑的考古发掘过程中，发现了大量可断代至公元9—12世纪的蒙古人入侵前的玻璃。苏联的博物馆保存了很多来自中亚不同地区的玻璃。尽管已有大量的文章和专论，但是关于公元9—13世纪中亚地区玻璃生产各个发展阶段的断代研究尚不清楚。发掘过程中找到的成套玻璃制品常常被非常笼统地断代为10—12世纪、10—11世纪等，所以不能完全用来说明公元9—10世纪的玻璃生产状况和特点。当然，公元9—10世纪所有的大型城市，甚至是中等城市都生产并使用玻璃制品，但是这些产品在公元9—12世纪玻璃总量中的占比还没有完全搞清楚。

生产年代被确定为公元9—10世纪的玻璃，考古学家只在几处地点发现，包括中世纪尼萨领地上的小镇古里托尔捷佩（Кульдортепе，今撒马尔罕地区）、中世纪城市瓦拉赫什（Варахши）领地上的一处10世纪的居民区等。在这些地方的玻璃制品中，多数是家用器皿和化妆品容器。最受欢迎的形状是各种带有高脚的玻璃杯、带把手或不带把手的宽颈和窄颈水罐、各种形状的碗、带有环形把手的杯子、窄颈梨形小瓶（有些还带有两个小把手）、呈试管样式的小型容器等。

容器通常用无色玻璃制成，但也有不同颜色的玻璃制品。彩色玻璃还用于装饰餐具。

在公元9—10世纪，中亚的玻璃匠人已经充分熟练地掌握了各种吹制薄壁餐具的技术。玻璃吹制工艺也是制作装饰容器的方法。利用这种技术工艺，吹制容器的内部通常会带有浮雕装饰。

各地出土的成套玻璃器物的形状多有重复。大多数玻璃制品没有装饰，或只有无须额外加工制作的装饰。很少使用雕刻等"个性化"的手法来装饰器皿。所有这些都表明：在公元9—10世纪，家用玻璃制品的生产已经大众化，定位于广大消费者群体。一些玻璃器皿的样式明显是在模仿公元9—10世纪的陶瓷制品。这说明，尽管制作材料不同，但玻璃器皿生产早已开始标准化。

非常重要的是，公元9—10世纪的中亚已经开始生产和使用窗用玻璃。例如在尼萨古城和阿夫拉西阿布古城遗址（Афрасиаб，即蒙古人入侵前的撒马尔罕）中，发现的玻璃碎片就是利用与餐具玻璃相同的吹制方法制作的无色玻璃。利用这些技术，中亚的玻璃技工制作出平板玻璃，不足之处是中间部分比较厚。但这个缺点没什么实际影响，因为平板玻璃还需要再切成各种小块，然后才能镶嵌到雪花石膏制成的窗框中。

遗址中发现的窗用玻璃与宫殿建筑或其他大型建筑并没有关联。显然，它们是用于富裕市民的住宅。窗用玻璃生产是一个非常了不起的进步，极大改善了当时的居住条件。

关于公元9—10世纪的中亚陶瓷生产，尽管还没有总结性的著作，但相关研究已经非常充分和全面。大规模的考古工作发现了为数众多的陶艺工匠街区，发掘了大量用途各异的制陶窑炉，手工作坊里布满了各种工具、半成品、报废品等。这些情景再现了公元9—10世纪从黏土制备到成品出窑的整个陶器流程。从技术角度研究公元9—

10世纪的陶瓷生产后，已经基本可以确定：哪种黏土曾被用来制作餐具，黏土中掺入了什么物质以及它们是如何掺入的，哪些颜料被用作绘饰以及釉料的成分是什么等许多内容。

公元9—10世纪制作的餐具式样非常多，从存储物资的大型陶罐到很小的碗碟。这个时期，制陶工艺取得的最高成就是釉面陶器，需求量很大，产量也很大。

陶艺工匠善于制作不同的釉料，碱性釉少量使用，质量更高的铅釉占大多数。铅釉是无色的，可以更方便地为餐具制作釉下彩绘装饰。通过添加一定比例的锡，陶艺工匠得到色彩"低沉的"釉料，最常见的是绿色或棕色。

无色釉和釉下彩陶瓷丰富多样。它们的生产需要特殊的技艺。器皿通常是在带脚踏的制陶转盘上制作，然后表面绘饰。为方便绘饰，要在容器表面涂一层釉底料：一种经过精细研磨和淘洗的特殊品质和特别制备的稀黏土，通常是彩色的。公元9—10世纪使用的釉底料有白色、红色和黑色。它能够收紧器皿的孔隙，形成光滑均匀的单一底色，便于绘饰。上釉底料后，将器皿进行干燥，画上彩绘并烧制。完成这些工序后再上釉，并对容器再次烧制。制造这种餐具时，要想保持清晰的构图及其色彩的变化差异，需要工匠深刻且精准地了解各种成分在两次烧制过程中的相互作用。

公元9—10世纪，釉底绘饰陶器主要是各种规格的碗碟。它们器型标准，只在细节方面各不相同，最主要的区别就是规格不同。另外，陶罐、油灯以及其他一些小件手工艺品也用这种技术制作。

铭文是最受人欢迎的餐具装饰之一。铭文通常会出现在碗碟的边缘或底部，陶罐和灯具上也可以见到铭文。字体非常优雅精致，也很标准，但内容却各异，有祝福语："祝主人幸福""祝福""顺利""祝您健康"等，有格言警句："学习从吃苦开始，学成品如蜜甘饴""慷慨君子""慷慨是荣誉和财产的守护者"等。

还有一些餐具用花卉和几何图案进行装饰，甚至还用动物图案装饰，特别常见的是鸟类图案。

仿大理石的陶瓷是完全不同的另一种类型。不同颜色相互叠加，目的不是构成某种图案，而是突出颜色、变色、斑点和半色调。

制作仿大理石陶瓷和绿色釉料的陶瓷还有一种辅助装饰手段，就是先在器皿上画出轮廓图案，再用线带将各图案部分隔开，然后浇填稀釉料。只有灵巧而有力的手才能完成这些"雕刻"图案。在这一类陶瓷中，我们再次遇到了几何和花卉装饰、鸟类图案等。

毫无疑问，公元9—10世纪的陶瓷生产证明了那个时代的手工劳动生产力有了大发展，掌握了许多工艺。在提高器具生产数量的同时，人们优化了釉料组成，发明了新的陶瓷装饰技巧。

四　其他手工业生产

关于其他手工业及其手工产品的研究，目前还不可能像对玻璃制造和陶瓷生产那样作出较完整概述。在这方面，我们主要依靠书面文献。这些资料表明：在公元9—10世纪，中亚地区的各种生产活动都很发达，许多手工产品具有很高品质，名扬中亚内外。伊斯塔赫里不止一次说过，河中地区的居民不需要其他国家的产品，因为所有的必需品他们自己都能大批量生产。

织造业高度发达。织造业的特点是产量大，织物种类繁多，品质高。织物材料有丝绸、棉花和亚麻。中亚是许多种高级面料的故乡，工匠们还掌握了某些外国的面料品类生产技术。

在当地的各种面料中，维达尔棉布占主要地位。该品种织物的名称来自撒马尔罕附近的维达尔村（Ведар），但这种织物在中亚的其他一些地方也有生产。这种面料的需求很大，不仅在中亚，在中亚之外的很多地方也有需求。伊本·豪盖勒（Ибн Хаукаль）写道："他们把整块布料披在身上，无须裁剪。在呼罗珊，无论是埃米尔、维齐尔、法官、有钱人、平民还是战士，都在冬衣外面套上维达尔棉布。他们认为这是优雅和华丽的象征，因为织物的颜色近似黄色，给人以柔和与舒服的感觉；这些织物厚实而柔软，一块布的价格是 2—20 个第纳尔不等。我经常穿这种布料，能穿五年。经常有人从伊拉克（巴比伦）过来采购这种面料，运回到他们那里去，（在那里）也以穿这种布料而自豪。"

红色、绿色和白色的面料享有盛名，它们是布哈拉城堡附近一些专业作坊的特产。高品质布料赞达纳奇就是以布哈拉附近的赞达纳村的名字来命名。这种面料在许多地方都有生产，并大量出口。有一段时间赞达纳奇织物用丝制成。世界上有些博物馆都藏有较早时期的赞达纳奇丝绸碎片，在其中一块残片的背面有一处粟特文字（用墨标记了织物的尺寸和名称）。人们对 12—13 世纪的赞达纳奇面料的色彩、图案、技术已有很多研究，但对公元 9—10 世纪的赞达纳奇面料仍研究不足。尽管有人推测，这种用棉花加工织物的时间不会晚于 10 世纪末。纳尔沙希也证明了这一点。

史料中还提到许多其他种类的织物（亚麻、锦缎类的丝绸等）。在这类面料中，梅尔夫的面料占据重要位置。梅尔夫生产的面料（尤其是丝织物）大量出口，还被其他地区模仿。

少量公元 9—10 世纪的中亚织物的碎片保留到了今天。在中世纪的埃及墓葬出土的古代织物中，发现了公元 9 世纪产自梅尔夫的几块亚麻织物碎片。这些碎片上有文字，其中一块还有装饰。

另一块来自 10 世纪中叶的织物也很有趣：带有原主人的名字——萨曼王朝的一个军事将领。中心部分画着两只大象，每只大象的两腿之间是带有小翅膀的格里芬（griffin，一种狮身鹰头怪兽）。边缘是几组装饰性的条纹，其间是文字或行走的骆驼。整个图画的情节和装饰细节以不同的形式重复了更早时期的内容。

各种金属制品的生产十分重要。一部分满足了本地需求，另一部分为自己赢得了更大的市场。马克迪西（Макдиси）曾提到布哈拉的铜灯笼、列宾让（Ребинджан）①的锡餐具、撒马尔罕的铜锅和马镫、长柄剪刀和缝针、费尔干纳和伊斯菲贾布（Исфиджаб）的武器和刀剑等。费尔干纳的武器非常有名，出口很多国家，一直到巴格达。

　　阿拔斯王朝的哈里发哈伦·拉希德（Harun al‑Rashid，Харун ар‑Рашид，公元786—809年在位）曾下令只能用纸来写字，于是莎草纸及其他书写材料便不再使用。在很长一个时期（公元8世纪下半叶至10世纪初），阿拉伯哈里发国家的纸张都由撒马尔罕供应。正是这个城市的工匠作坊利用破布生产纸张，这种纸才被称为"撒马尔罕纸"（有时也称作"呼罗珊纸"）。已知这种纸张有六个等级。10世纪时，这种造纸方法已经传播到中亚以外地区（往西一直到叙利亚），但撒马尔罕仍然是纸张的主要供应地。花拉子米（ал‑Хорезми）曾开玩笑说，他的一个朋友不写信给他是因为住在距离撒马尔罕很远的地方，那里的纸张对他来说价格太高了。

　　许多居民点从事皮毛加工，生产各种皮革和羊毛制品。

　　当然还有很多其他种类的手工业，本书不一一列举，史料也缺乏详细记载。至于当时是否存在手工业者社团组织这个问题，史料中并没有直接证据，但间接证据（包括历史地理学成果）能够支持这种推断。

　　文字史料证明，当时有许多种类的手工产品大量出口。我们已知的公元9—10世纪的手工产品（陶瓷、玻璃、布料）也极为清楚地表明，当时的商品生产规模很大，生产力发展水平很高，不仅是奢侈品，就连日常消费品也都具有优良品质。

五　建筑业、建筑艺术

　　书面文献中有大量关于公元9—10世纪建筑物的记载，但这些建

---

① 列宾让（Ребинджан）系乌兹别克斯坦的古城，12世纪蒙古人入侵后衰落消失。大体位于今日撒马尔罕和布哈拉之间的卡塔库尔干（Каттакурган）。——译者注

筑物中只有一小部分保存至今。这个时期出现了宫殿、城堡、驿站、商贸场所、清真寺、伊斯兰学校、陵墓等诸多建筑。大部分建筑都使用黏土、夯土块①和生土砖。木材在建筑中的作用非常大，木质的立柱和平面过梁在公元9—10世纪非常典型。在木质建筑中，烧砖的作用占第二位。但就是在这个时期，出现了完全用烧砖建造的大型建筑。这是这个时代取得的重要新成就，是一个重大进步。

在公元9—10世纪的不同类型的大型建筑中，陵墓得到较多研究。现在已知的陵墓有四座：布哈拉的萨曼陵墓、季姆（Тим）的阿拉布·阿塔（Араб‐Ата）陵墓、科尔明（Кермин）的米尔·赛义德·巴赫罗姆（Мир‐Саид‐Бахром）陵墓、乌尊（Узун）附近的阿斯塔纳·巴巴（Ак‐Астана‐баба）陵墓。

萨曼陵墓是公认的中亚中世纪建筑的杰作，其结构非常简单：是一个带有拱顶的正方体。建筑物规模不大，但外观却很宏伟。其水平和垂直的分隔装饰精美，搭配和谐，使这座建筑显得优雅而精巧。建筑物的所有立面构造基本相同。在陵墓上部有拱廊相连，拱廊之下的墙面被三个立面分割，其中建筑物的四角是巨大的立柱，中间是嵌在矩形构架里的拱形入口，入口处也很独特，是两个逐渐变小的拱门，由四周的立柱支撑，让人觉得十分幽深。在内部，通过复杂的拱形穹隅，将四面墙体连接，将正方形变成了八角形，实现了从方形空间向圆顶的过渡。矩形的墙体上部是八个拱形构成的环带，再往上就是穹顶。在内部的拱形环带与外部的拱廊这个高度上，有一条狭窄的内墙过道环绕整个陵墓。

陵墓的主要装饰材料是建筑用砖，建造的基本手法是用砖砌出不同的图案。装饰风格严谨，变化极其丰富。

萨曼陵墓几乎所有的设计手法、建筑物的细节和装饰都可以在更

---

① 夯土块（pakhsa，Пахса，帕赫萨）是中亚地区公元5—10世纪常见的一种建筑材料。主要是将混合有黏土和碎石的潮湿土壤压缩成耐用的建筑块料，多用于墙体、城墙、防御工事、建筑物底座、地基等。大的夯土块约1米见方，使用的时候，为了防止热胀冷缩而裂缝，通常会切割成片。——译者注

早的粟特建筑中找到原形。陵墓吸收了前朝的建筑成就并作出改进。同时，以烧砖作为基本的建筑和装饰材料，为建筑师开辟了新空间。

萨曼陵墓建于公元9世纪末或10世纪初，而阿拉布·阿塔陵墓则建造于公元977—978年（铭文所记载的日期）。这两座建筑相隔的时间大约为3/4个世纪。对建筑思想的探索催生了新式陵墓的诞生：穹顶拱门式陵墓。

阿拉布·阿塔陵墓是一个带有穹顶的立方体，但入口只有一个，位于陵墓的一侧，造型为宏伟的拱门。拱门高耸过墙，遮挡了很大一部分穹顶。门的两侧是棱状基台，使它看起来既匀称又宏伟。尖拱形入口壁龛的上方饰有弧线。内部分隔为三部分（平滑的墙面、用拱形穹隅完成的从正方形到八角形的过渡、穹顶），但拱形穹隅系统非常独特，有两层。陵墓的装饰使用了各种材料和技术。这里既有花式铺砌的砖块，用黏土和石膏雕刻而成的装饰物，也有以花卉图案为背景的题字以及利用切削砖和抛光砖砌成的图案。在许多结构和装饰细节上仍然可见与粟特建筑之间的某些联系，同时又具有更多的新特点。这些特点后来以更加完善的方式在11世纪的建筑中得到展现。

对两处陵墓遗迹的分析表明，它们都有预先设计好的方案。所有的尺寸都彼此相关，如正方形的面与其对角线之间的关系。数学规律在现实建筑中的这种巧妙应用，使得阿拉布·阿塔陵墓，特别是萨曼陵墓达到惊人的和谐与完美。

这一时期，封建主的庄园样式发生了变化。庄园的首要功能不再是防御，而是居住舒适。曾经坚不可摧的封闭外墙已经不复存在，所有外墙都安装了并无防备的门，平整的墙壁嵌满窗户，拐角的塔楼甚至没有射孔。

在阿夫拉西阿布（Афрасиаб）的居民点，发现了基本用土坯砖建造而成的萨曼王朝宫殿遗址。宫殿的一处大厅保存了一些艺术装修，如天花板、雪花石膏雕刻而成的彩色装饰条、绘画等。天花板被分割成多个矩形的装饰板块，每个板块上都画着很大的几何图案，几何图案中间是小型的花卉装饰。萨曼王朝宫殿的石膏雕刻表现出了石膏雕刻师的高超技巧、独创性和想象力。

萨曼王朝时代的木雕制品非常出色，例如伊斯科达尔（Искодар）的米赫拉普（壁龛）、泽拉夫尚河上游的木柱。伊斯科达尔的壁龛完全不用黏合剂和钉子，技法娴熟，上面布满雕刻。这里既有写着古代阿拉伯文的边条、大型的几何图案，也有最精致的花卉装饰网格。库鲁特（Курут）、奥布尔顿（Обурдон）和法特梅芙（Фатмев）村的立柱比例协调，在继承粟特时期建筑传统的同时又增添许多新的元素。柱子上的雕刻，特别是柱冠的雕刻有深雕和浮雕两种形式，奇特的花卉图案与动物图案结合在一起。奥布尔顿的木柱上动物图案最丰富，有鱼、鸟头等。

六 贸易和货币流通

公元9—10世纪的中亚大城市是地区内部、地区之间的贸易中心，有些还是国际贸易的中心。除了贸易和手工业中心，在许多乡村贸易也很活跃。纳尔沙希描述了布哈拉周围村庄的贸易活动。这里的集市通常每周一次，这一天会有很多人去赶集。有些村庄还有大型年度集市，能持续10天甚至20天，其间有很多来自远方的商人。赶集的人中，有些人是给自己购置商品，更多的人是为了转手买卖，因为这些村庄的手工业产品（尤其是布料）在中亚以外的地区也有很大需求。

那个时期的货币、发达的钱币业务、货币流通的历史特点等，都说明当时中亚地区内部贸易的状态、发展水平和特点。

萨曼王朝发行的金币（第纳尔）数量相当可观，但大多是在中亚以外的地区铸造，中亚的铸币厂只是偶尔才生产。据史料记载，当时的第纳尔金币是一种"商品"，也就是说，它不是像真正的钱币那样按数量（枚）流通，而是按重量流通。史料记载的金币本身的实际重量也肯定了这个说法，第纳尔的重量差异较大，确实不适合按数量流通。

不过，第纳尔金币在公元9—10世纪实际上没有履行流通媒介的功能，在以后的几百年里（如11—13世纪），虽然也是按重量而非数量使用，但这时它已经参与真实的贸易流通。伊斯塔赫里（Истахри）在描述布哈拉钱币的时候写道："布哈拉人不使用金币进行交易。"伊本·法德兰（Ибн Фадлан）曾于公元921年到过布哈拉，他对布哈拉的钱币很感兴趣，并对其进行了详细描述，但没有提到第纳尔金币。第纳尔金币更多的功能是储藏财富，人们更喜欢把它们藏起来。就那个时期的贸易价格和交易量而言，白银就已能够满足日常甚至是大宗交易的需求。银币的名称是迪拉姆。

在塔希尔王朝和萨曼王朝统治的公元9—10世纪，发行了很多形状的迪拉姆，每种迪拉姆都拥有自己的名称和用途。在公元9世纪，尤其是10世纪，银币迪拉姆已经成为通用货币。这些钱币没有图案，只有古代阿拉伯铭文。

在10世纪，迪拉姆根据伊斯玛仪·萨曼的名字来命名，获得了"伊斯玛仪"的名称。但是，伊斯玛仪迪拉姆在中亚地区并不常见，倒是在东欧和波罗的海国家发现了数百窖（罐）伊斯玛仪迪拉姆。因此，尽管它们在萨曼国内经济生活中也发挥着一定作用，但主要功能还是世界货币。它们的成色和重量也完全符合这一要求。起初，银币的纯度很高，重量也很精确，因此可以在国内按照数量进行流通。后来，人们认为，既然这种钱币大部分要流到国外，并且在国外基本是按照重量流通，于是萨曼王朝决定降低铸币成本。事实上，在作出调整伊斯玛仪迪拉姆银币重量的决定以后不到30年时间里，其重量差异就十分明显，与此同时，它们的纯度也发生变化。这种钱币在萨曼国内已经无法按数量流通。该现象从侧面表明，伊斯玛仪迪拉姆银币在国内贸易中的作用已经减弱，也许它跟金币一样，已经很少在国内市场流通。在公元9—10世纪的中亚，主要的流通钱币是史料中称为花剌子模迪拉姆（хорезми）、穆赛亚比迪拉姆（мусейяби）、穆罕默德迪拉姆（мухаммади）和吉特里弗迪拉姆（гитрифи）的四种货币。与伊斯玛仪迪拉姆不同，后三种钱币上的阿拉伯铭文位于不显眼的位置，图案则是钱币的主要部分。银币的正面是埃米尔的半身像，背面是火焰熊熊的神坛和守卫。这就是对公元5世纪一位萨珊君主钱币图案的系统性仿制。那个时期的赋税就是用这种带有图案的钱币来计算，这是当时经济一个非常重要的特征。不过，各地用于支付税款的钱币并不通用，而是使用各地规定的钱币。例如，矿产丰富的恰奇和苦盏地区只能用高品位的穆赛亚比迪拉姆缴税；粟特的中心城市撒马尔罕和费尔干纳只能用穆罕默德迪拉姆缴税；布哈拉只能用吉特里弗迪拉姆；而在乌斯特鲁沙纳，有记载说他们缴纳了4.8万穆罕默德迪拉姆和2000穆赛亚比迪拉姆。

显然，这三种迪拉姆之间存在某种本质的区别，否则每个地区都可以用其中的任何一种迪拉姆支付已经确定的税额。关于这个问题有两种观点：一种观点认为，这些带有图案的迪拉姆上的阿拉伯铭文不同；另一种观点认为，它们使用的金属材料不同。第二种观点在史料中得到证实。穆赛亚比迪拉姆用高成色银制成。难怪伊本·豪盖勒说穆赛亚比是"他们的宝藏"。伊斯塔赫里关于穆罕默德迪拉姆曾写道：这是用铁、铜、银等制成的合金。也就是说，它是低成色银。而吉特里弗迪拉姆用青铜制成。它们的购买力也有所不同：穆赛亚比迪拉姆可以买到更多的东西，而吉特里弗迪拉姆能买到的东西要少一些。但是关于公元9世纪的钱币业务有一个特点：这三种钱币的汇率全部高于国内通用的伊斯玛仪迪拉姆银币。也就是说，即便是青铜制的吉特里弗迪拉姆也比伊斯玛仪迪拉姆的购买力强。

小型贸易使用的是铜币菲利斯（фельсы）。铜币与银币有着一定的对应关系。例如，在公元921年，一个布哈拉迪拉姆银币等于24个菲利斯铜币。铜币通常只能在各地域内流通，但实际上它们也流通到了域外（在域外时的汇率要低一些）。在公元921年的布哈拉，撒马尔罕铜币的购买力只有当地布哈拉菲利斯铜币购买力的 2/3。

穆赛亚比迪拉姆、穆罕默德迪拉姆、吉特里弗迪拉姆，以及铜币的流通特点等表明，即使是 10 世纪，在萨曼王朝这个相当集权的国家内，中亚经济也不是一个统一的整体，而是十分明显地分成多个经济区域。尽管彼此间的贸易关系不断发展，但各区域市场仍保持一定的独立性，甚至是各自的钱币体系。王朝政府也不得不尊重这些特点与传统。

这一时期，河中地区与东西方的贸易，尤其是与近东国家以及在东北边界地区与游牧草原的贸易显著发展。河中地区与其他国家的贸易商品结构也发生了变化。各阶层居民个人使用的商品和手工业者需要的商品越来越常见。近东与中国之间的商队路线就穿越河中地区，这条商路始于地中海沿岸国家，经过巴格达、哈马丹、内沙布尔、梅尔夫、阿穆利到达布哈拉，再经撒马尔罕、沙什（恰奇）、塔拉兹、巴拉萨贡（Баласагун）、苏亚布（Суяб）、伊塞克湖（Иссык-Куль）南岸，最后到达蒙古国和中国。

商队的规模有时很大。例如在公元 921—922 年，伊本·法德兰（Ибн Фадлан）曾当过哈里发穆克塔迪尔（Муктадир）派驻伏尔加保加尔汗国（Вóлжская Булгáрия）的使团秘书。据他描述，使团商队有 5000 人和 3000 匹马，还不算骆驼。但通常的商队规模还是要小些，与商队同行的不仅有商人，还有工匠、手工艺人、学者、艺术家和旅行者。如果使节也一起出行，商队的规模就会很大，并有武装部队伴随。

河中地区、呼罗珊、伏尔加保加尔汗国的贸易高度发达。伊本·法德兰非常详细地介绍了连接中亚和欧洲东南部的贸易路线。以前，从巴格达和伊朗到伏尔加保加尔汗国的贸易路线要经过高加索地区和可萨汗国（Хазарское царство）。但是到了 10 世纪初，即哈里发穆克塔迪尔统治时期，巴格达哈里发与可萨汗国之间的关系恶化，贸易路线也开始改道经过河中地区。伊本·法德兰写道：从布哈拉出发，贸易路线先到达阿姆河，再沿着阿姆河到达花剌子模的南部中心基亚特（Кят），再到乌尔根奇（Ургенч），再经过恩巴（Эмба），最后到达伏尔加保加尔汗国。如此一来，贸易路线避开了可萨汗国的领土，沿伏尔加河左岸穿行。沿途建造了可供商人休息歇脚的客栈。在俄罗斯各地区（一直到波罗的海），均发现了大量的萨曼王朝钱币和伊斯玛仪迪拉姆，这证明了中亚与俄罗斯之间紧密的贸易联系。伏尔加保加尔汗国通过花剌子模出口毛皮、皮革、用于鞣制皮革的树皮（这对于制革业本来就十分发达的中亚很重要）、牲畜、奴隶、蜂蜜、坚果等。从中亚运往东欧的是大米、干果和各种布料，但最多的还是伊斯玛仪迪拉姆银币。

七　布哈拉——萨曼王朝的都城

公元 8 世纪对于河中地区的城市居民来说是个非常艰难的时期。纳尔沙希在《布哈拉历史》中讲述道，阿拉伯征服者在公元 709 年占领布哈拉之后，不仅从当地居民手中夺走了一半的房舍，还为安置阿拉伯人而清空了部分城市。大多数阿拉伯家庭被安置在布哈拉市中心的库汉吉兹城门附近（Кухандизские ворота），因为这里是布哈拉防守最坚固的地方。

由于近东与河中地区之间的贸易关系扩大，中亚城市加速向发达的封建城市转型。其发展路径也不尽相同：有些城市中心的内部结构发生变化；有些城市中心地区的原有作用丧失，而在城市外围发展新的手工业和贸易中心等。作为封建城市，布哈拉是第一条发展路径的样本。

布哈拉的经济和政治生活越来越集中在中心地区，这里出现了集市和工匠街区，还建起商队的板棚仓库。按照纳尔沙希的说法，在塔希尔王朝（公元 821—873 年存续）时期，布哈拉就有一座大型纺织作坊，这里很可能使用了奴隶劳动，生产的商品被运往哈里发的中心和遥远的近东城市。市中心盖起了贵族的高大房屋以及多座供国家机关办公的新建筑。随着城市中心地区的内部结构发生变化，布哈拉从公元8世纪初开始向三个方向扩展：南边，在杂货商们所在的阿坦（аттан）城门以外出现了集市和堡垒；西南和东南方向出现了集市和专门的作坊街区。到公元9世纪中叶，布哈拉的领地已经扩展得非常大，于公元849—850年重新构筑了城墙，有11座城门。

布哈拉的城市面貌发生了很大变化：列吉斯坦广场（大广场）变成萨曼王朝的国家政治生活中心，城北建起了埃米尔宫殿和行政办公用房。

经济生活向市中心集中，这为布哈拉向封建城市转变起到非常重要的作用：出现了各种各样的手工作坊街，手工业者在作坊内生产，也在这里交易。10世纪时的城市中心也是集市，城市面貌也因此完全改变。

八　封建赏赐与土地分封制度

中亚地区的10世纪已经是封建主义的鼎盛期。萨曼王朝是一个保护大地主和大商人利益的封建国家。所以此前谈到的经济增长，以及农业、手工业和货币贸易的发展并不意味着劳动人民的生活也随之改善和提高。

国家和大封建主是土地和水资源的主要拥有者。因此，土地普遍分为国家土地、大封建主土地、私人土地（Мильк）和教会土地（瓦合甫）等类型。关于10世纪之前的史料已经记载了小地主如何大批破产，如何"自愿"将土地交给大封建主，显然，这一进程在10世纪仍在继续。

萨曼王朝统治时期，除绝对的土地占有制外，还有一种建立在"论功行赏"基础上的分封土地占有制。封建赏赐与土地分封制度的发展程度是衡量一个社会封建化水平（自上而下）的重要指标之一。有一种观点认为，封建赏赐与土地分封在萨曼王朝统治时期对社会经济生活影响不大，但在11—13世纪的喀喇汗王朝和塞尔柱王朝统治时期则得到快速发展。这种观点的形成可能是受到了文献史料的影响，即在萨曼王朝时期，近一半预算用于"论功行赏"。而更晚时期的尼扎姆·穆勒克（Nizam al-Mulk）所著《治国策》（Siyāsatnā-meh）指出，萨曼王朝时期的呼罗珊不分配采邑，另外，史料中关于萨曼王朝"论功行赏"的案例很少，也在一定程度上支持了此观点。由此产生了两个互相对立的中亚历史时期：公元9—10世纪和封建赏赐制度大发展的11—12世纪，这与喀喇汗王朝和塞尔柱王朝征服中亚的历史完全关联。

　　古钱币学研究成果让我们得以从根本上重新审视这些中亚文献资料所反映的问题。除文献中已经提到的那些案例外，人们又发现了另外18个封建赏赐的案例，如塞尔柱王朝在库锡斯坦（Кухистан）地区的活动等。在所有案例中，没有普通阶层的公职和军职人员得到赏赐。可以发现，公元9世纪的赏赐规模一般都非常大（整个州、区和市），但只赐给王室成员。在10世纪，特别是10世纪下半叶，越来越多的赏赐对象不再只是王室成员，而是各种达官显贵，有时甚至是一些并不非常显赫的达官贵人。赏赐的规模有时仍然很大，有时却明显小很多。

　　公元9—10世纪的赏赐意味着被赏赐者将拥有封地的全部或部分收入，但这些赏赐既不是终身的，也不是世袭的。赏赐的前提是担任公职，一般是担任受封地区或城市的总督，所以该公职赋予他们在处理内部事务时享有极大的权利和优惠。受赏赐者有时还会获得在钱币上标注自己名字的权利。在这种情况下就可以非常清楚地看到，中央政府与受赏赐领主之间的关系、领主的独立程度多种多样。例如，有些铜币以王朝国君的名义铸造，而作为附庸的受赏领主——总督的名字则标注在不显眼的次要位置上（如公元9世纪下半叶前期的撒马尔罕和恰奇、10世纪初的伊斯菲贾布）。不过，更多的情况则是与此相反，即铜币以受赏领主的名义铸造，提到萨曼王朝君主（宗主）只是为了表达敬意，例如在费尔干纳的城市阿赫西克特（Ахсикет）、纳斯拉巴德（Насрабад）和库巴（Куба），甚至整个费尔干纳在 10 世纪的不同时期都是这样。另外还有一种形式，即铜币上根本没有王朝君主的名字，只有受赏领主的名字，如公元 9 世纪下半叶和 10 世纪初的阿赫西克特和恰奇。这让人感觉到他们想要打破附庸关系的企图（哪怕只是形式上的附庸）。根据已知的材料，只有那些掌握大领地的王室成员才有这种企图。

萨曼王朝的赏赐经常会变成真正独立的封地。他们的拥有者（无论是王室成员，还是达官显贵）经常会自封"埃米尔"或"伊斯兰的忠实委托人"等这些萨曼王朝君主们才有的封号。

萨曼王朝统治时期，"多级"附庸制度作为典型封建关系得到发展，最终形成了封建等级制度。有一些记载，讲的是萨曼王朝的君主将一个城市或地区赏赐给某位大官员，而这位官员再把得到的部分赏赐转让给其他人。例如，费尔干纳就有一个我们已知的"四级"附庸关系案例。

受赏赐的领主都努力扩大自己的权力，而中央政府却试图压制这种企图。在这场斗争中双方各有收获。例如，前面提到萨曼王朝的埃米尔纳斯尔·伊本·艾哈迈德，他把一部分土地税赏给担任布哈拉总督的兄弟伊斯玛仪，但伊斯玛仪试图把该地区的所有收入据为己有。伊斯玛仪起初的尝试未能成功，但最终达到了目的。这是中央政府的一次失败。但另一次是中央政府取得了胜利。费尔干纳的城市库巴和纳斯拉巴德被封赏给几位达官显贵。受赏的领主们企图扩大自己的权利，结果都以失败告终，这两块领地全部被取消封赏。还有阿赫西克特，王室成员受封该领地后，试图将它变成终身且世袭的财产。起初他们达到了目的：伊斯哈克·伊本·艾哈迈德（Исхак ибн Ахмад）占有阿赫西克特多年后，该领地传给了他的儿子。等到觊觎王位的伊斯哈克公开暴动失败后，中央政府占领费尔干纳，并将阿赫西克特赏赐给另一个人，其权力也被大大削减。萨曼王朝时期，库锡斯坦地区是塞尔柱家族四代人的赏赐领地。

因此，封建的赏赐制度在萨曼王朝的社会经济生活中发挥了非常重要的作用。甚至是国家的中心地区和最主要的地区（撒马尔罕、布哈拉、恰奇、费尔干纳等）以及个别城市在不同时期都曾是被赏赐的对象，而且常常变为萨曼王朝内部真正的封地。

史料中的一些具体记载，以及与西部的伊朗和伊拉克的类比，尤其是花拉子米的文献资料，让我们得出一个结论，即这类赏赐在中亚萨曼王朝统治时期被称作"伊克塔"（икта）和"图玛"（тума）。花拉子米是萨曼王朝一位维齐尔手下的小职员，他的著作写于公元976—991年。"他的主要任务是为政府机构提供一本参考手册。他用术语解释的形式编写此书，涵盖了所有领域的知识。"花拉子米用两个术语指代了当时的封建土地赏赐。图玛（字面含义是"喂养"）是一种终身赏赐，而且被赏赐的土地还要收取租金，即一定数额的税。换言之，这种情况下，受赏者拥有的权利不是领地的全部所得，而只是部分收入。伊克塔是世袭的土地赏赐，受赏者即为土地的所有者。尽管从理论上讲，此时和后来的伊克塔赏赐的仅是土地的收入，但实际上，正如花拉子米所述，伊克塔的所有者在10世纪已经享有巨大权利，这类赏赐甚至变成了世袭财产。古钱币学研究成果也说明，公元9—10世纪出现在中亚的各类赏赐，正如花拉子米所描述的那样，与伊克塔和图玛的性质完全一致。

与此同时，不应忽视的一个事实是，萨曼王朝几乎一半的国家财政用于支付军费和官员俸禄。萨曼王朝有两个明显对立的趋势：一方面，封建土地赏赐制度迅速发展；另一方面，中央政府努力减弱这种需要耗费巨资的"论功行赏"分封制度的发展。

史料中的某些证据表明，发展封建土地赏赐制度对国家经济和中央政府本身都危害极大，那时的人们就已对此心知肚明。只要情况允许（即可以不赏赐土地），中央政府就会尽量不将土地作为图玛或伊克塔分配出去（例如伽色尼王朝的最初几任就是这种情况）。

从这个角度看，萨曼王朝经历了一个过渡期。公元9—10世纪，王朝内部的两种对立趋势使得伊克塔和图玛制度完全无法在普通军职和公职阶层中推广（中央政府仍然坚守着自己的立场）。而对于上层统治阶级，中央政府仍不得不扩大土地分配，只是尽力不让土地变为世袭财产，有时还不那么成功。毫无疑问，当哈里发政权统治下的西部地区（特别是10世纪下半叶的白益王朝，Buyid dynasty，Буиды 或 Бувайхиды）还在进行社会封建化之际，在萨曼王朝，典型的封建土地所有制（即基于分封的赏赐）已经占比很大。

九 封建地租、农民处境和人民运动

塔希尔王朝和萨曼王朝废止了贬农为奴的现象。在废除这个残忍而屈辱的习俗中起到关键作用的，是前面提到过的两件事：一是河中地区爆发的穆坎纳起义；二是阿塞拜疆爆发的同样大规模的群众起义。亚库博夫斯基（А. Ю. Якубовский）认为，萨曼王朝统治时期，农民不需要再建造和维护抵御游牧民族的城墙，所以劳役地租也有所下降，但这并不意味着总的封建地租和封建剥削下降。伊克塔制度（即分封制）的发展必定会加大对农民的封建剥削。另外，国家定期收缴固定标准的哈拉志税（土地税），有时甚至以次年借贷为由一年征收两次。最后，公元9—10世纪迅速发展的商品货币关系一定会严重影响到地租，加重农民的实际负担。这个推断看起来没有事实依据。公元9—10世纪的史料表明，中亚各地的地租税用货币计算，税额固定，没有变化。但事实却表明，这种不变仅仅是表面现象，而实际上，公元9—10世纪的地租税一直在增长。根据纳尔沙希的记载，布哈拉的土地税将近20万迪拉姆银币。发行吉特里弗迪拉姆（铜币）后，起初规定的兑换率是1枚迪拉姆银币兑换6吉特里弗迪拉姆，也就是说，布哈拉的土地税将近120万吉特里弗迪拉姆。后来，吉特里弗迪拉姆的价值上涨，并最终与迪拉姆银币的购买力持平，但政府依然和从前一样，只用吉特里弗迪拉姆征收土地税，这意味着，土地税的实际额度在那个时期增加了6倍！但这还不是全部。到了公元835年，迪拉姆银币和吉特里弗迪拉姆的比值变化更大，10枚迪拉姆银币只能兑8.5枚吉特里弗迪拉姆。在公元921年，10枚迪拉姆银币只相当于7枚吉特里弗迪拉姆。如果将土地税的初始税额视为1的话，那么到了公元921年就相当于增至8.57。当然，这个数字是假定的，因为无法将许多其他的因素也考虑进来，如商品和食品价格的变动等。但有一件事毋庸置疑，即在公元9—10世纪，布哈拉的土地税额度表面上没有增加，实际上却一直在增长。中亚其他地区的情况也应该类似。

还有一个极为重要的问题尚不完全清楚：以何种形式收缴地租？研究资料表明，中亚地区收缴封建地租一般采用混合式，即以产品为主，外加劳役和钱币。公元9—10世纪的史料提到了货币形式的土地税，但应该弄清楚，这些土地税是直接从生产者手中以货币形式收缴，还是仅仅以货币进行计算，然后以产品的形式收缴？只有在第一种情况下才能得出负责任的结论，即土地税主要通过货币形式征收。

亚库博夫斯基（А. Ю. Якубовский）也支持"公元9—10世纪土地税基本通过货币形式征收"的观点。他的依据是纳尔沙希讲述的一个众所周知的故事：侯赛因·伊本·塔希尔（Хусейн ибн Тахир）在公元874年占领布哈拉后，当时布哈拉的土地税用吉特里弗迪拉姆缴纳，他便想将它们换成纯银子。由此可见，那时布哈拉的土地税确实是以货币形式收缴。这个关于布哈拉土地税的故事说明，用货币缴税并不是孤立事件。同时，纳尔沙希的记载中还提到，在吉特里弗迪拉姆的价格上涨之后，政府拒绝接收以白银支付的土地税，只收吉特里弗迪拉姆。在公元9—10世纪，作为阿拉伯哈里发中心的伊拉克的许多地区也都以货币方式征收土地税。

布哈拉是中亚最大的手工业和贸易中心之一，整个布哈拉地区都卷入了商品货币关系。前面已经提过，布哈拉附近许多村庄的商品生产也很发达。不过，并非中亚所有地区的商品生产都均衡发展，也并非所有地方的商品货币关系都达到相同的水平。对许多地区而言，尤其是边缘地区，很难想象货币能成为当地缴纳地租的主导形式。我们现在所掌握的一些具体情况，涉及的都是高度发达的布哈拉地区。如果仅凭这些不多的事实就对整个中亚地区进行广泛概括，还为时过早。不同地区征收土地税的形式可能会有所不同，一些地区可能使用货币，另一些地区可能是实物，还有些地区则可能是混合形式。

公元9—10世纪的直接生产者可以分为两类：村社农民和佃农。他们之间的界限有时模糊不清，因为变成佃农的不仅有无地的农民，还有耕地不足的农民。

史料文献中提到：在东部，分成制地租是剥削农民的主要形式，佃农是农业生产的主力。但实事求是地说，对于村社和分成制地租在公元9—10世纪的中亚所占有的地位和比重等问题，学界确实缺乏研究。

萨曼王朝统治时期所确立的封建剥削形式（封建地租规模实际增长、一年征两次税、土地分封的规模不断扩大、分成制地租等）逐步造成大量民众失去土地，只能完全依附于大地主。平民百姓（农民和工匠）的生活极度贫穷，越来越多的人破产。

萨曼王室依靠劳动人民建造了宏伟的宫殿、伊斯兰学校和清真寺，而巨大的工程开销却沉重地落到百姓肩上。这些因素加在一起，激起一系列的大规模农民起义，反抗无法忍受的封建压迫。

伊斯玛仪·萨曼（Исмаил Саманид）在执政的第一年就镇压了一场大规模农民起义。纳尔沙希关于这次起义写道：一个强盗将民众聚拢在自己身边，4000名流浪汉和闲散农民聚集在一起，他们在拉米坦（Рамитан）和巴尔卡德（Баркад）之间的道路上行抢打劫。事情后来发展到他们（暴动者）甚至还打算攻城（即布哈拉）的地步。

这里讨论的显然是农民起义。但作为封建主利益的代言人，纳尔沙希对民众起义明显持否定态度，他把起义者和起义领袖称为"流浪汉"和"强盗"。

手工业者的处境也同样艰难。塔吉克的阿拉伯语诗人阿布·哈基姆·瓦拉克（Абу Хатим ал-Варрак）是位造纸工匠，干了50年的老本行之后，他在垂暮之年得出如下结论：

> 造纸这一行啊，受人鄙视。
> 造纸的日子啊，繁重艰苦。
> 活着的时候，我食不果腹。
> 死去的时候，我尸不裹布。

萨曼王朝内部的主要矛盾是阶级斗争，一方是农民与手工业者等劳动人民，另一方是封建地主和上层统治阶级。

大多数由经济原因引发的阶级斗争（如提高土地税等）中，也带有意识形态色彩，表现为官方宗教同被压迫阶级所推崇的、被称为"异端邪说"的非正统宗教间的冲突。在布哈拉、锡斯坦和查加尼扬都发生过这种斗争。

顺便说一句，卡尔马特教就是一种民众反抗压迫和剥削的宗教形式。早期的卡尔马特教派吸收了伊斯兰教兴起之前的一些宗教概念，其中也包括马兹达克运动的某些元素。卡尔马特教派宣扬回归村社制度——在保留奴隶制的同时，村社自由民享有平等的权利。深受封建主奴役的广大农民阶层被村社平等的思想宣传所吸引，纷纷加入卡尔马特教，这也是卡尔马特教在近东得到迅速传播的原因。

10—11世纪的许多中亚民众运动都追随卡尔马特教派。那个时代的许多进步人士都将卡尔马特教派视为反抗统治压迫的力量，将其教义视为对社会平等的呼吁。

自出现以来，卡尔马特起义就一直比较矛盾：一方面，这是人民群众反对新封建秩序的运动；另一方面，它也是贵族反对封建中央政府的运动。

十　塔吉克民族的形成

当河中地区和呼罗珊的权力集中在萨曼王朝的时期，塔吉克民族得以最终形成。在国家独立的新条件下，许多文化传统得以复兴，也创造了新的文化价值，特别是受到世界认可的古典诗歌。

早在阿拉伯人渗透到中亚之前，随着各个地区和各个国家之间的经济文化联系不断加强，以及城市生活水平在封建关系条件下不断提高，一些以定居为主的中亚部落明显出现了联合和融合为一个民族的趋势。

中亚地区从古代起就已出现民族发展进程，最终形成了一些独立的民族，如粟特人、花剌子模人、费尔干纳人、吐火罗斯坦人等。各个民族都有自己的文化。因此，不应夸大各民族的文化特性，以及他们内部的统一性，因为每一种文化都是由多种亚文化拼凑而成。

这些民族的语言总体上属于东伊朗语，但史料文献认为吐火罗斯坦地区有三种方言，即"当地语言"（似乎也是东伊朗语）、某种"吐火罗斯坦语"、突厥语。族群由定居民及游牧民组成。游牧民在公元前几乎都是东伊朗语族，尤其是塞人。公元前最后几个世纪和公元纪年以来，外来语言群体，尤其是突厥语群体开始进入。大部分突厥语群体仅在突厥汗国时期才迁入中亚。从公元6—8世纪开始，突厥人开始在中亚民族历史中扮演重要角色。

民族构成的边界可以打破，民族间的互相渗透历史上从未停止。这一进程不仅发生在文化同质的群体之间，也发生在文化不同的群体之间，例如定居者与游牧民。游牧民族走下马背转向农耕，成为村落（也包括城市）的居民，这样的进程在中亚地区数千年来一直持续。同样重要的是，在邻近地区，不同语言的民族群体也有着十分密切的文化、经济和族群接触。这会造成部分或完全的双语现象、母语的丧失、各种各样的相互学习和吸收（部分文化和经济元素，或者整个文化经济生活)、建立相互联系的经济制度等。语言学家和民族学家详细研究了中亚地区这种相互关系的机制和变化。结果是我们看到了一些极端现象，例如，讲塔吉克语的哈尔杜里人（хардури）吸收了游牧的乌兹别克人的生活方式和文化，与此相反，原来讲突厥语的游牧部族"突厥人"（现在的库利亚布人）则完全转向了农业劳动，并掌握了塔吉克语。双语现象很普及，例如丘斯特（Чуст）或穆哈尔（Мухар）的塔吉克人。

当然，也有异族通婚、居民混血的情况。这一点文字史料有直接记载。中亚的主要人口属于中亚河中人种，也叫帕米尔—费尔干纳人种。这是大欧罗巴人种的一支。苏联人类学家，特别是奥沙宁（Л. В. Ошанин）、亚尔霍（А. И. Ярхо）对此进行了区分、描述和分析。该人种的特征如下：脸部不平坦，略向前突出，毛发丰富。颧骨不发达，脸部不宽也不高，鼻子高低适度，鼻梁很直（帕米尔人的鼻子是纯鹰钩鼻）。眼睛的颜色较深，有明显的混合成分，头发呈黑色。从上方看时，头骨呈圆形，因此得名"短头人"或"圆头人"。身高中等，平均 166—167 厘米。

中亚河中人包括塔吉克人（最纯的代表是山区和帕米尔高原的塔吉克人）和乌兹别克人，但后者混有大量蒙古人种的元素。

关于中亚河中人的起源有多种假设。一种说法是：欧罗巴人种在中亚很早就已经存在，而且分布很广，河中人就是由早期的欧罗巴人混合产生。另一种说法是，大约在公元第一个千年之初，由欧罗巴人种中的一支演变而来。也有些人类学家将这个时间说得很遥远。

在公元第一个千年中期，突厥部落加速涌入，蒙古人种也加入进来。但在最初阶段，种族的蒙古化过程远远落后于语言的突厥化进程。在随后的历史时代中，中亚的河中人种继续演变。在历经多个世纪的演变、融合、孤立等不同的渗透融合之后，时至今日，该人种已发生重大变化，在不同地区的差异明显。

在阿拉伯人征服中亚前，东伊朗语很普及，如粟特语、费尔干纳语、花剌子模语和嚈哒语等。公元5—6世纪，属于西伊朗语范围的帕提亚语完全从土库曼斯坦南部和呼罗珊地区消失。

呼罗珊、锡斯坦和河中地区的东伊朗语民族最早从哈里发政权独立出来并建国，塔吉克语（达里语）就是在这个地区和这个历史时期形成，并迈上此地区的政治文化生活大舞台。正是在这里，当地封建望族及其支持者开始将自己的母语（达里语）作为国家标准语来推广普及。

从梅尔夫发现的公元7世纪与8世纪之交的波斯语（中古波斯语）铭文可以推断，该地区从那时起就已经使用波斯语。根据贾赫希德里（ал-Джахшидри）的重要记载，呼罗珊人直至公元742年都在使用波斯文字（可能基于巴列维语字母），抄录文稿的人被称为麻葛（маг）。根据穆卡法（ал-Мукаффа）和穆卡达西（Мукаддаси）的说法可以断定，早在公元8世纪上半叶，波斯语（塔吉克语）就已在巴尔赫地区普及。

公元7—8世纪，波斯语在伊朗东北部、阿富汗北部和中亚南部，包括塔吉克斯坦南部的地位很稳固。除上述穆卡法的资料外，慧超记载的关于存在一种特殊的吐火罗语的说法、塔巴里（Табари）记载的关于吐火罗居民在阿拉伯人战败后而传唱的一首嘲讽诗的资料，以及古代的地名资料等，也都能证明这一点。在公元8—10世纪的著作中，塔吉克语（被称为法尔斯—达里语或波斯语）与呼罗珊，以及巴尔赫关系密切。它的许多重要特征很可能形成于阿拉伯大征战之前。政治因素、对当地文化的迫害等，都对粟特语、花剌子模语和其他东伊朗语的进一步发展造成不利影响。

波斯语从呼罗珊北部的梅尔夫、巴尔赫以及其他行政、经济和文化中心逐渐传播到河中地区的过程中，逐渐排挤和取代了粟特语和巴克特里亚语等中亚当地的东伊朗语（方言）。目前对这个过程的细节及其发生的具体历史条件还研究不够。波斯语也可能早在阿拉伯大征战前的几个世纪就已经随摩尼教渗透到了中亚。众所周知，中亚的大城市中，如撒马尔罕，在公元6—7世纪就有了大型的摩尼教团体。有理由推测，这些教会团体和中国西北地区的摩尼教团体一样，使用波斯语。

首先要指出，在征战河中地区的阿拉伯哈里发军队中，有相当数量的人不是阿拉伯人，而是被称为"毛拉"①，即被阿拉伯人征服的人，他们接受了伊斯兰教，受阿拉伯人庇护。众所周知，在呼罗珊的阿拉伯总督（领导了对河中地区的征战）的军队中，毛拉的数量相当多，主要是呼罗珊人。这些讲波斯语、皈依了伊斯兰教的毛拉们渴望获得丰硕的战利品，积极参加了征服河中地区的战争，并在被征服地推行伊斯兰教。显然，在这种情况下，语言的传播可能会更广泛，远远超过民族迁移——拉丁语在西欧的传播史就是典型的例子。保留下来的《圣训》表明，波斯语在当时以及后来是伊斯兰教最重要的宣传工具之一。据10世纪的纳尔沙西记载，公元712—713年曾在布哈拉城堡中建造一座大型清真寺，根据这个故事可以看出，布哈拉居民在宣传伊斯兰教和举行伊斯兰教礼仪时使用一种或几种语言。还有一个故事讲述公元728年有一名穆斯林宣教士拒绝在撒马尔罕宣教，理由是不懂波斯语。

当然，河中地区的粟特语居民改说波斯语是一个漫长的过程。根据中国朝圣者玄奘的记录（他于公元629年路过中亚），从碎叶（楚河河谷）到渴石（现名沙赫里萨布兹，位于撒马尔罕以南）的整个地域都用"窣利"（粟特）这个名称，相应地，整个地区的居民使用的语言和文字也都叫这个名称。可以看出，公元7世纪初，粟特语不仅在粟特本地（泽拉夫尚河谷和邻近地区、卡什卡达里亚绿洲等），也在七河流域（即粟特的集中垦殖地区）广泛普及。泽拉夫

---

① 公元7—8世纪，阿拉伯哈里发国家将非阿拉伯血统的穆斯林称为"毛拉"（Mawlā），其复数形式为"马瓦里"（Mawali），汉语译为"释奴"。一种说法认为，该词是从"瓦拉"（Wala）派生出来的被动名词，意思是被释放者、被解放者、被管理者，并非专指"被释放的奴隶"。另一种说法认为，毛拉也有可能间接来源于波斯语穆拉（Mullah）用来称呼伊斯兰教的教士。现在伊斯兰国家，尤其是中亚和印度次大陆将知识分子、学者尊称为"毛拉"，通常指伊斯兰学者，相当于汉语的"先生"。什叶派有时将伊玛目也称为毛拉，尊崇。——译者注

尚河谷的人们在公元 8 世纪前 25 年还在讲粟特语。前面提过的穆格山粟特语文书证明了这个事实。文书显示，迪瓦什蒂奇与其他粟特封建主之间的内部信件往来都是用粟特语写作。以他名义发出的信函也用粟特语写作，与他通信的那些人也用粟特语写信。纳尔沙西讲过一个阿拉伯人征服布哈拉时期的故事。征服者强迫布哈拉人在上文提到的清真寺内祈祷，但由于当时的布哈拉人（或某一部分布哈拉人）既不懂阿拉伯语，也不懂波斯语，于是就让一个人站在祈祷者的身后，专门用粟特语提示他们，什么时候该跪下或如何完成其他某种仪式要求。

显然，到公元 9—10 世纪时，河中地区的大城市（撒马尔罕、布哈拉）的大部分人口才改用波斯语。

大家知道，10 世纪时期的布哈拉已经有了相当发达的波斯语文学。然而远离大城市和主要交通线路的农村和山区仍然固守粟特语。根据阿拉伯地理学家穆卡达西（Мукаддаси）的记载，到 10 世纪末，布哈拉农村地区的人还在讲粟特语："……粟特人有自己的语言，布哈拉农村地区的许多语言与之很像。它们五花八门，但那里的人都能听懂。我见过著名的伊玛目·穆罕默德·伊本·法德尔，会讲很多这样的语言。"在泽拉夫尚河上游以及上游的几条支流地区，整个中世纪都保留着粟特方言。有一种方言在泽拉夫尚河左岸的一条支流河谷内（亚格诺布山谷，Ягноб）保留至今。

在讲粟特语的人改讲波斯语的过程中，一些粟特语元素也被带进波斯语，尤其是词汇。

在古代吐火罗斯坦的山区，波斯语替代当地的东伊朗语方言的过程也大抵如此。

因此，波斯语先是在城市传播，然后才推广到农村地区。在农村一直到 10—11 世纪还有大量讲粟特语和花刺子模语的群体。正如 10 世纪的旅行家所述，最新的研究成果也证明，波斯语（即塔吉克语）分化成一系列方言，每个大城市和各地区的居民都有自己的方言，据说有撒马尔罕方言、赫拉特方言、内沙布尔方言、梅尔夫方言、巴尔赫方言等。由于地理封闭、特殊发音以及东伊朗语的专门词汇，这些东部方言与西部方言差异很大。东部方言被称为"波斯语"（法尔斯语），西部方言被称为"阿贾姆语"（аджам，即用阿拉伯字母书写的非阿拉伯语）。"波斯语"的名称是后来才用于西部方言。语言学家认为，现代塔吉克语的一些根本特征早在10—11世纪就已经出现，这也使它有别于现代波斯语，不过，这些差异大约在五百年后才完全形成。

语言学家关于塔吉克语的形成和发展等重要问题尚未作出最终解释，尤其是这种语言形成的时间和地点仍存在争议。

公元9—10世纪涌现出大量塔吉克语文学作品。呼罗珊—中亚方言是这些文学语言的基础。一些塔吉克—波斯文学杰作就是用塔吉克文学语言书就。

尽管文学发展十分重要和突出，但它也只是文化的一个方面。公元9—10世纪的塔吉克文化的产生和确立，是塔吉克的科学、精神和物质文化领域发展进步的反映，是中亚风格和流派得以确立的标志。各个零散的历史文化继续走向统一。

由此，在公元9—10世纪的河中地区和呼罗珊地区，一种具有普遍共性的民族文化正逐渐形成。这种文化共性几乎完全涵盖了塔希尔王朝、萨法尔王朝，特别是萨曼王朝，并于10世纪与11世纪之交或11世纪上半叶获得了一个民族称谓。波斯历史学家阿布尔·法兹·贝哈基（Абу-л-Фазл Бейхаки）在1043—1044年记载道，苏丹的一位亲信曾说："我们，塔济克人（тазики）……"此前，早在10世纪，"塔济"（тази）这个术语也表示阿拉伯人。贝哈基还讲述了丹达纳坎战役（1040年，Данденакан）后的一场交锋。他说：印度人、阿拉伯人和库尔德人在逃跑，塔济克战士（тазики）则与敌人顽强战斗。由此可知，"塔吉克"（таджик）这个名字在11世纪上半叶就已成为在中亚和呼罗珊地区形成的这个民族的"自称"①。

尽管塔吉克民族在公元9—10世纪就已经形成,但在随后的几个世纪中,它并非一成不变。一方面,塔吉克民族的融合进程继续深化,物质和精神文明进一步趋同。当然,这一进程常常被外族入侵和封建割据打断,甚至起到相反的作用。另一方面,与中亚突厥语部落的密切联系,在塔吉克民族和文化历史进程中的作用越来越大,特别是在11世纪后剧增。各民族间的关系越来越密切,他们共同反抗阶级敌人和外国入侵者。在随后几个世纪的人民起义中,在与外国侵略者的英勇斗争中,我们都能看到中亚各族人民的祖先在一起战斗,特别是塔吉克和乌兹别克两个近邻的祖先。在研究这些民族对世界文化宝库的独特贡献时,我们也同时关注它们之间的相互联系和相互影响。

第三节 公元9—10世纪的科学和文学

一 最初的塔吉克语书面作品(达里语、达里—波斯语)

对河中地区的征服并将其并入阿拉伯哈里发国家,不仅意味着要在此地推行伊斯兰教,还意味着阿拉伯语也要在此传播。同哈里发国家的其他地区一样,阿拉伯语是河中地区的宗教用语和官方语言。当地贵族为了尽可能接近阿拉伯统治者,努力学好阿拉伯语。其中一些人甚至完全忘记了自己的母语,只会说阿拉伯语。不过,中亚本地出身的学者也用阿拉伯语从事科研。已知的用阿拉伯语撰写著作的当地

---

① 塔吉克这个名称的来源有多种说法:1. 来自波斯古经《阿维斯塔》中的一个名词 Тадж,意为"皇冠",或 тоджир,意思是"商人"。2. 来自对占领中亚的阿拉伯人的称谓。因为当时来到中亚的阿拉伯人主要来自"塔"(Тай)部落,因此这些在公元8世纪入侵中亚的阿拉伯人被称为"塔吉克"(тажик 或 таджик)。在波斯的城市中,也将有阿拉伯血统的人称为"塔吉克"。3. 系突厥人对皈依伊斯兰教的波斯人的称谓。——译者注

学者有：花剌子模人花拉子米（Мухаммад ибн Муса ал－Хорезми，公元 780—850 年）、费尔干纳人天文学家费尔加尼（ал－Фергани，公元 9 世纪）、梅尔夫人哈西卜（Ахмад ибн Абдаллах ал－Мервези，约卒于公元 870 年）、语言学家谢巴维希（Себавейхи，约卒于公元 800 年）等。

塔希尔王朝是摆脱阿拉伯哈里发统治的第一步，这使阿拉伯语居于主导地位的局面稍有改变。塔希尔王朝在初期极度鄙视母语文学，但在王朝晚期，那些曾经认为学习和使用阿拉伯语是巩固自己地位重要手段的当地贵族，再也不能忽视大众语言。他们明白，若想巩固在国家中的地位，就必须依靠当地民众。将当地语言（本国土著语言）与阿拉伯语一同用于文学创作是一种政治示威。当地贵族通过这一行动再次强调，他们独立于阿拉伯哈里发。这就是自塔希尔王朝以来，朝廷和执政阶层开始用当地语言书写的原因。塔希尔王朝之后，萨法尔王朝的埃米尔叶尔孤白（Якуб ибн Лейс ас－Саффар）公开拒听献给他的阿拉伯语诗歌。

萨曼王朝时期，塔吉克语（在当时的作品里被称为达里语或者波斯—达里语）基本上被视为官方语言，与宗教问题无关的官方信函大都使用这种语言。达里语也进入诗歌和散文领域，在创作阿拉伯语文学作品的同时，用达里语创作的作品越来越多。遗憾的是，萨曼王朝早期的文字作品大都没有流传下来。不过，根据流传下来的作品也可以断定，无论是散文还是诗歌，那时的语言已非常丰富。

萨曼王朝时期，《列王纪》（Шах－наме）的序言用达里语写成，是流传至今的古文物之一。该作品创作于公元 957 年的图斯市（Тус），是奉一位大人物曼苏尔（Абу Мансур Мухаммада ибн Абд ар－Раззак）之命并在其监督下完成。曼苏尔曾在萨曼王朝多次担任图斯和内沙布尔（呼罗珊省）的长官，公元 960—962 年两次担任呼罗珊省的军事长官。在琐罗亚斯德教的祭司和学者的帮助下，曼苏尔收集了伊朗各族的过往情况，编纂成书，成为后来费尔多西的《列王纪》的源头之一。流传至今的《列王纪》的序言是曼苏尔用达里语写成的一部散文作品，如果不算专有名词，阿拉伯语占比不到2%。

另一部达里语作品是巴拉米（Абу Али Мухаммад Балами）从阿拉伯语翻译的塔巴里的著作《历史》。巴拉米在埃米尔曼苏尔（Мансур ибн Нух Саманид）统治时期担任维齐尔（宰相），奉曼苏尔之命于公元963年完成了这本书的翻译。巴拉米在译文中增加了一些描述伊朗人民生活的情节，如叙事诗《巴赫拉姆·楚宾》（Бахрам Чубин）就是塔巴里《历史》中所没有的。与曼苏尔写的《列王纪》序言相比，巴拉米译文中的阿拉伯语词汇更多，但在语法结构、句子建构、固定词组方面没什么区别。

那个时期的作品还有从阿拉伯语翻译过来的塔巴里的《古兰经注》（系塔巴里对《古兰经》的注释）。该书共14卷，由河中地区的多名学者于公元962年完成翻译，与塔巴里的《历史》基本属于同一时期。

萨曼王朝时代的著名学者、诗歌和历史学家阿布·阿尔·穆艾阿德·巴尔希（Абу ал-Муайад Балхи）用达里语创作了《城市奇迹》（Аджаиб ал-булдан）一书。据《锡斯坦历史》的作者记载，穆艾阿德还写了《列王纪》和《格尔沙普传》（Гаршасп-наме），遗憾的是这两本书只留下了几个片段。

除上述作品外，那个时期还有一些用达里语写成的学术著作。其中有一位不知名的学者于公元5世纪末创作了地理著作《世界的界限》（Худуд ад-Алам），这是一部研究公元5世纪中亚和其他地区的社会经济制度的重要文献之一。公元950年，中古波斯语的短篇小说集《辛巴达传》被翻译成达里语。

二　文学发展

塔吉克语书面文学的发展同民间口头创作以及高超的阿拉伯语诗

歌艺术密切相关。公元9世纪初的中亚政治环境为塔吉克语（达里语）的书面文学发展创造了有利条件，并在萨曼王朝时期结出硕果。这就是萨曼王朝被认为是塔吉克—波斯古典文学肇始的原因。

应该说明，萨曼王朝时期实际上并非塔吉克—波斯新文学的诞生期，而是它被正式认可并进入书面创作的时期，是它的繁荣期。

萨曼王朝建立之前的很长一个时期，塔吉克人就用自己的语言进行口头文学创作。在整个阿拉伯统治时期，前伊斯兰的文学传统、古代的故事情节和艺术形象得以保留，这是塔吉克—波斯文学起源可追溯到公元9世纪之前的一个证据。

除塔吉克语（达里语）文学外，阿拉伯语文学在萨曼王朝时期也得到发展。在呼罗珊和河中地区，从事阿拉伯文学创作的大多是伊朗和中亚的伊朗各族人民，即现代塔吉克人和波斯人的祖先。他们与政界人士相互交流，除自己的母语外，还精通阿拉伯语。

中亚本地人萨利比（Саалиби）用阿拉伯语写作《稀有珍珠》（Ятимат ад-дахр），书中详细介绍了萨曼王朝时期居住在布哈拉、花剌子模和呼罗珊的、用阿拉伯语写作的诗人。在他提到的119名诗人中，大多数是部落首领、大臣、文员和军事首领，再次证明了用阿拉伯语创作的诗人与政界人士的联系。

这个时期是中世纪塔吉克—波斯古典文学发展的最重要时期之一。一方面，萨曼王朝为了扩大自己的威望，努力吸引诗人来到宫廷；另一方面，诗人和作家们为了出名，也迫于窘迫的经济状况，愿意归附于某位统治者的宫廷。

萨曼王朝时期跟后来几个世纪的封建时期一样，文学发展出现两个趋势：大众文学和封建主文学（教会—贵族）。

阿布·阿卜杜拉·贾法尔·鲁达基（Абу Абдаллах Джафар Рудаки）是公认的塔吉克—波斯古典诗歌的鼻祖，年轻时曾是民间歌手和乐手。他出生于公元9世纪中叶潘季河鲁德村（彭吉肯特附近）一个农民家庭。关于这位杰出诗人的生平，尤其是他的童年，信息留存很少。

苏联塔吉克文学奠基人艾尼（С. Айни）的研究使我们对鲁达基有所了解。此前无人知晓鲁达基坟墓的位置。在透彻研究第一手信息和实地调查之后，艾尼得出结论：鲁达基的坟墓就位于他故乡的村子里。这个事实揭示了鲁达基的一生，证实了这位曾受到萨曼王朝特别庇护的杰出诗人，正如传说的那样，失宠后在一个不知名的山村里度过了生命中的最后几年并葬在那里。封建时代的诗人命运就是这样。

鲁达基青年成名，他嗓音优美，具有诗歌天赋，能够娴熟演奏乐器。萨曼王朝埃米尔纳斯尔二世请他入宫，他一生中大部分时间都在宫廷度过。正如巴拉米（Абу-л-Фазл Балами）所说："鲁达基是同时代最优秀的诗人，无论是阿拉伯人，还是波斯人，都没有像他这样优秀的诗人"；他不仅被认为是诗歌大师，还是出色的表演者、音乐家和歌手。鲁达基曾培养和帮助过很多新人，这进一步提高了他的威望。

然而在暮年时，鲁达基遭受了巨大磨难。公元937年，他的庇护者（也是密友）纳斯尔二世的维齐尔巴拉米被撤职。要么因为他与巴拉米的友情，要么因为参与了卡尔马特教派起义，这位年迈而失明的诗人（有材料说他是被弄瞎的）被逐出宫廷，回到家乡。此后，鲁达基活了不长时间。正如萨马尼（Самани）在《名人传》（Ал-Ансаб）一书中所写，这位诗人于公元941年（有材料说是公元952年）在他的故乡去世。

鲁达基的作品留存至今的仅有两千多行诗歌。这些尚存的诗歌表明，他具有驾驭当时各种诗歌体裁的精湛技艺。他写了庄严的颂歌（抒情诗）、抒情的嘎扎勒、有教育意义的大型史诗（如著名的寓言集《卡里拉和季姆纳》等）、讽刺诗和葬礼祭诗。

鲁达基并非普通的宫廷颂歌诗人。他的颂歌以生动的自然描述开始，颂扬生命的美好、爱情的欢乐，颂诗的引言是鲁达基诗歌的主要魅力所在。鲁达基的诗歌几乎没有宗教主题。许多诗篇都含有深刻的哲学思想。在一首献给老年的诗中，鲁达基问道，是谁让老年到来的？他回答道：

> 世界即是旋和转，
> 时间就像泉与流。
> 今时良药明砒霜，
> 那又何妨？
> 病人依然当妙方。
> 试看时光催新老，
> 岁月幽幽焕青春。
> 桑田变成不毛地，
> 荒漠亦能花似锦。

鲁达基在诗中颂扬理性和知识、高尚与人道，鼓励战胜生活中的不幸，他崇尚劳动，热爱生活，并把生活视为最好的导师。鲁达基反映了人民大众的观点。他的创作奠定了塔吉克—波斯语诗歌的基础，培育出诗歌的主要体裁和形式。他的诗歌几乎涉猎了各类体裁和篇幅。

鲁达基的诗歌成为后代塔吉克诗人的榜样。他是公认的古典诗歌创始人。古典诗歌于 10—15 世纪在塔吉克人和波斯人中广为传播，诞生过费尔多西（Фирдоуси）、海亚姆（Хайям）、萨迪（Саади）、哈菲兹（Хафиз）、贾米（Джами）等诗人。回想起鲁达基，古典诗人都满怀深情地把他当作自己的老师。

阿布·哈桑·沙希德·巴尔希（Абу-л-Хасан Шахид Балхи）出生于巴尔赫省的贾洪多纳克村。他的生平也鲜为人知。从一手资料可知的仅仅是，沙希德是萨曼王朝埃米尔纳斯尔二世最好的宫廷诗人之一，也是鲁达基的爱徒。沙希德·巴尔希不仅是诗人，还是那个时代最杰出的学者。伊本·纳迪姆（Ибн ан-Надим）在其《科学索引》（Kitab al‐Fihrist）一书中写道："与拉齐（Muhammad ibn Zakariya al‐Razi）同一时代有一个人，名字叫作沙希德·伊本·侯赛因（Шахид ибн ал‐Хусейн），他有个绰号是'哈桑的儿子'。他追随拉齐的哲学之路。此人著述颇多……与拉齐有过争论。"沙希德比鲁达基去世早，老诗人因爱徒之死而写下感人的挽歌。

阿布·沙库尔·巴尔希（Абу Шакур Балхи）生于公元915年，应萨曼王朝埃米尔努赫·伊本·纳斯尔（Нух ибн Наср，公元943—954年在位）之邀入宫。凭借公元947—948年创作的史诗《祝福之书》（Афарин‐наме）而声名远扬。遗憾的是这部著作没有流传下来（留存的只是一些小片段）。显然，这是塔吉克—波斯古典文学中最早的道德说教诗。除此之外，阿布·沙库尔还有另外两部玛斯纳维体①史诗，也没有保存下来。他还写过与民谣接近的四行诗（рубаи）。通过他的一些抒情诗片段可以看到，他在尝试让这种风格变得更复杂、更精致。他写的复杂的诗歌非常成功，被翻译成在中亚和伊朗文学中普遍使用的阿拉伯语。

拉比亚（Рабиа）是我们所知道的第一位用达里语写作的女诗人。在她的几部"塔兹基列（诗歌选集）"中保存了她的抒情诗。诗句充满了温暖的人情，文学造诣高超。我们没有掌握她的生平资料。根据传说中的一些信息看，拉比亚是与鲁达基同时代的人。大诗人对拉比亚的诗歌评价很高。女诗人的出现见证了那时的高水平文化。拉比亚这个名字与一个富有诗意的传说有关：一个叫拉比亚的姑娘爱上了一个普通的青年奴隶。13世纪的诗人法里德·丁·阿塔尔（Фарид ад‐Дином Аттар）在诗中讲述了这个爱情悲剧。

阿布·曼苏尔·穆罕默德·伊本·艾哈迈德·达吉基（Абу Мансур Мухаммад ибн Ахмад Дакики，大约卒于公元997年）。这

---

① 玛斯纳维（Mathnawi 或 masnavi，Маснави）是一种波斯语诗歌体裁，是用押韵对联写的诗，主要探究隐藏的意义。——译者注

位诗人的出生地尚未确定。有人认为他是图斯（呼罗珊省）人，而有人认为他是撒马尔罕人或布哈拉人。无论怎样，他的一生都在河中地区度过。达吉基在萨曼王国的繁华地区查加尼扬总督府开始创作。达吉基声名远扬，很快受到萨曼王朝宫廷的邀请去了布哈拉。

当时，统治阶层盛行收集古代传说。汇编过去的英雄传说有利于团结人民。因此，萨曼王朝特别注重收集来自巴列维语和阿拉伯语的古代神话英雄传说，尤其是在农民和祭司中流传的口头传说。这正是促使达吉基创作无韵散文体裁的《列王纪》的原因。

萨曼王朝的埃米尔努赫二世（公元 976—997 年在位）命令达吉基把《列王纪》改编成诗。但诗人没能完成这项任务——他在宴会上被自己的奴仆杀死。

达吉基用一千行贝特两行诗描述了古什塔斯普（Гуштасп 或 Виштаспа，维什塔斯帕）与阿德让斯普（Арджасп）的斗争，被费尔多西收入了《列王纪》。

关于达吉基的《列王纪》中的贝特两行诗的数量，还有其他说法。流传至今的一部 13 世纪诗集的作者穆罕默德·奥菲（Мухаммад Ауфи）甚至说有两万首。

阿布·卡西姆·费尔多西（Абу-л-Касим Фирдоуси）是 10 世纪最伟大的诗人，他于公元 934—941 年出生在距离图斯不远的巴兹村一个中等收入的贵族家庭，自幼接受良好的教育。除母语达里语以外，他还能够流利地讲阿拉伯语，也许还有巴列维语（中古波斯语），他在编纂《列王纪》时也使用了这些语言的文献。

费尔多西 35 岁时游历了布哈拉和其他地方，收集了很多伊朗人民过去的详细资料，用来补充达吉基的《列王纪》，并着手用诗歌形式来讲述《列王纪》。那时，萨曼王朝正值鼎盛阶段。

费尔多西将这些诗的首要目标确定为，让人民在艺术地认识英雄历史的基础上，增强爱国情怀。费尔多西将一生中最美好的时光都献给了这部著作。正如他本人说，他在完成这项工作的过程中老去，但没有辍笔：

> 六十六岁的我，虚弱踉跄如醉。
> 本该信马由缰，只有一根手杖。
> 昔日如花脸庞，今日苍白似月。
> 原是乌黑秀发，变成樟脑花白。
> 身形佝偻如虾，老眼昏花似雾。

这部史诗的主要部分，是一组塞人—粟特人关于英雄鲁斯塔姆的传奇故事，占整个诗篇的 1/3 以上；粟特—花剌子模人的传奇故事以英雄西亚乌什（Сиявуш）的传说为基础；巴克特里亚的传说是关于本地英雄伊斯凡迪亚尔（Исфандияр）。史诗前几章中的许多神话与传说互相呼应。这些传说也起源于中亚，在波斯古经《阿维斯塔》中也有反映。关于萨珊王朝时期的传说（史诗的较小部分），主要来自巴列维语书面文学资料。整部史诗分为神话故事、勇士故事、历史故事三个部分。

费尔多西这部作品的指导思想是伊朗古代传说中的善恶斗争。整部史诗中，伊朗各族人民代表的正义力量与以外国入侵者代表的邪恶力量进行斗争。在史诗的神话部分，诗人通过龙王扎哈克的形象描述了外国压迫者的暴政，并艺术地展示了铁匠卡瓦以及响应他号召而起来英勇斗争的民众最终推翻了暴政。

在诗歌中，诗人以鲁斯塔姆和其他人物为代表，展示了后辈们为祖国独立所作出的忘我斗争。史诗加入了从马其顿亚历山大大帝远征到阿拉伯人入侵以及伊嗣俟三世去世等历史事件，诗人颂扬了历史长河中，民众为争取故土独立而斗争的思想。此外，他还用浪漫的情节（如扎丽娅和鲁达别的爱情传说）、谚语和有教益的俗语增加诗歌的气氛。

费尔多西的史诗充满了对劳动者——农民和手工艺人的同情，把他们描绘成善良而豁达的人。费尔多西对马兹达克运动参与者的评价比同时代人要高出很多，说他们"饱受饥饿和痛苦"，对他们的描述充满好感。

经过多年不懈努力，直到公元944年，当诗人已到垂暮之年，这部杰出的著作才得以完成，总计10万多行。

从费尔多西开始创作算起，这首诗历经了很长时间。萨曼王朝在此期间已经解体，诗人的庇护者也已去世。在这种情况下，费尔多西听从一位朋友的建议，将《列王纪》献给新上台的苏丹马哈茂德·伽色尼（Махмуд Газневид）。但马哈茂德拒绝了这份馈赠，甚至以渎神的罪名将诗人扔到大象脚下践踏。原因是诗人描写了伊斯兰教之前的英雄和国王。马哈茂德作为萨曼王朝的取代者、新的突厥王朝的苏丹，显然看到了这部史诗的政治危险：史诗歌颂了塔吉克人的祖先与图兰人的斗争，而图兰人在马哈茂德时期被视为突厥人的祖先。另外，正在寻求阿拉伯哈里发和伊斯兰宗教人士支持的马哈茂德认为，《列王纪》歌颂伊斯兰教传入中亚之前的古老传统，具有反对阿拉伯的倾向。不过，马哈茂德强烈否定费尔多西《列王纪》的最主要原因，是他以镇压人民起义为己任，不可能鼓励诗人的天才创作（从本质上讲是人民的创造）。

费尔多西史诗的艺术成就，让它与世界文学最杰出的史诗比肩。

伟大诗人的余生在贫穷和困苦中度过，于1020年在图斯去世（也有资料说是1025年）。伊斯兰神职人员认为费尔多西是异教徒，不允许把他葬在穆斯林墓地。诗人的遗体被安置在自家园中。

费尔多西英名不朽。他对马哈茂德·伽色尼说的话一一应验：

伟大的语言和高尚的事业，
已为我的命运注定了不朽。
尘土归尘土，一日复一日，

劳动就是永恒的诗句。
掌权者！我用炙热的双唇，
曾为你歌唱，无名的首领！
承受风吹日晒雨淋和冰雹，
你的宫殿会随着岁月坍塌。
我将用诗行筑起一座大厦，
永远矗立于大自然的寰宇，
岁月将在皇家典籍中流逝，
那是我注定要创作的经典。
沉重的枷锁加在我的身上，
人们都将由衷地把我崇拜：
壮年和老者、少年和少女。
我用诗歌呼唤人们的幸福—
即使永远闭上我们的双眼，
我也不会死去，我将永生！

三 科学

萨曼王朝时期的科学成就不亚于文学成就。但不同之处在于，大多数学术著作仍然用阿拉伯文撰写。在东方伊斯兰国家，阿拉伯语几个世纪以来一直起着科学世界语的作用。使用中亚当地语言撰写科学著作会限制作品的传播范围。还应考虑到，阿拉伯语已经建起成熟的科学术语体系，而当地语言还没有。因此，为了让整个东方国家的学术界都能看懂，大家都尽量用阿拉伯语来写作。

这一时期，在每个知识领域都有很多学者，我们只能提一下最杰出的几个人。

伊本·屈底波（Ибн Кутейба，公元828—889年）在历史和文艺学领域均占据着重要地位。他的历史著作《知识之书》（Китаб ал-маариф）非常重要。同样重要的是他的文艺学著作《论诗与诗人》，作者在书中表达了一个公正的立场，即古代诗人和新时代诗人在文学史上的意义同等重要。

阿布·马沙尔·贾法尔·伊本·穆罕默德·巴尔希（Абу Машар Джафар ибн Мухаммад Балхи）是公元9世纪时的著名学者。他先是收集圣训，47岁时开始在巴格达研究数学，后来转向天文学，撰写了约40部天文学著作。阿布·马沙尔于公元886年去世，年近100岁。

阿布·巴克尔·纳尔沙西（Абу Бакр Наршахи，卒于公元959年）是萨曼王朝时期的著名历史学家之一。他用阿拉伯语撰写的《布哈拉历史》在1128年被阿布·纳斯尔·库巴维（Абу Наср Кубави）翻译成塔吉克语。这部作品描述河中地区人们的生活，成为当代了解布哈拉的重要历史资料。

阿布·纳斯尔·法拉比（Абу Наср Фараби，公元870—950年）来自锡尔河岸古老的法拉布，是一位突厥将领的儿子。为了继续学业，他年轻时去了大马士革，然后移居巴格达，在那里度过大半生。他所有的著作都用阿拉伯语写作。在研究亚里士多德和其他古希腊哲学家遗产，以及向中东人民传播这些遗产的过程中，法拉比起到了重要作用。许多塔吉克思想家称他为除亚里士多德之外的"第二个老师"，希腊哲学领域也都尊他为师。法拉比有大量原创作品。他的文章《完美城市的居民的看法》尤为重要。尽管此文受到古希腊关于国家的论证材料的影响很大，但也表现出许多独立思想。法拉比在文章中尝试对许多重要问题给出答案，如国家的起源、社会不平等的原因等。他的社会乌托邦思想对那个时代具有很大的进步意义。

阿布·阿里·伊本·西纳（Абу Али ибн Сина）又称阿维森纳（Авиценна），大约在公元980年出生于布哈拉的阿夫善村一个公职家庭。父亲在萨曼王朝政府供职。他接受了当时非常良好的教育。因治愈了当时萨曼王朝的埃米尔努赫二世（Нух ибн Мансур Саманид，公元976—997年在位），他被获准进入萨曼王朝的藏书阁，将大部分时间用于研究各种文献。

当萨曼王朝受到喀喇汗王朝的威胁，被马哈茂德·伽色尼苏丹攻击时，伊本·西纳被迫离开布哈拉，从此受到苏丹马哈茂德的迫害，开始了漫长的流浪生活：从花剌子模和阿比韦尔德（Абиверд，今土库曼斯坦阿什哈巴德郊区）到戈尔甘（Гурган）和雷伊（Рей），又从加兹温（Казвин）和哈马丹到伊斯法罕，后又回到哈马丹。他被同时代人称为"学者之王"。

在流亡的这些年里，伊本·西纳的工作强度很大。他行医、演讲、给哈马丹的统治者当维齐尔，同时又有许多著述。伊本·西纳涉猎广泛，他是哲学家、医生、诗人和政治活动家。

伊本·西纳是10—11世纪塔吉克杰出的百科全书式人物，涉猎那个时代的所有学术领域。他的著作《医典》是一部医学杰作，在长达六个世纪（11—17世纪中叶）的岁月中一直成为全欧洲医生的指南和医学教科书。《医典》用拉丁语和其他语言在欧洲多次出版。

伊本·西纳作为当时最伟大的哲学家闻名于东西方。他的百科全书式的著作《医典》阐释了逻辑、自然、形而上学和数学，用波斯—达里语撰写的《知识论》涉及逻辑、自然科学、哲学、数学和天文学，跟《医典》一样被认为是10—11世纪中世纪先进思想的最好遗产。在研究古代哲学家，尤其是亚里士多德的遗产时，伊本·西纳并非简单地追随，而是尝试创造性地发展这些先哲的思想。

伊本·西纳曾试图或被迫让他的唯理主义观点适应伊斯兰教义，导致他的学说存在不连贯或双重性，但他哲学体系的核心内容始终代表了东方亚里士多德学派的最先进成果。他反对关于神定的教条，发展了自然因果律。同时，伊本·西纳既是一个二元论者，承认存在的两种本质——物质和意识，也是唯心论者，肯定神的存在，承认时代偏见，重视数字的象征意义。不过，不可避免的历史局限性并没有削弱伊本·西纳对塔吉克和世界科学史的影响。伊本·西纳在那个时代还有另外一些先进观点，如人民有权通过武装手段推翻暴君。这位伟大的塔吉克学者的这一观点与费尔多西《列王纪》的思想相呼应。

总结公元9—10世纪文化发展的成果后可以看出，塔吉克人民在科学和文学的各个领域都取得了显著成就。这与当时的历史环境有关：独立国家的建立、摆脱阿拉伯哈里发的统治、塔吉克民族的统一、标准语言的形成、国家管理的集权以及中亚各国人民与近东所有国家之间广泛的经济和文化联系。

第十二章　11—13世纪初期的塔吉克人：
伽色尼、喀喇汗、古尔和花剌子模王朝

第一节　政治斗争

一　阿布·易卜拉欣·蒙塔西尔为恢复萨曼王朝的斗争

公元999年喀喇汗王朝夺取布哈拉，占领河中地区，萨曼王朝埃米尔阿卜杜·马利克（Abd al-Malik，公元999年2—10月在位）及家族成员被俘，并关押在乌兹根。马利克的弟弟阿布·易卜拉欣·易斯玛仪·伊本·努赫（Ismail ibn Nuh，公元999—1005年在位）后来从喀喇汗王朝监禁他的乌兹根逃到花剌子模，在萨曼王朝的拥护者中组建了一支新军，向布拉哈进发，赶走了喀喇汗王朝地方长官并夺回布哈拉。喀喇汗王朝的败军残部退往撒马尔罕。阿布·易卜拉欣也因此获得"蒙塔西尔"称号（Мунтасир，"胜利者"的意思）而闻名天下。

喀喇汗王朝可汗的弟弟贾法尔特勤当时是撒马尔罕的长官，由他率领撒马尔罕和布哈拉联军迎击蒙塔西尔，但以惨败告终，他与一众将领被俘。蒙塔西尔回到布哈拉，执掌政权。

不过，当喀喇汗王朝的国君纳斯尔（伊列克汗）派主力部队来进攻时，蒙塔西尔无力招架，不战而弃布哈拉，仓促逃往呼罗珊。在呼罗珊，当地首领阿布·卡西姆·辛朱立（Абу-л-Касим

Симджури）与其会合，一起攻打伽色尼王朝的马哈茂德。尽管蒙塔西尔曾获得局部胜利，但战争仍以失败告终。

1003 年，蒙塔西尔再次回到河中地区。在古兹人的帮助下，又一次掀起反对喀喇汗王朝的武装斗争。在中亚地区，通常将讲突厥语的部落称为古兹人（或奥古兹人，гуз，огуз），这些人大多数是游牧部落。10 世纪，古兹游牧人分布在从巴尔喀什湖南岸至伏尔加河下游的广阔的草原地区，最集中的地方是里海沿岸、锡尔河下游和乌拉尔河流域。当时只有少部分最穷的古兹人定居在城市或乡村，从事农耕。公元 9 世纪末到 10 世纪初，在咸海边出现了一个国家——乌古斯叶护国，其首都和冬季休养地是阿姆河下游的扬吉肯特（Янгикент）①。但古兹人中的封建贵族残酷剥削下层的牧民和农耕民，国内阶级矛盾恶化，导致该国在 10—11 世纪交接之际逐渐衰落。

侵略邻近的定居农耕国，一直是古兹贵族们的财富源泉之一。定居农耕人为抵御游牧民的侵略，沿绿洲建造了许多防御工程。与此同时，对粮食的需求以及游牧部落与定居部落之间的食物交换又增强了双方的接触。

最初，事态发展对蒙塔西尔非常有利。他打败了伊列克汗纳斯尔（Наср Илек）的军队，俘虏了 18 名喀喇汗王朝的将领。但此后不久，蒙塔西尔和他的下属军官因争夺战利品而发生内讧。已经没有河中地区当地人支撑的蒙塔西尔，此时非常担心自己的下属军官背叛他去投靠喀喇汗王朝，因此决定另找同盟。1003 年深秋，他率领 700 余名步兵和骑兵渡过阿姆河，打算在阿比韦尔德（Абиверд）或尼萨（Ниса）扎营。不幸的是，他们在那里被花剌子模的军队击溃，只能

---

① 扬吉肯特，又译为养吉干、贾肯特等（Jankent, Dzhankent, Yangikent, Eni-Kent, Djanikand, Yenikent, Yanikand），突厥语的意思是"新的城市"，位置大体在锡尔河下游左岸，今哈萨克斯坦克孜勒奥尔达州卡扎林区西南 25 千米。10—11 世纪是乌古斯叶护国的首都。11 世纪因受基马克汗国与钦察人攻击，乌古斯叶护国崩溃，国都也被并入塞尔柱帝国。扬吉肯特是古代中亚草原上联系南部的花剌子模与北部的伏尔加河这条贸易路线的重要商业中心。——译者注

带领残兵败将转向河中地区。

随后，蒙塔西尔重新鼓舞军队士气，在与喀喇汗王朝的战争中击败了伊列克汗纳斯尔部署在布哈拉的军队。蒙塔西尔乘胜追击，开始在河中地区的许多地方恢复萨曼王朝政权。此时，外号"伊本·阿拉姆达"（Ибн Аламда，意思是旗手、领军人物）的撒马尔罕军事首领哈里斯（Харис）率领三千军队前来投奔蒙塔西尔。一些城市的沙赫（统治者、首领）们也武装了数百名奴隶。最后，古兹人又一次给予蒙塔西尔支持，听从他的调遣。因此，蒙塔西尔军队不断壮大，在布尔涅梅德（Бурнемед，与粟特和乌斯特鲁沙纳接壤的地区）战役中一举击溃了伊列克汗纳斯尔的主力部队。

虽然蒙塔西尔取得了巨大胜利，但未能在河中地区坚持下去。伊列克汗纳斯尔很快就召集了新部队，在吉扎克与哈瓦斯（Хавас）之间的平原上向他进攻。由于古兹人已经在布尔涅梅德战役中夺得了大量战利品，不再愿意冒着人财两空的危险参加这次会战，他们选择撤回到自己的牧区。俗话说祸不单行，正当战局危急之际，蒙塔西尔手下一位高级将领率领 4000 士兵叛变，向纳斯尔投降。因此，蒙塔西尔无力抵抗此次喀喇汗王朝的进攻，不得不逃往呼罗珊。

尽管如此，蒙塔西尔仍未放弃恢复萨曼王朝的信念。他很快又召集新军队，第四次前往河中地区。可这一次又因将领们的叛变而失败。1005 年年初，蒙塔西尔被一个游牧部落的首领杀死。

蒙塔西尔是河中地区为恢复萨曼王朝而坚持斗争的唯一代表。但由于萨曼王朝无论在政治上还是经济上都丧失了立足之地，百姓也不再拥护它。因此，蒙塔西尔的愿望和努力都落了空。蒙塔西尔死后，瓜分萨曼王朝遗产的斗争仅在伽色尼王朝的马哈茂德和喀喇汗王朝之间继续。

二 伽色尼王朝的塔吉克人

伽色尼王朝苏丹马哈茂德

早在 10 世纪下半叶，伽色尼①作为政治中心开始崛起。据历史文献记载，萨布克特勤（Себук Тегин）是 10 世纪伽色尼王朝的直接奠基者，他为伽色尼王朝赢得了独立自主权，并将喀布尔河流域的土地并入伽色尼。因为他帮助了萨曼王朝的埃米尔努赫二世，因此得到了呼罗珊的统治权。萨布克特勤死于公元 997 年。

马哈茂德·伽色尼本是萨布克特勤的长子，也是合法继承人。但萨布克特勤在病重时，宣布幼子伊斯玛仪为继承人。伊斯玛仪在位不到 7 个月，国内频繁发生地方封建主反对中央政权的叛乱。马哈茂德趁机率领军队赴伽色尼，夺取了政权。

---

① 伽色尼（Ghazni，Газни）古代地名。《魏书》与《北史》西域列传中记作伽色尼，为伽色尼国之都城。《大唐西域记》第十二卷译作鹤悉那。《岭外代答》第三卷"大食诸国"和《诸蕃志》卷上译作吉慈尼。《元史·地理志·西北地附录》译作哥疾宁。关于伽色尼的地理位置有两种说法：一是今阿富汗东部的加兹尼；二是今乌兹别克斯坦卡什卡达里亚州的沙赫里萨布兹（古称渴石）。日本学者内田吟风《魏书西域传原文考释（下）》认为，据《魏书》与《北史》记载，"伽色尼国，都伽色尼城，在悉万斤南……薄知国，都薄知城，在伽色尼国南……"也就是说伽色尼在悉万斤（撒马尔罕）以南、薄知（巴尔赫）以北。伽色尼王朝由伊斯兰化的突厥人所建，创始人原本是萨曼王朝下属的突厥奴隶军人。——译者注

公元 999 年，当喀喇汗王朝从北方进攻萨曼王朝时，马哈茂德从南方进攻萨曼王朝，并占领了整个呼罗珊。巴格达的阿拉伯哈里发承认了马哈茂德政权，并赐予他爵位，有力地巩固了他的政治地位。1002 年，马哈茂德占领了锡斯坦。

起初，伽色尼王朝和喀喇汗王朝的边界线是阿姆河，但不久之后，喀喇汗王朝的军队开始侵犯这个边界。双方战斗于 1008 年在巴尔赫打响，马哈茂德大获全胜，巩固了自己在呼罗珊的统治地位。查加尼扬和胡塔梁也并入他的统治范围，他任命当地德高望重的人作为地方长官。

马哈茂德统治期间（公元 998—1030 年在位），伽色尼王朝达到了全盛时期。

1002—1026 年，苏丹马哈茂德远征印度 15 次以上。这些以"圣战"为名的远征，其主要的目的是侵略印度，夺取其财富。远征给印度人民带来灾难，马哈茂德和他的士兵们掠夺百姓财产，毁坏宗教和历史文物。他们不仅掠夺和破坏城市，还对百姓十分残忍。1019 年，马哈茂德占领马霍万要塞（Махован，也称马哈班）后，为报复要塞统治者逃脱，他下令杀光全城百姓。当年远征结束后，马哈茂德从印度运回大量宝石和其他贵重物品，还有 350 头大象和 5.7 万名奴隶。据史料记载，由于马哈茂德运回的俘虏数量过多，伽色尼城里并没有足够的房屋可以安置，不得不为他们建造专门的住所。

1010—1011 年，马哈茂德以军队伤亡惨重为代价，夺取了古尔国（Гур，今阿富汗境内）的部分地区。1017 年，马哈茂德趁花剌子模沙赫被害之机，占领花剌子模并将它并入自己的领地。1024 年，马哈茂德带领军队前往巴尔赫，以帮助河中地区居民摆脱喀喇汗王朝阿里特勤（Али-Тегин）的暴政为借口，渡过阿姆河，到达撒马尔罕，将势力范围扩大到查加尼扬、卡巴迪安和胡塔梁等地。1029 年，马哈茂德占领雷伊，将当地长官关进监狱，并把所有掠夺到的财富运回伽色尼。由此，从印度北部和西北部开始，到中亚的查加尼扬和花剌子模，直到伊朗境内的伊斯法罕和雷伊的大片土地，都成为马哈茂德的伽色尼王朝的领土。

侵略性远征，特别是对印度的战争，成为马哈茂德和他的近卫军、部队的主要财源，也因此造成劳动人民的破产。每次出征前，马哈茂德都向当地居民征收大量捐税，致使居民在纳税以后完全丧失基本生存资料。因此，伽色尼王朝的经济趋于衰落，农业绿洲开始荒芜，许多地方的灌溉系统完全废弃。

由于农业衰落，1011年呼罗珊地区出现饥荒。提前到来的秋天和干旱的来年春天导致土地大规模歉收。据编年史记载，在内沙布尔及其近郊数以千计的人饿死，但市场上却有四百多曼①的谷物卖不出去，因为人们买不起。穷困潦倒的居民们吃猫肉和狗肉，甚至出现人吃人的现象。

马哈茂德本来有能力让呼罗珊的居民免于饿死，但他却袖手旁观，只派呼罗珊长官给部分穷人发放微不足道的钱以装点门面。

在出征间歇，马哈茂德苏丹致力于美化自己的都城。著名的伽色尼清真寺和经学院就在他统治时期建成。这些建筑工程使居民付出很大代价。据史料记载，铺设伽色尼大清真寺庭院的大理石板和其他贵重岩石，都是建筑者从很远的地方搬来。甚至马哈茂德城堡（位于巴尔赫）所支出的经费，也完全由巴尔赫的居民负担。

马哈茂德把国内居民分为两类：军队和非军事居民。他付给军队薪饷，但要求他们俯首听命。他也要求非军事居民对他唯命是从并缴纳赋税。

马哈茂德非常吝啬和贪财，他把所有从印度和国内各地掠夺来的财宝都藏在自己的宝库里。15世纪的波斯历史学家迷儿宏德（Мирхонд，Mirkhond）讲过一个故事，可证明马哈茂德的贪婪和吝

---

① 曼（mann，манн，ман，мен）是历史上部分伊斯兰国家的重量单位。不同时期和不同地方，标准也不同。在10—11世纪的花剌子模和希瓦地区为4.095—4.914公斤，在阿拉伯地区平均为1.06公斤。——译者注

啬："据说，苏丹在临死前两天，命令从宝库中拿来装满迪拉姆银币的口袋和盛着第纳尔金币的钱包，各种最好的宝石与形形色色的瑰宝奇珍，这些都是他在位时收集而来。他吩咐将这些财宝在广场上铺开。于是广场看起来好像装饰着红、黄和紫罗兰等各色鲜花的花坛。苏丹十分惋惜地看着它们，哭了很久以后，他命令把所有这些东西送回宝库，而没有从这些现成的东西中拿出任何一件，哪怕是只值一个小铜板的东西赏给那些该得的人。"

马哈茂德获得阿拉伯哈里发的支持并召集了大量"为信仰而战"的狂热穆斯林加入他的军队。他宣称自己是逊尼派信徒，要同所有对封建制度表示不满的行为和运动进行斗争。这些行为和运动主要反映为卡尔马特教派、伊斯玛仪教派、什叶派和其他派别的学说。他没收这些运动拥护者的财产，通过这种办法将越来越多的财富集中到自己手中。因此，他所谓的对正统伊斯兰教的一片忠心，只不过是他巩固政权和增加财富的一种手段而已。

马哈茂德养了许多暗探，这些暗探不仅监视每一位行政长官，还监视直属于马哈茂德的专职官员，任务是收集官员们的内幕、日常活动等情报。马哈茂德苏丹甚至派人监视自己的儿子，包括王储马苏德（Масуд），但马苏德在父亲的王宫里也安插了线人。

马哈茂德用拥有组织完备、装备精良的庞大军队。他有很多能作战的大象，围攻要塞时使用投射器，过河时会修建浮桥。军队中有相当数量的奴隶军（古拉姆），由买来并受过军事训练的年轻奴隶组成，年轻奴隶主要来自突厥人和其他民族，其中有不少塔吉克人。

毫无疑问，马哈茂德是当时的著名统帅，是精力充沛和性格刚毅的统治者。为使自己的国家看起来富丽堂皇，马哈茂德下令建造了许多华丽的建筑，并且优待宫廷诗人和学者。但他对农业发展毫无作为。在他统治下，农业陷于衰落，国内各地区之间的经济联系也变得薄弱。1030 年马哈茂德死后，他所建立的"强国"的脆弱性便明显地暴露出来。

三 塞尔柱人的入侵和伽色尼王朝的崩溃

根据马哈茂德的遗嘱，大臣们（哈吉布）宣布他的小儿子穆罕默德（Махмуд Мухаммад）为新苏丹。马哈茂德的长子马苏德（Масуд）心中不平而奋起反抗。马苏德夺取了政权，弄瞎了穆罕默德的眼睛并把他及其子女拘禁在城堡里。

马苏德的吝啬和贪婪不亚于其父。他在统治期间（1030—1041年在位）大肆掠夺居民。各个地区的统治者也纷纷效仿，设立不合法的捐税搜刮民众。马苏德不但不禁止这种滥用职权的行为，反而从中捞取钱财。

马苏德继续实行他父亲的政策，力求同喀喇汗王朝保持睦邻关系。花剌子模沙赫阿尔屯塔什（Алтунташ）1030年写给马苏德的信明显地表现出这种关系的实质："已故的苏丹马哈茂德·伽色尼花了多少钱，费了多大的力，才帮助喀喇汗王朝的卡迪尔汗成功登上王位并巩固自己的地位？所以现在需要巩固这种关系，让友谊更牢靠。尽管他们不是我们的真正朋友，但至少需要维持表面上的友好关系，这样他们就不会从事反对伽色尼王朝的活动。"

花剌子模名义上从属于伽色尼王朝，实际上却是独立国家，它对伽色尼王朝的命运起了重要作用。阿尔屯塔什死后，马苏德虽然也采取措施限制花剌子模的权力，但仍让他的后人管理花剌子模。马苏德封自己的儿子为花剌子模沙赫，任命阿尔屯塔什的儿子霍伦（Харун）为花剌子模行政长官。可是，霍伦同喀喇汗王朝的阿里特勤和塞尔柱人建立了友好关系，在1034年宣布花剌子模独立，并禁止在礼拜时提及伽色尼王朝苏丹的名字。1035年春，霍伦出兵呼罗珊。阿里特勤的儿子们（阿里特勤已于1034年死去）支持霍伦的行动，也开始入侵伽色尼王朝。不过，马苏德收买了霍伦身边的奴隶，霍伦刚一出征就被身边的奴隶杀死。阿里特勤的儿子们也因此返回撒马尔罕。马苏德开始同喀喇汗王朝和平谈判,他们之间建立了亲密友好的关系。由此,伽色尼王国通过外交途径,缓解了来自花剌子模和喀喇汗王朝的威胁。

同样在 1035 年,马苏德不得不应对入侵呼罗珊的突厥塞尔柱人。在马苏德与喀喇汗王朝为争夺河中地区而战时,一些塞尔柱人获得允许,在呼罗珊北部定居下来。但为了摆脱税收压迫,以及重新获得土地和牧场,呼罗珊的塞尔柱人多次起义。在与伽色尼王朝斗争初期,塞尔柱人偶有胜利。1035 年,塞尔柱人对呼罗珊人又一次发起进攻。马苏德从内沙布尔派出一支庞大的军队前往尼萨迎击塞尔柱人。战斗开始时,伽色尼军队占优,但在夜间,塞尔柱人出其不意地进攻了他们的驻扎营地,导致伽色尼军队全军覆没。

在之后的几次会战中,塞尔柱人战无不胜攻无不克,夺取了包括内沙布尔在内的大部分呼罗珊领土。之后,马苏德集结一支庞大军队,并亲自出征。关键性的战役发生在 1040 年春天,在丹达纳坎(Данденакан)附近。据史料记载,这是中亚各民族历史上流血最多的战役之一。这次会战彻底结束了伽色尼王朝在呼罗珊的统治。战役结束后,塞尔柱人的首领图格鲁勒(Тогрул)在战场上安放宝座,他登上宝座并宣布自己是呼罗珊的最高统治者。必须指出的是,梅尔夫和内沙布尔的城市贵族由于伽色尼王朝损害了他们的利益,因此他们对塞尔柱人施以援手。

马苏德苏丹渡过梅尔维鲁德河(Мерверруд),回到了伽色尼。他知道自己不得人心,不敢再重新集合军队去同塞尔柱人战斗。无论是反对中央集权的贵族,还是被苛捐杂税搞破产的呼罗珊和吐火罗斯坦的民众,或是伽色尼附近的人民、锡斯坦人和山区的古尔人,都不愿意保卫伽色尼王朝。丹达纳坎会战中,即使马苏德亲自监督,仍有一群士兵在他眼皮子底下逃跑,这就是明证。正因为如此,马苏德决定立刻前往印度,在那里重新征集军队,以便依靠这些新军压制塞尔柱人的起义。

据波斯史学家白海基（Бейхаки）记载：马苏德在去印度之前，曾写信给喀喇汗王朝的阿尔斯兰汗，请求他帮助自己攻打塞尔柱人。随后，他命令释放被监禁的弟弟穆罕默德，打算把他一起带往印度。穆罕默德的拥护者们却彼此商妥，突然袭击马苏德并将其逮捕。他们推举穆罕默德为苏丹，几天后便处死马苏德（1041年）。

马苏德苏丹的儿子马夫杜德（Мавдуд）得知父亲死讯后，赶到伽色尼，当年4月宣布自己为苏丹。在季努尔（Динур，今伊朗的法特哈巴德，Фатхабад）会战中，他击溃穆罕默德的军队，将穆罕默德及其绝大部分子女杀死。

马夫杜德不仅镇压了企图夺取政权的兄弟们，还控制了伽色尼、铁尔梅兹和巴尔赫。之后不久，他在印度征集了强大军队，派往呼罗珊去进攻塞尔柱人。但塞尔柱人粉碎了伽色尼苏丹的这些军队。后来，马夫杜德同印度、突厥斯坦以及其他邻国的国王们结成同盟，于1049—1050年率领军队大举进攻呼罗珊。但他在路上得了病，不得不返回伽色尼，最后死在那里。

1059年，塞尔柱人占领巴尔赫，切断了河中地区同伽色尼王朝的联系。伽色尼王朝从此日渐衰落。12世纪末，伽色尼王朝的最后一个苏丹被古尔的军队俘虏。古尔王朝是11世纪末12世纪初在阿富汗兴起的一个新国家。

四 古尔王朝

古尔（Гур）是中世纪对杰里鲁德河（Герируд，今捷詹河）上游山区的称谓，地域上大体从现今的赫拉特一直延伸至巴米扬，并与喀布尔和加兹尼接壤。古尔的东、西、北三面与塔吉克人自古居住的地方接壤。古尔的大部分居民是山区的塔吉克部落。

古尔地区有发达的农业和畜牧业，这里的气候条件和丰富水源非常适合农牧业生产。10—12世纪的历史学家在描述古尔地区时，经常会提到居民点周围有耕地，有大量葡萄园和果园，以及山前和山上的大批畜群。当时古尔的矿业和金属加工业已经达到很高水平。古尔制造的武器和盔甲享有盛名并大量出口。

13世纪的波斯史学家朱兹贾尼（аль-Джузджани，Minhaj al-Siraj Juzjani）生在古尔。在他所著的编年史中记载道，公元9—10世纪的古尔人分成若干部落，彼此仇视。一个乔什克①同另一个乔什克处于战争状态，人与人之间也相互敌对。古尔还存在着奴隶制。10世纪作家关于古尔出口奴隶的记载，也间接证实了这一点。

古尔在很长时期内保留着军事民主制度。在10世纪末，古尔国内的各个相互独立的地区分别由古尔的王公贵族（阿拉伯语称为"马利克"，即王）统治。这些贵族大部分是氏族部落首领，个别的能够统治几个部落。当时古尔人还保持着古老的风俗，由两个首领共同管理一个地区，一个是行政首脑，另一个是军事长官，他们享有平等的权力。

封建关系在这里的形成晚于河中地区和呼罗珊。半父权制半封建关系是10—11世纪古尔社会的特征。各地首领变成封建主并享有自己的封号，例如，曼杰什（Мандеш）的封建主被称为"马利克"（малик）或"麦赫塔尔"（мехтар），后来称为"古尔沙赫"（гуршах），在塔姆兰（Тамран）和塔马赞（Тамазан）被称为"瓦兰达"（варанда），在瓦尔米尚（Вармишан）被称为"瓦尔米什帕特"（вармишпат）。

由于阿拉伯哈里发始终未能征服古尔山区，因此伊斯兰教在古尔的传播极其迟缓。爱好自由的古尔人民长期保留自己的古老信仰，直到10世纪中叶这里仍然存在没有接受伊斯兰教的部落。

如同中亚各地一样，封建制度的建立在古尔引起了激烈的阶级斗争。公元907年，在赫拉特和古尔发生了卡尔马特教派和马兹达克信徒起义。据11世纪的波斯学者尼扎姆·穆勒克（Низáм аль-

---

① 乔什克（Кёшк）是中世纪中亚地区的部落居住地中的塔楼和防御工事。——译者注

Мульк）记载："在古尔和加尔吉斯坦（Гарджистан）山麓地带出现了一个名叫布比拉尔（Бу-Билал）的人，各阶层的人们聚集到他的周围，许多人从赫拉特和周边地区赶来投奔他，向他宣誓。人数超过1万。这些人大部分是牧民和农民，他们来到赫拉特山麓，公开宣布信仰异端和卡尔马特教派。"起义遭到萨曼王朝伊斯玛仪军队的残酷镇压。据史料记载，类似起义在古尔各地曾多次爆发。

11世纪末，封建关系在古尔形成。11世纪后半叶至12世纪前半叶，曼杰什地区苏里家族出身的王公们扩大了自己的权力，统治了整个古尔。到12世纪中期，形成了封建的古尔王朝。

古尔的王公们虽然在名义上承认伽色尼王朝的最高统治权，但又同它抗争了数十年。后来，他们利用伽色尼王朝的衰弱恢复了独立。古尔王朝在库特布丁·马哈茂德（Кутбу ад-дин Махмуд）统治时期已拥有强大的国力。因此，伽色尼王朝的巴赫拉姆沙赫（Бахрам-шах，伽色尼王朝末期的苏丹之一）由于害怕古尔王朝实力增强和库特布丁的声望，将他诱骗到伽色尼并投入监狱，之后将他毒死。

但巴赫拉姆沙赫并没能使古尔臣服。伽色尼王朝的巴赫拉姆沙赫同库特布丁的兄弟们进行多次激烈战争，巴赫拉姆沙赫屡次失败。在最后一次战役中，古尔王朝的苏丹阿拉丁（Ала ад-Дин）击溃了巴赫拉姆沙赫的军队，巴赫拉姆沙赫被迫逃亡。伽色尼城于1150—1151年被阿拉丁摧毁。

但伽色尼王朝和古尔王朝之间的斗争并未结束。在1186—1187年的一次会战中，阿拉丁的侄子吉亚斯丁（Гийас ад-Дин Мухаммад）俘虏了伽色尼王朝的最后一位王公——拉合尔的霍斯劳·马利克（Хусрау-малик），将他押往古尔的都城菲鲁兹库赫（Фирузкух），彻底终结了伽色尼王朝的统治。征服伽色尼王朝后，古尔成为大国，其疆域随着征战而扩大，国家的中心是古尔。

古尔王朝的苏丹们势力很大。他们拥有庞大的军队，包括部落的后备军。此外，他们得到巴达赫尚山区和阿姆河流域的塔吉克封建贵族的支持。12世纪末，古尔王朝将现在塔吉克斯坦和乌兹别克斯坦南部的瓦赫什、查加尼扬、舒格南、瓦罕等地归入自己统治之下。

1152—1206年是古尔王朝历史上最光辉的时代。这一时期的经济和文化呈上升趋势。但这一上升期持续时间不长，古尔同中亚其他地区相比仍然落后。

五　塞尔柱王朝和尼扎姆·穆勒克

1040年的丹达纳坎会战决定了伽色尼王朝的命运，结果是塞尔柱王朝完全占领了呼罗珊。这次胜利以后，塞尔柱的图格鲁勒伯克（1040—1063年在位）宣布自己为苏丹。他把弟弟留在呼罗珊，然后调动军队前往戈尔甘（Гурган）。图格鲁勒在短期内不仅占领了戈尔甘、塔巴里斯坦、花剌子模和阿塞拜疆，还占领了今伊朗的西部地区。1055年，他又夺取了阿拔斯王朝的中心城市巴格达，正式宣告自己是塞尔柱国的苏丹。接着，图格鲁勒征服了克尔曼和法尔斯，并在高加索打败了拜占庭的军队。

图格鲁勒死后，他的侄子阿尔普—阿尔斯兰（Алп - Арслан，1063—1072年在位）继位，将塞尔柱王朝的领土进一步扩大。阿尔普—阿尔斯兰占领了河中地区的一些地方。拜占庭皇帝罗曼努斯四世（罗曼努斯·狄奥吉尼斯）惨败，并被迫纳贡。

在马利克沙赫（Джалал ад - Дин Мелик - шах，1072—1092年在位）统治时期，塞尔柱帝国的领土西到地中海，东到中国边界。不过马利克沙赫死后，塞尔柱帝国分裂为多个实际上独立的领地和国家。

12世纪，塞尔柱帝国桑贾尔（1118—1157年在位）统治时期，都城梅尔夫是一个大型贸易和手工业中心，其周边设有发达的灌溉系统。梅尔夫还是当时最大的文化中心之一。因此，亚库特（Якут ибн Абдуллах аль - Хамави）写道："当我离开梅尔夫时，里面有十间瓦合甫书库,我在世上从未见过像那样包罗万象丰富多彩的藏书库。"

按文化水平来说,塞尔柱游牧民低于被他们征服的河中地区和呼罗珊人民。作为塞尔柱首领的图格鲁勒和阿尔普—阿尔斯兰甚至是文盲。因此,波斯人、塔吉克人和定居的突厥人等政治活动家在塞尔柱王朝政府机关中的作用甚大。在这种情况下,通常是征服者受到被征服者或者说是更为文明的民族影响。

呼罗珊人阿布·阿里·哈桑（Абу Али аль - Хасан ибн Али ибн Исхак ат - Туси）是塞尔柱帝国杰出的国务活动家,他在阿尔普—阿尔斯兰和马利克沙赫的统治下担任宰相大约30年之久（1063—1092年）。他在这些国君的宫廷中,特别是马利克沙赫的宫廷中享有崇高威望,并获得了"尼扎姆·穆勒克"封号（Низáм аль - Мульк,意思是王国的纲纪）。尼扎姆·穆勒克足智多谋、博学多才。在国家管理方面,他采取过去萨曼王朝的办法,力求复兴那个时期的文化传统。塞尔柱帝国的行政管理在很大程度上借助尼扎姆·穆勒克的努力才得以整顿就绪。所有的历史资料一致证实:塞尔柱帝国存续期是封建经济和商业的和平发展与上升期,这一时期城市有所发展,行会里的手工业者数量也得到增加。

但在尼扎姆·穆勒克时代,劳动群众的境况仍然极其困苦。封建主恣意掠夺农民,导致国家财政入不敷出。为了杜绝这种现象,尼扎姆·穆勒克不得不建议塞尔柱统治者实行一系列限制军事长官和领主们专横行为的措施,以便让人民得以维持基本生存,这样才不会动摇封建主统治。

尼扎姆·穆勒克采取有力措施,力求实现中央集权。但如果没有官僚机构,没有读书识字的人,这些都无法实现。尼扎姆·穆勒克积极拥护建立高等神职学校——经学院。为了纪念其创始人,这些学校都以"尼扎姆"为名。许多大城市都开办了经学院,包括巴格达、内沙布尔、赫拉特、巴尔赫、梅尔夫等。巴格达"尼扎姆"的课程包括古兰经、圣训和其他人文学科,以及法学、阿拉伯语言文学、数学等。伊斯兰学校要求本着穆斯林正统教义去教育各级官员，并使官僚阶层与穆斯林神职人员紧密团结和融合。此外，伊斯兰学校的毕业生必须对大众实行宗教监控，使他们远离伊斯玛仪教派。

尼扎姆·穆勒克还采取了发展对外贸易的措施，废除妨碍对外贸易的沉重关税。

某些历史家将尼扎姆·穆勒克描绘成一个为人民谋幸福的战士。当然，实际情况并不是这样。如果说他的某些措施限制了军事长官们和封建主们的专横，如果说他关心建立经学院，那么所有这一切都是为了增强塞尔柱帝国的国力，为了增加国库的收入。

伊克塔制度（分封制）的确立首先保证了塞尔柱突厥贵族的利益。由于这一制度，国家的主要收入落入塞尔柱苏丹王室成员手中，他们每人都占有城市或发达的农业区，把这些地方的收入用于满足自己的个人需求。塞尔柱苏丹的其他亲戚和将领们也以伊克塔的方式占有整个村庄甚至整个地区。自塞尔柱人统治后，各地封建主失去了自己原有的大部分收入，当然会引起他们的极大不满。

六 伊斯玛仪教派运动

历经400多年的伊斯玛仪教派运动在中亚和伊朗的历史上占据重要地位。恩格斯在其《德国农民战争》中写道："反封建的革命反对派活跃于整个中世纪。随着时代条件的不同，他们或者是以神秘主义的形式出现，或者是以公开的异教的形式出现，或者是以武装起义的形式出现。"① 这三种形式也是伊斯玛仪教派运动在不同阶段的表现形式。

公元8世纪，伊斯玛仪教派是一个具有神秘主义色彩的秘密组织，是伊玛目伊斯玛仪的追随者。伊玛目伊斯玛仪是阿里和法蒂玛的第七代后裔，被自己的父亲贾法尔·萨迪格剥夺了权力。

---

① 《马克思恩格斯文集》（第2卷），人民出版社2012年版，第236页。——译者注

公元9世纪末，在卡尔马特教派起义期间，伊斯玛仪教派的拥护者已经成功夺取马格里布的政权，从公元974年起的约200年时间里，伊斯玛仪教派的伊玛目统治着以开罗为首都的强大封建国家，这就是法蒂玛王朝。

10—11世纪，以异端形式出现的伊斯玛仪教派反对正统逊尼派，并在整个中东地区（特别是在中亚和伊朗地区）广泛传播。伊斯玛仪教派运用希腊哲学，发展出一套具有完整体系的理性主义教义，以此吸引了大批知识分子以及杰出的政治家和思想家。在驼队需要数月才能到达埃及的呼罗珊和河中地区，法蒂玛哈里发自封为统治者，他们宣称要"让世间处处皆正义"，很多人都相信了伊斯玛仪教派传教士。

11世纪末，中亚和伊朗的伊斯玛仪教派与正在衰落的法蒂玛王朝决裂。当时的教派由哈桑·伊本·萨巴赫（Хасан ибн Саббах，1054/1055—1124年）领导，在伊斯法罕、卡兹温和其他地方爆发了人民起义，建立了一个伊斯玛仪国家，中心是阿拉穆特要塞（今伊朗的杰伊列姆，Дейлем）。伊斯玛仪教派依靠他们占领的许多要塞成立了一个强大的秘密恐怖组织，用来反对塞尔柱统治者。贵族们非常害怕伊斯玛仪教派，经常在衣服里面穿着盔甲防身。

1092年10月，伊斯玛仪教派信徒刺杀了塞尔柱帝国的维齐尔（宰相）尼扎姆·穆勒克，之后又成功恐吓塞尔柱苏丹桑贾尔，使得他不敢攻打伊斯玛仪教派的要塞。

当然，在形形色色的等级和阶级相互交织的封建社会中，10—13世纪的伊斯玛仪教派运动不可能具有同一的阶级属性。黑奴起义（Зинджи）和卡尔马特教派起义的主要力量首先是黑人奴隶，然后是佃农和贝都因游牧部落。然而，这一时期的起义成果却被卡尔马特巴林国的奴隶主贵族和埃及法蒂玛王朝的封建主贵族夺走。总体上，9—11世纪的伊斯玛仪教派运动中，应将农民、城市贫民的自发性运动同贵族上层的权术活动区分开来。

伊斯玛仪教派运动有不同的流派。有广大农民和城市贫民参加的起义提出均贫富、公平正义、反抗压迫等马兹达克教义的口号。在作为一个秘密组织存续期间，伊斯玛仪教派巧妙地将理性主义哲学融进自己的教义。

在残酷的现实背景下，需要客观和历史地看待10—11世纪伊斯玛仪教派思想的进步特征。伊斯玛仪教派传教者的勇气值得尊敬。尽管他们遭受迫害，还是坚持传播知识，包括理性主义和精密科学。

不可否认，9—11世纪的伊斯玛仪教派在维护自由思想传统方面发挥了巨大作用。难怪许多中世纪的正统穆斯林学者都称伊斯玛仪教派是伊斯兰最可怕的敌人，是伊斯兰教的破坏者，如伊本·纳迪姆（ибн ан-Надим）、阿卜杜·卡西勒·巴格达迪（Абд ал-Кахир Багдади）、伊本·哈兹姆（ибн-Хазм）、尼扎姆·穆勒克（Назам ал-Мульк）等。但是，普通的伊斯玛仪教派教徒却天真地相信他们是在"为伊斯兰的纯洁而战"。以"净化宗教"为名来实行平均主义的思想，是中世纪许多"异端"教派的特征。

七　喀喇汗王朝

我们对喀喇汗王朝统治下的中亚历史研究还远远不够。一些相关的书面资料也只记录了政治事件以及喀喇汗王朝国家内部政体结构的零碎信息。历史学家一直对喀喇汗王朝的钱币研究寄予厚望。但作为史料，喀喇汗钱币极为复杂且难以研究，需要研究人员一丝不苟地探索。在这一领域仍有大量工作要做，还有很多未解之谜和一些需要完善的观点。

在介绍喀喇汗王朝的政治历史时，我们参考巴尔托利德的著名论著。这些论著对零碎和自相矛盾的文字信息进行了批判性分析。同时，我们还使用了最具说服力的钱币研究成果，弥补文献资料的不足。

"喀喇汗王朝"这个名称的起源尚不清楚，文献中常见的"喀喇汗王朝""伊列克王朝"（较少）都属约定俗成，是19世纪的历史学家根据文献中常见的两个封号（喀喇汗、伊列克）而借用的名称。从喀喇汗王朝的早期封号可知，喀喇汗王朝的核心是样磨（Ягма）和处月（Чигил）两个突厥部落。起初，喀喇汗王朝的最高封号是阿尔斯兰汗（即以狮子为图腾的"狮子汗"）和博格拉汗（以骆驼为图腾的"骆驼汗"）。大约在10世纪中叶，伊斯兰教成为喀喇汗王朝的国教。阿拉伯侵略中亚之前，喀喇汗王朝由阿里和哈桑统治。前文曾提到，博格拉汗哈桑（Хасан Богра-хан）在公元992年率军出征河中地区，纳斯尔·伊本·阿里（Наср ибн Али）则最终占领了该地区。阿里和哈桑这两大家族从10世纪末起就是喀喇汗王朝内最有影响力的势力，拥有大量的封地。

当时，喀喇汗王朝被划分为许多封地，封地的边界可以变化。大的封地领主享有很大权力，甚至可以铸造带自己名字的钱币。小的封地领主可以变换领地或宗主。当时的宗主和附属关系往往有很多层次。喀喇汗王朝的政治历史中充满了复杂的派别斗争。

最初，喀喇汗王朝的政权掌握在阿里系手中。夺取河中地区后，阿里家族控制了广大地区：在西部和南部，沿着阿姆河与伽色尼王朝接壤；在东部，纳斯尔的哥哥托干汗（Tughan Khan）掌控着喀什噶尔。当时，喀喇汗王朝的领导者统统是阿里家族的人。但政权很快发生转移，第二个人家族——哈桑家族从东部开始排挤阿里家族。根据钱币上的信息，博格拉汗哈桑的儿子优素福·卡迪尔汗（Юсуф Кадыр-хан）在1005年赶走托干汗并占领了喀什噶尔。

阿里的儿子们去世后，哈桑家族日益壮大，喀喇汗王朝的荣誉称号和最高封号就转到了他们手上。从1026年或1027年起，优素福·卡迪尔汗就被认为是喀喇汗王朝的最高统领，他也以这个身份与其他国家打交道。1032年，优素福·卡迪尔汗去世后，他的儿子苏莱曼继承阿尔斯兰汗封号，成为喀喇汗王朝的新统领，八剌沙衮和喀什噶尔是他自己的主要领地。他的弟弟穆罕默德获得博格拉汗（副汗）

封号，封地为伊斯菲贾布和塔拉兹。哈桑家族的成功不仅表现在其统治地位被认可，还在于他们不断排挤阿里家族的势力，获得越来越多的领地。甚至连阿里家族的老巢费尔干纳（河中地区的占领者纳斯尔的都城就是费尔干纳的乌兹根）也成为优素福·卡迪尔汗，特别是他的两个儿子（阿尔斯兰汗苏莱曼和博格拉汗穆罕默德）的势力范围。

由纳斯尔·伊本·阿里占领的河中地区此时也归属哈桑家族。1025 年之前，布哈拉和整个河中地区由优素福·卡迪尔汗的弟弟阿里特勤占领，但这兄弟俩之间并不存在和平与和谐。显然，卡迪尔汗害怕阿里特勤的势力扩大。伽色尼苏丹马哈茂德同样担心这一点。所以他们于 1025 年联合出征河中地区。当时两位著名的君主举行了会面，并伴以隆重的接待仪式和礼物交换，最终双方决定联姻并夺取阿里特勤的河中地区（这对卡迪尔汗有好处）。但马哈茂德认为让卡迪尔汗太强大有风险，所以这两项决定都没有执行。阿里特勤又继续统治了河中地区很长一段时间，他脱离兄长而独立，自封为汗——"桃花石·博格拉汗"（Тамгач богра-хан）。此举让伽色尼王朝非常害怕阿里特勤，伽色尼认为阿里特勤是一个极其危险又阴险狡诈的人，为防备他，伽色尼必须时刻保持边境警戒。于是伽色尼苏丹马苏德决定要摆脱阿里特勤，为此在 1032 年命令花剌子模沙赫阿尔屯塔什出征河中地区。阿里特勤战术性放弃布哈拉，任由布哈拉被阿尔屯塔什占领，但主要战斗发生在其他地方。阿尔屯塔什受了重伤，被迫与阿里特勤签订协议撤出河中地区。

阿里特勤想从伽色尼手中重新夺回阿姆河流域的领地。他找到了一个新盟友——花剌子模的新首领哈伦。哈伦曾备受伽色尼欺凌。联合出征在阿里特勤死后（1034 年）得以成行。联军起初占领了查加尼扬，包围了铁尔梅兹。后来由于花剌子模沙赫哈伦被杀，联军没有得到花剌子模军队的支持，阿里特勤的儿子们又被迫退回到自己的领地。此后，阿里特勤的儿子们与伽色尼苏丹马苏德的关系表面上得到缓解。

自此，哈桑家族在很长一段时间内维持了自己的政治地位，他们同时拥有喀喇汗王朝的东部和西部地区。而史料未记载阿里家族的任何消息。当时的钱币表明，阿里家族的纳斯尔（河中地区的征服者）的两个儿子穆罕默德和易卜拉欣只是一些小封地的领主，附属于喀喇汗王朝的一些重要官员。最初，穆罕默德·伊本·纳斯尔（Мухаммад ибн Наср 或 Айн ад-Даула）的境况稍好。他在费尔干纳拥有一些城市和地区，通常是乌兹根（他父亲时的首都），有时也包括阿赫西克特（Ахсикет）、苦盏、库巴（Куба）等地。但在他铸造的钱币上，几乎总是印着比他地位要高的宗主。

11世纪的40年代，易卜拉欣·伊本·纳斯尔（Ибрахми ибн Наср）在政治舞台上没有显著成就。在他青年时，头衔并不高，称作布里特勤（Бури-тегин），有一小块封地，后来甚至被阿里特勤的儿子俘虏。他从囚禁地逃到乌兹根投奔哥哥，但与哥哥不和，于是在1038年集结一支军队，经过胡塔梁和瓦赫什，最后攻入查加尼扬。尽管这些地区是伽色尼苏丹马苏德的势力范围，但后者正忙于同塞尔柱人交战，不得不接受布里特勤在自己的封地出现。此外，马苏德还指望借助布里特勤与河中地区的喀喇汗王朝（阿里特勤的儿子们）的敌对，保证伽色尼在河中方向的安全，避免两线作战。

但阿姆河流域只是布里特勤的跳板。他从那里出发，成功征服了河中地区。在与阿里特勤儿子们的战斗取得初步胜利之后，他扔掉之前微不足道的封号，自封一个更华丽的封号"桃花石·博格拉汗"（在河中地区这是阿里特勤拥有的封号），另外还给自己封了一个他父亲和哥哥之前拥有的非常荣耀的封号"穆艾德·阿德利"（Муайид ал-Адль，即"真理与公正"）。到1041年，他已经占领了整个河中地区。当时的伽色尼苏丹马苏德刚刚在丹达纳坎（1040年）战役中被塞尔柱人击败，所以容忍了易卜拉欣的崛起，甚至与他结盟并给予他支持。

易卜拉欣奉行完全独立的外交政策，不承认东部的喀喇汗人是他们的宗主。他在位时，河中地区最终成为一个事实上独立的喀喇汗国（史称西喀喇汗），首都在撒马尔罕。11 世纪上半叶初期，易卜拉欣占领了以前属于东喀喇汗势力范围的费尔干纳。

根据史料记载，易卜拉欣在一定程度上关心其臣民的安全、和平与需求，因此深得人心。他严厉惩处侵犯财产的行为，史书对此有许多记载。有一次，强盗在撒马尔罕城的大门上写道："我们就像藤蔓，你们收割我们越多，我们就长得越快。"易卜拉欣下令回复写道："我就像园丁等在这里，你长多少，我剪多少。"易卜拉欣还打击国内的盗窃行为，关注市场价格稳定。有这样一个故事，有一次，屠夫要求提高肉价，为此愿意向国库提供一千第纳尔。易卜拉欣表示同意并拿走钱，然后下令禁止民众买肉，迫使屠夫不得不再拿出钱来恢复原来的价格。

我们根据钱币上的信息得知，易卜拉欣还采取了其他措施来改善贸易条件。例如，之前费尔干纳的主要流通货币是用铅和铜铸成的迪拉姆，根本不含银，钱币的大小和重量也不等，不能论个使用，需要称重，使得银钱交易非常困难。易卜拉欣废除了这些货币，开始在费尔干纳使用由银和铜合金制成的圆形迪拉姆铸币，这种钱币可以论个使用，这为银钱贸易创造了更为有利的条件。

上述这些措施虽然没能减轻封建压迫，但防止了封建压迫的进一步恶化。对于一个封建制的国家而言，这算是一个相当大的进步。易卜拉欣（Ибрахим Тамгач Богра - хан）死后，他的儿子沙姆斯·穆尔克·纳斯尔（Шемс ал - Мульк Нар，西喀喇汗第二任汗王）、希兹尔汗（Хизр - хан，西喀喇汗第三任汗王，纳斯尔汗的弟弟）和孙子艾哈迈德（Ахмад，西喀喇汗第四任汗王）都在一定程度上继续执行这些政策。

喀喇汗王朝君主与神职人员之间的关系在中亚历史上是一个有趣但尚未充分研究的问题。但这个问题应被视为其内政的一个部分、一个环节来研究。在史书中，易卜拉欣和其他君主都被称为虔诚的穆斯林、笃信宗教的人，他们非常尊重教职人员，尤其是个别教职人员。然而，几乎他们每个人统治期间，都与教职人员发生过重大冲突，甚至以死刑或刺杀收场。

博利沙科夫（О. Г. Большаков）指出，艾哈迈德以及被他没收财产的"臣民"，其实都是封建社会的上层人士。同样重要的是，与教职人员一起反对艾哈迈德的，还有游牧民的封建上层人士。所以史书上说其中一些可汗受到人民的欢迎，说这些可汗获得了正义君主的荣誉等，这都是简单的理想化，是没有根据的。

在这些支离破碎的事实背后，可以看到喀喇汗王朝国内政策的目的非常明确。显然，这些喀喇汗王朝的汗王想要谋求中央集权。因此，游牧的封建主和不满汗王加强统治的教职人员就成了他们的敌人。在这场斗争中，没收财产是从经济上削弱政治对手的手段之一。

桃花石汗易卜拉欣通过并入一些地区而将国土范围扩大，而他的后人在外交和军事方面就没那么成功。一方面，易卜拉欣的儿子沙姆斯·穆尔克·纳斯尔（Шемс ал - Мульк Наp）在位时，东喀喇汗人不断挤压他们的空间。费尔干纳重新并入东喀喇汗国。苦盏成为东西两个喀喇汗国的分界线。另一方面，正是在这些君王在位期间，塞尔柱人入侵了喀喇汗王朝的一些边远地区，之后进攻河中地区中部。最终，塞尔柱马利克沙赫丁 1089 年攻占了布哈拉和西喀喇汗都城撒马尔罕。

不过，塞尔柱人并没有完全消灭喀喇汗王朝，他们只是深度干涉喀喇汗王朝的事务，并从喀喇汗王朝成员中任命汗王。唯一的严重冲突是 1130 年发生在喀喇汗王朝阿尔斯兰汗与著名的塞尔柱苏丹桑贾尔（Санджар）之间。大约在此前 30 年，即 1102 年，当时的喀喇汗汗王夺取了河中地区，然后向塞尔柱的领地进发，但汗王在与塞尔柱苏丹桑贾尔的战斗中阵亡。此后，塞尔柱苏丹桑贾尔安排易卜拉欣·桃花石·博格拉汗的曾孙穆罕默德二世登上喀喇汗王朝阿尔斯兰汗宝座。穆罕默德二世统治国家约 30 年，以建筑活动而闻名。与前任一样，穆罕默德二世也不得不同教职人员斗争。在一次教职人员的谋反中，他的儿子和副汗被杀，于是他向塞尔柱苏丹桑贾尔寻求帮助。当桑贾尔带领一支庞大军队来到撒马尔罕后，阿尔斯兰汗穆罕默德二世因为自己已经镇压了敌人，就不再需要他的帮助，甚至有消息称，穆罕默德二世还派刺客去刺杀桑贾尔。不管怎么说，桑贾尔攻下了撒马尔罕，撤换了阿尔斯兰汗，任命对他忠诚的人为新的喀喇汗王朝汗王。但喀喇汗王朝在内部事务中依然保持独立。

八 喀喇汗王朝和黑契丹

12 世纪 20 年代末，数量庞大的契丹人占领了包括八剌沙衮在内的七河地区，并建立了一个东北部抵达叶尼塞河的庞大帝国。之后他们吞并了东喀喇汗的所有领地，开始威胁西喀喇汗，即河中喀喇汗。记录这些年的事件和契丹政治成就的穆斯林史学家都将这个民族叫作黑契丹（Кара Китай），中国史书称为后辽、西辽、喀喇契丹。

1137 年，黑契丹在苦盏附近击败了喀喇汗王朝的马哈茂德。马哈茂德是塞尔柱帝国桑贾尔苏丹的忠臣，他甚至在自己的钱币上刻上宗主桑贾尔的名字。但当时桑贾尔苏丹忙于应战花剌子模，无暇帮他。不过，黑契丹在这种有利的情况下并没有取得胜利。

没过几年，在一场决定性的战斗中，黑契丹击溃了喀喇汗王朝汗王马哈茂德和塞尔柱苏丹桑贾尔的联军，成为这三个王朝历史上的一个里程碑事件。这场战斗发生在 1141 年 9 月 9 日撒马尔罕附近的卡特万草原（Катванская степь）。塞尔柱和喀喇汗联军被彻底粉碎，桑贾尔和马哈茂德逃离撤退。黑契丹占领了布哈拉和整个河中地区中部。

中亚政治力量的平衡发生变化，像塞尔柱人一样，黑契丹并没有完全摧毁喀喇汗王朝，而是将其变成自己的属国，收取贡赋。桑贾尔苏丹正忙于同花剌子模沙赫阿拉丁·阿即思（Ала ад-Дин Атсыз）

作战，不愿为了恢复自己在河中地区的影响力而与黑契丹作战。

　　黑契丹没有干涉喀喇汗王朝的内政，喀喇汗王朝的都城仍在八剌沙衮。卡特万草原战役后的一段时间里，撒马尔罕由逃走的马哈茂德的亲兄弟管理，而费尔干纳则处在哈桑家族（即东喀喇汗王）管辖之下。但从12世纪下半叶（1156年）开始，撒马尔罕由喀喇汗王朝的费尔干纳家族牢牢控制着。这意味着，中断很长一段时间后，河中地区中部和费尔干纳这两个最富的地区又重新归属东喀喇汗管辖。但必须指出，这两个地方实际上在12世纪下半叶和13世纪初期由同一个家族的不同成员统治，是两个大的独立封邑。撒马尔罕（河中地区的中心）和乌兹根（费尔干纳的中心）各自独立地铸造大量钱币，这两个城市每年都以自己宗主的名义铸币，上面通常刻着华丽的封号。不过，撒马尔罕当时被认为是整个喀喇汗王朝的首都，撒马尔罕的领主名义上也是整个喀喇汗王朝的最高统治者。其表现之一，是撒马尔罕统治者的封号高于费尔干纳统治者的封号。

　　此外，这一时期还有一些较小的领地所有者，但他们的政治权势已经不像11世纪那样大。12—13世纪初铸造的、带有小领主名字的钱币比11世纪稀有，这个现象就是明证。只有布哈拉的"萨德尔"（садр）拥有特殊地位。他们出身于最高宗教领袖家族，拥有"萨德尔贾汗"封号（Садр и джахан，即擎天柱的意思）。"萨德尔"最初是城市的宗教领袖，后来积极参与国家管理事务。他们当中最有影响力的人不仅实际管理着布哈拉，甚至名义上也是布哈拉的长官。他们与位于撒马尔罕的喀喇汗王朝的关系相当复杂。萨德尔们承认喀喇汗王朝的最高权力，有时也会以他们的名义铸造钱币。布哈拉政权有时完全服从喀喇汗王朝，有时又相反，萨德尔们完全保持自己的独立性。他们很会利用自己的地位，想方设法增加财富。他们向黑契丹进贡，自己也从中牟利。

九　花剌子模和塞尔柱王朝

1141 年黑契丹的胜利打击了塞尔柱帝国。这一时期导致塞尔柱帝国逐渐衰弱的另一个重要原因是花剌子模作为政治中心的崛起。

早在塞尔柱马利克沙赫（Малик-шах）统治时期，阿努什特勤（Ануш тегин）被任命为花剌子模的行政长官。阿努什特勤死后，他的儿子库特比丁·穆罕默德（Кутби ад-Дин Мухаммад，1097—1127 年在位）继续统治花剌子模，并接受了花剌子模沙赫的封号。库特比丁被认为是塞尔柱苏丹桑贾尔的忠实下属。

庞大的花剌子模国的真正奠基人是库特比丁·穆罕默德的儿子阿即思（Ала ад-Дин Атсыз，1127—1156 年在位）。他和他的继任者把握各种时机，竭力使花剌子模摆脱塞尔柱帝国而独立。阿即思执政的头几年，仍旧服从塞尔柱苏丹桑贾尔，参加他的远征，但与此同时，他使邻近部落归附花剌子模，让自己日益强盛起来。他占领了当时对游牧民有重大意义的地方，包括锡尔河下游和曼格什拉克（Мангышлак）半岛。

阿即思巩固了自己的地位后，曾三次（1138 年、1141—1142 年、1147—1148 年）出兵反抗塞尔柱苏丹桑贾尔，但都失败，最终在 1148 年 6 月不得不向桑贾尔宣誓效忠。尽管如此，阿即思此举为花剌子模的独立，为建立未来强大的花剌子模沙赫国奠定了基础。从那时起（12 世纪中叶），塞尔柱王朝只是名义上保留对花剌子模的统治。

12 世纪下半叶初期，在河中地区和现在的阿富汗北部地区发生了大事件，成为塞尔柱帝国衰落的主要原因。1153 年，在巴尔赫一带游牧的突厥古兹（奥古兹）部落发动反对桑贾尔的起义。起义的原因是苛捐杂税过多。起义后，古兹游牧民开始侵犯定居的农业区。桑贾尔苏丹为了惩罚他们，调动军队镇压，却遭到惨败并被俘。之后，游牧民畅行无阻地侵袭呼罗珊的农业绿洲和河中地区的东南部。

1156年，桑贾尔苏丹当了三年俘虏后获释并回到自己的都城梅尔夫，一年后去世，随他一起消失的还有中央集权的塞尔柱帝国。早在桑贾尔苏丹时代，小亚细亚和克尔曼（Керман）已经独立。在他死后，法尔斯和阿塞拜疆独立，呼罗珊摆脱了塞尔柱统治，阿拉伯哈里发也在巴格达恢复了自己的地位。

这种状况日益加强了花剌子模的独立地位，阿即思的儿子和继承人伊利—阿尔斯兰（Иль - Арслан，1156—1172年在位）迅即利用这一有利时机，趁机干预河中地区的、原先效忠黑契丹的喀喇汗王朝与突厥葛逻禄之间的斗争。

伊利—阿尔斯兰支持葛逻禄人。公元1158年，他率领花剌子模军队进入河中地区，并参加了葛逻禄人攻取撒马尔罕和布哈拉的会战。稍后又同呼罗珊的古兹人作战并取得一些胜利。1165年，他进军内沙布尔，想让其归顺，但没能成功，于是返回呼罗珊。由于国内斗争频发，伊利—阿尔斯兰不但无暇考虑将黑契丹人赶出河中地区等问题，还要采取措施保卫自己的领土。1171—1172年，黑契丹人借口伊利—阿尔斯兰没有按时进贡，出兵花剌子模。伊利—阿尔斯兰采取锡尔河开坝放水的办法才得以保住自己的都城免遭黑契丹人袭击。

伊利—阿尔斯兰死后（1172年），他的小儿子苏丹沙赫（Султан - шах）在母亲的帮助下登上花剌子模沙赫宝座，他的长子阿拉丁·帖乞失（Ала ад - Дин Текеш）当时是花剌子模下辖的一个地方长官。他请求黑契丹人帮他夺取花剌子模，并答应每年向黑契丹纳贡。同年，他依靠黑契丹人的帮助夺得花剌子模，苏丹沙赫逃亡他乡。

阿拉丁·帖乞失（1172—1200年在位）成为花剌子模沙赫后，不断巩固自己的地位，拒绝向黑契丹纳贡，并杀死他们派来征收贡赋的使臣。苏丹沙赫得知这一情况后，便请求黑契丹人帮助他推翻帖乞失。

黑契丹人希望得到花剌子模的贡赋，因此征讨帖乞失。帖乞失放水淹没道路，使黑契丹军队前进受阻。同时，苏丹沙赫和黑契丹人发动花剌子模居民反对帖乞失的希望也落了空。黑契丹人不得不返回自己的都城，留下一支队伍归苏丹沙赫支配。苏丹沙赫率领这支军队打败当地的古兹游牧部队，占领梅尔夫，过了一段时间又占领了谢拉赫斯和图斯。

黑契丹进攻失败后，帖乞失进一步巩固了自己的政权。他通过多次对河中地区和呼罗珊的远征，成功占领了许多大城市和村镇，1187年6月夺取内沙布尔，又在苏丹沙赫死后，于1193年占领梅尔夫。

差不多与此同时，帖乞失获得了干预伊朗一些地区内部政治生活的机会。当时，塞尔柱帝国的苏丹图格鲁勒二世企图独自管理国家行政，让哈里发只管理宗教事务，遭到阿拔斯王朝的哈里发纳西尔（Насир，1180—1225年在位）反对，双方斗争进入白热化时，哈里发纳西尔向帖乞失求援。帖乞失岂能放过这样的天时地利人和的好机会，于是出兵攻打图格鲁勒二世，并于1194年3月获胜，占领了哈马丹。但阿拔斯王朝很快就意识到，对于阿拉伯哈里发国家来说，花剌子模沙赫比塞尔柱苏丹还要危险得多。于是哈里发纳西尔通过自己的维齐尔（宰相），要求帖乞失举行哈里发王朝所规定的宫廷仪式。这意味着，帖乞失要服从阿拔斯王朝的哈里发，无论是宗教事务还是行政管理。帖乞失用粗暴的回复赶走了哈里发的使者。

1196年6月，花剌子模沙赫的军队和阿拔斯哈里发的军队进行了激烈会战，结果花剌子模大获全胜。尽管如此，哈里发仍要求帖乞失从伊朗的西部几省撤军，退回到花剌子模。帖乞失对此的答复是，他从现有的占领区得到的收入不足以供养他的庞大军队，所以哈里发应该再给他其他一些地方（花剌子模沙赫）供他管辖。不仅如此，他还要求在巴格达的"呼图白"中提到他的名字。于是，哈里发和花剌子模沙赫之间的争斗就此僵持。

花剌子模尽管在帖乞失统治时期特别强盛，但同阿拉伯哈里发的战争毕竟要消耗很多。在双方争斗中，哈里发可以运用伊斯兰教宗教界为自己的利益服务，而帖乞失只能依靠军队力量。为了顺利实施自己的军事计划，帖乞失把将领们划分为若干等级，建立强有力的军事贵族集团。不过，尽管帖乞失竭尽全力，但他终究未能在国内找到可靠的支柱。

留传下来的帖乞失的私人秘书（蒙希）穆罕默德·巴格达迪有一本著作《探索公文抄写的途径》，书中描述了13世纪初锡尔河地区的居民社会构成和民族成分，在一些官方文件中还有花剌子模沙赫帖乞失写给毡的①长官的指示。在这份指示中，花剌子模沙赫命令总督与各阶层居民建立正确的关系，阶层罗列如下。

1. 赛义德（先知穆罕默德的后裔）。"他（总督）应根据赛义德们的公正性及圣职等级，承认他们的至尊地位……应该保证赛义德们生活无忧。"

2. 伊玛目和乌里玛。在国家事务中，根据法规，"给伊玛目和乌里玛们赠送礼物，保证他们的福利，让他们成为快乐的人"。

3. 法官和行政长官。应要求法官和行政长官们公平地判案，"但当然不应有失法官光辉的美德"。

4. 苏菲教徒和归附他们的人。应该奖励苏菲派教徒和归附他们的人，"以便他们能内心宁静地为我们所向无敌的国家祈祷"。

5. 有威望的长老们。必须保护这些长老。

6. 从属于地方长官的官吏和军人。管理这些官吏和军人，不参与"他们彼此间的争吵、纠纷、口角和打架"，注意按时发放薪饷，"以免他们向居民勒索"。

7. 宗教战士（加齐）。应竭力支持宗教战士，委托他们监视居民。

从这个阶层名单中可以看出，花剌子模沙赫主要依靠哪些集团。这本著作中还提到了农民和地主，以及手工业者和"市场上的人们"，建议地方长官们必须更加关注他们，因为"他们的劳动可以为

---

① 毡的（Jend，Дженд），是穆斯林地理学家描述的11—12世纪的中亚大城市，是塞尔柱家族发迹地，13世纪被蒙古人摧毁。大体位于今日哈萨克斯坦克孜勒奥尔达附近。咸海这时期也被称为毡的海。——译者注

军队提供物质资料"。书中指出必须保护商人,因为"他们是不收费的情报员和国君的颂扬者"。书中还特别强调指出,必须同等对待突厥人和塔吉克人。最后,书中号召居民热烈欢迎新长官:"让他们给总督上缴来年收成 1/3 的赋税,让他们不要毫无根据地投诉总督,好像投诉者受了压迫一样,要顺从我们的命令,顺从地方长官和他的命令。"

此外,这份文件表明,13 世纪时,即使在花剌子模的边境地带,塔吉克人也占居民的大多数(虽然突厥语成分占优势)。文件的主要意义在于它提供了当时封建等级制度的鲜明场景。

帖乞失传位给儿子穆罕默德(1200—1220 年在位)[①]。1203 年,穆罕默德在黑契丹支持下占领了整个呼罗珊。他在征服赫拉特及其周边地区后,于 1207 年回到自己的都城,着手准备夺取河中地区。同年,穆罕默德率领大军镇压了布哈拉市民反对该城统治者萨德尔的起义,为占领河中地区奠定了基础。

十 桑贾尔起义、花剌子模沙赫穆罕默德征服喀喇汗国

前文曾提到,在 12 世纪上半叶,获得"萨德尔贾汗"封号(Садр-и-джахан,即擎天柱的意思)的庞大而富有的宗教家族在布哈拉影响很大。他们手中掌握着大量寺庙土地,向手工业者、商人和农民征税,加上商店和市场的收入,让萨德尔们占有许多财富。财富到底有多少,可以根据下面的事实加以判断:有一个萨德尔穆罕默德·伊本·艾哈迈德凭借自己的"收入"养着约 600 名法基赫(神学者)。当他前往麦加朝圣时,用一百多匹骆驼运送旅行用品。由于

---

① 穆罕默德(Alā al-Dīn Muḥammad;1169—1220 年)是花剌子模沙赫,中文史料中翻译为"阿拉丁·摩诃末二世"。1217 年,蒙古成吉思汗向花剌子模派出一支 450 人的商队,被讹答剌城守将海儿汗亦纳勒术误指为间谍,报告摩诃末;摩诃末命亦纳勒术拘留商人,但是亦纳勒术自作主张杀了商人。后来成吉思汗派巴合剌为首的三人使团,要求赔偿和究责,但摩诃末竟杀了正使,烧了二位副使的胡须。1219 年蒙古兴兵问罪,开始大举进攻中亚。摩诃末出逃,最后被困于阿必思昆岛(已陆沉)并饿死。花剌子模在 1221 年被成吉思汗的蒙古帝国彻底摧毁。——译者注

他的贪婪和卑鄙，人们给他起了个外号"萨德尔贾汗纳姆"（地狱之柱）。

布哈拉的萨德尔的财富还有其他来源。萨德尔们以每年向黑契丹纳贡必须征集大量款项为借口，千方百计搜刮劳动人民，而募集到的钱财大部分被萨德尔们据为己有。

当然这引起了广大群众的愤怒。1206年，布哈拉居民在盾牌匠桑贾尔的领导下，起来反对萨德尔们的统治。

桑贾尔起义的主要力量是城市手工业者。历史文献中，关于这次起义是如何开始和如何发展的记载很少。关于起义获胜后，管理国家的时间有多久，如何管理城市等问题，也无从得知。我们只知道，像宫廷编年史作者所写的那样，桑贾尔占领城市后，狠狠地"侮辱"了萨德尔们（封建贵族），并把他们驱逐出城市，他们的财产也归起义者支配。

被驱逐的萨德尔们向黑契丹求助。花剌子模沙赫穆罕默德一直在寻找机会，想从黑契丹人那里夺回河中地区，他认为布哈拉事变是最适宜的时机，于是率领大批军队前往布哈拉。起义者们没有采取应有的防卫措施，甚至没有联合郊区的农民，因此对花剌子模军队的进攻无力还手。公元1207年，花剌子模沙赫穆罕默德赶在黑契丹人到来之前占领了布哈拉。布哈拉的萨德尔们恢复了自己的统治，并成为花剌子模沙赫穆罕默德的附庸。

关于这一时期的事件，史书上有很多记载，但也有许多矛盾之处。当时的古钱币学资料有助于弄清许多情况和事件的时间顺序。

撒马尔罕的统治者和喀喇汗王朝的名义首领是奥斯曼（斡思蛮）·伊本·易卜拉欣（Осман ибн Ибрахим），费尔干纳的地方长官是他的亲兄弟卡迪尔。奥斯曼在12世纪与13世纪之交继承了他父亲的汗位，并很快获得"伟大苏丹的苏丹"响亮封号。事实证明，他的处境非常艰难，夹在"两团火之间"——在花剌子模沙赫穆罕默德和黑契丹之间。但这段时间内，奥斯曼见机行事，随机应变。起初，穆罕默德并不打算摧毁喀喇汗王朝，后来在与黑契丹的斗争过程中，他的政策发生了变化。喀喇汗王朝和穆罕默德之间的关系可以分为三个阶段：开始是盟友，然后是附庸，最后是驱赶或消灭喀喇汗统治者。

在占领布哈拉后，花剌子模沙赫穆罕默德与撒马尔罕的喀喇汗王朝奥斯曼结成联盟，但并不谋求占有它。奥斯曼继续以他自己的名字铸币，甚至他的封号比花剌子模沙赫穆罕默德还要高且华丽。

当时，盟军被黑契丹击败，花剌子模沙赫穆罕默德被迫回国，于是奥斯曼想与黑契丹关系密切，请求迎娶古尔罕的女儿，但被拒绝。奥斯曼不得不再次寻求穆罕默德的帮助，但这次却不再是平等的盟友，而是作为附庸。在他1209—1210年铸造的钱币上便刻有两个名字，一面是花剌子模沙赫穆罕默德的名字和封号，另一面是他自己。奥斯曼的叛变直接导致黑契丹古尔汗向撒马尔罕出兵，然而由于东部出了大麻烦，黑契丹占领撒马尔罕后，搜刮一点儿贡品就直接放弃了撒马尔罕。

在接下来的几年中，穆罕默德在与黑契丹的争斗中获得了一些胜利，在一定程度上是因为黑契丹当时正遭受着蒙古乃蛮部的侵袭，乃蛮人甚至一度掠夺了黑契丹的国库。黑契丹的衰弱，让奥斯曼更加依赖花剌子模，并再次用刻有两个名字的钱币向花剌子模沙赫穆罕默德表示自己的臣属关系。穆罕默德承诺帮助撒马尔罕，向奥斯曼留下自己的代表后，继续向东进发，在塔拉斯谷地战胜了黑契丹军队，俘虏了他们的一名将领。虽然这场战役并没有最终决定黑契丹的命运，但它大大提高了穆罕默德的威望。历史文献开始在他的名字前加上尊号"伊斯坎达尔·杜尤姆"（Искандарь дуюм，亚历山大第二）或"桑贾尔苏丹"（Султан Санджар）。

穆罕默德之所以能轻易征服河中地区，还因为河中地区的居民希望能在赶走"多神教徒"黑契丹人后，再由同一宗教的花剌子模沙赫建立政权，从而改善自己的处境。穆罕穆德决定利用群众的这种愿望以达到自己的目的。公元1207年，穆罕默德占领布哈拉后，曾命令军队禁止任何暴力行动。甚至是反对他的起义领袖桑贾尔也得以保全了性命，桑贾尔后来是自己淹死在阿姆河中。

不过，河中地区的居民很快就体会到了穆罕默德对人民的残酷剥削。在穆罕默德战胜黑契丹后，他的女儿嫁给了喀喇汗王朝的奥斯曼，两人在花剌子模生活了整整一年。回到撒马尔罕后，奥斯曼认为自己失去了独立性，对穆罕默德的监督不满，于是又恢复与黑契丹的往来，这背弃了自己追随最强者的政策。这一次，喀喇汗王朝的统治者和人民的利益相一致，穆罕默德的压迫使他们团结一起，并肩战斗。

穆罕默德派驻在撒马尔罕的长官对人民滥施难以忍受的压迫和暴虐，导致公元1212年该城居民起义反对新的压迫者。穆罕默德立即来到撒马尔罕并残酷镇压了起义，城里的屠杀和掠夺持续三天，数以千计的无辜人民惨遭杀害。奥斯曼也被处死。

镇压了不顺从的撒马尔罕居民后，穆罕默德把这座城市作为自己府邸，并开始建筑清真寺和皇宫。为巩固自己在河中地区的地位，穆罕默德下令处死各地的喀喇汗王朝的统治者，包括从奥斯曼的亲兄弟卡迪尔手中夺走费尔干纳。公元1213年，花剌子模沙赫穆罕默德在喀喇汗王朝的最大领地乌兹根和王朝的国都撒马尔罕铸造了带有自己名字的钱币。这表明，喀喇汗王朝被彻底消灭。同期，黑契丹也被乃蛮游牧部落首领屈出律（Кучлук）摧毁。

乃蛮首领屈出律是个强敌，而沽名钓誉的花剌子模沙赫穆罕默德意在南方和西方，梦想着征服阿富汗和伊朗，然后挑战哈里发。由于害怕两线作战，同时担心屈出律会进攻花剌子模东北部，穆罕默德于是将沙士（今塔什干）、伊斯菲贾布和费尔干纳的居民迁移安置到新地方，并下令对这些地区坚壁清野。

占领伊朗和阿富汗后，穆罕默德开始要求阿拉伯哈里发将世俗的巴格达让给他，后来又宣布废黜哈里发。1217年，穆罕默德推立铁尔梅兹的先知后裔穆利克（Ала ал-Мульк）为新哈里发，并出征巴格达。但这次出征遭到失败。史料中关于哈里发与花剌子模沙赫之间关系的记载相互矛盾：一些文献说穆罕默德宣布哈里发死亡，几乎在全国所有的城市做呼图白（诵经）时都不再提他的名字；另一些文献则相反，称穆罕默德正在寻求与哈里发和解。历史学家倾向于后者的说法，但是钱币学家的材料表明，前一种说法更接近事实：出征巴格达后，有一些城市的钱币上提到了哈里发的名字，而有一些却没提。有趣的是，在穆利克的家乡铁尔梅兹，在穆罕默德宣布穆利克为哈里发并出征巴格达之后，这里的钱币上既没有"被废黜者"的名字，也没有穆利克的名字。这说明，巴格达哈里发在穆斯林中有很高的威信，穆罕默德没能完全实现推翻他的目的。他什么也没赢得，反而失去不少。巴尔托利德（B. B. Бартольд）正确地指出，没有一个社会阶层会支持穆罕默德。封建领主、神职人员、百姓都出于各种原因，对他感到不满。甚至保障他军事胜利的雇佣军也最终拒绝服从他。穆罕默德统治下的庞大国家缺乏内在力量支撑，因此很容易受到蒙古人的侵略。

第二节 经济和社会经济关系

一 11—12 世纪的封地和地权

11—12 世纪，在伽色尼王国、喀喇汗王朝、塞尔柱帝国和花剌子模存在的封建贵族的分封赏赐制度（伊克塔制度）并非同时发展。在具体研究伊克塔制度对这四个国家的社会经济生活的影响时，必须要明白，当时最有远见的国务活动家和统治者已经认识到，无论是在经济上还是在政治上，伊克塔制度都会削弱中央政权。

有一个关于伽色尼苏丹马哈茂德在位时花剌子模长官阿尔屯塔什

（Алтунташ）的趣闻。花剌子模向上缴纳的地租（харадж）只有阿尔屯塔什作为地方长官薪俸的一半。阿尔屯塔什于是找到马哈茂德的维齐尔（宰相），提议将花剌子模的地租留给他，不足部分从国库补齐。阿尔屯塔什不仅遭到拒绝，还被维齐尔斥责："阿尔屯塔什，您要知道，您不可能成为马哈茂德。无论如何，您该收的税都不会留给您。回去收税吧！然后送到苏丹的金库，拿上收据再去要薪水……对于奴仆来说，最大的危险就是跟君主一起统治国家。"事实上，伊克塔制度（将收缴地租的权力归地方长官所有，这是伊克塔制度早期的方法）的"最大危险"不是针对"奴仆"，而是君主。因此，当中央政府有足够的力量和经济实力时，总是设法不用赏赐，而用现金支付俸禄。

尼扎姆·穆勒克（Низам ал-Мульк）的记载表明，萨曼王朝和伽色尼王朝"并没发放封地，而是一年四次从国库向每个人发现金。这样大家都感到幸福和安逸。征税人负责收税，送进国库，再每隔三个月发放一次"。当时尼扎姆·穆勒克只谈到军队，那一章的题目就叫作《论明晰的军产状况》。尼扎姆·穆勒克的说法在一定的前提条件下是可信的。在萨曼王朝，封地得到了大力发展，但根据已知的全部案例来看，获得封赏的都是皇家成员或高官，军队的确是只领军饷。在伽色尼王朝，军队刚开始时获得封地，但萨布克特勤（Себук-тегин，公元977—997年在位）采取措施取消了这种封赏，从国库定期向军队支付现金。这种情况持续很久，至少在他之后持续了两三代人。同时，伽色尼王朝还有几次大规模封赏，尽管这种封赏对社会经济生活的影响没有萨曼王朝那样大。在伽色尼王朝繁荣之时，封建赏赐制度甚至比萨曼王朝更罕见。显然，中央政府的目的就是不分封地只发俸禄，并且它有十足的经济实力去这样做。

塞尔柱帝国的情况则完全不同。尽管像尼扎姆·穆勒克这样有远见的人已经预料到，大规模实行封地制度的后果会不堪设想，但这种情况依然发生。在塞尔柱帝国，国家既要向政府官员和贵族封赏，也要给军队赏赐。对有功绩的军人的封地遍布全国，他们有权收取租金，还不断试图扩大自己的权利。尼扎姆·穆勒克在不同场合多次说过，封地持有者不应超越赋予他们的权利，中央政府应当关注这件事。他说："封地领主（мутка）应该想着，除了好好收缴托付给他们的赋税，他们对于百姓没有别的权力。收了赋税后，领主们就要保证人民的生命、财产、妻儿的安全，保证人民的财物和封地的安全，不要找他们的任何麻烦。"

虽然封地上的农民处境各不相同，但通常都很困难。农民的迁徙自由受到限制，经常被迫劳动。今日的土库曼斯坦南部地区，那个时候都是封地。

在喀喇汗王朝，封地问题不甚清楚。巴尔托利德和亚库博夫斯基认为，喀喇汗国家的封地制度很成功，得到广泛应用，甚至成为主导的土地所有制形式。两位杰出学者都认为，喀喇汗王朝的封地制度和效果与塞尔柱帝国非常相似。

博利沙科夫（О. Г. Большаков）同意这些结论，认为这些现象总体上符合近东和中东地区封建制度发展的总路线，但同时，他不同意使用类推的方法来研究这些现象，因为这样容易忽略各地的个性特点。博利沙科夫对喀喇汗王朝封地制度的分析结论是：根据达维多维奇（Е. А. Давидович）的资料，即使在萨曼王朝的鼎盛时期，除了花剌子模、查加尼扬和胡塔梁等附属封地，依然存在大量的封邑和封赠的领地。在喀喇汗王朝的最初几十年里，河中地区被分为许多封地。当河中地区成为独立的国家后，情况与萨曼王朝统治时期也大致相同。因此可以说，喀喇汗王朝的封地制度与萨曼王朝的封地制度基本相同。

总体上，博利沙科夫的研究方法和结论是正确的，但需要做一些修正。从社会人群特征看，因功封赏可以分为两类：一是赏给有功劳的军人；二是赏赐皇室成员和高官。史料文献中，关于喀喇汗王朝第一类封赏的资料目前为止还没有见到，至于第二类封赏，喀喇汗王朝的钱币就可以说明一些问题。11世纪初，喀喇汗王朝确实分成了大大小小的封地，具有明显的附庸关系和封建等级关系，而且，获得最大封地的领主也不都是王室成员。尽管后来钱币上封地领主的数量明显减少，但还是有。易卜拉欣·桃花石·博格拉汗（Ибрагим ибн Наср табгач-хан，他是独立的西喀喇汗国的真正创建者，国都设在撒马尔罕）在位时，他发行的钱币上有他属下的小封地领主的名字或封号。即便在12世纪下半叶，当中亚的喀喇汗王朝由费尔干纳家族统治时，有权独立铸币的不仅有撒马尔罕的喀喇汗王朝汗王，以及乌兹根（Узгенд）的费尔干纳领主，有时还有更小的领主，例如马尔吉兰（Маргилан）、比纳肯特（Бинакет，今乌兹别克斯坦的阿汉加兰）等。

据史料记载，以撒马尔罕为中心的喀喇汗王朝（西喀喇汗）独立之后，在不断加强中央集权的同时，曾在11世纪占主导的封地制度也并未完全取消，只是限制了封地领主的权力和封地的数量。从那时起，铸币上有小领主名字的现象非常少见。另外，如果说萨曼王朝努力阻止将赏赐的领地世袭下去（这种努力有时还很成功）的话，那么在喀喇汗王朝，领地世袭已经成为一种普遍和正常的现象，这一点从铸币上就能看得出来。正如博利沙科夫所说，尽管目前缺乏可以用来比较萨曼王朝和喀喇汗王朝的伊克塔制度的材料和依据，但是依然可以说，分封赏赐制度后来逐渐发展，不过并不是一条连续不断的单线发展。

至于花剌子模的情况，我们可以研究的材料相对多一些。在上文提到的花剌子模沙赫帖乞失的私人秘书穆罕默德·巴格达迪的著作中，有几个关于尼萨的文件。当时在花剌子模南部地区的政治生活中，古兹封建主发挥着重要作用。帖乞失给古兹大封建主图甘沙赫（Туган-шах）几大块份地。从封赏证书可以看出，图甘沙赫具有全部豁免权。神职人员、法官、学者、富人、贵族、军事将领、农民和其他阶级的人都得服从他。封地领主下属的人员还有什赫奈

(шихнэ，村庄和区的管理者）、穆捷萨里夫（мутесаррифы，中央和地方机构中的财政和税收官员，还负责灌溉），以及阿米尔（амили，具体执行征税的人）。证书中有一条给领主的指令，要求领主们严厉处罚和管束自己的下属，以便领主们任命的税务官和财政官员能够以公正和信任代替恶毒和压迫，能够确保居民的利益，能够除了规定的税收和地租，不再向人民强加其他赋税，不把真主和人民都不认可的负担强加给人民。

在这份用词华丽的封赏证书中，还呼吁保护妇女的名誉、居民的财产和生命，以及保护房屋安全等。所有这一切可以清楚地看出，被授权的领主实际上扮演着臭名昭著的强盗和暴徒的角色，正如证书所写，是一群"逼迫穆斯林从所在地逃跑"的人。

未封赏给图甘沙赫的尼萨土地，都属于花剌子模沙赫帖乞失的土地，通过他任命的地方官员管理。这名地方长官领取薪水，另外还有一些土地赏给他作伊克塔（икта）。给这位地方长官的证书上说，他可以为自己收取赋税，并获得"允许和约束的钥匙，也就是执行和禁止的命令"。"他告诉自己的副手，让他们在收取地租时，如果农民粮食歉收或无力支付时，不要给他们施加协议以外的负担……"然而事实上，地方长官会要求农民和市民全额缴纳税和赋，不得以缺乏资金为借口，而那些逃税漏税的百姓会受到残酷的惩罚。

因此，对人民群众最残酷的压迫的画面真真切切地在这些文件原件中呈现出来。

二 地权与农民

这个时期，社会发展的一个典型特点是，大土地所有者，甚至中等土地所有者的结构发生了变化。在阿拉伯人占领前，农民是土地的主要所有者。阿拉伯人占领后，农民开始全面破产。当然，首先遭难的是中小农民，他们遭受沉重的赋税和官员滥用职权的压迫。一些小土地所有者宁愿把土地租给更大的地主。侵略者以及与他们关系密切的权贵也愿意购买农民的土地，农民有时迫于压力出售世袭土地。没收和强占土地事件时有发生。

萨曼王朝时期，这一进程仍在持续：穆斯林的私有土地（мильк）被王室成员、高官和富人等收购。公元9—10世纪封建赏赐制度的发展，一方面增加了受封者的财富，另一方面也为他们购买农民的世袭土地提供了更多机会，因为公元9—10世纪的赏赐规模巨大，被封赏的对象包括市、区、州的地方长官。因此到了11世纪，土地的所有者已不仅仅是农民。

但11世纪前夕，农民仍然是一个强大的社会阶层。富有的农民掌握着整个州或区。一些农民很乐意站到征服者——喀喇汗王朝廷一边。起初，他们不仅保留了自己的土地，还在某种程度上保留了政治权力。我们以亚拉克（Илак）地区的农民为例。作为喀喇汗王朝的臣民，他们的名字和"农民"（дихкан）的封号甚至印刻在钱币上（公元997年、998年、1004/1005年和1008/1009年版）。人们的印象是，在11世纪末的喀喇汗王朝，亚拉克农民的地位甚至比10世纪的萨曼统治时期更高、更独立。

直到11世纪初期，边境地区的地方长官（旧土地贵族）的地位才稳定下来。如前所述，萨曼王朝时期，一些封地并不纳税，而是象征性地送些礼物。那里的土地仍然是当地封建领主的财产。伽色尼苏丹马哈茂德花人力气征服了这些地区。他入侵加尔吉斯坦（Гарчистан），摧毁了当地贵族的城堡，征服古尔时也摧毁了很多城堡，马哈茂德还占领了阿姆河流域地区。尽管查加尼扬在1038—1039年之前保留了很大的政治自治权（据白海基称，管理那里的是世袭统治者），但在查加尼扬、伽色尼铸造的钱币上根本没有他们，甚至作为宗主也没提到。

毫无疑问，这些被占领的地区也实行地租制度（харадж）。这有损于当地土地所有者的经济利益，也直接导致了贫穷弱小的土地所有者开始破产。显然，这里重现了中亚中部地区早就开始的进程，只是

"稍晚"一点。当然，到了11世纪，这个进程仍在继续。

11—12世纪的喀喇汗王朝、伽色尼王朝和塞尔柱王朝，一直在上演王室成员、各种出身的显贵、军队上层购置私有土地的狂潮。史料文献中提到，有些大的私有土地所有者是新的官宦显贵，他们享受特权，他们的私有土地也常常不缴地租。

因此，农民的私有土地以不同的方式转到了新王朝和新封建主手中。在蒙古人入侵前，农民作为主要的土地所有者阶层已不复存在。同时，"农民"（дихкан）的含义也发生了变化。随着农民阶层的没落，"农民"的意义从早先富裕的大中型私有土地所有者逐渐演变为从事农业耕作的普通的小型土地所有者。11—12世纪出现新的土地所有者阶层，其中就有一些原先的农民阶层残余在其中。

我们还必须关注封建经济发展的另一个重要现象，即土地买卖和土地所有权变化。阿拉伯人、喀喇汗王朝和塞尔柱王朝对中亚和呼罗珊的征服、新兴国家的形成、封建上层的结构变化以及其他一些现象，加速了土地商品化，使土地变成买卖对象。换句话说，主要是将私有土地变成了买卖对象，农民作为独立的、主要的土地所有者逐渐消亡，新的土地所有者阶层逐渐形成，这些又加速了土地的商品化。

三　11—12世纪的中亚城市

这个时期最显著的特征之一，是城市数量增加、商品生产和货币交易蓬勃发展。中亚的城市得到扩展，人口增多。例如，撒马尔罕的城市中心扩展到城市外围，那里聚集了许多贸易和手工业区。本城的贵族、神职人员和富商也居住在此。布哈拉的城市防御工事得到重建，城市面积扩大，新建了许多纪念性建筑。与萨曼时期相比，11—12世纪的铁尔梅兹显著扩大。在12世纪，其防御工事再次得到加强，用烧砖砌面以加固城堡。也是在这个12世纪，建起了"铁尔梅兹首领的宫殿"。城市的商业和手工业区（大多数是集市）获得了大发展，将手工行业集中在一起。塔吉克斯坦南部的最大城市之一是胡塔梁的首都胡利布克。仅其中心部分就占地约 70 公顷。考古发现这里有一座城堡，是胡塔梁首领的华丽宫殿遗迹。城市里有制陶、金属加工等各种各样的手工业。值得注意的是，在这一时期，胡利布克发展迅速，之前曾是城市垃圾填埋场和灌溉作物种植区的地方开始出现民宅。根据考古学和地形学资料，在 11—12 世纪，土库曼斯坦南部的大中小城市，包括梅尔夫、丹达纳坎（Данденнакан）、阿穆利（Амуль）、泽姆（Земм）、谢拉赫斯、梅赫涅（Мейхене，今土库曼斯坦米阿纳村 Меана）、阿比维尔德、尼萨、雅兹尔（Языр）、达锡斯坦（Дахистан，即大益部落居住地）等都在蓬勃发展。在楚河河谷，10—12 世纪，一些居民点变成了城市中心。即使是山区也在积极参与商品交换和货币关系，例如喷赤河右岸支流奥比明奥河谷地区（Обиминьоу）或者伊斯法拉地区等。

生产力的发展以及手工业与农业的进一步分离，是刺激城市生活快速发展甚至急剧上升的主要原因。城市快速发展的另一个重要因素是：农民的封建依附关系得到加强，导致农民大量逃亡到城市（也给城市的物质文化生活方式留下深刻烙印）。在一定程度上，应该把马克思和恩格斯关于"逃亡的农奴"在欧洲中世纪城市形成中的作用的观点扩展到整个中亚的中世纪城市。

四　11—12 世纪的手工业

主要的手工业和贸易中心位于城市。研究这一时期城市手工业的主要依据是考古资料，其中关于陶制品和玻璃制品的最多。

11—12 世纪的首要特点是，陶制品的外形进一步标准化，产量大幅增加。另一个特点是，在生产华丽的餐具时，虽然没有上釉，但带有形形色色装饰图案的餐具占比很大。应当特别指出，11—12 世纪的釉面陶器在各地广泛分布，甚至在 9—10 世纪很少或者根本没有釉面陶器的偏僻中亚山区也有出现。还有其他一些变化，让人们能够很容易将 11—12 世纪、13 世纪初的陶器与之前的陶器区分开来。

考古学家在所有中世纪居民点都发现了大量当时的陶瓷器皿，并从技术、工艺、形状以及装饰的角度对陶器生产进行充分研究。在一些居民点还发现了生产痕迹，挖掘出陶器焙烧窑，还有各种形状的装饰物和烧制用品（焙烧窑里挂生坯的销钉；分隔生坯的三脚支架）。

釉面器皿属于陶制品中的高档产品，以无色铅釉为主，有色釉也被广泛使用。在有色釉中，特别突出的是当时刚出现的绿松石色釉，其色泽美丽，质量上乘。

釉面陶瓷的外形有些陈旧，但出现了新变化。例如奇拉格式油灯，在公元9—10世纪是圆形、短鼻子，而在11—12世纪除了原有的形状，菱形带细长鼻子的也很普遍。

涂釉的壁画上仍然包括铭文以及几何、植物和动物（特别是鸟类）的图案。浅色背景很常见，但砖红色和黑色也被广泛使用，各种图案颜色各异，有黑色和白色、各种色调的棕色和红色、草绿色、黄色、蓝色和绿色。以前所有的装饰方法都在使用，但在很大程度上进行了改变。

大段冗长的铭文正在消失，简短的铭文占多数，有时只有一个字。这个字可以重复多次。同时艺术品上出现了字母装饰，重复的字母组合没有明确的含义，不可读也不可译。动物图像比较抽象，鸟类是釉下彩绘画最常用的图案，但鸟画得非常简单，只有轮廓，甚至常常连轮廓也不完整，只是重复地画了鸟的翅膀。

几何图案和花卉图案更加丰富多彩。绘画一般遵循两个原则：第一，当装饰图案仅覆盖部分表面时，背景颜色不固定，但以浅色调（淡黄色或淡绿色）为主；第二，当图案完全覆盖容器表面时，不留任何空白。出现了很多新的图案主题和新的色彩组合，例如，以棕色为背景的绘画再微微加入白色、黑色和深绿色，使色调变得更加鲜明。

在11—12世纪产生了卡申陶瓷（Кашинная керамика）。这类陶瓷的内胎呈白色或略带粉红色，易碎而多孔，表面覆盖着浅蓝色或蓝色的釉。有些器皿在薄薄的壁上挖出圆形、三角形或正方形的小孔，然后填上釉料，形成独特而又明显的透明装饰。

11—12世纪的薄胎无釉陶器制作精美。通常，它们是不同形状和大小的细颈罐，罐体为圆形或梨形，其断面看起来与金属相像。陶罐装饰采用多种工艺。有些陶罐的装饰图案分为上下两部分，有些陶罐的颈部是单独的图案，然后用浮雕将各部分连接在一起。印模已经得到广泛使用，使用它把图案印在制好的器皿上。当然，也还会有其他辅助工艺。

几何图形和植物图案、铭文、动物、鸟、鱼、人及幻想的生物图像都能装饰这些精巧的釉面陶器。其中最受欢迎的是横向腰线，一来可以写题记，二来可画植物图案，三来可画兽形图案。

11—12世纪的玻璃制品也为我们描绘出一幅手工业发展的生动场景。在这一时期，窗用玻璃得到广泛运用。在很多地方都见到了用吹制技术制造的平面窗用玻璃，包括梅尔夫古城、花剌子模和费尔干纳的几个居民点以及中世纪的塔拉兹古城遗址等。大部分玻璃是无色的，即窗用玻璃首先是实用，但也有彩色平面玻璃，主要是凸显装饰效果。在这方面，铁尔梅兹统治者的宫殿比较突出，其窗框上镶的是有色玻璃器皿的碎片，虽然它们透光性很差，但却创造出色彩丰富类似马赛克的效果。

考古学家的观察表明，11—12世纪的玻璃产量比前一时期有大幅增长，玻璃进入居民生活的范围更广。许多中世纪古城遗址中，都发现存在属于这个时期的玻璃作坊。在中亚找到了大量11—12世纪的玻璃，而且到处都有。

家用器皿产量仍然占主导地位。除了无色或浅黄色的玻璃，绿色、深蓝色、天蓝色、棕色的有色玻璃也常见。与之前相比，器皿的种类无疑增多，同陶瓷生产一样，它们也存在区域性特点。有些形状的器皿数量很多，到处都有。如碗、碟、高脚酒杯、小瓶子、陶罐以及装香水和药品的容器等。大多数都是无装饰的器皿，也有很多带装饰的玻璃，最常见的装饰方法是吹制花纹或压模。当然，还有比较复杂的装饰技术方法，如雕刻。在塔吉克斯坦南部的胡利布克（Хульбук）和费尔干纳的库瓦（Кува），发现了精美绝伦的玻璃装饰器皿。那一时期还生产精致的玻璃项链（尤其是铁尔梅兹出产的），上面有鸟类、动物和骑士的图像，还带有古阿拉伯文字和图案等。

玻璃制品的使用非常广泛，既用于餐具，也用于化妆品和药品用具，还有日常用品（墨水瓶、花盆等），以及各种装饰物（玻璃珠子），窗用玻璃和化学器皿（可惜，大量的化学器皿没标明生产时间）。

玻璃器皿，尤其是窗用玻璃的生产规模大、分布广、种类多，各种器皿形状趋于标准化，采用了当时最省力、最廉价的装饰方法。这一切现象都表明，11—12世纪的玻璃制品生产和消费比公元9—10世纪更加广泛。

金属加工在城市手工业中占有重要地位。例如铁尔梅兹的"五金工匠街区"，其面积达5公顷。在生产大量日用品、生产工具和武器的同时，也制造出很多具有很高艺术性的产品，如锅具、文具盒和灯盏等，在这些物品上用文字和图画描绘出各种情景。比较典型的是在中亚发现的青铜文具盒。文具盒镶嵌白银，主要装饰为铭文、鸟的造型和花纹。其中一段铭文表明，它由工匠奥马尔·伊本·阿尔法兹利造于1148年4月12日。在布哈拉发现的一个精致的青铜小锅，用铜和银作为镶嵌，生产日期是1163年12月，画匠是赫拉特的马苏德·伊本·艾哈迈德，铸工是穆罕默德·伊本·阿勃杜尔·瓦希德。小锅上的图案是坐在宝座上的国王以及游戏、打猎、跳舞等活动场景。这一时期，在瓦赫什河谷的利亚格曼（Лягман）也发现很多精美的青铜器。

11—12世纪，采矿业继续发展，有许多矿井。

五 货币流通

生产力的提高、手工业脱离农业的过程加快、商品生产的发展、与游牧草原的密切联系等，都促进中亚诸国内部以及中亚与远近各国之间的贸易往来。无论是考古资料（特别是中国和伊朗方面的），还是文献资料都足以证明这一点。

丰富的古币资料证明，当时存在货币流通。11世纪至13世纪初，中亚地区流通着各国铸造的钱币（总体上同各国涵盖的中亚领土地域相符合）。伽色尼王朝和塞尔柱王朝的钱币大多数发现于中亚南部地区，伽色尼王朝的钱币主要在塔吉克斯坦，塞尔柱王朝的钱币在土库曼斯坦南部，喀喇汗王朝的钱币则在吉尔吉斯斯坦、乌兹别克斯坦和塔吉克斯坦北部大量发现。在整个中亚都能见到帖乞失的花剌子模沙赫钱币。

这一时期的货币流通有两个主要特点。第一个特点是，与前一时期相比，黄金和金币数量增加。黄金仍然以重量计算价值，但它们作为一种流通手段的作用显著增加。中亚许多城市都发行金币并在市场上流通，这是之前没有过的现象。第二个特点是，出现了银币危机。从11世纪开始，东方各国银币的成色下降，甚至重量减轻。不足值的迪拉姆银币已经不能输往东欧（与前一时期不同），它的流通范围在缩小，因为不足值的货币只能在发行国境内流通。

在不同国家，银币消亡的过程各不相同。在伽色尼，银币消亡的进度比较缓慢。伽色尼苏丹马哈茂德和马苏德从印度掠夺了大量财富，使得银币消亡速度变慢。他们的钱币中含有70%—76%的纯银，另外还有95%高成色的迪拉姆一直在流通使用。与此同时，在中亚南部铸造的喀喇汗王朝的迪拉姆，含银量只有约20%。11世纪中期，当时臣属于东喀喇汗王朝的费尔干纳发行的迪拉姆银币由铜铅合金制成，根本不含银，甚至不能按数量流通。后来，西喀喇汗首领易卜拉欣·桃花石汗占领费尔干纳后，在那里发行了平均含银量为20%的银币，但这种改进是暂时的。到了12世纪，喀喇汗王朝发行了铜质的迪拉姆，只在钱币表面涂上一层薄薄的银。此外，前一时期遗留下来的"迪特里夫"迪拉姆铜币（гитриф）也在中亚继续流通。所有这些形形色色的钱币都服务于银币交易，它们的购买力和面值都大大高于其真实价值，但它们在贸易中似乎逐渐取代了真正的银币。

一些研究人员认为，银币危机的原因是前一时期白银流向欧洲，导致金属银缺乏。银含量不足导致银币价值受损。不过，其他时期在同样的白银储备条件下，通常是会继续铸造高成色银币，只不过调整一下与金币的比价和汇率而已。但在这个时期，城市商品生产和货币交易正在飞速发展，需要大量的货币作为流通手段，而高成色的银币发行量无法满足市场需求。正是市场需求增长，才使得金币流通开始活跃，同时也造成数量庞大的低成色银币泛滥。

11—12世纪和13世纪初的货币经济特点说明，那个时期的商品和货币关系非常发达。包括中亚山区在内的最偏远地区都参与了商品货币关系的活动，因此可以说，在中世纪中亚的商品货币关系发展历史上，这一时期占据特殊的地位。

第三节　11—13世纪初的文化

一　建筑业、建筑艺术和实用手工艺

11—12世纪和13世纪初留下来大量建筑古迹，这并非偶然。如果比较一下留存至今的宫殿、清真寺、浴场等古建筑数量的话，就可以看出，这是建筑业飞速发展的时期。这也是城市、商品生产、贸易、生产力发展、经济全面上升时期的一种表现和证明。然而，这一时期建筑业的特点不仅是建筑物数量增多，而且建筑理念得到进一步

发展，出现了新的设计方案，室内装饰水平也得到提高。

在这一时期的标志性建筑中，烧砖的使用比以前更加普遍。但是旧建筑材料，如夯土块和生土砖依然大量使用，尤其是要塞、城堡和宫殿等建筑。当时的建筑既使用生土砖也使用烧砖，例如，墙壁用生土砖，穹顶用烧砖，或用生土砖垒墙面再镶一层烧砖。

在塔吉克斯坦伊斯法拉地区有一座卡莱博洛城堡（Калаи боло），城堡建于公元6—8世纪，10世纪被摧毁和废弃，11—12世纪又得到加固和重建。在11—12世纪重建期间，使用了夯土块和生土砖，装饰面使用了石膏砂浆和烧砖。防御工事始建于公元6—8世纪，但11—12世纪重建时，在城堡最关键的东面建造了两个矩形塔楼来加强防御体系。通往平台的拱形走廊坡道和登上城堡东部围墙的上坡道都是前期遗留下来的建筑，但平台上的住宅区已完全重建，在11—12世纪改建成一个客厅、一个小院子、两排毗连的长方形房间，都朝向公共走廊。屋顶上方是生土砖制成的拱顶。该建筑是对上一个时期设计的创造性发展：走廊使整个院落变得明亮，解决了住宅区和生活区的采光。在城堡里也找到了当时的平面玻璃。建筑设计还考虑到其他生活设施，例如在平台上挖出一个圆柱形的垃圾深坑和下水道，坑的顶部用烧砖加固，还有涂了泥的木盖。

11—12世纪，王宫的建造规模很大。考古人员在塔吉克斯坦南部的胡利布克（Хульбук）发现了胡塔梁统治者的王宫，在铁尔梅兹发现了铁尔梅兹统治者的王宫，在伽色尼发现了郊外的伽色尼苏丹王宫和拉什卡尔巴扎王宫（Лашкари Базар），这些遗址的发现足以让我们想象当时的规模。

在胡利布克的胡塔梁统治者的王宫坐落在城堡里。宫殿建在一座人工堆起的高台上，结构复杂，由礼堂、各类房间和作业场所组成。整座王宫主要用夯土块和生土砖建造，烧砖既单独使用，也用于墙壁和拱顶的镶面。在日常生活设施方面，值得一提的是一座圆柱形的污水深坑和垃圾深坑（与卡莱博洛城堡相同），坑的上部用烧砖加固。

房屋地砖下面的管道形成一个加热系统。宫殿的装饰和雕刻精美，有多种不同寻常的几何图形、花卉图案和铭文。在一些碎片上还留有油漆，深蓝色和红色的油漆增强了光影效果。用烧砖铺就的地板展现出建筑工匠极大的创造力和想象力。这座宫殿保存长久并历经多次修复、改建和增建。在 11 世纪，该王宫南部略高的部分是一个综合工程，两个交叉的拱形宽阔走廊将其分为四个部分。北边一组房舍略低，有一条坡道走廊经过这些房舍，通向南部的拱形走廊。胡利布克王宫的防御系统尚未发掘。卡莱博洛城堡和胡利布克王宫还兼有要塞的功能，这就决定了它们的规模和外观。

其他三座王宫（铁尔梅兹王宫、伽色尼苏丹王宫和拉什卡尔巴扎王宫）的类型则完全不同，不仅占地面积大，还具有防御功能。伽色尼的郊外宫殿雄伟壮观，是苏丹马苏德三世（1099—1115 年在位）的住所，一条铭文写明该宫殿建成于 1112 年。这是一个四面是围墙的巨大矩形区域。王宫的结构中心是一座长 50.6 米、宽 31.9 米的矩形庭院。庭院的中央部分面积为 40.4 米 × 23.5 米，地面铺有大理石，周围是同样铺有大理石砖的人行道。沿着院子四边，有 4 座门廊，其中最深一些的是入宫前厅，对面是王宫的正殿。在门廊的四周分布着 32 条小过廊，通向不同大小和不同用途的房间。从庭院方面看，这些过廊的装饰都很华美。过廊墙壁的下部镶着大理石板，上面雕刻着花卉图案和几何图形，以及带有古老文字的饰带。塔吉克—波斯语铭文书法极为精美，是为纪念伽色尼统治者而做的诗，属于最古老的波斯语碑文之一。大理石板以上的墙壁和过廊拱顶上贴着黄、红、蓝等颜色的饰面砖和石膏浮雕。

在铁尔梅兹老城遗址中，发现了另一座郊外宫殿。在这里，矩形庭院的中心有一座水池，入口对面是门廊，通过拱门可以进入一个长方形的大房间（礼堂）。礼堂被两排巨大的矩形立柱分成三部分。墙壁和立柱上都镶着雕花烧砖，浮雕图案引人注目。在 12 世纪，这些装饰砖上面覆盖着一层雕花石膏，呈带状或矩形，上面有几何和花卉图形，还有臆想出来的动物图形和铭文。

拉什卡尔巴扎王宫①是一座结构复杂的建筑群。其装饰丰富多样，其中特别值得一提的是绘画。在王宫南部礼堂的墙壁上，绘制着大约50名武装士兵的形象，这是伽色尼国王的亲兵。另一座大厅里也有壁画保存下来，这里应该是宴会厅，因为画着衣着华丽的朝臣，其中一个柱子上画的是一位低头俯身的少年。画面是平的。根据史料记载，绘画在伽色尼时期得到广泛传播和发展。

11世纪的拉巴迪马利克行宫②是一座杰出的建筑。院子四周是宽度相等的房屋。外墙用生土砖砌成，表面又镶了烧砖。正门入口和角塔的顶部用烧砖砌成。正面的墙模仿要塞样式，稍微有些倾斜，用波纹板隔开，从外面看极像紧密排列的半柱形。正门入口的装饰使用雕刻的烧砖、石膏和陶器，以及比伽色尼王宫还古老的波斯语铭文。在拉巴迪马利克行宫，传统与创新和谐地结合，墙壁的波形图案与正门入口协调统一，相互映衬。

清真寺、宣礼塔，尤其是陵墓等文化古迹被保存下来的更多。迪格塔龙清真寺（Диггарон）位于距离布哈拉不远的哈兹拉村（Хазра），是一座立方体建筑，中央圆顶位于4根圆形支柱上，两侧过道顶上有特殊圆顶。铁尔梅兹的清真寺起初有三座圆顶的开放式拱门建筑，后来增加了支柱和圆顶的数量，于是开放式清真寺变成了封闭式清真寺。建于12世纪的布哈拉的马戈基阿塔里清真寺（Магоки-Аттари）有6根支柱、12座圆顶和一座正门。拉什卡尔巴扎清真寺的中央圆顶位于4根支柱上，而两侧通道顶上则是一排排的小圆顶。

当时清真寺的宣礼塔的形状和比例各不相同：布哈拉的宣礼塔呈圆形，庞大宏伟，而布哈拉附近的瓦布肯德城（Вабкенд）的清真寺

---

① 拉什卡尔巴扎王宫（Лашкари-Базар，Lashkari Bazar）是10—13世纪的伽色尼王朝和古尔王朝的苏丹行宫，位于今日阿富汗南部的布斯特市。——译者注
② 拉巴迪马利克行宫（Рабат-и Малик，Rabat-i Malik，字面意思是汗王要塞）是喀喇汗王朝汗王的草原行宫，喀喇汗王朝消失后曾作为丝路驿站使用。位于今乌兹别克斯坦撒马尔罕和布哈拉之间的克尔米纳市。——译者注

的宣礼塔则完全不同，强调比例修长。乌兹别克斯坦苏尔汉州的贾尔库尔干清真寺（Джар‐курганский）的宣礼塔表面带有波纹图案。伽色尼附近马苏德三世清真寺的宣礼塔是星形。贾姆城（Джам）的宣礼塔有一个八棱底座和三个越往上越小的圆环。

此时，无论非宗教人士还是宗教人士的陵墓，要么完全由烧砖建造，要么由烧砖和生土砖结合建造。陵墓为圆顶，通常开有正门。陵墓设计并不互相重复，每一座都各有特色。11—12世纪比较著名的有：土库曼斯坦梅尔夫的苏丹桑贾尔陵墓（Санджар），梅赫涅的阿布·赛义德陵墓（Абу саид）；吉尔吉斯斯坦乌兹根德（Узгенд）的喀喇汗陵墓；塔吉克斯坦沙阿尔图兹的萨亚特村（Саят Шаартуза）的陵墓，列扎尔（Резар）附近的霍贾—纳赫什兰陵墓（Ходжа‐нахшран），乔尔库（Чорку）的建筑结构等。

在这一时期，应用手工业取得了长足发展和完善。石膏、木材、大理石和陶器的雕刻技艺精湛。工匠们热衷于描绘花卉、几何图案和动物图案。用彩色库法体（Kufic）或誊抄体（Naskh）书写的题词非常美观。他们通过最简单的方法获得完美的装饰效果，例如，用砖砌出花样，在装饰中使用切磨过的，或有一定形状的，或带釉面的砖。纪念性建筑的很多装饰方法通常是前一时期传统的重复和发扬。各种不同的组合在11—13世纪初的建筑中创造了独特的装饰画面。

二 11—13世纪初的文学和科学

10世纪末发生的政治变化，即萨曼王朝的衰落、喀喇汗王朝征服河中地区、呼罗珊归顺伽色尼王朝，对塔吉克人的科学和文学创作产生影响。中亚各族人民的科学和文化开始复苏，但达里语和波斯—塔吉克文学的发展因战争和内乱几乎停滞。

伽色尼王朝兴起后，将呼罗珊、查加尼扬、胡塔梁、吐火罗斯坦、今天的伊朗大部和印度北部等地区联合为统一整体，又为科学和文学的进一步发展创造了条件。

在此期间，巴格达与中亚，特别是呼罗珊和吐火罗斯坦的关系进一步发展巩固，巴格达的思想和理念对伽色尼王朝、河中地区和呼罗珊的影响大大增加。

阿拉伯语在伽色尼大为推广。管理国家公文来往的法院，最初使用达里语，但是后来完全转变为阿拉伯语。各法院也只招收会阿拉伯语的人参加工作。从伽色尼时期开始，阿拉伯语词汇和表达方式开始越来越多地渗透到塔吉克语中。

在伽色尼王朝，塔吉克文学主要集中在宫廷。文学资料表明，数十名诗人为马哈茂德苏丹的宫廷作诗。马哈茂德赞助文学发展，是为了给自己的宫殿增光添彩并歌颂自己的丰功伟绩。这就是颂诗这种体裁得到如此广泛发展的原因。

巴尔赫人阿布尔·卡西姆·哈桑·伊本·艾哈迈德·翁苏里（Абул Касим Хасан ибн Ахмад Унсури，生于10世纪60年代，卒于1039年），是被马哈茂德苏丹授予"诗王"称号的最著名颂诗作者之一。完成学业后，他通过马哈茂德苏丹的兄弟纳斯尔（Наср）介绍，进入伽色尼宫廷。翁苏里参加了马哈茂德的大部分远征，他的大部分颂诗都是歌颂马哈茂德苏丹的胜利。同时代人对他极为赞赏，称他为文学巨匠。很多爱情诗，特别是取自古希腊情节的《瓦米克和阿尔扎》（Вамик и Арза）就出自他手（至今只留传下部分片段）。翁苏里为塔吉克—波斯文学增添了一种新风格，这种风格具有复杂韵律，并用理性的方法表达形象。

著名的宫廷诗人还有阿布尔·哈桑·阿里·法鲁希（Абу-л-Хасан Али Фаррухи，卒于1038年）和阿布·纳吉姆·艾哈迈德·玛努切赫里（Абу-н-наджм Ахмад Манучихри，卒于1041年）。

总的来说，颂诗和享乐主义题材是伽色尼时期的诗歌特点。这一时期的诗人们延续萨曼时期的体裁。伽色尼诗人丰富了波斯—塔吉克文学的描写方法，发展了新的修辞手法和诗歌形象。

科学的兴起始于10世纪，在国家独立的条件下一直持续到11世纪，这一时期，杰出的科学家除了上文已提到的阿布·伊本·西纳外，还有一位大科学家——花剌子模人阿布·莱罕·穆罕默德·伊本·艾哈迈德·比鲁尼（Абу Райхан Мухаммад Ибн Ахмад Бируни，973—1051年）。他出生在花剌子模城郊。据说，除纳吾鲁孜节（每年3月21日，即新年）和麦赫尔干节（9月21日，收获节）以外，其余所有时间他都从事科研工作。

比鲁尼喜欢旅行，主要出于科学探索的目的。他居住时间相对较长的是里海地区的朱尔占（Джурджан，今伊朗的戈尔甘）。比鲁尼在此居住时，卡布斯·伊本·乌什马吉尔（Кабус Ибн Вушмагир，976—1012年）是朱尔占的地方长官。这位长官是公认的学者，精通文学，支持科学研究。他亲自写过几本书。公元1000—1003年，比鲁尼完成了他的著作《古代遗迹》（又译为《古代民族编年史》）。他在书中系统地描述了粟特人、花剌子模人、波斯人、希腊人、犹太人以及基督徒和穆斯林的日历、纪年法和节日。这部书是中亚和整个东方民族历史上最重要的历史文献。

在1003年秋或1004年春，比鲁尼回到花剌子模。他在这里遇见了许多大学者，他们都因10世纪末的政治变革从布哈拉、河中地区和呼罗珊等城市逃离并聚集在花剌子模。史料表明，花剌子模沙赫马蒙二世（Мамун Ⅱ）资助了包括比鲁尼在内的所有学者。但在1017年花剌子模被伽色尼占领后，马哈茂德苏丹将比鲁尼一起带到伽色尼。因此，比鲁尼之后的科学活动集中在伽色尼。

比鲁尼参加了马哈茂德苏丹的出征。他在印度掌握了梵文，研究了印度各民族的风俗习惯。出征归来后写了《印度志》（也译为《印度考察记》），这本书是研究印度历史的最重要文献之一。

比鲁尼留下许多天文学、几何学和占星学著作。其中之一，是1030年在伽色尼为花剌子模人哈桑（ал-Хасан）之女（关于此人无任何记载）所写；第二部著作是1330—1336年创作并献给马苏迪苏丹的《马苏迪天文学和占星学原理》，这本书被誉为中世纪东方真正的天文学百科全书。

比鲁尼还有很多学术论文，但大多数没能留传下来。一位中世纪的阿拉伯科学家和旅行者雅古特（Ягут）写道，在梅尔夫的一座清真寺中偶然发现了一份比鲁尼的作品清单，仅作品名就占了60页。近年来，在世界一些图书馆中也发现了此前未知的比鲁尼作品。

比鲁尼还有一系列远超他那个时代知识水平、接近现代科技的新发现。例如，他提出了关于印度北部低地景观变化历程以及阿姆河流向变化历史的理论。

比鲁尼绝对不搞宗教狂热，也不仇视非穆斯林民族的文化。他关于印度的所有著作都体现对伟大印度文化的崇高敬意。因此，比鲁尼及其作品在印度和巴基斯坦非常受欢迎。

11世纪上半叶，历史学也得到发展。伽色尼苏丹马哈茂德宫廷的一个官员阿布·纳斯尔·乌特比（Абу Наср Утби）用阿拉伯语写了一本献给苏丹的材料《献给亚明的历史》（Тарихи Ямини）①，其中引用了许多有关萨布克特勤（Себук-тегин）和马哈茂德苏丹统治的重要资料。

阿布·赛义德·加尔迪齐（Абу Саид Гардизи）是伽色尼时期最伟大的历史学家之一。他于1048—1052年用塔吉克语创作了《记述的装饰》（也译作《叙事集锦》）。

阿布尔·法兹尔·白海基（Абу-л-Фазл Бейхаки，996—1077年）是伽色尼时期的杰出历史学家。白海基曾在伽色尼的文牍部门担任秘书长达19年，他也是那段时期几乎所有重要事件的见证者。他用塔吉克语编撰了一部三十卷的编年史《马苏德传》或《白海基传》，叙述马苏德苏丹的统治以及那个时代的大事件。可惜这部重要历史著作只有零散不全的几卷保存到现在。

---

① 亚明由右手一词意思而来，因为马赫穆德有一个称号"亚明—乌德—达夫拉"，即"强国的右手"。——译者注

喀喇汗王朝时期，科学和文学日渐衰落。

正如13世纪的穆罕默德·奥菲（Мухаммад Ауфи）在其文选中记载，在喀喇汗王朝诸汗中，大概只有克雷奇·桃花石汗（Клыч Тамгач-хан）还算重视发展科学和文学。不过，11世纪的河中地区还是有几部值得称道的作品的，例如马吉德丁·穆罕默德·伊本·阿德南（Маджд ад-Дин Мухаммад ибн Аднан）的《图尔克斯坦史》等。但这些著作只有个别片段保留到现在。

河中地区的塔吉克文学界有几位才华横溢的诗人，如布哈拉的阿马克（Амак，卒于1149年）、撒马尔罕的苏扎尼（Сузани，卒于1173年）、撒马尔罕的拉希季（Рашиди）等，但他们的作品及其地位无法与其前辈相提并论。阿马克和苏扎尼的风格迥异。阿马克是宫廷诗人，其诗歌创作精致，形式完美，经常作为演说指南被效仿。苏扎尼的诗歌则是撒马尔罕的典型代表。他的创作是为了取悦高官显贵而挣口饭吃，所以表达形式讽刺滑稽，语言简朴，更常用口语。他作品中的民主思想被后人继承下来。

11世纪下半叶到13世纪初这段时间是中亚文化史上的重要阶段。由于塞尔柱帝国的到来与统治，河中地区、呼罗珊和吐火罗斯坦等地被帝国中央整合为一个整体，从而促进了内沙布尔、梅尔夫、巴尔赫、赫拉特等城市文化的发展。

纳西尔·霍斯劳（Насир-и Хусрау）、奥马尔·海亚姆（Омар Хайям）、法赫尔丁·古尔加尼（Фахр ад-Дин Гургани）、阿萨迪·图西（Асади Туси）、马苏德·萨德·萨里曼（Масуд Саад Сальман）、穆伊吉（Муиззи）、萨比尔·铁尔梅兹（Сабир Термези）、安瓦里（Анвари）等塔吉克文学的杰出代表们的创作都属于这一时期。这些作家的创作思想和创作内容各不相同。在诗人们的作品中，道德、教育、哲学和人文等主题、大胆地维护人民群众利益等内容、反对封建主的专制和暴力等呼声比以往更加突出。在这些诗人中，特别突出的有纳西尔·霍斯劳、奥马尔·海亚姆、法赫尔丁·古尔加尼等，他们的作品主要体现了进步民众的思想倾向。

纳西尔·霍斯劳（1004—1088年）出生于今塔吉克斯坦境内的卡巴迪安城（Кабадиан）①。他从少年时代就开始研究各种科学，对文学、历史和宗教哲学等问题也特别感兴趣。青年时期，纳西尔·霍斯劳起初在伽色尼王朝苏丹马哈茂德和马苏德的宫廷中做事，后来在塞尔柱帝国的财政税务部门任职，再后来又去云游。早在青年时代，他就到过印度、中亚和现在的阿富汗。纳西尔·霍斯劳旅行的目的是研究各民族的生活方式和宗教信仰。在7年时间里，诗人游历了汉志（希贾兹，Хиджаз）、小亚细亚、叙利亚和埃及，他在那里了解了当地居民的生活和风俗习惯。霍斯劳在埃及遇见了法蒂玛哈里发的拥护者、伊斯玛仪教派的领袖，之后成为伊斯玛仪教派的虔诚信徒。

纳西尔·霍斯劳回到呼罗珊后住在巴尔赫，开始公开传播伊斯玛仪教派的教义，招募追随者。因此，他受到了伊斯兰教学者和塞尔柱帝国统治者的迫害。为了避祸，他不断从一个城市流浪到另一个城市。正如纳西尔·霍斯劳自己描述的那样，当时的生活极其困苦。

> 流浪就像一只毒蝎，
> 使我的心受伤累累。
> 在这个丑陋的世间，
> 还有谁比我更软弱？
> 我看着自己的境况，
> 忧愤交加，怒发冲冠：
> 老天，你高高在上，
> 老天，你愚昧无知，
> 老天，你昧了良心，
> 把我做成光阴的箭靶。

---

① 另一种说法是位于阿富汗巴尔赫城郊的卡巴迪安村落。——译者注

> 如果宇宙之轨旋转匀称，
> 只有月宫才是容我的家。
> 知识胜过光、灵魂和财富，
> 这是伟大智慧给我的启迪。
> 在同光阴的对阵中，在和宇宙的厮杀里，
> 信仰是我的大军，知识是我的坚盾。

在游历以后，纳西尔·霍斯劳写成一本历史地理学著作《旅行纪事》（Сафар－наме），此外还写了许多关于伊斯玛仪教派的书籍，其中有哲学文集《行者食粮》（Зад ал－мусафирин）、《信仰的欢歌》（Ваджх－и Дин）、《两种智慧的和谐》（Гармония двух мудростей，即穆斯林智慧与古希腊智慧）等。他的长诗《光明颂》（Джами ал－хик－матайн）和《幸福颂》（Саадат－наме）总体上最有价值。

纳西尔·霍斯劳的诗不仅涉及宗教哲学，还体现出许多具有教育性和劝善性的先进思想。他的诗中也有关于人文和无神论的主题。在一首写给神的诗中，纳西尔·霍斯劳写道：

> 如果你创造的是你的影子，
> 而不是赌台上的一枚骰子，
> 你为什么嘲弄自己的作品？
> 你为什么要创造魔鬼撒旦？
> 我还有许许多多的问题，
> 但是我不想给你出谜语。
> 如果你想让我沉默不语，
> 就应把我造成一头牲畜。
> 到最后审判时我要抗议，
> 是的，你可以割我的舌头，
> 否则你将不得不作出答复。

让我知道自己多么无知，
你得把我打入更深的地狱！
同你争论有什么罪过？
当我们向你虔诚祈祷时，
你却命令魔鬼："诱惑他们！"
如果自己的脚掌上没有沙子①，
再问你，为什么造出魔鬼？
总之，这件事有多么愚昧，
我将抛弃神学……
你作恶，得恶报，
你有哪点比我好？
就算我不好，也是你的创造，
你不喜欢我，何必要创造我！

纳西尔·霍斯劳非常热衷于歌颂劳动人民，即农民和手工业者，尖锐地批判君王、伪装信奉的人和官吏，特别是贪婪的颂歌诗人。

纳西尔·霍斯劳一直到死也没能摆脱迫害。他在呼罗珊、塔巴里斯坦和马赞达兰（Мазандаран）隐秘生活几年后，前往帕米尔高原的巴达赫尚，在那里孤独地度过了晚年。

奥马尔·海亚姆（1048—1131年）生于内沙布尔并在那里完成学业，成为11世纪的大学者之一。海亚姆在天文学、数学和哲学等领域留下不少科学著作。在塞尔柱帝国马利克沙赫统治时期，他和其他天文学家一起筹备历法改革。

海亚姆是杰出的诗人，特别擅长写四行诗，虽然数量不多，但无论从文学角度，还是从哲学内容角度来看，都意义重大。海亚姆把文

---

① 相当于"眼里不容沙子"。

学技巧同唯物主义和无神论相结合，使他的四行诗成为世界文坛的一颗明珠。海亚姆的四行诗描绘的是高贵且自由的人，他既不承认尘世的权贵权威，也不承认宗教的阴间信条。下面是一首他富有特色的四行诗：

> 假使我能掌控罪恶的上天，
> 我要毁灭它，换上另一个。
> 让高贵的追求没有尽头，
> 人不受折磨，没有忧愁。

在11世纪能够尖锐地表达市民情绪、无情地批判封建主的诗人中，法赫尔丁·古尔加尼（Фахр ад-Дин Гургани）和他在1055年创作的长诗《维斯和拉明》（Вис и Рамин）占有特殊地位。这首浪漫的爱情诗借用伊斯兰教传入之前的古代传说，讽刺帝王和朝臣的本性。这首诗的结尾还描绘了社会乌托邦的画面，其中代表人物是当时的城市居民。

阿布·纳斯尔·阿萨迪·图西（Абу Наср Асади Туси，卒于1072年）参照费尔多西《列王纪》的体裁，编写了《加尔沙斯普纪》。加尔沙斯普的传说是东伊朗各民族最古老的民间传说之一。阿萨迪·图西最早将"穆纳扎拉"（муназара，辩论诗）的形式运用到塔吉克文学中。他写了五部这样的作品，叙述天与地、日与夜、弓与箭、拜火教信徒与伊斯兰教徒、阿拉伯人和波斯人之间的争论。此外，他还编了一部辞典，摘录了当时近八十位诗人的作品。这部辞典具有很高的历史价值，里面可以找到许多比他那个时代更早的诗人的作品，可惜没有留传下来，例如诗人鲁达基（Рудаки）《卡里拉和季姆纳》（Калила и Димна）一诗的片段。

马苏德·萨德·萨里曼（Масуд Саад Сальман，1048—1121年）是伽色尼王朝晚期的宫廷诗人。他大半生住在北印度的拉合尔，因此是中世纪印度、塔吉克、波斯诗歌的最早代表之一，后来他的波斯语诗歌在印度流传很广。由于受仇敌诬陷，他多次被伽色尼苏丹投入监狱，被关押的时间总共超过18年。马苏德·萨德·萨里曼在自己的诗歌创作中，试图恢复颂扬强大的伽色尼王朝的传统，有时甚至引用"诗王"马哈茂德苏丹的名言。他的赞美诗运用朴实、鲜明、富有诗意的词句，还巧妙地引用一些至理名言、训导词、哲学思考和对战场的描写。在被囚禁期间，马苏德·萨德·萨里曼还创作了感人至深的"狱中悲歌"，表达他的难以忍受的处境并抱怨世间的不公。这位才华横溢的诗人命运凄惨。无论是他的生活还是他的创作，都受尽封建压迫。

阿米尔·穆罕默德·穆伊吉（Амир Мухаммад Муиззи，卒于公元1140年）出生于内沙布尔。他在塞尔柱帝国的马利克沙赫和桑贾尔的宫廷任职，大部分作品都是献给君主的颂词。在桑贾尔时代，他获得"马利克·乌什舒阿罗"封号（малик аш-шуар，即诗王），成为首席宫廷诗人。

阿季德·萨比尔·铁尔梅兹（Адид Сабир Термези）是一位颇有天赋的抒情诗人，却被迫侍奉塞尔柱帝国苏丹桑贾尔，完成各种各样的杂事。苏丹桑贾尔委托他在花剌子模办事，又派他去对手花剌子模沙赫阿即思的宫廷。花剌子模沙赫指控他是塞尔柱帝国的间谍，下令逮捕他，并于1148年将他淹死在阿姆河中。阿季德·萨比尔·铁尔梅兹的诗集以颂诗和抒情诗为主。

阿乌哈德丁·安瓦里（Аухад ад-Дин Анвари，1126—约1190年）于1126年生于呼罗珊北部（现在萨拉赫斯地区）的巴德纳村。与其同时代许多诗人一样，安瓦里青年时学习各种科学。他受邀到塞尔柱苏丹桑贾尔的宫廷，写了许多歌颂这位统治者的颂词。人们普遍认为，安瓦里的颂词达到了顶峰。通过运用非凡技巧，他的诗中充满哲学思考，拥有美妙的抒情名句，华丽壮观的描述，同时又有对桑贾尔的赞美。其中一首描写古兹人破坏呼罗珊的著名颂词，充满了爱国主义情怀。安瓦里的抒情诗更接近于民间抒情诗。在晚年，安瓦里彻底意识到宫廷诗的空虚和不道德，于是远离宫廷。这个时期创作的诗歌主要是讥讽那些向强权出卖才华的诗人。

> 你要知道，我说的是宫廷诗人，
> 不要把那伙谄媚之徒当作人！
> 你要知道，各国都需要清洁工，
> 上帝终将惩罚你的如此健忘。
> 如果你房子周围堆满了垃圾，
> 我的兄弟，你会不会去收拾？
> 但是任谁也不需要奴才诗人，
> 世间万物更用不着他去经营。
> 假如你只为糊口才受雇于人，
> 那放下诗歌，去把垃圾清理！

11—13世纪初这一时期的塔吉克波斯文学中，除出色的诗歌作品以外，还可见到经典的散文作品。例如，塞尔柱帝国的维齐尔（宰相）尼扎姆·穆勒克（Низам ал－Мульк а）的《政策论》（Сиясет－наме）、撒马尔罕的尼扎姆·阿鲁齐（Низам Арузи）写的《四个故事集》（Чахар макала）、拉施特·瓦特瓦特（Рашид ад－Дин Ватват）的诗学指南《魔幻花园》（Хадаик ас－сихр）、撒马尔罕作家扎西里（Захири）的《辛巴德的故事》（Синбад－наме）、巴尔赫作家哈米德丁（Хамид ад－Дин）的《哈米季的木卡姆》（Макам-ати Хамиди）。

《政策论》是非常有价值的历史文献。它从中央集权国家的支持者的角度，分析塞尔柱帝国的国家管理体制。尼扎姆·穆勒克死后，人们对这本书进行了修订，添加了一些内容。流传到现在的文本是

11世纪末的宝贵资料。本书的语言特点是简洁明了。

《四个故事集》是了解作者所在时代及其以前文学和文化生活的重要资料。其中的"论道"是写给宫廷官员、诗人、占星家和医生的。每一次"讨论"都对其中一种职业进行评述，书中还附录十幅有教益的历史故事插图，讲的都是相应职业的优秀分子。这本书比其他书更详细地介绍了当时文化界人士的生活情况。特别是关于诗人的"讨论"，反映出他们在封建国家的处境相当艰难。

《魔幻花园》详细分析了当时的诗歌形式，特别是关于诗中的人物和形象，另外还有有趣的美学评价和判断。

《辛巴德的故事》由撒马尔罕作家扎西里创作，题材是东方很流行的女人的阴谋诡计。引人入胜的情节和叙事方式，让作者借用寓言这种有趣的形式提出"治国"的学问。其中许多寓言故事都隐含着对统治者的批评和无情嘲讽。

《哈米季的木卡姆》用押韵的散文形式写成，由 24 个有趣的"韵脚"组成，通过小说、寓言、谜语和谚语等多种形式，表达劝导题材。

11—13 世纪初这一时期，在科学界也出现了许多新人。

伊玛目·法赫尔丁·穆罕默德·伊本·奥马尔·拉齐（Имам Фахр ад-Дин Мухаммад ибн Омар Рази，1150—1210 年）住在雷伊和赫拉特，在那里从事教学并布道。他写了许多医学、天文学和数学著作。

阿布尔卡西姆·马哈茂德·扎马赫沙里·花剌子米（Абу-л-Касим Махмуд Замахшари Хорезми，1074—1142 年）是一位卓越的词汇和阿拉伯语语法的研究者，编撰了阿拉伯—波斯语辞典。

阿布·巴克尔·阿卜杜·卡希尔·伊本·阿卜杜·拉赫曼·朱贾尼（Абу Бакр Абд ал-Кахир ибн Абд ар-Рахман Джуджани，卒于 1108 年）是语法学专家。

宰丁·伊斯玛仪·朱尔贾尼（Зайн ад-Дин Исмаил

Джурджани，卒于 1135—1137 年），应花剌子模沙赫库特布丁·穆罕默德·伊本·阿努什特勤（Кутб ад-Дин Мухаммад нбн Ануш-тегин）邀请来到花剌子模。他在 1110 年用塔吉克语写了一部著作《花剌子模沙赫的宝库》。这一著作基于伊本·西纳的《医典》，由十本书构成，讲述的是用药、解剖、疾病的成因和症状、卫生、诊断和疾病的预防、治疗方法、毒药和解毒、制药。《花剌子模沙赫的宝库》被翻译成古犹太语、土耳其语和乌尔都语。

三　苏菲派的思想传播及其对塔吉克—波斯文学的影响

苏菲派的思想逐渐渗透到文学中是这一时期的重要特点之一。"苏菲派"一词在欧洲学术文献中的含义与阿拉伯语、塔吉克语、波斯语文献中的"塔萨武夫"（тасаввуф，Tasawwuf）的意义相同。它是具有神秘主义特殊形式的伊斯兰教派，融合了很多阶级属性完全不同的、之前和现在仍广泛传播的伊斯兰教派和思想理论。

苏菲派在伊斯兰教的土壤上发展，广泛使用《古兰经》《圣训》及其他要素。但苏菲教派的很多形式，尤其在其早期阶段，由于对伊斯兰教的要素进行了特殊的阐释，因此成为正统教义的反对派。封建政权和伊斯兰宗教界对苏菲信徒进行了残酷迫害，例如侯赛因·伊本·曼苏尔·哈拉吉（Хусейн ибн Мансур Халладж）922 年被残酷处决，希哈布丁·阿丁·苏赫拉瓦尔迪（Шихаб ад-Дин Сухраварди）1191 年在狱中被杀。

公元 8—9 世纪，苏菲派出现在伊拉克。最初，它采取神秘主义形式，反对贵族的奢侈和享乐主义。苏菲教义宣扬的拒绝一切尘世欢乐、禁欲主义等思想，正好反映了手工业者和城乡低层不断反抗封建主压迫和贫富不均的需求。最初的苏菲派信徒认为，金钱财富、名利地位、奢侈品和娇生惯养等，都是邪恶的产物。他们穿着羊毛织的简朴衣服（通常认为"苏菲"一词来源于"苏夫"，粗毛衣的意思），过着隐士的生活。

11世纪，苏菲派在呼罗珊和河中地区流行甚广。沙赫阿布·赛义德·麦哈尼（Шейх Абу Саид Майхани，967—1049年）在内沙布尔建立了一个苦行修道院，在那里布道并与神学家辩论。沙赫阿布·卡西姆·库沙里（Абу-л-Касим Кушейри，986—1073年）撰写了苏菲派的理论著作。

后来在神职人员和封建主的影响下，出现了一种新的苏菲派形式。一些苏菲派人士开始要求人民笃信宗教、服从当局并遵循斯兰教的沙里亚法。大神学家和哲学家穆罕默德·加扎利（Мухаммад Газали，1058—1111年）在苏菲派与正统伊斯兰教的融合、创造一种符合封建领主利益的、特殊形式的苏菲派发挥了重大作用。

苏菲派的泛神论神秘主义教义认为，自然界一切活物和死物最终都是神灵的化身，尘世的一切都是彼岸精神世界的反映。人作为绝对的神的最后创作，应该达到与安拉"融合"。为此，人应该抛弃一切物质财富，克制自己的愿望和欲望，竭力与神融合。要想融合，人应该给自己找一个导师并无条件地服从他，忠实地执行他的任何指示或命令。正如苏菲教派的书上所说，学生应该像洗尸者手中的尸体一样。

苏菲派的沙赫（即导师）逐步拥有了很高的权威和政治权力。他们手中有数百名听话顺从的学生。统治阶级很快意识到将沙赫吸引到自己身边的好处，于是很多沙赫成为统治者的心腹，当然，也有些沙赫仍然与苏菲教派的初始信徒——手工业者们保持密切关系。在一些苏菲派教团基础上，出现了从事反对"异教徒"圣战（在格鲁吉亚、北高加索和印度等地）的骑士僧团。11世纪以后，许多与统治者关系密切的苏菲派沙赫公然成为最大的地主。例如，15世纪生活并葬在撒马尔罕的沙赫霍贾·阿赫拉尔（Ходжа Ахрар）就拥有巨额财富和广阔土地。与此同时，也有些沙赫凭借自己的组织和军事能力，站在人民群众一边，反对封建制度，坚持均贫富，尽管有时只是部分或暂时地做到了这一点。例如，14世纪谢尔别达尔

（Сербедары）起义期间的沙赫哈桑·朱里（Хасан Джури）。

因此，整个中世纪的苏菲派至少有两个流派：一种是封建主的，另一个是人民的。人民流派的苏菲与城市、与手工业者们联系密切，经常从事抗议活动，保护群众免受封建主的压迫。除一些消极沉思类的苏菲教团倡导强制禁欲、苦行，以及所有苏菲教团都要求信徒在初始阶段必须跟随导师学习以外，苏菲派还宣扬仁爱，提倡为达目的而敢于武装斗争。那些认为手持武器与封建主和外国奴役者做斗争的苏菲教徒不是"真正的"禁欲主义的苏菲派的观点，是不对的。

苏菲派是对现实社会关系的一种变相和夸张的反应。在意识形态领域，苏菲教派的抗议活动尽管具有许多有价值的特征，但却由于它的神秘形式而大打折扣。尽管如此，在很多时候，那些与手工业者和城市下层保持联系的苏菲教派在当时还是进步的力量（尽管受社会潮流的制约）。这就是过去很多杰出的诗人和思想家与苏菲派保持密切关系的原因，例如巴巴·库希（Баба Кухи）、安萨里（Ансари）、萨奈（Санаи）、阿塔尔（Аттар）、尼扎米·甘贾维（Низами Ганджави）、贾拉尔丁·鲁米（Джалал ад-Дин Руми）、阿米尔·霍斯劳·戴赫列维（Амир Хусрау Дехлеви）、贾米（Джами）。他们其中一些人（例如安萨里）与封建苏菲派联系更密切，但也受到普通苏菲派文学传统的影响，对群众使用简单的、贴近民间的语言，在诗歌中引用大家耳熟能详的民间寓言和谚语，遵循崇高的民族理想和人性。所有这些特征赋予苏菲派诗歌更高的价值。

有人认为，中世纪的优秀诗人使用苏菲派成语（伊本·西纳也用）的原因是他们恐惧宗教狂热，想隐藏自己的自由思想，这种想法是错误的。列宁在谈到古代哲学家时，主张"出色地坚持哲学史中严格的历史性，反对把我们所了解的而古人事实上还没有的思想的

'发展强加于古人'"①。让过去的思想家与当时的社会运动完全分离，这不符合历史真实性。不要忘记，每个中世纪思想家都有自己的历史局限性，都被当时占主导地位的宗教思想所禁锢，都要在他的创作中找出所在的那个时代有进步意义的东西。

苏菲派思想在中亚社会生活中传播非常广泛，以至于在这里逐渐成为正统伊斯兰教之后的第二大教派，尤其是在中世纪后期。

综上所述，苏菲教派的教义传播从一开始就暗含着保守的因素。之后，在帖木儿王朝和布哈拉汗国，封建苏菲派领导了与各种自由思想的斗争。不同时期的苏菲派诗歌中，都具有反人文的思想。在苏菲派诗歌中，对人的尊严的高度理解通常会借用神秘的形式，将一个完美的人神化。

11—13世纪这个时期出现了很多苏菲思想家，如哲学家穆罕默德·加扎利（Мухаммад Газали）和他的兄弟、建立了苏菲派的神秘爱情理论的艾哈迈德·加扎利（Ахмад Газили），还有杰出的苏菲诗人阿卜杜拉·安萨里·赫拉迪（Абдаллах Ансари Герати，1005—1089年）、阿布马吉德·萨奈（Абу-л-Маджд Санаи，1050—1131年）、法里德丁·阿塔尔（Фарид ад-Дин Аттар，1119—1190年）。

阿布·哈米德·穆罕默德·加扎利（Абу Хамид Мухаммад Газали，Al-Ghazali，1058—1111年）出生于图斯。他在青年时代接触到苏菲派教义，但那时还不是苏菲派信徒。后来他移居朱尔占（Джурджан）和内沙布尔，在那里学习神学，并很快在该地区的教职人员中享有极高权威。塞尔柱帝国宰相尼扎姆·穆勒克听说了他，就于1091年邀请他到巴格达的尼扎米亚经学院担任教师。在这里，加扎利受命与塞尔柱的最大敌人——伊斯兰教什叶派的信徒进行辩

---

① 《列宁全集》（第55卷），人民出版社1990年版，第209页，或者列宁《哲学笔记》，"一、摘要和短文"，"黑格尔《哲学史讲演录》一书摘要（1915年）"。黑格尔《历史哲学讲演录》（1915年）："但是，经验和历史告诉我们的是这样：各个民族及政府从来没有从历史中学到什么，也从来没有按照从历史中所应吸取的那些教训进行活动。每个时代都具有如此特殊的环境，每个时代都有如此独特的状况，以至必须而且只有从那种状况出发，以它为根据，才能判断那个时代。"——译者注

论。不过，加扎利的兴趣并不局限于这些，他开始深入研究哲学，尤其是法拉比和伊本·西纳的著作。中世纪的阶级矛盾和政治矛盾异常尖锐，这些矛盾在意识形态领域都表现为宗教派别斗争。加扎利生活在这样的环境中，作为尼扎姆·穆勒克中央集权政治的拥护者，他试图使神学与理性哲学和谐相处，这对他来说很重要，但他在这条道路上栽了跟头。加扎利经历了深刻的道德危机。1095年，他拒绝在伊斯兰经学院教书，而加入苏菲派。

脱离现实生活后，加扎利认为自己在禁欲主义中找到了"信心与平静"。在随后的几年，他游历了很多地方，去过叙利亚和麦加，在那里，他的神秘主义情绪更加强烈，并用阿拉伯语写了他的主要著作《信仰科学的复活》。在书中，他承认神秘的直觉是认识的基础，而宗教的基础是对安拉的爱。

在生命的尽头，加扎利再次在内沙布尔的伊斯兰经学院任教不长时间，然后到图斯隐修，住在一个寺院，身边有几个学生。最终在那里死去。

一般认为，加扎利在苏菲派思想的帮助下，"摧毁了伊斯兰世界广泛传播的理性主义哲学"，他将苏菲派的神秘主义起源和伊斯兰教的神学起源巧妙结合，从而长期保护了伊斯兰教神学免受哲学死结的困扰和损害。的确，从伊斯兰教的立场出发，加扎利谴责了纯哲学推理，宣布东方逍遥派（法拉比和伊本·西纳在一定程度上发展了亚里士多德的思想）的教义与宗教不相容，并给苏菲派的神秘直觉主义戴上神学光环，从而在中东许多民族的社会思想史中起了反动作用。在他去世后的很多世纪，他的书在亲封建主的苏菲派教团中，以及支持狂热苏菲派的封建统治者中大受欢迎，绝非偶然。

由于天赋异禀，又对哲学有深入的了解，加扎利的作品还发挥着其他作用。例如，他在《哲学家的目标》（Maqasid al falasifa）一书中，准确而清晰地整理了逍遥派的基本学说，以至于该书长期以来一直都被视作逍遥派学说的最佳教材，并客观上促进了理性主义的传播。这本书被翻译为拉丁文后，成为逍遥派思想在中世纪的欧洲最好、最简短的论述。

加扎利在自己的后期著作《迷途指津》（al‒Munqidh min al‒da‒lal）中，显然意识到宗教蒙昧主义的危险性，因此表现出相互矛盾的观点。例如，他既从伊斯兰教的观点出发，宣布亚里士多德、法拉比、伊本·西纳为"异教徒"，同时又说他们在发展理性逻辑领域取得了重大成就。一方面，他不接受宗教无神论的反驳，认为无神论夸大了科学知识的作用；另一方面，他也谴责无知的穆斯林反动分子，因为他们要为了"纯洁"正统伊斯兰教而禁止所有"违背古兰经思想"的科学。为防止反动派干涉，加扎利支持科学家有准确计算和预测日食和月食（宗教界认为这是神的征兆）的权利，支持保护科学家发展数学、使用逻辑、利用临床医学的权利。加扎利说，不要以为伊斯兰是建立在无知基础上，无知是对宗教的犯罪。看得出来，加扎利试图用这种诡辩法来拯救内心喜爱的知识领域。不过在书的最后，他说大自然不是独立存在的，而是按照神的意志存在，他又这样向正统派投降了。

加扎利的整个创作道路，表现出一个天才思想家的悲剧。他的理性主义思想屈服于当时迅速壮大的反动神职人员的压力，又对这种压迫无能为力。

安萨里（Ансари）是第一个在创作过程中（甚至在散文里）借用有趣的民间寓言而使用辩论推理形式的人。这种新形式促进了说教劝导题材诗歌的发展。他的鲁拜诗（一种阿拉伯语的四行诗）也引人入胜，有时接近民歌。

萨奈（Санаи）基本上是一个神秘主义诗人。他的一些作品有时超出了他日常的主题范畴和宗教的局限，他自相矛盾的诗歌以特殊的形式反映人民群众的情绪。例如，在他的长诗《真理花园》里，一个行乞的老妇人向马哈茂德苏丹愤怒地控诉。苏丹问她在抱怨什么，

老妇人回答道：

……我是乞丐婆，
依靠朋友的帮助，
过着赤贫的生活。
家有一子又二女，
灾荒年月饿死爹。
等来收获的季节，
面朝黄土，割麦收黍，
终日忙碌，日渐憔悴，
老太婆过得不算富足。
你为何要把我驱赶？
难道是上帝的惩罚？
今天之后就是明天！
你压迫自己的臣民，
你剥夺他们的财产，
这样的日子何时了！
我曾乐于整月整月，
在财主的园里劳作，
只为得到一捧葡萄。
昨天是发饷的日子，
我怀着愉快的心情，
拿到了挣来的葡萄。
突然看见五个大兵：
"喂，站住！"
吓着我双腿直打战。
一个大兵要抢葡萄，
我号啕大哭，

想拽回我的葡萄篮。
另一个大兵威胁我，
挥鞭让我别叫喊：
马哈茂德的仆役，
想活命就闭上嘴，
就听从你的天命，
眼泪能感动苏丹？
滚开，老叫花子，
我紧闭嘴为活命。
听到你要去打猎，
我已守候整半天，
愤怒心情难平静。
当你知道恶人后，
当心我的祷告词，
既然不能护弱小，
就向神灵去告状。

阿塔尔（Аттар）的诗歌里也有类似主题。阿塔尔不接受加扎利的苏菲派改革思想。他的早期诗作《霍斯劳与古丽》可能是来自希腊的浪漫爱情故事，并稍微有些神秘感。尽管《鸟语》一书体现了苏菲派的风格，但仍是一本令人印象深刻、寓教于乐的寓言诗，包含了有趣的寓言和对封建礼教的批评。阿塔尔的叙事天赋还表现在其他诗作中，表现出的才华高于萨纳伊。阿塔尔的职业是药剂师，不需要为了挣钱而给贵族写颂诗，所以阿塔尔的抒情诗里没有颂词，就是单纯的抒情诗、哲学诗和神秘主义诗。《苏菲名人传》就是他以散文体创作的传记。

尼扎米·甘贾维（Низами Ганджави，1141—1209 年）是 12 世纪用波斯语创作的阿塞拜疆杰出诗人，为推动人文主义思想发展发挥了重要作用。他是著名的长篇叙事诗《五卷诗》的作者。围绕该诗，后人用波斯语、乌兹别克语、土耳其语、阿塞拜疆语和其他语言创作了几十首"纳吉拉"[①]。

库斯洛（Амир Хусрау Дехлеви）、纳沃伊（Алишер Навои）、贾米（Абд‑ар‑Рахман Джами）等杰出诗人也都参与了这场持续几个世纪的诗歌竞赛。

在此期间，"呼罗珊"风格被一种称为"伊拉克"的新文学风格所取代。如果说"呼罗珊"或"图尔克斯坦"风格比较简单，接近口语化的话，那么"伊拉克"风格则带有修辞格调，辞藻华丽，这是发达封建主义时代的诗歌特征。这些特征在宫廷颂诗中体现得更明显。

[①] "纳吉拉"（назир 或 назира）是阿拉伯语和波斯语的一种诗歌体裁，即以诗歌的形式，解答前人诗歌中提出的问题。例如，15 世纪的乌兹别克诗人纳沃伊写了 5 首诗，就是对尼扎米这个《五卷诗》的回应。"纳吉拉"是阿拉伯语，回答、回应的意思。——译者注

第十三章　蒙古人统治下的塔吉克人民

第一节　蒙古人征服和蒙古人统治下的中亚经济

一　成吉思汗入侵中亚

13世纪20年代，花剌子模王朝特别强盛，不仅下辖花剌子模和河中地区，还包括现在的阿富汗和伊朗的大部分领土。但是国家的中央集权很薄弱。一些地方统治者只在形式上承认自己对花剌子模王朝的附庸关系，实际上却几乎完全独立地治理自己的地区。

花剌子模沙赫穆罕默德（中文文献称"摩诃末"）的政权并不稳固，不仅得不到被征服地区的劳动人民支持，因为他们受本地统治者和花剌子模沙赫双重剥削，甚至连军事封建贵族和有势力的教团也力图限制沙赫的权力，对他怀有明显的敌意。花剌子模沙赫穆罕默德还面临家族内部纷争。穆罕默德的母亲秃儿罕可敦（Турканхатун）是个贪权又能量极大的女人，她反对穆罕默德，并为此建立了由钦察（Кипчак）军官组成的宫廷集团，代表重要的军事力量①。在这样的背景下，花剌子模王朝遭到成吉思汗率领的骁勇善战的蒙古诸部的入侵。

---

① 花剌子模有个习俗：国王需要娶某个身世显赫的钦察将领的女儿。皇后身边因此形成以同部族军人为支柱的宫廷派系。因此一些皇后就成为特殊人物，穆罕默德的母亲秃儿罕可敦就是这样的女人。——译者注

蒙古游牧民族主要从事畜牧业，也狩猎。他们同民族成分相近的部族进行频繁的易货贸易。据历史学家志费尼（Джувейни，Atâ-Malek Juvayni，1226—1283年）的《世界征服者史》记载，蒙古军队被编组为十户、百户、千户、万户。他们纪律严明，机动性强。所有的蒙古部落都必须能随时出发行军打仗。

13世纪初，蒙古人的社会制度中出现了封建关系萌芽。大扎撒（古代蒙古人的法律汇编）中提到了上等阶层——答剌罕，他们被免除一切捐税，不必同别人分享自己的收入，可以经常出入大汗宫廷，还可以获得九次赦免（由于尚武的生活方式，所有半开化的民族都有这种封建特权）。

成吉思汗所进行的大规模掠夺性远征，让游牧的封建主阶层不仅高于被征服地的人民，也高于自己的同族人。大汗和封建贵族奇迹般地发财，普通的蒙古劳动牧民（阿拉特）最终只能越来越依附于上等阶层，陷入贫困和破产的境地。

成吉思汗长子术赤统率蒙古部队征服了叶尼塞河流域的"森林民族"。维吾尔人自愿归附成吉思汗。大将忽必来（Хубилай）征服了七河流域北部。同时，成吉思汗进军中国华北，占领金国首都中都（Чжунду，即北京）。之后的1218—1219年，蒙古军队在成吉思汗的大将哲别（Джебе）率领下，几乎没有遇到任何抵抗就占领了黑契丹人的领地（七河流域和中国新疆），接着直逼花剌子模王朝边境。

在花剌子模和蒙古这两个国家关系逐渐恶化和日益紧张的过程中，中亚的商人起了一定作用。早在这两国接壤之前，一些从事蒙古和中亚贸易的中亚富商和畏兀儿人就已经成为成吉思汗管理国家的顾问。成吉思汗经常通过这些商人获得关于花剌子模的内幕情报。当时花剌子模沙赫穆罕默德拥有比成吉思汗强得多的兵力，他对成吉思汗持挑衅的态度。1218年，花剌子模沙赫的士兵在穆罕默德纵容下，以怀疑商人进行间谍活动为借口，在锡尔河岸的边防要塞讹答剌抢劫了成吉思汗派出的中亚商人的商队。商队有500峰骆驼，驮运着金、银、中国绸缎、珍贵皮毛和其他贵重商品。商队共450人，有商人、蒙古贵族和蒙古大汗的使臣。花剌子模沙赫的士兵杀死这些商人，出售所有商品后，把钱送往花剌子模沙赫的都城。

成吉思汗得知讹答剌事件（所谓的"讹答剌惨案"）后，要求花剌子模沙赫交出事件的肇事者（即讹答剌守将）并赔偿损失。但是，当成吉思汗的使臣带着这些要求来到花剌子模沙赫的京城时，却被穆罕默德下令处死。他的随从也被割去胡须后放回（另一说法，他们都被杀死），穆罕默德这一挑衅行为加速了成吉思汗对中亚的入侵。

成吉思汗非常重视对中亚的远征，进行了非常周密的准备。在军事行动开始之前，他研究了中亚商人们提供的关于敌方军队人数和准备程度的情报。正因为如此，成吉思汗入侵中亚，并不像许多历史学家所说的那样，是蒙古游牧民毫无秩序的自发运动，而是按照预定计划进行的、经过深思熟虑的进军。向导全是当地的商人。

如上所述，花剌子模没有防御准备。花剌子模沙赫虽然貌似强大，但他在很大程度上依仗军事封建贵族。穆罕默德不太信任自己的将领和当地居民，不敢把自己的军队集中在一处，而是把他们分成若干小支部队，分散布置于各个地点。花剌子模军队的这种分散布置使得蒙古军队很容易取胜。另外，花剌子模沙赫借口备战，一年之内三次征税，引起居民很大愤慨。

1219年9月，临近讹答剌时，成吉思汗将自己的部队分成三队：一队交给儿子窝阔台（Уктай）和察合台（Чагатай），他们负责围攻讹答剌；另一队由术赤（Джучи）挥师向毡的（Дженд）进发，去攻占锡尔河岸边的城市；成吉思汗与儿子拖雷（Тулуй）则率主力进攻布哈拉城。

蒙古军队猛烈攻击，很快攻取了讹答剌城，然而讹答剌要塞却继续抵抗了整整1个月（另一个说法是6个月）。

术赤率领的部队占领了昔格纳克（Сыгнак），之后又很快占领了锡尔河下游城市并将其洗劫毁坏。蒙古军队沿着锡尔河进发，占领了安格连河口的别纳克特（Бинакет）。

1220年年初，成吉思汗率领主力部队进攻布哈拉城，尽管布哈拉城守军与来犯的蒙古军队兵力悬殊，但他们仍奋力抵抗。不过，抵抗并没有持续太久。战役的第三天，布哈拉城的守军四面被围，不得不停战。大部分人突破蒙古军队的包围圈，渡过了阿姆河。还有几百名勇士不想弃城，他们紧闭城堡大门打算抵抗到底。当守军和战马的尸体填满了城堡周边的壕沟时，蒙古军队才占领要塞。

随后，成吉思汗向撒马尔罕进军。花剌子模沙赫穆罕默德特别重视守卫撒马尔罕，在这里集结了大量军队，加固了城防工事。城里有大量的驻军（据拉施特记载有11万人，其他史料记载5万—6万人）。花剌子模全国都寄希望于撒马尔罕。当时人们都认为，撒马尔罕这座城市即使遭到包围也可坚持多年。在被围剿的第三天，穆罕默德就派出大部队出击。尽管他们击退了部分蒙古军队，但总体来说，此次出击是失败的，因为撒马尔罕人遭到伏击，伤亡惨重，降低了守军的士气。宗教人士和贵族立刻利用这个机会。撒马尔罕城内的伊斯兰教法官（卡迪）和地方首领前去成吉思汗大帐乞求投降。黎明时分，他们打开城门，蒙古人冲进城内，城内的守军仍在顽强抵抗。尽管他们勇气可嘉，但仍然敌不过蒙古军队。

撒马尔罕人牺牲大半。3万名工匠被成吉思汗的儿子和亲信们俘虏从军。城市被摧毁后变得荒芜。一年半后部分居民回到撒马尔罕，但人口数量也只有以前的1/4。

撒马尔罕被围期间，花剌子模沙赫穆罕默德还曾期待战斗在阿姆河畔结束。当成吉思汗破城后，花剌子模沙赫逃到了伊朗的塔巴里斯坦，隐身在里海南部的一处小岛上，不再对抗蒙古军队。

二 帖木儿与苦盏保卫战

蒙古军队奉命攻打苦盏城，但很长时间都没能攻下这座古老的塔吉克城市。因此在布哈拉和撒马尔罕沦陷后，苦盏城四周集结了数万蒙古部队。

率领苦盏守军进行抵抗的是英勇的帖木儿·马利克。当守城军队明白继续抵抗徒劳后，即前往锡尔河上的一座小岛（大约在苦盏城下游1千米处），他们养精蓄锐，准备在这里继续抵抗侵略者。

这座小岛易守难攻。蒙古人利用俘虏们修建跨越锡尔河的大坝，想借此登岛。但帖木儿的士兵用羊毛毡蒙在船上并涂抹黏土砂浆，敌人的箭无法对他们造成伤害，深夜和黎明时分，他们游到岸边偷袭敌人，破坏他们前一天修建的大坝。

苦盏城保卫者的英勇事迹是塔吉克民族历史上的光辉一页。尽管敌军实力占优势，但被围的部队没有放弃抵抗。粮食储备告罄之际，为了拯救幸存的士兵，帖木儿被迫放弃小岛。他让士兵们登船，夜晚船队靠火把的光亮顺河而下。敌军如一群饥饿的秃鹰般沿着河畔骑马追击离开的船只，向他们射箭。据传，蒙古军队追上了他们并用铁链将河的两岸封锁。但帖木儿和他的勇士砍断了追击者的铁链，为船只杀开一条路。

帖木儿在毡的城（Дженда）附近与蒙古人的大部队遭遇，敌人用装载弩炮的船只首尾相连架设了一座浮桥，切断了苦盏人的去路。勇士们不得不上岸与敌人展开殊死搏斗。在这场实力悬殊的战斗中，帖木儿的部下几乎全部牺牲，仅剩帖木儿和一小队人成功逃到花刺子模，那里聚集了花刺子模沙赫的残余部队。

帖木儿在花刺子模集结了所有的力量，重新开展对蒙古人的军事行动。他对敌人进行了几次有力的反击，甚至从蒙古人手中夺回了位于锡尔河下游的大城市扬吉肯特（Яныкент）。然而帖木儿因与花刺子模沙赫属下的其他将领不和而无法巩固已有的战绩，被迫回到花刺子模。

花剌子模沙赫穆罕默德的儿子札兰丁（Джелал ад - Дин Мангуберди）也同样顽强抵抗成吉思汗。帖木儿同札兰丁会合后，联合向蒙古军队发起一系列反击，但最终在印度河战败。

各城市防守十分糟糕。只有老百姓在英勇地守卫城市和村庄，而那些贵族、官员和穆斯林宗教上层为了保命，并保住自己的财产和统治地位，纷纷同蒙古人签订协议。正因如此，成吉思汗能够以少胜多，取得一个又一个的胜利。

三 成吉思汗对中亚的进一步征服

蒙古军队经过短暂休整，向卡尔希草原（Каршинская степь）和铁尔梅兹进军。蒙古军队彻底摧毁铁尔梅兹城之后，成吉思汗渡过阿姆河，到达今天阿富汗北部地区，1221 年占领了巴尔赫并将其完全破坏。

在此期间，成吉思汗的儿子察合台、窝阔台和术赤率领数十万蒙古大军包围了花剌子模首都古尔甘吉（Гургандж，今乌兹别克斯坦乌尔根奇）。古尔甘吉的守卫者们英勇反抗蒙古军队达半年之久。争夺古尔甘吉的战役十分激烈，每条街道都让蒙古军队付出了惨重代价。蒙古军队攻下古尔甘吉后，为报复伤亡惨重，蒙古军队决定毁掉这座城市，为此破坏了阿姆河大坝，将这座城市淹没。

1222 年年初，成吉思汗的儿子拖雷占领了呼罗珊，这个中亚最古老的文化中心也成为众多被毁的城市之一。

塔吉克人的居住地中仅剩巴达赫尚和与此毗邻的东部山地，以及古尔周边几个地方。这些地方因城堡坚固和防守严密而未受到蒙古军队的攻击。

蒙古军队的征战使中亚民族遭受重创。河中地区的城市因掠夺和大火变为一片废墟，劳动人民死伤惨重，农业荒废不堪。马克思在其 1856 年撰写的《十八世纪外交史内幕》中，分析蒙古对其他民族的压迫时指出："蒙古鞑靼人建立了以破坏和大屠杀为其制度的一整套恐怖统治。同他们的大规模征服相比，他们的人数太少，因此需要用一道吓人的光环来虚张声势，并以大肆杀戮来减少可能在他们后方起来反抗的人民。此外，他们制造荒土正是本着那曾使得苏格兰高地和罗马近郊平原人口灭绝的同一条经济原则，即把人变为羊，把肥沃土地和人烟稠密的居处变为牧场。"[1] 同时，中亚人民反抗成吉思汗部队的英勇斗争和俄罗斯人民对蒙古汗国的打击均具有重大历史意义。他们的抗争削弱了蒙古军队的力量，阻止了蒙古人继续入侵西方。

四　蒙古人入侵后的经济生活

成吉思汗将他建立的庞大帝国分给了自己的儿子们。大儿子术赤在 1207 年就已获得"森林民族"所在的地区为领地，从色楞格河下游到额尔齐斯河的广大地区。成吉思汗去世（1227 年）前，七河流域北部、哈萨克和吉尔吉斯人居住的全部土地以及花剌子模北部地区也并入他的领地。成吉思汗二儿子察合台统治的地区从畏兀儿人居住地一直到撒马尔罕，从阿尔泰南部一直到阿姆河岸。大汗窝阔台受赏的封地在塔尔巴哈台，而成吉思汗的小儿子拖雷则按照游牧民族的习俗继承他父亲的领地。

河中地区名义上归察合台统治，但实际上却由大汗窝阔台（1229—1241 年在位）掌管，他将河中地区的部分收入分给察合台及其家族。由于蒙古人自己无法管理被征服的地区，窝阔台委派一位花剌子模大商人和高利贷者马合木·牙剌瓦赤（Махмуд Ялавач）管理河中地区。马合木·牙剌瓦赤住在苦盏，从那里管理整个河中地区。达鲁花赤（Баскак）[2] 麾下的所有驻扎在河中地区的蒙古军队也归他

---

[1]《马克思恩格斯全集》（第 44 卷），人民出版社 1982 年版，第 310 页。——译者注
[2] 达鲁花赤系蒙古语 Darughachi，突厥语写作 Basqaq，意思是"掌印者"，是蒙古大汗在征服地设的地方长官。——译者注

支配。牙剌瓦赤的职权还包括监督居民纳税。

蒙古人的占领并没有改变中亚已建立的社会制度，但不同程度地影响了各地的各阶级的地位。宗教界、商人和大地主很快成为蒙古侵略者的支柱。历史学家拉西德丁（Рашид ад-Дин）对12—14世纪的事件记载道：成吉思汗及其后代大汗窝阔台（1229—1241年在位）和贵由汗（1246—1248年在位）在位期间，蒙古亲王和可汗慷慨地赋予大地主和商人各种腰牌，凭此腰牌可要求当地百姓为他们服役纳税。无论是城市还是农业地区，劳动人民的处境同样艰难。

农民和工匠除了每年向国家上缴地租，还要服很多杂役，必须按照要求向路过本地的官员、商人、宗教人士和可汗家族成员提供住处、食物和交通工具，还要为驻防在本地的军队提供衣物和食物。工匠们登记在册，除了上面提到的杂役，他们还要为蒙古统治者制造和供奉一定数量的手工制品。因此，那些制造兵器、鞋子和织物的工匠处境尤为艰难。

蒙古人西征给中亚经济带来了毁灭性打击。地方官员滥用权力，私自翻倍增加税收和贡品数量，使得百姓痛苦不堪。统治者独断专行，暴虐无道，居民没有任何安全保障，能活下来的城乡居民也没有发展经济的动力。因此在蒙古人入侵中亚后的几十年，中亚经济每况愈下。

对此，城市生活和货币交易情况可提供佐证。城陷不久后，丘处机（道号长春子）前往撒马尔罕。据他描述，当时城里人口不足以往的1/4，乞丐遍地、民不聊生，但集市仍在开张卖货，货物充足。后来局势依然动荡，日甚一日。那一时期发行的撒马尔罕货币就反映了当时货币交易危机频发以及政府试图预防危机的徒劳。

蒙古人入侵后，撒马尔罕像入侵前的12—13世纪一样，铸造了一批铜币，只是表面镀了一层银。这种镀银铜币迪拉姆在流通中替代了真正的银币。不过，当时的中亚还没有度过"银币危机"。这一批普通的、带有用阿拉伯语书写的宗教内容铭文的镀银铜币很快就被禁用并没收。1225年，撒马尔罕发行另一种比较特别的新钱币。这批钱币上的铭文不是阿拉伯语，而是当地的塔吉克语。之前，人们从钱币的外观就能辨认，现在则需要认识上面的文字，其"劝导性"的内容说明此钱币为本地钱币，用于撒马尔罕及其周边地区，可在本地流通。这些铭文用当地语言写成，目的是博得撒马尔罕人的信任。但撒马尔罕人并不买账，因此，一年后又出现新版镀银铜币迪拉姆。新版铜币同样想获得民众的信任，其铭文带有"威胁"的性质，强调这是成吉思汗本人发行的货币。不过，撒马尔罕人依旧没被吓倒。1232年，撒马尔罕又一次发行新版镀银铜币迪拉姆，上面用塔吉克语刻着公开威胁的铭文："在撒马尔罕及周边拒收此钱币是犯罪行为。"这意味着，撒马尔罕遇到了最严重的货币流通危机。民众并不想用镀银铜币交易，但又没有其他可交易的钱币。

劝告和威胁都不起作用，政府只好在撒马尔罕发行全银钱币，但这进一步加剧了形势恶化：这些新发行的真正的银币很快从市场上消失，都被收藏起来保值。在这种形势下，再恢复使用从前的镀银铜币也毫无意义。于是撒马尔罕这个曾经中亚最大的贸易和手工业中心进入了"无币时代"，货币交易完全停止。

蒙古人入侵后，那些原来贸易和经济发达地区的状况更加糟糕。在费尔干纳、恰奇、铁尔梅兹、查加尼扬等地区，蒙古人入侵后基本不再铸币。仅有的一些内部交易也是原始的易货贸易。

五 马哈茂德·塔拉比起义

从13世纪30年代起，农业绿洲的居民和城市手工业者开始了反对外来和本地压迫者的起义。这一起义在布哈拉特别强烈。公元1238年，布哈拉爆发了著名的马哈茂德·塔拉比（Махмуд Тараби）[①]

[①] 马哈茂德·塔拉比（Махмуд Тараби），中文文献中也有翻译成"马合木""马合木·塔拉卜"。——译者注

起义。

当时，布哈拉城主要由当地封建贵族的代表（埃米尔和萨德尔）管理，他们并不比蒙古汗王仁慈。因此，起义怒火对准的第一个敌人就是布哈拉当地的统治者，这不足为奇。

领导起义的马哈茂德来自塔拉卜村，是制筛匠。他在塔拉卜街上和周边村庄发表激愤的演说，号召群众同征服者和他们的走狗做斗争。他的演讲引起了布哈拉统治者的注意。他们计划将马哈茂德骗到布哈拉后杀害，以平息风波。但马哈茂德识破了敌人的诡计，及时化解了危机。

马哈茂德不是一个人去的布哈拉，而是带领了大批追随者。他的支持者聚集在布哈拉郊外的一座山丘上，马哈茂德在那里发表演讲，动员百姓去武装反抗压迫者。附近的百姓都加入了起义队伍。马哈茂德集结了大批军队，要求宗教界、萨德尔和其他统治阶层的代表们承认他为哈里发。这些人不得不从，因为百姓全都站到马哈茂德一边。马哈茂德宣布将 1206 年人民起义领袖马利克·桑贾尔（Малик Санджар）建的宫殿作为自己的官邸，然后就开始执行原定计划。萨德尔和其他统治阶层的代表们被驱逐出城。

波斯历史学家志费尼（Джувейни）从自己的阶级立场出发，坚决否定马哈茂德·塔拉比起义，他评价马哈茂德对统治阶级采取的措施时说："他侮辱了大部分人，包括名门望族，迫使一部分贵族逃走。"不过，志费尼也不得不承认："马哈茂德·塔拉比同情普通人和无家可归的流浪汉，他派人从富人家取来的帐篷和地毯，足以建造几个兵营。"

这些话表明，马哈茂德周密地准备了斗争计划。他清楚地知道，布哈拉的大人物们不会停止反抗，肯定会卷土重来。布哈拉的萨德尔和其他上层统治集团的代表们盘踞在克尔米涅（Кермине，今乌兹别克斯坦纳沃伊州的卡尔马纳市），准备同蒙古军队一起作战。

起义者同蒙古军队在布哈拉郊外发生了激战。起义军组织有序，奋不顾身，英勇战斗。马哈茂德·塔拉比始终站在最前线。由于起义者获胜，周围乡村的农民也用镢头和斧子等武装起来，与义军并肩作战，打得蒙古人和本地封建主的军队落荒而逃。起义军追到克尔米涅，消灭了大部分败逃的敌人。根据志费尼的记述，在这次战斗中死了近万人。

但是过了不久，战争进程发生了变化，起义以失败告终。起义领袖和组织者马哈茂德·塔拉比在克尔米涅附近被杀。另一位有才干的起义领导人、马哈茂德的朋友沙姆西丁·马赫布比也被杀。过了几天，由于失去领导人，又没有足够的武器，起义队伍最终被击溃。

志费尼在其编年史中竭力诽谤马哈茂德·塔拉比，将其描绘成宗教狂，说只有"无知的人们和流氓"才会追随他。事实上，这些反对人民起义的话只能再一次证明，马哈茂德·塔拉比的运动具有真正的人民性质。

马哈茂德·塔拉比起义的目的不仅在于反抗蒙古人和他们的压迫，还反抗已经成为征服者帮凶的高级教士、本地的商人和封建主。农民和手工业者追随马哈茂德，是由于他们反对富人肆无忌惮的横暴行为，并要求将富人的财产分给穷人。

马哈茂德·塔拉比为了人民的利益而战斗，在任何困难面前都不退却。因此他在塔吉克和中亚各民族的历史上都占有突出地位。

六 蒙哥汗和麻速忽的对内政策

侵略中亚和伊朗后，在如何对待被占领土上的居民这个问题上，蒙古可汗和贵族们大体形成了两个派别。亚库博夫斯基（А. Ю. Якубовский）和比特鲁舍夫斯基（И. Б. Петрушевский）两位学者分别对这两个派别的社会基础进行了研究。

第一派包括大多数蒙古和突厥的军事游牧贵族、大部分皇室王子和部分可汗（蒙古的掌权者）。他们反对定居生活，主张将所有土地变为牧场，将所有城市变为废墟。他们大肆掠夺、破坏、焚烧，毫不理会这样做会使自己失去来自土地、手工制品、贸易的固定收入。部分当地贵族和商人也加入这个阵营，打算通过这种粗暴的抢劫来发财致富。

第二派是部分可汗和亲近他们的军事游牧贵族，以及大部分当地的贵族、官员、宗教人士和商人。这些人渴望建立强大的中央集权，反对第一派的分裂情绪，认为必须遏制对定居居民的掠夺，保护农民和市民，保护城市和贸易，控制捐税和杂役的征收，保护农作物不被践踏。他们认为，只有这样的政策才能保证恢复和发展濒临破产的经济，否则就不能有效地剥削当地居民。第二派的人非常清楚，一时的抢劫远不如通过常年的农业、城市、手工业和贸易获得的收益多。

第二派的代表是1251年登基的大汗蒙哥和作为地方主事人的商人麻速忽（Масуд-бек）①，他是河中地区第一任主事人马合木·牙剌瓦赤的儿子。历史学家对蒙哥大汗的研究不足，认为他的一些措施只是为了牵制当地掌权者。但达维多维奇（И. А. Давидович）将蒙哥大汗颁布的法令与古钱币学资料对比分析后，认为这不是一些零散的措施，而是目标明确的对内政策，起码在中亚一些地方得到了落实。

蒙哥大汗统治时期，制定了严格的人头税，颁布法令，要求在中亚许多城市及域外定期铸造成色相同的金第纳尔。在封建制度下，尤其是蒙古人侵略后的经济低迷时期，高成色的金币价格昂贵，不适用于国内贸易货币。为了使金第纳尔能够在全国流通并以此促进货币交易的复苏和发展，金第纳尔的黄金纯度设得较低（约60%）。通过这种方法让钱币与商品价值相近。

拉施特对其他措施做了生动的描述："贵由大汗死后，他的妻子和儿子发放了数不胜数的令牌和诏书，向全国各地派出信使，既保护

---

① 麻速忽，又译为马思忽惕、马思忽惕伯。元朝官员。其后人以麻为姓。牙剌瓦赤（牙剌注赤）之子。原籍花剌子模。随父追随成吉思汗，献管理城市方略，受成吉思汗赏识，随父同治河中。——译者注

平民，也保护贵族，因为需要跟他们做买卖或在一些事情上打交道。而蒙哥大汗则命令各地清查并收回成吉思汗、窝阔台和贵由大汗时代发放的各种令牌和诏书。从此以后，未经大汗任命的地方长官许可，皇子们不得擅自起草和下达涉及各省的命令，特急信使的备用换乘马匹不得超过14匹，要到驿站换马，不得征用百姓的马匹。窝阔台大汗时代规定，商人在蒙兀儿斯坦①（Могулистан）各地可以使用驿站的备用马匹。蒙哥大汗废除了这一条：因为商人出行是为了挣钱，不应该给他们骑驿马。于是他下令商人们使用自己的牲畜出行，还下令信使不许随便进城进村，以防他们征收规定之外的费用。"

之前那些过分严苛和不规范的赋税从此都被取消。包括：蒙哥汗宣布成吉思汗死后发放的令牌和诏书全部无效。他还给特急信使规定了驿马使用规范，禁止他们向百姓借马匹，也严禁个人使用国家的马匹。蒙哥大汗不允许信使们无事进城入村，不能提出超标准的薪水。大汗甚至还免去了百姓欠缴的税款。颁布法令所使用的语言是当时各民族使用的语言，对于征服者蒙古人来说，这是一份相当有政治远见的文件。

总体上，蒙哥大汗下令实施的措施规定了税收细则，限制了税收额度，防止了对百姓横征暴敛和滥征赋役，促进了城市生活和贸易繁荣。颁布类似措施这一事实证明，上述的第二派集团从13世纪中叶起已取得了很大胜利。麻速忽无疑是这些政策的主要策划者和传播者之一。

但这些法令真的起到实际作用了吗？正如史书所说，由于各地官员和蒙古人滥用职权，在伊朗实施的人头税并没有减轻百姓的负担。在中亚地区，制定的征税细则和取消一些苛捐杂税对中亚经济复苏起到了积极作用。至于说到城市生活和货币交易，则效果明显。金币使

---

① 蒙兀儿斯坦是一个地理概念，是波斯人称呼察合台汗国时使用的术语，意思是蒙古人的地方，大体位于今日中国新疆大部分地区和中亚的七河流域。——译者注

货币交易恢复生机。主要的流通货币不是金币，而是金币的碎块，按重量计价。考虑到金币的成色较低，上述现象雄辩地说明，金币在货币交易中的使用范围相当广，而且全国通用。除了这些全国通用的钱币，一些城市还恢复铸造镀银铜币迪拉姆。在此需要提及讹答剌和苦盏这两地的铸币厂，它们的工作量很大，这表明无论是讹答剌和苦盏（要知道，讹答剌被占领时已完全毁掉）还是费尔干纳，抑或是整个中亚东北部的经济都非常活跃，各地区都处于不断发展之中。到13世纪最后25年，这些地区已经相当繁荣。与此同时，七河流域在13世纪中叶被夺去用作牧场，那里的许多城市变成了废墟。

七　麻速忽的币制改革、城市生活和贸易的部分复苏

13世纪70年代初，麻速忽对币制进行改革。这意味着，第二派集团取得了更重大和彻底的胜利。改革从1271年正式开始，但完全实施并获得成功是在13世纪的最后20年。这场改革的主要内容是：中亚许多城市和地区开始按照统一的重量和成色定期铸造发行纯银币，使银币获得全国通用属性。这是一场货币交易的革命。纯银币最符合中亚封建时期各地贸易的价格和贸易量，但已有约250年没能定期铸造和发行银币，蒙古人西征也拖延了中亚走出银币危机的时间。中亚各国多次尝试恢复银币流通，却一直没有成功。麻速忽的改革取得了巨大成功，表明这次改革准备充分且及时。

根据新政策，银币铸造完全不受限制，个人交一定的费用后就可以把自己的银子送到铸币厂制成银币。这次改革能否成功，完全取决于自由铸币活动能否展开，以及手中有白银的人是否敢"露富"，将白银拿去铸币厂。当时，让人不敢信任政府的理由实在太多，因此政府要保证各地居民不受蒙古人的肆意劫掠和暴虐，要让人相信这不是政府为掠夺百姓财产而搞的阴谋。

改革的推进情况表明，对政府的不信任不能马上消除，在各地取得的信任程度也不一样。尽管麻速忽花了很大力气全面推进银币铸

造，但成功不是一蹴而就的。13世纪70年代，全国只有为数不多的几家铸币厂，而且产品质量也不高。直到13世纪80—90年代，银币种类才丰富起来，至少有16座城市和地区开办了铸币厂。这说明，民众对政府的信任危机终于化解。这也间接证明，当时政府的确采取了很多必要措施，阻止了强霸和劫掠，为城市生活和贸易的正常发展创造了条件。

1269年，即这次货币改革前不久，在塔拉斯河畔召开了一次忽里台大会。蒙古皇子们在会上承诺，今后将住在山区和草原，不破坏耕地，不干涉定居居民的事务，只收取固定的捐税。显然，他们遵守了自己的承诺，否则麻速忽的改革就不会如此成功。1269年的大会通过了决议和之后实行改革这两件事是一个链条上的不同环节：此次大会为改革的顺利进行提供了保障，如果没有这些保障，改革就无从谈起。

当然，前文提到的两大派别的斗争还在继续，第二派的改革并不是一帆风顺。布哈拉城的命运就是最好的例子。就在1269年的忽里台大会后（在货币改革期间），布哈拉城被旭烈兀（Хулагу，成吉思汗的孙子）和察合台的儿子于1273年和1276年破坏，致使整个城市荒废了整整7年，即使到了14世纪初，布哈拉绿洲上仍然有多处废墟、荒芜的花园和葡萄园。为恢复布哈拉城，麻速忽采取了移民等有效措施，1282—1283年，布哈拉城也开始了稳定的银币铸造，证明这里的城市生活和货币交易得到了恢复。另外值得一提的是，笃哇汗（Тува-хан，1282—1306在位）① 在费尔干纳建造了一座城市安集延，并让该城经济飞速发展。

从古钱币资料判断，与以往相比，13世纪末的货币交易取得了极大成功，说明部分商品生产已经恢复，城市生活整体上已得到恢复并发展起来。中亚东北部的城市，包括七河流域的一部分地区，特别

---

① 笃哇系八剌的儿子，又作都瓦、朵哇、都哇——译者注

是塔拉斯、肯杰别（Кенджебе）、讹答剌等地，铸币特别多，费尔干纳和恰奇地区的城市和贸易形势最好，河中地区的重建速度较慢，但到 13 世纪最后 20 年和 14 世纪初，这里的经济也进入蓬勃发展状态。

关于 14 世纪初中亚农业的发展情况我们所知甚少。曾经发现 1299 年的一封瓦合甫文书，上面写着：瓦合甫捐赠人在离布哈拉城不远处（往北大约 30 千米）购买了一整座村庄，有富饶的水浇地，又建造了一片房屋、两座清真寺、良好的工人住所、一座磨坊和几间（不少于三间）纺织作坊。如果没有长期的和平生活，不相信投资地产和建筑是安全的，就不可能在布哈拉地区购买土地并建造房屋。如上所述，1269 年的忽里台大会上的保证直到 13 世纪末还有效，这不仅对部分恢复城市经济，也对恢复乡村经济创造了良好的条件。

当然，14 世纪之前和 14 世纪蒙古人入侵所造成的影响还未完全消除，经济水平整体上远没有达到蒙古人入侵前的水准，各种形式的剥削和沉重的赋税阻碍了经济复苏。蒙古西征给中亚各族人民带来了前所未有的灾难。这些史料只记录了恢复和相对上升的几个阶段，首先是城市生活和贸易方面。这些史料也反驳了被许多历史学家视为公理的一个观点：怯别汗（Кебек）结束了货币流通的混乱局面，中亚的城市发展和国内贸易的繁荣是在怯别汗改革之后才有了现实机会。

八　14 世纪上半叶的中亚

怯别汗是第一个将汗庭（斡耳朵）迁到河中地区的蒙古王。他仍是多神教徒，没有皈依伊斯兰教，但愿意同穆斯林神学家谈论宗教问题。有证据表明他曾努力阻止游牧封建主迫害定居百姓，但有时也是徒劳。他自己的宫殿建造在离涅谢夫不远处，后来宫殿周围发展成一座城，命名为卡尔希。

怯别汗进行了货币和行政改革。马松（M. E. Массон）对怯别汗的货币改革进行了仔细研究。货币改革始于 1321 年，借鉴了伊尔汗国和金帐汗国的货币体制。超过 8 克重的大银币称为银第纳尔，等于

6个小银币（迪拉姆）。最初几年，新货币（特别是迪拉姆）铸有怯别汗的名字，铸币速度很快，基本都在布哈拉和撒马尔罕发行。这两种银币在其他汗王时期也继续发行。答儿麻失里汗①就发行了许多银币。他在位时，讹答剌铸币厂工作繁忙。后来，铸币的数量有所减少。

一些历史学家显然高估了怯别汗改革的意义。与之前麻速忽的改革相比，怯别汗的币制改革并不是根本性的。但此次改革确实为国内贸易和对外贸易创造了良好条件。实行改革期间以及改革后的铸币业表明：尽管中亚各地区发展水平依旧参差不齐，但城市发展和货币交易在继续上升。

14世纪，前文提到的两个政治派别对待定居人口态度的斗争尤为尖锐。因此，怯别汗不得不同叛乱的察合台后裔牙撒吾儿（Ясавур）展开艰苦斗争。这位察合台王子在呼罗珊埃米尔军队的帮助下重创了怯别汗。此后，据史料记载，牙撒吾儿将"从铁尔梅兹到撒马尔罕边界的居民都赶走，将怯别汗统治的城市和乡村全部毁坏，把这里的居民抓去当俘虏"。仅呼罗珊的埃米尔就抓了5万多俘虏，缴获大量战利品。当怯别汗打算对牙撒吾儿的呼罗珊领地进行反击时，牙撒吾儿下令让百姓从法拉布和穆尔加布迁移到赫拉特。数万人在迁移过程中死于寒冷和饥饿。牙撒吾儿叛乱导致了1316—1319年封建主内讧，使中业人民遭受了巨大损失。

怯别汗的继承者——他的弟弟答儿麻失里（Тарма-ширин，1326—1334年在位）延续了他的政策。答儿麻失里更倾向于定居生活，他把伊斯兰教定为察合台国教。游牧封建主对他不满，最终演变为一场暴动，答儿麻失里被杀。

内讧给七河流域的城市生活和农业发展造成了致命的、无法挽回的打击。一位旅行家（亲历者）非常形象地描述了当时的情况："从

---

① 答儿麻失里（Tarmashirin，? —1334年），察合台汗笃哇的幼子。察合台汗国第17代大汗。——译者注

远处看是一个建得很好的村庄，四周鲜花绿草。当走近想去拜访下当地村民时，却发现房子里空无一人。全国的人都游牧，根本不种地。"

蒙古人统治时期，将中亚分成了多个小行政区——图曼（Tuman, туман）。这项行政改革也对国内生活造成了一定影响。关于改革开始的时间没有统一的说法，推行改革的人是怯别汗，这一点毫无争议。巴尔托利德认为，这次改革发生在1318—1334年（也就是由怯别汗或者答儿麻失里汗统治期间）。亚库博夫斯基（А. Ю. Якубовский）认为改革是怯别汗实施的，理由是图曼这个行政区划单位在怯别汗之前没有，但在帖木儿之前就已存在。怯别汗死后没人能实施这样的改革。契诃维奇（О. Д. Чехович）于1299年在瓦合甫（宗教捐赠）文书中发现了"图曼"这一术语（但这个词不是在这个文件的阿拉伯语原文中，而是在其波斯语译本中发现），他认为，图曼可能在怯别汗统治之前就已存在。

研究学者将这次改革视为加强集权的一种表现形式。亚库博夫斯基强调："应当承认，改革是十分进步的，对河中地区的封建制度发展起到了积极作用。"他同时认为："怯别的行政改革并没有消灭封建贵族及其统治者，而是适应了它。封地变成了行政单位图曼，以前的封地领主变成了各个图曼的首领。"1326年的瓦合甫文书表明，这次改革也针对行政管理做出了很大调整。瓦合甫捐赠人（瓦基夫）在捐赠协议书中约定，瓦合甫土地不得出售或租赁给"布哈拉的统治者和各个图曼的埃米尔、马利克、达鲁花赤、底万的维齐尔们"。由此可知，源自蒙古人入侵前的封地领主和统治者的官称与图曼不同，图曼的长官称为埃米尔，即来自突厥—蒙古部落的首领和贵族，另外，马利克的领地和图曼也不是一回事。也许这次行政改革造成的破坏比想象的更严重。也可能，改革的任务之一就是消灭当地封地领主的自治。因此，巴尔托利德的观点可能更正确："很可能像在波斯一样，划分图曼就是为了给跟随大汗来到河中地区的家族成员封地"，例如，阿鲁剌惕氏（Арулáты）在阿富汗北部，考钦氏（каучин）在塔吉克斯坦南部，札剌亦儿氏（джалаир）被安置在苦盏，巴鲁剌思氏（барлас）在卡什卡达里亚河谷等。这也就意味着，突厥—蒙古贵族已不仅仅在自己的封地上行使管理国家的职权。无论从改革本身，还是从游牧贵族向农耕文化制度靠拢角度评估，这次行政改革都是重要的一笔。然而整体来说，关于此次改革的意义和目的还有待进一步研究，目前尚不明确图曼这一行政区划单位的含义（划分图曼的标准是什么）。

封建贵族之间的内讧影响了进步改革措施的实施，抵消了它的成果。14世纪40年代合赞可汗（Казан）继续进行怯别汗和答儿麻失里汗的政治路线，试图恢复汗的权力。他在卡尔希城往西的两条通道之间建造了一座用来对抗游牧部落攻击的堡垒式宫殿城堡——津吉尔萨莱（Зенджир‐сарай）。1346年他在一次战斗中牺牲，将王位传给合赞。合赞汗是一位崇尚游牧习俗的人，他在山谷中过冬，夏天在蒙克城（мунк），大部分时间都在狩猎和抢劫，这很符合游牧贵族的习惯。1358年，他的儿子阿卜杜拉汗（Абдаллах）尝试实行另一种政策，损害了统治层的利益，结果被赶下台。

14世纪50年代末，察合台汗国分裂成约15个地区。其中一些由游牧封建主统治，例如苦盏由札剌亦儿部落的巴耶济德（Баязид）统治，还有一些由世俗和宗教人士等当地封建主统治，例如布哈拉由萨德尔统治，胡塔梁由凯霍斯劳家族（Кайхусрау）统治，巴达赫尚由当地的兄弟两人统治，铁尔梅兹由赛义德家族统治。最后，察合台汗国走向衰落，分裂成两个部分，东北部地区称为蒙兀儿斯坦（Монго‐листан）。

第二节　蒙古人统治下的中亚社会经济关系

一　地权的种类、苏尤尔加尔

关于蒙古人统治下的社会经济关系，以及蒙古人入侵与统治对社会经济制度的影响，人们主要研究了伊尔汗国（Хулагуиды）。尽管不能机械地照搬伊朗历史学家对中亚的观察和结论，但他们的成果可以间接地帮助我们理解和思考该时期涉及中亚社会经济制度的问题。通过研究1299年以及1326—1333年的瓦合甫文书，以及契诃维奇（О. Д. Чехович）对一些术语的观察，让我们对那一时期中亚的社会情况有所了解。

这些文书表明，蒙古人没有消灭中亚的瓦合甫制度，这类捐献土地的比重不但没减少，还可能有所增加。除少数特例外，蒙古汗容忍了其他宗教信仰，还经常免除神职人员（包括伊斯兰教）的赋税。即使在征战掠夺城市期间，他们也经常给神职人员保留财产。当然，在蒙古人入侵、内战和被掠夺期间，瓦合甫土地与其他类型土地一样也遭到破坏。但该类土地依然存在。怯别汗（Кебек-хан）之前的蒙古汗并没有干涉中亚的统治，也没有尽量占有土地，因此，蒙古人占领后，瓦合甫土地面积并没有减少。1299年，一位来自伊斯菲贾布（Исфиджаб）的名为阿卜杜拉希姆·穆罕默德的人买下一个有水浇地的乡村，盖了很多房屋，然后将它捐赠出去，指定自己和自己的后代管理。1326年赛义夫丁·巴哈尔斯（Сейф ад Дин Бахарзи）的孙子捐出布哈拉东南的一个区给自己的祖父做哈纳卡和陵墓。在此之前，蒙古皇太后唆鲁禾帖尼（Сиюркуктени）拨了一大笔钱在布哈拉建经学院（哈尼亚经学院，ханийе）并办理了捐赠证书。商人麻速忽也在布哈拉城建造过经学院（麻速忽学院），后来他被葬在这里。

这些经学院的学生达千人，其瓦合甫财产数额巨大。

与此同时，也有过侵占瓦合甫土地的情况。1326年的瓦合甫文书明确说明，捐赠人的一个条件是，捐赠财产不能让有产者承包或租借。这个条件可不是一种表面套话。

除瓦合甫土地外，该文书在谈到非瓦合甫土地时，提到了私有土地（穆尔克，мильк）、汗室土地（滕哲，阿拉伯语 khas，蒙古语 in-jii，инджу）、国有土地（底万，диван）三种土地类型。蒙古人统治时期，中亚各类土地的占比尚不清楚。根据穆斯林法学家的法律条文，私有土地分为农民的自主土地和封建主的自主土地两类。在蒙古人统治时期，一些文件上也时常出现这两种土地的名称，说明蒙古的入侵和统治并没有取消这两种土地。伊尔汗国时，汗室土地指直属于可汗、汗室成员和他们仆从的土地。这些土地可以用于公务、瓦合甫捐赠、赏赐、馈赠或出售。根据比特鲁舍夫斯基的研究，汗室土地和私有土地基本属于同一类土地，只不过主人不同而已：前者在汗王、汗室和诸侯手里；后者在私人手里。当然，汗室的土地免税，而私人土地只是有时免税。伊朗地区的汗室土地指战争期间被没收，或者由封建主交给某位汗室成员的土地（封建主将自己的土地委托出去以求得庇护），这些土地数量非常大。很显然，中亚的汗室土地与伊朗的性质上没有差别，但不排除比重和构成途径有差异。考虑到只有怯别汗和他之后的汗王才在河中地区彻底定居（不全是），此时汗国对待中亚定居人口和地方法规的态度与蒙古征战期间和战后初期已有所不同。因此可以推断，中亚地区的汗室土地的形成和增加主要不是靠没收，其规模也不占主导地位。如果有充足的文献能够更详细地研究这个问题，则需要关注"购买"私有土地这个现象，它很可能是增加汗室土地的途径。再晚些时候，中亚就有了汗王购买私有土地的例子，一般是在法院办理。

蒙古人统治下的中亚土地所有权分四类：国有土地、封建主私有土地（穆尔克和滕哲）、瓦合甫土地和农民的私有土地（穆尔克）。

毫无疑问，蒙古人统治下的中亚和伊朗一样，封建分封赏赐制度依然存在且不断发展。这个时期伊朗的封赏制度在阿拉伯语中依旧称为"伊克塔"（икта），在蒙古语中称为"苏尤尔加尔"（суюргал）。无论是伊克塔，还是苏尤尔加尔，封赏的规模可大可小。起初，伊克塔主要针对军队高层，普通士兵通常只能获得实物和现金。在合赞汗统治时期，通常会把某个地区作为伊克塔分给蒙古军队，不是每个人分得一小块，而是把整个区域划分给某个部队。千户长将份地分给百户长，百户长再分给十户长。这些伊克塔土地不仅意味着有权收租，管理区内的土地、水资源和人口，还可以继承，且完全免税。苏尤尔加尔是封建领主——征服者（突厥人和蒙古人）统治定居农民的最显著表现和终极形式，他们享有继承权以及税务、行政和司法豁免权。大的苏尤尔加尔涵盖农业绿洲和游牧草原。

关于具体历史文献中的中亚封建封赏问题，目前还未得到详细研究。只知道苦盏分给了札剌亦儿氏，卡什卡达里亚地区分给了巴鲁剌思氏，塔吉克斯坦南部地区分给了考钦氏，这些都是封赏的土地，是"伊克塔"或"苏尤尔加尔"。

二 农民的分类、农奴制和奴隶

蒙古人统治下的农民与蒙古人入侵之前一样，分为不同种类。有一群享有特权的农民群体（由于很多人被迫害而倾家荡产，这个群体人数大大减少），他们是拥有私有土地的农民，向国家缴纳的地租也比其他农民少一些。大多数农民都是佃户（姆扎里）。这个术语在1326年的瓦合甫文书中多次被提及。根据该证书，租用瓦合甫土地的租户需要交出1/3的收成，但规定瓦合甫土地的租赁期不得超过两年。后来有些间接史料证明，蒙古人入侵并没有消灭村社残余，这类农民祖祖辈辈住在一个村子里，拥有土地的"永久租赁"权，共同分担把他们联系在一起的权利和义务。15—16世纪，这些"残留的村社"拥有不同性质的土地：国有土地、私有土地和瓦合甫土地。

13—14 世纪的村社土地情况目前尚不清楚。

在 1326 年的瓦合甫文书上还提及了一个农民类别——卡迪维尔（кадиверы），相当于园艺师，但从文件上看不出来他们与承租户有什么区别，与土地所有者有什么关系。不过，这个瓦合甫文书上还提到，耕作土地的不仅有卡迪维尔，还有"巴格班"（багбаны，以蔬菜种植为主）。值得一提的是，根据 1326 年的瓦合甫文书，耕作瓦合甫土地的还有被捐赠人释放的奴隶，但他们仍依附于土地，无权离开瓦合甫土地，在其他方面则与承租户无异，也需上缴 1/3 的收成。

仅仅根据奴隶获得自由后的依附现象，还不能证明中亚有农奴制。在蒙古人统治的伊朗，农民也依附土地，从 13 世纪中期他们就被禁止流动并被遣送回原籍。对此，1303 年的合赞汗诏书即是证明。很重要的一点是，这个政策不仅涉及伊克塔土地（封地）上的农民，还涉及私有土地的农民。比特鲁舍夫斯基认为这条规定适用于各种土地上的所有农民。因为以前这里人口多，水浇地数量不够，而蒙古人入侵之后，人口数量和耕地面积都大量减少，特别是军事游牧贵族的残酷剥削造成了大量农民逃跑。蒙古可汗实施这项奴役政策的原因，是国家和封建贵族想把农民作为纳税人保留下来，另外还因为它符合成吉思汗的《大扎撒》（成吉思汗法典），即让牧民依附其首领，禁止擅自离开。

在中亚地区同样存在类似的前提条件（人口和耕地减少、农民破产、剥削加剧）。那些归伊尔汗国管辖的中亚地区（土库曼斯坦南部）跟汗国其他地区一样，农民也依附于土地。至于察合台兀鲁思的河中及其以东地区的农奴制情况，目前缺少直接的文献。

因此，现在解决农民种类这个问题还为时尚早。况且还要考虑与伊朗相比，要考虑河中地区的组织管理特点。上文多次提及，蒙古人不亲自干预国家事务管理，他们在 13 世纪也没有领地和封地。收入由当地统治者（马合木·牙剌洼赤、麻速忽和他的儿子们）收缴，所有收入归这块土地上的蒙古人共有。所以在这个时期，蒙古王子和贵族并没有需要具体处理的事务，例如怎么收地租、向谁收地租、农民是否逃跑等。

当然，14世纪时情况发生了变化，就是1326年瓦合甫文书上的一个规定：即使是佃农能够好好地耕种和灌溉土地，租给他们的土地也不能超过两年。要知道文书所指的地方是布哈拉绿洲。1273—1276年布哈拉绿洲被严重破坏，直到1326年这里还遍地是城堡和村庄的废墟，以及连根铲除的死寂的果园。

三　工匠的地位

蒙古人奴役百姓的政策在对待工匠的态度上体现得尤为明显。其中一份资料很能说明问题。大约在1262年，忽必烈大汗的使者对布哈拉进行了一次清点：1.6万布哈拉人中，有5000人属于拔都家族（Бату），即术赤系，3000人属于唆鲁禾帖尼（旭烈兀、蒙哥、忽必烈的生母）家族，剩下的人则属于蒙古首领（可汗们）的下属，首领们把他们当作自己的私有财产进行管理。1263年旭烈兀汗与术赤后裔交战时，下令从布哈拉城拉出5000名术赤族人并杀死他们，他们的财产和妇孺也未能幸免。研究者有理由认为，这些被杀的人依附于蒙古汗、归他们所有，是为其工作的工匠。

若望·柏郎嘉宾（Плано Карпини）提到了两类工匠："在萨拉森人（Сарационы）①和其他人的土地上，蒙古人是主人，他们抓来最好的工匠，奴役他们做各种事情。其余工匠干活，并给蒙古人上贡……蒙古人每天给每个工匠按重量分一点点面包，每周三次分一小份肉，此外啥也不给。即使这种待遇，也只有城中的工匠才有。"从这份材料可知，当时一部分城市工匠沦为奴隶，他们的劳动产品全被剥夺，只给他们提供每日的口粮。另一部分城市工匠（不清楚是自

---

① 萨拉森（Saracen）源自阿拉伯语，东方人的意思。原指从叙利亚到沙特阿拉伯之间的沙漠阿拉伯游牧民，广义上则指中古时代所有的阿拉伯人，也可以说萨拉森人就是阿拉伯人。——译者注

由民还是奴隶）则自己干活，靠手艺缴税。显然，拉施特（Рашид ад-Дин）在列举蒙哥可汗发布的那些直接涉及中亚的措施时，指的就是这类工匠："蒙哥可汗下令让普通的商人、作坊主和手工艺人要对帮工宽容，把自己的好处分一些给他们，以便让每个人都能够按数量和收入比例缴清他们的捐税而不拖欠。"

在蒙古人征服中亚的两百多年间，中亚工匠们的地位一直在变化。有文献表明，许多工匠都沦为奴隶，还有部分工匠被赶到了蒙古。后来在伊朗的一些城市，就专门建立了为蒙古上层人物服务的作坊，作坊里的工匠是奴隶。还有一类农奴工匠，就像上面提到的在布哈拉那样，自己干活，但他们隶属于蒙古汗，靠手艺和做生意缴税。还有一类相对自由的工匠和商人（这类人显然在不断增加），他们向国库缴税，政府官员或包税人负责收税。

没有证据表明，蒙古人俘虏了大量工匠并将他们变为奴隶或农奴，从而完全消灭了手工业生产。随着城市和商品生产的复兴，手工业也重新恢复发展。

奴隶制的发展是蒙古统治诸多负面现象之一。多数蒙古人不仅将工匠变为奴隶，还将征战地区的平民变为奴隶。奴隶被广泛应用在各项经济活动中，包括农业耕种。各民族的奴隶都在市场上买卖。由于奴隶不愿意进行生产，养奴隶不划算，正如在1326年瓦合甫文书所看到的那样：解放奴隶，将奴隶变为农奴的做法越来越普遍。

当时社会的主要矛盾不是封建贵族与游牧贵族之间的矛盾，而是封建上层（包括上层的神职人员、商人和高利贷者）与农民和城市平民之间的矛盾。穆斯林神职人员对受压迫的愚昧民众的说教宣传，特别是苏菲派苦行僧和众多地方首领的愚民活动，其目的就是竭力阻止被剥削的塔吉克民众同当地奴隶主进行斗争。

第三节　蒙古人统治下中亚各族人民的文化

一　建筑、应用手工业、艺术

总体而言，13世纪中期开始的，特别是14世纪大量出现的建筑工程反映了城市生活和经济活动在逐渐恢复正常并相对增长。搞建设的是宗教和世俗封建主，甚至还有个别蒙古上层的代表人物。但建筑工人都是当地的工匠，因此这一时期的建筑艺术是当地传统的进一步发展，具体体现了中亚建筑师和各种实用艺术大师的成就。

这一时期保留下来的建筑物基本都是陵墓，但也不能因此就说13—14世纪只有这种纪念性建筑物。从史料文献可知，当时也建造了一些经学院和宫殿。前文已经提到，布哈拉在13世纪中期建起两座大型经学院，蒙古怯别汗在卡尔希建造宫殿，花剌子模的库尼亚乌尔根奇（Куня-Ургенч，今土库曼斯坦达绍古兹州克涅乌尔根奇区）建造了一座宏伟的宣礼塔（高约62米），第二座宣礼塔在20世纪初倒塌，两座宣礼塔都是清真寺的一部分。

13—14世纪保存下来的最早的建筑物是赛义夫丁·巴哈尔济（Сейф ад-Дин Бахарзи）的陵墓，位于布哈拉郊外的法特哈巴德（Фатхабад）。他是一名当地颇有影响力的统治者，连蒙古人都刮目相看。他于1258年去世，后人为他修建了一个宏伟的陵墓和哈纳卡[①]。1333年伊本·白图泰（Ибн Батута）参观他的陵墓后，认为"非常雄伟"。流传到今天的赛义夫丁沙赫陵墓已经没有哈纳卡。14世纪时陵墓曾被大规模改建。最古老的部分就是陵墓本身。陵墓旁的

[①] 哈纳卡（khanqah），是供伊斯兰教苏菲派修士活动的建筑群，所有哈纳卡都有一个用于礼拜和仪典的中央大厅。通常旁边有清真寺、经学院、麻札等。有些哈纳卡也是希望进行静修的苏菲谢赫和他们家人生活的地方，还可能是慈善机构，例如医院。——译者注

圣殿面积相当大，属于后来建造。最后建的是门拱。该陵墓造型简单，沉稳坚固，其陵墓的小穹顶、吉亚拉特的大穹顶、侧面配有两座高塔的巨大门拱，让整个建筑群看上去宏伟庞大。

14世纪帖木儿之前建造的陵墓也很多。撒马尔罕的沙赫津达陵墓群①中的库萨姆·伊本·阿巴斯（Кусам ибн Аббас）陵墓旁的圣殿、1360年的陵墓、霍贾·艾哈迈德陵墓等。另外还有布哈拉地区的拜延忽里汗（Буян-Кули-хан）陵墓、库尼亚乌尔根奇地区的纳吉姆丁陵墓（Наджим ад-Дин）和丘拉伯克哈内姆陵墓（Тюрабек-ханым）、塔吉克斯坦中部的穆罕默德·巴沙尔陵墓（Мухамуд Башар）以及在列宁纳巴德（苦盏）现已被毁掉的图巴汗陵墓（Тубахан）等。从建筑设计的角度看，大多数陵墓可分为两类：数量较多的一类是单体穹顶陵墓；另一类是赛义夫丁·巴哈尔济陵墓样式，也就是双穹顶建筑（墓穴和圣殿）。这一时期形成了一些新的建筑思想，特别是圆顶陵墓越来越多，有些陵墓会有两座甚至三座圆顶。

13—14世纪的建筑装饰丰富多样，表明应用手工业的发展。生产了大量带雕刻花纹的釉彩黏土陶器。烧砖上的雕刻花纹被绘上深蓝色或浅蓝色釉彩，有些烧砖只有一个大图案或是铭文，内部装饰使用赤陶砖。

双色和多色的彩釉陶器也大量使用，使用金色和彩色颜料，有釉上彩，也有釉下彩。墙壁上等距离纵向镶嵌着简朴但精致的釉砖作为装饰。室内墙壁上绘有气势恢宏的壁画。这一时期也保留了传统的装饰图案手法，如11—12世纪典型的赤土陶器（无釉彩）在14世纪的作品中也能看到。雕花的赤土陶器、彩釉陶器、壁画都使用了特别复杂的植物形状和几何图案，种类相当丰富。这些陶瓷和壁画工匠的艺

---

① 沙赫津达陵墓群系11—15世纪历经喀喇汗王朝、察合台兀鲁思、帖木儿帝国而陆续建造的建筑群，集中了撒马尔罕的统治者、王公贵族、将领、宗教领袖的陵墓，是中亚地区最复杂多层的建筑群之一。"沙赫津达"（Шахи-Зиндá，Shohizinda）是波斯语，意思是"活着的国王"。——译者注

术创造力实在令人赞叹。

特别需要指出的是，建筑物上的铭文书写风格各不相同，这证明当时的书法艺术水平很高。而且，优秀的书法和壁画艺术作品不只是在建筑中，日用品上也可以见到。例如，有两只灰色黏土制成的细颈罐，梨形罐身装饰着几个带状图案，其中一个条带上写着人名和日期："工匠拉赫曼制；721年"（即1321年）。条带上的铭文字迹秀美，两只罐子的铭文条带相同，其余饰带各不一样。

在花剌子模和土库曼斯坦南部发现的一些陶瓷制品具有很高的艺术价值。梅尔夫的佛教寺庙当时也有壁画，保留下带有兔子和龙等形象的壁画片段。

二 13—14世纪中叶的文学和科学

成吉思汗军队征战中亚，给中亚的科学和文学发展带来沉重打击。在13—14世纪初，只有那些没被蒙古人入侵过的地区，如小亚细亚、伊朗南部、印度等地的文学有所发展。河中地区和呼罗珊到了14—15世纪初才成为文学中心。13世纪塔吉克—波斯文学中，最负盛名的诗人代表有鲁米、萨迪、阿米尔·库斯洛。

贾拉尔丁·鲁米（Джалал ад-дин Руми，Jalāl ad-Dīn Mohammad Rūmī，1207—1272年）出生于塔吉克最古老的文化中心巴尔赫。在蒙古人入侵前，14岁的他跟随父亲离开家乡去了内沙布尔、巴格达、希贾兹（汉志）、叙利亚，最后在科尼亚（小亚细亚）定居。鲁米受过当时最好的教育，起初在科尼亚跟父亲学习，然后去阿勒颇和大马士革求学，之后教书。1244年，他遇到一位伊斯兰教苦修长老，在其影响下，他把教学工作和他亲自创立的苏菲教团的管理工作交给学生，自己则选择隐居生活。

鲁米是苏菲派最负盛名的诗人之一。他最出名的作品是抒情诗（diwan）、诗集和长诗《玛斯纳维》（Маснавии маънави，Masnaviye - Ma'navi)①。《玛斯纳维》是有教育意义的两行诗,共有3.6万行,阐述了苏菲派哲学的基本原理。鲁米在这部长诗里发展了苏菲派哲学的"玛斯纳维"写作风格,即韵体叙事诗。

鲁米的创作通俗易懂,文体朴素,很好地利用了塔吉克民间诗歌的形式,例如在加扎勒(ġazal,源于阿拉伯的一种抒情诗体)中运用了抒情歌曲,在《玛斯纳维》中运用了寓言故事。

穆斯里赫丁·萨迪·设拉兹(Муслих ад-Дин Саади Ширази,约1219—1292年)生在伊朗设拉子,起初在设拉子接受教育,后来到巴格达,并在那里完成学业。萨迪酷爱游历,加上蒙古人入侵时他家乡的恐慌局势,迫使诗人长期在东方各国流浪。他在长达三四十年的游历中到过希贾兹(汉志)、巴格达和北非等地。1256年回到设拉子,开始整理自己的作品。作为在中亚地区之外进行创作的设拉子诗人,萨迪和他的作品不仅载入波斯诗歌史,也成为塔吉克诗歌史的一部分。他的创作深受中世纪早期塔吉克诗歌的影响,与塔吉克诗歌有着密切联系。

除了著名的《蔷薇园》(Gulistan,Гулистан)和《果园》(Bustan,Бустан),萨迪还写了许多诗,特别是几组加扎勒体诗。萨迪是散文大师。他还完善了劝导题材的诗歌。在劝导性作品中,诗人雄辩地表达了自己的人文主义思想,宣扬了对故乡的爱。萨迪谴责世间强权的暴行和霸道,号召统治者尊重百姓,劝诫人们不要贪婪,反对奢侈。与此同时,萨迪的作品也带有历史和阶级的局限性,他强调应当归顺强者,宣传勿抗恶思想。

以下是《蔷薇园》中的几句格言:

当敌人穷尽所有诡计,他便开始玩弄友谊。可见,当他成不

---

① "玛斯纳维"系波斯语,意为"内涵""意义"。《玛斯纳维》系叙事双行韵诗体,成书于1258—1270年,分为6卷,为波斯语文学经典。诗作以故事形式展开,采取夹叙夹议的表现手法,穿插大量传闻逸事,每一个故事阐明一个哲理。——译者注

了敌人时，就会争取成为朋友。

对于无知的人说来，最好是沉默。如果他知道什么是最好，他就不是无知的人了。

麝香是一种芬芳之物，而不是香料杂货商说的麝香。智者就像香料杂货商的货盘，默默地展示自己的完美。而愚人却好似军鼓，声音洪亮，内心却空空如也，微不足道。

苏丹的服饰虽然很华丽，但自己的旧衣衫比它更舒适。财主的饮食虽然味道甘美，但是自己碗里的饭比它更香甜。

众所周知，骆驼的性格极其温顺，甚至小孩牵它走百步，它也不会挣脱细绳。但是，当骆驼面临可能致死的危险时，小孩却由于无知想继续前行，那么这骆驼必将挣脱他手中的缰绳，而且从此再也不会服从于他。在需要严厉的地方，温和是多余的。

常言道，温顺不能变敌为友，只能增加他的奢望。

造物主创造的最高级的东西是人，最低级的东西是狗。但智者一致认为，知恩图报的狗强过不知感恩的人。

阿米尔·库斯洛·杰赫列维（Амир Хусрау Дехлеви, Amīr Khusrau Dehlavī, 1253—1325 年）的父亲出生于渴石，蒙古人入侵时从河中地区逃往印度。诗人诞生在北印度的一个城市。完成学业后，阿米尔·库斯洛选定德里作为自己的居住地，在那里的苏丹王宫继续创作活动。

阿米尔·库斯洛除有五行抒情诗外，还仿效阿塞拜疆人民的天才儿子尼扎米·甘贾维创作了《五卷诗》（Пятерица）。虽然他在诗中保持了旧的题材，但是改变了长诗的情节，对英雄人物也作了独到的评述。

阿米尔·库斯洛在加工提炼地方性题材方面比其他诗人更大胆。他的史诗著作《父子言和》（Киран ас-саадайн，讲述凯库巴德王子同他的父亲博格拉汗和解的故事）、《胜利之钥》（Мифтах алфутух）和《九个天球》（Нух сипихр），就是利用地方题材写成。这些作品除了具有重要的文学价值，还有重大的历史意义。他所写的关于印度王子和他心爱姑娘的爱情神话长诗《希思儿汗与杜瓦拉尼公主》（Хизр-хан ва Дувалрани）饶有兴味。

阿米尔·库斯洛还从事各种科学研究，研究诗学和音乐。

穆罕默德·奥菲（Мухаммад Ауфи）是1221—1222年创作并保存至今的第一本塔吉克诗集《核心的核心》（Лубаб ал-албаб）的作者。他出生于梅尔夫，曾在布哈拉接受教育，后来为躲避蒙古人入侵而逃往印度。除诗集以外，他还编辑了由故事和传说等组成的散文作品集《短篇小说集和故事之光》（Джавами ал-хикайат ва лавами ар-ривайат）。

穆罕默德·伊本·凯斯·拉齐（Мухаммад ибн Кейс Рази）起初在花剌子模沙赫穆罕默德宫中供职，后来为了躲避蒙古侵略者，前往现在的伊朗南部地区。1223年在那里整理成诗学指南《评阿贾米诗歌》（即波斯语诗歌）[①]，收录了从早期到作者同时代塔吉克诗人的作品。

历史文献在13世纪获得很大发展。值得一提的是《纳昔儿史话》（Табакати Насири），由出生在古尔的阿布·奥马尔·明哈札丁·朱兹贾尼（Абу Омар Минхадж ад Дин Джузджани）于公元1260年写成。在《纳昔儿史话》中，除印度诸王的历史外，还详细描述了伽色尼王朝的一些事件、蒙古统治，以及同伊斯玛仪教派斗争的过程。该著作也是关于中世纪的古尔的优秀史料。

研究蒙古统治时期的历史著作，还应该提及阿拉丁·阿塔·马利克·志费尼（Ала ад-Дин Ата Малик Джувейни，卒于1283年）在伊朗编写的《世界征服者传》（Tārīkh-i Jahāngushāy，Тарихи

[①] 阿贾米（Ajami）指阿拉伯语说得不好的非阿拉伯人，一般指阿拉伯哈里发东部省份的伊朗语各民族，主要指呼罗珊、河中地区和突厥斯坦。阿贾米文字是指非阿拉伯人借用阿拉伯字母文字书写的本民族语言。——译者注

Джахан‐гушай)、拉施特（Фазлаллах Рашид ад‐Дин，于 1318 年被杀）的著作《史集》（Jāmi' al‐tawārīkh，Джами ат‐таварих）。这些名著特别有价值。巴尔托利德认为，拉施特的《史集》可谓是首部中世纪的世界史。

第十四章 帖木儿和帖木儿王朝统治下的塔吉克人民

第一节 政治历史与人民运动

一 帖木儿及其夺权之路

蒙古可汗们在接受伊斯兰教的过程中,身边逐渐聚集了神职人员和商人,并实行中央集权的汗国体制。但各地的集权愿望让蒙古和突厥部落首领极为不满。14世纪上半叶,在察合台汗国,可汗同各个部落,尤其是突厥和突厥化贵族的斗争异常激烈。斗争的结果是部落首领影响力大增,而可汗的力量被削弱。

14世纪中叶,河中地区巴鲁剌思部落首领的儿子帖木儿登上了政治舞台。最初,帖木儿在不同的王公麾下担任军事指挥官,之后成为一个庞大帝国的缔造者。

帖木儿于1336年出生在渴石附近的霍贾伊尔加尔村。这个村庄至今仍然存在,距离现在的乌兹别克斯坦南部城市沙赫里萨布兹13千米。他的父亲塔刺海(Тарагай)是蒙古巴鲁剌思部落的首领(埃米尔)。该部落14世纪初居住在卡什卡达里亚河谷,虽然过着游牧生活,但已开始转向定居生活。同河中地区许多其他蒙古部落一样,他们与突厥人融合,逐渐失去了自己的语言和风俗。

从1360年始的10年间,帖木儿效忠于不同的统治者,同时将巴鲁剌思部落团结在自己周围。1361年，蒙兀儿斯坦可汗秃忽鲁帖木儿（Туглук－Тимур，1329—1362/1363年）占领了撒马尔罕和渴石城。帖木儿臣服于入侵者，而秃忽鲁帖木儿帮他成为渴石的统治者。但他为秃忽鲁帖木儿效力时间并不长，因私通秃忽鲁帖木儿的宿敌——巴尔赫的埃米尔侯赛因，背叛了第一位庇护人。

埃米尔侯赛因和帖木儿发动对秃忽鲁帖木儿的反叛，但遭到失败，他们被迫离开中亚，逃往锡斯坦。在锡斯坦，帖木儿在一次军事冒险中右臂和右腿受伤，终身跛足。因此，人们送他个绰号"帖木儿兰格"（Тимури－ланг，Тамерлáн），即跛足帖木儿。

1364年，埃米尔侯赛因和帖木儿成功地从蒙兀儿斯坦可汗手中夺取了河中地区。但当地人痛恨这两个人，特别是因残忍而出名的侯赛因。侯赛因倾听撒马尔罕人的请求或申诉时，手里总拿着铁棍，经常不回答问题就扑向请求者，用铁棍无情地殴打他们。

秃忽鲁帖木儿的儿子和继任者也里牙思火者（Ильяс－Ходжа）反对侯赛因和帖木儿，想重新夺回河中。1365年，埃米尔侯赛因和帖木儿召集一支军队，在奇尔奇克岸边与敌军遭遇。这场战役在历史上被称为"泥沼之战"，因为当时正下着倾盆大雨，马匹因湿滑而纷纷摔倒。帖木儿和侯赛因战败，被迫丢下撒马尔罕和沙赫里萨布兹，越过阿姆河，逃往巴尔赫。蒙古可汗也里牙思火者的军队直扑撒马尔罕。由于撒马尔罕的守军早已与埃米尔侯赛因和帖木儿一起逃离，城市居民陷入困境。

二 萨尔巴达尔运动

在这艰难时刻，撒马尔罕的普通百姓奋起保卫城市。当撒马尔罕的居民们在大清真寺集合时，一位经学院学生毛拉纳扎杰（Маулана－заде）登上讲台，对周围手执利剑的群众宣称："无数异教徒（即蒙古人）的军队侵入我们的国家，前来抢劫，他们正在逼近我们的城市。我们的埃米尔平时向每一位居民征收大量捐税，肆意挥霍，现在敌人来了，却抛下我们穆斯林自己逃命去了。撒马尔罕的居民现在无论交付多少赎金也无法从敌人手中逃生。达官显贵们，最后审判到来时，你们一定要被问责。那么现在，谁能担负起保卫市民的重任，谁能对贵族和百姓负责，我们就对他俯首听命，尽职尽忠。"面对毛拉纳扎杰的号召，撒马尔罕的贵族就像群死人般一言不发。征得在场所有的人同意后，毛拉纳扎杰担起指挥城防的使命。一万名全副武装的青年向他宣誓效忠。和毛拉纳扎杰一起指挥防御的还有毛拉纳·胡尔达克·布哈莱（Маулана Хурдак Бухараи）和棉花匠阿布巴克尔·克烈维（Абу-Бакр Келеви）。

毛拉纳扎杰三天三夜没合眼。他需要组织防御，部署军队，加固城防。所有这些都需要赶快完成，因为敌人已经逼近。城防工作组织得非常巧妙。部队动作迅速，纪律严明。市民们得到命令不得睡觉，在划定的区域待命。

蒙古汗得知埃米尔侯赛因和帖木儿已经逃跑的消息后，以为撒马尔罕没有设防，因此先头部队到达撒马尔罕后，便毫无防备地进入主要街道。当蒙古人来到毛拉纳扎杰和射手们埋伏的地方时，总攻的信号响起。蒙古军队三面受敌。守城者躲在工事后面向敌人发动攻击，顷刻间箭林石雨。蒙古军遭受重创，被迫撤退。

第二天，蒙古军再次攻打撒马尔罕。他们采用了游牧民族惯用的各种战术（佯装逃跑和出其不意地转入进攻等），但无论怎样都没能成功，于是决定扎营长期围城，不过这也没有奏效。过了一些时候，蒙古军中突然流行马疫，不得不取消围城。在对城里稍微洗劫一番后，蒙古人离去。

蒙古人走后，撒马尔罕展开了一场穷人与富人之间的斗争。劳动大众惩处了令人痛恨的高利贷者和其他剥削者。在历史文献中，撒马尔罕居民的这次运动被称为"萨尔巴达尔运动"。萨尔巴达尔（сарбедар）一词出现于1336—1337年，是因为呼罗珊所属的萨卜泽瓦尔（Себзевар）爆发了反抗蒙古汗和当地大地主的暴动。暴动者们提出的口号是："宁愿头颅上绞架，也不会被吓死"。"萨尔巴达尔"是复合词，萨尔（сар）是头的意思，达尔（дар）是绞刑架的意思，中间的前置词"巴"（бе）是"在……上"的意思。

帖木儿时代的封建历史学家将"萨尔巴达尔"解释为"达尔博布"（дарбоб），即适合于绞刑架的人，将运动领导人描绘成叛乱分子，称他们为"合法"政权的反对者。例如，《纯净花园》（Раузат ассафа）一书的作者——波斯史学家迷儿宏德（Мирхонд）曾说过："他们（即撒马尔罕居民）中有一伙人，以勇武和暴力著称，天生不安分，喜欢闹事，做些出格的行为，夺取政权，横行不法"，稍后他又补充道："萨尔巴达尔们开始从事各种卑鄙的活动。"迷儿宏德没有罗列这些"卑鄙活动"的具体内容，强调说，侯赛因和帖木儿认为"遏止和制伏萨尔巴达尔们是合乎神意的事情"。

历史学家宏达迷儿（Хондемир，迷儿宏德的侄子及其著作的续写者）对萨尔巴达尔的评价也很消极。尽管他承认萨尔巴达尔们有击退蒙古人侵略的功劳，但他依然认为："当撒马尔罕的萨尔巴达尔们成功完成了击退蒙古人进攻这一重大任务后，又踏上了一条残暴和骚乱之路，还把手伸向国民的财产。"

波斯历史学家歇里甫丁·阿里·雅兹迪（Шараф ад-Дин Йезди）对撒马尔罕的萨尔巴达尔的评述是："这群有巨大力量和权力的人，有一种虚荣之心。他们竟敢僭越，通过流血与叛乱，把手伸向权力和暴力。"最后，他用一句诗强调自己的评判："啊，神啊！千万不能让乞丐成为贵人。"

萨尔巴达尔们保护工匠和城市下层人民的利益，所以他们实施的措施与撒马尔罕贵族的利益相左。

当帖木儿听到蒙古部队从撒马尔罕撤退的消息后，他立即向埃米尔侯赛因派出信使，不久后又与他会合。他们一同讨论了时下局势，决定不急于占领撒马尔罕，因为他们害怕碰上防守者的强烈反抗。他们不敢与撒马尔罕人公开对抗，决定用些计谋。

为了误导撒马尔罕的守城者，他们给守城部队的首领写了封信，委托他管理城市，并承诺不惩罚居民。他们信誓旦旦地答应信守承诺，并随信送去华丽的服装和其他礼物。他们派出巧舌如簧的特使前往撒马尔罕，同时还派出一些密使潜入市内，目的是利用萨尔巴达尔们成分复杂的特点，为攻占撒马尔罕创造条件。

埃米尔侯赛因和帖木儿派出的特使竭力争取城市中摇摆不定的百姓。密使们的活动，富裕萨尔巴达尔们的不坚定，以及城中一些有影响力的人准备与埃米尔侯赛因和帖木儿签订协议等，这些因素分化了萨尔巴达尔们。

1366年初春，埃米尔侯赛因和帖木儿率军来到撒马尔罕。他们给萨尔巴达尔们写了封信，表示"我们完全信任你们，认为你们是最好的执政者"。萨尔巴达尔的首领们相信他们会信守承诺，便来到埃米尔侯赛因的营地。他们一到那里，就被抓住并绞死。帖木儿只赦免了毛拉纳扎杰。如此一来，撒马尔罕的萨尔巴达尔们群龙无首，被残酷镇压，埃米尔侯赛因和帖木儿再次成为撒马尔罕的统治者。

显然，1365—1366年的萨尔巴达尔运动不仅波及了撒马尔罕，还有周围的村庄，但史料对此很少谈及。宏达迷儿写道："侯赛因占领撒马尔罕后，其他地区也停止了反叛。"

关于这次运动，封建史学家的著作中保留下来的资料极其零碎，也极端偏颇。对于运动领导人的社会纲领和政策，我们知之甚少，只有几处提到。对于他们在起义期间实施的多数措施，我们都不知道。

在一般的历史书中，甚至在专门的研究中，都将撒马尔罕的萨尔巴达尔运动解释为城市居民面对蒙古人夺城危机而做出的反应。但试想一下，如果真是这样的话，市民岂能在短短几天就组织起如此出色的防御！对抗的还是数量庞大、善于打仗的敌人。最可能的是，在此前夕，也许是此前很久，撒马尔罕就已经存在一支强大的萨尔巴达尔组织，一支有着萨尔巴达尔目标和口号的力量。

众所周知，呼罗珊西部有个存在了近半个世纪（1337—1381年）

的"萨尔巴达尔国"。1350—1392 年在河中地区、1370 年在吉兰（Гилян）出现了所谓的"赛义德国"（сейидские государства）。因此，不应该孤立地看待 1365—1366 年在撒马尔罕、1373 年在克尔米涅（Кермине）的萨尔巴达尔运动，而应在这些运动的大时代背景下对其进行研究。这些现象背后体现出来的思想和情绪，也许早在 14 世纪 50—80 年代就以某种明确但是地下的形式，渗透到了中亚。

萨尔巴达尔国与其邻国一样，都是君主制国家，但社会基础却有根本不同。萨尔巴达尔国的权力掌握在小封建主手中，他们只有得到农民和工匠的支持才能管理国家。军队由民兵组成，从小农户和自由民中招募，而不是从有武装卫队的封建主中招募。不仅军队民主，政府也很民主。国王虽然由萨尔巴达尔国的贵族出任，但外在的表现形式完全不同。统治者都穿着朴素，与国民平分战利品，给所有来访者安排公共餐食。国王的家还让人们一年"抢劫"一次。这些都是贵族迫于人民群众的压力，为适应萨尔巴达尔的激进平均主义思想而做出的改变。

正如比特鲁舍夫斯基所说，"萨尔巴达尔国不是农民民主国家，而是小土地所有者的国家，它只有向农民作出很多让步才能够存续。"这些让步不只是做做样子。伊斯兰教法典以外的所有税收和徭役都被废除，这一点就很说明问题。大封建地主的土地全部被没收，这些土地大部分落到萨尔巴达尔贵族手中。

显然，城市居民的处境有所好转。由于封建贵族在人民群众的压力下采取了各种缓和措施，城市居民得到了可以忍受的生存条件。属于萨尔巴达尔国的呼罗珊地区的城市和农村都蓬勃发展。

从呼罗珊萨尔巴达尔国的行为特征看，他们的纲领和政策非常明确，因此这一运动对河中地区群众具有强大的吸引力。显然，萨尔巴达尔运动扎根于撒马尔罕。因此，帖木儿在赦免毛拉纳扎杰时，表现出非同寻常的"人道"。作为一个狡猾而有远见的政客，帖木儿力图赢得城市居民的好感。但是，他的把戏并不成功，仍然遭到人民群众的不断反抗。

撒马尔罕的萨尔巴达尔运动具有强大的传统，可以从以下事实得到证实：帖木儿建立政权后，每次他一离开撒马尔罕，撒马尔罕人就起义。在1370—1388年的18年时间里，撒马尔罕共爆发了9次这样的起义。尽管帖木儿非常残酷，撒马尔罕人民还是为争取自由而奋斗。

三　帖木儿在河中夺权与他的进一步征战

占领撒马尔罕后，埃米尔侯赛因与帖木儿之间的关系开始恶化。在埃米尔侯赛因统治期间，帖木儿是沙赫里萨布兹和卡尔希的统治者，并秘密地着手对付他的"前盟友"。1370年，帖木儿在撒马尔罕发动政变，杀死埃米尔侯赛因，成为整个河中地区的埃米尔。

帖木儿不是成吉思汗的直系后裔，因此没有可汗的封号，于是他在自己的"埃米尔"称号后加一个封号"古尔干"（Гурган，Gur-kān，意为驸马），因为他娶了埃米尔侯赛因的遗孀、成吉思汗家族的西察合台合赞汗的女儿。西察合台的昔兀儿海迷失可汗和他的儿子麻哈没的成为帖木儿帝国的傀儡汗王[①]。

帖木儿从他最信任的察合台部落（主要是巴鲁剌思氏）组建了近卫军。他赋予这些近卫军和察合台部落各种特权。由这些部落组成的军队成为帖木儿政权的主要支柱。

西班牙使者哥泽来兹·德·克拉维约（Гонзалес де Клавихо）于1404年到访帖木儿国都撒马尔罕，他在回忆录（即《克拉维约东使记》）中写道："这些察合台人享有国王的特权，他们想去哪儿都行，不论冬天还是夏天，都可以带着羊群去所需的地方，可以在任何地方

[①] 帖木儿建立了帖木儿帝国后，为得到河中贵族们的真正服从，并没有自称可汗，而是自称埃米尔，在名义上仍然维持西察合台汗国黄金家族血统的可汗地位。昔兀儿海迷失（Suurgatmish，1370—1388年在位）是帖木儿帝国的傀儡可汗，答失蛮察的儿子，他死后，帖木儿又拥立麻哈没的（Sultan Mahmud，1388—1402年在位）为傀儡可汗。1402年麻哈没的死标志着察合台—窝阔台家族在中亚河中地区的汗统彻底结束。察合台汗国只剩下东察合台汗国一位可汗。——译者注

放牧、播种和生活。他们是自由的，不向国王缴税，因为只要国王需要，他们就去为他打仗。"

帖木儿镇压了民众起义，包括规模最大的撒马尔罕萨尔巴达尔运动，随后开始与当地争取独立的封建领主进行斗争。帖木儿的集权活动得到了城市中最有影响力的一部分人的支持，他们是富有的工匠和商人，希望消除封建统治者的权力，结束无休止的内乱。通过给神职人员各种经济特权，帖木儿把他们也拉拢到自己一方。通过对邻国掠夺性的征讨而轻松致富，帖木儿满足了小封建领主的贪欲，从而赢得他们的承认。

帖木儿的对外征战长达 35 年。他先在锡尔河下游扩大自己的政权范围。当时这是白帐汗国的地盘。帖木儿介入白帐汗国内部的王位冲突，支持其中的一个竞争者脱脱迷失（Тохтамыш-хан），并帮助他最终赢得金帐汗国的大汗宝座。

1372 年，埃米尔帖木儿首次出征花剌子模。此后他又 5 次出征镇压花剌子模人起义，最后一次是 1388 年。这次帖木儿下令将花剌子模的都城乌尔根奇——这座东欧与中亚的贸易中心城市夷为平地，然后种上大麦，城市人口被赶往撒马尔罕。直到 1391 年，帖木儿才允许恢复乌尔根奇。

从 1388 年开始，帖木儿与脱离他控制的金帐汗国可汗脱脱迷失进行了长期而残酷的交战。1392 年，帖木儿入侵高加索地区，掠夺并征服了亚美尼亚和格鲁吉亚。1395 年，他击败了脱脱迷失的军事力量，追踪他的残余部队，侵入俄罗斯边界（到达了叶列茨）。帖木儿很快占领并摧毁了金帐汗国的首都——位于伏尔加河岸的萨莱（Сарай Берке），金帐汗国遭受了最后的失败。亚库博夫斯基（А. Ю. Якубовский）认为，这个结果给了金帐汗国"不可挽回的致命打击"。1395 年后，金帐汗国开始明显衰落。

早在 1380 年，俄罗斯军队在库利科沃战役中击败了马迈（Мамай），成为打入金帐汗国的第一个也是最主要的楔子。1395 年的捷列克河（Tépek）战役失败和都城萨莱被摧毁，是金帐汗国遭遇的第二次打击。帖木儿为了中亚的利益与金帐汗国作战，并没有与莫斯科大公联系，他对莫斯科大公也不了解，但帖木儿客观上不仅为中亚，也为俄罗斯做了件好事（尽管他在1395年抢劫了俄罗斯南部的几个城市）。

与金帐汗国作战的同时，帖木儿还对伊朗进行军事行动，将伊朗并入他的帝国。帖木儿对印度进行了三次掠夺性袭击，于1398年占领了德里，在那里获得大量珍宝后，1399年返回撒马尔罕。次年，帖木儿在叙利亚击败了埃及苏丹，1402年在安卡拉战役中彻底击败土耳其苏丹巴耶济德（Баязид）。1404年回到都城撒马尔罕，为接下来征战中国展开军事准备，并于1405年年初向东进军，但在途中（讹答剌）猝死，没能成功实现自己的意图。经过无数次征战，帖木儿建立了一个庞大帝国，不仅包括河中地区、花剌子模、里海、阿富汗，还包括伊朗、印度、部分伊拉克、南高加索和西亚的部分地区。

帖木儿的远征具有公开掠夺的性质。例如，在与脱脱迷失作战时，他摧毁了伏尔加河地区，以至于当地爆发饥荒。鲜花盛开的印度北部也遭到野蛮破坏，帖木儿的大军从那里夺走大量财富，留下满目疮痍的城市和村庄以及流行病和饥荒。一位目击者写道：由于饥饿、屠杀、囚禁、难以置信的折磨和不人道的对待，帖木儿将人口众多的亚美尼亚变成了沙漠。

帖木儿的掠夺性远征伴随可怕的暴行。1387年占领伊斯法罕期间，他向士兵下令将7万平民斩首，并用他们的头颅搭起金字塔。1398年在印度，他命令杀害101万名俘虏。1401年，他在大马士革命令每名士兵带一颗人头回来，这些人头再次堆成了金字塔。同样在1401年，在镇压巴格达起义后，他在古尔邦节向士兵下令斩首9万人，用他们的头颅建了120座金字塔。执行这一命令时，帖木儿的士兵连妇女和儿童都残酷杀害，还有从叙利亚带来的俘虏。帖木儿死后，波斯历史学家雅兹迪（Шараф ад‐Дин Йезди）在《帖木儿武功记》（Зафар‐наме）里写道：帖木儿的庞大帝国有许多这样的人头金字塔。占领小亚细亚一个城市后，帖木儿下令将所有儿童扔到地上，像狗一样套上挽具。目击人说，这就像是在打谷场上脱粒。呼罗珊的萨卜泽瓦尔惨案（Себзевар）也是非常残酷的暴行。萨卜泽瓦尔人反抗帖木儿的血腥统治。1383年，帖木儿镇压起义后，下令先铺上碎砖，然后向活人身上倒生石灰，从而垒起一座座高墙。帖木儿还活埋俘虏。有一次根据他的命令，有4000人被活埋处决。

史料记载了帖木儿的一句名言："全世界应该只有一个君王"。确实，除掠夺和剥削被征服地区的人民以外，帖木儿还努力缔造一个世界一统的国家。他给自己设定的目标是重建已经支离破碎的蒙古帝国。帖木儿可以称为成吉思汗帝国碎片的收集者。不过，他没能实现自己的目标，未能在他征服的地区建立统一的管理体制。

帖木儿在摧毁一个个文明国家的同时，努力发展中亚中部地区，因为这是他强大的基础。他修建了大量的灌溉和道路工程。为此，帖木儿将一批批优秀的工匠俘虏驱赶到河中地区，又从美索不达米亚、叙利亚、伊朗和印度抓来科学和艺术界人士。在帖木儿帝国的首都撒马尔罕，聚集的工匠、科学家和艺术家尤其多，这也是撒马尔罕在此期间飞速发展的原因。

为了商人和与贸易有关的封建上层的利益，帖木儿还采取措施，将撒马尔罕变成主要的贸易中心。哥泽来兹·德·克拉维约（Гонзалес де Клавихо）写道："由于撒马尔罕没有足够大的地方用来交易，帖木儿下令在城中修建一条大街，街两旁摆放摊位和帐篷，用来出售商品。"于是，帖木儿的官员命令拆除街道上原有的房屋和其他建筑物，房主们四散逃走。"这条街很宽，两边搭起帐篷……整条街的上方盖了一个穹顶，有窗户可以透光。这项工程一完工，就安置商人们入驻，开始在里面出售各种东西。"

帖木儿努力恢复横穿河中地区的商道，同时破坏欧洲通过金帐汗国与东方的贸易。他摧毁了萨莱和乌尔根奇，使这两座城市失去了商业意义。征服伊朗后，帖木儿部分恢复了横穿河中地区的世界商道。商人们现在从伊朗前往苏丹，经过赫拉特和巴尔赫到达撒马尔罕，之后再经过塔拉兹去蒙古。

四 帖木儿王朝的内部斗争

帖木儿死后不久，他的帝国土崩瓦解，河中地区又成了改朝换代斗争的血腥战场。帖木儿生前将国家各地交给他的四个儿子和四个孙子管理。四个儿子分别是：长子贾汉吉尔（Гияс‑ад‑дин Мухаммад Джахангир，1356—1376年）[①]，次子乌马尔（Мугис уд‑Дин Умар‑шейх，1356—1394年），三子米兰沙赫（Джалал‑ад‑дин Миран‑шах，1366—1408年），四子沙哈鲁（Муин аль‑Хакк ва‑д‑Дин Шахрух，1377—1447年）。四个孙子分别是：贾汉吉尔长子、帖木儿指定的继承人皮儿·马黑麻（Пир Мухаммад，1374—1407年）、贾汉吉尔次子马黑麻·苏丹（Мухаммад Султан，1375—1403年）、沙哈鲁长子兀鲁伯（Улугбек，1394—1449年）、沙哈鲁次子易卜拉欣（Ибрахим Султан，1394—1435年）。

帖木儿去世不久，他所有的后代都宣布独立。帖木儿的孙子、塔什干执政者哈利勒苏丹（Халил‑султан，系米兰沙赫的儿子）召集一支军队，赶在帖木儿的另一个孙子、被帖木儿指定为继承人的皮儿·马黑麻（贾汉吉尔之子）之前占领了首都撒马尔罕。皮儿·马黑麻多次努力恢复自己的权力未果，于1406年被杀。

同时，帖木儿家族还不得不同前朝的势力做斗争，因为帖木儿褫

[①] 由于不同的史料记载有矛盾之处，学术界关于贾汉吉尔和乌马尔·沙黑谁是帖木儿真正的长子存在争议。——译者注

夺了他们的权力。突厥人的黑羊王朝①在伊朗的西部和西北部发动叛乱，埃米尔胡代达特（Худайдад）和沙赫努尔丁（Нур ад-Дин）在突厥斯坦也掀起暴动。

当时哈利勒苏丹在阿姆河岸与皮儿·马黑麻的军队作战时，胡代达特联合蒙古军队和卡尔梅克人侵入河中地区，占领撒马尔罕，俘虏了哈利勒苏丹。

帖木儿王朝处境非常危险。帖木儿的四子沙哈鲁此时统治赫拉特，被认为是帖木儿帝国名义上的继承人。他匆忙召集部队向河中地区进发。沙哈鲁击败了胡代达特的军队，秘密派人将其杀死。沙哈鲁释放了哈利勒苏丹，但没恢复他的帝国继承人身份，而是任命他去治理雷伊。1409年，沙哈鲁将管理撒马尔罕和河中地区的权力交给自己15岁的儿子兀鲁伯，自己则率军返回伊朗。

精明的沙哈鲁逐步剥夺了帖木儿其他3个成年儿子（贾汉吉尔、乌马尔、米兰沙赫）的后人的权力，让自己的儿子易卜拉欣苏丹镇守设拉子，把喀布尔、伽色尼和坎大哈的管理权交给自己的另外一个儿子昔兀儿海迷失（Суюргатмыш）。

在此期间，土库曼人的黑羊王朝不仅重新夺回帖木儿入侵前的土地，还大大拓展了疆土。沙哈鲁三次征讨黑羊王朝，但没有取得决定性胜利，于是同意签订和约，将阿塞拜疆的统治权交给黑羊王朝首领贾汉沙赫（Джехан-шах）。

沙哈鲁（1405—1447年在位）统治期间，帖木儿是个强国，尽管失去了一部分领土，但在某种程度上仍保持了强大。事实上，在沙哈鲁的领地上形成了两个国家：一个是沙哈鲁自己的国家，中心在赫拉特；第二个是兀鲁伯统治的国家，中心在撒马尔罕。

---

① 黑羊王朝（Kara koyunlu，Кара-Куюнлу）是古代的土库曼人建立的王朝。突厥语"卡拉科雍鲁"的意思是"黑色的山羊"。因部落旗帜上绘有黑羊图案，故名黑羊王朝。黑羊土库曼游牧部落原居亚美尼亚的塞凡湖东部地区，约于1375年建立部落联盟。起初臣属于统治巴格达和大不里士的札剌亦儿王朝。在首领卡拉·穆罕默德（1380—1389年在位）时开始强大，约于1375—1468年统治当代的阿塞拜疆、伊朗西北部与伊拉克地区，定都赫拉特，共传5位苏丹，统治近百年，以伊斯兰什叶派为国教。1468年被白羊王朝所灭。——译者注

五 兀鲁伯的统治

当15岁的兀鲁伯被沙哈鲁任命为撒马尔罕总督时，权力实际上掌握在帖木儿的著名战友和名将埃米尔沙赫马利克（эмир Шах-Малик）手中。1410年4月20日，兀鲁伯和辅佐他的人遭到帖木儿的另一员大将——突厥斯坦总督的攻击，被迫逃离撒马尔罕。沙哈鲁亲自率大军平叛，击败了封建叛军。两年后，沙哈鲁被刺杀。

沙哈鲁家族在中亚的权力最终得到确立。兀鲁伯想摆脱庇护人的束缚，曾多次向父亲告状。从政治上看也必须召回沙赫马利克（他在中亚贵族中树敌颇多），马利克被召回。1411年，17岁的兀鲁伯不再是河中地区形式上的总督，而成为真正的统治者。

此时，帖木儿帝国的最高权力还在沙哈鲁手里。兀鲁伯曾多次去赫拉特拜见父亲，不断向他询问有关重大问题的意见，向他汇报。但同时代的人并不认为兀鲁伯是有封邑的公爵或是一个地方长官。实际上他在各方面都已独立，只是没有公然违抗他的父亲，也没有与他断绝关系。

1414年，兀鲁伯对费尔干纳的统治者艾哈迈德王子发动军事进攻，将费尔干纳、喀什噶尔并入自己的领地。但乌兹别克和蒙兀儿斯坦的崛起令兀鲁伯非常不安。起初，兀鲁伯设法将自己的傀儡扶上这些游牧国家的王位，但他们很快就不再听话顺从。

1425年，兀鲁伯击败了伊塞克湖和伊犁河地区的蒙兀儿斯坦的地方首领，缴获大量战利品，其中包括帖木儿陵墓里的软玉。在吉利亚努金隘口（Джилянутинское ущелье，在吉扎克和撒马尔罕之间）有座纪念碑，上面记载了整个事件，说兀鲁伯进行了一次远征并"安然无恙地从那儿返回"。

两年后，兀鲁伯就被游牧民族乌兹别克人击败，主要原因是他本人和他的军队将领粗心和疏忽。胜利者将这个国家抢劫一空。沙哈鲁亲率大军前来解救儿子。军事失利的责任人受到杖刑，兀鲁伯也被剥夺权力，直到后来被父亲赦免才将权力还给他。

此后，兀鲁伯不再冒险领导军事远征。他对游牧民族发动的军事行动也基本上没什么成绩。乌兹别克游牧民不仅占领了花剌子模的大部分地区，还多次入侵河中地区和伊朗北部。由此看来，兀鲁伯在军事上并没有什么辉煌的成就。

关于兀鲁伯的对内政策，值得一提的是1428年的货币改革，对整顿货币流通和贸易起了积极作用，符合劳动人民的利益。显然，兀鲁伯在位时征收的地租比他去世后的15世纪下半叶的统治者征收的量要少得多。道拉特沙赫（Даулат - шах）说过："在沙哈鲁在位期间，兀鲁伯独自统治撒马尔罕和河中地区40年。他治理国家和审理案件的方法值得称道。"

兀鲁伯在很多方面和自己的父亲沙哈鲁不同。沙哈鲁是正统的穆斯林，认为自己的主要任务不仅是本人严格遵守伊斯兰教的所有规定，还要让所有的臣民遵守。帝国首都赫拉特在沙哈鲁统治期间，气氛过分严肃，大家表面上都笃信宗教。不过，赫拉特的文学和造型艺术在这个时期却获得发展。沙哈鲁的儿子拜宋豁儿（Байсункар）在赫拉特建了一个巨大的藏书库。书库里有很多抄写员和装订员，甚至还有文学家。政府不仅组织抄写古代文献和稀有文本，还进行文本的校勘工作。今天读起来非常顺畅的费尔多西的《列王纪》，正是在拜宋豁儿的命令下，在藏书库整理完成，书中还附了一个内容丰富的前言。该版《列王纪》保存至今（存于德黑兰）。

在兀鲁伯统治的撒马尔罕则充斥着完全不同的氛围。甚至伊斯兰教领袖也举办有女歌手参加的宴会。虔诚的穆斯林与兀鲁伯之间的冲突越来越深。

兀鲁伯童年时的首位启蒙老师是沙赫阿利夫·阿扎里（Ариф Азири），是位说书人、诗人和著名学者。后来还有其他老师，其中包括鲁米（被当时的人誉为"当代柏拉图"）、吉亚斯丁（Гияс ад -

Дин）等。兀鲁伯擅长文学，精通突厥语、塔吉克语和阿拉伯语，自己能用突厥语和塔吉克语写诗，精通音乐，亲自创作了五首音乐作品，还对医学感兴趣。他参加学术辩论，令人惊叹的不仅是他非凡的记忆力，还有深刻的理解力。虽然他涉猎广泛，但最喜欢的是数学，尤其是天文学。他召集当时撒马尔罕的天文学和数学精英，建造了一座天文台并装备最好的设备。兀鲁伯直接参与天文研究，编制了有广泛理论内涵的新的星座表。

兀鲁伯下令在撒马尔罕、布哈拉、渴石、吉日杜万（Гиждуван）建造了许多大型建筑，其中包括撒马尔罕雷吉斯坦大广场上的经学院。

六 兀鲁伯之死与封建内讧

沙哈鲁1447年去世后，兀鲁伯有一段时间占领了帖木儿帝国首都赫拉特。但此时游牧的乌兹别克人入侵了撒马尔罕地区并包围了这座城市。兀鲁伯不得不返回河中地区。他的军队在回军途中遇袭并遭受巨大损失。这也破坏了他的威信，百姓对兀鲁伯无力阻止乌兹别克人的进攻和劫掠十分不满。他的亲生儿子阿不都·剌迪甫（Абд ал－Латиф）利用宗教人士煽动不满，发起反叛，彻底击败兀鲁伯，并将其废黜。1449年10月底，经阿不都·剌迪甫同意（无疑是他下的命令），兀鲁伯被处死。

阿不都·剌迪甫早就觊觎帖木儿帝国的宝座。穆斯林宗教界和憎恨兀鲁伯的苏菲教主也都支持他。他杀死自己的父亲后，又处死兄弟，消灭了所有可能继承王位的人。但6个月后，他自己也被军队的阴谋分子杀害。此后，帖木儿家族内部的改朝换代斗争更加激烈。游牧部落利用这些争斗，在帖木儿帝国的政治生活中越发活跃。米兰沙赫（帖木儿的三子）家族的阿布·赛义德（Абу Сайд）[①] 在阿布海尔汗（АбулХайр－хан）领导的乌兹别克游牧部落的直接帮助下，取得

[①] 也有中文文献将阿布·赛义德（1424—1469年）写作"卜撒因"。——译者注

了河中地区的政权。

阿布·赛义德苏丹（1451—1469 年在位）统治期间，科学和文学被宗教狂热、反动的宗教神学和苦行思想所取代。不仅是撒马尔罕和布哈拉，整个河中地区都逐渐丧失了原有的东方先进国家的地位。随着反动的苦行教义日益盛行，帖木儿帝国几乎完全听命于苏菲教主——当时最大的封建主、一个中亚历史上最黑暗的人物之一霍贾阿赫拉尔（Ходжа Ахрар）。可以说，约 40 年的兀鲁伯统治被阿赫拉尔近 40 年的统治取代。

15 世纪中期，呼罗珊地区的权力斗争激烈。阿布·赛义德成功夺取了帖木儿帝国最高权力，统一了从天山到巴格达，从吉尔吉斯草原到印度河的广大领土。但这个统一实际上只是名义上的，因为中央政权无法阻止各地大封建主的分裂倾向，他们才是各地的真正主人。

那个时期，封建贵族的分裂势力很强，尤其是呼罗珊的分裂势力。当时的历史学家阿卜杜·拉扎克（Абд ар‐Раззак，1413—1482 年）非常形象地记述道："最令人惊奇的是，这个国家的每一座要塞都被某位首领占据。"

从 1469 年起，河中地区由阿布·赛义德的儿子们统治，而呼罗珊地区则由乌马尔沙赫的后代统治，其中最强大的代表人物是苏丹忽辛·拜哈拉（Султан‐Хусейн ибн Мансур ибн Байкар），他在赫拉特稳定统治了 40 年。

第二节　经济和社会经济关系

一　经济状况与对农民的剥削

在帖木儿帝国时期，农业比蒙古时期好很多。尽管帖木儿发动的战争是灾难性的，杀了很多人，特别是反抗地区的百姓，但与此同时，帖木儿也采取了很多措施来修复被蒙古人破坏的灌溉设施，扩大一些地区的种植面积。他的税收政策也为农业兴盛发展创造了相对有利的条件。除内战期间外，帖木儿后人基本上坚持了帖木儿制定的这些政策。

众所周知，帖木儿在梅尔夫绿洲、穆尔加布河谷组织修建了大量灌溉工程。他让军队将领和宠臣从穆尔加布河修建运河。史料文献中就记载了 20 条这样的运河，其中很多运河以帖木儿时期的重要将领和达官显贵的名字命名。后来，沙哈鲁修复了一座大坝，命名为"苏丹本德"（Султан-бенд）大坝，并对运河进行清淤疏通。在忽辛·拜哈拉的倡议下，梅尔夫绿洲的浇灌面积扩大。其他一些地区（如首都赫拉特和撒马尔罕）也修建了大量灌溉工程。在帖木儿帝国时期，鼓励开垦荒地，对垦荒的人实行优惠政策。

有关 15 世纪中亚社会和经济历史的一系列重大问题，很多还没有得到有效解决，有些甚至还没有提出来，但苏联史学家从前和现在都对这一时期的农业关系做了许多富有成果的研究，因此，对基本规律、进程和现象的了解比以前更全面、更具体。

地租（哈拉志，Харадж）是帖木儿和帖木儿帝国的主要税种。这种税有两种收缴方法：一是按收成收实物；二是按面积收钱。一些文献表明，地租税率固定，主要按实物征收，通常等于耕地收成的 1/3。文献中也列举了官员因为滥用职权和提高税收标准而受罚的实例，有时候甚至还强迫他们把多收的税退给农民。有重要庆典的时候，个别地区还会免除一段时间的地租。与此同时，这些文献也记载了一年多次收缴或超标准收缴地租的情况，特别是在内乱期间。除法定税以外，还发现对百姓任意征税的情况。

关于这个问题，道拉特沙赫（Даулат-шах）曾有一段记载。他说地租不是按收成，而是按耕种面积征收。这个说法的证据是，兀鲁伯时期的税收标准低于道拉特沙赫写书的 1487 年。目前尚不清楚，按实物收成比例征缴的地租，其征收比例是否会相应变化。更有可能的是，如果税收标准改变，那么所有的地租也会有所调整。

　　除15世纪的地租外，还有很多法定的附加税，有的收钱，有的收实物。这些附加税都用于维持官僚机构的运行。还有一种特别的果树税叫"达拉赫"税（сар-дарахт）。蒙古人实行的人头税一直保留到15世纪，叫作"绍马尔"（Сар-шомар）。此外，还定期收取烟囱税，叫作"杜迪"（дуди）。负担最重的是"乌拉格"税（улаг，即邮政税，百姓要给各种信使提供马匹）和"比什卡什"税（пиш-каш，即礼物和献品）。由于该税种没有明文规定，就给滥用职权留出很大空间。难怪帖木儿彻底禁止了这项税种。战争期间可以向百姓征收特别附加税，但官员们在和平时期有时也想征收附加税。

　　第三种赋税是"别加尔"（бегар），即徭役。帖木儿时期曾广泛用于建筑和修缮城堡、城墙、运河的挖掘和清淤等。这是非常沉重的负担，影响百姓的主业。

　　如此看来，百姓受到的剥削相当严重。但有些研究人员认为，帖木儿及其后代尽力遵守固定的税收标准，有时还会制止一些滥用职权的官员，这些都是积极因素。这些条件即使未能给农业发展创造良好的环境，至少也让其免于破产。

　　应该说，对于政府的各种征税，特别是官员滥用职权和非法加征超征情况，城乡百姓本身就很抵制。有时很多农民会迁到其他地区。为了留住纳税人，政府甚至不得不取消超额的赋税。史料文献还提到，内战期间因各种名目繁杂的附加税而倾家荡产的百姓公开起来反抗。例如，苏丹忽辛·拜哈拉占领呼罗珊后，任命了两名新官员，他们向民众征收附加税，遭到赫拉特百姓的激烈抗议，苏丹忽辛·拜哈拉不得不取消赋税并解除了官员职务。

　　也有其他赋税被取消的情况，取消的期限长短不等。例如，国家就多次因为百姓过于贫穷而取消维持军队的税，造成百姓贫穷的原因不只是税收本身，还有官吏滥用职权，超额征税，中饱私囊。为了恢复百姓的纳税能力，帖木儿家族作出暂时牺牲，打击贪官。文献中提到一些官员被免职,甚至被处死的情况。

赋税压迫太重,有时因内乱而重上加重,有时同样的税种会重复征缴,有时会新立名目。最可恶的是官员常常滥用职权,超额收税并中饱私囊。但总体而言,对基本赋税都规定了标准,这是一个相对有利的情况。帖木儿和他的后人尽量遵守这些规则,为了国库充盈而制止官僚贪污。

农民的私有土地(穆尔克)规模在 15 世纪前已经大大减少,因为在蒙古人统治下,这些不稳定的小农经济最先破产。但在 15 世纪时,这些享有一点特权的农民却保存了下来。他们给政府支付的地租较之前少,但其他税不能免。和以前一样,农民的主要成分是佃农和村社农民。

如果说蒙古时代有村社或顽固的村社残留这个结论有些臆断成分的话,那么到了 15 世纪,这个结论就有了一些具体证据,尽管有些少。达维多维奇(Е. А. Давидович)根据 16 世纪的文献确认,存在村社或村社残留的一个间接标志,是农村的土地不可分割。地块在买卖或捐赠时,并不从整片地中分离出去(所以描述的不是某个地块的界线,而是整片地的界线)。所以,缴纳地租实际指的是农民在整个村庄所有地租中的占比。15 世纪还有一些土地不可分割的例子。例如 1470 年的瓦合甫文书中记载,扎依兹村是被封赏品,但要从封赏中扣除 3 塔苏(即 1/24 塔纳布①)"不能分割"的土地。根据帖木儿时期的瓦合甫文书,被封赏的是栗凡村"不能分割"的 1/3 村庄、撒马尔罕的尼塔村的"不能分割"的 1/4 村庄。与不能分割土地对应的是,瓦合甫文书中也记载了半个被分割的村庄,并对这半个村庄的边界做了单独的描述。在帖木儿时期,瓦合甫文书中还提到另外一种与村社土地所有权相关的情况,例如归属村庄支配的葡萄园和归属

---

① 塔纳布(ашль, танаб)系中世纪穆斯林地区的度量单位。17 世纪的波斯地区,1 塔纳布 = 39.9 米。塔纳布一词源自"绳索""绳子"。——译者注

"某些团体"的土地。

我们不清楚村社土地所有权的具体内容和本质，只知道所有成员共享村社土地，所以这些土地在买卖或转赠时不能分割，甚至葡萄园的所有权也可能是共有的。土地耕作活动肯定是单独的，但不清楚村社成员之间是否会交换土地。毋庸置疑，村社土地的所有权是永久性的，这也是村社农民相比佃户农民的优势所在。还有一个情况很有趣：从前文所举的例子可以看出，村社农民的地租不仅可以交给国家，还可以交给受捐的瓦合甫机构或个人。换句话说，这个时期的村社土地所有权的类型有多种：国有土地、瓦合甫土地和封建私有土地。因此不能妄下推断，说村社农民只享有国有耕地。

大多数农民是佃户。瓦合甫文书强调说，租期不超过 3 年。承租土地的农民们要时常更换租地，这对承租人很不利。

二 封建地权的种类和 15 世纪的苏尤尔加尔土地

土地和水源的所有权种类与之前相同。上文提到过私有土地（穆尔克，мильк）。15 世纪这一百年，尤其是与之前相比，瓦合甫土地数量有所增加。帖木儿和他的继承人大兴土木。中亚和伊朗的许多城市都新修建了经学院、清真寺、陵墓、哈纳卡等各类建筑。这些建筑都由瓦合甫资产承担。一些瓦合甫文书保留了下来，其中一些叙事性的文献记载了一些大规模捐赠活动。

瓦合甫资产由"穆塔瓦利亚"（мутаваллия）管理。捐赠人经常自己担任穆塔瓦利亚，或任命自己的后代担任穆塔瓦利亚。对瓦合甫资产进行总监管的机构由萨德尔领导（即穆斯林宗教领袖）。萨德尔的办事机构从瓦合甫资产中收取特别税，用于维持瓦合甫资产监管机构的运行。只有经过最高执政者的特别准许，瓦合甫财产才可以脱离萨德尔的监管并免去这笔税款。在其他情况下，萨德尔及其官员都会尽量从瓦合甫资产收入中多捞好处，因此总有争斗。一些萨德尔因滥用职权而被罢免。从瓦合甫土地收缴的其他贡赋都要上缴国库，除非最高执政者特许免除贡赋。在帖木儿帝国，尤其是帖木儿本人统治时期，这种特赦政策十分普及。

国有土地是规模最大的土地类型。但国有土地只有一部分地租税上缴国库，因为帖木儿王朝的封赏制度十分完善。15世纪的苏尤尔加尔并不是一种统一的封地形式。与以往一样，15世纪的封赏形式也多种多样，这些封赏在蒙古语中统称为"苏尤尔加尔"（сюю-ргал）。苏尤尔加尔制度最常见的表现形式之一，是王室成员的王族封地。在封赏给他们的大城市和州，他们实际上完全独立。一些达官显贵也会得到几个城或几个州的封赏。事实上，受封的苏尤尔加尔几乎都成为世袭，有时甚至被直接称为"永世的苏尤尔加尔"。但必须强调的是，世袭不是理所当然，不是苏尤尔加尔的必然属性。当这些苏尤尔加尔传给下一代时，中央政府会为其单独办理一个证明文件。还有其他限制，包括要将受封土地的部分收入上缴中央国库；中央政府有时向受封者派出自己的官员，限制他们的行政司法豁免权；有时会完全收回苏尤尔加尔土地或减少其数量等。与此同时，也有相反的情况，即受封的领主实际上变成了独立的君主，甚至中央政府也无力与其争斗。

由此看来，在15世纪，即便是最大的苏尤尔加尔，其内容和形式也多种多样。至于一些较小的苏尤尔加尔，其受封者的权利会受到更多的限制。帖木儿王朝，特别是帖木儿本人统治时，在军事行动中表现突出的将领（甚至不是高级将领）经常可以得到苏尤尔加尔。这些苏尤尔加尔的规模大小不一，大至一个州，小到一个村。有时苏尤尔加尔也会赏赐给宗教人物。总之，"苏尤尔加尔"这个词意味着封赏，甚至是价值较高的礼物。

属于世俗和宗教封建主的私有土地也有很多。文献列出一批拥有大量领地且土地不断增加的人物。霍贾阿赫拉尔的领地就是一个例子。他在中亚各地拥有1300块土地，而且每个地块都不小，是大地片，仅撒马尔罕一个地区的乌什尔税（ушр，税额为收成的1/10）

就达 8 万撒马尔罕曼，即 1600 吨粮食。折算下来 1 曼（ман）等于 20 公斤。也就是说，霍贾阿赫拉尔需要从这片土地收入中上缴的税，即便按最低收成的两成（当时地租基本是收成的三成）计算也有 3200 吨粮食。

有一天，霍贾阿赫拉尔召集他的管家来汇报，发现大部分管家都收缴了三四万巴特曼（батман）的粮食，没有低于 1 万巴特曼的，这还不算果园和瓜田的现金收入。虽然不清楚这里的"巴特曼"是什么重量单位，但如果按照撒马尔罕曼（相当于 20 公斤）计算的话，那么相当于每个管家都收了 200—800 吨粮食。

私有土地需要向国家缴纳地租。但在 15 世纪，世俗和宗教的封建主通常不向中央国库上缴地租的现象十分普遍。这些豁免权有专门的答剌罕[①]证书（Тарханство）为凭。获得答剌罕权利的大封建主还有其他权力，例如他们及后代可以 9 次免罚；他们可以自由觐见国君等。但其他免税形式也称为答剌罕。有时整个市和整个州的居民都有可能暂时获得答剌罕权利。

我们并不清楚 15 世纪全权土地如何形成，只知道确实出现了全权土地。全权土地是指国家不收税的封建私有土地，所有的地租都归封建主所有，其依据不是答剌罕封赏，而是全部地权。后来的史料文献将这类全权土地称为"穆尔克胡尔"或"穆尔克哈里斯"（мильк－и хурр－и халис）。获得和扩大全权土地的主要途径，是依照缴纳的地租的比例，在国家和私有地主之间分割私有土地。例如，如果地租的分割比例是国家得 2/3，地主留 1/3 的话，那么在分割私有土地时，国家将获得该土地的 2/3（成为国有土地），地主获得其余 1/3 土地（成为他的全权土地）。已知有一份 15 世纪末的文件，详细讲述了按照类似方法分割水渠，并且针对成为封建主全权私产的水渠还

---

① 答剌罕系突厥语，又写作答儿罕、达儿罕、达拉罕、达干等。起初是针对免除差役赋税的有功人员的称号，后来地位逐渐提高，用作功臣封号。——译者注

使用了一个十分精确的术语——"穆特拉克"（мутлак），即"全权"的意思。

三　贸易

15世纪经济生活最显著的特点，是手工业和国内货币交易蓬勃发展。公元9—18世纪的古钱币资料显示，正是在15世纪，特别是15世纪最后25年和16世纪前25年，商品货币关系达到鼎盛。也正是在这段时间，无论是商品生产总量，还是日用品的生产比重都大大增加。也正是在这个时期，商品货币关系吸引了城市社会各阶层的加入，也有部分乡村百姓加入（特别是毗邻城市的乡村）。不论是此前还是之后，一直到中亚并入俄国，商品生产、货币交易和各阶层百姓融入商品货币关系的程度都没有达到这个时期的水平。与此直接关联的是手工业越来越专业化，确保了提高劳动生产率和增加商品生产总量。

铜币保证了日用品的货币交易。1428年兀鲁伯进行的货币改革具有重要意义。改革的首要任务是为小型的日用品零售交易创造条件，这首先关系到城市和乡镇百姓的利益。改革的内容如下：1428年开始，禁止之前发行的所有轻铜币流通。这些旧币可以在规定时间里兑换成新的重铜币。新币于1428年在布哈拉城、撒马尔罕、塔什干、沙赫鲁希亚（今乌兹别克斯坦塔什干州的别纳肯特）、安集延和铁尔梅兹等许多城市开始铸造。旧币全换成新币后，布哈拉以外的铸币厂全部关闭，此后的铜币铸造就集中在布哈拉。有很多年（在兀鲁伯死前，甚至在死后）布哈拉发行的钱币完全一样，甚至连日期都不变，所有货币（不论哪年发行）都标注着兀鲁伯开始实行改革的那个年份。改革后的货币保障了帖木儿帝国全境的贸易在相同的基础上进行。用这些货币可以购买中亚任何一个地方的商品。货币外形不变保证了无障碍交易，避免了滥用和改造。这种货币交易组织形式对于封建社会来说十分罕见，也不典型。这次改革非常符合国内贸易发展的客观要求。大量的普通消费品生产要求规范铜币流通，兀鲁伯的改革正好满足了这一点。货币改革的落实和成功，为进一步发展小商品贸易创造了有利条件。

但是，全国的铜币流通在 15 世纪的最后 10 年完全停止。各王室领地的统治者各自铸币，还对这些货币进行各种改造，以获取更多利益。例如，吉萨尔地区的一个大领主霍斯劳沙赫（Xycpay – шах）肆无忌惮地进行铜币交易，最后导致货币流通危机。霍斯劳沙赫被迫于 1501 年实行改革，规定用同样的货币替代形形色色但声誉扫地的钱币，不敢再冒险对它们的铸造和流通作出任何改变。他关闭了所有小城市的铸币厂，此后只剩下吉萨尔、铁尔梅兹、昆都士能够铸造钱币，而且这三个铸币厂的产品互相流通。为方便贸易发行了三种币值的货币：1 第纳尔（那个时期称为铜币）、2 第纳尔和小钱币。

国际贸易在 15 世纪得到大发展。帖木儿及其后人努力发展和扩大与各国的贸易往来。正如上文所述，帖木儿甚至给法国和英国国王写信，请求他们尽量给商人提供保护。那个时期的文献中，关于各国使者的信息非常多。世界各地都有使者来到帖木儿帝国的首都赫拉特。中亚和呼罗珊集市上可以买到各种各样的外国商品。同时，当地的商品也大量销往国外。国际贸易推动了手工产品的发展，扩大了产量，也刺激了国内贸易发展。

四　城市和手工业

15—16 世纪初，商品货币关系的发展强劲，这并不是孤立的现象。它非常鲜明地表明这段时间在中世纪中亚城市生活中所占的地位，见证了这段时间发生的进步。遗憾的是，还没有足够的材料对 15 世纪的城市社会经济关系作出全面研究。但这些零散的事实和观察也能让我们得出结论：作为封建制度中的反封建一环，城市社会经济生活的所有矛盾在 15—16 世纪变得极为尖锐。

一方面，城市中下层人民的活动非常活跃。研究人员发现，类似于蒙古人把工匠变成农奴和奴隶这种剥削形式,在 15 世纪尽管没有完全消失,但已基本失去意义。自由工匠是手工业的主要劳动者,工匠组织的主要形式是手工业行会。别列尼茨基(Беленицкий)公允地指出,15 世纪的行会组织得到加强,作用也增大很多。行会有组织地参加帖木儿及其后人举办的庆典,每家行会都在这些节日里充分地展示自我。这表明行会在城市生活中占有重要地位。

一些关于当时社会思想意识(体现在文学和整个文化生活中)的研究成果提供了更具体、更有说服力的证明材料。博尔德列夫(А. Н. Болдырев)对大量的事实进行研究后指出:"15 世纪下半叶(特别是 15 世纪末到 16 世纪初)的特点是,社会文化生活和社会的创作基础不断扩大。城市中等阶层——工匠和商人、官员和中层神职人员不仅是文化产品的消费者,还是文化价值的创造者。"在当时的诗集中,在瓦西菲(Васифи)的回忆录中,都提到了许多出自工匠、商人和小职员的诗人,只有少数是职业诗人。对于大多数人来说,文学只是爱好,他们把才华和闲暇时间献给文学。诗人、音乐家和幽默大师不仅仅在高官显贵的家中聚会,在小书店、工匠的作坊、广场或集市上也有了文学辩论、诗歌朗诵和即兴诗赛。不仅赫拉特和撒马尔罕是这样,帖木儿帝国的许多其他城市也是这样。

文学也同样反映出城市和城市中产阶级的思想意识。甚至还出现一种专门的"工匠诗歌",其主要内容是描述工匠的日常生活,语言大量使用工匠常用的词汇。城市的思想意识和反封建主义世界观在 15—16 世纪先进文学创作者的作品中也有所反映。

另一方面,15—16 世纪的城市仍然是封建制,对手工业和贸易的封建剥削形式仍占据主导。在这方面,16 世纪的文献对当时的城市社会经济生活已有很好的研究,从 15 世纪的资料看,情况也完全相似,因为这两个世纪具有共同特点。城市的土地所有权种类与农村地区一样。基本的土地要么是国有的,要么属于宗教或世俗的封建主(包括王室成员)。跟农村一样,城市里直接属于生产者的土地很少。

这就意味着，如果城市里的生产者的店铺、作坊或住宅不是建在自己的土地上，而是建在国有的、瓦合甫的或是封建主私有的土地上，那么他们必须以某种形式向土地的主人支付租金。从这个意义上说，市民与农民没有区别。

文献表明，封建主不仅拥有土地，还拥有商铺。手工店铺，甚至居民住宅越来越急剧集中到少数人手里。这意味着，工匠和小商人不仅要租赁土地，还要租赁作坊、店铺、住宅，这也使得他们对封建主越发依赖。城市里的土地所有权与建筑物所有权的多种组合关系，越发加剧了这种依赖。例如，直接生产者可以租用私有土地上的瓦合甫店铺，或者瓦合甫土地上的私有店铺。

其他封建剥削形式也没有完全过时。手工行业的情况各不相同。除了自由工匠，还存在不同程度的"非经济"依赖。帖木儿从其他国家带来的部分工匠实际上就是奴隶。一些关于武器匠依附关系的资料很重要。根据一项法令，有一批工匠被赐给兵器工场的场长，由他负责监督工匠们的工作。国家官员无权干涉兵工场的事务，也不对这些工匠征税。另一种依附形式涉及服务宫廷的工匠。这些工匠都被安排到各个工场，场长由政府委派，负责组织生产和监督质量，但产品不是销往市场，而是直接送到有关政府部门。需要指出的是，那些市场上的自由行业组织的负责人也由政府指定，而不是从工匠中选举产生。

还有一点很重要：城市居民同样需要向国家上缴农村居民应缴的部分税目，例如人头税或烟囱税等。城市居民甚至连徭役地租都不能幸免。另外，贸易活动和手工业也要上税，这种税在 15 世纪继续沿用蒙古人统治时期的叫法，称为"塔姆加"（тамга）[①]。从一些间接材料中可知，塔姆加税率很高，因此封建主反对这项税收，特别是宗

[①] 13 世纪蒙古入侵后，在中世纪东方和古罗斯一些国家出现的国内财政税。所有销售的商品都征税，通常收现金。——译者注

教封建主。他们以该项税收违背伊斯兰教义为由抗税，实际上是因为经济原因：这种税损害了封建主阶级的利益。封建主喜欢用能给他们带来利润的纯封建方式剥削城市、手工业和贸易，不喜欢可能给他们造成损失的剥削方式。

中亚城市一般没有真正的自治，城市由中央政府或大领主委派的官员管理。城市一直是封建赏赐的对象。因此，城市社会经济生活的主要矛盾，尤其是15世纪后25年至16世纪前25年特别尖锐的矛盾在于：一方面，城市在向前发展，手工业劳动生产率在提高，商品产量空前增长，日用消费品的生产比重很大，城市居民和部分农村人口更多地卷入商品货币关系，城市中产阶层活跃，这些都使得文化领域出现了新生事物。另一方面，也存在很多限制城市发展的因素，包括对城市劳动人民的剥削沉重；封建剥削形式占据主导地位；城市和乡村的财富集中到同一批封建主手中；商贸和手工业场所集中到同一批宗教和世俗封建主手中，他们是城市和农村土地的所有者，即从事商业和高利贷的城市上层与土地贵族合二为一（很少例外）；落后的封建城市管理等。

所有这些问题都需要更深入和具体地进行历史研究。与农业关系相比，历史学家对中亚城市及其社会经济问题的研究不太重视。现有的一些针对城市生活个别问题的研究，都是以几年和几十年划分，不够细致。然而中亚城市生活这个问题非常重要，是了解中亚的封建制度特点、其停滞原因和本质的最重要的窗口之一。

第三节　文化

一　建筑和建筑艺术

大量15世纪的宏伟建筑古迹保留至今，但这也只是它的一小部分。帖木儿及后代曾大兴土木。大封建主也效仿他们。两座都城——撒马尔罕和赫拉特的建设尤为活跃。其他城市在 15 世纪也建了许多漂亮的民用和宗教建筑。

在中亚 15 世纪建造的众多宫殿中，只有帖木儿在沙赫里萨布兹建造的帖木儿夏宫"阿克萨莱"（Ак - сарай，白色宫殿的意思）的正门保存下来一小部分。然而同时代人热烈的赞美和详尽的描述，足以让我们领略那些建筑师、装潢匠和园艺家的艺术，以及他们的想象力和创造力。帖木儿及其后人和大臣特别喜欢在郊外建造带有园林的行宫。园子里有纵横交错的林荫小路，有精心挑选的花木，有形形色色的水塘，有鲜花环绕、流水潺潺的沟渠，风景如画。公园深处高耸的宫殿装饰豪华，无所不用其极。

根据文献记载，也可了解民用建筑的情况。这时期的建筑特点就是宏大。如上文提到，帖木儿曾下令将撒马尔罕的一条街道改成了一个设施完善的大集市。虽然这项工程没有彻底完工，但克拉维约（Клавихо）曾非常兴奋地描述了这条街道集市，说集市的房顶上都建有带窗户的穹顶，可以加强采光。沙哈鲁在赫拉特也建造了类似建筑。在两条交叉的街道上一栋挨一栋地建造了两层的贸易大楼，上面都是带窗户的拱顶，用于采光。在两条集市街道的相交处建了一座"恰尔苏"（Чорсу，即带圆顶的建筑），里面也是贸易市场。

保留下来的经学院、清真寺和陵墓让我们对 15 世纪建筑在工程、设计和装饰方面取得的成就有了全面的认识。那一时期的建筑对旧构造的圆顶进行了改进并广泛采用新结构。新结构的实质是圆顶不再靠墙壁支撑，而是靠相交的拱弧和斗拱支撑，这样既可以让圆顶的直径大大缩小，也可以让圆顶覆盖更大的空间。应用这个构造，圆顶不仅能轻松架在方形房屋上，还能架在矩形建筑上。

建筑装饰追求奢华，特别是纪念性建筑的装饰。装饰材料形形色色，十分精美：既吸收以往装饰的特点，又增加了新方法。耗时、昂贵但精美绝伦的拼镶马赛克在 15 世纪被广泛应用。15 世纪马赛克的特点是植物和几何图案精细，色彩搭配优雅（主要是蓝色、白色和天蓝色调），蓝色釉彩极其浓重。画家用无尽的想象力，在釉彩的背景下，细腻而巧妙地勾勒出图案的花边。内部表面装饰使用"昆达里"技术（кундаль）①，即黄金与其他颜色搭配，通常与蓝色搭配。黄金和染料的比例有很多种：有时是背景鎏金，而浅浮雕图案用红色，有时相反。各种效果都非常惊人，难怪专家将这种装饰比作金丝锦缎。大理石也有广泛应用：有的抛光，有的雕画刻字，有的鎏金绘饰。

本书无法穷尽 15 世纪所有的装饰方法。需要强调的是，当时的装饰理念并非一成不变。14 世纪末 15 世纪初，人们热衷于墙壁的整体装饰，后来则广泛使用砖砌风格，然后在上面用釉砖组成简单的花纹和字体。

1399—1404 年撒马尔罕建的比比哈内姆大清真寺（Биби-ханым，系帖木儿的妻子）最能反映出人们追求宏大规模的喜好。宏大的正门通向游廊环绕的宽大庭院，游廊的拱顶由 400 根大理石柱支撑。庭院深处矗立着清真寺的主建筑：正门和高高的圆顶房屋，房屋上面是第二个装饰性圆顶，建在高高的圆柱上。如今这座清真寺留下的东西已经不多，但它富于浪漫气息的遗址，依然使人想起曾经的宏伟和辉煌。

从建筑学角度来看，15 世纪的陵墓形态丰富，趣味盎然。如帖木儿时代修建的沙赫津达陵墓群（Шахи зинда）、鲁哈巴德陵墓（Рухабад）②、沙赫·努尔丁·巴希尔陵墓（Кутби-чахар-духум）、埃米尔古尔陵墓等。这些古迹的规模虽然不大，但装饰富丽堂皇。特

---

① "昆达里"技术（кундаль）是流行于波斯和突厥地区的一种建筑装饰艺术，兴起于 14—15 世纪。昆达里是波斯语，意思是"花的天堂"。这种装饰技术先是用水泥或沙同胶质物混合，涂在图案上（抽象的花卉图案最常见），让图案产生浮雕感，然后上釉或上漆，涂上颜色，形成五彩斑斓的浮雕感装饰。——译者注

② 鲁哈巴德（Ruhobod）陵墓系奉帖木儿之命，于 1380 年为苏菲教主谢赫布尔哈尼丁·萨加尔吉（шейх Бурханеддин Сагарджи）修建的陵墓。萨加尔吉曾奉帖木儿之命出使中国，迎娶元朝公主，最后死于中国。"鲁哈巴德"系突厥语，意思是精神福地、精神天堂。——译者注

别漂亮的是埃米尔古尔陵墓，里面葬着帖木儿本人及其后代。陵墓呈八角形，外形简洁，平整的圆鼓状屋顶，圆顶上贴着蓝色釉砖。内厅有4座很深的壁龛，装饰严谨肃穆。大理石、浅绿色的玛瑙、鎏金、低沉的总体色调增加了一种安宁、静谧、与世隔绝的感觉。

撒马尔罕雷吉斯坦大广场上的经学院是兀鲁伯时期最优秀建筑的代表。矩形的内院四开门，周围一圈都是两层住宅。四角建有方形圆顶房；整个院子的外面四角是四个宣礼塔，主立面有一个宏大的正门。保留到今日，已经没有了当年教室上面的4个圆顶、1个宣礼塔和二楼的房间。即使现在这样，经学院漂亮的整体结构、恰当的比例、豪华多样但非常宁静的装饰让人印象深刻，难以忘怀。

15世纪，复杂且多室的陵墓得到发展。撒马尔罕附近的伊什拉特洪纳陵墓（Ишратхона）是此类陵墓的杰作之一。中央大厅有很深的壁龛，呈十字状布局。两边的其他建筑物对称排列：一边是清真寺，另一边是3个小房间，另外还有一些用于办公的两层小房间。这座建筑出色而灵活地运用了穹顶覆盖这种新结构，充分而熟练地使用了昆达里新装饰技法。内部极尽奢华的装饰与外装修的简朴形成了强烈对比，让人看外观时不会注意细节，而是关注整体布局，从而更好地从整体上把握该建筑。因此，这个宏伟的建筑看起来匀称而轻巧。

撒马尔罕丘班阿塔高地（Чупан-Ата）原来建有兀鲁伯天文台，留存下来的只有一座山丘和一堆建筑垃圾。经过考古学家的努力，已经搞清了地下底层的布局。整个建筑呈圆形，高度超过30米，装饰豪华，有马赛克、饰面瓷砖和大理石砖。此外还从文献中得知，天文台有三层。天文台的主要设备——用于观测日月和其他行星的双六分仪残迹保存了下来。六分仪的起点是在悬崖上开凿的11米深的壕沟，终点位置没保存下来，据推算应在向上30米处。它是两条平行的弧线，相当于周长的1/6，半径超过40米。弧线与子午线方向一致，上面镶着打磨过的大理石板。天体的光束穿过两个小孔，把光点投在六分仪的两条弧线上，弧线上刻有度数和分秒。

15世纪的赫拉特地区的建筑中，最引人注目的是穆萨尔建筑群，由一座清真寺、一座经学院和一处陵墓组成。如今这些建筑群所剩无几。只有几根非常挺拔的三段式宣礼塔和高哈尔沙德（Гауха-ршад）[①]陵墓还在宣示着它曾经的雄壮。高哈尔沙德墓位于经学院一角，是经学院的一部分。

二 宏大场景画与细密画

文献表明，宏大的建筑，特别是帖木儿和其后代居住的宫殿，墙上都装饰了壁画。壁画的内容各不相同，有战争、围城、盛宴、盛大的招待会，也有简单的生活场景。帖木儿很喜欢这种做法，他的宫殿的墙壁就是一部讲述他如何出征和游乐的史诗。

据同时代人证实，在这些情节复杂的建筑壁画中，帖木儿本人、他的子孙、内侍，甚至是王室的皇妃都是必不可少的元素。撒马尔罕的沙赫津达陵墓群保留下来的一些残片可以让我们对这些宏伟的图画有一个大体的认识。那是一些溪流、树木、灌木、花草或飞鹰等动植物背景的风景。

15世纪为人类留下了丰富的手稿。这些手稿从纸张、装帧到雅致的书法和细密画，都是无与伦比的艺术珍品。在帖木儿庞大帝国的许多城市，都有优秀的书法家和画家在创作。这些艺术发展的最主要中心是赫拉特，这里人才济济，其他城市都无法比肩。15世纪上半叶，拜宋豁儿（Гияс ад - Дин Байсонкур ибн Шахрух，1397—1433年）在赫拉特非常出名，他是兀鲁伯的弟弟，是知名的艺术行家、鉴赏家和资助人。正如上文所述，他建立了一个藏书库（Китабхане）。藏书库不仅是座图书馆，还是一个真正的创作室。在这里工作的都是最杰出的艺术家：细密画家、书法家、装帧技师（仅书法家就有40位之多）。除此之外，在赫拉特还有一座宫廷图书馆，即

[①] 高哈尔沙德系帖木儿帝国埃米尔沙哈鲁的妻子，兀鲁伯的母亲。——译者注

沙哈鲁工作室，那里也创作出了绝佳的书法作品和细密画。在 15 世纪下半叶，阿利舍尔·纳沃伊（Алишéр Навои́）和忽辛·拜哈拉也很欣赏这些艺术，他们庇护人才，吸纳他们到宫廷创作。

东方细密画的特点——不论是图书装饰，还是单独成幅——都没有光影，没有立体感，也没有透视和景深。所有画中内容都垂直安置，根据与观众的不同距离，近物在下，远景在上，这样即使远处的物体看上去的比例也不会缩小。这些特点不是细密画的缺陷，而是这种造型艺术的特色。细密画的优势是借助色彩和布局达到图案精细、色彩饱满、情感丰富的效果。

有书面文献列出了许多 15 世纪细密画画家的名字，都是当时最出色的画家。不过，要研究他们的创作却很难，因为大多数画家一般都不在作品上署名。

拜宋豁儿的藏书库修订和重抄了费尔多西的作品《列王纪》。1429—1430 年的这版《列王纪》手稿中，就有多位画家创作的 20 幅细密画。通常认为，这些细密画属于帖木儿时代细密画流派发展早期的最优秀作品。这些细密画的特点是画作精细，色彩艳丽，构图独特，都是"经典"题材。

15 世纪下半叶，赫拉特流派的画家的创作达到鼎盛，其中别赫佐德（Бехзод）最为出名（生于 1450—1460 年，卒于 1536/1537 年）。这个很有天赋的孤儿被当时的杰出画家米拉克·纳卡什（Мирак Наккаш）注意到（对米拉克的研究并不深入，因为只有两幅细密画署他的名）。纳沃伊也关注别赫佐德的成绩，坚定地支持他，为他引荐了当时最杰出的文化名人。同这些人的交流，极大地促进了别赫佐德确立美学观念和不断创作进步。

别赫佐德早期的细密画色彩鲜艳、对比强烈、构图富有动态感、人物多、空间充实。他给波斯历史学家雅兹迪（Йезди）的《帖木儿武功记》配图的细密画便是如此。画家的关注点是战场上的动态和工匠的劳动场面。双方军队在平原上的战斗情形与 1429—1430 年版的《列王纪》中的配图场面完全不同。画中描述的不是势均力敌的两军向对方冲来，而是战斗高潮，画中的每个人物都各不相同，两军的阻截和遭遇是出其不意的、动态的、多样的。细密画还有完全不同的内容，即建设撒马尔罕主麻清真寺。画上全是紧张的劳动，木匠和石匠不停地工作，稍微偷下懒，监工就会用棍子打他们，马车运来沉重的大理石块。画面人物众多，姿势和位置不同，有的疾驰如飞，有的静止不动，但都神情紧张。

别赫佐德15世纪末的创作更多是深思和抒情，他经常画风景画。这些情绪反映在他为阿米尔·库斯洛的长诗《赖丽和麦迪农》（Лейли и Меджнун）所配的细密画中。在别赫佐德的创作中，年少而不幸的爱情主题得到了动人又有诗意的表达。

别赫佐德是著名的肖像画家。他和同时代画家的肖像画特点也体现在他的细密画历史人物上。例如，在一幅关于马其顿亚历山大的细密画上，他加上了忽辛·拜哈拉的面容。有些细密画描写的是宫廷生活场景，里面有忽辛·拜哈拉本人或他的某个内侍官。但别赫佐德最好的肖像画作品是忽辛·拜哈拉和穆罕默德·昔班尼的个人肖像画。

别赫佐德创造了一整套艺术流派。他有很多学生，其中最有名的是与他同时代的——卡西姆·阿里（Касим-Али）。与他们同时代的人都认为，只有经验丰富的绘画行家才能分出两人的画作。可惜的是，两位画家的细密画都未能保存下来。

15世纪末和16世纪初，赫拉特画派坚持的一个原则是很少改变画的构图（与15世纪上半叶相比）。艺术家们认为，他们的细密画体现了现实主义倾向，追求人物个性化甚至是人物心理描写，风景也变得复杂。画家的技术水平已经炉火纯青。15世纪细密画画家精彩绝伦的画作代表了当时东方艺术的最高水平。

三 14—15 世纪末期的科学与文学

赛义德丁·马苏德·伊本·乌马尔·塔夫塔札尼（Саад ад-Дин Масуд ибн Омар Тафтазани，1322—1389 年）是帖木儿时代的著名学者之一。他多次参加帖木儿宫廷的科学讨论会。他的后半生在吉日杜万（Гиждуван）、贾姆（Джам，今乌兹别克斯坦撒马尔罕西南 45 千米的一个村子）、花剌子模、图尔克斯坦（Туркестан）、撒马尔罕、赫拉特和谢拉赫斯等地教书，并写了语法、神学和演说术等许多科学著作。这些著作在他生前就已成为当时的教材。

艾哈迈德·伊本·穆罕默德·伊本—阿拉布沙赫（Ахмад ибн Мухаммад ибн Арабшах，1392—1450 年）是当时著名的历史学家。他生于大马士革，从八岁起就住在撒马尔罕。他的主要著作是一部讲述帖木儿时代的《帖木儿的命运传奇》［Аджаиб аль-макдур фи нав-аиб（фи ахбар）Таймур］，在书中对帖木儿作出在当时看来很大胆的、强烈否定的评述。

尼札姆丁·沙米（Низам ад-Дин Шами）是当时的一位历史学家。在 1404 年撰写了《帖木儿的胜利之书》（Зафар-наме Тимури）。歇里甫丁·阿里·雅兹迪（Шараф ад-Дин Йезди）在 1424—1425 年撰写了专门描述帖木儿时代的作品《帖木儿武功记》。这一时期，杰出的历史学家还有哈菲济·阿卜鲁（Хафизи Абру，卒于 1430 年）、阿卜杜·拉扎克（Абд ар-Раззак Самарканди，1413—1482 年）、迷儿宏德（Мухаммед ибн Хондшах ибн Махмуд 或 Мирхонд，1433—1482 年）；外号为"宏达迷儿"的吉亚斯丁（Гияс ад-Дин Мухаммад 或 Хондемир，1475/1476—1539/1540 年）。

14 世纪的文学也得到了进一步发展。其中最出色的有哈菲兹，他是公认的波斯和塔吉克古典作家。另外还有卡马尔·胡占迪（Камал Худжанди，卒于 1400 年）。他们的作品反映了当时的进步思想。

沙姆斯丁·穆罕默德·哈菲兹·设拉兹（Шамс ад-Дин Мухаммад Хафиз Ширази，卒于1389年）幼年丧父，他母亲无力承担儿子的教育，于是把他送给别人，但哈菲兹很快就离开那里，到作坊去当学徒，同时还在经学院学习了一段时间。后来，哈菲兹一边靠诵读古兰经生活（"哈菲兹"这个名字的字面意思是"会背《古兰经》的人"），一边不断充实自己的知识，很快就作为诗人而出名。

哈菲兹在世时，他的诗便在民间广为流传，后来有一部分被收录进民间传说。哈菲兹的波斯语诗歌在塔吉克斯坦、伊朗和阿富汗至今深受人民喜爱。哈菲兹在波斯—塔吉克文学史上的作用极其重要。他不仅完善了抒情诗体裁，还增添了新内容。在哈菲兹的加扎勒抒情诗中，除了爱情主题，还有对美与哲学的思考，以及对社会不公的抗争。在中世纪条件下，哈菲兹就已为个人的尊严而斗争。出于谨慎，他的很多想法并没有完全表达。哈菲兹不愿接受身边的黑暗现实，喜欢戴上轻薄且浪荡的假面具。但哈菲兹的诗歌主题不是放荡不羁寻开心，不是为了美而美，不是苏菲派的消极神秘主义，而是反抗社会不公、追求美好、相信美好。

作为东西方闻名的抒情诗人，哈菲兹的抒情诗热情洋溢、精神振奋、谴责虚情假意。

下面是哈菲兹的一篇加扎勒抒情诗，充满了勇敢的暗示和讽喻。

穆赫塔西布[①]，不是我玩世不恭：

我不会拒绝美女，
我不能抗拒美酒。
如果看一眼经书，
一定说我是假教徒。

---

① 穆赫塔西布系波斯语，意思是"道德的维护者"。

当微风吹进我的玫瑰花园，
响当当的钱币①，金光闪闪。
但我看不上这种恩赐，
虽然我衣着简陋，面露贫寒。

自己的旧外套赛过苏丹的锦袍，
苍天你还能给我什么珍宝？
即使一贫如洗，我也愿闪烁自己的明亮！
宁愿紧闭双眼，如果让我炫耀神的光芒。

如果爱情是那海底的明珠，
我愿意深深地下潜，下潜。
我的海洋不过是座酒馆。
我怎能游出我的情欢？

当心爱的人激发我热情如火，
天堂的御宴又价值几何？（多么甜蜜呀，我的生活）。
我享有人世不尽的欢乐，
先知的许诺又何必评说？
九天的恩赐遥不可及，
美酒的馨香让人陶醉。
美酒是我终生的信仰。
举起美酒吧，让我们干杯！

哈菲兹在世时被称为"隐秘之语"，意思是他的诗歌充满神秘主

---

① 暗指统治者。

义色彩。他死后，一些宗教人士试图将他的诗歌解释为宗教的神秘性，说他诗歌中的形象需要隐晦地理解，例如"亲爱的"就是上帝的形象。伟大的诗人歌德把哈菲兹的隐喻解读为对宗教伪善和虚假的抗议。他在《西东诗集》中专门为哈菲兹写了一首诗《哈菲兹》（Хафиз - Намерен）。歌德使用"隐喻的热情"来表示人道主义思想。

卡马尔·胡占迪（Камал Худжанди）在苦盏度过童年，在撒马尔罕上学，然后搬到了大不里士，住在当地统治者的宫殿。当金帐汗国脱脱迷失大汗占领大不里士时，卡马尔被俘并被带到金帐汗国的首都萨莱。在那里被关了很久之后才回到大不里士。1400年前后在大不里士去世。

卡马尔·胡占迪是杰出的诗人。他的加扎勒抒情诗以乐感强烈和韵律鲜明而闻名。卡马尔的一些诗歌主题同哈菲兹的诗歌主题相似。下面的一首加扎勒抒情诗不仅表达了诗人的思乡之情，还融合了一组塔吉克民间抒情诗"加里比"（гариби，异乡之歌）：

> 这条熙熙攘攘的大街，
> 却是我荒无人烟的沙漠。
> 无缘无故被困在这里。
> 我是多么失落，思念我亲爱的祖国。
>
> 啊，我的祖国，我的故乡！
> 想念想念你迷途的羔羊。
> 朋友啊，你永远理解不了我的忧伤。
> 因为你从来没有生活在异邦，
>
> 不熟悉旁人的语言……
> 听不懂鸟儿的倾诉……

落下的是异国的雨滴
沾上的是他乡之尘土。

从前不知异乡人的凄苦，
因为我熟悉自家的山谷。
而今我远走他方，
我思乡，我彷徨。

什么时候再见啊？
异乡，异乡，异乡，异乡，异乡……

无论在内容还是在体裁方面，与哈菲兹和卡马尔·胡占迪两人的诗歌作品都十分相近的，是他们的同时代人纳西尔·布哈里（Насир Бухараи，卒于1378年）。

14世纪著名诗人的诗歌主要是抒情诗，以独特的形式反映了人民的抗议情绪。这也是他们的抒情诗歌深受广大人民群众喜爱的原因。

兀鲁伯在位时，科学和文学异常繁荣。上文我们已经介绍了兀鲁伯多方面的创造活动。他召集了当时撒马尔罕的天文学和数学精英。1428年他建成一座大型天文台，装备了最好的设备。这座天文台对天文学的发展起了重要作用。在这座天文台里，第一次确定了一系列恒星的位置。在此基础上，兀鲁伯于1437年创立了具有世界科学价值的星表。值得注意的是，这些星表用塔吉克语编写，后来才被译成阿拉伯语。星表包含了1000多颗肉眼可见的恒星位置和几乎所有穆斯林东方城市的地理坐标。兀鲁伯的星表在很长一段时间内都是东西方研究星体位置的参考资料。星表的意义还在于，它是了解15世纪中期的天文学研究水平的最重要文献。

兀鲁伯也很重视文学和艺术的发展。当时撒马尔罕和赫拉特是东方的文化中心。赫拉特自沙哈鲁执政后越来越重要，15世纪后半叶在忽辛·拜哈拉苏丹统治时期，是重要的文化和科学中心。这里逐渐成为河中地区和伊朗各地科学和艺术人士的聚集地。那个时期，医学、法律、伦理以及文学和艺术都在蓬勃发展。

努尔丁·阿卜杜·拉赫曼·贾米（Нур Ад‑Дин Абд ар‑Рахман Джами，1414—1492年）是这一时期的杰出文学代表、著名诗人兼学者。贾米出生在内沙布尔附近的贾姆村，在赫拉特接受教育，后来在那里继续从事文学和科学研究。他还多次到过撒马尔罕。

从贾米1487年写的自传性盖绥达①诗歌中可以看出，他精通诗学、语法、逻辑、希腊和东方哲学、自然科学、数学和天文学。他的《春天的花园》被认为是15世纪散文的最高典范。贾米在自己的作品中出神入化地分析了所有的艺术体裁，从而对后来的塔吉克文学产生了很大影响。按作品数量来说，他在塔吉克中世纪文学史上占据重要地位。《思维之镜》（Мират ал‑хайал）的作者希尔汉·卢迪（Ширхан Луди）写道："贾米写了99本书，这些书被伊朗、图兰和印度的知识分子认可和赞许。没有人能对其中任何一本书提出异议。"

贾米主要的诗歌作品是《七行星》（即《大熊星座》）。这是按照著名的尼扎米的《五卷诗》体裁收录的七首长诗。贾米的许多作品都充满了人道主义思想，以及对统治贵族独断专行的批评，但同时，他的部分作品又反映了苏菲派的宗教哲学思想，与当时的进步思想相矛盾。

在《七卷诗》中收录的一首长诗《马其顿亚历山大的智慧书》中，贾米发扬了法拉比和尼扎米的思想，描述了一个童话般的理想国，所有的人都平等，没有穷富之分，没有压迫和贫困。

---

① 盖绥达（qaṣīda，Касыда）是阿拉伯传统长诗的形式。遵循同一格律，一韵到底。每首不少于7行或10行（每行为双联句）。作韵脚的词要隔数行才可重复。——译者注

帖木儿帝国时期（古乌兹别克语文学的确立时期）是乌兹别克文学和塔吉克文学相互影响不断加深的时期。乌兹别克文学天才阿利舍尔·纳沃伊便生活在这个时代。

米尔·阿利舍尔·纳沃伊（Мир Алишер Навои，1441—1501年）出身于书香门第。他的家人中有诗人、音乐家和书法家。他从童年起便对诗歌感兴趣，15 岁就能用波斯语和古乌兹别克语写诗，因此声名鹊起。

1469 年帖木儿帝国的忽辛·拜哈拉登基后，纳沃伊成为一名国家官员，获得了埃米尔封号，并担任要职（维齐尔）。他几乎一生都在赫拉特度过。

纳沃伊成为天才诗人，主要得益于伟大诗人贾米。与贾米的交好令他受益匪浅。他自认为是贾米的学生。别尔捷利斯（Е. Э. Бертельс）写道："纳沃伊和贾米相遇后，的确开出了友谊之花。他们的友谊一直延续到贾米去世。当然，这种友谊的根源不仅在于两位杰出诗人的个性，还在于他们对文学的目标和任务有相同的看法。"

1483—1485 年，纳沃伊创作了《五诗集》（Хамса），即五首长诗的合集。这种诗集的概念来自 12 世纪的伟大诗人尼扎米的《五卷诗》，包括贾米在内的许多诗人都模仿尼扎米的创作方法。诗集里有很多内容都是揭露统治阶级对人民实施的暴力和压迫，以及统治阶级对利益财富的贪婪和追求。

1493 年贾米去世，纳沃伊和其好友一整年都在守丧。为了纪念好友，纳沃伊写了《正直者的不安》（Пятерица смятенных），并将贾米的一个作品翻译为古乌兹别克语。纳沃伊与贾米的友谊是乌兹别克斯坦和塔吉克斯坦两个民族友谊的鲜明象征，源远流长。

纳沃伊晚年时（1501 年去世）写了《鸟语》和训导内容的《心之所钟》，涉及社会生活的方方面面，他还有许多其他作品。

阿利舍尔·纳沃伊既是中世纪东方最伟大的诗人之一，同时也是最出色的学者、思想家、音乐家和画家，还是政治家。苏联的史学家科罗格雷（Х. Г. Короглы）评价道："纳沃伊是伟人。他因多方面的才华被列入世界天才之列。他的创作已成为全人类的宝藏。其创作对突厥语文学的发展尤为重要。16 世纪著名阿塞拜疆诗人富祖里（Фузули）、土库曼诗人安达里布（Андалиб）、马赫图姆库里（Махтумкули）、莫拉涅佩兹（МоллаНепес）等，都深受纳沃伊作品的鼓舞并模仿纳沃伊的写法。纳沃伊在土耳其诗人中也极负盛名。纳沃伊对乌兹别克文学的贡献在于使其为全世界所知。纳沃伊用自己的作品为乌兹别克斯坦人民创造了用母语发展自己文化的机会。纳沃伊的才能表现在，他的作品历经几个世纪已深入人心，直到现在还在鼓舞着人们。"

14—15 世纪，文艺学也获得了长足发展，出现很多有关韵脚、韵律、贯顶诗和诗谜的作品。贾米创作了《小诗谜》《大诗谜》《论韵脚》；卡马尔丁·侯赛因（Камал‐ад‐Дин Хусейни）创作了《论诗谜》和《论韵律》。1486 年，与贾米和纳沃伊交往甚密的忽辛·拜哈拉的一位内侍官道拉特沙赫·撒马尔罕迪（Даулат‐Шах Самарканди）编写了著名的诗选《诗人传记》（Тазкират аш‐шоара），其中包括上百位诗人的传记。

赫拉特文学流派意义重大。需要特别强调的是，从那时起，塔吉克斯坦和乌兹别克斯坦文学创作往来就越发密切。

从 13 世纪 50 年代起，尽管经历着难以承受的压迫，但在保留下来的文化基础上，文学仍然掀起了新高潮，各种体裁丰富多样，这是古典诗歌第一阶段（公元 9—11 世纪）的主要特征，同时也促进了第二阶段（11—13 世纪初）的反抗主义和人道主义流派的进一步发展。13—15 世纪（即蒙古人入侵后）古典诗歌发展进入第三阶段，传统的回潮增加了对抽象的文艺作品的需求（例如奥菲和道拉特沙赫的传记、故事集等）。颂词在辞藻华丽的历史散文中大有用武之地，通常用来歌颂帖木儿及其后代，也用在复兴的盖绥达（Касыда）体裁诗歌中。诗歌竞赛这种创作方法获得了新生，即用诗歌来问答。

例如阿米尔·库斯洛·杰赫列维（Хуcpay Дехлеви）的《五诗集》、贾米的《七诗集》、纳沃伊的《五诗集》（古乌兹别克语）。在苏菲派长诗中出现了苏菲诗歌，它形式上（词汇和意象）是苏菲派，但内容却各不相同。

哈菲兹（Хафиз）和卡马尔（Камал）的加扎勒体诗歌中成就非凡。贾米是结束这一时代的诗人。他发展了所有的诗歌体裁，总结了所有的文学经验，提出了"完美之人"的艺术概念。与此同时，在15世纪的诗歌中出现了模仿元素，因为更加注重形式而损害了内容。

美术的发展也对与其有关联的其他艺术领域形成影响。15世纪中期，音乐和舞蹈尤其流行。这一阶段不仅出现了音乐演奏家，还出现了出色的作曲家。严肃的音乐理论著作大批涌现。贾米的《音乐论》被认为是研究15世纪音乐的最重要资料之一。

14—15世纪涌现了一大批伦理学著作。贾拉尔丁·达瓦尼（Джалал ад－Дин Давани，1426—1502年）于1467年著有《贾拉尔论伦理学》。1494年侯赛因·卡什菲（Хусейн Кашифи，卒于1504年）编写了探讨教育和伦理的书《善人穆赫辛论伦理》，献给穆赫辛王子。他重新修改了著名的《卡利拉和季姆纳》（Калила и Димна）一书，修改后的书名为《寿星之光》（Анвари Сохайли）。

14—15世纪，历史编纂学同样取得了显著成就。哈菲兹·阿布鲁（Hafiz－i Abru，卒于1430年）出版了著名的史学著作《历史精编》（Зубдат ат－таварих，即《沙哈鲁遣使中国记》），历史叙事记载到1427年。之后的大事由阿卜杜·拉扎克·撒马尔罕迪（Абд ар－Раззак Самарканди，卒于1482年）续写，书名叫《两颗幸运星升起的地方和两海相连的地方》（Матла ас－саадайн ва маджма ал－бахрайн），记载了阿布·赛义德从出生到执政帖木儿帝国的整个时期（即1304—1470年）发生的全部历史事件。

穆因丁·穆罕默德（Муин ад－Дин Мухаммад Исфизари，约1446/1447—1498年）于1493—1494年创作了《赫拉特的天堂花

园》。书中描述了赫拉特城，以及苏丹忽辛·拜哈拉时期的周边区域。

《洁净园》是帖木儿帝国时期最重要的历史著作。作者穆罕默德·伊本·汉德萨赫（Мухаммад Ибн Хандшах）是巴尔赫人，以"迷儿宏德"（Мирхонд）的名字闻名。他是赫拉特文化生活的积极参与者之一。《洁净园》由七部分构成，描述了伊斯兰各国的历史，尤其是伊朗和中亚历史，特别详尽地描写了直到苏丹忽辛·拜哈拉统治末期的帖木儿帝国的情况。书的最后一部分（即第七部分）未写完，由作者的孙子吉亚兹丁·宏达迷儿（Гияс ад-Дин Хондемир）完成。

需要再次强调的是，14—15世纪的文化成就不能成为美化忽辛·拜哈拉统治时期的帖木儿帝国的依据。正如上文所说，那个时候忽辛·拜哈拉及他的官员们正惨无人道地压榨劳动人民。赫拉特的建筑工程是劳动人民的沉重负担。当时的许多作家都谴责这种暴力和掠夺行为。

第十五章　昔班尼时期（16世纪）的塔吉克人民生活

第一节　政治

一　征服帖木儿帝国，昔班尼王朝的内政

在14世纪和15世纪之交，由穆罕默德·昔班尼领导的游牧乌兹别克人征服了河中地区，后来又征服了整个帖木儿帝国。新王朝（国家）的名称来自其创建者的名字"昔班尼"。昔班尼是成吉思汗的后裔，他的祖父阿布勒海尔汗（АбулХайр-хан）在15世纪上半叶联合各个突厥语部落氏族，建立了一个相当强大的游牧国家，在从锡尔河下游到西伯利亚的广阔草原上游牧。由阿布勒海尔汗建立的国家缺乏内在的经济联系，主要靠武力控制，因此并不稳固，在他去世后便瓦解。昔班尼试图重建其祖父基业，却遭失败，在与同样谋求草原霸主地位或追求完全独立的其他成吉思汗后裔的争斗中，也未取得关键性胜利，偶尔的胜利会带来一些收益，但未能获得重大的政治优势。在这场斗争中，昔班尼多次得到帖木儿帝国的保护。在一次军事失败之后，他在布哈拉住了两年。据史料记载，他在那儿勤奋学习。

当时，帖木儿帝国在北方的最大敌人是定都在塔什干的蒙古人。蒙古人不止一次侵扰河中地区中部，抢夺牲畜，抢劫百姓。帖木儿帝国试图利用昔班尼汗来对抗蒙古人，但昔班尼并非良友，是典型的墙

头草，为了追求自己的利益，他一会儿站在帖木儿一方，一会儿站在蒙古人一方，对双方领地都进行掠夺性袭击。最终，昔班尼牢牢占领了讹答剌（Отрар）、塞拉姆（Сайрам）和亚瑟（Ясы）等要塞城市，召集来他的亲戚，扩充队伍，与蒙古人结盟，并在1499年开始征服河中地区。他首先围攻帖木儿的中亚都城撒马尔罕。布哈拉长官率军赶往撒马尔罕时，昔班尼便停止包围，转而迎战布哈拉援军。击败布哈拉军队后，昔班尼开始进攻空虚的布哈拉。不到三天时间，布哈拉的贵族和宗教人士就把这座城市拱手交出。

即使在面临真正危险的关键时刻，撒马尔罕的贵族和帖木儿的王子们仍深陷阴谋和敌对之中。一些人支持帖木儿帝国中亚分支的首领苏丹阿里（Султан-Али），另一些人则将阿里的亲戚巴布尔招到撒马尔罕，并承诺将城市交给他。当昔班尼包围撒马尔罕时，撒马尔罕的内部纷争变得更加激烈。一些非常有影响力的宗教人士不断煽动失败情绪。苏丹阿里确实有理由怀疑有人背叛，于是决定带领着几个随从先于所有人前往昔班尼汗的大帐。得知这一消息后，撒马尔罕的贵族们便带着无数的礼物请求昔班尼汗帮助。于是，撒马尔罕在1500年不战而落到昔班尼手中。

但是，最初的快速成功并没有持续多久。部分布哈拉和撒马尔罕的贵族赞成恢复帖木儿政权。尽管昔班尼揭露了最初的阴谋并严惩了罪人甚至只是嫌疑人，但他的对手还是占据上风。现在，昔班尼的主要竞争对手是年轻的帖木儿王子、未来印度莫卧儿帝国的创始人巴布尔。昔班尼的大帐位于撒马尔罕附近。城市贵族暗中与巴布尔通信，为他打开首都城门并宣布他为新首领。很快，在其他一些城市和要塞，帖木儿的拥护者也取得了优势。然而，在1501年4月泽拉夫尚河岸的一场战役中，巴布尔被击败并被困在撒马尔罕。他本人在回忆录中特别详尽地描述了昔班尼对撒马尔罕长达数月的包围。从巴布尔的回忆录中可知，普通市民和工匠在保卫家乡的战斗中发挥了积极作用，他们勇敢出击，多次挫败昔班尼汗的进攻。巴布尔天真地认为市民在保护他的利益，但市民们保护的并不是巴布尔王朝的利益。撒马尔罕人有着惨痛的教训：贵族的背叛和阴谋让整个城市今天被这个攻下，明天被那个拿下，而百姓则被抢劫、屠杀、食不果腹。只不过在这个时期，百姓的利益与巴布尔的利益紧密地联系在一起罢了。

然而撒马尔罕没能坚持下去，因为市民没有武器，市内爆发严重的饥荒。"尽管作物到了成熟的季节，却无法收获新粮。围困在持续，很多人被饿死，以至于穷人和饥不择食的人开始吃狗肉和驴肉。马没有饲料，人们就用树叶喂马。"巴布尔向周边邻国求助，都是徒劳。他非常直白地指责其他帖木儿后人不顾帝国的共同利益："我们指望着几个邻国的帮助和支持，但他们各有自己的打算。"特别让他吃惊的是帖木儿帝国的呼罗珊首领忽辛·拜哈拉目光如此短浅，不仅没帮他，还与昔班尼暗中勾结。撒马尔罕的市民、士兵甚至巴布尔身边的人纷纷逃出爆发饥荒的城市，最终巴布尔本人也跑掉。1501 年，撒马尔罕再次落入昔班尼手中。

昔班尼在布哈拉附近的卡拉库里（Каракуль，今乌兹别克斯坦布哈拉州卡拉库里区）遭遇顽强抵抗。1501 年春，卡拉库里爆发了起义。这次起义具有明显的阶级特征。一位人民代表被推举为城市领导，很可能也是起义军头领，其姓名不详，在当时的文献中，他被轻蔑地称为"乞丐"和"傻瓜"。

昔班尼亲率大军攻打卡拉库里。城市被攻陷后，起义首领被杀。昔班尼军队撤走后，市民再次起义，但这次是封建主发出的倡议，他们决定利用起义为帖木儿帝国谋利。他们向相邻的帖木儿统治者求助，昔班尼不得不再次派大军到卡拉库里。战斗很残酷，城市虽然贫穷，但市民靠勇敢和坚忍创造了一些奇迹。最终昔班尼攻下城市，在市内展开真正的大血战。

昔班尼花了一段时间巩固后方后，着手攻占帖木儿帝国的南方领地。这次他同样占尽天时地利，因为各地的统治者不能也不愿意联合，他们相互不信任，相互算计，互搞阴谋，直至背叛，这都为昔班尼的进攻创造了条件。昔班尼巧妙地利用这种形势，拉拢一些人，恐吓另一些人，允许士兵随意抢劫、侵袭百姓，以便暴露帖木儿帝国的虚弱无能，增长他们的失败情绪。

霍斯劳沙赫（Хусрау－шах）是以吉萨尔（Хисар）为中心的大地区统治者。他曾经非常强大、专横、富足，连帖木儿的王子们都曾寻求他的庇护和帮助。但此时，他却如此看不清局势，帖木儿家族多次找他帮忙，可他害怕受牵连，采取事不关己的态度，不与帖木儿家族联合或者给予他们帮助，一听到昔班尼的大军进攻吉萨尔的消息，就吓得兔子似的跑掉。塔吉克斯坦南部以及阿富汗北部和乌兹别克斯坦南部的部分地区，之前都是他的领地，却被昔班尼不费吹灰之力占领。后来，1505年花剌子模也被占领。

帖木儿帝国现在只剩下赫拉特——帝国的另一个首都。在此危急时刻，苏丹忽辛·拜哈拉率主力部队出发，但他年事已高、体弱多病，死在行军路上。大臣们开始内讧，结果忽辛·拜哈拉的两个儿子被同时推上王位，他们背后是最有权势的两个贵族集团。巴布尔在回忆录中写道："太荒唐了，从来没听说过两个皇帝同时执政。"

当帖木儿帝国开始调兵遣将集结军队时，他们吵吵嚷嚷无法达成一致，而昔班尼突然将巴尔赫洗劫一空，之后又以迅雷不及掩耳之势来到赫拉特城下，在距城市不远的地方击溃了毫无准备的帖木儿军队。

许多达官显贵直接逃离战场，市民们则逃出城，两个国王也逃跑，一个向西，一个向东。宗教上层人士和达官显贵们商讨后，决定向昔班尼递交投降书。令人奇怪的是，起草投降书的是著名的历史学家、大型编年史《传记之友》（Habib al－Siyar）的作者宏达迷儿。只有一些市民试图抵抗，他们主动出击，击退了大约300名在赫拉特城郊抢劫的乌兹别克人。

与此同时，昔班尼的代表团抵达，他们宣布了交出赫拉特的条件，包括：平民和工匠们支付巨额赔偿金、贵族缴纳贡税、没收旧王朝及其贵族的全部财产。

之后，昔班尼又迅速占领了其他城市和地区，直到阿斯特拉巴德（Астрабад，今伊朗戈尔甘）。帖木儿帝国的所有大城市，即撒马尔罕、布哈拉、梅尔夫、谢拉赫斯、巴尔赫、赫拉特、马什哈德、内沙布尔、图斯、尼姆鲁兹、阿斯特拉巴德等地，都以新王的名义铸造银币。昔班尼认为此举政治意义巨大，这相当于一种登基诏书。

昔班尼深知，要想征服帖木儿帝国，掌控如此庞大的领土，光靠军事胜利远远不够。他一边无情地杀戮和追捕帖木儿帝国家族成员，一边又拉拢有影响力的世俗和宗教封建主。与武器相比，这种策略带给他的好处和成果要大得多。不仅昔班尼自己，连他的亲信们也都明白，这仅仅是权力变更而已，现存的生活规则并没有改变。在这方面，作为昔班尼征服赫拉特的见证人，诗人和回忆录作者瓦西菲（Вас-ифи）记述道：有一位乌兹别克埃米尔把自己和同伴扮成农民，然后告诉农民们说，这只是一些地主变成了另一些地主，新地主想赶快恢复经济，因为土地和农民现在都归新主人所有，同时"关心"农民也是新主人的义务。

征服帖木儿帝国之后，昔班尼的所有内政都服务于乌兹别克游牧贵族构成的统治阶级和封建阶级的利益。甚至最积极的对外政策也都反映了统治阶级的利益。

昔班尼本人、他的亲信、各部落的权贵，甚至身边的护卫等人，都从没收帖木儿家族、忠于帖木儿家族的世俗或宗教封建主，以及被怀疑图谋反对昔班尼的人的财产中大发横财。昔班尼将整个国家分成若干领地，交给自己的亲信和部落贵族埃米尔管理。这种赏赐的经济好处在于：领地的全部或部分收入不再上缴给昔班尼汗的中央国库，而是留在地区或城市的领主手中。这些占领者们很快就意识到，依靠掠夺和积累而来的财富不应该躺在那儿成为死资金，于是他们开始购买土地、城市建筑和手工作坊。他们很快就明白，在各种环境形势变化中，购买来的财产才是最稳定的财产。所以，他们常常将武力抢来的财产扮作购买来的。有趣的是，武力抢来的土地有时还是得还回去。

昔班尼和乌兹别克贵族用没收和购买的方法迅速获得了大量土地、城市建筑、作坊和其他可以盈利的设施。有一个事例就足以说明问题：早在16世纪20年代，昔班尼汗的儿媳就向经学院捐赠40家商铺、1家购物集市、8座水磨坊、1家造纸作坊、仓库、几座庭院、约150块地、6个全部或部分的村庄。

因此，昔班尼王朝和乌兹别克游牧贵族都成了最大的封建主，城市手工业和贸易也与他们有利害关系。他们的经济利益与中亚世袭的世俗和宗教封建主的利益无异，这些世袭的世俗和宗教封建主在昔班尼王朝保留了之前积累下来的世袭土地与城市财富。

为了扩大自己的阶级基础，拉拢被他征服地区的统治阶级，昔班尼1507年下令改革货币。手工业、贸易和货币流通是国家和各地领主的最主要收入之一。帖木儿帝国的最后几位君主肆无忌惮地利用这些条件，使得货币流通不但不能给贸易带来利益，还阻碍其正常发展，进而影响手工业。这不仅损害工匠和小商人的利益，也不利于整个统治阶级的利益。因为在中亚的封建社会里，封建主同时也是商人，不仅在农村和城市拥有土地，还有各种贸易和手工作坊。他们参与城市内的贸易，也是地区和国际贸易的主角。

昔班尼的货币改革使得全国货币平等流通，不再发生变化。这次改革规定了铜币与银币的重量、规格、种类，以及它们之间的换算关系。这些钱币在任何城市、任何地区都具有同等效力，封建领主不得阻止其平等流通，也不得为牟取私利而降低或提高其兑换比率。

与帖木儿帝国最后几位君主的财政活动相比，这次货币改革自然获得了强烈的政治反响，新统治者的措施深得人心。难怪赫拉特（帖木儿帝国的第二首都）刚一沦陷，就立刻颁布实施改革法令。与昔班尼实施的其他旨在恢复被军事行动破坏的生活的举措一样，1507

年的改革其实是向各地统治阶级成员表明，他们是这次王朝更替中的赢家，不是输家，昔班尼汗理解并保护他们的利益。

二 昔班尼王朝与巴布尔王朝的争斗

昔班尼王朝的庞大国土上多年没有军事行动，这无疑有利于经济生活的正常化。但1510年，国家的东北部和西南部几乎同时遭到严重破坏。不久前被昔班尼汗打败的草原哈萨克人与蒙古人联合，在锡尔河畔痛击昔班尼的部队，与此同时，波斯沙赫易斯玛仪一世（Исмаил I）则由西向东逼近赫拉特，连夺数座城市。

易斯玛仪一世出生于伊朗阿尔达比勒（Ардебиль）的一个苏菲派家庭。在这个家族的沙赫中，萨菲丁·伊斯哈克（Сефи ад-Дин Исхах）因品德高尚而闻名，因此他的后代和整个苦行僧团都被称为"萨菲维耶"（Сефевийе）。后来他们登上政治舞台，建立的政权在历史上被称为萨菲王朝①。15世纪，萨菲王朝的主要支柱是居住在伊朗—阿塞拜疆境内的突厥游牧部落。阿塞拜疆语称他们为"克兹勒巴什"（кызылбаш）人，即"红发人"，因为游牧战士头戴缠头布，布上有12道红紫色条纹，用来纪念12位什叶派伊马目。萨菲王朝无论在宗教领域还是在政治领域，都听从萨菲沙赫。在15世纪的最后30年，萨菲王朝的沙赫们首先劫掠非伊斯兰国家，然后又与一些穆斯林统治者交战。只有易斯玛仪一世取得了显著胜利：他征服了大不里士后，将它作为首都，又在1501年接受"沙罕沙赫"（shāhanshāh, Шахи-ншах）②的封号。短时间内，以易斯玛仪一世为首的克兹勒巴什人利用各地统治者之间的内战，征服了整个伊朗

---

① 萨菲王朝（Safavi, Сефевиды），也有翻译成萨法维帝国、沙法维帝国、萨菲帝国、波斯第三帝国，中国明朝称之为"巴喇西""波刺斯"。是从1501年至1736年统治伊朗的王朝。这个王朝将伊斯兰什叶派正式定为伊朗国教，统一了伊朗各个省份，由此重振古代波斯帝国的遗产，是伊朗从中世纪向现代过渡的中间时期。——译者注

② "沙罕沙赫"（shāhanshāh, Шахиншах）是波斯皇帝的封号，意思是谢赫中的谢赫、王中之王。——译者注

西部。

昔班尼王朝和萨菲王朝这两个国家原来互为邻国，但两国征战不休，政治斗争也被赋予宗教色彩，即昔班尼汗在自己的领地内打压什叶派，而易斯玛仪一世和克兹勒巴什人则是好战的什叶派。

昔班尼率领部队撤退到梅尔夫，派遣使者到亲属的领地寻求援助。易斯玛仪一世将梅尔夫包围，后又取消包围，假装撤离。昔班尼身为经验丰富的指挥官犯下一个不可饶恕的错误——轻敌。在没有增援的情况下，他带领军队追击易斯玛仪撤退的军队，被反包围，部队被打得落花流水，自己也阵亡。易斯玛仪一世用昔班尼的头骨镶金，制成酒杯。

易斯玛仪一世不仅在武力上对抗昔班尼，在外交上也对其打压。他想方设法鼓励帖木儿的后人为自己祖辈和父辈的领地而战。当昔班尼王朝有影响力的家族成员在讨论王位继承问题，无论如何也难以达成一致时，帖木儿后代占领了费尔干纳，而之前定居在喀布尔的巴布尔迅速经过昆都士赶至吉萨尔，在跨越瓦赫什河的石桥（Пули Сангин，今塔吉克斯坦努列克水电站附近）打了一仗，巴布尔最终取得决定性胜利。

轻而易举就取得的胜利让巴布尔变得粗心大意。据史料记载，他和他的随行人员，甚至是普通的士兵都沉迷于吃喝玩乐，这浪费了大量钱财。显然，巴布尔为了弄到钱什么事都做得出来。一个明显的例子就是他对自己的处境没有清醒的认识，例如他的铸币诡计。因为他违反了昔班尼汗定下的货币流通规矩，让所有与商品贸易有关的社会阶层遭受了损失。巴布尔的军队数量过于庞大，吃光了百姓，但他鉴于此前的痛苦教训不敢裁军。易斯玛仪一世派来援助巴布尔的克兹勒巴什部队又引起百姓的极大不满。百姓们开始不喜欢巴布尔的什叶派特点，也不喜欢他展示他的什叶派倾向。

布哈拉和撒马尔罕各阶层曾经热烈欢迎巴布尔的到来，庆贺他取得的胜利。但没过半年，巴布尔就失去了广泛支持，只能依赖他的杂牌军。但这支部队坑了他。1512年春天，昔班尼的侄子、年轻且富有朝气的奥贝都拉苏丹（Убейдаллах - султан）因无法说服昔班尼家族的其他成员重新夺占河中地区，于是亲自带领一小股部队逼近布哈拉。出乎当时人们的意料，他以少胜多，取得了打败巴布尔军队的决定性胜利。

巴布尔逃到吉萨尔。同年秋天，他最后一次尝试夺回河中地区。这次得到了庞大的萨菲军队的帮助。萨菲军队如此庞大，以至于仅仅从河中地区经过，都可能造成自然灾害一样寸草不生的后果。因此在交战初期，进行了几次大型歼灭战，特别是卡尔希（Карши）战役，但在吉日杜万（Гиждуван），昔班尼王朝的军队彻底歼灭了萨菲军队。

对卡尔希人民的残酷镇压，甚至连萨菲王朝自己的历史学家都愤慨和反对。后来又传出谣言，说萨菲军队将要对撒马尔罕屠城。所有这一切都让当地百姓团结在昔班尼王朝周围，提升了对昔班尼王朝的好感，并引发了对抗巴布尔政权的新一轮浪潮。

三 16世纪上半叶的中亚

很快，昔班尼王朝就夺回了中亚所有地区：塔什干、费尔干纳、吉萨尔等。但是中亚也被彻底摧毁。萨菲人的侵略、蒙古人的劫掠，这一切都对中亚的百姓生活和经济活动产生了灾难性影响。1512—1513年的冬天多雪寒冷，在这种情况下，灾难接踵而至。食品价格暴涨，一些地区出现了可怕的饥荒。有关史料记载了吉萨尔和撒马尔罕地区的严重灾情。

蒙古人将吉萨尔洗劫一空，掠夺了居民的所有粮食和家畜，人民开始闹饥荒，死了很多人。显然，撒马尔罕和该地区的局势并没有好转。当时居住在撒马尔罕的诗人和回忆录作者瓦西菲（Васифи）形象地描述了1512—1513年又冷又饿的冬天。"这一年，撒马尔罕的奇高物价和饥饿让人无法忍受。百姓看到天上圆圆的月亮和太阳都会当成面包，饥饿的穷人晚上做梦都在拾麦穗。"瓦西菲写了一本精彩的控诉诗《饥饿》，书中深切地同情人民的苦难和不幸，并愤慨地描述了富人的贪婪和残酷无情。关于富人有这样的话：

如果有人向另一人要些小麦，他的牙齿会被拳头打碎。

他把昔班尼王朝比喻成乌鸦，贪婪冷漠：

噢，风啊！当你吹过草原，
代我向乌鸦问候并赠送礼物，
然后告诉它：
"为什么贪婪地将面包烤干？
因为面包在发霉！
幸运的鸟啊，
把你的面包分给穷人一些吧！"

中亚其他地区的情况也不比撒马尔罕好多少，也都曾经是战场和内乱的舞台，也都经历多次政权更迭，城市被包围，被胆怯的统治者多次抛弃。

货币金融的状况刺激物价飙升。为了创收，巴布尔曾大幅修改货币制度，昔班尼王朝则继续沿用，因此未能消除巴布尔滥用职权的不良后果。银币从贸易中消失，几乎只有铜币在市场上流通。但铜币的购买力急剧下降，使用铜币的物价持续上涨，商人越来越不愿意收铜币。

在描述当时的经济状况时，有必要考虑到以下事实：来到中亚的游牧乌兹别克部落占据了最好的牧场，排挤当地的牧民，有时也包括定居者。有一种观点认为，16世纪的种植面积总体上有所减少。

昔班尼王朝有个规矩，即国家君主由本族的长者出任。因此，在将所有王位竞争者都彻底驱逐出中亚后，1512年成为昔班尼王朝汗王的不是昔班尼家族中最有影响力的奥贝都拉，而是既没威望也没实权，只会行善和祈祷的库奇昆奇（Кучкунчи-хан，Kuchkunji），之后是库奇昆奇的儿子，再之后才是奥贝都拉（Убейдаллах）。

早在昔班尼统治时期，汗国就被分为多个领地。所有领地最终牢牢地掌控在王室成员手中。大的领主在内政上是独立的，领地成为世袭品，只有在发生内讧的情况下，一些城市和地区才会易主。当时最大的领地有布哈拉、撒马尔罕、塔什干、巴尔赫、吉萨尔等。这些领地的领主在不同时期都当过汗王，但撒马尔罕的领主（16世纪上半叶）担任汗王的时候居多。从1560年开始，布哈拉最终被确定为昔班尼汗国的首都。

昔班尼王朝的前七八十年是典型的领地制，汗王是其中一个领主，拥有汗或可汗（хакан）的封号，但影响力和势力并不一定最强大。他只有表面上的皇家特权，包括荣誉头衔、呼图白（星期五做祷告时宣读他的名字），以及以他的名义铸币。这些规则直到16世纪40年代还在遵守，但后来，其他领主也开始以自己的名义铸币，不仅在事实上，连形式上也成为完全独立的国王。

昔班尼王朝在前三个汗王统治时期（库奇昆奇、库奇昆奇的儿子阿布·赛义德、奥贝杜拉），国内局势相对稳定，具有恢复经济的条件。汗王与各领主还采取了一些积极措施，努力恢复与封建主利益息息相关的经济领域，这也是他们自己的利益。在这方面，库奇昆奇汗在位时期进行的货币改革就很有代表性。如上所述，由于巴布尔和昔班尼的战争和诡计对经济造成巨大破坏，货币领域出现严重危机，不仅对贸易产生不利影响，也损害了封建主利益，最终导致昔班尼王朝的贸易和货币收入减少。改革时机已经成熟，但在封建割据和封建主高度自治的条件下进行改革异常困难。结果，库奇昆奇汗在首都撒马尔罕、奥贝都拉汗在领地布哈拉开始实行独立的货币政策。用了十多年时间才在全国范围内理顺货币流通体系。

远征呼罗珊是这一时期昔班尼王朝的重大行动。远征的倡导者是奥贝都拉汗。他同昔班尼王朝的很多人一样，认为应当复兴自己的国家，使本国领土恢复到王朝奠基人昔班尼时期的规模。除此之外，昔班尼王朝的人认为，他们是帖木儿帝国的合法继承人。

在此次远征中，昔班尼王朝试图占领大城市，第一个目标是赫拉特。实际上，他们曾三次夺得赫拉特，但每次坚守的时间都非常短。1532年，昔班尼王朝包围了赫拉特，尽管没攻打下来，但占领了直到阿斯特拉巴德沿线的所有大城市。最后一次远征（1535—1537年）由奥贝都拉汗率领。经过5个月的围攻，奥贝都拉汗攻下了赫拉特，并占领了长达一年时间。为了巩固这次胜利，他决定与萨菲君主进行决战。但昔班尼王朝的苏丹们再次上演之前的戏码，宁愿撤回到自己的领地也不想打仗。即使是像奥贝都拉这样有威望的汗王（他当时是国家首脑），当时也不能做到独立决策。

尽管所有参与远征的人都发了财，但昔班尼王朝远征呼罗珊的目的不仅仅是掠夺，这次远征客观上阻止了王朝的进一步内讧。尽管王朝各地领主们是独立的和独断的，但王朝在这一时期没有发生血腥内斗。当然，军队多次出征呼罗珊需要粮草和武器，这是中亚百姓的额外负担，但与后来相比，这一时期的局势总体上比较平稳，经济也正常发展。

四 封建内讧，阿卜杜拉二世和"整顿封地"

从16世纪40年代开始，封建内讧和战争成为家常便饭。拥有大块封地的统治者们相互开战，小领主也依附于他们：一是为了保护自己的领地；二是为了获得新的领地。我们没有必要去详细描述这些无休止的内战和苏丹们的拉帮结派，只讲下面这一件事。

昔班尼王朝的苏丹们在王位继承问题上经常不能达成一致，作为王朝最高统治者的汗王也只是普通的领主之一，也参加封建战争。有时，一些苏丹不仅不承认汗王，与他和他的拥护者作战，甚至还自行授予自己至高无上的权力，不仅在呼图白上宣读自己的名字，还以自己的名义铸币。曾经发生过不同派系都宣布自己为汗王的事情，这样国内就出现了类似多权并立的情况。

有一件事与吉萨尔的统治者帖木儿·艾哈迈德（Тимур – Ахмад）的名字有关。上文说过吉萨尔是昔班尼王朝最大的封地之一。当时昔班尼王朝的汗王是塔什干领主纳乌鲁兹·艾哈迈德汗（又称为巴拉克汗，Наурyз – Ахмад – хан 或 Барак – хан）。当时王朝内斗激烈，但汗王所起的作用不是调停，而是煽风点火。这种情况下，各封地的苏丹们分成两个派系：一派是以汗王为首的塔什干领主家族，另一派则以年轻的阿卜杜拉苏丹（Абдаллах）为首。经过多次战斗和围城，汗王纳乌鲁兹·艾哈迈德击败了阿卜杜拉，甚至夺取了他父亲的领地，即位于布哈拉和撒马尔罕之间的米安卡利（Мианкаль），该领地的中心是克尔米涅（Кермине）。

据史料记载，纳乌鲁兹·艾哈迈德汗死后，来自巴尔赫的领主皮尔·穆罕默德（Пир – Мухамад – хан）继位为王，他是阿卜杜拉苏丹的叔叔。古钱币学资料对这一时期的政治形势做了提示。原来，之前形成的两大敌对派分别宣布了自己的可汗：塔什干派推举家族成员、吉萨尔的领主帖木儿·艾哈迈德为汗王，并以他的名义铸币；阿卜杜拉苏丹派也推举自己家族成员，也就是阿卜杜拉的叔叔皮尔·穆罕默德为汗王。最后阿卜杜拉苏丹派占了上风。

这是阿卜杜拉苏丹的第一次大的政治胜利，之后还有一系列军事和政治胜利。阿卜杜拉首先夺回了自己的家乡米安卡利，随后将纳乌鲁兹·艾哈迈德汗的儿子们逐出撒马尔罕。1557 年，阿卜杜拉占领了布哈拉，然后利用巴尔赫的内讧（皮尔·穆罕默德汗的儿子在父亲不在巴尔赫期间占领了这座城市），把自己的父亲从克尔米涅请到布哈拉，并于 1560 年宣布自己的父亲为汗王。尽管阿卜杜拉的叔叔皮尔·穆罕默德汗此时还活着，并原本打算回到巴尔赫，在那儿当汗王一直到死，但皮尔·穆罕默德的年龄太大，加上对家族内部的纷争感到十分沮丧，所以根本不想夺回被阿卜杜拉非法夺去的王位。阿卜杜拉的父亲徒有虚名，真正的汗王实际上是阿卜杜拉，他唯一的政治对手是塔什干家族。

阿卜杜拉此时已掌握昔班尼王朝的最高权力，再也不受控制。他凭借惊人的能力、决心，以及冷酷无情，继续整顿封地。他于1573年拿下巴尔赫，1574年得到吉萨尔，1578年攻取撒马尔罕，最终在1582年占领了塔什干。1583年父亲去世后，阿卜杜拉自立为王（史称阿卜杜拉二世）。因为他不是家族的长者，此举算是违反了昔班尼王朝的权力规矩。不过，阿卜杜拉二世现在于名于实都是昔班尼王朝的汗王，是昔班尼家族中唯一一位勇于整顿封地独立活动的汗王，并取得了胜利，在一定程度上建立了一个中央集权国家。

但阿卜杜拉汗二世想要的更多：他想收回当年昔班尼王朝的所有封地，这是王朝创始人昔班尼打下来的江山。与前几任汗王遭到失败不同，阿卜杜拉二世在很大程度上实现了这一目标。成功的原因之一，是他将权力都集中在自己手中，始终保持理性，不受其他王室成员左右。

阿卜杜拉汗二世于1584年征服了巴达赫尚，于1588年征服了赫拉特，之后又征服了呼罗珊的许多城市。征服花剌子模花费了更多的时间和精力，经过三次远征后，才于1595年在那里或多或少巩固了统治。

终止内战和权力集中为经济生活正常化提供了良好的条件。阿卜杜拉汗二世显然是一位杰出的政治家。在民间传说中，灌溉工程、修建道路、萨尔多巴水库、桥梁、商队和集市等无数的设施都与他的名字有关。这些传说中的很多内容都是真实的。史料文献中还提到他下令修建或修复的一些灌溉工程，例如用来防洪的努拉金大坝（Нуратинская）、绍拉纳运河（Саурана）、库什卡河（Кушка）附近的水库、吉日杜万附近的泽拉夫尚河大桥（该工程还有利于提高水位，让水到达支流）。

阿卜杜拉二世特别关注国内外贸易问题。这一点从他改善路况和商队贸易条件就能看出。这一点还表现在他改革货币，以及货币改革的目的和客观效果。

中亚地区近50年持续不断的封建战争对贸易和货币流通造成了不利影响。在货币领域，自治和独立的各领地领主为获得最大利益，试图推行自己单独的货币政策，从而破坏了全国统一的货币流通规则。当时，王朝出现金属银短缺问题。国内没有大型银矿开发，需要从国外进口。在这种条件下，各地领主肆无忌惮地剥削，加上银币在铸造和流通环节的问题，使得贸易中的货币数量不断减少。银币消失主要有两个原因：一是被存起来等待"良时"；二是被运到国外牟利。在白银普遍短缺的情况下，部分银币流失导致银与铜的市场比值发生变化，银币的市场价格和官方价格的差距急剧拉大。

货币流通危机异常严重，需要中央干预，这也是阿卜杜拉汗二世货币改革的初衷。关于这次货币改革，史料文献中基本没有记载，只是在哈菲兹·塔内什（Хафиз-и Таныш）的《阿卜杜拉传记》一书中有些简单提及，说阿卜杜拉汗二世非常关注此事，要求铸币厂在铸造金币时不要添加非贵重金属，以免影响金币。事实上，阿卜杜拉汗二世确实组织了高成色金币的铸造，不过，他货币改革的主要内容是银币的铸造和流通。改革的前提条件是中央集权。在中央集权条件下，各地的铸币厂被关闭，由布哈拉发行的统一规格的货币在全国同等流通，不再有"领地壁垒"。银币的市场价格和官方价格逐渐回归一致，白银"消失"问题迎刃而解。此次货币改革让贸易活动和国库获得双赢，铸币收入从此成为阿卜杜拉汗二世国库的主要来源。

第二节　社会经济关系

一　土地所有制与土地使用

16世纪，土地所有权和以前一样分为五类。昔班尼汗的占领也没有改变这个结构，但出现了一些新现象和新趋势。尽管国有土地依然占主导地位，但国有土地已经不是分封土地（即有一定前提条件的土地所有制）的唯一来源。新现象指的是国有土地的重新分配。16世纪，国有土地的封赏对象主要是新的封建集团，即大量的王室成员，以及随昔班尼而来的乌兹别克游牧部落的上层贵族。

昔班尼王朝有封地制度。这种封地制度的经济基础，是封地领主有权收取自己领地（被分封的国有土地）的全部或部分土地收益。在16世纪，这种庞大的领地封赏制度有一个专门术语叫"苏尤尔加尔"（суюргал）。此外，封地领主还享有多种豁免权，包括有权自主支配赏赐给他的租税。由此出现一种情况，即封地领主将自己的部分领地再分给更小的世俗和宗教封建主或军人，形成了阶梯式的土地封赏等级制度。这种情况在16世纪的法律文献中有具体记载。

16世纪，这些来自中央政权或封地领主的更小的封赏有时用术语"苏尤尔加尔"表示，有时则用其他术语，例如因军功而获得的封赏经常用术语"坦霍"（танхо）和"伊克塔"（икта）表示。

土地所有制的另一种类型是封建私有制（穆尔克，мильки），即土地的收益部分归国家，部分归领主所有。私有土地的规模也很大，并出现三种表象：第一，昔班尼王朝的王室成员和乌兹别克游牧部落上层贵族竭尽全力获取私有土地。最初，大量的私有土地是征战者通过没收帖木儿王室、贵族、官员（没来得及投靠昔班尼王朝的人），以及宗教人士（少数情况）的土地而获得，后来（据16世纪的法律文献记载）则主要通过在农村和城市大量购买私有土地而获得。第二，法律文件证实，"分解"私有土地的行为也很活跃，即国家和封建主之间按照土地收益分配比重来分割土地。例如，如果一块私有土地之前的地租收益分配方案是国家拿走2/3，封建主留下1/3的话，那么在分割这块私有土地时，2/3变成国家所有，余下的1/3归封建主所有（真正的个人私有）。这样一分割，私有土地不断减少。私有土地减少的另外一个原因，是16世纪有很多私有土地变成瓦合甫财产。第三，根据16世纪和后来的史料记载，国家经常将私有土地作为封建封赏对象。

这个时期，国家越来越多地利用私有土地收益作为封赏来源，即国家将私有土地上缴的租税收入用作封赏。这种赏赐与国家对私有土地的"免税"不是一回事，后者是国家免除私有土地主（私有土地的所有者）的地租，以便地主可以将所有的土地收益留给自己。当国家利用私有土地收益（属于国家的那部分份额）赏赐时，可以不赏给该私有土地的地主，而是给其他人。在这种情况下，一个人可能得到部分土地收益（基于所有权），另一个人可能得到另一部分土地收益（基于赏赐）。

16世纪，全权私有的土地（мильк-и хурр-и халис，即所有土地收益归地主本人所有）占比虽然不大，但也在增加。16世纪的法律文件记录了全权私有土地数量增加的两种方法：一是通过上文所说的国家与封建主之间的土地分割；二是封建主从国家购买国有土地。有趣的是，通过购买国有土地将之变为私有土地的办法，也是依照上文所述的土地分割方式进行。

16世纪，瓦合甫土地规模增加，一方面来自私有土地，另一方面来源于全权私有土地。16世纪建设了大量慈善机构（清真寺、麻札、经学院、哈纳卡）即是例证。慈善机构都由瓦合甫财产保障，其中土地占很大一部分。从16世纪的大量瓦合甫文件可知，除基本来源以外，还有各类人群为瓦合甫的建造和修葺源源不断地捐款。

国家有时从瓦合甫土地中收取一部分租税，有时不收。这方面，16世纪与之前并没有什么不同。值得注意的是另一件事。众所周知，瓦合甫的土地不属于任何个人所有，神圣不可侵犯。但从瓦合甫文书中也能看到一些隐隐约约的焦虑，因为大封建主们想要将瓦合甫土地的收入和财产据为己有。撒马尔罕的昔班尼汗经学院的一份瓦合甫文件很有说服力。在一位女捐赠人的捐赠条件中有如下要求："不得将瓦合甫财产转租给想占有这些财产的任何人，不得租给暴君、敌对的人、可怕的人、苏丹等。""这些瓦合甫财产无论如何不能租给官员、支付租金困难或无法支付租金的人。"

瓦合甫土地和其他财物通常由"穆塔瓦利亚"（мутаваллия）支配，瓦合甫文书由捐赠人的一位后代保存。瓦合甫财产是宗教人士无情剥削劳动阶层的一种手段，即使不是唯一的手段，也是非常重要的敛财方式。

瓦合甫土地的最大支配者和瓦合甫文书的持有者，是中亚最有影响力的两个苏菲教团——"库布拉维"教团和"纳克什班迪"教团的沙赫和教长。苏菲沙赫将大量财富集中在自己手中，其中最著名的沙赫是朱巴利（Джуйбари）。

阿卜杜拉二世的同时代人朱巴利（Ходжа Ислам Джуйбари）拥有马群、羊群、骆驼群和耕地。朱巴利喜欢狩猎，养了很多狗，维持着庞大的猎鹰团队。想见他的信徒常常抱怨说"教长与猎鸟和猎犬的交谈比与人的交谈还要多"。300多名奴隶为他收拾庭院，还设有一个专门管理财务的办公室。朱巴利也经商，他的商队曾到达莫斯科。所有这些加冕的和未加冕的、世俗的或宗教的统治者，以及无所不能的"圣人"和他们的家奴，都在无情地压榨人民。

法律文件中有时还会提到一类土地，即直接生产者所拥有的小块私有土地。此类私有土地的数量不详。但从间接观察可知，此类土地在16世纪及以后不断减少。农民把自己的私有土地卖给了富裕的封建主。显然，这不是出自农民的自愿，而是因为强迫或经济窘迫，主要是抵押和高利贷。

与其他直接生产者相比，这些拥有小块私有土地的农民处于相对有利的地位。因为从形式上说，他们向国家支付的地租低于其他农民向国家和封建主缴纳的地租。但是，由于土地面积小和家庭人口增长，不可避免地导致这些农民与封建主或放高利贷者签署债契。

无地或租地的农民处境最差。同之前一样，16世纪的封建主不经营大规模的庄园经济，主要的经济类型是农民耕作。因此，所有类型的土地都租给了农民。租地农民的境遇也各不相同。16世纪的法律文件表明，瓦合甫土地或国家土地经常先被封建主租赁，然后再由封建主转租给农民，农民成了转租人，租赁土地的条件也变得更加苛刻，因为作为租赁人的封建主要从农民那里获得比普通租赁多得多的租金。除此之外，土地的租赁期不长，也让租地农民和转租农户处于不利地位。例如瓦合甫文书经常约定，土地的租赁期不得超过3年。

16世纪的中亚还存在村社土地所有制和很多村社残留。从经济角度看，村社农民与佃户的经济地位差别不大。但毋庸置疑，村社农民有一个优势，可以无限期地使用村社土地，即享有"永久"租赁权。那种认为村社农民只能依靠国有土地的观点是错误的，村社土地可以流通买卖，可以变成私有土地，也可以成为瓦合甫财产，只不过村社农民不会因此丧失自己的"永久"租赁权。重要的是，买卖村社土地时，只能将其作为一个整体而不能将其分割成几部分交易。从本质上看，买卖的其实不是土地本身，而是从村社农民收取租赁收益的权利。即使村社土地被多人同时所有，那么在这些共同所有人之间分割的不是土地本身，而是他们获取的土地租赁收益。

尽管没有足够的史料来评判，昔班尼王朝的剥削形式与15世纪相比是否发生了变化，但有证据表明，16世纪的合法的地租税率约占耕地收成的30%（有时达到40%），而且是实物征收。此外，还有许多其他的税，有时收现金，有时收实物，税率未知。具体税率可能基本上取决于中央和地方行政机构的意愿。果园和葡萄园的地租通常以现金收取。另外，和以前一样，存在着劳役赋税。

各种史料记载的事实最能直接体现农民的困难处境。显然，农民们不堪重负，舍弃土地而逃离自己的家园的现象非常严重，迫使政府采取积极措施，努力把农民拴在土地上。在这方面，费尔干纳的相关记录特别有趣，记载的是逃亡农民如何返乡的内容。

在中亚城市，同样存在着与农村地区相同类型的土地所有制。从当时的法律文件来看，由于中小土地所有者已经破产，王室成员不断从世俗和宗教界的大封建主手中购买土地，这种现象在城市和农村都很普遍。城市中还同时存在着另一种现象，即手工业作坊、店铺和住宅不断向封建主手中集中。手工业者不仅成了土地的租户，也是自己工作和生活场所的租户，这增加了对城市直接生产者的剥削程度。此外，城市也有典型的城市税。对此英国使者安东尼·詹金森（Anthony Jenkinson）写道："布哈拉国王要收商品价值 1/10 的税，不论出售商品的是手工业者还是商人，从而导致国民陷入贫困。"城市赋税负担大大增加的原因，除固定税外，还有城市统治者随意向市民征收额外的直接税，并且广泛使用间接税。

二 手工业、国内贸易与货币流通

史料文献对 16 世纪中亚手工艺品生产状况的评价截然相反。一些人认为，在昔班尼汗征服后，手工业逐渐走向衰落，另一些人则看到手工业进一步繁荣的特征。这两种观点各有偏颇。

16 世纪，手工业和国内货币交易发生了明显变化和进步，但这与商品的生产技术发展关系不大。与 15 世纪一样，16 世纪的手工业的专业化程度也不高。有关介绍 16 世纪手工业专业化情况的史料比 15 世纪的史料多得多，因为得以保存下来的大量法律文件，例如买卖协议、瓦合甫文书等，里面提到各种商铺和作坊。每种成品或半成品都由独立的手工业者制造。当时手工业的劳动生产率处于封建社会的最高水平。

16 世纪的产品质量并未发生实质性变化。例如，虽然说当时昂贵的陶瓷的质量或某些类型的实用手工艺品的质量有所下降，但撒马尔罕的纸张和中亚许多工艺品的名气依然不减当年，仍在出口。因此，就手工业生产技术水平和产品质量而言，16 世纪并没有发生重大变化，只能说手工业完全处于传承的状态。

与 15 世纪下半叶相比，16 世纪的手工业生产还是有些新变化：无论是小型零售贸易，还是大宗商品贸易，商品生产和货币交易额都有所减少。这种下降趋势并非一下子冒出来，而是在 16 世纪二三十年代出现，到中叶变得明显。虽然国家不断采取措施，为货币交易创造更好的条件（例如昔班尼汗、库奇昆奇汗和阿卜杜拉二世的改革），无疑有助于减缓这种下降趋势，但不能完全消除。关于商品生产和货币交易量在 16 世纪逐渐减少、在 17—18 世纪快速减少的原因，始终引发学者的极大兴趣，但历史学家们至今未能研究透这个问题。

关于影响 16 世纪手工业和货币交易发展的因素，外贸变化在此起了一定作用。许多世纪以来，一条连接东西方的过境贸易商路贯穿中亚，但在 16 世纪的地理大发现之后，这条陆上路线失去了意义。中亚被孤立于商品的主要流通通道之外，这不可能不影响其手工业生产和贸易，导致整个手工业产量减少：一方面影响生产国际贸易产品的人，另一方面影响服务于来往商队的人。当然，这些损失在一定程度上被 16 世纪加强的中亚与俄罗斯的贸易关系所弥补。不过，尽管中亚出口到俄罗斯的商品种类越来越多，但也只能是刺激中亚的一小部分手工业。

非常重要的一点是，昔班尼王朝的封地制度对货币铸造发行和流通的影响很大，这也是造成 16 世纪货币状况的原因之一。15 世纪末和 16 世纪前几十年，货币特权被毫无节制地滥用。各地不断更换的统治者总是想方设法通过铸币获取更多利益。这一时期，铜币的发行和流通尤其不受约束，因为铜币是小型零售业的主要交易货币。与铜币有利害关系的既有手工业者（因为他们生产的不是奢侈品，而是普通民众日常需要的商品），也有市民和农民（购买生产必需品）。对于大宗贸易而言，与其有利害关系的是统治阶级的各个阶层，也会经常面临一些困难局面，从而对手工业间接造成不利影响。

16 世纪的前 25 年进行了两次货币改革，目的是为货币交易创造更有利的条件，这也说明，之前的货币交易条件并不好。有意思的是，在封地领主的横加干涉下，第二次货币改革未能立即实施，而是政府先用 15 年时间消除危机，理顺全国范围内的货币流通。后来，各地封地领主还是为货币在全国范围内平等流通设置了各种障碍。

库奇昆奇汗（Кучкунч-хан）1525 年完成货币改革后，形势逐渐稳定下来。大封地领主的铸币（例如银币）收入分为两部分：一是来自银币的面值，二是来自兑换差额。银币的兑换差额是指，当时同等重量和成色的银币分为旧币和新币两种，按购买力算，10 个旧币等于 9 个新币。国家凭借强制权力，会每隔一段时间就宣布用新币取代旧币。这就等于说，旧币所有者会损失 10% 的财富，而国库会增加 10% 的收入。这种无节制地使用货币特权对贸易产生了不利影响。安东尼·詹金森（Дженкинсон）1558—1559 年到过布哈拉，他的记载非常有说服力："为了从中获利，国王每月都会肆意提高或降低白银价格，有时甚至每月变动两次。他从不因压迫人民而难过，因为他也不指望自己能执政超过两三年。他知道自己将来要么被杀，要么被废除。但他的这种做法是在毁掉商人和整个国家。"

另外，随着封建割据越发严重，各封地领主也为货币在全国范围内的流通设置越来越多的障碍。为了增加收入，他们阻止外地的货币在本地流通。

不出所料，在 16 世纪中后期，中亚又经历了一场更为严重的货币流通危机。引发这第三次危机的主要原因是当时的国内总体形势，以及这种形势对经济造成的直接影响。多次出征和讨伐呼罗珊，让昔班尼王朝的统治者和军队发了财，但为出征所做的准备，却让民众付出了沉重代价。同时，几乎半个世纪的封建内讧也使百姓民不聊生。昔班尼王朝的各地苏丹们打仗，以及城市和领地的多次易手，通常都会伴随农作物被毁坏、城市被劫掠、税收增加。因此，当时的国内环境不能为手工业生产，以及贸易增加甚至持久稳定提供有利条件。

16 世纪末，阿卜杜拉二世结束内乱并采取一系列改善贸易环境的措施后，情况发生了变化，国内形势变得稳定下来。但稳定期太短，以至于来不及消除之前对手工业和贸易造成的损害。阿卜杜拉汗二世在位时因国家局势稳定而产生的正面效果，很快就被后来的事态发展抵消。

总体上可以认为，16世纪有七八十年是手工业和国内贸易规模逐渐减少的时期，但布哈拉的城市面积却在16世纪不断扩大，部分郊区也并入市区。这两个现象其实并不矛盾。布哈拉确实在16世纪新建了很多宏伟的商贸建筑和商队客栈等，因为该城从16世纪下半叶起已经成为昔班尼王朝的首都，更为重要的是，布哈拉是中亚的贸易中心，是外国商人的聚集地，也是外国商品的中转站。因此，布哈拉不能作为中亚贸易的典型代表，也不能因为布哈拉的贸易繁荣而认为整个中亚的手工业在发展扩大。

三　对外贸易与外交关系

与俄罗斯的经济和外交关系得到巩固发展，是16世纪中亚历史发展进程中的最重要现象。这种现象在16世纪下半叶变得更加明显，在中亚有俄国使者，在莫斯科的中亚使者也是常客。当时的使者也是商人，他们的商队里不仅有送给沙皇和可汗的礼物，还有用于贸易的商品。可汗和沙皇之间的贸易是免税的，因此昔班尼王朝的君主和各地领主都很乐意向莫斯科公国派出商队。但从加强经济联系的角度看，私人贸易量的增加更重要。尽管来到阿斯特拉罕的私人商队需要缴纳关税，但贸易量并没有减少。中亚商品在俄国非常多，俄国也非常需要中亚的商品，这一点在一些术语和地名上也有所体现。例如，在莫斯科公国很流行的重量单位是"布哈拉安瑟里"（Ансырь）。在喀山汗国，中亚商人被称为"塔吉克人"，喀山市中心有一块地叫"塔吉克沟"。另一条商路——西伯利亚方向也发展起来。这里对中亚商品的需求量更大。因此，16世纪的莫斯科公国没有对该地区的贸易征收任何关税。

莫斯科公国对中亚的各种棉布和丝绸面料需求量巨大，中亚则从莫斯科进口生皮、木制餐具、毛制品和许多其他产品。印度、中国和波斯商人也在布哈拉购买俄罗斯商品。

16 世纪，昔班尼王朝和印度莫卧儿帝国的贸易、外交以及文化交往非常紧密，与伊朗萨菲王朝的贸易往来已大大减少。除一般原因（贸易路线的改变）以外，伊朗的什叶派与中亚的逊尼派之间的宗教分歧也是众所周知的原因。还有一个原因是昔班尼王朝和萨菲王朝之间的政治矛盾激化，因为昔班尼王朝的苏丹们经常征讨呼罗珊，试图占领呼罗珊地区富有的城市，如赫拉特、马什哈德（Мешхед）、埃斯法拉延（Исфераин）等。安东尼·詹金森 1558—1559 年在布哈拉时，对贸易问题很感兴趣，记载了中亚与印度和伊朗的贸易："印度人运来白色的薄布，鞑靼人用它包头，还有各种白色织物，用于缝制棉布衣服。但他们既不运来金银，也不运来宝石和香料。我弄清了这个问题，这种贸易走海路，因为出产这些物品的地方都处于葡萄牙人的统治下。印度人从布哈拉运走丝绸、生皮、奴隶和马匹，但对粗毛织物和其他呢子不感兴趣。我曾建议那些来自印度最偏远地区，甚至来自孟加拉和恒河地区的商人用他们的商品换中亚的粗毛织物，但他们连呢子都不想换。波斯人运来的是织物、棉布、麻布、各色丝绸、良马等，从中亚运走生皮和其他俄罗斯商品，还有各地的奴隶，但他们不买面料，因为他们往这儿运面料。"

其他史料补充记载了运到印度的商品还有梨和苹果、葡萄干和杏仁、花剌子模的甜瓜、俄罗斯皮毛和猎鸟等，从印度运到中亚的商品还有锦缎、颜料、茶、珍珠等。值得注意的是，16 世纪下半叶有一种特殊商品从中亚流向印度——昔班尼银币。有趣的是，莫卧儿皇帝阿克巴大帝（Акба́р Вели́кий，1556—1605 年在位）居然允许昔班尼银币在本国流通，还在钱币上刻下带有"阿克巴"名字的小印章。

昔班尼王朝与莫卧儿帝国之间的外交关系也发展顺利。昔班尼王朝将巴布尔最终赶出中亚后，巴布尔征服了印度大部分地区，昔班尼王朝又努力与他改善关系。在库奇昆奇汗（Кучкунч - хан）统治后期，还向巴布尔派去使团。有趣的是，这些使者不仅有国家首脑，即库奇昆奇本人，还有来自昔班尼王朝的一些苏丹。巴布尔热情接待了使者，临走时还赠送了一些珍贵的礼物。例如向库奇昆奇汗的使者赠送7万枚银币、一把珍贵的匕首和一顶织满黄金的帽子。昔班尼王朝那些年猛烈攻击波斯的呼罗珊，因此向巴布尔派出使团不仅是对他表示承认，也为保护自己的后方。

昔班尼王朝的阿卜杜拉汗二世和印度莫卧儿帝国的阿克巴两位卓越君王间的外交关系也发展得很顺利。两国互派使者，相互通信，互赠礼品。在昔班尼王朝征服巴达赫尚，以及阿克巴军队在阿富汗取得辉煌胜利后，阿卜杜拉汗二世认为使团的意义重大，赋予使团双重任务：一是阻止莫卧儿军队继续推进；二是向阿克巴说明，昔班尼王朝不觊觎他的领地。阿克巴回派的使团也深受重视并受到热情接待。

第三节　乌兹别克族的起源问题

关于乌兹别克的民族起源问题，最早由苏联史学界提出。在革命前的俄国以及其他国家的文献中，普遍存在着一种观点，认为乌兹别克的民族历史应该从15—16世纪开始。当时中亚出现一个征服者部落，名为"乌兹别克人"。亚库博夫斯基（А. Ю. Якубовский）提出了"作为征服者的乌兹别克人被河中当地的突厥人同化"这个几乎全新的见解。他认为："游牧的乌兹别克人在现在的乌兹别克斯坦这个地方（即使不是全境，至少也是大部分）遇到了人口稠密的突厥语居民（即突厥人和已经突厥化的人）。这些突厥语居民长期在此过着文明生活，他们是与远古时期就生活在这里的更古老的土著相互融合而形成的群体。游牧的乌兹别克人只是最后一个融入这个突厥语群体的部落，并把整个群体改成自己的名字。"

加富罗夫也对这一复杂且重要的问题发表了见解。他在《塔吉克民族史》中写道："……自16世纪以来，很多突厥语部落不断来到中亚。"此过程伴随这些部落与中亚古老土著的融合。在中亚人民抗击外来侵略者的过程中，突厥人与粟特人常常联合行动。贫穷的突厥游牧人连续几个世纪向定居和农耕过渡。突厥各部落与粟特人、巴克特里亚人、花剌子模人，以及与塞人—马萨格泰（сако - массагеты）部落后裔的融合不断加强，在这个过程中，突厥语也逐渐成为新群体的主要语言。乌兹别克族就是在此基础上形成。他们也像中亚其他民族一样，继承和吸收了古代原住民的文化遗产。这个融合过程在11世纪发展最快，人员分布在中亚从北到南越来越广，尤其体现在建立了喀喇汗王朝，发展了城市文化。土库曼族和中亚的其他突厥语民族也是在11世纪加速形成。正是在这一时期，"突厥—塔吉克"（тюрк - у - таджик）一词开始流行，说的就是中亚的两个主要民族。

如上所述，早在萨曼王朝时期，中亚地区就已经有大量操突厥语的人。史料记载，当时在费尔干纳、花剌子模、恰奇、吐火罗斯坦和其他定居农业区，都有大量操突厥语的人。不过，在萨曼王朝的中亚城市和定居农业地区，塔吉克人占绝大多数。这种局面在喀喇汗王朝发生了变化。由于操突厥语的游牧部落定居下来，也由于当地塔吉克人的突厥化，使得操突厥语的人口在中亚急剧增加。在统治阶级中，突厥部落贵族与土著封建贵族相互勾结，共同剥削劳动群众。同时，在共同反抗这种剥削的斗争中，同为下层的塔吉克劳动人民与操突厥语的劳动人民，特别是乌兹别克人和塔吉克人的友谊纽带越来越紧密。在随后几个世纪的所有人民起义中，在英勇抗击异族侵略的斗争中，我们都能看到中亚所有民族的先辈们并肩作战，特别是相邻的塔吉克人和乌兹别克人。

在强调这些民族对文化宝库的各自独特贡献时，也需总结他们之间的相互联系和相互影响。我们认为：乌兹别克人、塔吉克人以及中亚其他民族，都是中亚古代历史与文化的继承者，古老的伊朗语部落和民族在乌兹别克族的形成过程中作用显著，这也是这一民族形成过程在16世纪的基本背景。这个观点在1950年出版的《乌兹别克民族史》的序言中（作者是亚库博夫斯基）有所体现，在1967年版的《乌兹别克苏维埃社会主义共和国史》中得到了明确阐述。根据这个观点，乌兹别克族既是16—20世纪中亚历史的平等参与者，也是更久远时间的平等参与者。

一些研究成果让我们得以弄清这个观点所涉及的某些具体问题，前提是，不将语言作为划分民族史界限的唯一指标。

我们在前文已经提到了伊朗人和突厥人相互交往的最初阶段。突厥语之所以渗透到中亚地区，这与亚洲东北部和中部的游牧部落大规模迁徙有关。这个迁徙进程开始于公元纪年前后，之后时强时弱地持续了几个世纪。在侵袭和迁移过程中，这些迁徙部落的一部分（包括突厥语部落）留在了中亚。1世纪下半叶，突厥汗国击败嚈哒人，夺取了中亚河中地区的政权后，中亚地区的操突厥语人口大幅增长。从此，操突厥语的部落在中亚（尤其是北部和东北部，然后是南部地区）的民族和语言演化过程中发挥了越来越重要的作用。伯恩斯坦姆（Алекса́ндр Ната́нович Бернштáм）认为这一进程的起点在费尔干纳，时间是公元7世纪。达维多维奇（Е. А. Давидовичи）、利特文斯基（Б. А. Литвинский）认为时间要早一些（公元6—7世纪）。据唐朝慧超的公元726/727年资料记载，胡塔梁地区有突厥人。在中亚的东部（特别是七河流域）和中国新疆地区，早就有众多粟特人定居，但粟特语逐渐被突厥语所取代。

10—12世纪，操突厥语的人口大量增加。突厥人在萨曼王朝的行政机构和军队中占有重要地位。出现了突厥人的国家（例如加兹尼王朝）。10世纪末11世纪初，中亚发生了突厥人入侵和迁移浪潮，包括突厥塞尔柱人、土库曼人、乌古斯人、伊列克汗国等。伊列克汗国在历史文献中常被称为喀喇汗国，在击败萨曼王朝后，建立了一个庞大的国家，领土涵盖河中地区、七河流域和中国新疆，在中亚历史上发挥了重要作用。喀喇汗国内有回鹘、葛逻禄、炽俟（чигили）、样磨（ягма）、阿尔根（аргу）、突骑施（тюргеши）等诸多部落，其中葛逻禄部落和回鹘部落居主导地位。

语言学家认为，喀喇汗国的突厥人使用的是葛逻禄—回鹘语。这种语言具有一系列的语音、形态、词汇和语法特征。玉素甫的《福乐智慧》和喀什噶里的《突厥语大辞典》对此都有描述。喀喇汗王朝时期，操突厥语的部落同当地的粟特人（以及当时仍在操伊朗东部语言的人），还有操塔吉克语的人都保持着密切联系。因此，在喀什噶里生活的11世纪，七河流域的居民，特别是巴拉萨衮地区（今吉尔吉斯斯坦托克马克附近）的居民都"接受了突厥人的衣饰和习俗"，他们既说粟特语，也说突厥语，没有只说粟特语的人，塔拉兹和伊斯菲贾布的居民也是这样。由此可见，11世纪下半叶，七河流域的粟特人都会双语，并逐渐被突厥人同化。

现在也有类似的例子。在乌兹别克斯坦南部有一个叫作"哈尔度利"（хардури）的小部落。他们是塔吉克人，继续讲塔吉克语，但周围许多都是乌兹别克人，所以该群体的经济活动和生活方式，还有许多习俗与相邻的乌兹别克族相似。第二个例子与花剌子模有关。12世纪的花剌子模地区主要有塔吉克人（当时塔吉克语在很大程度上取代了化剌子模语）和突厥人两大群体。在化剌子模沙赫帖乞失（Текеш，1172—1200年在位）发给锡尔河沿岸边境城镇的地方长官的任命书中，只提到了这两个民族。

据中亚的一位伟大科学家、花剌子模人比鲁尼（ал-Бируни）证实，他的母语是花剌子模语。众所周知，在12—13世纪的文献资料中还能见到用东伊朗的花剌子模语写作的句子甚至整个对话，但在这些作品中会掺杂突厥语单词或引文。这表明，12世纪的花剌子模生活着一定数量（也可能相当多）的操突厥语的人。这一结论也得到了同时代人的证实，例如若望·柏郎嘉宾（Плано-Карпини）曾在11世纪40年代到过呼罗珊，他说当地居民说"科曼语"（突厥语的分支之一）。可以认为，当时呼罗珊的大多数土著人会双语或三语（呼罗珊语、塔吉克语和突厥语），而说突厥语的人数已经超过了说呼罗珊语的人数。

13—14世纪后，已经几乎看不到呼罗珊语的信息。由此可知，这之后不久，呼罗珊语最终被突厥语所取代，过去操东伊朗语（花剌子模语和塔吉克语）的居民最终转为操突厥语。在花剌子模语基础上发展而来的突厥语（乌兹别克语和土库曼语）吸收了许多古花剌子模语词汇，例如在现代花剌子模地区的乌兹别克语中，大运河是"阿格帕"（агпа），小运河是"瓦夫"（yaв），该地区的大部分地名都来源于古伊朗语，例如哈扎拉斯普（Хазарасп）等。

文献研究表明，11—12世纪的中亚突厥人并不是零星分布，而是集中居住。在中亚北部和南部部分地区，突厥人口甚至占据主导。在中亚的文化生活中，特别是在城市文化中，突厥人的贡献和影响都十分明显（例如陶瓷上的图画等）。当时的突厥语主要是葛逻禄—回鹘语。这种语言衰亡后，古乌兹别克语在其基础上在后蒙古时代的中亚逐渐发展起来。古乌兹别克语与葛逻禄—回鹘语有着密切联系。

在编撰《乌兹别克苏维埃社会主义共和国史》一书过程中，苏联史学界逐渐形成了一种观点，认为后来被称为"乌兹别克"的突厥语民族基本形成于11—12世纪。这里强调了"基本"一词是对的。因为乌兹别克族（像塔吉克族一样）的形成过程持续了很长时间。乌兹别克内部各部落氏族的差别十分明显，外来的突厥人同已突厥化的定居居民，以及同阿拉伯入侵前就已迁徙到中亚的突厥游牧人，在语言上的差别也非常大，古乌兹别克语就是在这样的环境中形成的。

蒙古人的入侵再次让中亚的族群版图发生巨大变化。大量蒙古游牧部落的涌入是一个非常重要的因素。就族群历史而言，非常重要的一点是，进入中亚的蒙古部落——忙古惕（мангыт）、札剌亦儿（джалаир）、巴鲁剌思（барлас）等在短时间内完成了语言上的突厥化。之所以这些外来人发生的是突厥化而不是塔吉克化，主要原因是从生活方式看，蒙古人和突厥人都是游牧民族，蒙古人自然与突厥人交往更多。但这一过程如此之快，让我们只能得出这样一个结论，即外来的蒙古人周围有很多突厥人。

在 14—16 世纪，古乌兹别克语（包括其文学语言）不仅继续存在，还发展得相当完善。这个时期，各地形成了自己的方言，但各部落的语言仍然存在一些差异。费尔干纳、河中地区和呼罗珊等地主要使用葛逻禄—回鹘、回鹘—乌古斯语和钦察语等三种语言（各地应用的比重不同）。文学语言的基础是河中地区鲜活生动的突厥口语，它的特点除了借用大量的伊朗词汇，还融合了东部和西部的突厥语元素。文学语言有大量的伊朗语和阿拉伯语词汇（占文学语言的 40%—50%），使用的语言结构也不是突厥语固有的结构。许多诗人既用突厥语也用波斯语写诗歌，例如鲁提菲（Лутфи）和其他前辈，以及乌兹别克文学的创始人纳沃伊本人和他的同时代人。纳沃伊被同时代人称为"掌握两种语言的人"。

14—15 世纪，定居的中亚农村和城市人口出现大规模突厥化，特别是在花剌子模、七河流域、塔什干绿洲和费尔干纳。在历史文献中，这些定居居民经常被称为"萨尔特人"（сарты），正如《巴布尔传》所说，这个名称既用于说突厥语的定居居民，也用于说塔吉克语的定居居民，这只是表象，两者其实没有明显区别。

至于"乌兹别克"这个术语，目前并没有证据说它与金帐汗国的乌兹别克汗（1312—1340 年在位）有关。这个术语从 14 世纪五六十年代开始就用来表示钦察草原（Дашт-и кипчак）上的突厥—蒙古人。在 15 世纪和 16 世纪之交，以昔班尼汗为首的游牧部落联盟入侵河中和呼罗珊之后，这些地区的操突厥语的人便开始拥有了自己的名字"乌兹别克"。当然，这些带着自己名字的突厥部落大规模迁徙而来，是一件重要的事件，但在乌兹别克族历史上，这还算不上特别关键的新事件，因为这些来到河中地区的乌兹别克游牧部落大部分原本就生活在中亚。

突厥语专家们发现，14—15世纪的乌兹别克语，在语法规则和基本词汇方面与今天没有什么不同，在河中地区定居的乌兹别克部落并没有改变乌兹别克人原有的语言和族群结构。后来的乌兹别克族发展出现多个趋势。随着行政区划和彼此联系的逐步建立，居住和社会结构的整合进程也在逐步加强，但这个进程甚至在今天都没有完成，多个部落的分布格局保留至今，各部落氏族间的分裂也依然存在。在从游牧转向半游牧，尤其是转向定居经济和生活方式的地方，这个整合进程更明显。当塔吉克语居民通过各种双语形式（从部分到完全）进行大规模突厥化的同时，部分乌兹别克族也出现塔吉克化。所有这些复杂的、不同的、相互矛盾的发展趋势，整体上推动着乌兹别克族的组成成分愈加同一、族群关系愈加团结。

前文已多次指出，乌兹别克族是在定居的、操伊朗语的部落基础上形成。这些操伊朗语的部落曾多次融入突厥部落，而已经突厥化的部落又不断吸收新的突厥元素。可惜的是，科学界至今没能找到一种可以测量这两种成分（突厥和非突厥）的数量比重关系的方法。对人类学资料的分析也不能解决这个问题。应该指出，这些来到中亚的突厥语部落和民族可能在移居中亚之前就已经融合混血。人类学资料可以证明这个结论。事实上，从体质特征角度看，在中亚北部的三大突厥语民族（乌兹别克人、哈萨克人和吉尔吉斯人）中，哈萨克人和吉尔吉斯人属于蒙古人种（吉尔吉斯人比哈萨克人更符合蒙古人种），乌兹别克人是欧罗巴人种。从人类学角度来看，乌兹别克人与塔吉克人属于同一人种，都属于中亚河中地区的欧罗巴短头人种。塔吉克人和乌兹别克人的差异是，乌兹别克人有更多的蒙古血统。但正如人类学家金兹堡（Вульф Вениаминович Гинзбург）所说："从人类学特征来看，乌兹别克人的基础是当地古老的欧罗巴人种，蒙古人种的特征仅仅是混合进来而已。"奥沙宁（Л. В. Ошанин）、亚尔霍（А. И. Ярхо）也持这种观点。游牧的乌兹别克部落的人种特征有时比定居的乌兹别克人更像蒙古人，例如拉凯人（локайцы）。与此同时，乌兹别克—葛逻禄人则完全被当地人同化，基本失去了鲜明的蒙古人种特征，在人类学上已经很难与塔吉克人相区分。从具有鲜明的蒙古人种特征到只保留一点蒙古人种特征，乌兹别克人与塔吉克人基本上没有区别，这就是现代乌兹别克人的体质特征。通过对比可知，除了帕米尔塔吉克人没有蒙古人血统，其他地区的塔吉克人都或多或少具有蒙古血统。蒙古血统最多的是费尔干纳、塔吉克斯坦南部和东南部的塔吉克人，而布哈拉、撒马尔罕和泽拉夫尚河上游的塔吉克人的蒙古血统少一些。

人类学资料表明，乌兹别克人的基本核心是中亚当地的欧罗巴人种，并由于与外来的西伯利亚南部人种融合而在一定程度上被蒙古化。从民族史角度看，应该说，乌兹别克人的主要组成部分是中亚原住民，其突厥化始于中世纪早期，之后持续发展，而语言的突厥化比生物学上的蒙古化更为强烈和广泛。随着不同集团和不同阶层的新群体不断参与这一过程中，这些已经程度不同地蒙古化和突厥化的中亚部落结成更加紧密的群体，并与属于欧罗巴人种的、操伊朗—塔吉克语的族群交往密切。从民族角度看，与欧罗巴人种的伊朗—塔吉克语族群的互动让这个进程向不同方向发展，甚至出现去突厥化趋势，从而导致整个发展进程愈加错综复杂。

这就是乌兹别克民族发展的总路径。有据可查的中亚文化史，特别是文学史，可以充分证实上述内容。对此我们不做详细介绍，因为文艺学家已经对塔吉克—乌兹别克文学史进行了透彻的研究。贾米和纳沃伊这两个好朋友、好战友，塔吉克和乌兹别克两个民族的伟大儿子，他们的生活和创作就是两个兄弟民族的友谊的伟大象征。民族学材料非常重要，它有助于更具体和现实地表现塔吉克人和乌兹别克人之间的动态关系［民族学专家卡尔梅舍娃（Б. Х. Кармышева）对此有深入研究］，还展示出塔吉克和乌兹别克这两个民族在民俗文化与日常生活方面的密切联系，二者之间的区别往往不易察觉。多个世纪互为邻里和频繁交流，以及共同的文化底蕴，使得乌兹别克语中存在着大量的塔吉克语词汇，塔吉克语中也有大量的乌兹别克语词汇。语言学家注意到，这两种语言的语法结构也相互影响。当地人同时掌握塔吉克语和乌兹别克语双语是非常普遍的现象。

因此，尽管塔吉克族和乌兹别克族形成于不同的时期，两种语言也属于不同的语系，但两个民族的人类学基础相同，两个民族的历史命运和他们的文化非常紧密地交织在一起。在中世纪，乌兹别克文化和塔吉克文化只在某些方面有所区别，例如语言。尽管每种文化都有自己的传统，但彼此间的相互渗透很厉害。突厥和东伊朗部落、塔吉克人、乌兹别克人和其他中亚人民并肩生活在同一个国家内，住在同一个城市和乡村，共同打击外国入侵者，共同参加反抗剥削者的阶级斗争。虽然偶尔也会有些冲突与不和，但他们之间的深厚友谊和携手共进的总路线绝对无可争议。

我们在这里谈论的某些种族差异，绝不是一个民族反对另一民族的依据。中亚各族人民都为人类文明的发展做出了巨大贡献。中亚的伊朗人和突厥人都有科学和文化领域的杰出人物。他们是中亚各族人民的骄傲。

第四节　物质文化与精神文化

一　建筑和建筑艺术

16世纪展开了大规模的建设。这期间的标志性特征之一，就是大规模的民用建筑。在许多城市和商道上出现了新的桥梁、水池、客栈、澡堂和种类及规模不等的商用建筑。还建造了许多经学院、清真寺、陵墓、哈纳卡等大型建筑。其中最好的建筑一直保存到今天。为了描述当时建筑活动的全貌，还需要了解当时没能保存下来的建筑。

这样的建筑也很多，在瓦合甫文书和其他资料中都有提及。

这些建筑主要集中在布哈拉及其周围地区。毫不夸张地说，中世纪后期的布哈拉的面貌在很大程度上正是基于16世纪的建筑。16世纪，布哈拉的城市规模已经扩大，围绕这座城市新建了围墙。在16世纪末，为了取悦当时影响力大且富有的沙赫朱巴尔家族（Джуйбарские ходжи），昔班尼王朝可汗阿卜杜拉二世把他们家族的庞大庄园都纳入城市范围。

布哈拉的建筑是16世纪建筑的典型代表。在其宗教建筑中，可以看出旧传统和新趋势的融合风格，在其公共建筑中，则是新趋势盛行。从结构设计角度看，16世纪进行了一些有益的探索。圆顶特别漂亮，将相应建筑的大小和用途和谐地结合在一起。在建筑布局中，可以发现许多不同于传统风格的地方。一部分16世纪的建筑图纸原件保存了下来，这似乎是标准的、典型的设计方案。其中有一套哈纳卡的建筑设计图，16世纪多座已建成的哈纳卡仅在个别规划细节上与该图纸不同。16世纪末位于法伊扎巴德（Файзабад）的哈纳卡是按照全新的空间设计方案建造：在其正门的两侧是开放式的圆顶走廊，在中亚的炎热气候条件下，成为阻隔热浪的绝佳屏障。

还有一类建筑是16世纪的经学院。经学院的设计方案形成较早，有固定的建筑规划，大部分经学院都参照这些方案建造，也有一些经学院出于实际考虑，会与这些设计方案存在明显差异，例如增加祈祷室的数量、增加小型辅助房屋数量等。在这方面，布哈拉的米里·阿拉伯经学院（Мири Араб），特别是阿卜杜拉二世经学院值得一提。阿卜杜拉二世经学院是一个普通的长方形庭院，四周是两层的祈祷室。院子四面的中间有朝向院子的门廊，似乎也很普通。实际上，其中两座门廊分别通向单独的辅助建筑群。其中一个辅助建筑群是一个八面体的带圆顶的内院，四周全是祈祷室。阿卜杜拉二世经学院的祈祷室数量远远超过普通设计。

庆典类建筑装饰的演变也值得研究。16世纪上半叶，帖木儿王朝装饰艺术风格非常流行，建筑物装饰经常使用昂贵且费时的拼接马赛克，像 15 世纪一样，珐琅彩以深蓝、白色与天蓝色为基调，以纯净、细腻、和谐为特征。琉璃瓦装饰着细细的金花纹。凹凸不平的金色和蓝色画面借助昆达里技术显得典雅而富贵。

这种装饰方法在布哈拉的马斯吉德·卡兰建筑群（Масджид - и калан）、米里·阿拉伯经学院、巴兰德清真寺（Баланд）、霍贾宰因丁清真寺（Ходжи Зайн ад - Дина）、塔什干的速云赤汗陵墓（Сиюнджи - хан）中都能见到。例如在巴兰德清真寺，所有的墙面都有装饰，有带金色绘画的琉璃板片，有图案复杂的镶嵌画，还有昆达里彩绘。

16 世纪下半叶，大型建筑的装饰外观发生变化，便宜和省工的装饰得到广泛使用，但从艺术角度看，这绝不代表着退步，用最简单的方法也许能够取得更好的效果。如拱门上用砖砌成杉树形图案，非常漂亮，给人一种星光四射的感觉。有的拱门用石膏线拼成图案，石膏线之间铺设简单的抛光砖。室内装饰最常用的材料是白色和彩绘的雪花石膏，但技术有所不同。有时将雪花石膏分两层涂在墙壁上（下层是彩色，表层是白色），然后在表层刻出图形。有时则是将图形刻在单层白石膏上，然后将彩色石膏"挤"到刻好的花纹中。使用这种又便宜又好看的装饰的最好例子是法伊扎巴德（Файзабад）的哈纳卡和巴豪丁（Бахауддин）的哈纳卡。

16 世纪的中亚既建造大型单体建筑，也建造建筑群。一些建筑群非常壮观，例如马斯吉德·卡兰建筑群、米里·阿拉伯经学院。马斯吉德·卡兰建筑群的主麻清真寺是中亚最大的清真寺之一。在长方形内院四周是带顶的长廊，大约 300 个圆顶由众多的方形立柱支撑。清真寺朝街的一面是大门，主建筑位于院子对面，在高高的圆鼓状屋顶上又盖了一个蓝色圆顶。清真寺对面是米里·阿拉伯经学院。尽管经学院的建筑规模比清真寺小不少，但却巧妙地达到结构上的平衡。经学院建在一个平台上，其正面因有一座庞大的角塔而显得格外庄重。

布哈拉附近的查尔巴克尔建筑群（Чар-Бакр）更加壮观。整套建筑的中心是建在同一个平台上的三座大型建筑（一座哈纳卡、一座清真寺、一座门廊）。门廊连接哈纳卡与清真寺，门廊两侧是两层的祈祷室。这些建筑就好像将广场三面包围。该建筑群的最后是一些小院落，这是带有墓志铭的家族墓葬群。

另一类建筑是公共建筑。在街道的十字路口建起一个恰尔苏①，沿街是一些大大小小的商铺和客栈。这些建筑群构成了广场、街道和十字路口。布哈拉的这类大型建筑群主要分布在两个地方：一是雷吉斯坦广场（现在那里什么都没有保存下来），二是从布哈拉老城中心两条老街的交会处开始，向北延伸到城外（这里保存下了三个恰尔苏和阿卜杜拉二世时期的商铺）。

如果不提及石雕和木雕，那么对16世纪艺术的论述就是不完整的。16世纪中亚的石雕和木雕工艺发展达到了顶峰。最著名的石雕作品是前文提到的查尔巴克尔建筑群的大量碑文和碑额。墓碑上刻有花纹和铭文，角上装饰为柱形。一些微型墓碑使用了圆顶陵墓的形状。最好的木雕作品是巴兰德清真寺的木制天花板、一些经学院的大门等。

16世纪手稿装饰艺术发展水平很高。几个大的苏丹宫廷内都有图书馆，同时也是抄写和装饰手稿的作坊。当时有几位伟大的书法家和细密画画家在中亚生活和工作，其中一些人来自赫拉特。16世纪的大量手抄书稿也得以保留至今，抄写员是当地的书法家，也有许多画家，其中不乏天才画家。

一些研究人员认为，16世纪中亚的细密画形成了一个独立的流派。普加琴科娃（Г. А. Пугаченкова）详细论证了这一观点（尽管有

---

① 恰尔苏（чарсу, чорсу）即带圆顶的市场。一般建于两条街道的交会处，将十字路口变成一个集贸市场或商贸中心。——译者注

时她的想法并非毫无争议)。她将中亚的细密画流派的发展分成多个阶段：第一阶段（16 世纪中叶以前）是两种方式并存的时代。一些细密画家遵循了别赫佐德（Бехзод）的传统，其他人则以略有不同的方式作画，少了一些细腻，但更简洁，更有民族性。这种画法最好地体现在长诗《胜利书》（Фатх - наме）的配图中。该作品致力于歌颂昔班尼汗的功绩，手稿在 16 世纪重抄。相应的章节都有插图，描绘了具体的历史事件和一些包括昔班尼汗在内的历史人物。所有生活细节、服装和整个场景都来自真实生活，突出了定居和游牧文化的混杂特点。其他历史事件的插图也用这种方式画成。奇怪的是，在写于 15 世纪的《阿布勒海尔汗传记》中，书中的事件只叙述到阿布勒海尔汗时代，但配的细密画却"被现代化"。画中不论什么时代的服装、生活细节和场景环境等，都是 16 世纪的。第二阶段从 16 世纪中叶开始，优秀的画家在作品中综合了两种画法。他们的绘画微妙、准确、精致。在他们的画作中，心理分析、社会主题和故事情节占据越来越重要的地位，肖像画也不少。这个阶段的最佳作品之一，是费尔多西的手稿《列王纪》，由来自撒马尔罕的细密画画家穆罕默德·穆拉德（Мухаммад - Мурад）绘制。书中的战斗场面充满动感，有时异常紧张。16 世纪的绘画也涉及一些社会主题。这方面最优秀的细密画是描绘铁匠卡瓦起义的场景。

这期间，优秀画家马哈茂德·穆扎希普（Махмуд Музаххиб）、穆罕默德·奇赫列·穆哈辛（Мухаммад Чихре Мухасин）等都在坚持自己的创作。

至于肖像画，16 世纪的特点是细密画画家摆脱了君主的经典形象。他们不再将君主理想化，而是在细密画的框架内，尽力画出君主的真实外表，同时也表现出他们的心理特征。当时最著名的肖像画家，是瓦西菲曾多次提到的贾拉利丁·优素福（Джалали ад - Дин Юсуф），他的肖像画非常精美。

重要的是，尽管为古典诗歌和散文做插图时，面对的都是程式化的（也可以说是永恒的）主题，但这些出色的大师也从不抄袭传统情节，而是在创作中体现个人特色。

二　16 世纪塔吉克的文学和历史

如上所述，在帖木儿帝国的兀鲁伯统治时期，文学和科学的发展取得了长足进步，但由于宗教界对社会生活的反动影响日益加剧，他去世后，文学和科学急剧衰落。在苏丹阿布·赛义德统治期间，衰落得更加严重。16 世纪初的政治局势对科学和文学生活产生了更大打击。反动的宗教界的作用大大增加，越来越阻碍科学思想发展。从 16 世纪初开始，赫拉特就失去了中亚文化中心的地位。从事科学、文学和艺术的人分散到全国各地。

16 世纪下半叶，布哈拉作为文化中心的重要性上升。此时布哈拉的伊斯兰经学院数量有所增加。尽管经学院几乎只研究神学，但世俗的文学和科学也在一定程度上得到发展。16 世纪下半叶，布哈拉诗歌选集的作者霍贾·哈桑·尼萨里（Ходжа Хасан Нисари）在他的词典里收录了 250 名奥贝都拉汗父子统治期间从事文学和科学工作的人。尽管所列出的大多数人在文学和科学界没留下明显印迹，但收集整理了这么多的人物，表明当时文学和科学思想的活跃。少数人的创作对科学和文学的进一步发展产生了重要影响，其中特别值得一提的是瓦西菲（Васифи）。

宰因丁·马哈茂德·瓦西菲（Зайн ад-дин Васифи）生于 1485 年，1512 年之前住在赫拉特。帖木儿政权垮台后，他投靠昔班尼王朝，直到 16 世纪 30 年代一直住在布哈拉、撒马尔罕、塔什干和中亚其他城市。除诗歌外，瓦西菲还撰写了有趣的回忆录《怪事》（Бадаи ал-вакан）。在这些回忆录中，他生动地描绘了当时的城市面貌，描写了纳沃伊时期赫拉特的文学风俗和昔班尼王朝的宫廷诗人的生活。瓦西菲是一位机智、洞察力很强的作家，他用讽刺的形式揭露了国家制度的许多弊端。

卡马尔丁·比奈（Камал ад-Дин Бинаи，1453—1512 年）是与瓦西菲同时代的杰出诗人和历史学家，出生在赫拉特的一个建筑师家庭，年轻时曾在设拉子待过几年，然后住在苏丹叶尔孤白的宫廷，1491 年回到家乡赫拉特。由于他这个虽才华横溢但出身低微的诗人遭到嫉妒，宫廷斗争迫使他于 1495 年移居撒马尔罕。他在那里目睹了帖木儿帝国和昔班尼王朝最后阶段的权力争斗。昔班尼汗占领撒马尔罕后，他开始为其效力并于 1507 年同他的部队一起返回了故乡赫拉特。昔班尼汗去世（1510 年）、赫拉特被萨菲王朝占领后，他定居在卡尔希，两年后被杀害。

比奈创作诗和散文，还是一位出色的音乐家。他写了训诫诗《别兹鲁兹和巴赫拉姆》（Безруз и Бахрам），阐述了自己的社会和民族观点。他在诗中谴责了人性弱点，批评社会邪恶，指出学习的必要性，鞭笞富人和贵族的道德堕落，以及贪婪的宗教人士。尽管训诫体裁具有传统性，但比奈的诗中有一些新思想。比奈参照 15 世纪的传统创作加扎勒体裁的诗歌，时有创新，对当权者增加一些自传和批评成分。

在比奈的历史著作中，首先应该提到他写于 1504—1510 年的《昔班尼汗传记》及其扩展版本《可汗征服记》（Футухат-и хани）。这些书以散文形式描述了昔班尼汗一生的大事，中间夹杂着诗歌。与当时的其他历史著作不同的是，书中包含许多训诫性插叙，比奈天真地希望以此劝诫统治者向善。

比奈是城镇中产阶级的典型代表，并从他们的立场批评统治者的恶习，是塔吉克—波斯古典文学优良传统的天才继承人，他的作品生动地反映了 15 世纪末 16 世纪初的中亚历史现状。

有些研究人员说，比奈痛恨乌兹别克语文学，还有些历史学家说比奈与纳沃伊有龃龉，这都是误解。比奈对纳沃伊的乌兹别克语和塔吉克语诗歌均给予高度评价。在纳沃伊去世后，比奈还在自己的作品中深情地回忆他，甚至自己也用乌兹别克语写诗。当时并没有"反乌兹别克语运动"，相反，比奈的生活和创作恰恰说明了两个民族的文化工作者之间的密切友谊。

巴德尔丁·希拉里（Бадр ад-Дин Хилали）是一位才华横溢的诗人，和比奈一样属于赫拉特文化圈。他于1470年前后出生在阿斯特拉巴德（Астрабад），1491年移居赫拉特继续学业，并在此度过余生。1529年，他被指控信奉什叶派并写诗讽刺奥贝都拉汗，因此被统治者下令处死。希拉里的作品中，最重要的是加扎勒体裁的爱情抒情诗，这种风格之前在塔吉克斯坦很流行。他的作品行文简洁、结构优美、富有魅力。此外，《赖丽和麦迪农》（Лейли и Меджнун）、《希法特·阿什金》（Сифат ал-ашикин）和《沙赫与穷人》（Шахy гада）这三首诗也出自他手。

毫无疑问，与15世纪的诗歌相比，16世纪的诗歌受历史环境影响，注重形式主义，忽略写作技巧。16世纪下半叶，昔班尼王朝的阿卜杜拉二世在中亚建立了中央集权国家后，文学创作比前一时期活跃，涌现出许多杰出诗人，其中首先应该提到的是用塔吉克语写作的穆什菲基。

阿卜杜·拉赫曼·穆什菲基（Абд ар-Рахман Мушфики）出生于布哈拉的一个手工业者家庭，在撒马尔罕住过一段时间，成为著名诗人。他曾想在苏丹侯赛因王宫谋一份工作，但没成功，于是来到德里，投奔印度宗教改革家、莫卧儿帝国君主阿克巴（Акбар），他在两首盖绥达体裁的诗歌中歌颂过阿克巴。1567年回到布哈拉，成为阿卜杜拉二世的宫廷常客，也成了阿卜杜拉二世的"诗王"。

尽管穆什菲基在朝廷供职，其盖绥达体裁的诗歌表现出很高的艺术造诣（被认为是中亚最后一位著名颂词诗人），但他来自人民，首先是抒情和讽刺诗人。他以爱情为主题的加扎勒体裁和鲁拜体裁[①]的

[①] 鲁拜（ruba'i，Рубаи），也译为"柔巴依"，意思是四行诗。是波斯诗歌体裁，是一种诗行等长而一、二、四行押韵的四行诗。——译者注

诗歌尤其出名并大受欢迎，而他华丽的盖绥达体裁诗歌却基本上被人忽略。不过，他在一首盖绥达诗中向统治者指出了农民的困境。

穆什菲基的讽刺诗嘲笑各种人，大部分是诗人，这些诗在塔吉克民间广为流传。在塔吉克民间故事中，穆什菲基享有玩笑大王的称号，也是很多笑话中令人喜爱的主人公。这些笑话最初在工匠中广为流传。在这些笑话中，穆什菲基是个自由主义者，也是"麻烦制造者"。

下面是他的讽刺诗中关于分财产的片段，其中谴责了女性遭到的不平等待遇：

> 姐姐，我们的父亲已经长眠，
> 我们应该分割财产。
> 我请了毛拉来公断，
> 姐姐，你得给他付钱。
>
> 我们公平分家，
> 谷仓我更需要。
> 姐姐，拿走你的麦秆。
> 床垫归我，男人需要睡得松软，
> 姐姐你呻吟叹气，眼泪涟涟，彻夜难眠。
>
> 姐姐，先知告诉我：
> 戒指分给我，还有门廊，
> 让门廊声响，消除我的悲伤。
> 我的空间属于我，
> 地板在下，天花板在上，
> 姐姐，你的空间留给你：
> 乌云给你，还有月亮。

你得陪伴亡灵，

而我，也许会去墓场。

姐姐，招待我们的客人吧，

烤些薄饼，买点酥糖。

史学在16世纪也继续发展，详尽的史志已经出现，例如宏达迷儿的《杰出人物传记》《Хабиб ал－сийар фи ахбар－и афрад－и башар》。书中讲述了直到昔班尼汗和伊斯玛仪沙赫之间的斗争结束的历史事件和名人传记。还有鲁兹别汗（Рузбехан）的《布哈拉客人传》（Мехман－намаи Бухара）、哈菲兹·塔内什（Хафиз－и Таныш）的《阿卜杜拉汗》等，都是研究16世纪中亚历史的最重要资料。哈菲兹·塔内什还是一位诗人，他写过一本完整的诗集，可惜现已失传。

第十六章 札尼王朝的塔吉克民族（17—18世纪上半叶）

第一节 政治

一 17世纪的封建主内讧

昔班尼王朝阿卜杜拉二世（Абдаллах-хан Ⅱ）于1598年去世后，王位由他的儿子阿卜杜·穆明（Абд ал-Мумин）继承。但阿卜杜·穆明并没有其父那样的政治家才能，他既不能管束，也不能拉拢敌对的封建部落贵族，最终在1598年被反对中央的封建领主雇凶杀害。皮尔·穆罕默德二世（Пир Мухаммад-хану Ⅱ）登上王位，成为昔班尼王朝的最后一位君主，但他能统治的领土已经很小，不久后就在一场内讧中被杀。

昔班尼王朝的内部不和旋即被萨菲王朝、希瓦汗国和哈萨克人利用。萨菲王朝沙赫阿拔斯一世（шах Аббас Ⅰ）占领了呼罗珊的大部分领土，包括赫拉特。巴尔赫首先被阿卜杜拉汗二世的侄子阿卜杜·阿明（Абд ал-Амин）占领。他甚至以自己的名字铸造了货币，但这座城市很快又落到阿拔斯一世的傀儡穆罕默德·易卜拉欣（Мухаммад Ибрахим）手中，使得昔班尼的故土也暂时处于萨菲王朝的控制之下。哈萨克人占领了包括昔班尼最大领地塔什干在内的诸多城市。哈萨克苏丹塔武凯勒（Тевеккель 或 Таусккель）从这里出征河中地区中部，一度攻占了撒马尔罕，直到塔武凯勒在布哈拉战败，伤重死亡才暂时停止了哈萨克人的扩张步伐。昔班尼王朝阿卜杜拉二世费尽九牛二虎之力才打下的花剌子模又获得了独立。

札尼王朝的第一位君主是谁目前尚不清楚。皮尔·穆罕默德二世死于内讧后，当时的封建贵族将札尼·穆罕默德苏丹（又称"札尼别克"，Джани - Мухаммад - султан）推上汗位。札尼·穆罕默德苏丹是阿卜杜拉二世妹妹的丈夫。他是成吉思汗后裔，金帐汗国垮台后统治阿斯特拉罕汗国（Астраха́нское ханство）。阿斯特拉罕汗国被俄国侵占后，札尼别克逃到昔班尼王朝。

据史料记载，尽管被封建贵族推举，但当时札尼别克放弃了王位，转而支持其长子丁·穆罕默德苏丹（Дин - Муххаммад - султан）为王，但他的儿子在前往布哈拉的途中去世。所以札尼别克的次子巴基·穆罕默德苏丹（Баки - Мухаммад - султан）被宣布为汗王。在史料文献中，有确凿的证据证明札尼王朝的第一位汗王就是巴基·穆罕默德（Баки - Мухаммад）。但古钱币资料却展示了另一幅情景，因为很多札尼别克在布哈拉、撒马尔罕和塔什干铸造的货币流传了下来。因此可以说，札尼王朝的第一位汗王事实上或名义上应该是札尼·穆罕默德（札尼别克）。

夺回巴尔赫可谓是札尼王朝前几位汗王的唯一的国内政治成果。而试图结束内乱及打败游牧民族的尝试，均未取得实质性成效。

1611年，伊玛目·库里（Имам - Кули - хан，1611—1642年在位）从叔叔瓦利·穆罕默德汗（Вали - Мухаммад - хан）手中夺取了汗位。瓦利·穆罕默德汗虽得到了萨菲王朝的帮助，但还是被击败并被处决。伊玛目·库里汗不断扩大疆域：他从哈萨克人手中夺回塔什干，还与卡拉卡尔帕克人及卡尔梅克人作战，成功阻止了这些游牧部落对札尼王朝边疆的侵扰。

伊玛目·库里汗暂时遏制了国内的封建内乱。如果将他多年的统治成果与他之前和之后的情况对比后可知，虽然当时的历史学家有些夸大他统治下的国家盛况，但这些赞誉也确有真实的成分。史书甚至还记载了伊玛目·库里汗在位时的一些灌溉工程。

伊玛目·库里汗的兄弟纳迪尔·穆罕默德汗（Надир Мухаммад - хан）在位时间不长。显然，他的一些政策损害了封建贵族的利益，因此封建贵族密谋将他的儿子阿卜杜·阿齐兹（Абд ал - Азиз - хан，1645—1680 年在位）扶上汗位。而纳迪尔·穆罕默德本人只剩下管理巴尔赫。但即使在巴尔赫，他的地位也不牢固。纳迪尔·穆罕默德的其他儿子也为权力和领地而争斗，他们时而站在父亲一方，时而站在兄弟一方。于是巴尔赫最富裕的地区逐渐没落。纳迪尔·穆罕默德向印度的莫卧儿帝国君主沙贾汗（Шах - Джехан）寻求帮助。沙贾汗派两个儿子率领一支庞大军队，目的仅仅是夺取巴尔赫。纳迪尔·穆罕默德被迫逃亡。沙贾汗的军队肆虐巴尔赫地区两年之久，当地居民民不聊生，背井离乡。征服者与阿卜杜·阿齐兹（Абд ал - Азиз）之间的决战最终在此打响。

尽管阿卜杜·阿齐兹的军队赢得胜利，但巴尔赫的百姓却愈加贫困。不久之后，巴尔赫又回到纳迪尔·穆罕默德手里，但这并未给这个饱受蹂躏的地区带来和平。首先，阿卜杜·阿齐兹派自己的弟弟苏布罕·库里向父亲发起进攻，夺取了这座城市，但随后又派另一支军队从弟弟手里夺回这座城市。苏布罕·库里成功抵御了围攻，但以前完好的巴尔赫周边却被全部摧毁。

所有这些王朝内部的争斗都被希瓦人利用。他们多次掠夺性地袭击河中地区中部的许多地区，甚至一度到达了布哈拉并占领了部分城市，所有城市居民竭力反抗才将侵略者驱逐。

苏布罕·库里（Субхан Кули - хан，1680—1702 年）也趁机利用这些争端夺取了札尼王朝政权。在他统治期间，希瓦人的侵扰仍持续不断，甚至占领了撒马尔罕。撒马尔罕的贵族承认了希瓦可汗，但为此需要缴纳巨额赔款，撒马尔罕的百姓被苏布罕·库里汗收取的巨额赔款弄得民不聊生。苏布罕·库里汗清醒地意识到，如果不在撒马尔罕设置地方长官，袭击就永远不会停止。通过当地贵族的帮助，苏布罕·库里汗最终让希瓦人承认了他在撒马尔罕的政权。

但苏布罕·库里汗在其他方面的政绩乏善可陈。内讧已不局限在王室内部。乌兹别克部落的首领变得越发强大，苏布罕·库里也曾多次提拔其中的一些首领。例如，当苏布罕·库里的儿子试图在巴尔赫自立为王时，他这个父亲亲自下令将其处死，同时任命一位尤兹部落①的埃米尔去巴尔赫，管理这片一直被认为是王位继承人的领地。

在苏布罕·库里汗统治下，来自哈答斤部落②的阿塔雷克③马哈茂德比④（Махмуд-бий）崛起。苏布罕·库里汗多次求他帮助对抗希瓦人，还让他平息巴尔赫地区的埃米尔反叛，随后任命他为巴尔赫和巴达赫尚的地方长官。

当时的巴达赫尚实际上是亚尔伯克（Яр-бек）控制的独立领地。巴达赫尚与布哈拉之间的关系早在1650年就开始恶化。在布哈拉可汗占领昆都士河谷后，他们继续袭扰巴达赫尚。巴达赫尚人选举亚尔伯克作为统领，在他的领导下，成功抵抗了入侵者。马哈茂德比进军巴达赫尚的直接原因，是亚尔伯克不允许布哈拉人在巴达赫尚山区开发红宝石矿。

马哈茂德比征伐的目标是征服整个巴达赫尚，但最终没有成功。他的部队多次围攻巴达赫尚的中心城市法伊扎巴德（Файзабад），但没能夺下城市。最后马哈茂德比不得不与亚尔伯克缔结条约。根据该条约，亚尔伯克向布哈拉可汗（即苏布罕·库里汗）上交两年开采的巴达赫尚红宝石矿产，并承认自己是布哈拉汗国的附庸。但事实上，亚尔伯克仍然是巴达赫尚的独立统治者，不受限制地管理这片

---

① 尤兹部落（юз）系突厥部落，是构成乌兹别克族的92个（也有说96个）部落之一。"尤兹"系突厥语，意思是"一百"。这个部落名字最早出现于16世纪。——译者注

② 哈答斤（катаган，Qadagin）又译合答斤、合塔斤、哈答吉、哈塔斤、合底忻。蒙古尼鲁温部的一支，随成吉思汗征服中亚后同当地人融合。——译者注

③ 阿塔雷克（аталык，Otaliq），布哈拉汗国的最高官衔，仅次于可汗，事实上履行宰相、首席部长的职务。——译者注

④ 比（бий）系突厥语，首领、管理者、酋长、总督、老爷的意思，也译为伯克、巴依、贝伊。——译者注

土地。

巴尔赫的统治者马哈茂德比越来越不受控制,也越发不尊重苏布罕·库里汗的权威。苏布罕·库里汗担心马哈茂德比的权力过大,便将他从巴尔赫驱逐出去,然后任命自己的孙子穆罕默德·穆吉姆苏丹(Мухаммад-Муким)为巴尔赫的新统治者。

苏布罕·库里汗无法应对当地封建主的抵抗。他所发动的持续战争让劳动群众遭受的压迫和剥削不断加深。他需要大笔资金与不屈服的封建主进行战争,所以苏布罕·库里汗要求提前征收百姓未来7年的税。但鉴于国家当时的情况,这种赋税给人民带来了完全无法承受的负担。收税时,官员受贿和滥用职权更使百姓一贫如洗。

二 封建割据加强与奥贝都拉汗的国内政策

奥贝都拉汗(Убейдаллах-хан,1702—1711年在位)统治时间不长,说明当时中央政权和各地封建领主之间的斗争激烈。奥贝都拉汗是最后一位试图限制封建领主权力并加强中央权力的札尼王朝君王。奥贝都拉汗和他推行的国内政策在很长时间都未引起关注。有文献说:"奥贝都拉汗竭力搞专制,但他极其傲慢自大,不善与人相处,实际上他是埃米尔们手中的玩物。"对此我们不敢苟同。人们产生这种印象,是因为当时的史料都是详细描写内部争斗,而其他方面的事件只有寥寥数行或偶尔的间接证据或迹象。

在评述奥贝都拉汗的国内政策方面,穆罕默德·阿明·布哈里(Мухаммад Амин-и Бухари)的《奥贝都拉汗传记》一书中相关材料最多。将这些材料与钱币学数据进行比较后可以证实,在整个札尼王朝历史上,奥贝都拉汗建立中央集权国家的意图最明确。这种想法建立在对阶级力量分布的特殊性有相当清晰的了解和判断的基础上,虽然这并不是一贯的,但却具有果断性和灵活性的特征。如果失败的话,那主要原因是当时不具备中央集权的客观条件。

奥贝都拉汗从苏布罕·库里汗那里继承了沉重的遗产。乌兹别克各部落首领们觉得自己完全独立。通常他们是那些由自己部落供养的城市和地区的统治者。他们在那里购置土地，并且是最大的土地所有者，也像真正的主人。他们中的很多人依靠自己部落的力量而完全无视中央政府。他们彼此敌对，拉帮结派，有时公开拒绝承认布哈拉汗的政权。奥贝都拉汗既没有钱财，也没有足够的军队来对抗这些封建主的分离主义。他不得不依靠一部分部落首领来对抗另一部分部落首领。实际上，他并非总能顺利地推行自己的决定。他所依赖的部落首领们经常以各种借口拒绝出征。布哈拉集团不止一次遭受失败。有时在出征期间，部分部落首领中途逃跑，甚至投靠敌人。奥贝都拉汗的处境相当困难，他不得不想尽办法随机应变。他尽量让各部落首领们自相残杀，而自己在这件事上则要有一定的智慧。但这不是他努力的唯一方向，也不是最主要的方向。这一系列事实表明，他采取了一整套措施，一方面想加强自己的经济实力，另一方面想在经济和政治上削弱部落首领们。

封建主阶级并不统一，此时有两个主要派别：一个是乌兹别克部落首领（埃米尔）和封建上层；另一个则是旧贵族、官员、封建主（土地所有者和城市商业手工业上层人士）。各地埃米尔之前发动的内乱不仅让普通百姓遭殃，也损害了第二派封建主的利益，因此加强中央政权与他们也有利害关系。出于同样的原因，宗教封建主更偏向中央政府这一边。然而，奥贝都拉汗可以依靠的这些封建主也不牢固，思想并不统一。相反，他们中的一些人在不同时期也支持过乌兹别克部落的埃米尔们，在有钱又有权的埃米尔的领地内更是如此。受内战侵害的城市和农村的劳动人民不止一次起来支持中央政府，反抗叛乱的埃米尔们。总体上，当时的力量分布就是这样。

奥贝都拉汗认真考虑了这一切，尽管他并非始终如此。他首先要依靠那些希望加强中央权威和结束内乱的封建阶级，因为这与他们有利害关系。他所推行的对内政策的重要一环，是尝试建立一个新的官僚机构，只接纳臣服于他的人员。当时的历史学家穆罕默德·阿明·

布哈里（Мир Мухаммад Амин-и Бухари）记载道：奥贝都拉汗吸收了一些手工业者和商人的子弟来管理国家，这些人"出身低微、没有背景"。

当然，以下事件绝非偶然：当布哈拉部队逼近巴尔赫，奥贝都拉汗下达一项特别命令：禁止践踏百姓的庄稼，禁止伤害群众。奥贝都拉汗在一个村庄安置大本营后，赔偿了被军队践踏的庄稼。由此可见，他想赢得民心。如前所述，17—18世纪，中亚人民变得越发积极，这有益于可汗建立联盟来对付分裂主义的埃米尔们。

奥贝都拉汗冒险采取了哪些措施呢？他对埃米尔们充满敌意，与他们的斗争已公开化、毫不掩饰。史书对此也有记载。当然，对于那些他所依靠的埃米尔们，他赐予他们金钱、财物和土地，但总的来说，他不择手段地从经济方面打击这些部落首领。有趣的是，他以十倍的价格将"礼物"卖给政治对手。据史料记载，"不幸的乌兹别克人只能苟延残喘"。但更厉害的手段，是他试图部分取消"坦霍"政策（танхо，即有条件地赠予土地给游牧的乌兹别克人）。有意思的是，或许因为他清楚完全取消坦霍政策不太可能，所以他采取了一种非常狡猾的手段。他将这些土地的所有权转让（即出售）给亲信和官员。由此也可以得出结论：在实施这项政策过程中，他依靠那些对巩固自己权力和影响有利害关系的封建主阶级；这项没收坦霍的政策加剧了封建主阶级内部的两派间的矛盾。

奥贝都拉汗还看到了另一笔能够增加国库收入的来源，这就是取消私有土地的免税权。这是一项大胆且冒险的举措，因为它触及了他所依赖的那个封建主集团的利益。或许，这项政策只是选择性地执行。但已知的是，他剥夺了当时中亚最大的宗教封建主（苏菲教主）朱巴尔家族的免税权。

奥贝都拉汗还实施了促进国际贸易的措施。这在一定程度上触及了当地商人的利益。布哈拉商人大量批发外国商品，但通常在商品出售后才付款，这对外地商人来说非常不便。此外，根据伊斯兰教法，所售商品可在三年内退货。奥贝都拉汗在位时，政府在这些问题上站在外国商人一边。这些措施扩大了外国商品的流通并增加了国库收入。

奥贝都拉汗对货币改革寄予厚望。穆罕默德·阿明·布哈里（Мухаммад Амин-и Бухари）对此所知不多，他认为这项改革的原因是国库空虚，已不能维持最基本的支出。一些历史学家也不加批判地接受并沿用了这个解释。但实际上，奥贝都拉汗在改革前，已经通过各种途径增加了国库资金。17世纪，札尼王朝的汗王们常常将铸币作为收入来源。他们时而降低时而提高钱币纯度，到17世纪末，银币含银量只有22.5%。奥贝都拉汗则与他们相反，坚持铸造纯度较高的钱币，银币的含银量达到35%。奥贝都拉汗在位的七年间，无论形势如何变化，他都没有将造币作为增加收入的手段。这有两方面原因：一方面，他不想破坏钱币，因为这会损害他所依赖的封建集团的利益；另一方面，正如1708年的货币改革所显示的后果，他需要保护这项收入来源，以便在需要的时候能够立即获得大量收入。

1708年，奥贝都拉汗决定重新铸造国库中的钱币：用以前的一枚钱币造出4枚，也就是说，新钱币的含银量只有9%，然后宣布从即刻起，新币（含银量9%）和旧币（含银量35%）的购买力相等。换句话说，奥贝都拉汗希望一举将国库的资产增加3倍。以前从未发生过这种情况，通常只是将银币的纯度减少5%—10%。之所以敢采取这一不寻常的手段，显然表明奥贝都拉汗认为自己已有足够的资金来同埃米尔们（乌兹别克部落首领）进行对抗，因此值得冒险。他非常清楚，这就是在冒险，尽管这项政策是短时间的，用意也是好的，但改革毕竟"掠夺"了不仅敌人的，也有他盟友的财富，不仅有普通民众，还有从事贸易的封建上层，改革损害了每一个与货币交易有关的人，以及手中持有货币的人。

布哈拉的贸易活动陷入停顿，商人和手工业者关闭了商店和作坊。普通市民的处境非常糟糕，在集市上什么都买不到。这项货币改革激起了普遍不满。以穷苦民众为首的大量城镇居民喊叫着和威胁着逼近了可汗官邸。尽管这场人民起义最终被镇压，一些人被处决，但这并不意味着完全失败，因为奥贝都拉汗被迫妥协，并修改了部分改革内容。从那时起（这种情况持续了多年，甚至在奥贝都拉汗死后也是如此），旧币不再与新币等值，而是一枚旧币等同于两枚新币。换句话说，奥贝都拉汗的国库虽然没有扩大三倍，但还是涨了一倍。改革不仅没有带来预期收入，反而使奥贝都拉汗以前的一些盟友开始反对他。因此在国内政策方面，奥贝都拉汗已经没有可能继续进行实质性的转变。这之后，争斗、猜忌和敌对情绪不断加剧。奥贝都拉汗于1711年死于一场谋杀，他的国库和所有财物都被洗劫一空。

札尼王朝的倒数第二个汗王阿布·法伊兹（Абу ал-Файз-хан，1711—1747年在位）在位期间，中央政权最终名存实亡，汗国分裂为数个独立地区。在忙古惕（мангыт）部落贵族的支持下，国家管理权几乎完全落到了阿塔雷克（相当于宰相）穆罕默德·哈基姆比（Мухаммад-Хаким-бий）手中。但由于贵族对他的独裁不满，便将他发配到了卡尔希。当时的俄国使者弗洛里奥·别涅韦尼（Флорио Беневени）证实，阿布·法伊兹汗的统治完全处于无政府状态。当时由牟取私利的贵族掌管一切，他们垄断布哈拉集市和市场上的所有贸易，无节制地抢劫人民。

可汗之间的这种"大争斗"（别涅韦尼语）和封建主的恣意妄为，都说明在札尼王朝时期，中亚人民不得不忍受艰苦考验。

第二节　社会经济关系

一　经济状况：地租与城市税收

由上可知，札尼王朝的中央政府并没有实权。王朝内甚至出现了两个权力中心——布哈拉（Бухара）和巴尔赫（Балх）。汗王本人坐镇布拉哈，而巴尔赫则由其王储、高级将领或阿塔雷克（宰相）管理。通常，札尼王朝的汗王特别依赖封建部落贵族，而这些贵族统治整个国家。相较于昔班尼王朝时期，阿塔雷克（宰相）和乌兹别克部落贵族的权力大幅扩张，越发骄横。他们掌管一切，占据行政要职。

札尼王朝时期的形势特点是：封建反动势力增强、政治分裂加剧、内战频仍、城市荒芜、定居者破产、封建主抢占绿洲、掠夺商队、居民不堪重负。这种形势的直接后果是：中亚经济在18世纪出现严重衰退甚至停滞，特别是中亚的中部地区。

农业遭受重创，灌溉系统规模缩减，粮食短缺。当时的俄国沙皇阿列克谢·米哈伊洛维奇的使者——鲍里斯·帕祖欣（Б. Пазухин）记录下自己的亲身经历："布哈拉、巴尔赫、希瓦的庄稼种得很少，一整年下来，每家都没有多少粮食。"每个州、每个区都笼罩在饥荒的阴影下，成为常态。

官方的地租税率保持不变（收成的30%），但实际收取得更多，有时会提前收取若干年的地租或任意加租。例如，苏布罕·库里汗统治时期，税率涨了7倍，此外还有各种苛捐杂税和官员大肆舞弊行为。对此，塔吉克学者米尔佐耶夫（А. М. Мирзоев）写道："苏布罕·库里汗统治下，尤其是在撒马尔罕，每年要缴7倍的税。如果一个人本应缴纳1坚戈[①]，那就意味着要从他身上拿走7坚戈。而且，落到官员和封建主手里的比这还要多上几倍。"应当指出的是，当时地租上涨的不只是国有土地，还有私有土地。这一时期，针对私有土地的地租通常用一个专用术语表示——"穆尔克"。据文献记载，作为一种主要收入来源，私有土地的地租税率非常高，就算地主想把自己的私有土地无偿赠予出去，都没有人愿意接手。显然，这里谈论的

---

① 坚戈（тенге，тенга，танга，деньга，таньга）系突厥语，货币、硬币的意思。——译者注

不仅是封建主（私有土地所有者），还有那群仍然保留私有土地的农民。从 16 世纪开始，农民的私有土地开始减少，相应地，具有一定特权的农民群体的数量也开始明显缩减，到了札尼王朝时期，农民就已经纷纷破产。这一现象在中亚中部地区尤为凸显。由于农民不堪重税，到 18 世纪初，中央政府决定不再增加税收或实行新的税种。穆罕默德·阿明·布哈里在其《奥贝都拉汗传》中直白地写道：为避免引起巨大动荡，不再使用这种方式充盈国库。

对农民的盘剥可谓"无孔不入"。内乱期间的掠夺和难以承受的重税，不仅摧毁了农业经济，还导致深刻的社会结构变化。由于村社的秩序遭到破坏，致使村社农民数量减少，佃户的数量增加。前文已经提到，村社农民至少还有一点自己的优势，他们不需要像佃户那样每隔 2—3 年重新租地，他们（及其后代）有权终生耕种村社的土地。

手工业者也遭受大小封建主的各种压榨。手工业和贸易行业需要缴纳汗王和各地埃米尔强制征收的各种大笔税费和杂费。由于封建主的专横霸道，手工业和商人的私有财产得不到丝毫保障，使得即使在老城区的中心，人口也很稀少。

这一时期，由于汗王担心采矿会被贪婪的邻邦侵袭，因此禁止采矿，这阻碍了采矿业发展。

二 封建领主集中地权

札尼王朝时期，土地和财富都集中在大封建领主和有影响力的沙赫手中。特别是乌兹别克部落的首领（埃米尔）逐渐成为一些大地主。这方面有大量实例。从法律文件可知，亚良格图什比（Ялан-гтуш－бий）拥有大量土地，特别是在他统治多年（18 世纪上半叶）的撒马尔罕地区。札尼王朝的汗王们还免除了他的地租。阿拉别尔迪比（Аллаберди－бий）和他的儿子阿拉耶尔比（Аллаер－бий）占据了大量土地，他们想将土地财富集中在同一片区域，为此还进行了土地调换。朱巴尔沙赫（джуйбарский шейх）仍然是最大的土地所有者。当时情况复杂，中央政府不能再像昔班尼王朝时那样庇护他们，而日益强大的各部落贵族企图夺取他们的财富，但朱巴尔沙赫仍将本来已经庞大的土地进一步扩大。

贵族和军人继续获得封赏，通常被称为"苏尤尔加尔"和"坦霍"。帕祖欣（ПазухинБ.）指出："所有村庄都被分配给军人和各阶层官员。"此外，在札尼王朝，封赏标的除国有土地外，还有私有土地缴纳的地租中的属于国家份额的部分，不仅封赏次数更频繁，而且封赏规模也更大。这使得有权享有私有土地不同地租份额的人们之间形成了相当复杂的关系。正如研究人员指出，17—18世纪甚至连法律文件使用的术语都有改变。在涉及私有土地的买卖契约和瓦合甫文书上，会突出强调买方或受赠机构将来可获得的地租份额。

但土地的集中不仅仅来自封赏。札尼王朝时期，大封建领主主要通过购买土地来集中土地所有权。一些封建领主大肆"圈占"土地，甚至成为整个地区的土地所有者。这表明，越来越多的国有土地开始商业流转，法律文件便可以证明。国库空虚也迫使布哈拉的汗王们越来越诉诸这种土地出售和赠予。同16世纪一样，土地流转手续在法官的文书室办理。

札尼王朝时期，私有土地被国家和私有土地所有者分割的现象越来越普遍，即私有制土地的一部分变为国有土地，另一部分转为全权私有土地（收益全部归土地主）。这很容易理解。国家层面的剥削不断提高，使得封建地主越来越无利可图，他们宁愿拥有少量但却可以完全支配的私有土地（全权土地，мильк-и-халис）。因为全权私有土地的收入既不取决于国家如何压榨农民，也不取决于地主能否从破产中获得属于自己的那一份地租。

因此，17—18世纪的土地形势有如下特点：私有土地和受封土地集中在大封建领主手中，特别是在乌兹别克部落贵族手中，对农民的剥削程度不断加深，拥有私有土地的农民大规模破产，村社农民的数量不断减少，全权私有土地的规模增加，封建私有土地更快速瓦解，向封建主更多出售国家土地，大量国有和私有土地（特别是私有土地中的国家份额）转化为有条件的占有，国有土地赏赐增加等。

这些土地现象造成的结果是，汗王的国库资金永远短缺，因为只要上述现象不消除，作为主要收入来源的地租，上缴给国库越来越少。各种材料都直接或间接地证明了这一点。我们仅列举两个见证人的话，他们两人在不同的时间到访了布哈拉，这些情况立即引起他们的注意。帕祖欣（Б. Пазухин）1669年写道："汗王国库里的钱非常少，因为几乎所有村庄都被安排供养军人和各阶层官员。汗王的日常收入靠铸币厂和关税，收入都不够一年的日常开销。"弗洛里奥·别涅韦尼（Ф. Беневени）写道："看得出来，汗王非常想控制国家，但却无能为力，因为国库空虚，乌兹别克人多次把国库掏空，却没有收入来源。"这种经济状况不断削弱中央政权，而大封建主的独立性不断加强，尤其是埃米尔们（乌兹别克部落首领）。

宗教封建主的作用也在增加，特别是苏菲教团首领曾在不同时期夺取过政权（这类事情曾在费尔干纳和塔什干发生过）。

三 人民运动

难以忍受的压迫、封建剥削制度、内乱以及无休止的战争所带来的破坏及饥荒大大加剧了人民的愤慨。不同地区经常掀起民众浪潮，爆发人民起义。在阿卜杜·阿齐兹汗（Абд ал-Азиз-хан）执政时期，与他同时代的诗人赛义多·纳萨菲（Сайидо Насафи）表示，撒马尔罕附近的达赫比德村（Дахбид）爆发了起义。起义规模巨大，以至于阿卜杜·阿齐兹汗亲自率军镇压起义，并将村子焚毁。同样，在苏布罕·库里汗及其继任者统治期间，骚乱也不断发生，有时会被个别封建主利用，达成其个人目的。例如，有一次当苏布罕·库里汗逼近由阿塔雷克马哈茂德比（Махмуд-бий）管理的巴尔赫时，全城居民英勇保卫了这座城市21天，抵抗布哈拉人。此时，巴尔赫社会各阶层团结一心，因为他们知道，如果汗王占领这座城市，将会野蛮地抢劫和屠杀。然而大部分情况下，人民通常还是支持中央政权，因为封建战争和内乱会破坏城市和农村居民的生活。

吉萨尔地区的1703年起义不仅规模最大，也取得了成功。这场起义源于两位封建主的战争：由穆罕默德·拉希姆比（Мухаммад-Рахим-бий）与布拉哈军队一起对抗统治吉萨尔地区一个要塞的封建主乌特坎（Уткан）。布拉哈军队没能得胜，于是撤军，将吉萨尔居民丢给了专横的乌特坎。吉萨尔的居民被迫向布哈拉的埃米尔求助。不过，由于这些封建主们很快和解，布哈拉的埃米尔们对待吉萨尔居民代表极其粗鲁，有一位埃米尔甚至带着军刀冲向居民代表，而居民代表们则抓起石头和棍子。编年史家对此描写得很形象："布哈拉的埃米尔们（匆忙）离开吉萨尔要塞。（面对起义群众，他们的）军队充满了混乱、恐惧和恐怖，也随着埃米尔们出城。这时，吉萨尔的居民和尤兹人（юзы）便冲上去争抢匆匆离开的布哈拉士兵留下的帐篷。吉萨尔城内发生了不可思议的一幕，好像末日审判一般。"在这种情况下，吉萨尔城的原住民和乌兹别克尤兹部落的人利益一致：都想尽快结束在自己土地上的封建主战争，尤兹人也非常乐意支持吉萨尔人民，最终击溃布哈拉人。

1714年布哈拉发生的起义则性质不同。来自格泥格斯蒙古部落[①]的一群封建主们在阿塔雷克易卜拉欣（Ибрахим）领导下，试图发动宫廷政变。人民奋起保卫政权，在城里设置路障，正是有了人民的积极帮助，汗王才成功地击退敌人。

相反，此前在1708年奥贝都拉汗宣布进行货币改革时，布哈拉人民极力反对。不满情绪席卷社会各个阶层，一开始人们只是消极抵

[①] 格泥格斯蒙古部落（Ganigas, кенегес, гениесы, кенегесы, кингиты, кинегесы, кенегезы）系蒙古尼鲁温部落一支。据《史集·部族志》载，蒙古人分迭列斤蒙古和尼鲁温蒙古两部分。尼鲁温蒙古有19个部落。尼鲁温蒙古又称蒙古的"黄金家族"。尼鲁温，蒙古语意为"腰"，表示其来源纯洁。尼鲁温各分支皆视为同一亲族，互不通婚。——译者注

抗：关闭商店和作坊，停止贸易，市场上买不到必需品。后来，不满演变成穷人的公开起义。据当时的编年史学家穆罕默德·阿明·布哈里（Мухаммад Амин－и Бухари）记载，起义被镇压，绞死了几个人，改革得以全面实施，大家也就容忍下来。一些历史学家曾不加批判地接受了关于这次起义的片面评论，但分析文件类和叙事类文献后可知，这次起义总体上取得了很大成功，政府被吓倒，不得不极大地调整了改革内容。

18世纪上半叶，民众起义极其频繁，以至于宫廷史学家们尽管极力掩盖，带有偏见，却也不得不提及这些起义。除上面说到的以外，著名的人民起义还有1713—1714年的布哈拉起义、1713年的撒马尔罕起义、1719年的巴尔赫起义、1746年的塔什干起义等。无论宫廷编年史家如何歪曲事实，在封建反动和专制条件下，塔吉克和乌兹别克人民都勇敢地反对无序和暴政，反对封建内乱，这一点毋庸置疑。

四 手工业、贸易和货币流通

札尼王朝接连不断的内乱和封建战争，严重阻碍了手工业、国内贸易和国际贸易的发展。一些城市和地区遭受了极大的掠夺和破坏，以至于很长时间都无法恢复正常。但民众的技能和技艺并没丢失。难怪诗人赛义多·纳萨菲仅在布拉哈一座城市就统计出200多种手工业。由于内乱、希瓦人的袭击、外国军队及游牧民族的侵扰，札尼王朝的经济陷入崩溃，严重阻碍了正常的商品生产和贸易发展。穷困、饥饿、破产都导致普通商品的产量减少。诗人赛义多·纳萨菲晚年从事织造业。他在诗中描写了当时商品无人问津、17世纪末贸易往来已经完全停滞的状况：

> "在停滞时期，我的货物好像没一点价值，我常常为我的店铺感到羞愧。"

或者：

"每当我去市场摆摊，都不得不拉着顾客的衣襟或衣袖。"

18世纪上半叶，情况更加恶化。哈萨克人连续7年（1723—1730年）的袭击，将泽拉夫尚山谷毁于一旦。大饥荒的幸存者都逃到了偏远地区，布哈拉和撒马尔罕沦为空城。一些没有受到战争波及，也没有遭受希瓦人和游牧民族入侵的地区和城市（主要是边疆），情况则会稍好一些。中亚中部地区的动乱为这些边疆地区的手工业和贸易的发展甚至创造了有利条件，因为为了躲避战乱，这些来自国内最大贸易中心的工匠都纷纷来此寻求工作机会。

货币经济的总体状况，以及政府在货币铸造和流通方面的政策也不利于手工业和贸易发展。因为政府玩弄汇率把戏，手工业和贸易在16世纪已处于严重压迫下，如今的银币失信越发严重。钱币一般由银和铜的合金铸造而成，而且铜的含量一直在增加。每次减少钱币纯度，国库都会受益，而民众则蒙受巨大损失。人们积极反对钱币纯度下降，因为提高钱币纯度符合社会各阶层的利益。人们为"好钱币"而斗争，希望钱币坚挺稳定，样式和纯度统一。17世纪，这一斗争有时会取得胜利，政府会短时提高钱币纯度。但在17世纪后25年，高纯度的钱币已经不再铸造。尽管人们仍然在为"好钱币"而斗争，但胜利的频率大大降低，而且也不是根本性的胜利：钱币中的银含量达到35%后便停止增长。后来，正如前文所述，1708年奥贝都拉汗将钱币中的银含量降至9%时，引发了人民起义，该起义取得了部分胜利。

但是政府不仅直接从铸币业务获利，还采取汇率欺诈手段，给人民带来更重的负担。与16世纪一样，札尼王朝的银币也分为"旧币"和"新币"。政府随时可以宣布"新币"为"旧币"，而"旧币"在市场上的购买力完全取决于其纯度。例如，含银量60%的钱币作为"新币"时，会将其视作100%的纯银币，按照强制汇率计算。一旦它们被宣布为"旧币"，则其市场购买力就会根据其实际纯度，这意味着会立刻丧失40%的购买力，百姓也会随即遭受40%的损失。换句话说，17世纪的货币业务的剥削程度大大增加，导致手工业者和商人的破产情况比安东尼·詹金森在16世纪中叶所描述的还要严重。

所有这些都清楚地表明，尽管手工业者依然很好地掌握了所有技术，但在当时的手工业和贸易大环境下，产量也会大大缩小，尤其是从17世纪末开始，货物的种类也相应减少。

毫无疑问，即使在这样的困难条件下，外部需求也刺激了生产，使得产品用于出口的手工业情况会好些。在这方面，加强和扩大与俄国的贸易尤为重要。

俄国对加强和扩大与中亚的贸易非常感兴趣，并为此创造了有利条件。中亚商人逐渐被允许在所有城市进行贸易。其中西伯利亚地区的贸易政策最优惠，这里对中亚商人征收的关税很少，有些商品根本不用缴税。1735年奥伦堡建立后，为吸引中亚商人，曾一段时间内实行了免税政策。

中亚商人主要出售棉布及其制品。西伯利亚和阿斯特拉罕的海关文书表明，出口到俄国的商品非常多。从这些文件的详细清单可知，当时中亚生产的棉布品种多样。例如各种类型的丝织物、印花布、粗斜纹棉布等。很多资料表明，当时的丝织物的产量和种类都有所下降。主要原因是生丝不足（顺便说一句，生丝禁止出口）。生活条件的恶化使养蚕人减少，丝绸消费者减少，蚕丝产品随之变贵。当时能出口的商品还有皮革、皮草、地毯等。

所谓的"可汗贸易"（即通过汗王的使者——商人的贸易）的商品种类繁多。俄国对这些商品的需求量很大。因此，这些商品在中亚生产状况良好。

同时，中亚的武器和金属制品的生产也蓬勃发展，产品出口至国外。

当时的陶瓷有一些保存到现在。除了普通陶瓷和简易陶瓷，工匠们还制作出精美的花纹釉面餐具。17世纪，马赛克镶嵌艺术和珐琅器制作工艺、石雕和木雕等，都达到了很高水平。到18世纪，对艺术性较高的手工艺品需求较少。

至于外贸，与俄国的外贸往来最频繁。上文已经介绍过出口到俄国的中亚商品。需要补充的是，中亚的商人同时也是中间商，他们不仅出口自己的商品，还有外国商品，尤其是印度商品。这刺激中亚从印度进口更多的商品，不过，在当时的形势下，中亚本地人对进口商品的需求并不多。

中亚与俄国贸易的新局面是，不仅商品进出口数量增加，而且有越来越多的俄国商人积极地参与贸易活动。俄国商人或其雇员经常在中亚各地停留2—3年，他们带来俄国商品，带走中亚商品。在中亚特别畅销的俄国商品不仅有奢侈品（昂贵的皮草、皮革、布料等），也有日用品，如木制餐具、日用小百货等。

在此期间，中亚还与印度、伊朗以及中国进行贸易，但贸易量和重要性尚未得到充分研究。值得一提的是，当时布哈拉整整一条街区都住满了印度商人。奥贝都拉汗看到发展对外贸易能给国家带来巨大利益后，试图采取措施改善贸易条件，但由于日益加剧的经济混乱，改革只持续了很短时间就结束。弗洛里奥·别涅韦尼1722年居住在布哈拉，专门研究贸易问题。他指出，尽管布哈拉和俄国的商品互补，但当时并没有发展贸易的条件。

第三节　物质文化与精神文化

一　建筑和艺术

17—18世纪的中亚经济和社会生活的面貌，主要体现在建筑上。

乌兹别克部落的封建上层和埃米尔的影响力、权力和财富都不断增长。城市和整个地区实际上都掌握在他们手中。他们有钱搞建设，并希望用这种传统方式在后世扬名。

其中一位大臣亚良格图什比（Ялангтуш-бий）在撒马尔罕的雷吉斯坦大广场上建造了一座庞大的建筑群，至今仍然存在。他下令在兀鲁伯经学院（以前是兀鲁伯的哈纳卡所在地）对面，由建筑师阿卜杜·贾巴尔（Абд ал-Джабар）建造一座新的经学院。在这个经学院大门的楣饰上画着猛兽正在追捕扁角鹿。经学院也因此得名"希尔达尔"（Ширдар，即狮子），意思是"有狮子的经学院"。希尔达尔经学院的正面照搬了兀鲁伯经学院的正面：中间是大门，墙角是细高的宣礼塔，在正门和宣礼塔之间，一个带棱的圆顶位于两个大厅的上方。但在设计和装饰的细节上有很多独特的地方。

不久之后，亚良格图什比（Ялангтуш-бий）开始在广场建造第三座建筑，既是经学院，也是清真寺，被命名为"季拉卡利"（Тилла-кари），即带镶金装饰的清真寺。庭院的三面是祈祷室，第四面是清真寺（这里有中间带圆顶的房间和两条带许多圆顶的游廊）。由此，雷吉斯坦大广场只有一侧是开放的，其他三面分别是三座装饰华丽而精美的大型建筑。

另一座大型建筑群于17世纪在布哈拉建成。建筑群中最重要的部分是一个水池，因此该建筑群也被称为"拉布豪兹"（Лаб-и Хауз）。建筑群中，最早的建筑是建于16世纪的库克利塔什经学院（Кукельташ）。17世纪，纳迪尔·底万·贝吉（Надир-Диван-беги）作为当时最杰出的政要之一，下令建造一座水池、一座经学院和一个小型哈纳卡。整个建筑群没有撒马尔罕雷吉斯坦广场建筑群那样搭配和谐。其分布如下：16世纪的经学院面朝广场，广场的一边是纳迪尔·底万·贝吉经学院，另一边是水池，水池后面是小型哈纳卡。三者之间不够谐调，新建筑与16世纪的经学院也不相称，建筑师既无品位也无才华。可以说，17世纪的建筑本身就没有什么特别之处。

在布哈拉还有 17 世纪完工的另一建筑群。这是两座面对面的经学院：一座是 15 世纪建成的兀鲁伯经学院，另一座是 17 世纪建成的阿卜杜·阿齐兹汗经学院。它们有很多共同点，但差异更大。兀鲁伯经学院的正门比例协调，装饰简洁而精致。而阿卜杜·阿齐兹汗经学院的正面设计却缺乏协调性，正门入口太长，建筑正面的两边也很厚重。装饰极其豪华，有些地方甚至过分华丽。

17 世纪是中亚建筑发展的一个阶段，这一阶段最重要的成就是装饰。工匠们在继承前两个世纪传统的基础上，取得了一些创造性的成就，尤其突出的是石雕。布哈拉的阿卜杜·阿齐兹汗经学院的石雕复杂、细腻、轻盈，令人称奇。大量运用了彩釉和拼接马赛克，图案复杂奥妙，但与 15—16 世纪的图案相比，由于大量使用黄色和绿色，让人觉得眼花缭乱。

17 世纪留传下来的、带有中亚当地画家创作的细密画插图的手稿并不多。但为数不多的几部手稿表明，16 世纪的中亚细密画的传统在 17 世纪得到了继承和发展。特别是歇里甫丁·阿里·雅兹迪（Шараф ад-Дин Йезди）的《帖木儿武功记》（Зафар-наме）一书中的细密画极其出色。该手稿于 1628 年在撒马尔罕重抄，内含 12 幅插图。在描绘战争的细密画中，这位天赋极高的画家将大量人物画入其中，而且每个人物都充满动感、栩栩如生。例如，在一幅描绘帖木儿围困赫拉特的细密画中，共画了 23 个人和 18 匹马。在另一幅描绘帖木儿与金帐汗国可汗脱脱迷失作战的细密画上，共有 20 人在战斗。描绘帖木儿盛宴场面的画中人物人也不少，有贵族、侍卫、音乐家、歌手、朗诵者和侍从等，都活灵活现。

17 世纪的肖像画并不逊色。例如 1642 年创作的伊玛目库里汗（Илам Кули-хан）的肖像画就极富表现力。

后来一段时期的形势，不利于建筑和艺术的发展。17 世纪上半叶，经济萧条，内乱不断，城市和村庄遭到破坏，民众起义此起彼伏，希瓦人突袭，游牧民族和外国军队频繁入侵。河中地区中部和巴尔赫受到的破坏最严重。人们四处逃散，像布哈拉和撒马尔罕这样的文化中心空无一人。在如此混乱和困难时期，没有留下任何重要的建筑和艺术遗迹，这毫不奇怪。

二 17—18 世纪初的塔吉克文学和编年史

札尼统治时期，在布哈拉和巴尔赫创建了两个文学中心，当时埃米尔继承人的府邸在巴尔赫。这期间，塔吉克文学相较于 16 世纪成就更为显著。然而，在苏布罕·库里汗统治时期，政策非常严苛，一些宫廷诗人被迫离开家乡移居印度。

如果说宫廷和苏菲派文学此时正处于衰落期，那么关于城市手工业者的诗歌在这个时期却得到很好发展，更接地气。例如杰出诗人菲特拉特、奥比德·莫姆塔兹（Обид Момтаз）、赛义多等，都极为出名。

菲特拉特·扎尔杜兹·撒马尔罕迪（Фитрат Зардуз Самарканди）于 1657 年出生在撒马尔罕的金绣工区。他的家人都是熟练的绣花艺人，他本人也掌握了这种技艺。1685 年，他进入布哈拉经学院学习。诗人的生活很艰苦，由于缺钱，被迫卖了房子。买主是个有钱人，但骗了他，仅用一点儿钱就侵占了他的房子。诗人就写讽刺诗对其进行报复。诗人于 18 世纪初逝世。菲特拉特是诗歌和散文大师。保存至今的作品有诗歌《托利普与玛特鲁布公主》（Толиб и Матлуб），还有一首讽刺诗和几首加扎勒抒情诗，抒情诗集尚未发现。

赛义多·纳萨菲（Сайидо Насафи Миробид，1637—1707/1711 年）是 17—18 世纪最伟大的诗人。他是阿卜杜·阿齐兹汗、苏布罕·库里汗和奥贝都拉汗的同时代人，他看到了人民在封建残酷压迫下的苦难。在创作初期，他一直想为自己找一个庇护人，赛义多和一些统治精英走得很近，还写了几首夸西达颂诗献给阿卜杜·阿齐兹汗和

苏布罕·库里汗。但当他亲眼看到宫廷的风气时,便与他们坚决断绝往来:

> 最好不要走在富人的大街上,
> 因为每个脚印下都会喷出血泉。

赛义多非常爱他的人民。他保护所有向他求助的不幸和受难的人,他不仅用文学作品声援,还亲自参与。

> 每当我看到受难的人,我都会帮助他,
> 这片草原的蒺藜将成为我篮子里的第一朵花。

赛义多的颂歌不是献给达官和国王,而是献给穷人、工匠和农民,他真实地描述了这些人的生活。他常为面包师、艺术家等人作颂歌。在赛义多的众多作品中,最重要的一部作品是《春天往事》(Бахориет)。在这部作品中,他用不同的动物指代封建社会的各个阶层。他指出,普通民众似乎像蚂蚁一样爬行,但如果团结起来,他们就能战胜狮子。

赛义多的许多诗都揭露了苏布罕·库里汗统治下的民众的无穷困苦,统治者极度富有,人民却濒于崩溃。因此他写道:

> 天空像佝偻的老人般低矮,
> 世界像被掠夺的村庄般破碎。
> 因为富人们相互吸血,
> 苍穹像被榨干的石榴,
> 上天夺走了花圃里小溪的湿润和绿色,
> 花园的土就像破衣袋,
> 富人穿着花花绿绿的衣服,

就像是裹在丝绸中的蠕虫。

赛义多是布哈拉汗国第一位公开捍卫劳动人民并严厉批评封建制度的诗人。他才华横溢，是劳动人民尤其是手工业民众思想和理想的代言人。这些人是他诗歌里的主要人物。与同时代的其他诗人相比，他的思想遥遥领先。他宣称劳动人民比其他社会阶层优越，大胆地号召劳动人民众志成城，尖锐地批评统治者，指责他们的无知和残酷。

赛义多在继承其前辈优良传统的同时，为诗歌的题材和形式注入了新内容。在加扎勒体裁抒情诗中，他没写传统内容，而是批评统治者，描写国家的衰败。他还扩展了夸西达颂诗（工匠颂诗）的主题。他的《春天往事》被认为是训诫诗的新形式。在16世纪以后的文学中，"沙赫罗舒特"体裁①在赛义多的创作中得到新发展。这位诗人增加了艺术手法，借用口语中的民间传说、谚语和俗语作为独特的隐喻和比较。

苏菲派思想对赛义多的创作产生了一些负面影响，复杂的"印度风格"被诗人创造性地使用，在他的诗歌中表现很明显。过去的大多数诗人都尽力保持古典文学语言的规范。16世纪初的政治事件之后，伊朗脱离了河中地区，语言的统一性失去了意义，赛义多大胆地打破了旧传统，在诗歌中引入了通用的母语口语词。他作品所使用的语言非常接近现代塔吉克文学语言。

17世纪涌现了不少历史学家，其中有：

穆罕默德·伊本·瓦利（Мухаммад ибн Вали）是最杰出的编年史作者之一。他的作品《高尚贤人的秘密之海》（Бахр ал－асрар фи манакиб ал－ахйар）是一部独特的百科全书，共分四册，历史部分

---

① 沙赫罗舒特（Shahrashub, шахрошут）是波斯—塔吉克文学古典时期诗歌作品的一个体裁。沙赫罗舒特这个词由两个词根组成，shahr（城市）和ashub（动荡、混乱），整个词的意思是"混乱的城市"。因此这个体裁的文学作品聚焦底层生活。这种文学体裁最早出现在11世纪下半叶和12世纪初，后来逐渐成为一种独立的文学体裁。这种体裁与宫廷古希腊诗歌和传统爱情歌词大不相同，在描绘的现象、内容的性质、体裁结构、语言和风格等许多方面不受古典风格影响。——译者注

涵盖了从成吉思汗到札尼的整个时期。另一部重要著作是《赛义德·拉希姆的历史》（История Саида Рахима）。尽管这本书没有按时间顺序描述历史事件，但包含了大量著名人物的资料、各种建筑以及从帖木儿时代到18世纪的文学作品。

穆罕默德·阿明·亚拉克奇（Мухаммад Амин Яракчи）的作品《历史的海洋》（Мухит ат-таварих），是这一时期宝贵的历史资料。作者从远古时期开始，详细讲述了札尼王朝的兴亡，一直写到17世纪中叶。

穆罕默德·优素福·穆尼亚（Мухаммад Юсуф Мунья）撰写的《穆基姆汗家族史》（Бахориет Мукимханова история）主要记述札尼王朝，时间到1704年。

穆罕默德·阿明·布哈里（Мухаммад Амин Бухари）的《奥贝都拉传》（Убейдаллах-наме）是这一时期最珍贵的历史文献，该书完整记载了札尼王朝的奥贝都拉汗（Джанид Убейдаллах-хан）统治时期（1702—1711年）的历史事件。